D1695863

Mislin
Geschichte
der Baukonstruktion
und Bautechnik
Band 1

Geschichte der Baukonstruktion und Bautechnik

Band 1: Antike bis Renaissance

Prof. Dr.-Ing. habil. Miron Mislin

2., neubearbeitete und erweiterte Auflage 1997

Werner Verlag

1. Auflage 1988
2. Auflage 1997

Die Deutsche Bibliothek – CIP-Einheitsaufnahme

Mislin, Miron
Geschichte der Baukonstruktion und Bautechnik : Band 1
Antike bis Renaissance / Miron Mislin. – 2., neubearb. u. erw. Aufl. –
Düsseldorf : Werner, 1997.
ISBN 3-8041-2742-8

ISB N 3-8041-2742-8

Anschrift des Autors:
Dr.-Ing. Miron Mislin, Architekt
apl. Professor an der TU Berlin
Sekr. A 22
Straße des 17. Juni 152
10623 Berlin

Titelbild: L. B. Alberti, Steinbrücke mit Kolonnade,
De Re Aedificatoria (1485), Holzschnitt 1550

Bei der Reproduktion der zeichnerischen und photografischen Bildvorlagen hat der Verlag sich um bestmögliche Qualität bemüht. Dennoch entspricht sie bei einigen Abbildungen aufgrund historischer oder unzugänglicher Originale nicht immer dem gewünschten Niveau. Wir bitten um Verständnis.

Archiv-Nr.: 793/2 – 5.97
Bestell-Nr.: 3-8041-2742-8

Vorwort

Die vorliegende „Geschichte der Baukonstruktion und Bautechnik“ wendet sich an Studierende der Architektur und des Bauingenieurwesens. Aber auch der interessierte Leser wird aus dem Buch Nutzen ziehen können, da keine speziellen Kenntnisse vorausgesetzt werden.
Das Werk enthält eine fundierte Darstellung der wichtigsten Konstruktionen der Baukunst, erläutert aber zugleich die flankierenden bautechnischen und baubetrieblichen Aspekte der jeweiligen Epoche, die in der klassischen Baugeschichte oftmals wenig Beachtung finden.
Gegenüber der ersten Auflage wurde aufgrund der Fülle des Stoffes eine zweibändige Ausgabe geschaffen. Während die sieben Kapitel des ersten Bandes den Zeitraum zwischen Antike und Renaissance behandeln, umfaßt der zweite Band die Entwicklung vom Barock über die industrielle Revolution des 19. Jahrhunderts bis hin zum Beginn der modernen Zeit.
Dabei ist vertieft auf die Bedeutung der Konstruktion in der Baugeschichte eingegangen worden. Ebenfalls werden baustatische, vor allem aber mathematische und mechanische Zusammenhänge dargestellt, wie etwa Entwicklungen der Zeiträume vom ägyptischen Seilspanner, dem römischen Feldmesser, dem mittelalterlichen Werkmeister bis hin zu den künstlerisch beeinflußten Baumeistern der Renaissance; gerade am Beispiel der gemalten Visionen der „idealen Stadt“ in der Frührenaissance lassen sich die vielfältigen Zusammenhänge darstellen – nicht nur die Entdeckung der Perspektive, sondern auch Fragen der räumlichen Qualität, der gesellschaftlichen Struktur und des humanistischen Kulturverständnisses beeinflußten die damalige Baukultur:
... L. B. Alberti traf wahrscheinlich Piero della Francesca und den Mathematiker Luca Pacioli am Hofe des Herzogs von Urbino. Die Manuskripte des Sieneser Künstlerarchitekten Francesco di Giorgio entstanden ebenso an den Höfen von Urbino und Neapel. Der Enge des städtischen Zunftwesens entronnen, verkehrten die Künstler im Kreise von Dichtern und Literaten, griffen selbst zur Feder und begannen, Traktate zur Baukunst zu schreiben. Damit schufen sie eine neue Kommunikationsebene zwischen dem Architekten und dem Auftraggeber; schriftstellerische Arbeit wurde zum Bestandteil architektonischen Schaffens. Zwar waren damals die Werkmeisterbücher der Spätgotik im Umlauf, aber erst die Abhandlungen der Renaissance setzten die vitruvianische Lehre fort, die dann einen weiteren Höhepunkt mit den Quattro Libri von Palladio erfuhr ...

Die wichtigsten Anregungen zu meinem Buch verdanke ich der langjährigen Diskussion mit Julius Posener; er hat mich zur Bearbeitung dieser umfangreichen Thematik ermuntert.
Dem Werner Verlag danke ich für die liebenswürdige und geduldige Beratung und Hilfe bei der Gestaltung des Buches und für die große Sorgfalt der Ausführung.

Möge das Buch dazu beitragen, Freude und Interesse an den zurückliegenden Perioden der Baugeschichte zu schaffen.

April 1997
Miron Mislin

Inhaltsverzeichnis

Einleitung

Problem und Forschungsstand

Die „Einführung in die Geschichte der Baukonstruktion und Bautechnik“ behandelt die Entwicklung der Bau- und Konstruktionsmethoden von den alten Kulturen des Mittelmeerraumes bis zum Bauen im heutigen Kontext von Planung und dienstbarer Technik. Bei der Erforschung der Baumethoden wird einerseits der damalige Stand der Naturwissenschaften und andererseits die jeweilige handwerkliche Praxis analysiert.

Die Abfolge der Themen ist chronologisch und umfaßt die baukonstruktive Entwicklung von der antiken Architektur bis zur Neuzeit.

Die Beschäftigung mit den alten Kulturen gibt uns wertvolle Hinweise auch auf Bauverfahren und Bautechniken, die heute fast vergessen sind, wie z. B. die Herstellung historischer Wölbkonstruktionen. Andere Untersuchungsaspekte befassen sich mit dem Bauvorgang und der Bauausführung im Mittelalter. Während die baukonstruktive Beschreibung der antiken Architektur sich auf die alten Mittelmeerkulturen bezieht, beschränken sich die Themen über das Mittelalter auf die Baumethoden in der Romanik und Gotik.

Auf welchem technischen Niveau befindet sich die Bautechnik im 16.–17. Jahrhundert? Das Wasserrad wird in dieser Zeit bereits für den Antrieb von Getreide-, Farb- und Erzmühlen genutzt. Eisen als Baustoff im Hochbau kommt schon im 17. Jahrhundert zur Anwendung. Der Gedanke, verschiedenen Materialien desselben statischen Systems verschiedene, sich ergänzende Funktionen zuzuweisen, war seit der Renaissance bekannt und auf das baubezogene Konstruieren angewandt worden. Seit dem 17. Jahrhundert wurden in Paris auf Zug beanspruchte Armierungen in die einzelnen Elemente des Mauerwerksbaus eingebettet (Claude Perrault, Louvre-Kolonnade 1667–1680; Soufflot und Rondelet, Portikus der Ste. Geneviève 1770). Intuitiv wurden hier sogar Resultate vorweggenommen, die erst später durch Berechnungen ermittelt wurden. Noch in der empirischen Etappe der Bautechnik wurde eine Reihe von neuen Konstruktionssystemen erfunden.

Das Experimentieren und Probieren mit neuen Materialien spielt in der frühen Industrialisierungsphase eine große Rolle. Die Elemente der eisernen Skelettkonstruktion entstehen bei den Baumwollfabriken schon Ende des 18. Jahrhunderts.

Holzbalken, später gußeiserne Träger, wurden mit gußeisernen Stützen und Ziegelgewölben kombiniert. Diese Konstruktionsform ist typisch für die ersten Fabrikbauten, aber auch für mehrstöckige Gewerbehäuser, die in Berlin Verbreitung fanden. Der Geschichte der Bautechnik und der Konstruktionssysteme kommt gerade heute hinsichtlich der Bewertung von Industriebauten auf ihre Denkmalwürdigkeit eine besondere Bedeutung zu.

In der vorliegenden Arbeit werden ausschnitthaft Beobachtungen zur baukonstruktiven Entwicklung in der antiken Architektur der Ägypter, Mesopotamier, Griechen und Römer, im Mittelalter und in der Renaissance mitgeteilt.

Im zweiten Teil werden die baukonstruktiven Grundlagen im Barock und von der Industriellen Revolution bis zum Beginn des 20. Jahrhunderts behandelt.

Ziel der Arbeit ist es, in einer Sequenz von einzelnen Beobachtungen und Untersuchungen zur antiken und mittelalterlichen Baukonstruktion die Arbeitsschritte des Bauvorgangs zu erläutern. Dazu gehören spezielle Ausführungen über die Baustoffe, Werkzeuge und die technischen Vorgänge und Methoden bei der Errichtung eines Bauwerkes.

Die gewählte Arbeitsmethode zur Untersuchung der antiken Architektur ist keine der üblichen archäologischen Forschung. Der Verfasser beschränkt sich als Architekt und Bauhistoriker vielmehr auf einen baukonstruktiven, architekturhistorischen Aspekt der Bauentwicklung. Die Berechtigung zu diesem Vorgehen wird darin gesehen, daß die bisherigen Arbeiten zu diesem Thema sich allzusehr auf Detailprobleme beschränken, die zu einer einseitigen Spezialisierung führen. Dabei geht der Blick für zusammenhängende Probleme in der Architekturgeschichte, wie sie noch von Choisy („l'art de bâtir“), Viollet-le-Duc und Durm verstanden wurden, völlig verloren.

Die Entwicklung der einzelnen Komponenten der Architektur ist je nach Region und Zeitalter ganz verschieden. So entwickelte die ägyptische und mesopotamische Architektur ihre ersten Kulturbauten aus der Schilf- und Mattenbauweise. Holz war in beiden Kulturregionen nur spärlich vorhanden, dennoch zeigen die Zimmererarbeiten der Ägypter die noch heute gültigen Holzverbindungen. Luftgetrocknete Lehmziegel, die eine geringe Druckfestigkeit besitzen, spielten bei Kultbauten eine geringere Rolle. Ganz anders in der mesopotamischen Architektur, wo weder Holz noch Stein in großen Mengen vorhanden waren. Hier wurde die Architektur von Anfang an durch den Ziegelbau bestimmt.

Die griechische Baukunst lernt von beiden älteren Kulturen, entwickelt eine fast eigenständige Gliederbauweise unter Verzicht auf Mörtel als Bindemittel und verbessert die Hebevorrichtungen.

Erst den Römern gelingt es, vor allem auf technischem Gebiet, die Bauplanung und Bauausführung zu verbessern. Das Architrav-Säule-Prinzip der Ägypter und Griechen wird durch die von den Römern begründete Gewölbearchitektur überwunden. Eine Weiterentwicklung der römischen Wölbungskunst stellt die byzantinische Bautechnik dar. An die Stelle des römischen Kreuzgewölbes mit horizontalen Scheiteln und elliptischen Graten setzen die Byzantiner das gebuste oder sphärische Ziegelgewölbe auf Gurtbögen. Durch Kombination verschiedener Mauerverbände konnten Tonnen- und Kuppelwölbungen, fast ohne Lehrgerüst und Schalung, ausgeführt werden.

In zeitlicher Hinsicht läßt sich die mittelalterliche Baukonstruktionsgeschichte in romanische und gotische Wölbungstechnik unterteilen. Die romanische und gotische Wölbungstechnik knüpft an die römische an. Das System des aus Rundbogentonnen gebildeten romanischen Kreuzgewölbes ist von der Grundform des Quadrats oder Rechtecks abhängig. Die Übergangsform zur rechteckigen, spitzbogigen Mittelschiffeinwölbung gotischer Zeit bildet das sechsteilige Gewölbe.

Der mittelalterliche Baubetrieb wurde zwar schon mehrfach untersucht, jedoch dabei übersehen, daß der Unterschied zwischen Holz- und Steinbau und der Wechsel vom karolingisch-ottonischen Massen- zum gotischen Gliederbau einen veränderten Baubetrieb bedingt. Auch wurden in den bisherigen verdienstvollen Arbeiten stets Sakralbauten wie z. B. die Kathedralen behandelt, weltliche Bauten wie z. B. Brücken, Rathäuser und Bürgerhäuser traten in den Hintergrund. Die Bautechnik der Renaissance übernimmt aus der vergangenen Zeit eine Reihe von technischen Verfahren und Vorrichtungen. Der Baumeister konnte zunächst auf die Schriften der Antike zurückgreifen. Im Rahmen dieser „Einführung in die Geschichte der Baukonstruktion und Bautechnik“ kann nicht auf alle Aspekte des damaligen Bauwesens eingegangen werden, die in den Renaissance-Traktaten auch Maschinenbau und Fördertechnik behandelten. Neben der Entwicklung der Wölbungstechnik am Beispiel der Domkuppeln von Florenz und Rom behandelt das vorliegende Buch anhand der Ausführungen über Renaissance-Brücken auch die Verbreitung technologischer Kenntnisse unter den Ländern.

Spezielle Inhalte über Treppen und Ausbau im 15. und 16. Jh. werden im zweiten Band im Zusammenhang mit dem Frühbarock behandelt.

I Ägypten

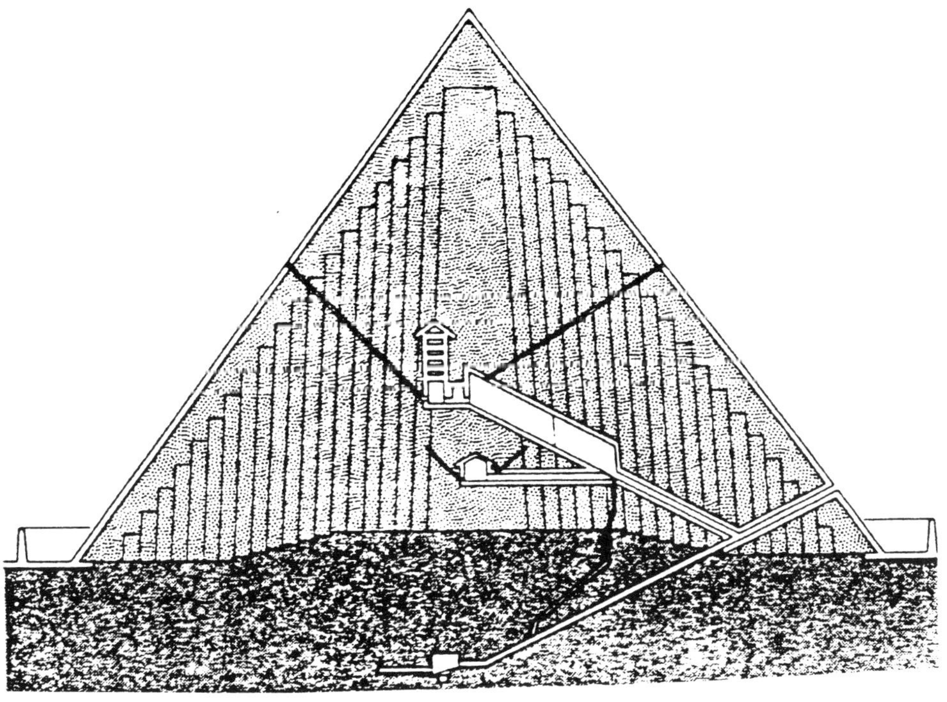

Abb. 1.1: Cheopspyramide, Querschnitt

Zeittafel

Zeitabschnitt	Zeitgenössische geschichtliche Ereignisse	Architektur/Bautechnik
Vorgeschichtl. Zeit (5500–3000 v. Chr.) Merimde-Kultur Badari-Kultur Negade-I-Kultur Negade-II-Kultur	Stammesbildung Stammesbündnisse Bildung zweier Königreiche (Unter- und Oberägypten)	erste Wohnformen erste Siedlungen
Frühdynastische Zeit 1. Dyn. 2965–2860 v. Chr. 2. Dyn. 2860–2750 v. Chr.	Vereinigung beider Königreiche unter Menes	Konstruktion mit luftgetrockneten Ziegeln und Schilfmatten; in der Grabarchitektur kommen 2 Bautypen vor; erste königliche Gräber in den Nekropolen Memphis, Saqqara, Abydos, Nagadah
Altes Reich 3. Dyn. 2750–2640 v. Chr. 4. Dyn. 2640–2520 v. Chr. 5. Dyn. 2520–2360 v. Chr. 6. Dyn. 2360–2195 v. Chr.	Das politische Gleichgewicht fördert die Entwicklung des Landes. Bedeutende Pharaonen: Djoser (3. Dyn.), Cheops, Chepren, Mikerinos (4. Dyn.), Sahure (5. Dyn.); erste sumerische Epoche (2800–2370 v. Chr.); Sargon I. begründet die Dynastie von Akkad. 5. Dynastie: Buch der Weisheiten des Ptahhotep	Übergang von der Ziegelkonstruktion zur Werksteinkonstruktion (Grabarchitektur); klare Herausbildung der Grabtypen: Mastaba und Pyramide; Kulttempel wurde der Pyramidenanlage zugeordnet; Grabanlage Djoser in Saqqara (Baumeister: Imhotep); Pyramiden in Mejdum und Dashur, Giseh; Sonnentempel in Abusir
Interregnum 7. und 8. Dyn. 2195–2180 v. Chr. (17 Könige)	Unklare politische Lage; Hauptstadt Memphis	Neue Blütezeit des sumerischen Reiches (2230–2000); Gudea, Fürst von Lagasch; 3. Dynastie von Ur
I. Zwischenzeit 9. und 10. Dyn. 2180–1990 v. Chr. 11. Dyn. 2081–2008 v. Chr.	Hauptstadt: Herakleopolis Hauptstadt: Theben	
Mittleres Reich 11. Dyn. 2008–1938 v. Chr. 12. Dyn. 1938–1759 v. Chr. 13. Dyn. (50 Könige) 14. Dyn. 1759–1640 v. Chr.	Vereinigung der Königreiche unter Mentiehotep; Sesostris I. in Karnak; 1. Dynastie von Babylon; Hammurabi (1789–1747 v. Chr.); Kleinkönige im Delta	Neue Bauten in der Hauptstadt Theben; Bau der Grabanlagen in Deir-el-Bahri und Beni Hassan, die Pyramide wurde aufgegeben.
II. Zwischenzeit 15. Dyn. Hyksos 1640–1530 v. Chr. 16. Dyn. Vasallen der Hyksos 1545–1540 v. Chr. 17. Dyn.	Zerrüttung der politischen Macht; Einbruch der Hyksos; Beginn der mykenischen Zeit; Hauptstadt Theben	

Abb. 1.2: Zeittafel

Zeitabschnitt	Zeitgenössische geschichtliche Ereignisse	Architektur/Bautechnik
Neues Reich 18. Dyn. 1540–1292 v. Chr. 19. Dyn. Ramessidenzeit 1292–1190 v. Chr. 20. Dyn. 1190–1075 v. Chr.	Ägypten wird zur militärischen Großmacht; Aufstieg des Hethiterreiches; Hauptstädte: Theben, Tel-el-Amarna; bedeutende Pharaonen: Hatshepsut, Amenophis III., Amenophis IV. (Echnaton), Ramses I., II., III. Trojanischer Krieg David, König von Israel Salomon, König von Israel Blütezeit des Assyrerreiches	Obelisken Thutmosis' I.; Tempel Hatshepsuts in Deir-el-Bahri; Tempel in Luxor (18. Dyn.); Tempel Sethos' I. in Abydos; unter Amenophis III. entstanden zum ersten Mal Kolossalstatuen (20 m Höhe); Ramesseum; Tempel Ramses' II. in Abu Simbel (19. Dyn.); Grabtempel Ramses' III. in Medinet Habu (Tonnengewölbe); Grabmäler Ramses' IV. und Ramses' IX. im „Tal der Könige" (20. Dyn., Grundrißskizzen auf Ostraka)
III. Zwischenzeit 21. Dyn. 1075–944 v. Chr. bis 24. Dyn. 722–716 v. Chr.		
Spätzeit 25. Dyn. (Kuschiten) 750–656 v. Chr. 26. Dyn. (Saiten) 656–525 v. Chr. 27. Dyn. (Perser) 525–404 v. Chr. 28. Dyn. (Amyrtaios) 29. Dyn. (Könige aus Mendes) 30. Dyn. (Nektanebos I. und II.) 380–342 v. Chr. 31. Dyn. (2. Perserzeit)	Hauptstadt: Sais König Psammetich I. (664–610 v. Chr.) vertrieb die assyrischen Eroberer und stellte die Einheit des Landes her; Niedergang des Assyrerreiches; Nebukadnezar erobert Jerusalem (597 v. Chr.); Perserkriege; Perikles in Athen (443–429 v. Chr.); Plato, Praxiteles, Demosthenes, Philipp von Makedonien (359–336 v. Chr.)	
Makedonische und ptolemäische Zeit Alexander der Große 332–323 v. Chr. Philipp Arrhidaeus 323–316 v. Chr. Ptolemäer 304–30 v. Chr.	Hauptstadt: Alexandria	Horus-Tempel in Edfu (237–57 v. Chr.); Tempelanlage auf der Insel Philae (304–30 v. Chr.)
Römische Zeit Augustus (30 v. Chr.) bis Theodosius I. (379–395 n. Chr.)		

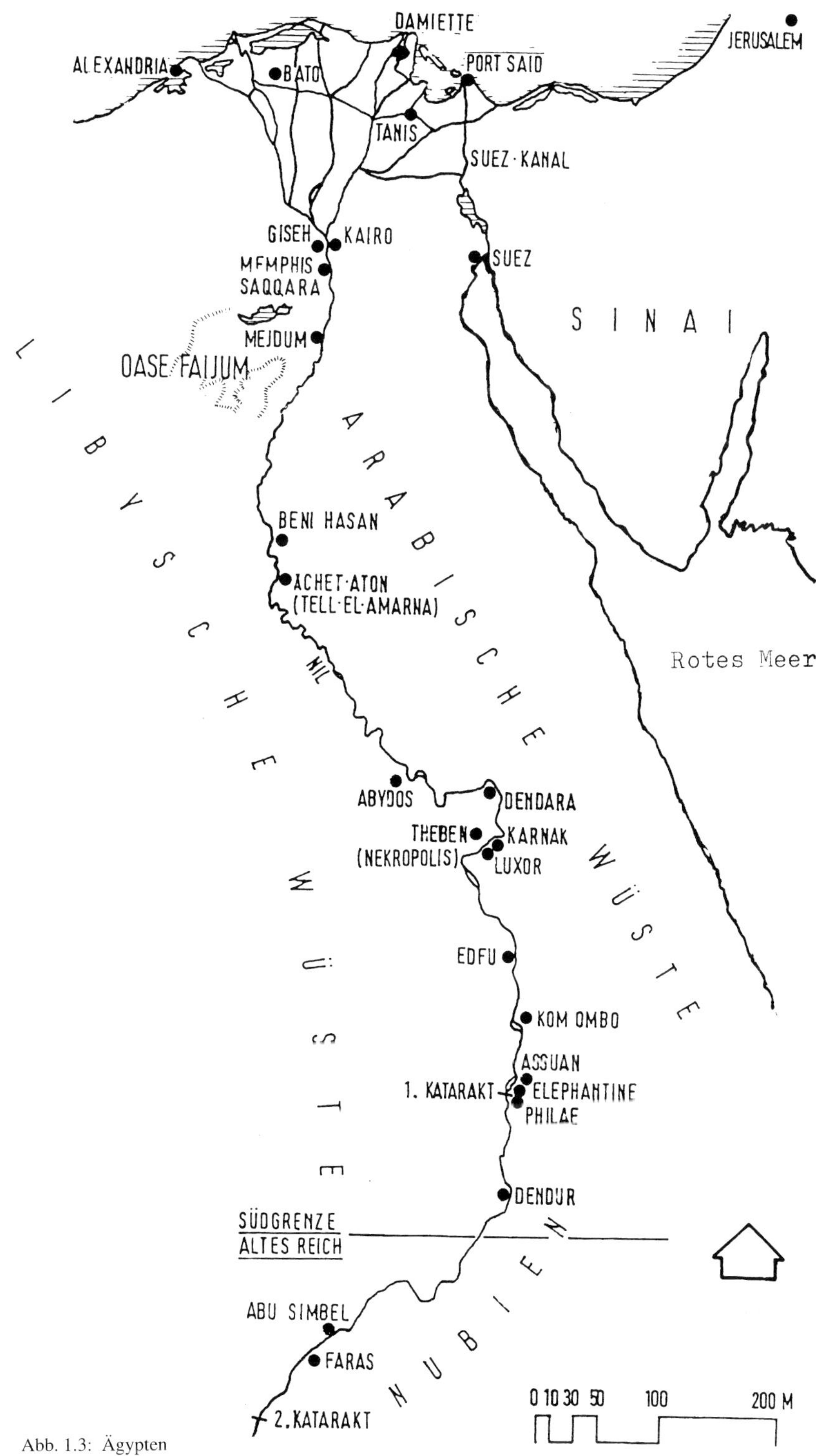
DAMIETTE
JERUSALEM
ALEXANDRIA
BATO
PORT SAID
TANIS
SUEZ-KANAL
GISEH
KAIRO
MEMPHIS
SAQQARA
SUEZ
SINAI
MEJDUM
OASE FAIJUM
LIBYSCHE WÜSTE
ARABISCHE WÜSTE
BENI HASAN
ACHET-ATON
(TELL-EL-AMARNA)
NIL
Rotes Meer
ABYDOS
DENDARA
THEBEN
(NEKROPOLIS)
KARNAK
LUXOR
EDFU
KOM OMBO
ASSUAN
1. KATARAKT
ELEPHANTINE
PHILAE
DENDUR
SÜDGRENZE
ALTES REICH
N
NUBIEN
ABU SIMBEL
FARAS
2. KATARAKT
0 10 30 50 100 200 M

Abb. 1.3: Ägypten

1 Grundzüge der ägyptischen Baukultur

Die ägyptische Kultur zeichnet sich durch die Beständigkeit ihrer Traditionen, die durch die religiösen Dogmen geprägt waren, aus. Die geographische Lage, am Rande des Vorderen Orients von diesem durch einen wüstenartigen Landstreifen getrennt, begünstigte die Erhaltung der politischen, sozialen und religiösen Struktur des Landes.

Die Kulturlandschaft besteht aus einem schmalen, fruchtbaren Landstrich rechts und links des Nils, der sich im Süden von Assuan bis nach Kairo im Norden über mehr als 1200 km erstreckt und sich zu einem Delta von etwa 150 km × 200 km ausdehnt. Von Juli bis Oktober verwandelt der Nil diesen Landstrich in einen See. Zwischen dem fruchtbaren Land und der Wüste erstreckt sich noch ein schmaler, sumpfiger Streifen. Nur durch gewaltige Bewässerungsanlagen konnte das Land fruchtbar gemacht werden.

Die Planung künstlicher Kanäle und die Aufteilung des Bodens in Parzellen lag in den Händen der Berufsgruppe der Seilspanner, die auch die geometrische Abgrenzung der Baugrundstücke und der Anbauflächen vornahmen.

Die Überwachung des Bewässerungssystems oblag der Beamtenschaft, die schreibkundig war und die höchsten Priesterämter bekleidete. Aus dieser Schicht kamen auch die Erbauer der Sakralbauten. An der Spitze des Verwaltungsrates standen die Wesire.[1]

Die sich vor etwa 6000 Jahren herausgebildeten Königreiche Oberägypten und Unterägypten hatten sich vor 3200–3000 v. Chr. unter dem Pharao Menes geeint. Die politisch-administrative Funktion konzentrierte sich auf die Residenzstadt des jeweiligen Königs. In Palastnähe wohnten auch die hohen Würdenträger.

Das Wirtschaftsleben der Landbewohner war durch die Landwirtschaft geprägt. In den Häusern wurde auch Handwerk betrieben. Der Warenaustausch beschränkte sich auf Naturalien im Rahmen von lokalen Märkten.

Die religiöse Funktion drückte sich in der Architektur, vor allem durch die Grabbauten und die Totenstädte, die Nekropolen, aus, die in der Nähe der Residenzstädte errichtet wurden. In der oberägyptischen Residenzstadt Theben befanden sich die geweihten Stätten und Heiligtümer, und auf dem rechten Nilufer waren die großen monumentalen Tempelkomplexe von Karnak und Luxor durch eine Allee miteinander verbunden, die als Prozessionsweg von Sphinxstatuen gesäumt wurde.

Um die unterägyptische Residenzstadt Memphis gruppieren sich bei Saqqara, Dahshur und Giseh die ältesten Mastaba- und Pyramidenbauten des Alten Reichs, die für den ersten König, seine Familie und seine Würdenträger gebaut wurden.

Die Pyramidenzeit war eine frühe Phase der ägyptischen Baukunst (3.–6. Dynastie). Tatsächlich entstanden die fünf größten Pyramiden im Zeitraum eines einzigen Jahrhunderts.[2]

Pyramiden wurden fast noch tausend Jahre später gebaut, aber sie wurden kleiner und aus luftgetrockneten Ziegeln errichtet. In den Schutzdekreten werden die Pyramidenbezirke als „Pyramidenstädte“ bezeichnet. Sie sind Stiftungsgut des Königs, dessen Steuervergünstigungen Schutzbriefe verewigen, so wie z. B. auch Tempelland von Abgaben befreit wurde.[3]

Während im Mittleren Reich auch Pavillonbauten und Kapellen (Senuset I. in Karnak) errichtet wurden, nahm die Zahl der Tempelbauten zu (Tempel der Hatshepsut in Deir el Bahri; Tempel von Abu Simbel, das Ramesseum, Grabmal Ramses' III.; Pavillon Amenophis' I. in Karnak) – auch der Pylon als monumentale Toranlage aus zwei mächtigen, pfeilerartigen Blöcken mit schrägen Wänden erscheint zu Beginn der 19. Dynastie.

Aus der Ptolemäerzeit, als Ägypten von makedonischen Herrschern regiert wurde, stammen der Horus-Tempel in Edfu (237–57 v. Chr.), der große Hathortempel von Dendera (80–50 n. Chr.) und die Tempelanlagen von Kom Ombo (180 v. Chr. bis 30 n. Chr.).

2 Bauplanung/Bauprogramme

2.1 Wohnhäuser

Die Frage nach dem Urtyp des ägyptischen Wohnhauses steht im direkten Zusammenhang mit der Frage nach den Baustoffen. Die Urform ist die einräumige Mattenhütte mit rechteckigem Grundriß. Wände und Decken bestanden aus geflochtenen Matten, die von einem Gerüst aus dünnen, in die Erde gesteckten Stangen und Querstangen getragen wurden. Die Bauformen erscheinen auf Darstellungen von Gotteshütten und Baldachinen.[4]

Anstelle eines Rohr- oder Strohkerns, der mit Nilschlamm bestrichen wurde, formte man Schlammbatzen. Die aus Lehmbatzen geschichteten Wände waren aus konstruktiven Gründen an beiden Seiten geböscht. Die Erfindung des Ziegelverbundes, der gleich große Ziegel bedingt, machte die Verwendung des Holzrahmens notwendig. Nach H. Ricke, der die Amarna-Wohnhäuser untersucht hat, erfuhr das Einraumhaus eine weitere Raumentwicklung: Durch Teilung wurden zunächst zwei kleine Nebenräume des Hauses abgetrennt. So entstand die „Dreiraumgruppe", die Grundform des ägyptischen Wohnhauses von der 12. bis 20. Dynastie. Eine weitere Entwicklungsstufe erreichte die Dreiraumgruppe durch die Überdachung eines Hofraumes vor der ursprünglichen Haustür (Abb. 1.4, 1.5).[5]

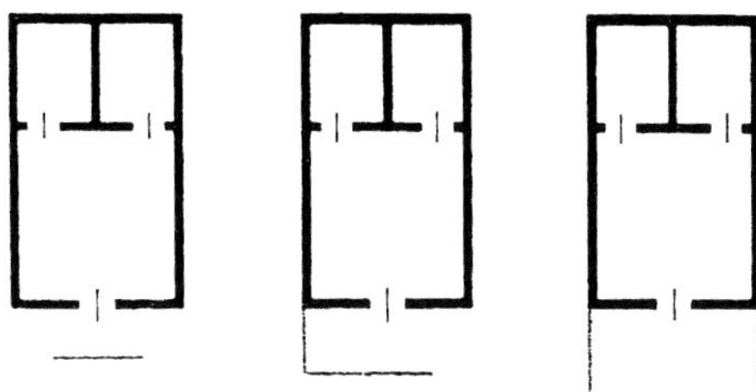

Abb. 1.4: Entstehung des Dreiraumhauses

Abb. 1.5: Frauenwohnung im Palast von El-Amarna
vorne: der quadratische Raum als Wohnraum
links: kleine Nebenräume für Vorräte

2.2 Pyramiden

Seit Beginn der dynastischen Zeit versuchten Könige, die Zerstörung ihrer Gräber zu verhindern, indem sie über der Bestattungsgrube einen Oberbau aus luftgetrockneten Schlammziegeln errichteten.[6] Diese Grabform ist unter dem Namen „Mastaba" (= Bank) bekannt geworden.[7] Ihre Wände sind geböscht und in den ersten Dynastien – entsprechend der aus dem Wohnbau entlehnten Raumgliederung – mit Kammern errichtet.[8] Die königliche Grabanlage des Alten und Mittleren Reiches (2600–1700 v. Chr.) ist die Pyramide mit Totentempel, Aufweg und Taltempel. Das Programm der Grabbauten erforderte folgende Funktionsräume:

- Raum für den Schutz des Verstorbenen und seiner Objekte
- Raum mit Symbolen, um den Platz zu markieren, wo sich der Verstorbene befindet, um die Erinnerung zu pflegen
- Raum für das Ritual.

Die Baulösungen variieren je nach der historischen Periode und der geographisch-topographischen Besonderheit und dem Sozialstatus des Verstorbenen. Bei der „Mastaba" ergaben sich die Raumfunktionen für

- den Sarkophag
- die Schutzkonstruktion oberhalb des Grabes
- das Ritual mit der „falschen Tür" als Nische.

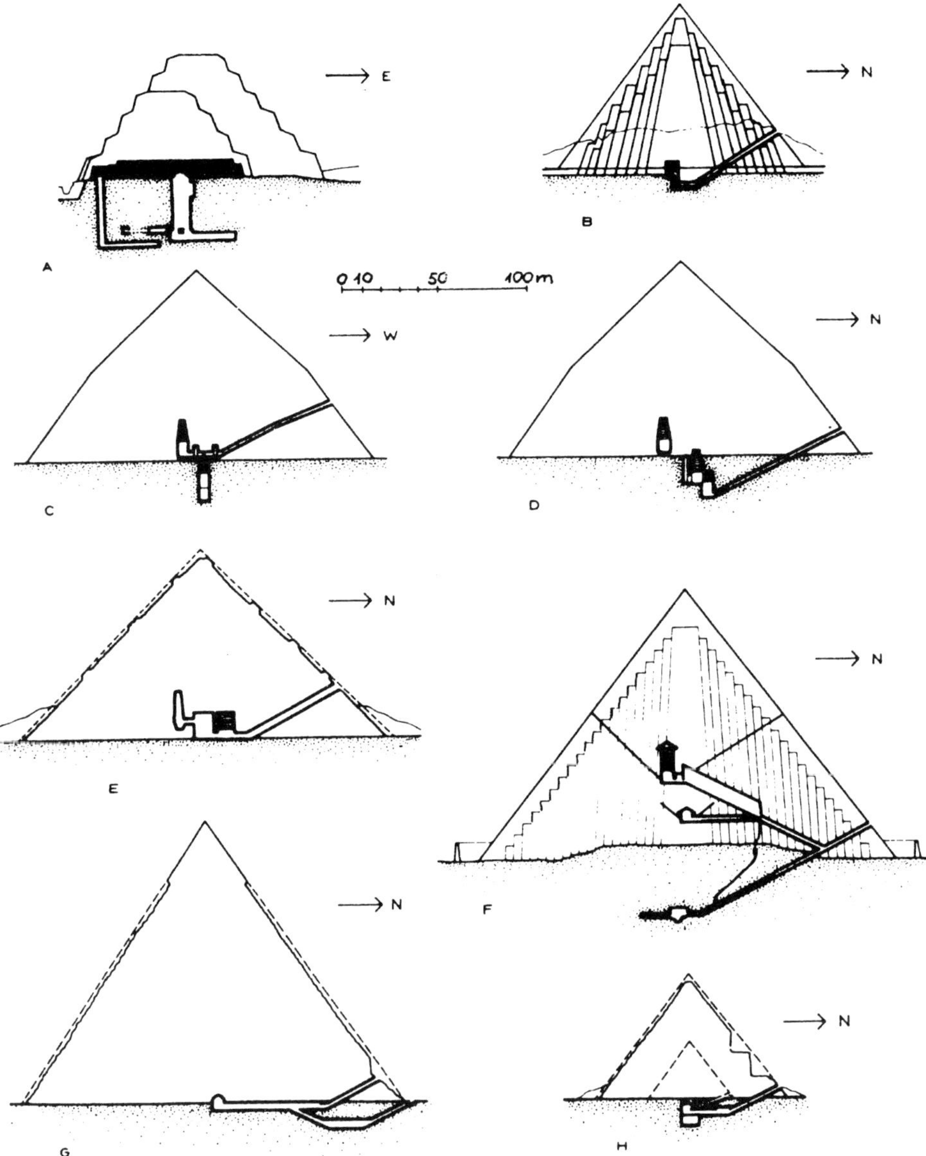

Abb. 1.6: Die sieben Pyramiden des Alten Reiches
A. Djosers Stufenpyramide/Saqqara
B. Mejdum
C. Knickpyramide von Dahshur-Süd
D. Knickpyramide von Dahshur-Süd
E. Die rote Pyramide, Dahshur-Nord
F. Cheops
G. Chephren
H. Mykerinos

Bei der Stufenpyramide von Djoser in Saqqara (3. Dynastie) wurde zum ersten Mal die thematische Bedeutung des Grabmals als königliche Residenz im Jenseits von Imhotep, Wesir, Berater und Architekt des Pharaos Djoser, architektonisch umgesetzt. Die monumentale Gestaltung der Grabanlage wurde durch die Wahl des Bauplatzes auf dem erhöhten Wüstenrand und durch das klare Schema erreicht: 544,90 m × 277,60 m und 10,50 m hohe, mit Risaliten gegliederte Umfassungsmauer, und in der Mitte des Hofes ragte die 60 m hohe Pyramide mit Basislängen von 109 m × 121 m empor, beide mit weißem Kalkstein verkleidet (Abb. 1.6).[9, 10]

Gegenüber der Mastaba, die mit horizontalen Steinlagen gemauert ist, weist die Stufenpyramide aus einem Winkel von 75 Grad nach innen geneigte, steile Strebemauern auf. Nach diesem Grundmuster wurden die späteren Pyramiden aufgebaut: Man zog Pyramiden in die Höhe, indem man gleichzeitig an sämtlichen Mauermänteln arbeitete.[11]

Bei der offenbar während der Bauarbeiten eingestürzten Pyramide von Mejdum wurden nach Ausgrabungen von L. Borchard und H. Ricke drei Bauphasen festgestellt:

1. Siebenfache Stufenpyramide mit einer Basislänge von etwa 144,50 m und etwa 60 m Höhe, Basiswinkel 51°52′.
2. Darüber (und seitwärts) erfolgte die 8. Strebemauer.
3. Außenmantel

Die nächste Pyramidenkonstruktion stellt die sogenannte Knickpyramide von Snofru in Dahshur dar – mit einem unteren Basiswinkel von 54 Grad und einem Winkel von 43,5 Grad im oberen Knickteil bei einer Höhe von 101 m. Bei einer Fortführung der Seitenlängen mit den ursprünglichen Basiswinkeln wäre die Höhe von 135 m erreicht worden.

Die größten Dimensionen erreichten in der Zeitfolge die Pyramide von Cheops (Khoufou) in Giseh mit einer Basislänge von 220 m, einem Winkel von 52 Grad und einer Höhe von 150 m sowie die Pyramide von Chephren (Cha-ef-rê) in Giseh mit einer Basislänge von 216 m und einer Höhe von 140 m. Nach diesen Bauten war der Höhepunkt des „Pyramidenzeitalters" bereits überschritten. Die späteren Pyramiden sind kleiner und mit luftgetrockneten Ziegeln errichtet worden. Zum Bauprogramm der Pyramiden gehörten der Totentempel und der Taltempel, die miteinander durch eine Rampe verbunden waren. Seit der 5. Dynastie wurden Sonnentempel gebaut. So z. B. ließ der Pharao Ne-user-rê auf einer höher gelegenen Terrasse bei Memphis anstelle der Pyramide als Sonnensymbol einen Obelisken auf einem Podium errichten, davor befand sich ein offener Altar (Abb. 1.7).

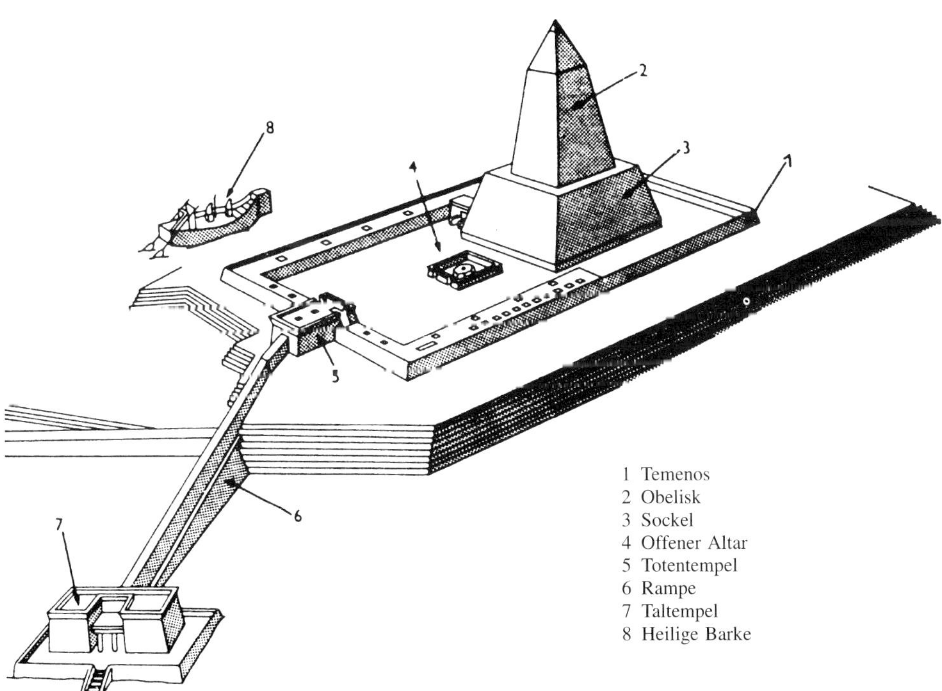

Abb. 1.7: Sonnentempel des Königs Ne-user-rê in Abu Ghorab

Nach dem Stand der Untersuchungen und Analysen von Borchardt, Ricke, Reisner, Edwards und dem Naturwissenschaftler Mendelssohn ergibt sich, daß bei der Planung der Konstruktion und bei der Ausführung eine Reihe von Fehlern begangen wurde, die zum Einsturz der noch nicht fertiggestellten Pyramide führten.[12] Da die 7. Stufe nicht vollendet war, konnte der Zusammenbruch der Steine vor der Vollendung des Außenmantels stattgefunden haben.

1. Bei einer Pyramide mit gut gearbeiteten Quadern wirkt die gesamte Drucklast senkrecht.
2. Wenn die Blöcke unregelmäßig behauen wurden, gibt es wenige Berührungspunkte zwischen den Blöcken.
3. Die lateralen Druckkräfte führen zur Unstabilität der Blockschichten, die den Einsturz verursachen können.
4. Im Vergleich zur Djoser-Stufenpyramide mit den zwei Strebemauern/Stufen gab es in Mejdum für jede Stufe nur eine Strebemauer von 5 Ellen (etwa 2,50 m) Dicke gegenüber 10 Ellen (etwa 5 m) in Saqqara.

Der Eingang zur Umfassungsmauer wurde durch eine Halle betont. Von hier aus führte ein rampenartiger Weg zum tiefer am Nilufer gelegenen Taltempel (Vestilziltempel),[13] wo die heilige Barke mit dem Körper des verstorbenen Pharao ankommt und der Tempel ein in Stein gesetztes Reinigungszelt darstellt. Er ist als Denkmal der Reinigung errichtet, die die Einbalsamierung einleitet.[14]

Im Mittleren Reich mehrten sich die Grabtempel, die aus dem Fels geschnitten wurden. Das Grab wurde im Fels verlegt. Der Raum für kultische Zwecke befindet sich als Totentempel weit außerhalb des Bergmassivs am Nilufer.

Die Raumorganisation der Tempel richtete sich nach dem Ritual. Im vorderen Teil, in den Säulenhöfen (mit Nebenaltären, Bildwerken, Kapellen) und Hypostylhallen, wurde das Publikum zugelassen. Im hinteren Teil befanden sich die kleineren Säle und Kammern für die Priesterschaft und ganz verborgen die Cella mit dem Heiligtum.

Im Neuen Reich ragen in architektonischer und konstruktiver Hinsicht der Amon-Tempel von Karnak (19. Dynastie) und der Grabtempel Ramses' III. in Medinet Habu hervor. Neue Elemente treten auf: der Pylon als monumentale Toranlage aus zwei mächtigen, pfeilerartigen Blockteilen mit schrägen Wänden sowie die basilikale Säulenhalle wie im Amon-Tempel in Karnak aus niedrigen Seitenhallen und einem erhöhten Mittelteil mit drei Schiffen (Abb. 1.8, 1.8.1).[15]

Als eine architektonische Weiterentwicklung der kleinen Pavillons aus der Zeit von Sesostris I., 12. Dynastie (etwa 1950 v. Chr.), können die Kapellen mit Pfeilerumgang aus der 18. Dynastie, des Königs Amenophis III. (etwa 1450 v. Chr.), gelten, die anläßlich seines Thronjubiläums auf der Insel Elephantine errichtet wurden. Diese offenen Hallen ähnlich dem „Geburtshaus" von Philae erinnern ein wenig an die späteren griechischen Tempel mit Säulenumgang (Abb. 1.9).

3 Vom Bauen

3.1 Baustoffe

In den Darstellungen der ägyptischen Reliefs erscheinen die Schilf- und Mattenbauten als die ältesten Kulturbauten.[16] Entlang dem Nilufer gedieh neben Schilf und Binse auch die Papyrusstaude. Aus den Schilfstengeln wurden die Matten geflochten.

Nach der Papyrussäule läßt sich auch die Urform der Stütze rekonstruieren: Jedes Papyrusbündel ist durch mehrere Bindungen zusammengehalten.[17] Es gilt also, zwischen den blumenbesteckten „tragenden" Palmenstämmen und den früheren Schilfrohrhütten zu unterscheiden.

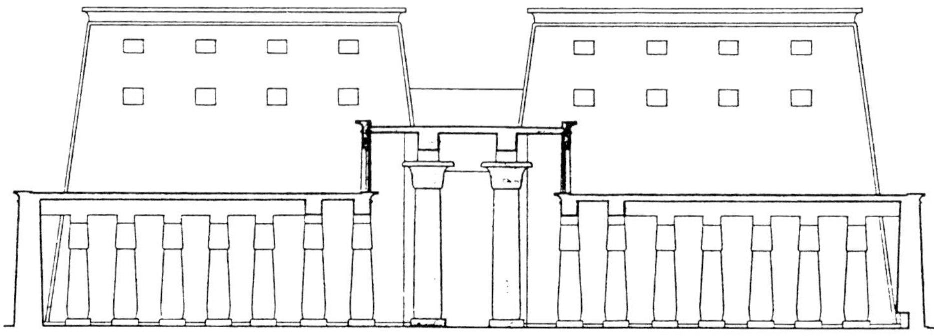

Abb. 1.8: Schnitt durch den großen Säulensaal von Karnak i. M. 1 : 800

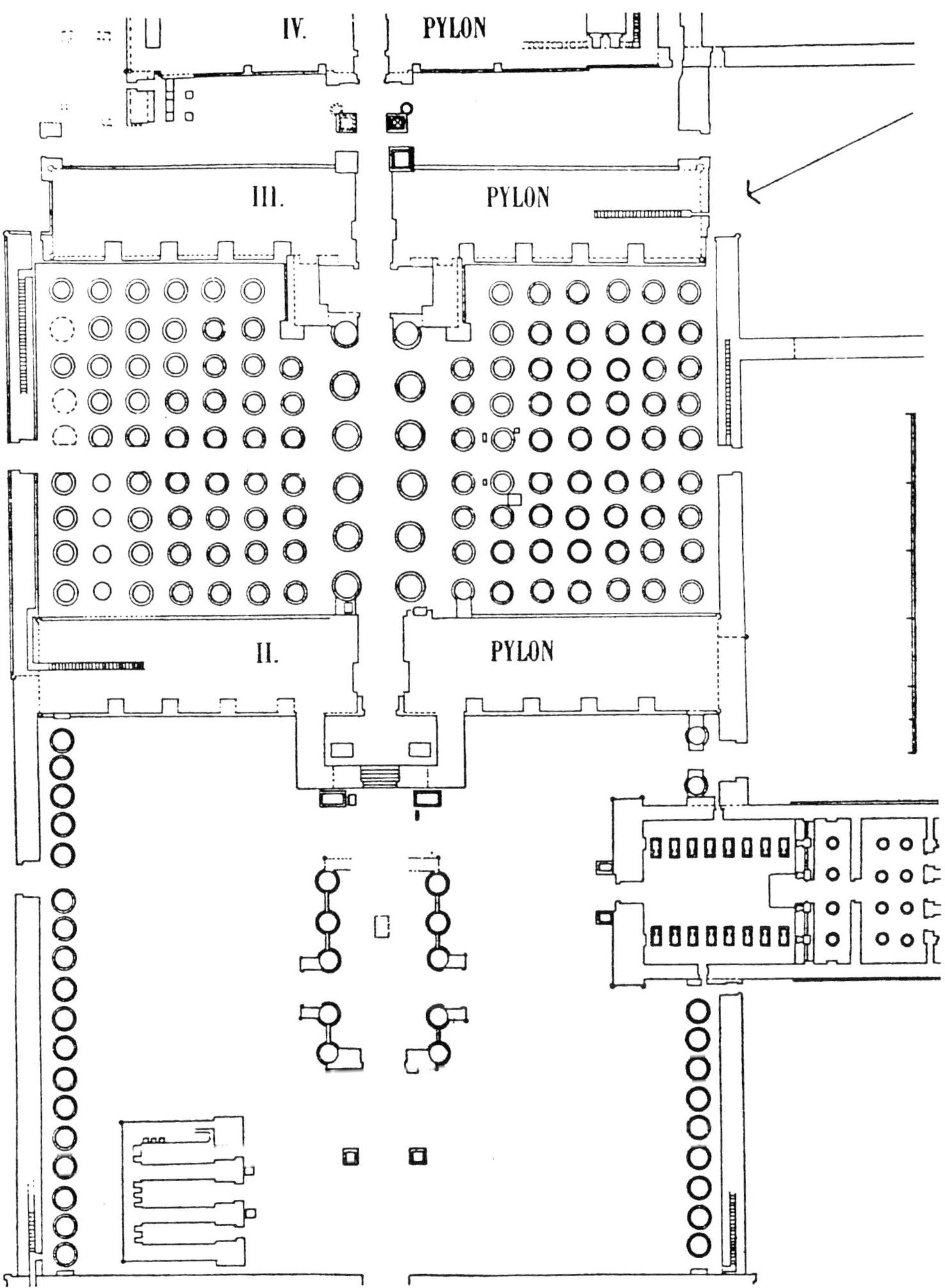

Abb. 1.8.1: Säulensaal von Karnak, Grundriß

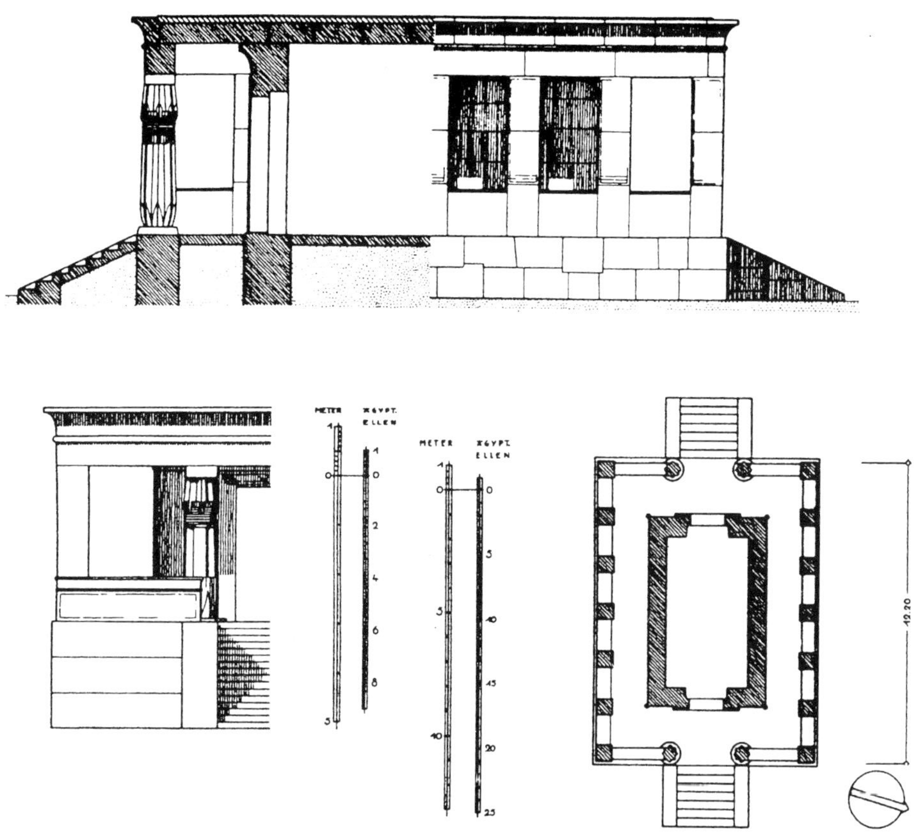

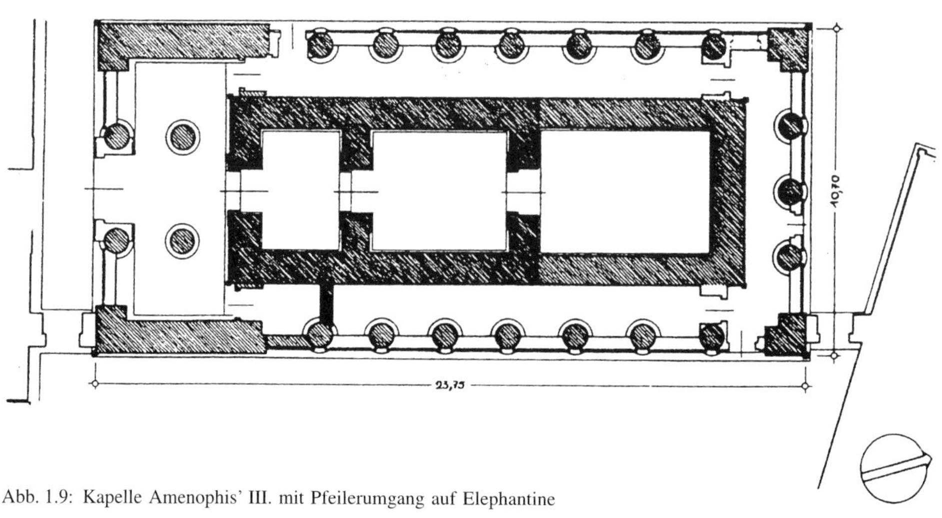

Abb. 1.9: Kapelle Amenophis' III. mit Pfeilerumgang auf Elephantine

Der Schilfbau kann nicht mit den Maßstäben der Statik des Werksteinbaus, also nach Kriterien von „Lasten und Tragen", sondern muß unter den Aspekten „Verbiegen und Verspannen" beurteilt werden.

Die Praxis des Schilfbaus in der vordynastischen Periode geben die ägyptischen Darstellungen der Gotteshütte wieder. Das tragende Gerüst der Mattenhütte bestand aus Stangen, die in die Erde gesteckt wurden. Die „Zeltstangensäulen" dynastischer Zeit wurden nach Petrie und Borchardt in Stein übertragen.[18] Obgleich Holzsärge aus dem Neuen Reich erhalten sind, konnte das Holz als Baustoff nur im beschränkten Maße genutzt werden, da in Ägypten nur der Palmbaum vorkommt. Wo große Mattenbauten mit tragendem Holzskelett zur Ausführung kamen, mußte das Bauholz importiert werden. Der zimmermannsmäßige Holzbau zeigt bereits bei den Altägyptern die noch heute bekannten Holzverbindungen, die hier am Beispiel eines Lastschlittens erläutert werden:

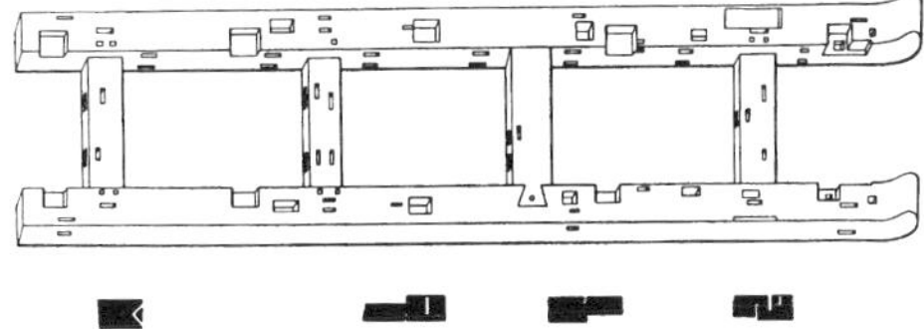

Abb. 1.10: Hölzerner Schlitten, 12. Dynastie, Dahshur, 3 m lang

Schwalbenschwanz mit Brust und hakenförmige oder einfache Überblattung für Querverbindungen, Zapfenblattstoß oder gerader Stoß für Längsverbindungen (Abb. 1.10).[19]

3.1.1 Ziegelbau

Das Mattenhaus war durch Material und Konstruktion an die Gestaltung von Einzelräumen gebunden. Bei der Entwicklung des vielräumigen Grundrisses kommt der Ziegelbau zur Anwendung. Der Lehmschlamm aus dem Nil wird an Ort und Stelle in kleineren Portionen durchgeknetet. Anschließend wird er von Trägern auf die Baustelle transportiert und dort in Holzformen gestrichen.[20]

Der Ziegel aus Nilschlamm zeigt Schwankungen in der Materialdicke, die auf die Zuschläge aus feinem Sand und Glimmer zurückgehen. Die Beimengung von Strohhäcksel erhöht die Festigkeit der Lehmziegel. Der Lehm als Baustoff setzt sich aus Quarzsand, Glimmer, Kalk und durch Eisenhydroxid verunreinigtem Ton zusammen, der je nach seinem Eisengehalt eine hellere oder dunklere, eine gelbe bis gelbbraune Färbung annimmt.[21]

Die typische Form der ägyptischen Ziegel ist rechteckig, wobei die Abmessungen zwischen dem Alten und dem Neuen Reich variieren. In Ägypten wurden zwei Arten von Nilschlammziegeln verwendet:

Abb. 1.11: Ägyptische Lehmziegelproduktion um 1925

Abb. 1.12: Nubische Schräggewölbe am Ramesseum

- Für den Grabbau waren Formate von etwa 23,5 cm × 11 cm × 5,5 cm; 24 cm × 11, 5 cm × 6,5 cm (2. Dynastie); 30 cm × 15 cm × 7 cm (Mittleres Reich) und 38 cm × 18 cm × 9 cm (Neues Reich) vorgesehen.
- Für die nubischen Festungsbauten des Mittleren Reiches hatten die Ziegel ein Format von etwa 30 cm × 15 cm × 7,5 cm.
- Für die Stadtmauern und Tempel von Karnak etwa 40 cm × 20 cm × 15 cm sowie 36 cm × 18 cm × 13 cm (Abb. 1.11–1.13).

Abb. 1.13: Altägyptische Ziegelherstellung, Ausschnitt nach einem Wandgemälde aus dem Grab des Rekhmireh, ca. 1448 v. Chr.

3.1.2 Steinbruch

Ägypten baute seit den ersten Dynastien Kalk, Sandstein, Granit, Syenit, Basalt, Quarzit, Dioxit und Gipsstein ab.[22] Eines der ersten Abbauverfahren für den Kalk- oder Sandstein war, Bruchstein aus ca. 10–20 cm dicken horizontalen Steinschichten mit Hilfe des einfachen Hebels zu lösen, wie sie z. B. auf dem Plateau von Giseh/Kairo vorkamen. Der örtliche Stein wurde unter freiem Himmel auf einem Areal gewonnen, das durch ein Gitternetz aufgeteilt war.[23] Mit einer Art Pickel hackte der Steinbrecher den Boden auf.[24]

Mit steinernen Hämmern und mit Meißeln (aus Kupfer, später aus Bronze) und Holzschlegeln wurden die einzelnen Blöcke in Trennfugen losgeschlagen und vom Untergrund gelöst. Der Abbau von Hartgestein wie Granit geschah mit schaftkantigen Steinhämmern aus Dolerit. Die Keillochspaltung setzte sich in der römischen Zeit durch.[25] Gewöhnlicher Kalkstein wurde in Kalköfen zu Gips verarbeitet. Gips mit Sandbeimischung stellte den Mörtel der Pharaonenzeit dar.

Abb. 1.14: a) Langes Stemmeisen, Kupfer; b)–d) Kupfermeißel; e) Lehmziegelform, 18. Dynastie, Theben; f) Reibebrett

3.2 Werkzeuge

Man kann nach Abbildungen in den Flachreliefs mit Überraschung feststellen, daß die ägyptischen Werkzeuge sich während des langen Zeitraumes zwischen dem Alten und dem Neuen Reich kaum geändert hatten.

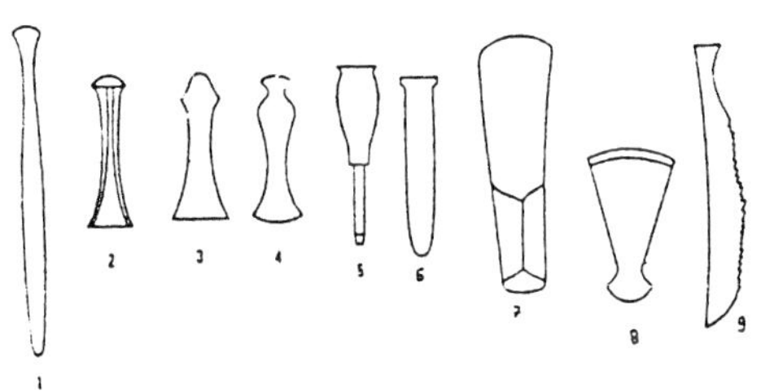

Abb. 1.15: Handwerkszeug der Pyramidenzeit: Nr. 1–7 Kupfermeißel; Nr. 8 Kupferschneide; Nr. 9 Kupfersäge

Der Maurer kannte den Winkelhaken und das Senklot (aus Basalt), den Meißel zum Behauen der Steine und die Trage. Der Hammer hatte ursprünglich keinen Stiel: Er wurde als ungeschäfteter Granitstein für die groben Arbeiten eingesetzt (Abb. 1.14, 1.15).

Abb. 1.16: Axt, Gisa; Axt, Mejdum, Mastaba, 17. Dynastie; Sägeblatt, Mejdum, Mastaba, 17. Dynastie; Messer (Feuerstein), Mejdum, Mastaba, 16. Dynastie

Der Steinmetz benutzte die Kupfersäge und den rohrförmigen Bohrer. Für die Fortbewegung der Baustoffe wurden Walze, Hebel und der Schlitten genutzt. Das Rad wurde erst im Neuen Reich von den Assyrern übernommen.

Die Anwendung des Metalls im Bauwesen beginnt im Mittleren Reich (etwa 1950 v. Chr.). Gehämmerte Bronze kommt dort um 1500 v. Chr. (Neues Reich) vor. Man hämmerte aus einem Gußbarren ein Stück Blech, und aus diesem Blech wurden verschiedene Formen von Gefäßen hergestellt. Die Werkzeuge – hier Meißel und Axtblätter – wurden aus Kupferguß angefertigt (Abb. 1.16–1.18).[26]

Abb. 1.17: Links/rechts: Meißel; Mitte: Holzhammer

Abb. 1.18. Schreinerarbeiten: Sägen und Bohren, nach einem Wandgemälde aus dem Grab des Rekhmireh, ca. 1448 v. Chr.

Abb. 1.19: Winkeleisen, Richtscheit und Bleilot, Grab von Sennûtem, Theben, 20. Dynastie; hölzerner Steinmetzklöpfel, Saqqara, Altes Reich

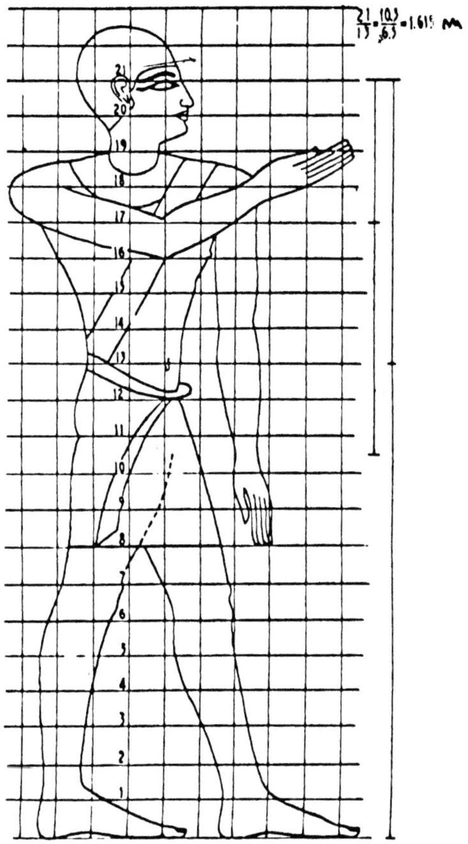

Abb. 1.20: Werkzeichnung für ein Relief, das Quadrat des Rasters nach „Ellen"-Maßstab

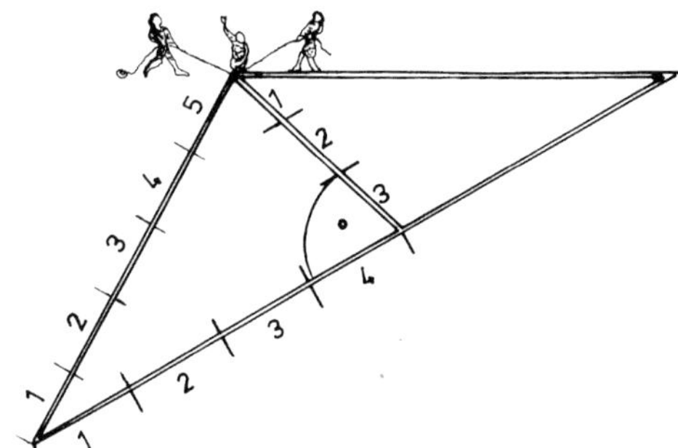

Abb. 1.21: Altägyptisches Absteckverfahren der Baustelle, „pythagoräisches Dreieck"

3.3 Baustelle

3.3.1 Abstecken des Grundrisses

Um eine senkrechte Achse beibehalten zu können, auf die sich alle Messungen beziehen, hatte der altägyptische Baumeister den Mittelpunkt eines Bauwerks durch einen Pfahl gekennzeichnet. Von da aus konnte man mit Hilfe einer Senkrechtschnur die lotrechte Stellung der Achse materiell festlegen. Der mit einem Senklot versehene dreieckige Lotwinkel, der mit einer heute gebräuchlichen Setzwaage so gut wie identisch ist, sowie das Nivellierungskreuz waren Instrumente, die zur Nivellierung auf mittlere Entfernungen taugten (Abb. 1.19–1.21).[27]

Das Parzellierungsverfahren hatte eine lange Tradition. Nach jeder Überschwemmung mußten die Felder neu abgesteckt werden. Das besorgten die „Seilspanner" oder Landmesser, ein selbständiger Berufsstand.[28] Sie verwendeten Seile, die in festen Abständen mit Knoten versehen waren. Damit konnten sie die Längen der Felder vermessen, aber auch rechte Winkel abstecken. Zur Konstruktion von rechten Winkeln konnten die Seilspanner nach Cantor (1894) die sogenannten „pythagoräischen" Zahlentripel verwendet haben.[29] Der Mathematikhistoriker O. Neugebauer bezweifelt jedoch, daß die Altägypter diese Zahlen gekannt haben.[30]

Die Seilspanner konnten diesen Zusammenhang allerdings nur ausnutzen, wenn alle drei Seiten des Dreiecks einer ganzen Anzahl von Knoten entsprachen, wenn a, b und c ganze Zahlen waren, d. h. 3, 4 und 5 oder 6, 8, 10 oder 9, 12, 15. Das Tripel „3, 4 und 5" findet auch heute auf der Baustelle als „Maurerdreieck" Anwendung (s. insbesondere Abb. 1.21).[31] Sind a, b und c die Seiten eines rechtwinkligen Dreiecks, wobei c die Hypotenuse ist, also die dem rechten Winkel gegenüberliegende Seite, so gilt $a^2 + b^2 = c^2$ (Abb. 1.21), hier in moderner Schreibweise.

Aus drei Holzlatten von 3 m, 4 m und 5 m Länge kann man einen rechten Winkel zusammenzimmern.[32] Auch die Setzwaage der alten Ägypter ist auf dem Satz der Elementargeometrie aufgebaut.[33] Die Längenmaße waren die Elle (0,52–0,54 m), der Fuß, die Handbreite, die Faust und der Finger.

Die Baufluchten wurden auf dem Erdboden eingeritzt. Gleich nach dem Abstecken wurde die Grube mit einer gut gefügten Plattenschicht belegt. Der Werkmeister schnürt auf ihr wie auf einem Reißbrett die Hauptzüge des Bauwerkes.[34] Die Säulenstellung wurde auf dem Stylobat festgelegt. Die Markierung erfolgte durch Inschriften.[35]

3.3.2 Bau- und Werkzeichnungen

Die spärlich erhaltenen Zeichnungen lassen nicht mit Sicherheit die Funktionen der Pläne erkennen. Es ist bekannt, daß die ägyptischen Darstellungen in der Wandmalerei, im Relief und in der Plastik auf einem durch Abszissen und Ordinaten gebildeten quadratischen Rasternetz aufgebaut waren. Damit konnten die Proportionen bestimmt werden.[36]

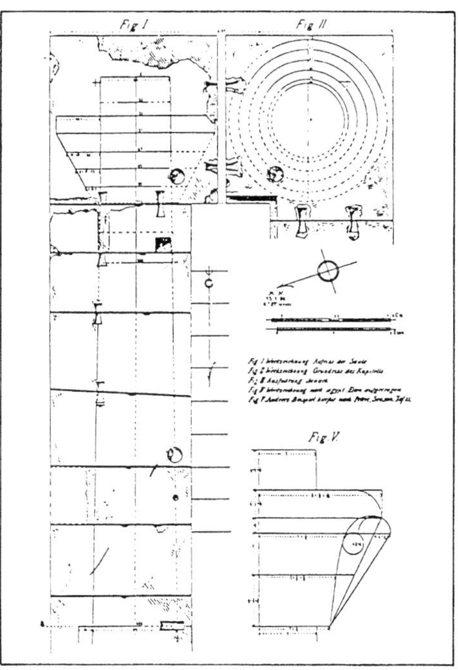

Abb. 1.22: Ägyptische Werkzeichnung

Die Elemente des „Proportionskanons" entsprechen den natürlichen Maßeinheiten des menschlichen Körpers: Die königliche Elle von ca. 52,3 cm =

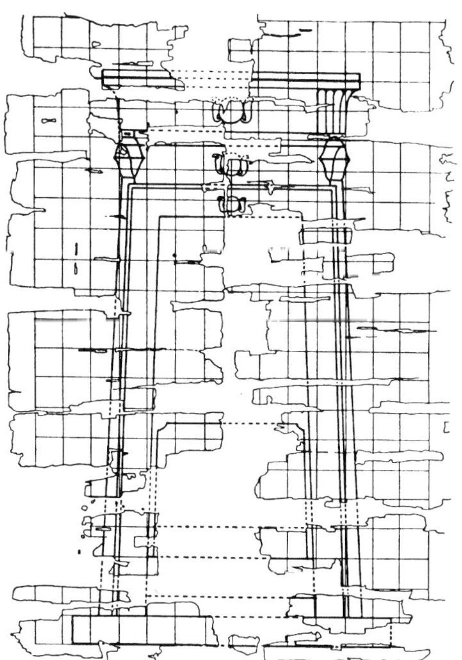

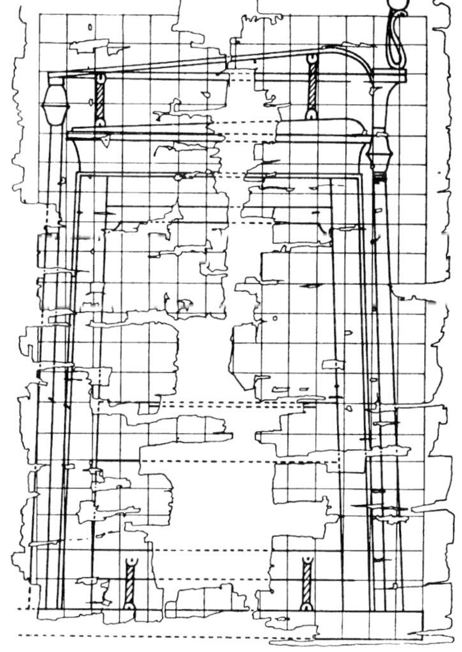

Abb. 1.23: Vorderansicht und Seitenansicht eines Schreins auf quadriertem Papyrus, 18. Dynastie, Ghorab

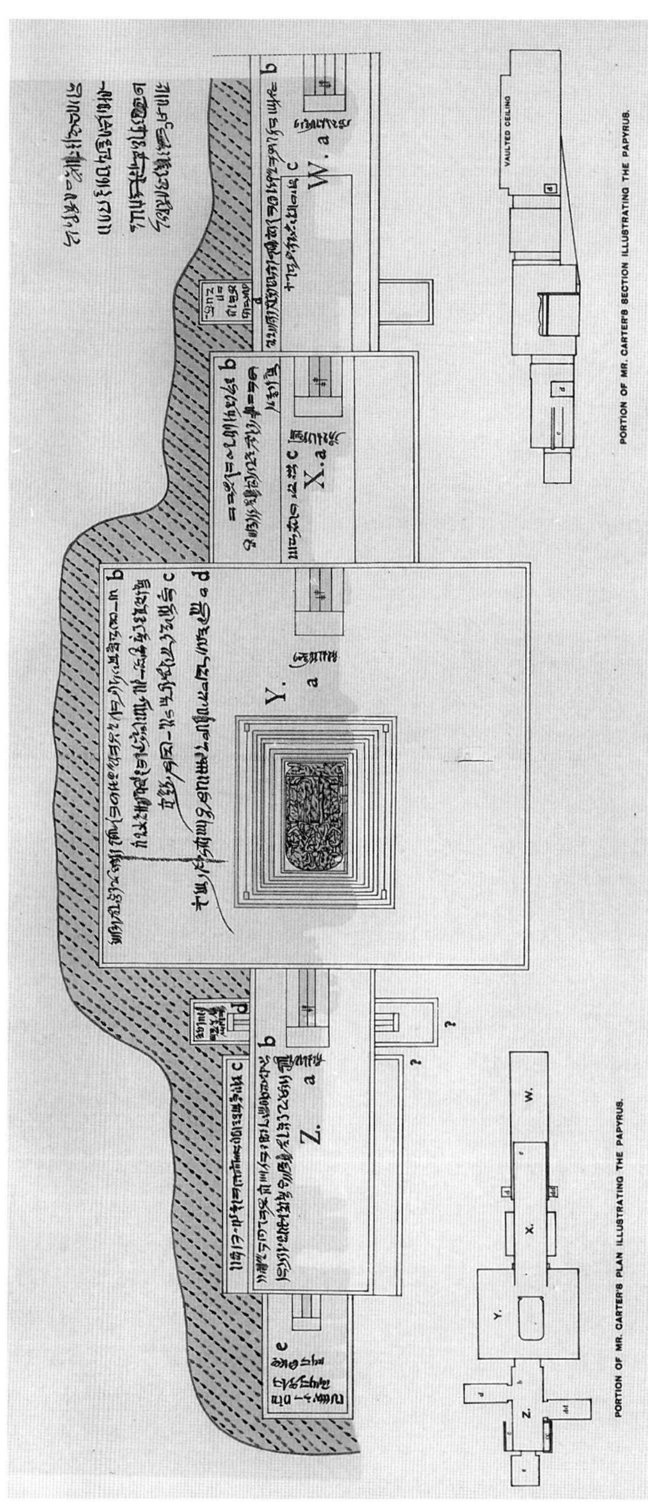

Abb. 1.24: Grabplan von Ramses IV. nach dem Papyrus-Plan in Turin

7 Handbreiten („Palmen") = 28 Finger, 1 Handbreite = 4 Finger. Als Flächenmaß galt das Quadrat („Setat") mit den Einheitsbrüchen 1/2, 1/4 und 1/8.[37]

Im Mittleren Reich trug man für Flachbilder ein Netz von Quadraten auf und skizzierte in dieses Gerüst die Zeichnung. Mit diesem Verfahren konnte man das Verkleinern oder Vergrößern einer Zeichnung auf das Werkstück bewerkstelligen. Im Grab von Rakhmire in Theben wurden solche Gitternetze mit eingetragenen Figuren gefunden.[38]

Aus der 18. Dynastie sind die Reste einer Zeichnung eines quadrierten Papyrus gefunden worden, der die Vorder- und Seitenansicht eines hölzernen Schreins zeigt. Allein dieser Papyrusrest eines hölzernen Baldachins aus Gurob (Ghorab) gilt als Beweis für die Fähigkeit der altägyptischen Baumeister, eine technische Zeichnung anzufertigen.[39]

Trotz einer Reihe von erhaltenen Unterlagen, wie z. B. Zeichnungen auf Ostraka (auf Kalksteinscherben) des Grabes von Ramses IX. und anderen Ostraka aus dem Tal der Könige in Theben, so auch der Plan des Grabmals Ramses' IV. (20. Dynastie), gibt es keine eindeutigen Beweise, daß die damaligen Baumeister ihre Pläne nach einem Maßstab gezeichnet haben. Diese graphischen Darstellungen konnten auch nach dem fertigen Objekt gezeichnet werden, und zwar nach dem Begräbnis des Pharao.[40] Die eingetragenen Maße in hieratischer Schrift wurden wahrscheinlich später eingetragen.[41]

Für Säulen sind Vorzeichnungen in Naturgröße in den Tempeln der Ptolemäer- und Römerzeit erhalten. L. Borchardt hat versucht, anhand der Säule aus Philae um 150 v. Chr. und eines Lilienkapitells in dem Steinbruch zu Abu Fodah (1. Jh. n. Chr.) nachzuweisen, daß sie durch die Elle und deren Einheitsbrüche konstruiert sind.[42]

Die Zeichnung aus „Description d'Egypte" von 1817, auf die sich Borchardt stützt, zeigt den Aufriß des Kapitells des Tempels zu Dendera, der unter Kleopatra (66–30 v. Chr.) erbaut wurde.[43] Das Verfahren der Vorzeichnungen am Bau und seine Spuren finden sich auf sämtlichen Bauwerken in Karnak (Abb. 1.22–1.24.)[44]

Das Abstecken des Bauplatzes mittels des Strickes und die Übertragung des Grundrißplanes in Naturgröße ist für die Entwurfsgesinnung charakteristisch. Wahrscheinlich lag der Sinn der Bauzeichnung noch nicht in der konzeptionellen Lösung einer Bauaufgabe, sondern in der Fixierung und Anwendung von technischen und formal-ästhetischen Regeln.

3.4 Transport

Die im Steinbruch gewonnenen Werkstücke, Säulen, Obelisken und Statuen wurden mit Hilfe von hölzernen Rollen und Schlitten bis zum Nil transportiert. Für den Transport auf dem Nil dienten Lastschiffe. Nach einem Wandbild aus dem Grab des Djehutihetep (Dhutihotep) in El-Bersheh (18. Dynastie) ist die Kolossalstatue mit dicken Seilen auf einem Schlitten gesichert.[45] Mehr als 170 Arbeiter in vier Doppelreihen greifen in die Zugseile. Ein Arbeiter gießt Wasser vor die Schlittenkufen zur Befeuchtung der Gleitbahn. Auf diese Weise wurden die Steinblöcke von der Anlegestelle am Nil bis zur Baustelle gebracht (Abb. 1.25, 1.26).

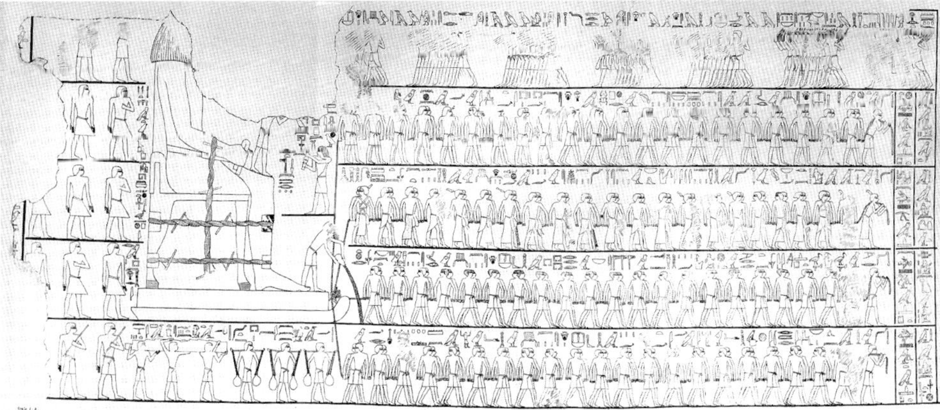

Abb. 1.25: Transport einer Statue von etwa 60 Tonnen auf einer Schleife
Relief aus dem Grab Dhutihotep, El-Bersheh, 18. Dynastie

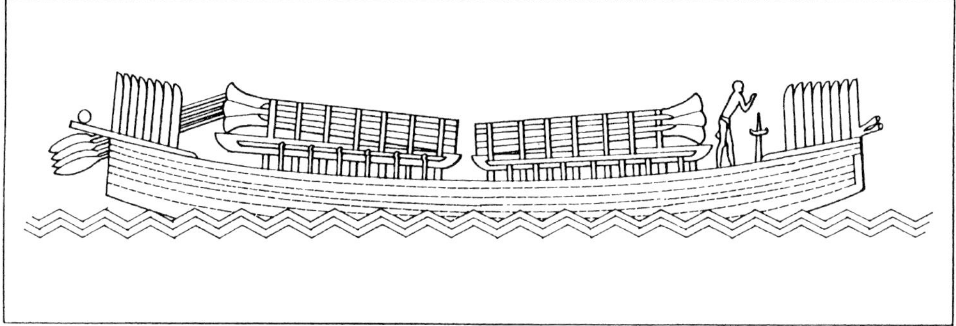

Abb. 1.26: Säulen und Obelisken wurden für den Transport mit Holzbalken armiert

Nach Versetzung der ersten Steinlage mußte die Gleitbahn erhöht werden. Für höhere Steinschichten wurden Transportrampen errichtet. Die Stützkonstruktion der Rampen bestand aus Lehmziegeln.[46]

Die Rampen am I. Pylon in Karnak erreichten vom Nilufer bis zum Pylon die Höhe von 34 m und eine Länge von 450 m.[47]

Bei größeren Rampen schüttete man das ganze Gebäude mit Sand auf und transportierte die Blöcke auf Rampen nach oben. Um eine Bearbeitung des Mauerwerks auf der Vorderseite zu ermöglichen, wurden nach Hölscher leichtere Gerüste aus Holz gebaut. Sie konnten von den Malern und Reliefkünstlern verwendet werden.[48]

Auch beim Bau von Pyramiden wurden, um in jedem Abschnitt der Arbeiten eine ausreichende Plattform für die Werkleute zu schaffen, Rampen aus Lehmziegeln errichtet.[49]

Der Maschinenbauingenieur L. Croon ging bei seinen Berechnungen über den Transport der Baustoffe der Pyramide von Mejdum von einem Steigungswinkel von 25° aus, um die Steinlasten heraufzuziehen. Dafür setzte er die Zugkraft eines Arbeiters auf 12 kg ein.[50]

4 Vom Konstruieren

4.1 Fundamente

Die Reliefs des Neuen Reiches in Abb. 1.27 stellen die Zeremonie der Grundsteinlegung dar.[51] Der König schlägt einen Absteckpfahl, danach folgt das Aufschnüren des Bauwerks, das Einritzen der Baulinien, das Aufschütten von Sand und das Formen eines Lehmziegels (Abb. 1.27).[52]

Ein Fundament war ursprünglich nicht vorgesehen. Die Technik des Fundamentierens wurde erst bei Großbauten wie z. B. den Tempeln von Giseh und Karnak entwickelt. Im allgemeinen wurde anfangs bei den Fundamentierungsarbeiten ein Graben ausgehoben, der so breit war wie die geplante Mauer.

In diesem Graben wurden die eigentlichen Fundamente aus Werkstein oder Ziegeln errichtet. Die Grundmauern bestanden aus unterschiedlichen Materialien, wie Schutt, großen behauenen Blöcken, beschädigten Säulentrommeln, und wurden aufgeführt, ohne daß die Zwischenräume mit Mörtel ausgefüllt wurden.

4.2 Mauerwerk

Steinblöcke wurden vom Steinbruch als unregelmäßig große und rohe Bausteine geliefert, die nur an Unterseite und Stoßfugen bearbeitet wurden. Rings um die Vorderseite eines Blocks wurde ein schmaler Rahmen abgearbeitet. Die endgültige Zurichtung der Blöcke fand in unmittelbarer Nähe zur Baustelle statt. Die Messung der Neigungswinkel geschah mit Hilfe von Senkblei und Meßlatte (Abb. 1.28).

Bevor die nächste Steinlage verlegt wurde, mußte die Oberseite geglättet werden. Bei der Versetzung der Steine ging es hauptsächlich um die exakte Lage der Steinblöcke: die Unterkante des neuen Blocks auf die Oberkante des unteren Blocks.

Zu Beginn des Neuen Reichs (18. Dynastie) bestanden die Mauern aus zwei parallel laufenden Schalen aus unregelmäßigen Blöcken, deren Steinschichten miteinander nicht verzahnt wurden. Der Hohlraum wurde mit Schutt und grob behauenen Steinen ausgefüllt. Die äußere Schale der Tempel übernahm aus Stabilitätsgründen von der Lehmziegelbauweise die Neigung der Winkel. Bei Pylon- und Torbauten sind beide Mauerseiten geneigt.[53] Der Gipsmörtel diente vorwiegend als Gleitmittel zur Bewegung der Blöcke in ihre richtige Position, aber auch zur Abdichtung der Fugen. Zur Fixierung der Blöcke in ihrer Lage wurden hölzerne Klammern in Form von Schwalbenschwänzen verwendet (Abb. 1.29).

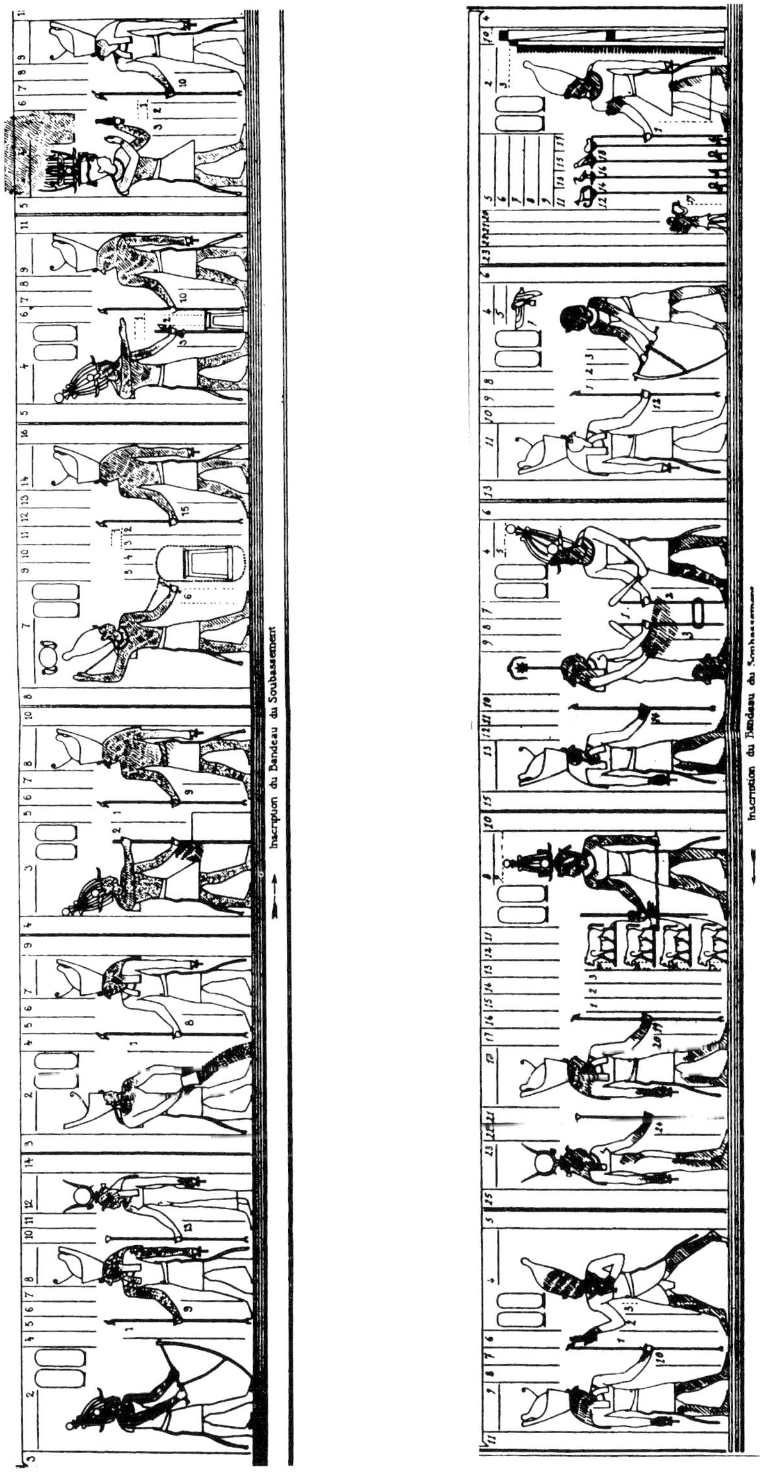

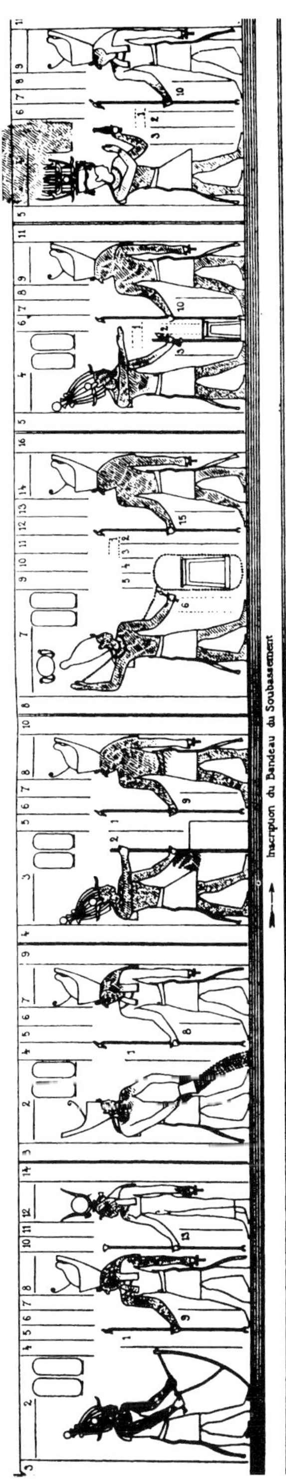

Abb. 1.27: Zeremonie der Grundsteinlegung

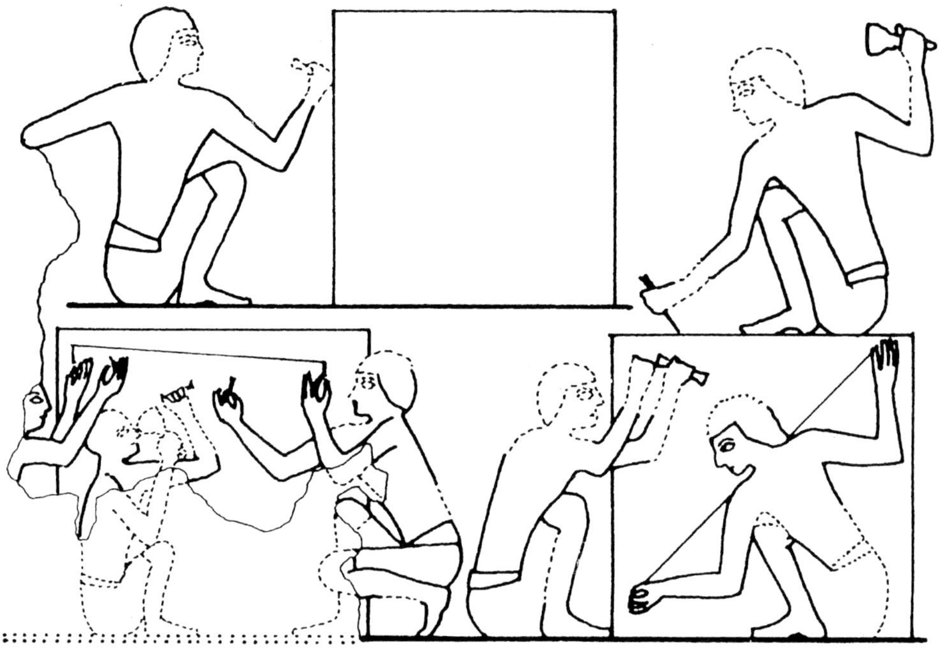

Abb. 1.28: Steinmetze bei der Bearbeitung von Steinblöcken

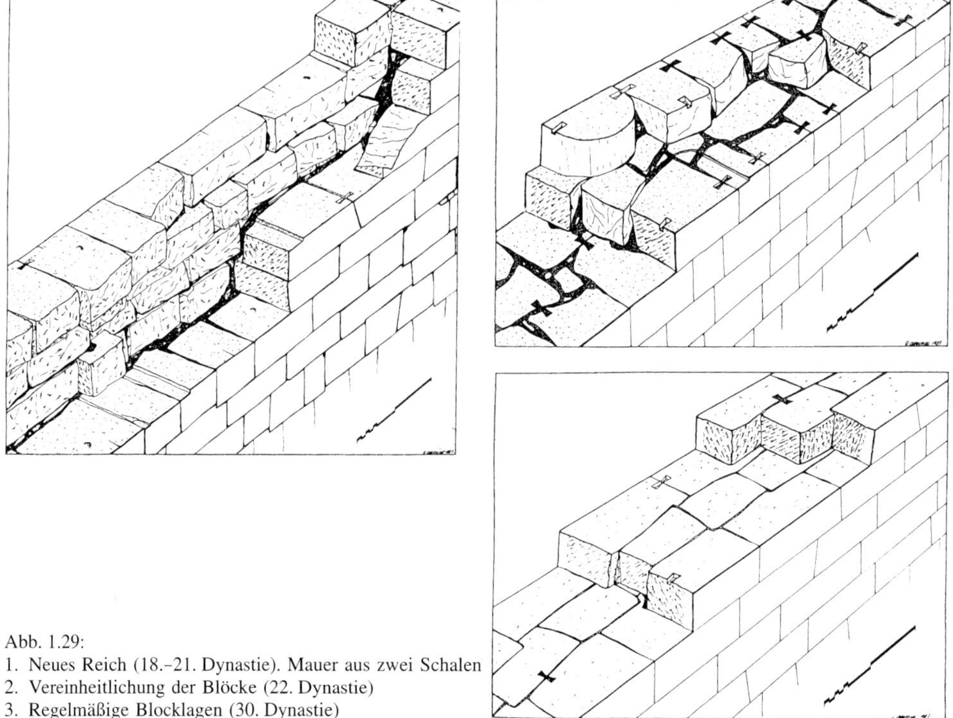

Abb. 1.29:
1. Neues Reich (18.–21. Dynastie). Mauer aus zwei Schalen
2. Vereinheitlichung der Blöcke (22. Dynastie)
3. Regelmäßige Blocklagen (30. Dynastie)

4.3 Stützen

Die ältesten Stützen im Alten Reich gehören zur Gruppe der „vegetabilen Säulentypen“. Dazu zählen auch die Säulen mit geschlossenem Kapitell, das den Knospen der Nymphaea Lotus nachgebildet ist.[54] Die vegetabilen Säulentypen wurden wahrscheinlich in der 5.–6. Dynastie in ihrer symbolischen Bedeutung festgelegt (Abb. 1.30–1.32).

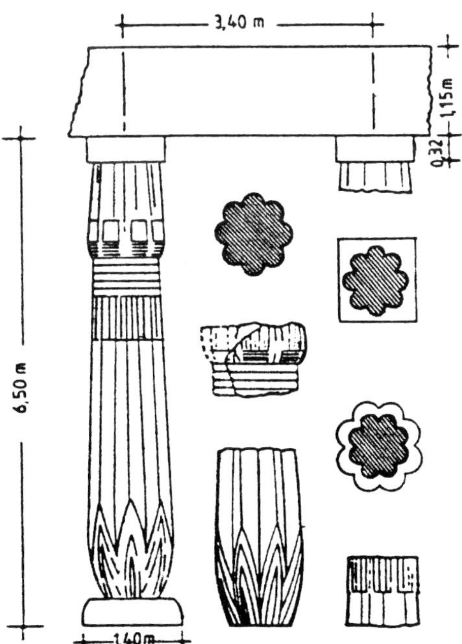

Abb. 1.30: Papyrusbündelsäule mit geschlossenem Doldenkapitell, Hawara, 12. Dynastie

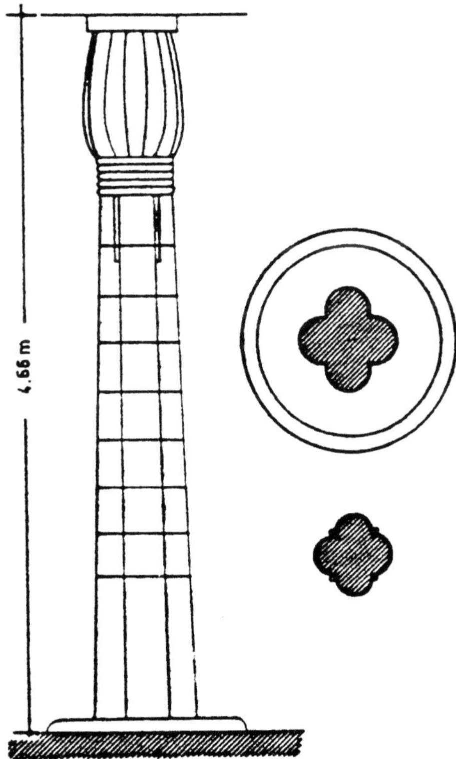

Abb. 1.31: Lotussäule mit geschlossenem Kapitell, Benihassan, Grab 17, Mittleres Reich

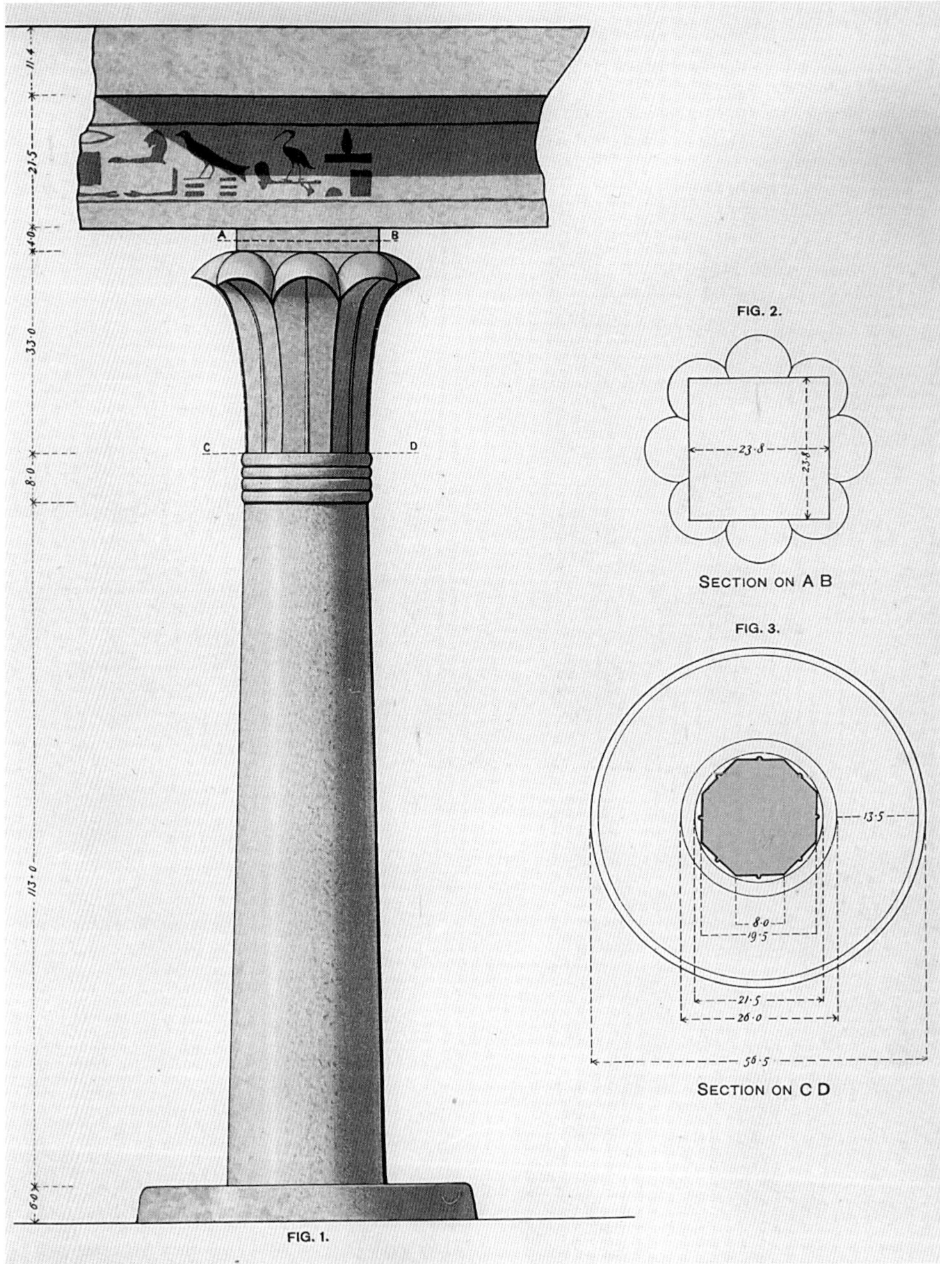

Abb. 1.32: Palmensäule aus El-Bersheh, Grab 2, Mittleres Reich

4.4 Steinbalken

Die Länge und Dicke des Architravs standen konstruktiv gesehen im richtigen Verhältnis zum Gewicht des Daches und den dafür verwendeten Baustoffen. Die Architravstücke wurden zur Sicherung gegen das Abgleiten der Blöcke durch Schwalbenschwänze aus Holz und durch Dübel fest mit dem Pfeiler verbunden (Abb. 1.33–1.35).[55]

Der Kalksteinarchitrav konnte Spannweiten von etwa 2 bis 3 m, der Sandstein bis 4 m (z. B. Grabtempel Ramses' III. in Medinet Habu, Tempel Sethos' I. in Abydos) erreichen. Außerdem gab es Granitbalken, die noch größere lichte Weiten überbrücken konnten.

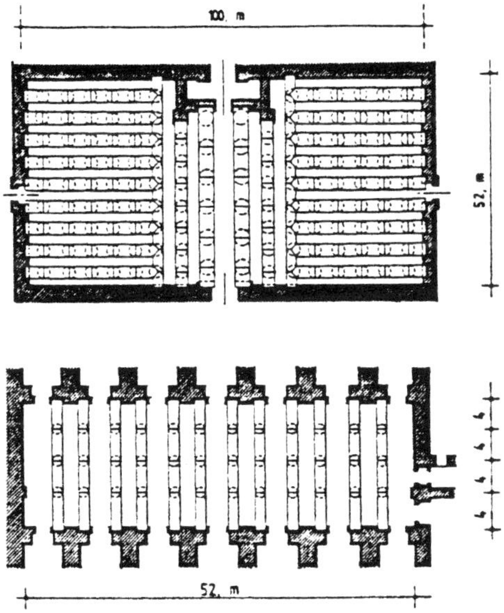

Abb. 1.33: Hypostylsaal in Abydos, Maßstab 1 : 800

Abb. 1.34: Details der Decken und des Fenstersystems, Säulenhalle in Karnak

Abb. 1.35: Amun-Tempel, Festtempel Thutmosis' III., in Karnak (18. Dynastie): siehe im Schnitt die horizontalen Deckenplatten, vorne die Köpfe der Unterzüge (Längsrichtung)

Abb. 1.36: Grabtempel Ramses' III. Medinet Habu: Säulensaal mit Tonnengewölben überdeckt

4.5 Gewölbe

Die ägyptische Bautechnik weist Gewölbe auf, die nur kleine Spannweiten überdecken und die in der Regel nur auf das Bauen unter Terrain beschränkt blieben. Der Bogen wurde bei den Grabbauten als Entlastungskonstruktion, als Stufengewölbe aufgemauert.

Bei dieser Art Gewölbe tritt jede Steinplatte nur wenige Zentimeter über die darunterliegende hervor.[56]

Snefru ließ seine Kammern mit Kraggewölben überspannen. Die Pyramide des Cheops zeigt das gleiche Schema für das Entlastungsgewölbe. Die einfache konstruktive Methode war die Überdeckung durch die Spitzen zweier Steinplatten, die zu einem umgekehrten „V" zusammengestellt wurden.[57]

Lehmziegel für Bogenkonstruktionen sind seit der ersten Dynastie im Grabbau nachweisbar (Abb. 1.36–1.38).[58]

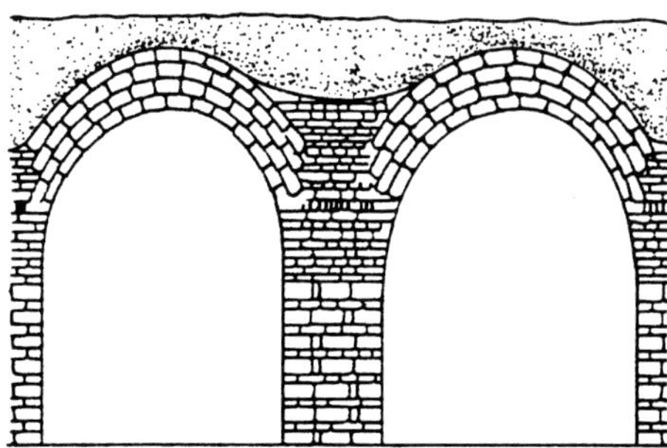

Abb. 1.37: Schnitt durch das Ramesseumsgewölbe (etwa 1 : 100), Tonnengewölbe aus Lehmziegeln, 19. Dynastie

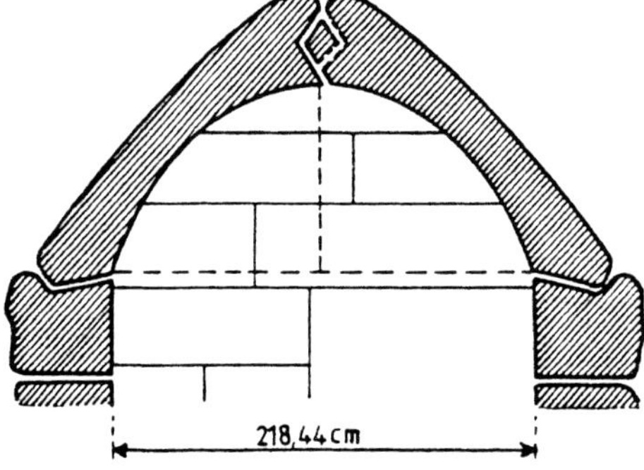

Abb. 1.38: Falsches Gewölbe, Dahshur

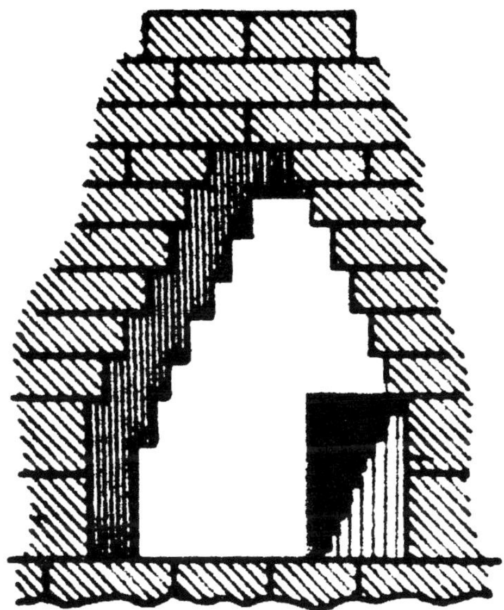

Abb. 1.39: Kraggewölbe, 12. Dynastie, Dahshur

Abb. 1.40: Entlastungsgewölbe, geneigte Kalksteinplatten, 4. Dynastie

Typologisch kommen folgende Bogenformen mit Lehmziegeln in den Grabstätten vor:[59]

- die Spitzen zweier geneigter Steinplatten bilden ein umgekehrtes „V"
- halbkreisförmige Bogen, die eine Wand stützen
- Gewölbe auf kleinen Seitenwänden
- halbkreisförmige Gewölbe mit radialen Wölbsteinen.

Eine andere Technik war die Wölbung in schrägen Ringschichten.[60] Mit dieser Methode wurde die Kornkammer des Ramesseums in Theben mit Tonnengewölben überdacht. Sie wurde zur Zeit Ramses' II. 1292 bis 1225 v. Chr. gebaut.[61] Die Lagerräume wurden aus luftgetrockneten Lehmziegeln (38 cm × 18 cm × 11 cm bis 39 cm × 19 cm × 13 cm) gebaut. Die Tonnengewölbe zeigen Breiten von etwa 3,70 bis 4,80 m bei einer Höhe von ungefähr 1,70 m. Die Trennwände zwischen den Gewölben sind fast 1,50 m dick (Abb. 1.39–1.46).

5 Schlußbetrachtung

Nach den Darstellungen der ägyptischen Reliefs waren die Schilfrohr- und Mattenbauten die ältesten Kulturbauten. Die Zeltstangensäulen wurden in Stein übertragen. Für Wohnhäuser konnte der Nilschlamm als Baumaterial zunächst als Lehmpaste, dann als luftgetrockneter Ziegel verwendet werden.

Es ist interessant festzustellen, daß der Gewölbebau den ägyptischen Bauleuten seit der 1. Dynastie bekannt war, obwohl die Wölbung als raumdeckende Konstruktion erst bei dem Rameseum in Theben, bei den Lagerräumen und beim Säulensaal des Palastes von Ramses III., also im Neuen Reich (19.–20. Dynastie, etwa 1250–1150 v. Chr.) ausgeführt wurde. Im Grabbau kommt das Tonnengewölbe für kleine Spannweiten häufig vor. Durch den Mangel an Bauholz entwickelte sich hier die gerüstlose Wölbungstechnik mit geneigten Lehmziegelschichten von Anfang an.

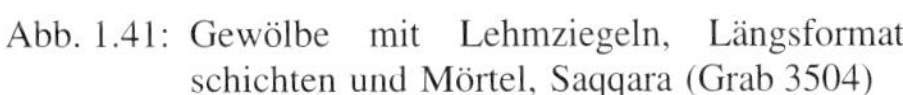

Abb. 1.41: Gewölbe mit Lehmziegeln, Längsformatschichten und Mörtel, Saqqara (Grab 3504)

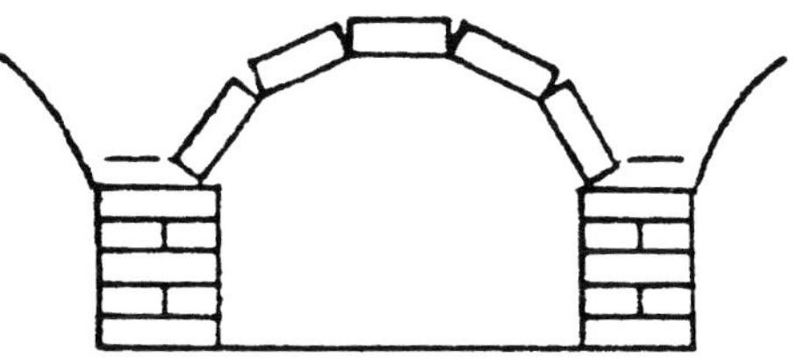

Abb. 1.42: Tell-Daba-Grab, Gewölbe mit Lehmziegeln und Stützmauern

Abb. 1.43: Deir el-Bahri, halbkreisförmiges Kraggewölbe

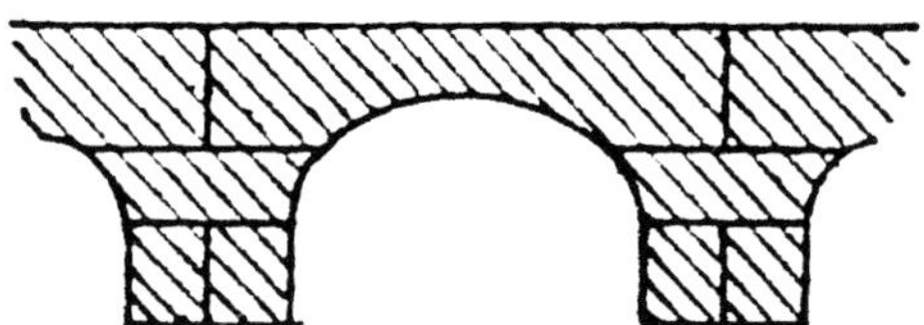

Abb. 1.44: Falsches Gewölbe; Kraggewölbe mit einem abgerundeten Steinbalken (Sethos I., Abydos)

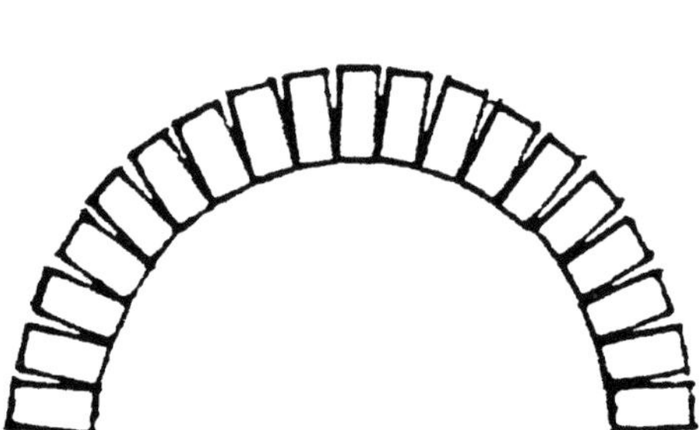

Abb. 1.45: Schema eines halbkreisförmigen Gewölbes. Die Zwischenräume sind mit Mörtel und Scherben ausgefüllt.

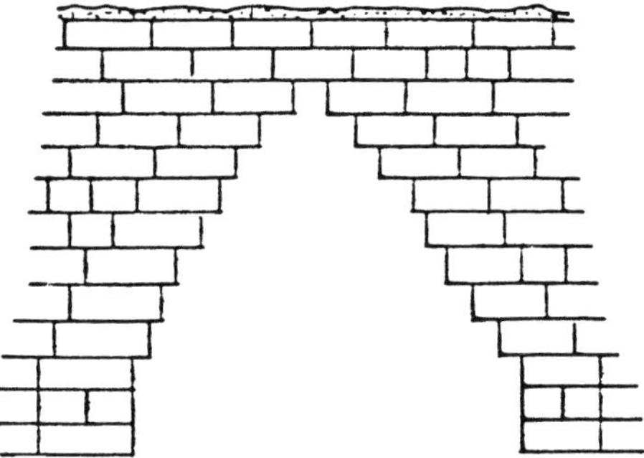

Abb. 1.46: Aufbau der Kragsteine aus Lehmziegeln (Naga ed-Der)

Anmerkungen

1 Vgl. Kees, H., Kulturgeschichte des alten Orients, München 1933.
2 Lauer, J.-P., La Pyramide à degrés, I, Kairo 1936; Borchardt, L., Die Entstehung der Pyramide, an d. Bauge. v. Mejdum, 1928 (Kairo 1937).
3 Schott, S., Bemerkungen zum Pyramidenkult, in: B. z. äg. Bf., H. 5, Kairo 1950, S. 140.
4 Ricke, H., Der Grundriß des Amarna-Wohnhauses, DOG 56, Leipzig 1932, S. 7 ff. und Badawy, A., A History of Egyptian Architecture, Selbstverlag, Lawrence (Kansas) 1954, Vol. I, p. 29 f.
5 Ricke, S. 15, Abb. 15, 17, 19.
6 Borchardt, L., Die Entstehung der Pyramide . . ., S. 12 f.
7 Vandier, J., Manuel d'Archéologie, 2. Bd., Paris 1928.
8 Edwards, I. E. S., Die ägyptischen Pyramiden, Wiesbaden 1967, S. 17.
9 Borchardt, op. cit., S. 34 f.
10 Borchardt, op. cit., S. 36; S. 8–10,Tafel 3,5.
11 Vgl. Edwards, Die Pyramiden Ägyptens, Wiesbaden 1967.
12 Edwards, op. cit., S. 17 f.; Reisner, The Development of Egyptian Tomb, 1935, Mendelssohn, The Riddle of the Pyramids, 1974, S. 128.
13 Borchardt, L., Das Grabdenkmal des Königs Neuser-rê, Leipzig 1907, S. 14.
14 Schott, S., Bemerkungen zum Pyramidenkult, in: Beitr. z. äg. Bf. u. Altertumsk., H. 5, Kairo 1950, S. 174.
15 Aus Haeny, G., Basilikale Anlagen in der ägypt. Baukunst des Neuen Reiches, in: Beitr. äg. Bf. u. Alt., H. 9, Wiesbaden 1970, S. 30.
16 Andrae, W., Das Gotteshaus und die Urform des Bauens, S. 46 f.; Badawy, A., Ancient Egyptian Architectural Design, London 1965, 10.
17 Jequier, G., Manuel d'archéologie égyptienne, Paris 1924, S. 9 f.
18 Petrie, F., Egyptian Architecture, S. 60; Borchardt, L., Die ägyptische Pflanzensäule, Berlin 1897
19 Clarke/Engelbach, Ancient Egyptian Masonry, London 1930, S. 89.
20 Newberry, The Life of Rekhmara, Pl. XXI.
21 Siedler, Jobst, Ed., Baustofflehre, 2. Aufl. 1951, S. 73.
22 Badawy, A., A History of Egyptian Architecture, I, S. 24; Schmitz, B., Die Steine der Pharaonen, Hildesheim 1985, S. 17; Golvin, J. C./Goyon, J. C., Karnak, Ägypten. Anatomie eines Tempels, Übers. D. Wildung, 1990, S. 96.
23 Clarke/Engelbach, Egypt. Masonry, 29; Maspéro, G., archéologie égyptienne, 43.
24 Goyon, Die Cheops Pyramide, S. 82; Choisy, L'art de bâtir chez les égyptiens, S. 54.
25 Röder, Zur Steinbruchgeschichte des Rosengranits von Assuan, in: AA 1965, Abb. 12–15.
26 Edwards, op. cit., S. 32.
27 Feldhaus, F. M., Die Technik der Antike und des Mittelalters, Potsdam 1931, Taf. 1, S. 90.
28 Borchardt, L., Längen u. Richtungen d. gr. Pyramide, B. z. äg. Bf, 7; Badawy, Eg. Archit. Design, S. 3–4, Anm. 14.
29 Cantor, M., Vorlesungen über Geschichte der Mathematik, Bd. 1, Leipzig 1894, S. 62.
30 Neugebauer, O., Vorlesungen über Geschichte d. antiken mathem. Wissens, Bd. 1: Vorgriechische Mathematik, Berlin 1934 (Reprint 1969).
31 Vogel, K., Vorgriechische Mathematik, T. 1, S. 59.
32 Clarke/Engelbach, S. 67, Fig. 64.
33 Borchardt, Längen und Richtungen der großen Pyramiden, Beitr. z. äg. Bf., S. 7.
34 Goyon, G., Die Cheops-Pyramide, S. 129.
35 Borchardt, Das Grabdenkmal des Königs Nefer-ir-Re, Leipzig 1909, S. 53–56.
36 Badawy, Egypt. Arch. Design, S. 36, Fig. 9, 10.
37 Vogel, R., Vorgriechische Mathematik, T. 1, S. 29.
38 Newberry, The Life of Rekhmara, pl. XX; und das Grab von Wah und Tati in Theben bei Makkay, JEA IV, S. 74f.
39 Original im Petrie-Museum, Univ. College London, abgebildet u. a. bei Clarke/Engelbach, op. cit., London 1930, S. 47, Fig. 48.
40 Zur älteren Literatur vgl. Carter/Gardiner, The Tomb of Ramses IV. and the Turin Plan of a Royal Tomb, in: JEA 4, 1917, S. 29–30, 130 bis 158. Kritisch dagegen Jaroslav Cerny, The Valley of the Kings, Inst. Français d'Archéologie du Caire, S. 23–25.
41 Vgl. Cerny, op. cit., S. 25.
42 Borchardt, Altäg. Werkzeichnungen, in: Äg. Z. 34 (1896), S. 69–76.
43 Borchardt, op. cit., S. 73, Tof. 3–6; Description d'Egypte, Bd. 4, Bl. 62, Paris 1817 (2e éd.).
44 Golvin, J.-C. und Goyon, J.-C., Karnak. Ägypten. Anatomie eines Tempels, dt. Übers. D. Wildung, Wasmuth, Tübingen, S. 92.
45 Newberry, P. E., El Bersheh, 2 Bde., London 1894–95, Pl. XV
46 Newberry, The Tomb of Rekhmara at Thebes, London 1900.
47 Golvin/Goyon, Karnak, Anatomie eines Tempels, dt. Ausgabe 1990, S. 107.
48 Hölscher, Medinet Habu, Vol. IV; Newberry, Rekhmara, pl. XX.
49 Eine umhüllende Rampe schlagen Edwards, Die äg. Pyramiden, Wiesbaden 1967, S. 183; Goyon, Cheops Pyramide, Bergisch-Gladbach 1979, S. 149, vor.
50 Croon, Lastentransport beim Bau der Pyramiden, Diss. Hannover 1925 und bei Borchardt, Die Pyramide von Mejdum. Um das Gewicht „Q" die Rampe heraufzuziehen, ist eine Zugkraft „P" erforderlich, die sich mit der folgenden Gleichung errechnen läßt: $P = Q \times \sin \alpha + \mu \times Q \times \cos \alpha$ (μ – Reibungskoeffizient).

[51] Birsing-Kees, F. W. v., Untersuchungen zu den Reliefs aus dem Re-Heiligtum des Rathures, in: Abhandl. d. Bayer. Akad. d. Wiss., 32, S. 3–16.

[52] Rochemonteix-Chassinat, Le temple d'Edfou, pl. 11.

[53] Golvin und Goyon, Karnak, dt. Übers. D. Wildung, 1990, S. 114–115.

[54] Borchardt, L., Die ägyptische Pflanzensäule, Berlin 1897, S. 9.

[55] Hölscher, U., Das Grabdenkmal des Chephren, S. 43; Borchardt, L., Das Grabdenkmal des Neuser-rê, S. 55.

[56] Petrie, Egypt. Architecture, S. 65.

[57] Spencer, Brick Architecture, London 1979, S. 10 f.

[58] Choisy, A., L'art de bâtir chez les égyptiens, Paris 1903, S. 67.

[59] Spencer, op.cit. S. 10–11.

[60] Spencer und Jéquier (Manuel d'archéol. égypt., 1924) geben keine Maßstabsangaben an.

[61] Jéquier, op. cit., S. 303; Choisy, op. cit., S. 42.

II Mesopotamien

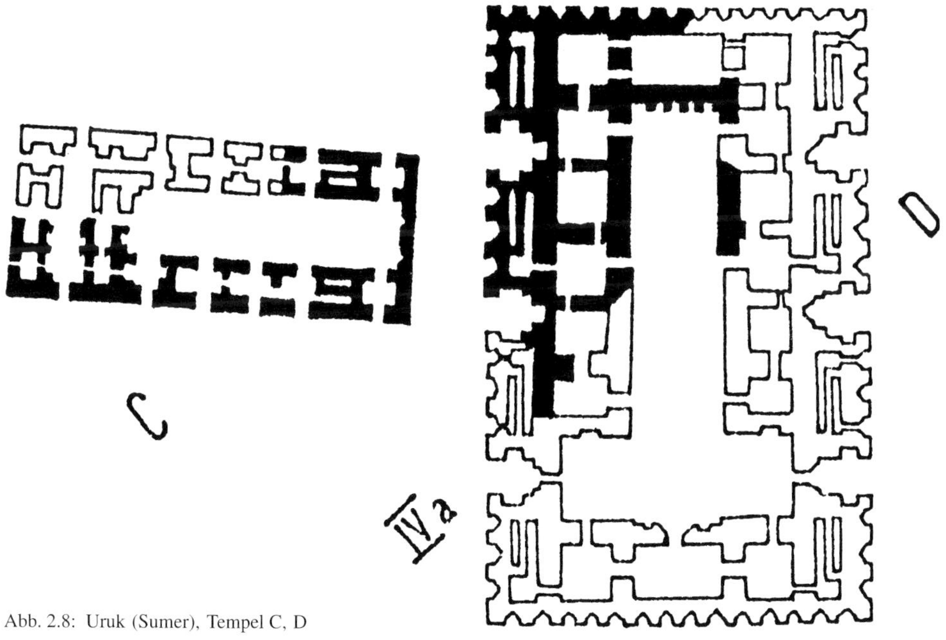

Abb. 2.8: Uruk (Sumer), Tempel C, D

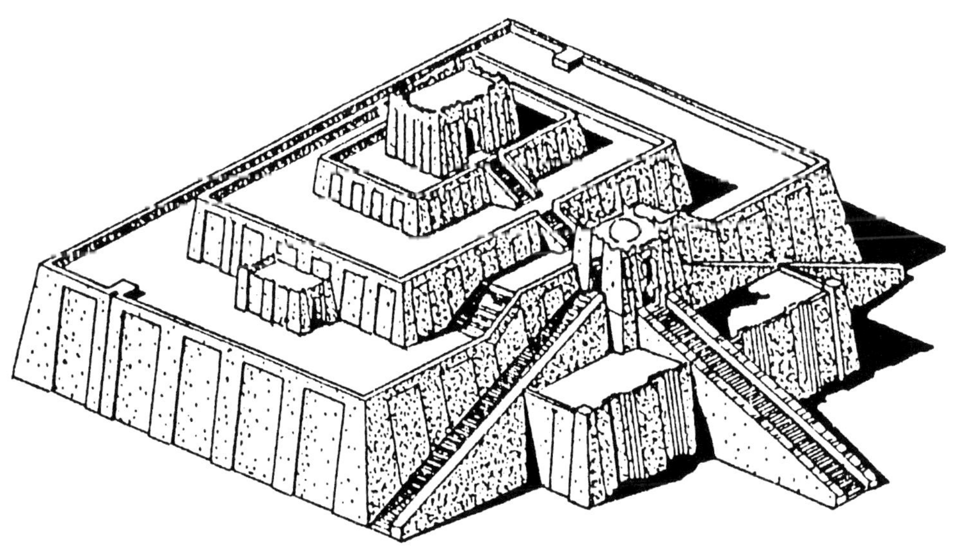

Abb. 2.9: Ziqqurat, Ur

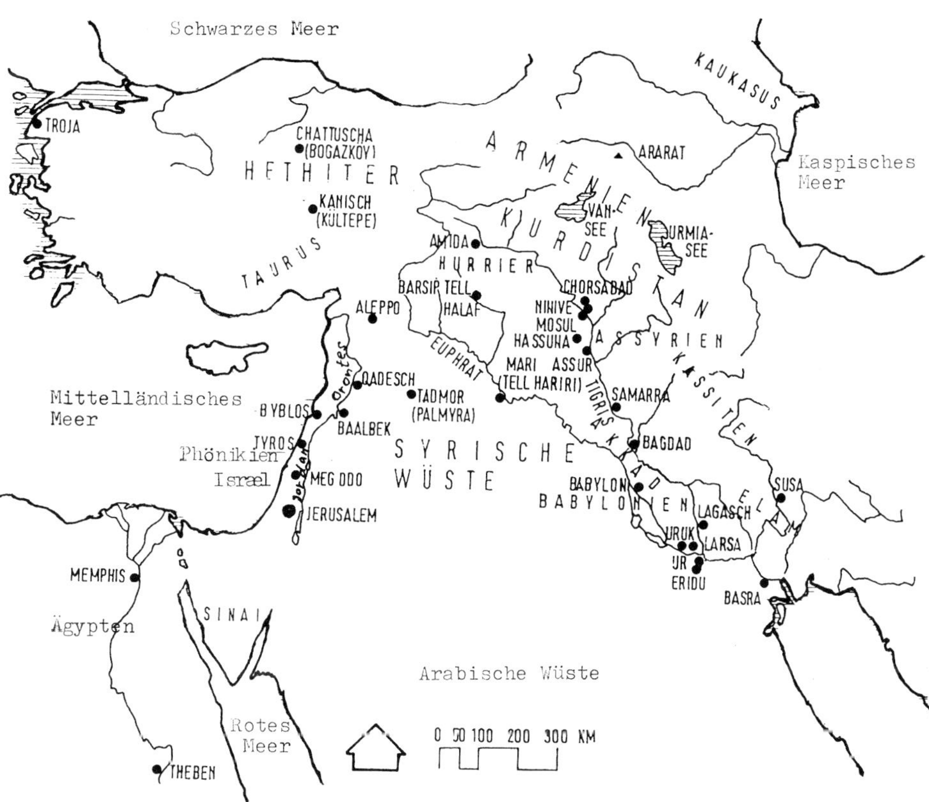

Abb. 2.1: Ur, Assur und Babylon

Zeittafel

Zeitabschnitt	Bedeutende Bauwerke
I. Protosumerisch 3300–2700 v. Chr.	Übergang von Vegetabilien (Schilf) zur Ziegelkonstruktion
Erste städtische Siedlungen	Herausbildung des sumerischen Tempels (Uruk, Eridu, Tepe-Gawra)
II. Archaische Zeit 2700–1800 v. Chr.	Der „weiße Tempel" in Uruk
Stadtstaaten	
1. Altsumerische Periode 2700–2600 v. Chr.	
2. Sumerisch-akkadische Periode 2600–2300 v. Chr.	Bau der Stadtmauer Palast von Kish
3. Akkadische Periode 2300–2150 v. Chr.	Bau des Tempels Abu-la-Eshunna mit Innenhof
4. Neosumerische Periode 2150–1900 v. Chr.	Bau des Ziqqurats in Ur und Uruk
III. Altbabylonische Königreiche 1900–1150 v. Chr.	
Hammurabi (1728–1686 v. Chr.) Kassitische Herrschaft	Gründer der Stadt Babylon Palast von Mari
IV. Assyrische Königreiche 1100–606 v. Chr.	Wichtige Städte: Ninive, Assur (Palast/Tempel in Assur, Ziqqurat von Anu, Adad)
Beherrschung des ganzen Landes Sargon II. (722–705 v. Chr.) Assurbanipal (669–626 v. Chr.)	
V. Neubabylonische Königreiche 612–539 v. Chr.	Rekonstruktion der Stadt (Istar-Tor, Paläste, Tempel Nin-Moh, Marduk-Heiligtum)
Babylon beherrscht Mesopotamien Nebukadnezar (605–562 v. Chr.) Perser besetzen und zerstören die Stadt	

1 Grundzüge der mesopotamischen Kulturgeschichte

Von den Bergen Armeniens bis zum Persischen Golf und entlang den Flüssen Tigris und Euphrat erstreckte sich das Zweistromland (Abb. 2.1).

Der südliche Landesteil, die alte Chaldäa, besteht aus einer alluvialen Ebene, der Norden ist durch die bergige Landschaft geprägt.

Die Notwendigkeit, das alluviale Land zwischen den beiden Flüssen mittels Bewässerungsanlagen für die Landwirtschaft zu erschließen, beschleunigte den gesellschaftlichen Organisationsprozeß zur Bildung von Stadt- und Dorfstrukturen. Unser Wissen darüber verdanken wir den archäologischen Ausgrabungen, die erst einen Teil der Städte erforscht haben. Die anderen Nachrichten und Erkenntnisse über die Kultur des Zweistromlandes rühren von den etwa 3000 Schriftquellen her, die in Keilschrift, der ältesten Schrift der Welt, vorliegen. In der damaligen sumerischen und auch in der akkadischen Sprache gibt es jeweils ein Wort für eine Siedlung, in sumerisch „uru", in akkadisch „alum", hebr. „olam". Das Akkadische kennt auch das Wort für Dorfsiedlung, nämlich „kaprum", hebr. „kfar".

Die geschützte Stadt, wo der Mensch nicht der bösen Gewalt ausgeliefert war, spielte in dieser Gesellschaft eine zentrale Rolle.[1]

Dem König der Stadt gehörte das ganze Umland. Die ländlichen Siedlungen durften den Boden landwirtschaftlich nutzen und den Zins in Form von Abgaben und Arbeitseinsatz zahlen. Die Entwicklung des Handwerks und Handels begünstigte die Gründung von Städten. In Südmesopotamien entstehen bedeutende Siedlungszentren in Ur, Uruk, Lagash und Eridu.[2]

Seit dem 2. Jahrtausend v. Chr. unterwerfen die Stadtkönige das gesamte Land. Drei Königreiche folgen:

das babylonische, das assyrische und das neubabylonische Königreich.

Die Religion blieb während Jahrtausende eine konstante Kraft der Staatsautorität. Gleichzeitig förderten die Tempelpriester das Studium des Kalenders und die neuen Methoden des landwirtschaftlichen Anbaus, das Bewässerungssystem und den Bau von Dämmen. Die Entwicklung der Keilschrift führte zur Gründung von Schreibschulen. Die totalitäre Alleinherrschaft des Königs förderte den Bau von großen Anlagen.[3]

Schon vor 3000 Jahren wurden vor der seit 1913 freigelegten Doppelstadt Uruk-Kollaba – in der Bibel Erech, griechisch Orche, arabisch Warka – neben kleineren Tempeln auf Hochterrassen auch mehrschiffige Tempelbauten bis zu 80 m Länge errichtet. Einige Tempel bildeten im Bereich Eanna einen heiligen Bezirk.[4]

Aus den gefundenen Tontafeln geht hervor, daß sämtliche Arbeiten an den Tempeln und tempeleigenen Feldern im Auftrag der Tempel ausgeführt wurden.

Die Handwerker und Bauern und das Kultpersonal wurden mit Naturalien entlohnt. Die Buchführung wurde auf Tontafeln registriert.

Eines der größten Ereignisse für die Stadtkultur war der Bau der großen Stadtmauer von Uruk um 2750 v. Chr. Im Gilgameschepos wird der Mauerbau dem König Gilgamesch zugeschrieben; bei einer Dicke von 5 m weist sie eine Gesamtlänge von 9 1/2 km auf und umschließt ein Stadtgebiet von ca. 550 ha.[5]

Alle anderen Städte außer Ninive hatten eine erheblich kleinere Fläche: Die Stadtfläche von Dur-Sharrukin, von Sargon II. 713 gegründet (Chorsabad), umfaßte 300 ha.

Die Stadt Ur gilt als die Hauptstadt der 3. Dynastie von Ur (2064–1956 v. Chr.). Die großen Tieftempel für den Mondgott Nanna (akkad. Sin) bildeten mit den gestuften Terrassentempeln (akkad. ziqquratum) einen heiligen Bezirk.[6]

Aus der neusumerischen und altbabylonischen Zeit zwischen 2100–1600 v. Chr. stammen Fragmente mehrerer Gesetzessammlungen, darunter der Kodex Hammurabis.

Im Weichbild Babylons, der Hauptstadt unter Nebukadnezar II., wurde der siebenstufige „Turm zu Babel" mit 191 m Höhe errichtet. Keine der mesopotamischen Städte hat die Zeit der Spätantike überlebt.[7]

2 Konstruktive Elemente in der mesopotamischen Architektur

2.1 Kulturgeschichtlicher Überblick

Ur, Assur und Babylon bildeten die kulturellen Komponenten des Zweistromlandes und der „sumerischen Kultur“, die zeitlich von 5000 bis zur makedonischen Herrschaft Alexanders des Großen in Vorderasien im 4. Jh. v. Chr. reichte.

- Altes Mesopotamien bis zum Chaldäischen Reich 5000–2800 v. Chr. „vorgeschichtliche Zeit“

Mit der Entdeckung der sumerischen Keilschrift beginnt nach J. Wiener die „geschichtliche Zeit“.[8] Um 3500 gründen die Sumerer die Hauptstadt Uruk, ihre Residenz. Um 2450–2285 verschiebt sich der politische Schwerpunkt auf das Volk von Akkad. Der Machtantritt des Sargon (2370–2316 v. Chr.) um 2370 zog auch die Unterwerfung der sumerischen Stadtstaaten nach sich.

- Alt-Babylon

Mit der 3. Dynastie von Ur geht die neusumerische Epoche zu Ende. Die Babylonier treten die Nachfolge der Sumerer an.

- Kassitische und assyrische Herrschaft

Die Hethiter unter ihrem König Mursili I. stießen 1595 v. Chr. in Mesopotamien bis nach Babylon vor. Damit setzten sie der Dynastie Hammurabi ein Ende. Die Kassiten übernehmen auf friedliche Weise die Regierung in Babylonien (1595–1235 v. Chr.). Auch Assyrien mit seiner Hauptstadt Assur tritt ab 1250 v. Chr. als Großmacht in Erscheinung.

- Spätbabylon – Chaldäisches Reich

Nebukadnezar II. (605–562 v. Chr.) baut Babylon zur Großmacht auf. An Gebäuden der spätbabylonischen Zeit treten die vertikalen Reihen leicht vorgesetzter Ziegel als besonderes Merkmal in Erscheinung.

2.2 Architekturgeschichtlicher und baukonstruktiver Überblick

Die am weitesten verbreitete Form des Wohnens war die in kleinräumigen, einzelligen Häusern aus Lehm oder gebrannten Ziegeln. Diese regellose, aus kleineren und größeren Räumen bestehende Zusammenfügung einer Wohnung – von E. Heinrich als „agglutinat“ bezeichnet – erstreckte sich von den nördlichen Randzonen des Irak bis zum Südosten Irans und nach Syrien.[9] Luft- und Lichtöffnung lagen wahrscheinlich unter der Traufe. Einzelne Räume überragten das Ensemble der Raumzellen. Der Vorteil dieser Bauweise lag in der Funktionsteilung (Werkstatt, Küche, Speicher). Kleine und größere Grundstücke wurden auch mit Einraumhäusern bebaut.

Mit Stangen und Matten wurde ein zweites Stockwerk über der ursprünglichen Dachfläche geschaffen. Bautechnisch ist jedoch bemerkenswert, daß in Kleinasien auch Häuser gebaut wurden, die als reine Pfostenbauten konzipiert wurden. Die Pfosten standen innerhalb der Umfassungsmauern aus Lehmziegeln. Mit Hilfe eines Rähms trugen die Stützen flache Lehmdächer (Abb. 2.2).[10]

Neben den Lehmbauten traten auch besonders am unteren Euphrat und Tigris Schilfhäuser auf. Walter Andrae hat bereits 1930 auf Formen und Bauteile, die vom Schilfbau abgeleitet wurden, hingewiesen.[11] Unter den ersten Typen des Sakralbaues findet sich der Bautypus des Mittelsaalhauses. Ein Saal wird von zwei bis drei Kammern flankiert. Aus der Urukzeit sind Kulthäuser mit Eingängen von beiden Seiten bekannt. Bei den jüngeren Bauten der vordynastischen Zeit treten Nischen in der Schmalseite des Kultraumes auf (Abb. 2.3–2.6).

Nach W. Andrae ist das Herdhaus Vorderasiens ein länglicher Raum mit einem Herd auf der Schmalwand, und um ihn herum sind die Sitze des Hausherrn aufgestellt.[12] Bei Tempeln trat anstelle des Herdfeuers die Kultstelle. Nach den letzten Forschungen Heinrichs konnten z. B. die urukzeitlichen Einraumhäuser in Syrien mit mehreren Eingängen keine echten Herdhäuser sein.[13] Ab der 3. Dynastie von Ur kommt der Typus eines Tempels mit einer breitgelagerten Cella mit Vorcella vor.

Zwei typische Tempelformen sind nach W. Andrae in der babylonischen und assyrischen Baukunst bekannt, die sich in Konstruktion und Form voneinander unterscheiden:

- Ziqqurat als Hochtempel (erhebt sich auf hohem Unterbau)
- Tieftempel mit einem Hof und Räumen ringsum nach dem Vorbild des Wohnhauses.

Der Hochtempel nahm nur einen Bruchteil der Terrassenoberflächen ein. Die Form der klassischen Ziqqurat war rechteckig, und der Aufgang bestand aus drei Treppen, eine in der Mittelachse und zwei an die Wand der Ziqqurat gelehnt (Abb. 2.7–2.10).

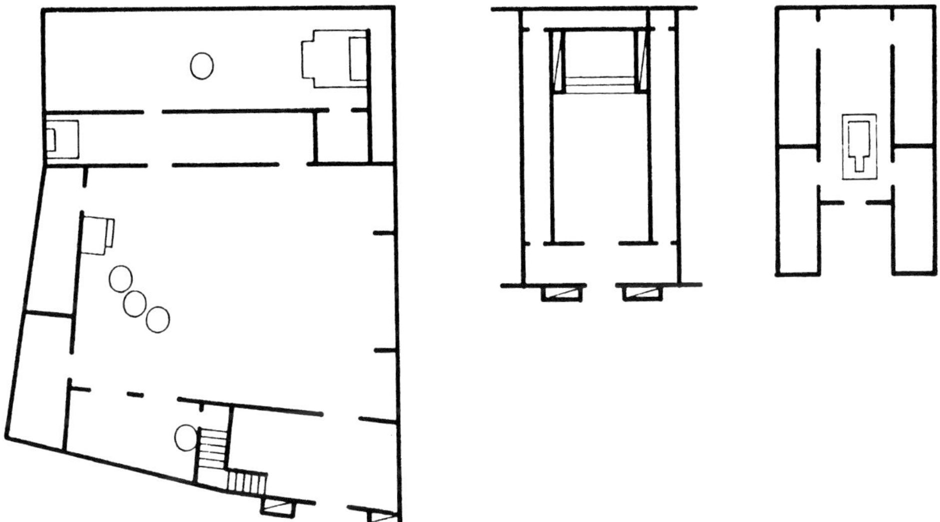

Abb. 2.2: Raumschema eines Kulthauses mit Langraumcella vom Tepe-Gawra-Typus, Urukzeit. Das Schema ist abgeleitet von den Kulthausgrundrissen der Schichten IX bis VIII C.

Abb. 2.3: Raumschema eines assyrischen Langraumtempels

Abb. 2.4: Tempel mit vereinfachtem Grundriß des Mittelsaaltyps. Schema in Anlehnung an den Sintempel des Zustandes VIII in Ḫafāǧi, Frühdynastisch II.

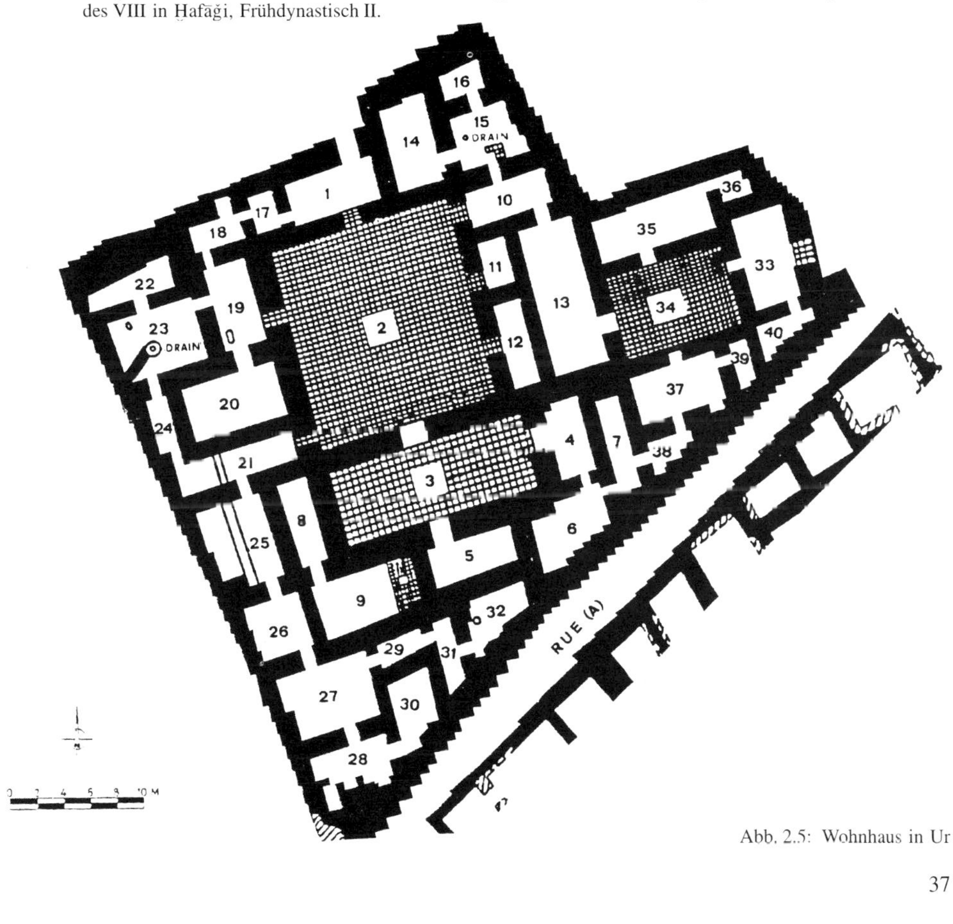

Abb. 2.5: Wohnhaus in Ur

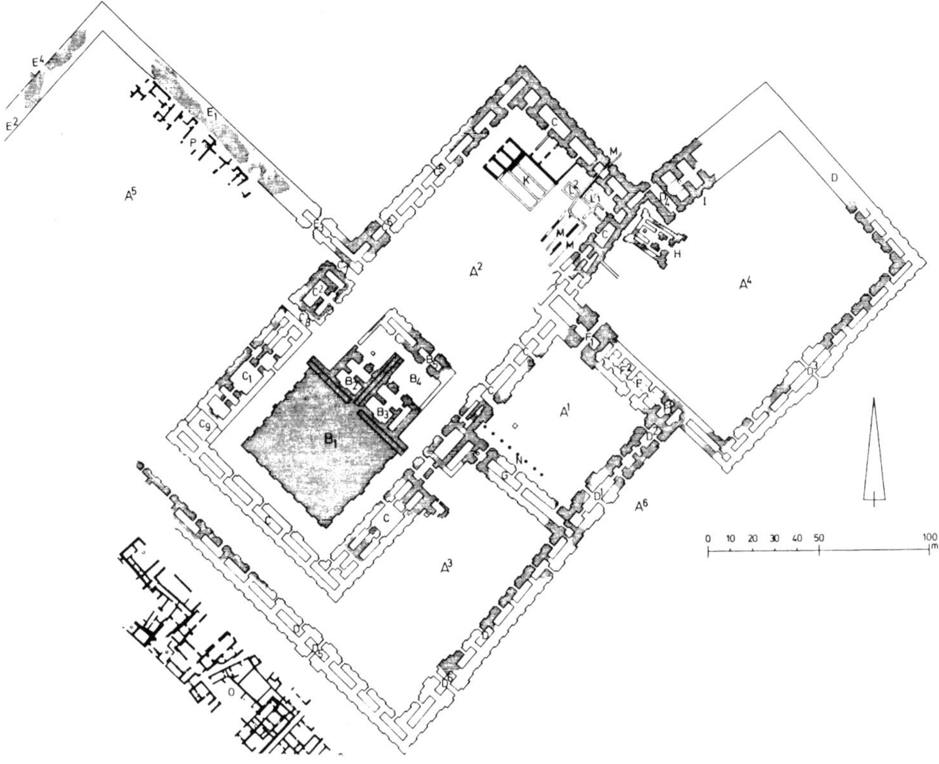

Abb. 2.6: Tempelbezirk Eanna in Uruk, Neubabylonische Zeit

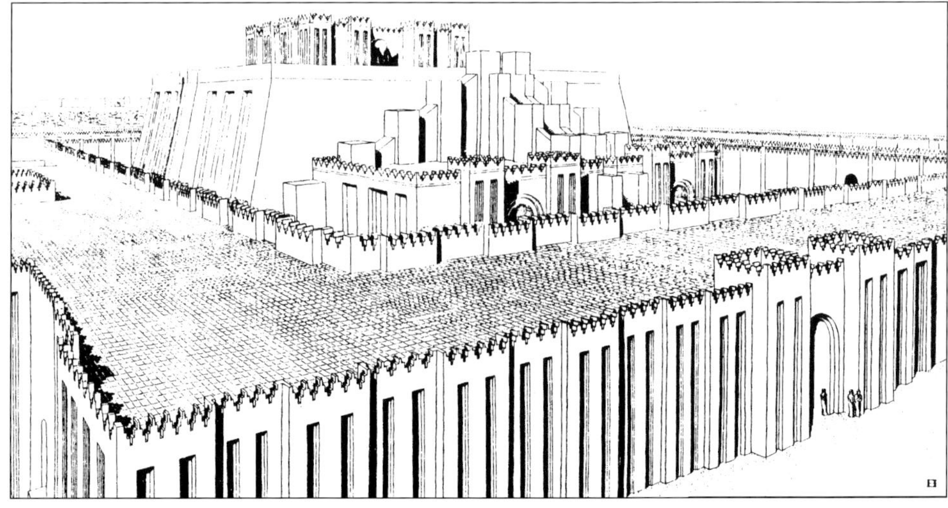

Abb. 2.7: Ziqqurat in Uruk, Sargon II., mit den beiden Tieftempeln

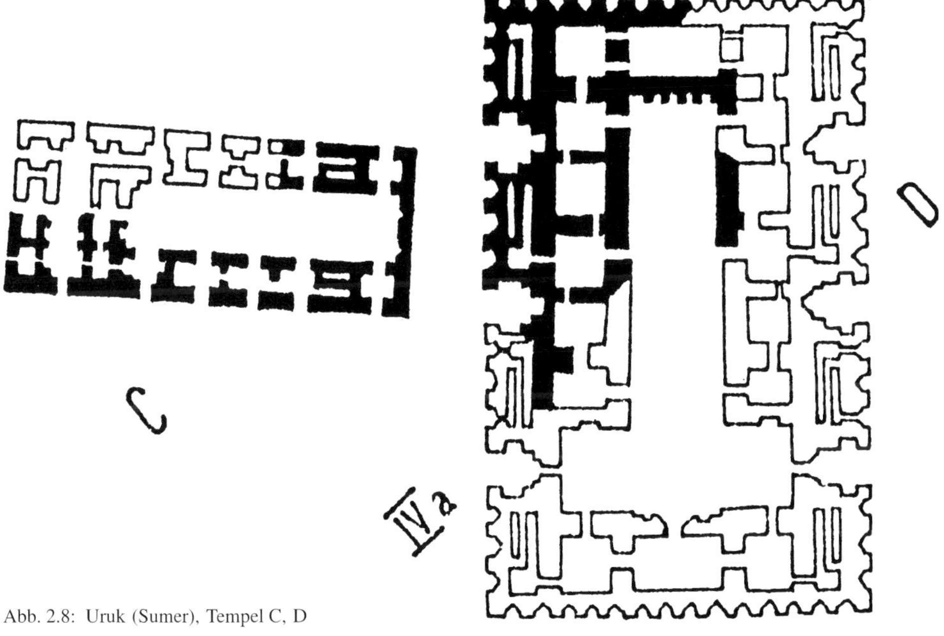

Abb. 2.8: Uruk (Sumer), Tempel C, D

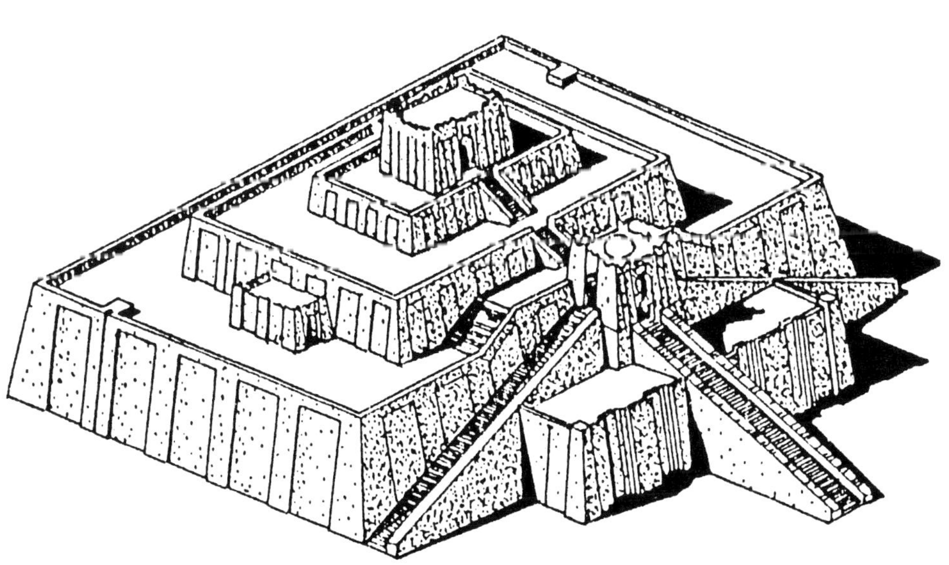

Abb. 2.9: Ziqqurat, Ur

2.2.1 Konstruktive Elemente

Zur Charakteristik der Baukonstruktion im Zweistromland gehörten die auffallend dickeren Mauern der Tempel gegenüber dem leichteren Mauerwerk der Wohnhäuser. Während Untergeschosse und unterirdische Räume gewölbte Decken zeigen, wurden keine Gewölbereste in den Empfangsräumen der Paläste gefunden.

Die Frage, die sich Ernst Heinrich gestellt hat, war, ob die auffallende Mauerdicke als Hinweis für die Wölbung von Räumen gedeutet werden kann.[14] Ein direkter Zusammenhang zwischen der Bemessung der Mauerdicke und der Deckenkonstruktion ist nicht erkennbar.

Bei einem Lehmbau bestand die Konstruktion des Daches aus einer Schicht von Matten, die über Holzbalken gelegt wurden. Es folgte eine zweite Schicht aus Schilf mit Matten und darüber eine Lehmschicht. Bei schweren Decken über großen Räumen scheinen die Mauern aus Lehmziegeln nicht überdimensioniert zu sein. Jedenfalls gerade dort nicht, wo das Verlangen nach Wärmeschutz die Dimensionierung möglicherweise beeinflußt hat. Die Bautechnik des freihändigen Wölbens ist - zumindest für unterirdische Kanäle - seit Sargons Regierungszeit nachgewiesen. Aus der Rekonstruktion von V. Place für einen unterirdischen Wasserkanal in Chorsabad, 722–705 v. Chr., wird das Wölbungssystem deutlich:

Bei Verwendung von rasch abbindendem Mörtel (wahrscheinlich Gipszuschläge) und flachen, großformatigen Ziegelformstücken war durch die Neigung der Ringschichten kein Lehrgerüst erforderlich.[15] Die Technik der freihändigen Wölbung geht jedoch bis in das zweite Jahrtausend v. Chr. zurück.

Bereits bei Ausgrabungen in Tell Rimah von 1964, unter der Leitung von D. Oates, wurden Tempelreste im Singar-Gebiet aus der Zeit des assyrischen Königs Shamshi-Adad I. freigelegt, die Überreste von komplizierten Gewölbekonstruktionen enthalten, darunter auch Trompenkonstruktionen.[16] Eine einfachere Pendentif-Konstruktion dieser Art, zugleich als Höhepunkt der sassanidischen Wölbkunst, erscheint zweitausend Jahre später im großen „Iwan" hinter dem Bogen im Palast von Ktesiphon (Abb. 2.11–2.13).[17]

2.2.2 Baumaterial und Baumethoden

Die unabdingbare Voraussetzung für Konstruktion und Baugestaltung war das Vorhandensein von Baumaterial am Ort. Das rohstoffarme Süd-Mesopotamien besaß vor allem Lehm und Schilf, kaum Holz und Bausteine. Lehm und Schilf bestimmten die Konstruktion und Gestaltung der mesopotamischen Architektur und führten zu ihren charakteristischen Formen.[18] Die früheste Form des Ziegels entstand in neolithischer Zeit aus dem Batzen, der nicht größer ist, als man an Menge mit zwei Händen fassen kann.

Abb. 2.10: Freilegung der Fundamente der ovalen Umfassungsmauer in Chafâĝi. Plankonvexe Lehmziegel (Excavations 1932, OIP)

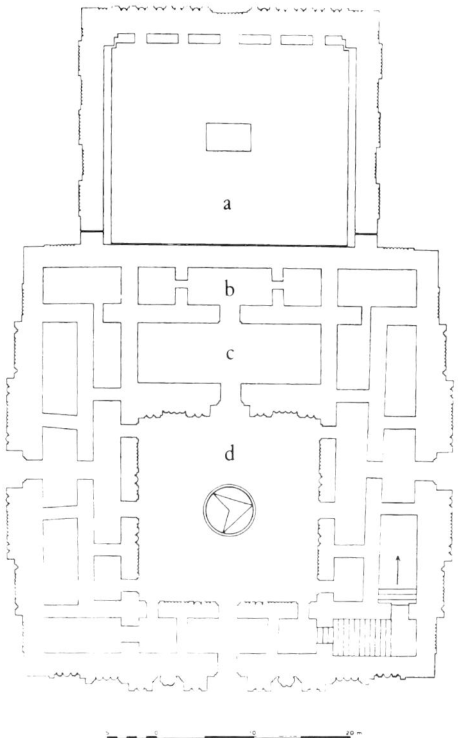

Abb. 2.11: Grundriß eines Tempels von Tell Rimah im Singar-Gebiet. Hier Überreste von Gewölbekonstruktionen aus Lehmziegeln erhalten

Die ersten luftgetrockneten Lehmziegel in Mesopotamien kommen erst in der Halaf-Kultur im 5. Jahrtausend vor.[19] Der Lehmbrei wurde in einen Holzrahmen gepreßt. Die nach dieser Methode hergestellten Ziegel blieben etwa 14 Tage zum Trocknen liegen. Bautechnisch interessant ist die Entwicklung der Größe und Form der Lehmziegel. In der Frühgeschichte um 3000 v. Chr. wurden die flachen, rechteckigen Ziegel („Riemchen") 16 cm × 6 cm × 6 cm oder 17,5 cm × 7,5 cm × 7,5 cm zu waagerechten Schichten zum Mauerverband verlegt.[20] Die Herstellung erfolgte ohne Form: man knetete mit der Hand. In der frühdynastischen Zeit um 2000 v. Chr. wurde der rechteckige, „plankonvexe" Ziegel mit einer Seitenlänge von 30 cm (Ur-III-Zeit) auf der einen Breitseite gewölbt geformt. Umfassungsmauer in Chafâgi. Diese Ziegel wurden schräg und in der nächsten Schicht in entgegengesetzter Richtung geschränkt vermauert. In der babylonischen Zeit (1. Hälfte des 2. Jahrtausends) wurde ein Ziegelformat von 28 cm × 19 cm × 9 cm verwendet.

Als sumerische Erfindung gilt das Tonstiftmosaik. E. Heinrich ist der Auffassung, daß zumindest die Muster der Stiftmosaike sich von Rohr- und Binsenmatten herleiten lassen.[21] Mit diesen Tonnägeln wurde das Mattengeflecht an der Erdmauer befestigt.[22]

Die Ziegel wurden in einem regelmäßigen Wechsel von Läufer-Binder-Schichten verlegt. Als Bindemittel wurde Lehmmörtel verwendet. In der späteren Uruk-Zeit kommt Gips als Bindemittel vor. Auch Bitumenasphalt wurde nach Herodot als Bindemittel, besonders bei Backsteinen, verwendet. Die ersten Backsteine aus Uruk Schicht III wiesen folgende Maße auf: 21,5 × 11 × 6 cm; 22,5 × 11,5 × 7 cm; 26 × 11 × 7 cm.[23] Bautechnisch hat der Asphalt die wichtigste Eigenschaft, die zu dichtenden Gegenstände wasserdicht zu machen.[24] Die Mauern werden mit Lehm oder ungelöschtem Kalk-Gipsputz verkleidet. Bei Kanälen und für die Pflasterung wurden die Backsteine verwendet. Der neue Baustoff des plankonvexen Ziegels führte zu einer neuen Art, den Bau zu gründen. Fundamente und Fundamentgräben kamen nach H. Frankfort zur Anwendung, obwohl man zur Mauerung noch riemchenähnliche Ziegel benutzte.[25] Eine Gründung der Mauern auf reinem Sand hat man in Chafâgi und in El-Ubaid gefunden (Abb. 2.14–2.16).[26]

Die Verwendung von Kalkstein oder Kalziumkarbonat als Mörtel und Verputz setzt in Mesopotamien, ähnlich wie in Ägypten, erst in der hellenistischen Zeit ein.[27] Die Ziegel wurden bis zum Bauplatz mit Hilfe eines großen Korbes („Sabbilu") getragen.[28] Beim Bauen mit Ziegeln wurde der Mörtel mit Hilfe eines Mörtelbrettes auf der Wand aufgetragen.

Die Oberfläche des Mörtels wurde mit einer „Nivellierer"-Kelle auf der Wand geglättet. Zum Abkratzen des Verputzes von der Wand wurde ein Kratzer-Werkzeug aus Kupfer benutzt.[29] Bei der Herstellung von Ziegeln wurden Öfen zu vier verschiedenen Zwecken verwendet:

1. zum Brennen von Lehmziegeln, die dann auch glasiert werden konnten
2. zur Veredelung von Bitumen (Asphaltöfen)
3. zur Herstellung von Gips- und Kalkmörtel (hellen. Zeit)
4. zur Herstellung von gefärbten Glasuren.[30]

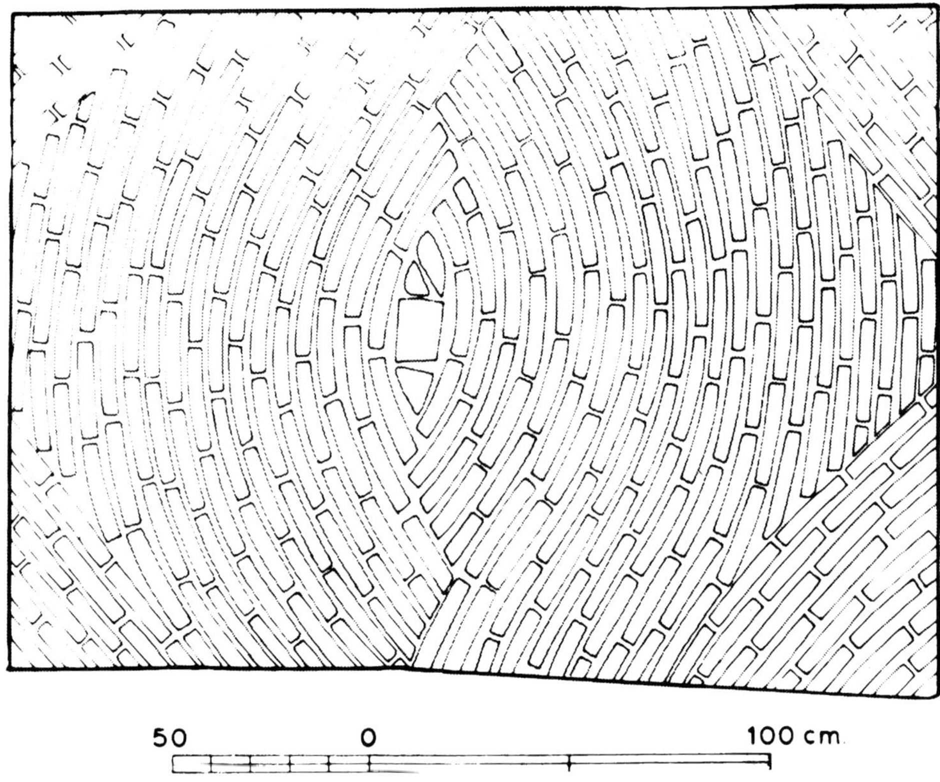

Abb. 2.12: Verlegungsmuster eines Zwickelgewölbes aus Ziegeln in Tell Rimah

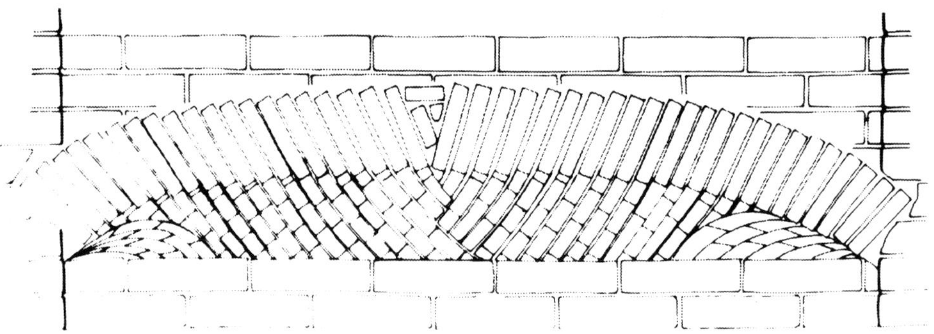

Abb. 2.13: Schnitt durch das Gewölbe mit den (viel zu) flachen Trompen

Abb. 2.14: Bauelemente eines Tempels der späten Uruk-Zeit: „Riemchen" aus Ton, Gipslehm, Tonstifte, runde Postamente

Abb. 2.15: Schacht mit Brandziegeln aus der Zeit Ibalpiels I.

Abb. 2.16: Plankonvexe Ziegel und ihre Vermauerung aus Lagasa, Zeit Ur-Nanse

2.2.3 Bau- und Werkzeichnungen

Ganz anders als die spärlich erhaltenen ägyptischen Architektur- und Werkzeichnungen, die entweder an Ort und Stelle in natürlicher Größe eingerissen oder auf einem Kalkstein (Ostrakon) mit freier Hand dargestellt waren und nur selten auf Papyros als Architekturzeichnung erhalten sind, zeigt das Studium der mesopotamischen Bauzeichnungen der Periode des dritten Jahrtausends bis zur neubabylonischen Zeit eine Fülle von Grundrissen. Diese Grundrisse aus der akkadischen Zeit sind mit eingeschriebenem Maß und Raumbezeichnungen versehen.[31] Dagegen wurde auf maßstabsgerechte Wiedergabe der Mauerstärken kein Wert gelegt. Alle Mauern sind gleich stark, und die Türen sind angegeben. Die Zeichnungen und Schriftzeichen wurden mit einem spitzen Griffel in die Tontafel eingeritzt. Für die Zahlen verwendete man vor der Darstellung in Keilschrift zwei Griffel mit verschiedenem Querschnitt (Abb. 2.17).[32]

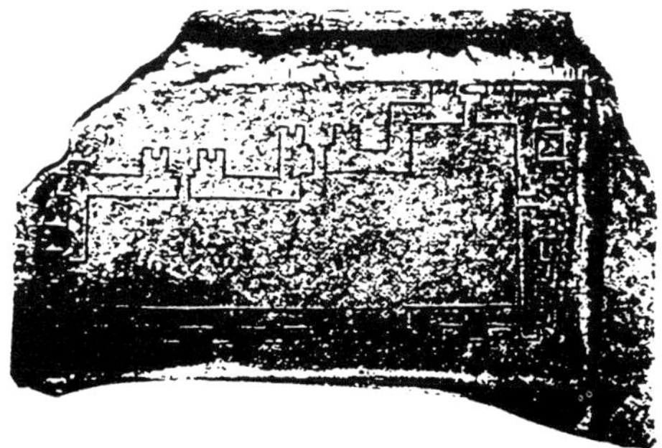

Abb. 2.17: Bauplan des Gudea aus Lagaŝa, etwa 2130 v. Chr., Louvre-Museum, Paris

Tabelle der Längenmaße zur Zeit der 1. Babylonischen Dynastie (2700 v. Chr.)

Sumer. Name	Akkad. Name	Engl. Name	Dt. Name	Wert	Bab. wiss. Eintragung
šu-si	urbânu	digit	Finger	1/30 Elle	10 (10'')
kuš	ammatu	cubit	Elle	30 Finger	5 (5')
gi	qanû	stick	Stock	6 Ellen	30 (30')
Ninda				12 Ellen	1

Aus: C. B. Davison, Landmarkes in History of Weighing and Measuring, in: The Newcomen Society, Trans. Vol. XXXI (1959), S. 147, Tabelle 11.

Tabelle der Gewichtsmaße zur Zeit der 1. Babylonischen Dynastie (2700 v. Chr.)

Sumer. Name	Akkad. Name	Engl. Name	Dt. Name	Wert	Bab. wiss. Eintragung
še	šeu	grain	Korn	1/180 Sh.	20 (20' '')
gin	šiglu	shekel	Schekel	1/60 mina	1 (1')
manâ	manû	mina		1/60 tal.	1
gun	biltu	talent		60 minas	1 (1')

Aus: C. B. Davison, Landmarkes in History of Weighing and Measuring, in: The Newcomen Society, Trans. Vol. XXXI (1959), S. 144; nach: F. Thureau-Danqin, Textes mathématiques babyloniens, Brill, Leiden 1938, p. XIII

3 Zusammenfassung

Ein direkter Zusammenhang zwischen der Bemessung der Mauerdicken und der Bauweise der Deckenkonstruktion ist nicht erkennbar. Bei einem Lehmbau bestand die Konstruktion des Daches aus einer Schicht von Matten, die über Holzbalken gelegt wurden. Kuppeln und Tonnengewölbe kommen im Grabbau, ähnlich wie in der ägyptischen und griechischen Architektur, vor. Unter Verwendung eines rasch abbindenden Lehm-Gips-Mörtels wurde erst unter den Parthern und Sassaniden die Wölbungstechnik weiterentwickelt. Dies hat dazu geführt, daß man Gewölbe wie in Ägypten aus schrägstehenden Lehmziegelreihen zu einem Bogen zusammengefügt hat, wobei jede neue Lehmziegelreihe auf die fertige Reihe ohne Gerüst aufgebracht wurde.

Anmerkungen

[1] Soden, W. v., Tempelstadt und Metropolis im Alten Orient, in: Stoob, H. (Hg.), Die Stadt, Köln/Wien 1979, S. 38 f; vgl. außerdem für die akkadischen Wörter Cambridge Ancient History, Vol. I, II und Fischer Weltgeschichte, sowie Chicago Astan Dictionary; W. v. Soden, Akkad. Handwörterbuch.

[2] Vgl. Seton Lloyd, Die Archäologie Mesopotamien, 1981 und Andrae, W., Das Gotteshaus und die Urformen des Bauens im Alten Orient, Berlin 1930; Heinrich, E., Bauwerke in der altsumerischen Bildkunst, Wiesbaden 1957.

[3] S. Lloyd, Die Archäologie Mesopotamien, München 1981.

[4] Soden, Tempelstadt und Metropolis, 1979, S. 41.

[5] Soden, S. 43.

[6] Soden, S. 50.

[7] Vgl. Kolldewey, R., Das wiedererstehende Babylon, Leipzig 1925, S. 12f.; zu Assyrien vgl. Corinne Castel, Habitat urbain néo-assyrien et néo-babylonien, tome 1, 2, Paris 1992

[8] Wiener, J., Die Kunst des alten Orients, Frankfurt und Berlin 1964.

[9] Schmidt, J., Die agglutinierende Bauweise im Zweistromland und in Syrien, Diss. TU Berlin 1963; Heinrich, E. Tempel . . . 1982, S. 2 f.

[10] Mellaart, J., Catal Hüyük, A Neolithic Town in Anatolia, 1967, S. 61.

[11] Andrae, W., Das Gotteshaus und die Urformen des Bauens im Alten Orient, 1930.

[12] Andrae, op. cit., S. 18, Abb. 12.

[13] Heinrich, E., Die Tempel und Heiligtümer im alten Mesopotamien, Berlin 1982 (Dt. archäol. Inst., Bd. 14), S. 15.

[14] Zum Beispiel Khorsabad, vgl.Heinrich, E. und Seidl, U., Maß und Übermaß in der Dimensionierung von Bauwerken im alten Zweistromland, in: MDOG 99 (1968), 6.

[15] Place, V., Ninive et l'Assyrie, Paris 1867, I, S. 267.

[16] Oates, D., Tell Rimah, 1966, in: Iraq, 29, Heft 2 (1967), S. 70 ff.

[17] Ders., Early Vaulting in Mesopotamie, in: Archaeological Theory and Practice: Essays Presented to W. F. Grimes, London 1973, S. 183; Reuther, Oskar, Parthian Architecture, in: Pope, „Survey . . .“, S. 427.

[18] Heinrich, E., Schilf und Lehm, ein Beitrag zur Baugeschichte der Sumerer, Studien zur Bauforschung, 6, Berlin 1934.

[19] Salonen, A., Die Ziegeleien im alten Mesopotamien, in: Annales Acad. Scient. Fennicae 171, Helsinki 1972, S. 16.

[20] Mallowan, Early Mesopotamia and Iran, S. 40.

[21] Heinrich, E., Die Tempel und Heiligtümer im alten Mesopotamien, 1982, S. 7.

[22] Funde von Mosaikstiften in Uruk, Schicht VII und VI, vgl. Untersuchungen zur Komposition der Stiftmosaiken an der Pfeilerhalle der Schicht IV a in Uruk-Warka, in: Baghdader Mitt. Beiheft 1, Berlin 1968.

[23] Herodot, I, S. 179; Salonen, op. cit., S. 23.

[24] Das Raffinieren des aus den Sickerstellen gesammelten Rohasphalts geschah durch Erhitzen im Schmelzofen (dazu vgl. Salonen, op. cit., S. 55).

[25] Frankfort, M., Art & Architecture of the Ancient Orient, Harmonsworth 1970.

[26] Lenzen, H. J., Die Architektur in Eanna in der Uruk IV-Periode, in: IRAQ, Jg. 36, H. 1/2, 1974.

[27] Lucas-Harris, Ancient Egyptian Materials and Industries, 1962[4], S. 74.

[28] Salonen, op. cit., S. 114. Zum Terminus technicus: Ziegel (akkadisch: libnati, hebr.: lebenâ); Ziegeltragekorb (akk.: zabalu, hebr.: sabal; churritisch, Elam.: kudur); tragen: akkad. nasû (nsi); brennen: akk. sarapu, hebr. sarfu; Schmelzmasse (Glasurziegel): akk. nazalu, hebr. naslu. Vgl. Wolfram v. Soden, Assyr. Hw. 524[b]; besonders Salonen, op. cit., S. 191 f und Hebr. Wörterbuch, 1988.

[29] Salonen, op. cit., S. 116–117.

[30] Salonen, S. 123 f.

[31] Heinrich, E., und Seidl, U., Grundrißzeichnungen aus dem Alten Orient, in: MDOG, 98 (1967), S. 24–45.

[32] Vogel, K., Vorgriechische Mathematik, Teil II, Hannover/Paderborn 1959, S. 9.

III Ägäische Kultur

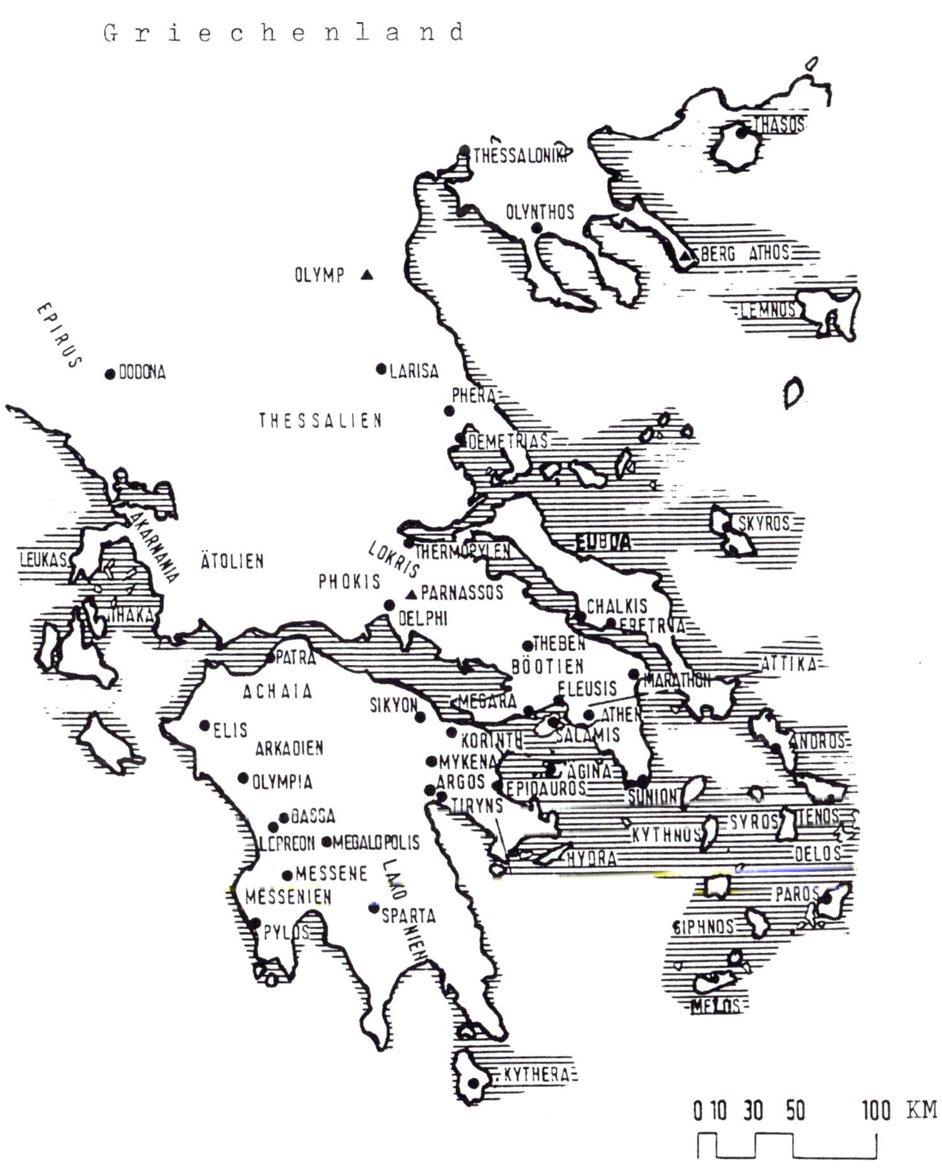

Abb. 3.0: Griechenland

A Kreta

1 Grundzüge der minoischen Kultur

Seit dem 6. Jahrtausend vor unserem Zeitalter lassen sich auf Kreta neolithische Siedlungen nachweisen.

Die Insellage führte dazu, daß die Bewohner neben dem Handwerk sich mit der Schiffahrt und dem Handel beschäftigten.

Siedlungen und Städte wurden im Bündnis von einem König geführt. Die Hauptsitze der Regierung lagen in Knossos und Phaistos. Die gefundenen Palastreste weisen keine Verteidigungsmauer auf. Die Straßen sind gemäß der topographischen Lage als Treppenstraßen angelegt.

Die Religion stützte sich auf ein Pantheon mit einer Göttin-Mutter und auf den Gott der Stürme („labrys"), der auf der Erde in Gestalt eines Stiers dargestellt wird. Die Rituale und Zeremonien sahen Tänze, Stierkämpfe („taurokatapsia"), Opfergaben und die Prozession der Baumpflanzung vor.[1]

Nach dem Archäologen Arthur Evans lassen sich folgende Kulturperioden unterscheiden:

- Frühminoisch, 3000–2050 v. Chr.
  Grabarchitektur: Rundbauten („Tholos") bei Messara
- Mittelminoisch, 2050–1550 v. Chr.
  Bau der ersten Paläste in Knossos, Phaistos
  Wiederherstellung der Paläste nach dem Erdbeben um 1700 v. Chr.
- Spätminoisch, 1550–1100 v. Chr.
  ab 1400 v. Chr. mykenische Herrschaft[2]

Das Architekturprogramm umfaßt Gipfelheiligtümer, Grabbauten, Paläste und Landhäuser.

Die Rundgräber (Tholoi) wurden mit bienenkorbförmigen Kuppeln überdeckt, deren Durchmesser eine Lichtweite von ca. 2,50 bis 13 m erreichte.[3]

Während das Kuppelgrab der Frühzeit aus einem Skelett von Rundhölzern auf einem 0,80–1,20 m hohen Sockel bestand, setzte sich die Konstruktion des Kuppelgrabes ab 1700 v. Chr. aus vorkragenden Steinen zusammen, wie z. B. beim sogenannten Schatzhaus des Atreus um 1350 v. Chr.

Von den Palästen in Festos, Archánes, Chaniá und Knossos ragt der Residenzpalast in Knossos durch Grundriß und Gestalt der Gesamtanlage hervor. Die Anordnung von Raumgruppen folgt funktionalen Gründen. Um den 50 × 30 m großen Ehrenhof sind Wohntrakte, Empfangsräume und der sakrale Bereich angeordnet. Im rückwärtigen Teil wurden die Werkstätten plaziert.

Die Entwurfskriterien basieren auf der Addition von Räumen, die bei Erweiterung rechtwinklig zum vorherigen Bau angebaut wurden. Die Wohnhäuser wurden überwiegend mit Lehmziegeln errichtet. Beim Palast von Knossos verjüngen sich die Holzsäulen nach unten, vermutlich als eine Art Nachbildung der früheren Zeltstangen, die in die Erde gesteckt wurden. Die Wände bestanden aus einer Art Holz-Fachwerkbauweise, die mit prismenförmigen Steinblöcken gefüllt wurden.[4]

B Mykene/Peloponnes

Zu Beginn des 2. Jahrtausends ließen sich die Stämme der Achäer im Ostteil des Peloponnes nieder und bauten die Festungen Pylos, Argos und Tiryns auf. Die Residenzstadt Mykene wurde mit einem Mauerring befestigt. Die mykenische Epoche, die mit der griechischen Heldenzeit gleichgesetzt wird, hat Homer viel später in den Epen Ilias und Odyssee (750 v. Chr.) beschrieben.[5]

Neben Land- und Viehwirtschaft wurde Handwerk und Handel betrieben. Von den Metallen wurden Bronze und Gold verarbeitet, Eisen war noch unbekannt.[6]

Die Siedlungen wurden durch Mauern und Türme befestigt. Jede Festungsstadt wurde von einem „Pariseos" (später „Basileos") geleitet. Von den Minoiern wurden Religion und Rituale übernommen. Mit der Einwanderung der Dorier kommt es 1200 v. Chr. zum Umsturz der mykenischen Herrschaft.

Das Megaron („das Geräumige") als eine Vorstufe des griechischen Tempels wurde als Thronsaal in Mykene eingeführt.[7]

Das Wohnhaus – oft mit einem Obergeschoß mit begehbarer Dachterrasse – weist einen rechteckigen Grundriß auf. Die Räume wurden um einen Innenhof angeordnet. Der Fürstenpalast in Mykene hatte folgende Räume:

- Protyron, offener Vorraum, ergab sich aus der Verlängerung der Seitenwände (Ante)
- Prodomos als Vestibül vor dem Wohnraum
- Megaron, der Hauptwohnraum, mit einem Herd in der Mitte („eskare").[8]

In der Grabarchitektur wurde die Technik des falschen Gewölbes angewandt. Das sogenannte Schatzhaus des Atreus, ein Rundgrab (Tholos), weist einen Durchmesser von 14,50 m auf.[9] Diese

Grabanlage bestand aus einem kreisrunden Raum, zu dem ein langer Korridor („dromos") führte. Die Kuppel wurde mit Erde so bedeckt, daß äußerlich das Grab als Erdhügel erscheint (Abb. 3.1).

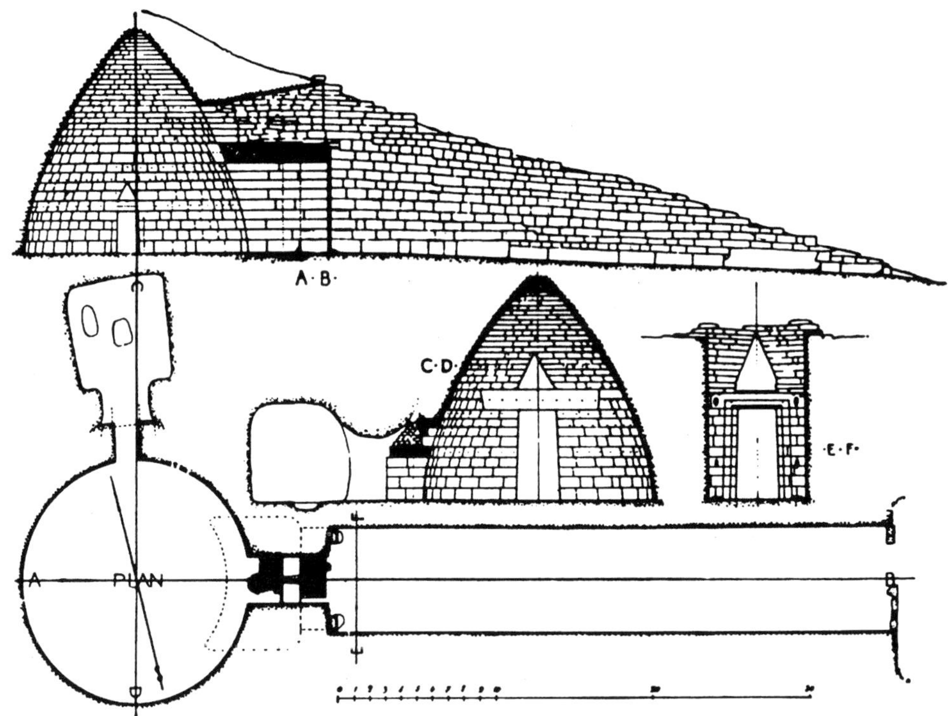

Abb. 3.1: Längs- und Querschnitt (oben), Grundriß (unten) durch ein mykenisches Kuppelgrab, aus der Zeit 1325 v. Chr., sogen. „Schatzhaus des Atreus": Kuppelhöhe ca. 13 m, Durchmesser 14,50 m; das dreieckige Gewölbe (im Querschnitt) ist auch ein Entlastungsgewölbe

C Griechische Staaten

1 Kulturgeschichtlicher Überblick

Die Expansion der mykenischen Herrschaft wurde 1200 v. Chr. durch die Einwanderung der Ionier und Dorier beendet.

Die Grundzüge des hellenistischen Volkes bilden sich gegen Ende des 10. Jh. v. Chr. aus der Verschmelzung der Stämme, Gewohnheiten und der verwandten Sprachdialekte. Der geometrische Stil zeigt in der Keramik eine neue Linienrhythmik (950–700 v. Chr.). Diese Epoche der frühen Eisenzeit fällt mit der Heroenzeit zusammen.

Die mündlich tradierten Legenden über den Helden des Trojanischen Krieges beschrieb Homer in seinen Epen „Ilias" (Ilion = Name von Troja) und „Odyssee" (8. Jh. v. Chr.).

In den großen panhellenischen Heiligtümern – Delos, Delphi und Olympia – versammelten sich die Abgesandten griechischer Städte, der Poleis. Im Jahre 776 wurden die ersten panhellenischen Olympischen Spiele ausgetragen.[10] Gleichzeitig begann die Kolonisation im Westen von Süditalien (Neapel, Paestum, Segesta, Selinunt 650 v. Chr., Agrigent – die Magna Graecia) und auf der Iberischen Halbinsel und im Norden bis zur heutigen Krim, ebenso entlang des Schwarzen Meers wurden Kolonialstädte als Handels- und Marktstädte an der heutigen ostrumänischen Küste gegründet: Callatis (Mangalia), Tomis (Constanza) und Histria.

Schon sehr früh gab es enge Beziehungen zu den Ländern der östlichen Mittelmeerküste, wie z. B.

Phönikien, Altisrael und Syrien. Später kamen Urartu und Armenien hinzu. Seit dem 7. Jh. v. Chr. lassen sich ionische Kaufleute und Handwerker in Naukratis im Nildelta nieder.[11]

In der archaischen Zeit (620–480 v. Chr.) fanden neben der Gründung der Stadt Selinunt/Italien und Naukratis in Ägypten auch die Gründung von Kyrene (630 v. Chr.) und die Panathenäischen Spiele (566 v. Chr.) statt. Zwischen 492–449 finden die Perserkriege statt. Im zweiten medischen Krieg zerstören die Perser Athen.

In die Regierungszeit von Perikles (443–429 v. Chr.) fällt auch die Glanzzeit von Athen. Der Ausbau der Akropolis und die Werke der Literatur, Wissenschaft und Kunst sind die kulturellen Höhepunkte dieses Zeitabschnittes. Dieses „goldene" Zeitalter wird durch bedeutende Philosophen und Wissenschaftler, wie z. B. Sokrates, Demokrit, Herodot und Hippokrates, Literaten, wie z. B. Sophokles und Aristophanes, und Künstler, wie z. B. Phidias, Alkamenes, Myron, und Architekten, wie z. B. Iktinos und Mnesikles, charakterisiert.

Perikles als Anführer der Demokraten trug dazu bei, zahlreiche Kompetenzen der Volksversammlung und dem Rat der Stadt zu übertragen, und vermehrte die Zahl der Wahlberechtigten durch Erweiterung der Bürgerlisten.[12] Schließlich brachten die gewaltigen Bauprogramme den Handwerkern und Künstlern gutes Einkommen.[13]

Durch den langjährigen Peloponnesischen Krieg zwischen Sparta und Athen um die Vorherrschaft in Griechenland (431–404 v. Chr.) ging nicht nur die Athenische Hegemonie zu Ende, sondern auch die kulturellen und künstlerischen Leistungen wurden entscheidend geschwächt. Der Krieg trug zum Zerfall der griechischen Polis bei.

Der Makedonier Philipp II. (382–336 v. Chr.) sicherte sich an der Spitze eines makedonischen Heeres durch den Sieg bei Chaironeia 338 die Vorherrschaft in Griechenland. Sein Sohn Alexander d. Gr. (356–323 v. Chr.) dehnte nach Feldzügen gegen die Perser sein Reich bis nach Indien aus.

Zusammen mit der Aufnahme orientalischer Elemente entstand die hellenistische Weltkultur. In den bedeutenden hellenistischen Kulturzentren, wie z. B. Ephesos, Pergamon, Alexandria, Athen, Antiochia und in Rhodos, fanden die Wissenschaften zu einem neuen Rationalismus. Im Wechselspiel zwischen dem neu erstarkten Handwerk, dem Handel und den neuen Herausforderungen des hellenistischen Kultur- und Sprachraums treten Wissenschaftler auf, die sich in einer Reihe von technisch-mechanischen Schriften mit den Problemen der Baupraxis und der Kriegsmaschinen beschäftigen: die frühalexandrinischen hellenistischen Griechen Ktesibios (250 v. Chr.), Archimedes (287–212 v. Chr.) und Philon von Byzanz (260–200 v. Chr.), die Theoretiker und Praktiker in einer Person waren und neben Feuerbüchsen und Wurfmaschinen auch Flaschenzüge und Hebekräne entwickelt haben.

Die relativ günstigen materiellen Gründe für die Ausreifung einer Erfindung zeigt z. B. die Entwicklung der griechischen Geschütze durch einen Stab der besten Ingenieure, die Dionysios d. Ält. (405 bis 367 v. Chr.) aus ganz Griechenland nach Syrakus zusammenrief.[14]

Auch die späteren Alexandriner, wie z. B. Heron von Alexandria (50 n. Chr.), Claudius Ptolemaios (140 n. Chr.) und Pappos von Alexandria (2. Jh. n. Chr.), befassen sich in einer Reihe von mechanischen und mathematischen Schriften mit den angewandten Problemen der Mechanik für die Praxis.[15]

In den Makedonischen Kriegen (215–168 v. Chr.) und im Syrischen Krieg (192–189 v. Chr.) faßte Rom Fuß in Griechenland: 148 wurde Makedonien römische Provinz; 146 v. Chr. wurde Griechenland ebenso römisches Provinzland.

2 Architekturprogramme

Im Zusammenhang mit den Anforderungen der griechischen Gesellschaft wurden die Architekturprogramme entwickelt. Demokratische Organe für Stadt und Gemeinde waren der Stadtrat („bulé"), die Volksversammlung („ecclesia") und die Magistratskammer („pritani"), die anders als in Ägypten und Mesopotamien den sozialpolitischen Rahmen für die freien Bürger der Polis lieferten.

Der lebendige städtische Raum für die Verknüpfung sozialer und ökonomischer Kontakte bildete die „Agora" als öffentlicher Platz. Die architektonisch-kulturelle Entwicklung wurde neben den sakralen Tempelbauten von einer Reihe neuer Gebäudetypen für das öffentliche Leben – als Versammlungsbauten – charakterisiert: Theater, Odeion, Palästra, Gymnasion und Stadion.

Jedes Gebäudeprogramm wurde von räumlichen, topographischen, klimatischen und Konstruktionskriterien bestimmt. Die Bauformen weisen eine evolutive Zeitentwicklung auf.

2.1 Tempelbau

Die Praxis der Rituale und das Religionsverständnis waren wichtige Faktoren für die Herausbildung der Typologie der sakralen Architektur. Die griechische Religion besaß einen anthropomorphen Charakter. Die Götter haben menschliche Gestalt und Empfindungen. Zu den Kultformen des Individuums zählten Gebete, Reinigungsrituale, Weihgeschenke und Opfergaben. Versammlung, Opfer und Gebet fanden um den Altar vor dem Tempel statt.

Der Gemeinschaftskult sah bei großen Festen und Feiertagen die Beteiligung der Polisbürger vor. Im Rahmen der Feierlichkeiten fanden neben der Kultprozession auch sportliche oder kulturelle Wettbewerbe statt.

Die enge Beziehung zwischen der Religionspraxis und dem Alltag ist durch die fehlende Priesterschaft gekennzeichnet. Deren Funktion übernahmen die Magistraten der Polis.[16]

Nach Gruben (1976) haben die Griechen zu Beginn des 8. Jh. v. Chr. ihren Göttern „in statuarischen Bildern Gestalt verliehen und diesen Kultbildern ein Haus erbaut".[17] Man darf nicht vergessen, daß die Griechen seit ihrer Niederlassung im östlichen Mittelmeerbecken mit den umliegenden älteren Kulturen in Kontakt standen.

Coulton (1977) fand es bemerkenswert, daß Griechenland im 10.-7. Jh. v. Chr. keine Steinkonstruktionen errichten konnte. Er erinnert, daß um 660 v. Chr. der Pharao Psamtik I. die Assyrer mit Hilfe von ionischen Söldnern zurückdrängte. Einige Jahrzehnte später, um 630-620 v. Chr., wurde die griechische Handelsstadt Naukratis im Nildelta gegründet. Damit steht für Coulton außer Zweifel, daß die Griechen von den monumentalen, massiven Steinkonstruktionen der ägyptischen Bauwerke lernen konnten: „there is a considerable similarity in proportion and general effect between an early Doric colonnade and some Egyptian ones".[18]

Der Megaron-Haustypus, der sowohl in Mykene als auch in verwandter Form in Mesopotamien als Kultstätte mit einem Herd vorkam, diente als Ausgangsmodell für den Antentempel. Der Antentempel konnte mit einer Vorhalle mit vier Säulen (Prostylos) oder mit zwei Vorhallen (Amphiprostylos) erweitert werden (z. B. Athena-Nike-Tempel in Athen) (Abb. 3.2).[19]

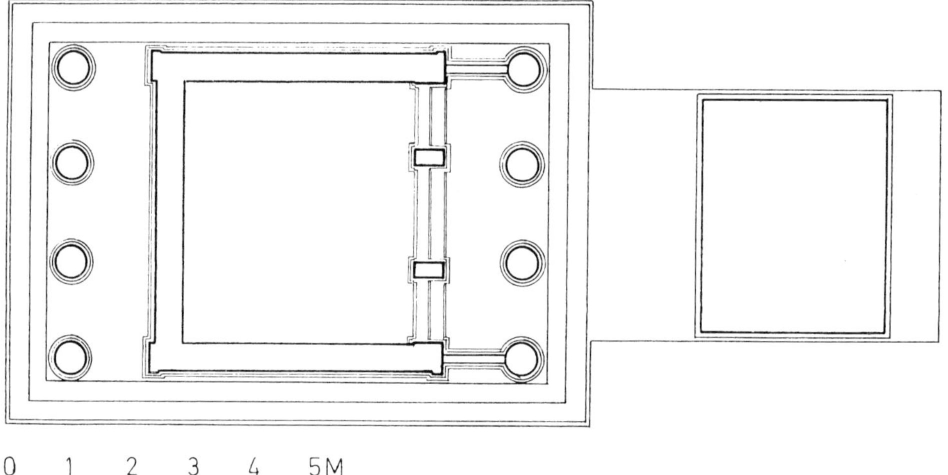

Abb. 3.2: Athena-Nike-Tempel

Seit dem 8.-7. Jh. v. Chr. wird die Cella mit dem Kultbild von einem Säulenkranz umschlossen. Der Säulenkranz, die Peristasis, scheint mit den Säulenreihen der Baldachine verwandt zu sein, ein Motiv, das z. B. in Mesopotamien und Ägypten seit dem 3. Jahrtausend bekannt war.

In der Verbindung des geschlossenen Cellaraumes mit den linearen Kolonnaden gelangte man zu einer neuen architektonischen Lösung der Raumgliederung eines Sakralbaus. Die Peripteralanlage wurde zum wichtigsten Tempeltypus. Hiermit konnten die Elemente einer monumentalen Tempelarchitektur zusammengefaßt werden.

Von dem dritten Tempel in Thermos/Ätolien, um 625 v. Chr., haben sich Spuren erhalten, die auf eine Peristase aus 5 × 15 Holzsäulen hinweisen, welche von Holzbalken überbrückt wurden.[20]

Die Bildtafeln im Gebälk füllten die „Metopen", den Raum zwischen den Köpfen der Deckenbalken, die mit Tonplatten „Triglyphen" verkleidet wurden. Die Idee der gemalten Tontafeln konnte nach Coulton als Anregung von assyrisch-mesopotamischen Vorbildern entstanden sein.[21] Über der Randpfette lagen die auskragenden Dachsparren auf, die ein Tongesims, das „Geison", trugen. Bei der Ausführung in Stein ergab sich ein Konflikt zwischen dem Architrav und der Ecktriglyphe. An den vier Ecken des Peripteros wurden Säulen um 14-22 cm enger aneinandergerückt. Hinter dieser Lösung verbirgt sich auch das Problem des dorischen Peripteraltempels.

Die Gebäudedarstellung einer Palastfassade nach Art einer Tempelfront auf der sogenannten François-Vase in Florenz weist auf die Tradition der Baldachinbauten hin. Durch die Verbindung von verschiedenen Materialien ergab sich für die Zeit um das 7.-6. Jh. v. Chr. eine leichtere Bauweise.[22]

Größte Monumentalität erreichten der Zeus-Tempel in Olympia (470–456 v. Chr.) mit einem Peripteros von 6 × 13 Säulen und einem Stylobat von 27,68 × 64,12 m und der Hera-Tempel in Paestum/Unteritalien (550 v. Chr.) mit einem Stylobat von 24,52 × 54,27 m und 9 × 18 Säulen (Abb. 3.3, 3.4).

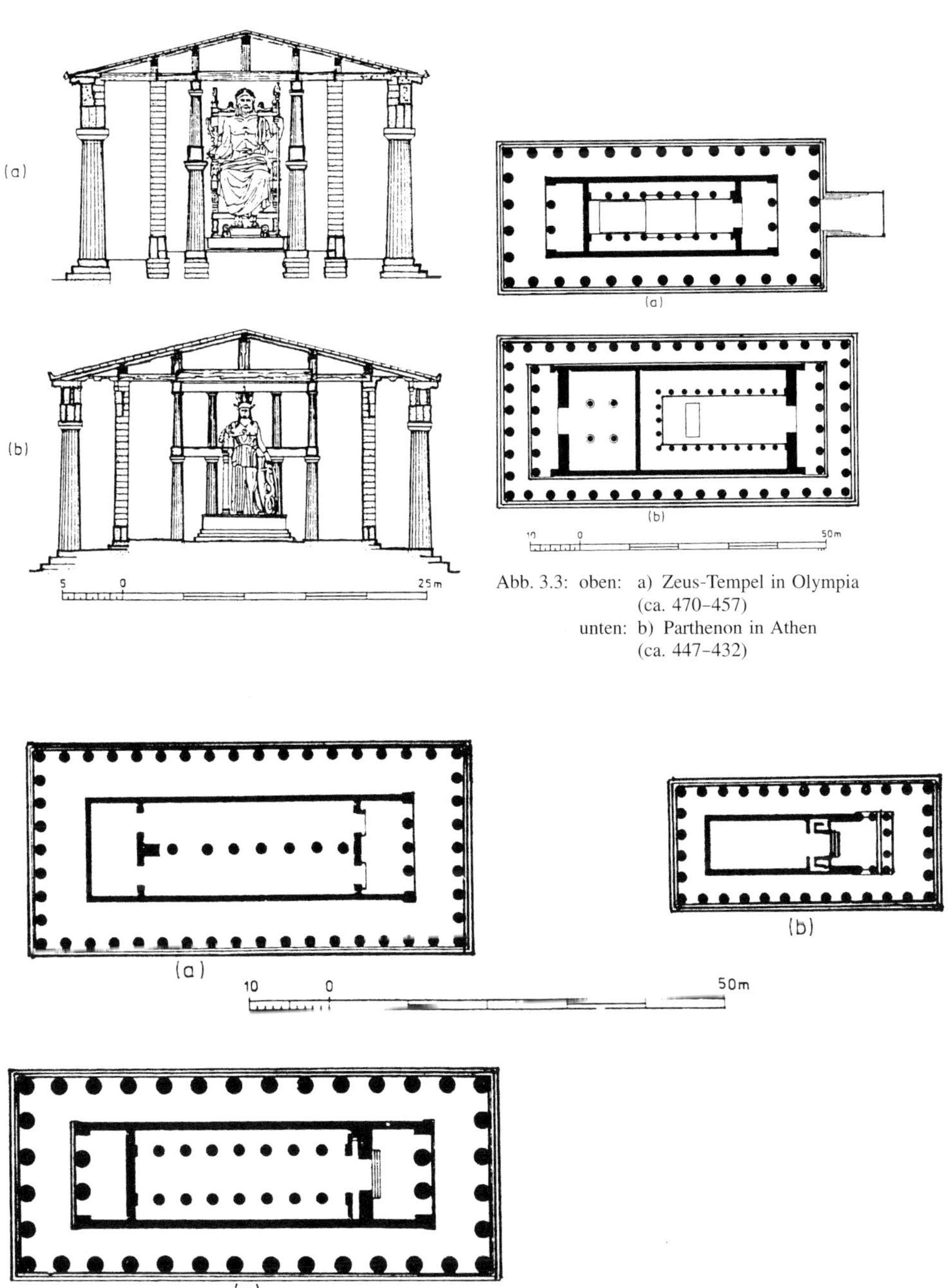

Abb. 3.3: oben: a) Zeus-Tempel in Olympia (ca. 470–457)
unten: b) Parthenon in Athen (ca. 447–432)

Abb. 3.4: Paestum
a) 1. Hera-Tempel (6. Jh. v. Chr.), b) Athena-Tempel (6. Jh. v. Chr.), c) 2. Hera-Tempel (5. Jh. v. Chr.)

Auf der Bergkuppe der Insel Aigina wurde um 570 v. Chr. das Heiligtum der Aphaia, ein Peripteraltempel mit einem Stylobat von 19,77 × 28,81 m und 6 × 12 Säulen errichtet. Die Säulen sind um 2 cm nach innen geneigt. Die 6,38 m breite Cella weist zwei Etagen von je fünf nebeneinandergestellten Säulen auf (Abb. 3.5, 3.6).

Abb. 3.5: Aegina, Aphaia-Tempel: perspektivische Ansicht der Gesamtkonstruktion

Der Grundrißentwurf von Tempelhallen der älteren Zeit im 7.–6. Jh. v. Chr. konnte vom Verhältnis der Stylobat- und Cellamaße abgeleitet werden. Im 5. Jh. v. Chr., besonders beim Zeustempel in Olympia, wurde der Grundrißentwurf vom Säulenjoch von 16 dorischen Fuß (5,22 m) als Grundeinheit entwickelt.[23]

In seinem 4. Buch empfahl Vitruv, die Stirnseite eines dorischen Tempels zu zerlegen. Ein Teil derselben wird als Maßeinheit („embates") für die Gestaltung des Tempels ermittelt. Und im 5. Buch empfahl Vitruv für die dorische Stilweise die Aufteilung der Säule einschließlich des Kapitells in 15 Teile, eines derselben soll als Maßeinheit („modulus") für die Durchbildung der übrigen Glieder dienen.[24]

In diesem Zusammenhang sollte auf die antiken Fußmaße für den Entwurf hingewiesen werden:

- der ionische Fuß – 35,0 cm
- der dorische Fuß – 32,64 cm
- der attische Fuß – 29,40 cm.

Am Ende des 6. Jh. setzte sich das Einheitsjoch als maßgebende Größe des dorischen Tempelentwurfs durch. Der Zeustempel von Olympia ist mit seinem 16 Fuß langen Joch ein typisches Beispiel für die vorherige Entwurfssystematik.

Demgegenüber wurde am Parthenon ein Modulus für Längen von Normal- und Eckjoch festgestellt. Noch bleibt eine Reihe von Tempeln, deren metrologische Probleme bisher nicht gelöst werden konnten.[25]

2.1.1 Ionischer Stil

Die Anfänge der Baukunst auf den Inseln und an den kleinasiatischen Küsten wird durch die minoische Tradition und die Berührung mit den östlichen Kulturen und Ägypten gekennzeichnet, die seit dem 7. Jh. v. Chr. die rasche Entwicklung und die kraftvolle Durchgestaltung der Bauten förderten. Als ionisches Zentrum trat die Küste mit den Städten Ephesos bis Milet und die vorgelagerten Inseln Samos und Chios hervor.

Eine Reihe von Baumeistern, wie z. B. Rhoikos von

Samos, Chersiphron und Metagenes von Ephesos, wurden von Vitruv erwähnt.[26] Bei ionischen Tempeln, wie z. B. die Hera-Tempel auf Samos, fehlen die steinernen Wandstirnen, die Anten. Der Entwurf ging nicht von der Cella, sondern von der Peristasis aus. Als Neuerung zählt die Verdoppelung der Säulenstellung im Frontbereich. Erst unter den Baumeistern Rhoikos und Theodoros von Samos, 570–560 v. Chr., wurden die monumentalen Tempelbauten in ionischer Ordnung gestaltet.

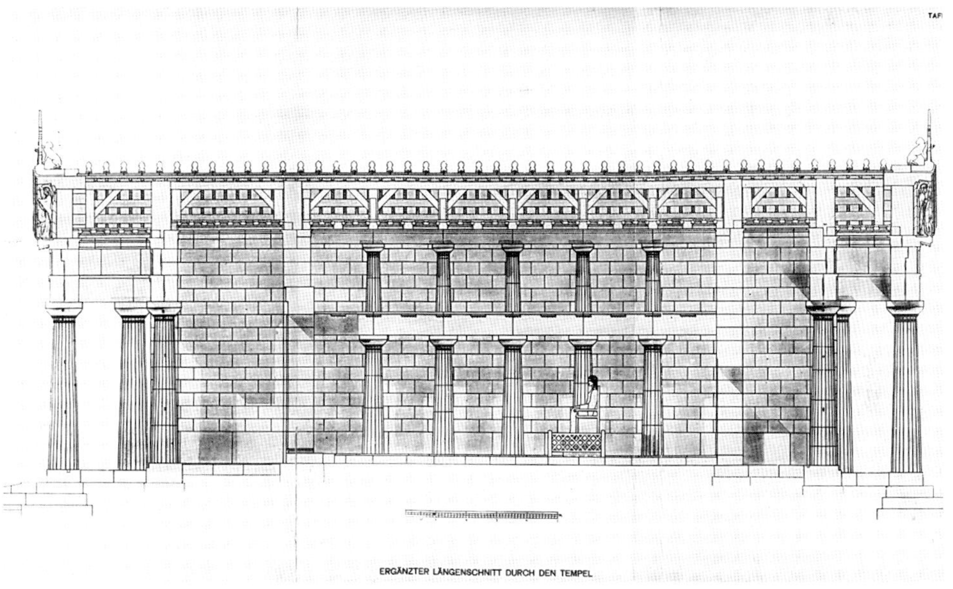

Abb. 3.6: Aegina, Aphaia-Tempel: Längsschnitt, s. die Dachkonstruktion

Das Hera-Heiligtum, um 540 v. Chr., war ein Tempel mit einem doppelten Säulenring (Dipteros). Der Cella von 47 × 100 Ellen (25 × 52,50 m) war ein Pronaos vorgelegt. Waren Gebälk, Dach und möglicherweise Säulen noch aus Holz, die keine archäologischen Spuren hinterließen, so wurden die Glieder des polykratischen Dipteros (Heratempel IV) bereits in Stein ausgeführt. Der Grundriß wies etwa 55,16 × 112,20 m im Stylobat mit drei Säulenreihen auf.[27]

Einer der größten Tempel der griechischen Welt war der Artemistempel von Rhoikos und Theodoros in Ephesos mit einem Stylobat von 55,10 × 115,14 m, als Dipteros ausgeführt.[28]

In einem anderen Maßstab stellt sich der Erechtheion in Athen wie eine attische Interpretation der ionischen Ordnung dar und zeigt andere Merkmale, als sie sich in Samos oder Ephesos herausgebildet hatten. Das Bauwerk besteht aus einem rechteckigen Baukörper, dem im Osten eine prostyle Fassade mit sechs ionischen Säulen vorgelagert ist. Im Norden und Süden sind dem Hauptbau zwei Vorhallen angefügt. Die Karyatiden tragen einen Baldachin.[29]

2.2 Wohnbau

Nach der archäologischen Rekonstruktion der Wohnhäuser in Priene waren die Räume in der Regel um einen Hof gruppiert. Das vorkragende Dach wurde von Säulen, peristylartig, getragen.[30]

Nach der Rekonstruktion von Hoepfner und Schwandner war die in hochklassischer Zeit, um 432 v. Chr., an einem Berghang gegründete Neustadt von Olynth im Nordwesten Griechenlands nach einem festen Schema errichtet. Der Baublock umfaßte zwei Reihen von je 5 Grundstücken (16 × 16 m). Das Haus wurde vom Hof erschlossen. Um den Hof gruppierten sich je nach Binnen- und Ecklage eine Halle mit dem Wohnraum (Oikos) mit einem Herd, daneben ein Kaminraum als Küche und Badezimmer; durch einen Vorraum war der Männerraum (Andron) betretbar (Abb. 3.7–3.9).[31]

2.3 Öffentliche Bauten

Überdachte Säulenhallen (Stoen) sind seit der archaischen Zeit ab dem 7.–6. Jh. v. Chr. nachweisbar (Stoa Basileios in Athen; Silaris Heraion; Selinunt, Stoa C; Argive Heraion, Nord-Stoa; Samos, Nordwest- und Süd-Stoa).[32] Seit der klassischen Zeit und besonders während der hellenistischen Zeit (3. bis 2. Jh. v. Chr.) wurde der Marktplatz (Agora) von Säulenhallen umgeben. Sie dienten nicht nur geschäftlichen, öffentlichen und privaten Diskussionen, sondern – auch in Verbindung mit einem Heiligtum – ergänzten und verhalfen in architektonischer Sicht, den Platz monumental zu gestalten.

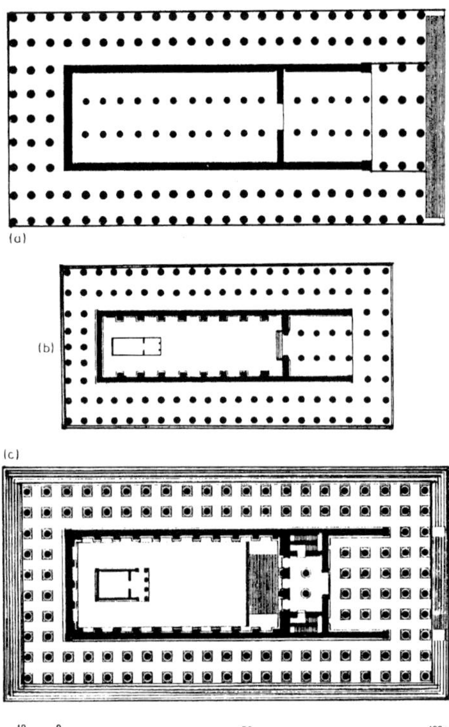

Abb. 3.7: Ionische Tempel: a) 4. Hera-Tempel in Samos (540 v. Chr.), b) und c) archaischer (550 v. Chr.) und hellenistischer (300 v. Chr.) Apollon-Tempel in Didyma, Dipteros

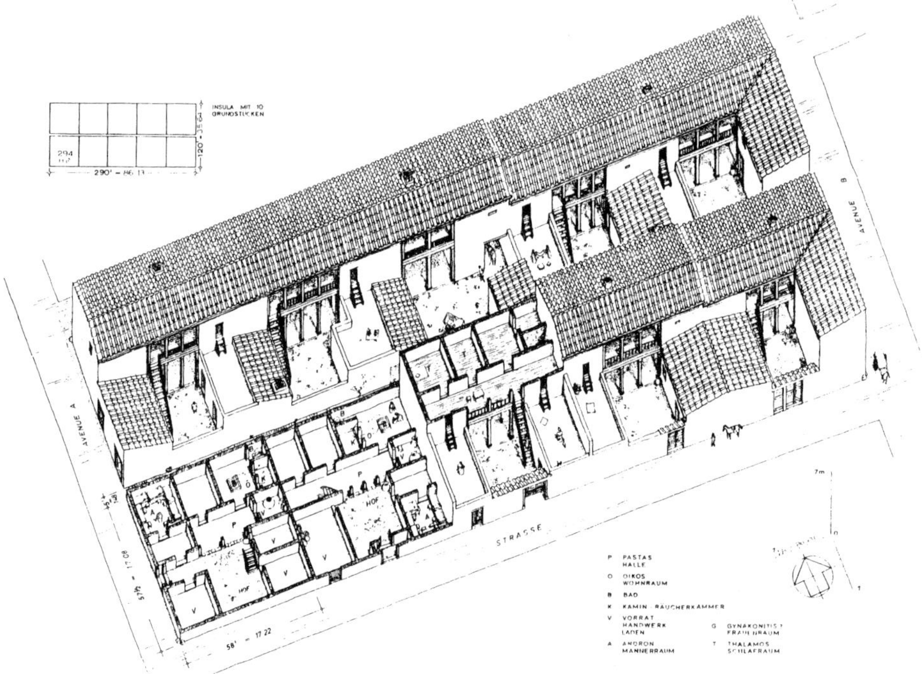

Abb. 3.8: Olynth. Isometrische Rekonstruktion einer Insula mit 10 Typenhäusern

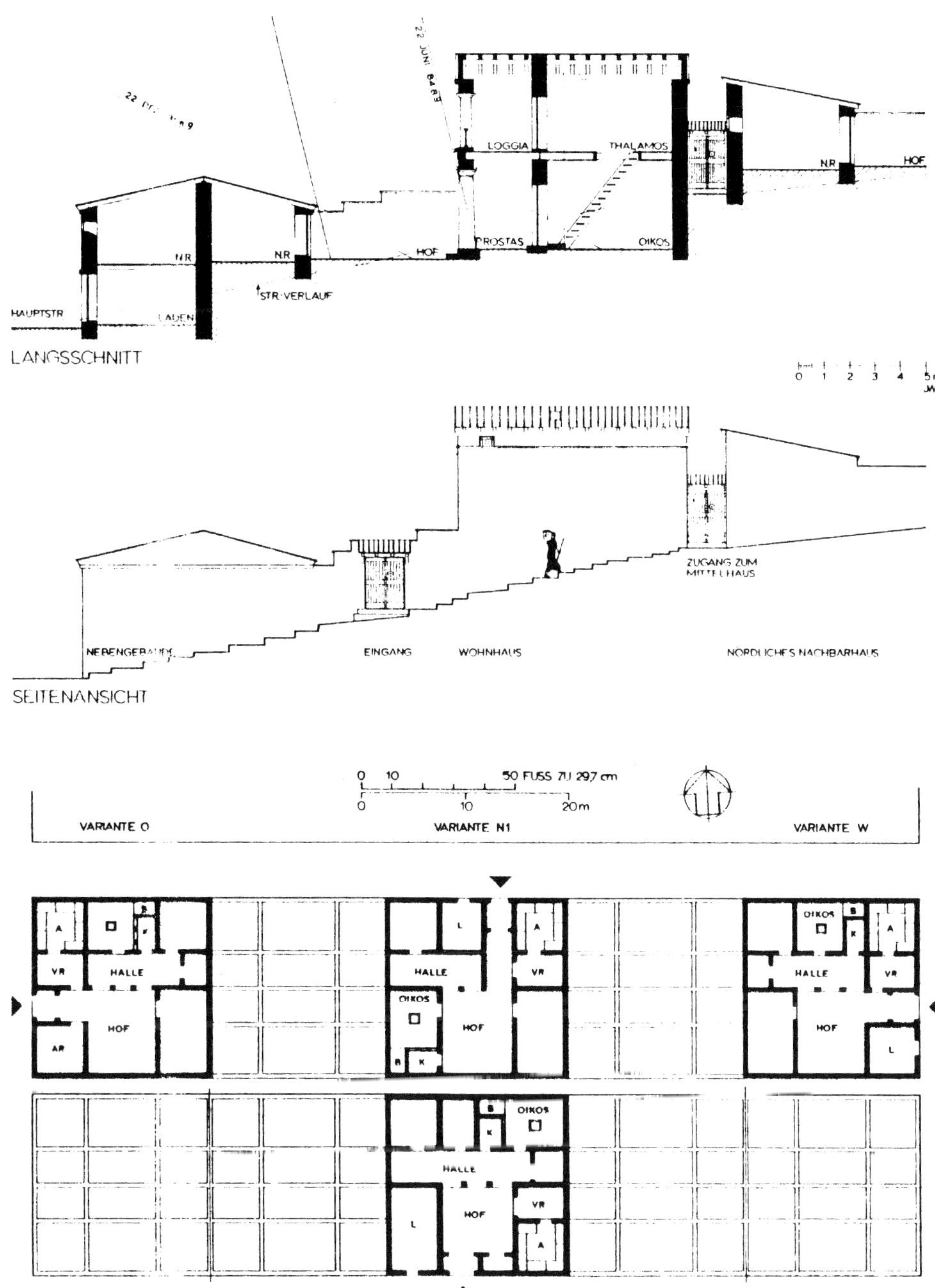

A Andron B Bad K Kaminraum L Laden AR Arbeitsraum/Werkstatt
VR Vorraum

Abb. 3.9: Olynth. Varianten des Typenhauses. Die Eckhäuser werden seitlich erschlossen.

Die Stoa konnte mehrschiffig ein- oder zweigeschossig, mit zwei Fassaden, L-förmig oder mit Flügelbauten errichtet werden.[33] In hellenistischer Zeit nahm die Länge als Repräsentationsfaktor zu. Coulton zählte über 40 Stoen, die 100 m Länge überschritten hatten, davon 13 über 170 m (4.–2. Jh. v. Chr.) (Abb. 3.10, 3.11).[34]

In der hellenistischen Stadt Milet erreichte die Stoa Antiochos' I. die Länge eines griechischen Stadions von 189,20 m. Hinter dem offenen Hallenraum befanden sich drei Reihen von 39 Verkaufskammern. Die Stoa war als Stiftung Antiochos' I. als ältestes Gebäude des Südmarktes in Milet entstanden. Ihre Größe wurde vom Stifter festgelegt. Erst ihre klare Plazierung beeinflußte die Entstehung des Marktplatzes und der anderen Hallen. Auch in der hellenistischen Stadt Priene war die Nordstoa das älteste Gebäude am Marktplatz, erst danach wurden in einer logischen, sukzessiven Reihenfolge weitere Bauten errichtet (Abb. 3.12).

Das orthogonal geometrische Rastermuster erweckte bisher den falschen Eindruck eines in einem Zug geplanten gewollt einheitlichen Städteplans (Abb. 3.13).[35]

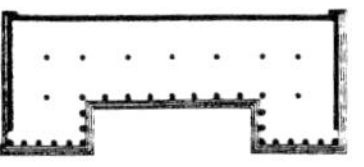

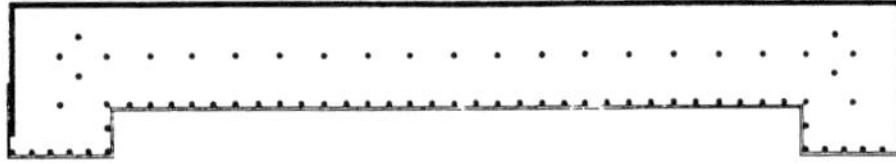

Abb. 3.10: Wandelhallen mit Flügelbauten
a) Zeus-Stoa in Athen
b) Antigonos-Stoa in Delos
c) Stoa in Lindos
i. M. 1 : 1000

Für die Ratsversammlung entstand das Bouleuterion. Das hellenistische Bouleuterion in Milet (2. Jh. v. Chr.) aus einem Sitzungsgebäude (22,50 × 33 m) und einem davorgelagerten Hof mit auf drei Seiten umlaufender Säulenhalle (55 × 35 m) geht auf eine Stiftung zweier Beamten zurück, die für König Antiochos IV. Ephiphanes das Rathaus dem Apollon Didymaios geweiht hatten (Abb. 3.14).[36]

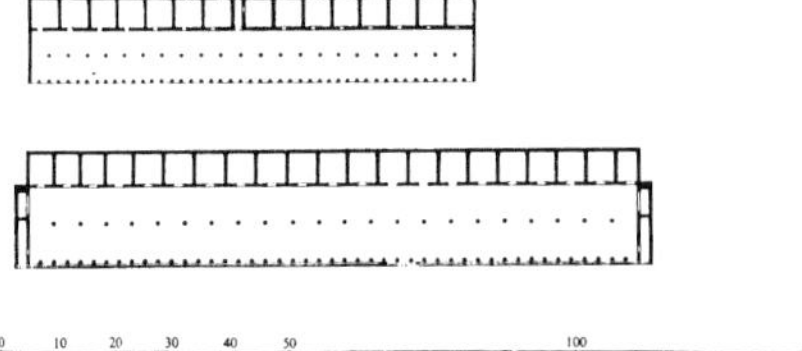

Abb. 3.11: Wandelhallen mit Läden
a) Athen, Süd-Stoa
b) Athen, Stoa des Attalos
i. M. 1 : 1000

Das Gymnasion als Übungs- und Unterrichtsplatz für Spiele und Sport umfaßte in hellenistischer Zeit eine Säulenhalle, Bäder, Palästra (Ringschule), Laufbahnen (Stadion) und Diskussionsraum (Exedra). Auch das Gymnasion des pergamenischen Königs Eumenes II. (197–159 v. Chr.) wurde aufgrund einer Stiftung errichtet.[37]

Aus der religiösen Zeremonie ging das Theaterspiel hervor. Für den Zuschauerraum wurde die Hanglage oder die Landschaftsmulde genutzt (Epidauros, Pergamon).

3 Baustoffe

3.1 Holzbau und Holzverbindungen

Die Verwendung von Holz in der Gesamtkonstruktion des griechischen Hauses wird von den steinernen Abbildungen der Grabfassaden und Sarkophage in Lykien und Phrygien bezeugt.[38]

Für den kleinasiatischen Raum und für Kreta sind auch Holzkonstruktionssysteme mit eingelassenen Wandpfosten an der Außenseite des Bauwerks durch archäologische Funde belegt.[39] Die senkrechten Pfosten dienten nunmehr als statisch tragende Konstruktionselemente, die in der Lage waren, das Gewicht der Decken und Dächer zu tragen und die nicht sehr druckfesten Ziegel zu entlasten.

Die Wohnhäuser aus dem 10. und 9. Jahrhundert waren langgestreckte Räume mit apsidialer Rückseite und ovalem Grundriß, deren Wände aus Lehmziegeln bestanden (Abb. 3.15–3.17). Die Firstpfette wird von den Köpfen der drei Firstsäulen getragen, die innerhalb des Ovalhauses vor der Wand stehen und in der Erde eingegraben sind. Die Hauptstützen dieser Firstsäulenbasis sind die Hochsäulen unter der Firstlinie.

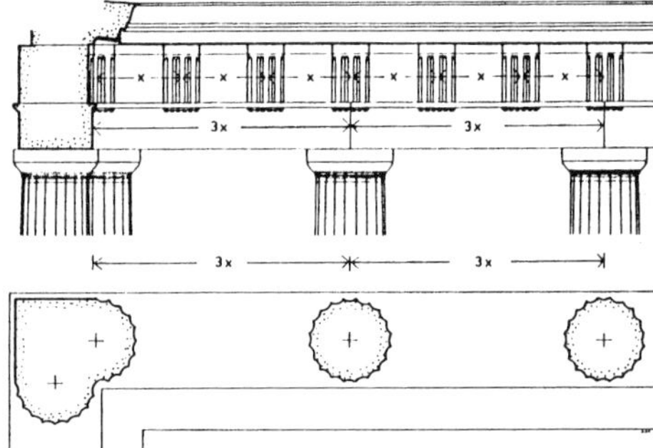

Abb. 3.12: Eckstütze, Stoa in Milet (370 v. Chr.)

Die runden, vertikalen Pfosten des mykenischen Megaron-Hauses gehören dem nach unten verjüngten minoisch-mykenischen Säulentypus an. Die

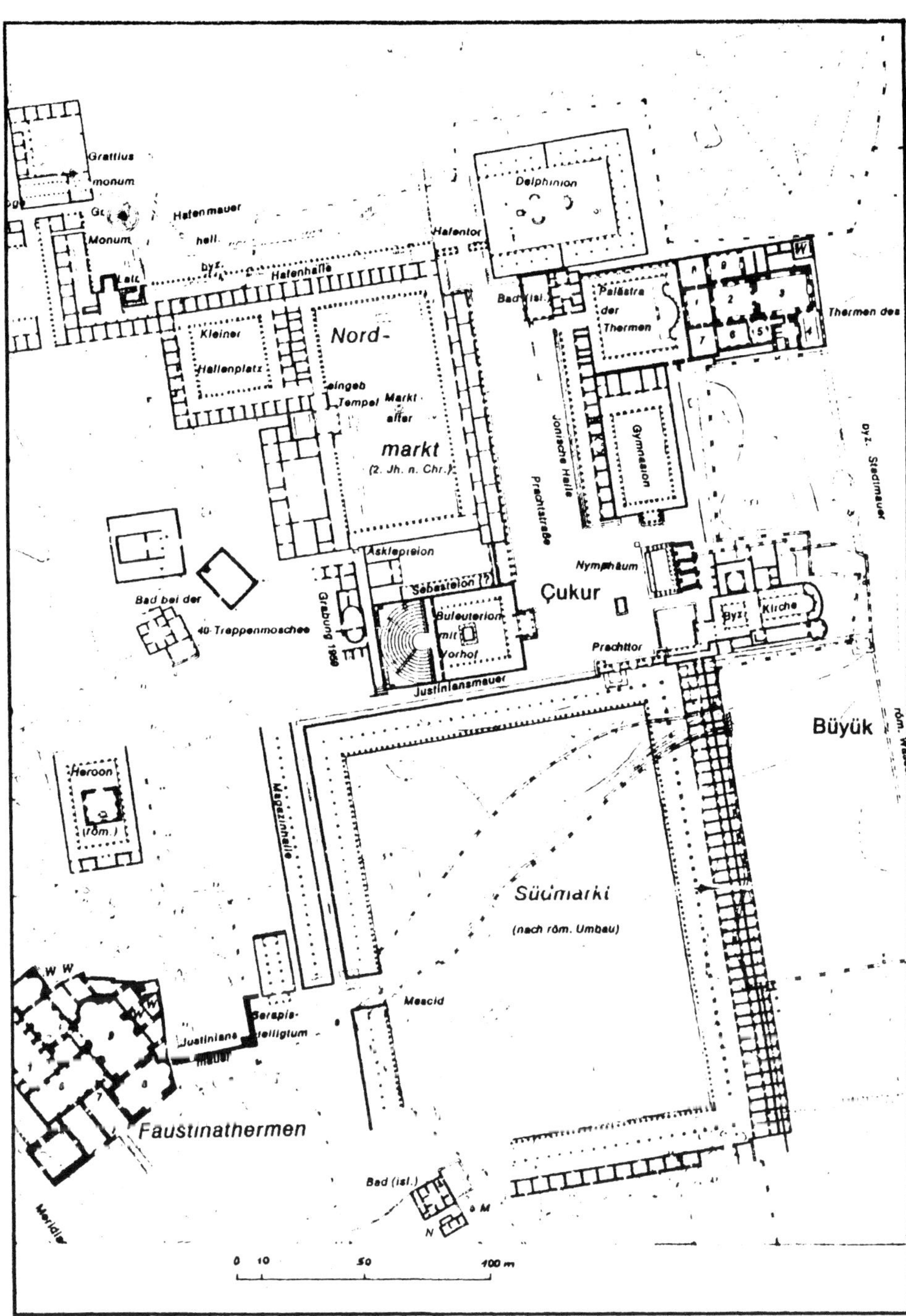

Abb. 3.13: Milet, zentrales Marktgelände

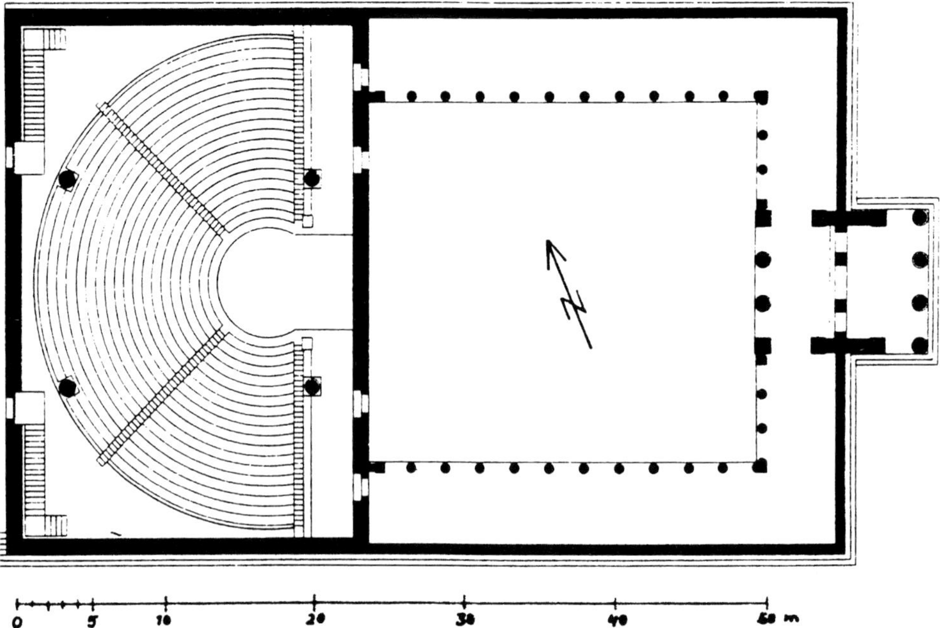

Abb. 3.14: Milet, Rathaus

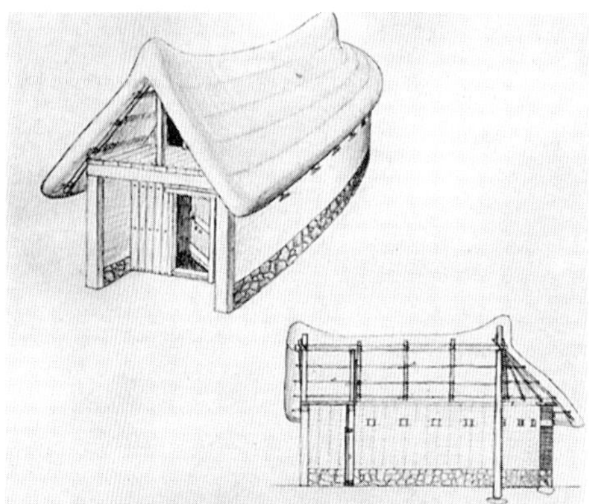

Abb. 3.15: Strohgedecktes Wohnhaus, protogeometrische Schicht

Säulenschäfte dieser minoisch-mykenischen Architektur bestanden aus Holz. In konstruktiver Hinsicht ist die Form dieser Säule, die sich nach unten verjüngt, besonders auffallend. Oben, wo das Gebälk aufliegt, erweitert sie sich und drückt nach unten fast keilartig gegen den Boden. Der Abakus, allseitig frei überstehend und ebenfalls aus Holz, wurde als ein vom übrigen Kapitell getrenntes Werkstück angefertigt.[40] Vitruv leitet die Konstruktionselemente des griechischen Tempelbaus aus dem Holzbau ab und versteht diese Konstruktion aus Stein als Stilisierung der ursprünglichen Formen.[41]

Die wichtigsten Bauhölzer und ihre Verwendung werden von den antiken Schriftstellern Plinius, Theophrast, Pausanias, Vitruv und Homer erwähnt.[42] Blümner war einer der ersten, der sich mit den antiken Quellen befaßte und über die Holzarten berichtete. Allein Theophrast und Plinius unterscheiden z. B. dreizehn Arten von Eichbäumen.

Die gängigen Verbindungen von Holzwerkstücken waren hölzerne Nägel, Verzapfung (Schwalbenschwanz), Verkämmung, Versatz und Dübel sowie Metallklammern.

3.1.1 Holzwerkzeuge

Zum Behauen des Holzes wurde die Axt aus Kupfer, Eisen und Stahl verwendet. Die Holzsäge bestand wie heute aus einem Holzgestell mit zwei Handgriffen, in welches das Sägeblatt eingespannt war; ferner gab es eine kleinere Art Handsäge. Zum Werkzeug des Holzarbeiters gehörten noch der Bohrer, der Hobel und die Feile. Schließlich benutzten die Zimmerer und Tischler Werkzeuge zum Messen und für die Anfertigung von Werkrissen, z. B. Zirkel, Proportionszirkel und das Winkelmaß.[43]

3.2 Lehmbau

Aus der von Archäologen freigelegten protogeometrischen Schicht (9.–8. Jh. v. Chr.) in Alt-Smyrna ist durch Ausgrabung der Rest eines Ovalhauses mit einer Lehmziegelwand belegt. Die Maße der Ziegel sind 51 cm × 30 cm × 12 cm.

Nachgewiesene oder vermutete Beispiele für die Verwendung von Lehmziegeln kommen beim Gymnasion und Katagogeion von Epidauros, Gymnasion von Olympia und bei Wohnbauten, wie z. B. in Olynth um das 4. Jahrhundert v. Chr., vor.[44] Schließlich sind Lehmziegel bei der Stadtmauer von Athen verwendet worden.[45]

Die lakonischen Dachziegel sind flachgebogene Ziegel.

Der Randbereich entlang der Traufe wurde mit halbkreisförmigen Dachziegeln gedeckt. Die korinthischen Dachziegel weisen eine dreieckige Form auf. Diese antiken Dachziegelformen lassen sich im Prinzip mit dem etwas jüngeren Prinzip des Mönch-Nonnen-Daches vergleichen (Abb. 3.16).

Die Endziegel zur Traufseite sowie die Dachrinne mit dem aufgebogenen Rand, zur Ableitung des Regenwassers mit Wasserspeiern versehen, wurden aus fertigungstechnischen Gründen gesondert angefertigt und hatten ein anderes Format, z. B. Delos: 66 cm × 91,5 cm (Abb. 3.17–3.20).[46]

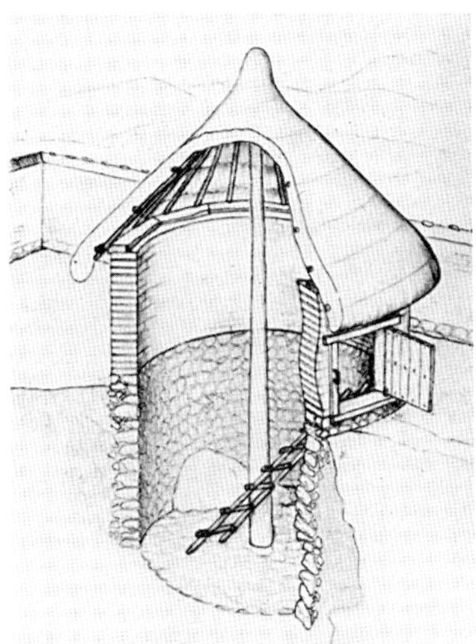

Abb. 3.16: Rundbau und Mittelpfosten als Träger des Zeltdaches

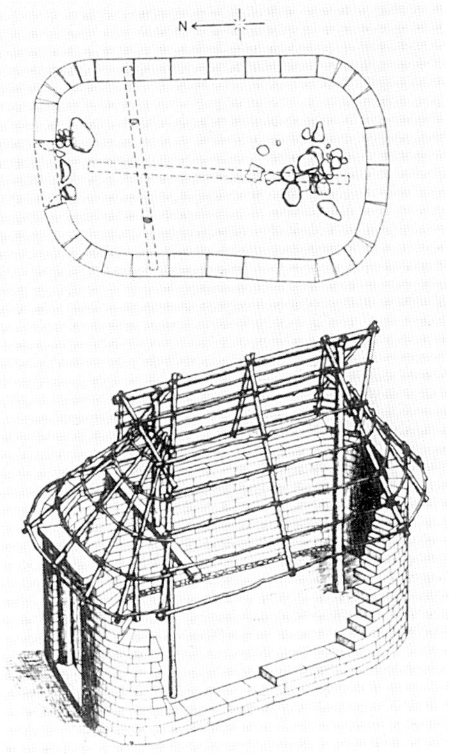

Abb. 3.17: Firstsäulengerüst des Ovalhauses in Alt-Smyrna (Grundriß oben)

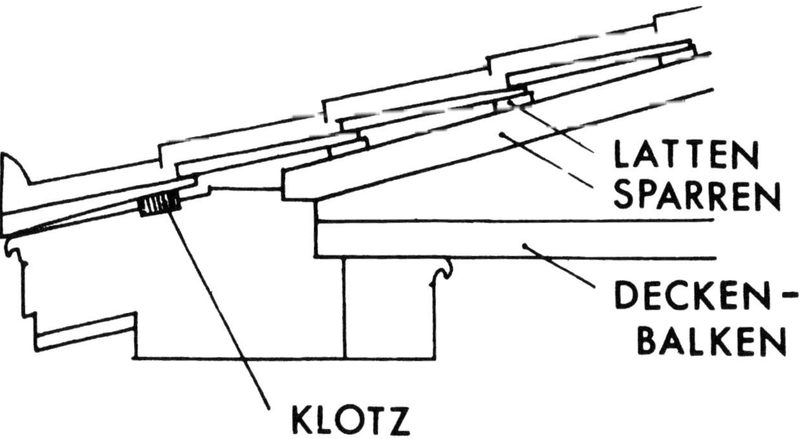

Abb. 3.18: Rekonstruktion der Dachdeckung, Sparren, Befestigung der Dachziegel auf Latten, Aphaia-Tempel in Aegina

Abb. 3.19: Holzverbindungen der alten Griechen

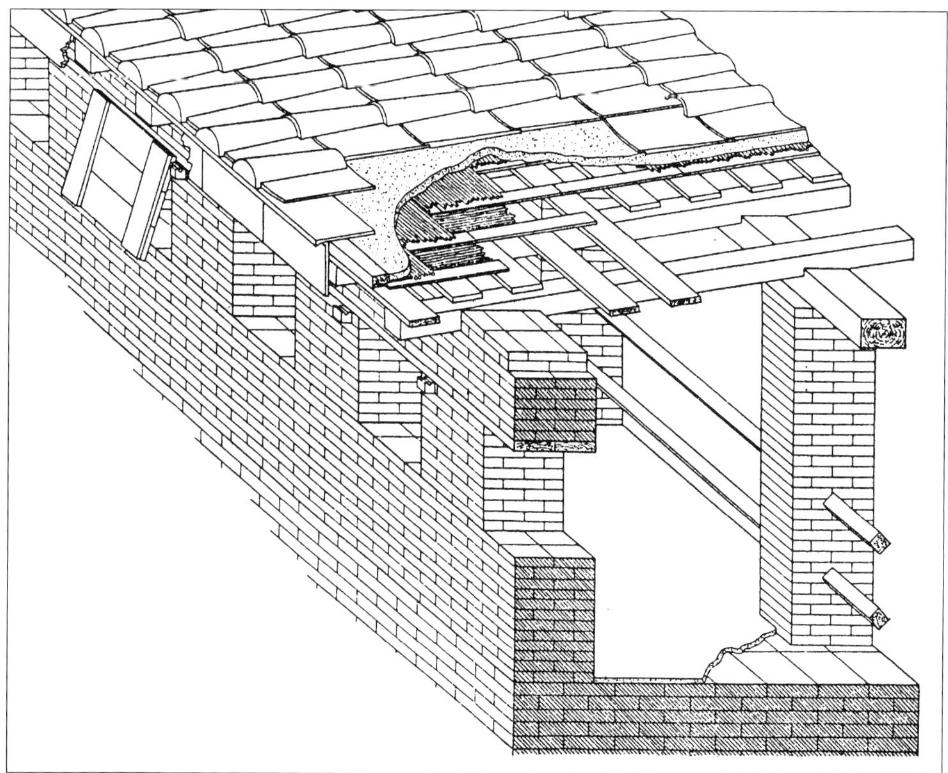

Abb. 3.20: Lehmziegel: Rekonstruktion der Stadtmauer von Athen

3.3 Werksteinbau

3.3.1 Steinarten

Seit dem 7. Jh. v. Chr. verdrängte der Werkstein die Lehmziegel und das Holz in den Monumentalbauten der griechischen Architektur. Für die Einführung des Werksteins im Sakralbau spielten auch die Handels- und kulturellen Beziehungen zu Ägypten, besonders unter Psammetichos (Psamtik; 640 v. Chr.), dem ersten Pharao der 26. Dynastie, eine große Rolle.[47] Während die Griechen im 7. Jh. die ersten kombinierten Konstruktionen in Holz und Stein errichteten, wie z. B. beim Apollon-Tempel in Thermos, standen in Ägypten prächtige Bauwerke aus Werkstein, wie z. B. der Tempel in Luxor (1484–1450 v. Chr.), Medinet Habu (1200–1085 v. Chr.), der Tempel Hatschepsuts und die Anubis-Kapelle in Deir el-Bahri mit dem sogenannten „protodorischen" Säulengang (1580–1320 v. Chr.).[48]

Zu Werksteinen wurden folgende Gesteine von den Griechen bearbeitet:

a) Tiefengesteine: Granit

b) Oberflächengesteine oder vulkanische Gesteine wie Porphyr, Trachyt

c) Sedimentgesteine wie z. B. Kalksteine. Von den Sedimentgesteinen sind Marmor und Kalkstein schleif- und polierbar.

d) Verkittete Trümmergesteine: Schiefer, Sandstein.

Schieferverwandt ist der Gneis. Zu den Werk- und Bausteinen gehören auch die leichten, aber festen Kalktuffe, die marmorverwandt sind, und der vulkanische Tuffstein. Beide lassen sich leicht polieren.[49] Orlandos nennt es „cette pierre tendre et malléable" poros oder „Lithos Porinos". Er meint damit den marmorähnlichen Porosstein. Dieses weiche Gestein wird z. B. in den Steinbrüchen im Norden und Nordosten von Aegina („Lithos Aeginaios") abgebaut.[50]

Der marmorartige Kalktuff, von den Griechen „Po ros" genannt, wurde seit dem 6. Jh. v. Chr. (Akragas, Selinunt, Segesta, Korinth, Epidauros) gleichzeitig mit dem Kalkstein „Lithitis Petra", für den Athena-Nike-Tempel, das Hekatompedon in Athen und für die Stadtmauer auf dem Peloponnes verwendet.[51] Marmor fand im 6. Jh. v. Chr. nur selten, z. B. für Metopen (Selinunt, Zeus-Tempel, Olympia), Sima und Akroter (beim Hekatompedon), Anwendung. Gneis wurde nur bei Substruktionen (Apollon-Tempel in Delos) verwendet.[52]

3.3.2 Steinbrüche

3.3.2.1 Abbau- und Gewinnungsverfahren

Der Abbau der Gesteine und die Gewinnung der natürlichen Steine erfolgte in den Steinbrüchen. Man unterscheidet Brüche mit unterirdischem oder bergmännischem Betrieb und Brüche mit oberirdischem oder offenem Betrieb (Tagebau).

Im Tagebau konnten die Rohblöcke aus dem Gesteinsverband von der Oberfläche her herausgelöst werden.[53] Vom baubetrieblichen Standpunkt her erforderte der Abbau des Gesteins im Tagebau die geringsten Gewinnungskosten und gestaltete den Transport zur Baustelle am einfachsten. Es gab auch unterschiedliche Steinbrüche, wie z. B. auf der Insel Paros.[54] Die Rohblöcke wurden z. B. in Ägypten in der Nähe der Mykerinos-Pyramide unter freiem Himmel auf einer Terrasse gewonnen, die durch ein Gitternetz aufgeteilt war.[55] Man konnte nach dieser Methode eine Felsbank durch Anlegen von kleinen Gräben für die Gewinnung von Mauerquadern erschließen.[56] Dieser Abbau im rechten Winkel zur horizontalen Steinschicht fand auf Paros und in Attika (auf dem Pentelikon) große Verbreitung. Technisch schwieriger und arbeitsintensiver gestaltete sich der Abbau in schräger Richtung, also nach der Neigung der Felsschicht, wie z. B. beim Marmorbruch auf Naxos.[57] Daß dieses Abbauverfahren vorteilhaft sein kann, zeigt die aus großen Werkstücken hergestellte, über zehn Meter lange unvollendete Kolossalstatue im Steinbruch auf Naxos.[58] Die Vorarbeit im Steinbruch sollte zuerst den riesigen Marmorblock zerkleinern. Spätestens beim Transport des unbehauenen Steinblockes aus dem Bruch hätten (oder haben) sich unüberwindliche Schwierigkeiten ergeben. Dafür sprechen auch die andere unfertig gelassene Kolossalstatue im Steinbruch auf Naxos und eine unvollendete Statue, die man dreimal gebrochen hat und die in der Westmauer der Akropolis von Thassos gefunden wurde.[59] In Richtung eines bautechnischen Fortschritts verlief die Einführung des Keilspaltungsverfahrens oder des Schrämens.[60]

Zu den Werkzeugen, deren man sich bei der Loslösung der Steinblöcke bediente, wie z. B. für die Herstellung der Schräme und Keillöcher, gehörten die Spitzhaue, der Spitzmeißel und der Hammer. Für das Aufspalten der Werksteine wurden neben Stemmbrettern auch kupferne Hebestangen, später die Stemmeisen eingesetzt.[61] Nach Blümel wurden die Monolithe, wie z. B. die Statuen aus dem 6. Jh. v. Chr., mit dem bronzenen Spitzmeißel bearbeitet.[62] Durch Auskeilen wurden die Keilgräben hergestellt. Dazu wurden im Steinbruch die Schrotkeile gebraucht. Die runden Bohrungen wurden mit dem sogenannten „laufenden" (Bogen-)Bohrer oder Drillbohrer und der Brustleier hergestellt.[63] Die Verwendung von Sägen in den griechischen Steinbrüchen läßt sich nach Dworakowska nicht durch Funde, Inschriften oder literarische Quellen eindeutig belegen.[64]

Die aus dem anstehenden Gestein nach Auftrag geschlagenen Blöcke richtet man noch im Steinbruch zu und versieht sie mit Markierungen, die Kontrolle und Endabrechnung ermöglichen sollen. Die Nacharbeitung der vorbossierten Werksteine wird auf der

Baustelle vorgenommen. Schon vorher mußten jedoch die Quader mit Zapfen zum Hochheben herausgearbeitet werden, oder man arbeitete Vertiefungen – U-förmige Nuten – für Kropfeisen und Hebeseile ein. Ein anderer Arbeitsgang, ebenfalls auf der Baustelle oder in der Werkstatt, ist die Skulpierung und endgültige Glättung und Polierung der Steine, die meist nach ihrem Einbau geschah.

3.3.2.2 Steinmetzarbeiten

Zu den Werkzeugen des Steinmetzen gehören neben den Arbeitswerkzeugen wie Schlägel, Meißel, Schlageisen, Spitzeisen und Hammer auch Meßinstrumente wie Richtschnur, Richtscheit, Bleilot, metallenes Winkelmaß, metallene Zirkel, Lineal-Maßstab.[65] Die Arbeitswerkzeuge des Steinmetzen werden für die Bearbeitung des Werksteins zu Halb- und Fertigwaren verwendet. Während man auf dem Steinbruch die Rohlinge vorbossierte oder auch schon in der Grobstruktur behaute, hat man die Bauelemente wie Kapitelle und Basen von Säulen erst auf dem Werkplatz fertiggestellt. Der abbossierte Block wird dort „aufgebänkt", d. h., daß man den Block auf geeignete Unterlagen von Stein oder Holz (Werkbank) legt. Mit dem gezahnten Meißel und dem Schlägel werden zunächst die Unebenheiten ausgeglichen.

Die „Lehre" des Steinmetzen wird mit dem Schlageisen in Form von Streifen als Richtschnur erzeugt. Auf der Werkbank werden zunächst mit Hilfe des Richtscheits Linien vorgerissen und dann vorgehauen, um gerade Flächen zu erzielen. Bossierte Flächen werden für Orthostatenplatten, wie z. B. beim Leonidaion von Olympia, angebracht, um die Kanten beim Versetzen zu schützen.[66]

Auch bei den Vorderflächen der Werksteine zur Schauseite wurden 2 × 4 mm tiefe Einkerbungen ausgemeißelt, um die Fugen beim Versetzen schützen zu können.[67] Die Begrenzungslinien der Steine werden durch einen gleichmäßig breiten Schlag markiert, d. h., der Saumschlag geht nicht von Fuge zu Fuge, sondern neben den Stoßfugen soll ein vertikaler Streifen der Bosse die Fugensicherung markieren. Auch um die Lagerflächen der Säulen wird ein breiter, glatter Ring als Kantensicherung gearbeitet.[68]

Der Spalt, den die abgeschrägte Kante (Fase) zwischen den einzelnen Quadern erzeugt, wird nach dem Versetzen abgenommen. Am Kapitellblock bietet die Fase durch den „Scamillus" einen weiteren Schutz. Die Stoßfugen, mit Anathyrose oder dreiseitigem Rand versehen (Lebadea, Akragas), umfassen die ganze Fugenfläche.[69] Gesimse und Kapitelle erhalten im Steinbruch ihre rohe Gestalt, und die Fertigstellung erfolgt erst auf der Baustelle. Damit deutet sich hier eine Arbeitsteilung an, die bei der Feinheit der Profilarbeit den Einsatz des Spezialisten verlangte.

Fertigungshistorisch zeigt sich am Beispiel der Kapitellbearbeitung eine Entwicklung, die von der freien Führung des Meißels bis zur arbeitstechnischen Unterteilung des Kapitellkörpers in drei Zonen führt: die Blattkränze, Voluten, Kehlen werden zunächst roh angedeutet, dann werden die Umrisse punktiert oder eingeritzt. Durch Schnüre können von den tief gelegenen Teilen Stichmaße vorgenommen werden. Eine andere spezialisierte Arbeit ist die des Bildhauers. Er wird für die Arbeit an den Ornamenten der Kapitelle herangezogen. An Statuen befestigt er einen rechteckigen Rahmen mit einem Bandmaß. Von dem Rahmen läßt er ein Lot herabfallen und mißt so die Stichmaße. Damit kann er die Richtung der Fäden und die Tiefe wichtiger Details kontrollieren.[70]

Wie sieht die Fertigung der Kapitelle in der Werkstatt aus? Die Kapitelle und Basen werden auf der Drehbank durch geführte Meißel oder durch eine Lehre, die nach der Werkzeichnung angefertigt wird, mit den Wulstringen und den tiefen Hohlkehlen versehen. Während man in der archaischen Periode den Meißel freihändig um das Kapitell herumgeführt hat, hat man in klassischer und hellenistischer Zeit das Kapitell aus weichem Gestein auf einer Drehscheibe befestigt. Indem diese, wie beim Töpfer, rotiert, preßt der Steinmetz den Meißel gegen den Block. Mit einer Schablone, die ebenfalls anhand einer Werkzeichnung im Maßstab 1 : 1 angefertigt wird, kann er das gewünschte Relief noch genauer und schneller ausarbeiten.[71] Das gleiche gilt auch für Gesimsstücke.

Nachdem der Stein lager- und winkelrecht bearbeitet ist, wird die Schablone an die Stoßfläche gelegt, das Profil vorgerissen und die Profilarbeit mit dem Beizeisen zum Einhauen schmaler Falze bearbeitet. Auch die Säulen können auf der Drehbank ihre Gestalt erhalten. Das Bearbeitungsprinzip gilt: der große viereckige Rohblock wird in mehreren Arbeitsgängen in ein Acht- bis Sechzehneck und schließlich auf die Rundung gebracht. Die Ornamente der Kapitelle werden Bildhauern überlassen, die sich als spezialisierte Handwerker nur der bildnerischen Gestaltung zuwenden. Diese Arbeitsteilung gilt um so mehr, wenn es sich um handelsübliche Waren handelt, wie z. B. Sarkophage, Schalen und Vasen.[72]

3.3.2.3 Transport

Bearbeitete und losgelöste Rohlinge wurden vom Steinbruch bis zur Baustelle durch einfache Hilfsmittel wie Karren, Schlitten, Schleifen und Schiffe, wie bei den Ägyptern, oder nach den Angaben von Vitruv (10. Buch, 2. Kap., Abs. 11) durch den Einbau eines Räderwerkes an langen Balken oder Säulenschaft gezogen.

In diesem Zusammenhang beschreibt Vitruv die Konstruktion des Chersiphron für den Transport der Säulenschäfte für den Artemis-Tempel bei Ephesos.[73] Chersiphron ließ bei einem abgerundeten Säulenschaft auf den Lagerflächen eiserne Dornen anbringen, die mit Blei vergossen wurden. An diesen

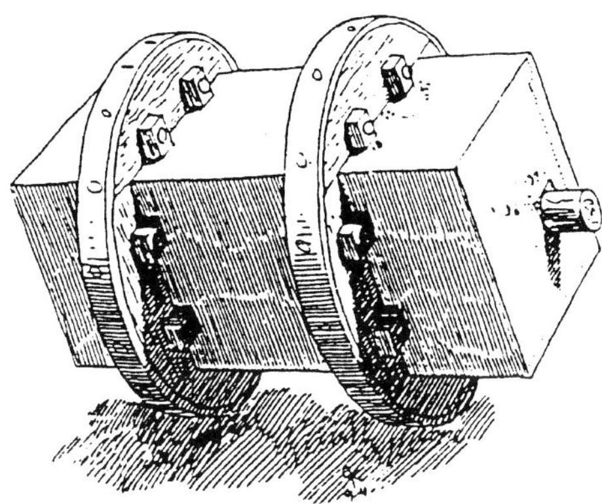

Abb. 3.21: Transportsystem der Architrave, Artemis-Tempel bei Ephesos

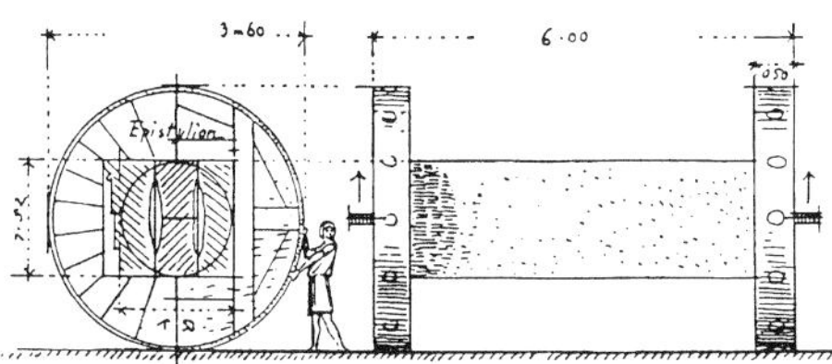

Abb. 3.22: Auf Sizilien angewandtes Verfahren zum Transport der Quader

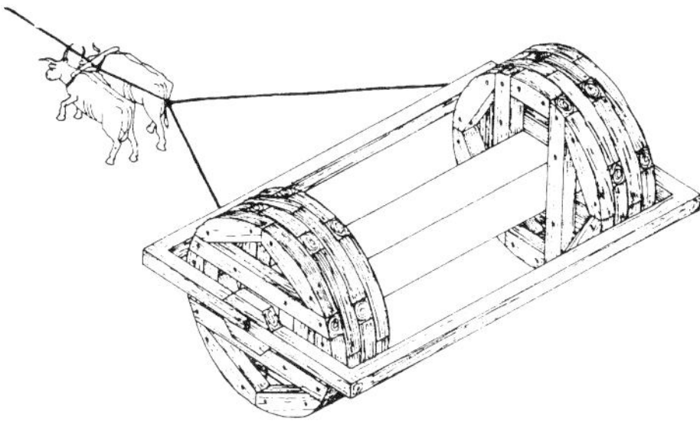

Abb. 3.23: Metagenes (550 v. Chr.) nach Vitruv

Dornen, die als Achse wirkten (Abb. 3.21–3.23), wurde ein Holzgestell befestigt. Schließlich sollte diese Art von Walze durch Zugtiere befördert werden.[74] Metagenes, Sohn Chersiphrons, übertrug nach Vitruv das gleiche Verfahren auf den Transport von Gebälkstücken, indem er die im Querschnitt viereckigen Balken durch Räder von ca. 12 Fuß (3,60 m) Durchmesser rollbar machte.

Mit der Rekonstruktion dieses Verfahrens haben sich Claude Perrault, Baumeister der großen Ostfassade des Louvre (1667–1674), in seiner übersetzten und kommentierten Ausgabe des Vitruv-Werkes von 1684[75], J. I. Hittorf, Konstrukteur des Hängedaches des Panorama in Paris, in seinem bauhistorisch-archäologischen Werk über die Tempel von Segesta und Selinunt von 1870[76] und Koldewey und Puchstein in ihrem bekannten Werk über die griechischen Tempel in Unteritalien beschäftigt.[77] Durm, der selbst eigene Rekonstruktionen für den Transport eines Epistyls nach Vitruvs Angaben verfaßte, zweifelte, daß das Gestell auf zwei Rädern Balkenlängen von über 6 m einen ruhigen Gang auf einem holprigen Weg gestattete. Bei dem mittleren Interkolumnium in Ephesos betrug die Balkenlänge 8,75 m und das Gewicht ca. 18 000 kg.[78] Die in allen Rekonstruktionen vorgeschlagenen Zapfen ohne Nabe, die auch keine geradlinige Achse bildeten, hätten dem Gewicht und der Reibung der rollenden Fortbewegung der Räder nicht standgehalten (Abb. 3.21). In diesem Zusammenhang macht Durm den Vorschlag, den großen Balken in Längsrichtung zu stellen. Zwei Räder vorn und zwei hinten ergeben nur eine Achsenbreite von 1,90 bis 2,00 m, ähnlich dem Transport großer Holzstämme.[79]

3.3.3 Hebevorrichtungen

In den Inschriften werden Vorrichtungen mit Namen „Mechanai“ oder „Mechanemata“ erwähnt, die mit Rollen „Trochileas“ ausgestattet sind.[80] Es handelt sich hier wahrscheinlich um Hebemaschinen, die Vitruv (10. Buch, Kap. 2,3) als „Tripastos“, also dreizügig, oder „Pentapastos“, fünfzügig bezeichnet. Man schreibt Archimedes die Erfindung des Flaschenzuges zu.[81] Heron von Alexandria (100 v. Chr.) hat in seiner nur in Fragmenten erhaltenen Schrift „Mechanik und Katoptrik“ die Hebemaschinen beschrieben.[82]

Abb. 3.24: Hebegestell mit Flaschenzug „Monokolos“, Heron v. Alexandria

„Monokolos“ ist nach Heron in der Rekonstruktion von Nix-Schmidt ein einfüßiges Hebegestell mit Flaschenzug. Der Mastbaum wird von Seilen, die an Holzpfählen befestigt sind, gehalten. Hier kann es sich nur um eine Hebevorrichtung für kleinere Lasten handeln, die in geringer Entfernung vom Mastbaum auf der Baustelle gezogen wurden. Das Seil spannt sich von der oberen Rolle bis zum Fußpunkt, wo eine zweite Rolle befestigt ist, und von hier aus wird das Seil zu einer Erdwinde, d. h. einer Haspel mit vertikal gestelltem Wellbaum, geführt. Durch die Drehung des Göpels (wobei sich der Strick um den vertikalen Wellbaum aufwickelt) ziehen sich die Seile straff und heben die Last in die Höhe (Abb. 3.24–3.26).[83]

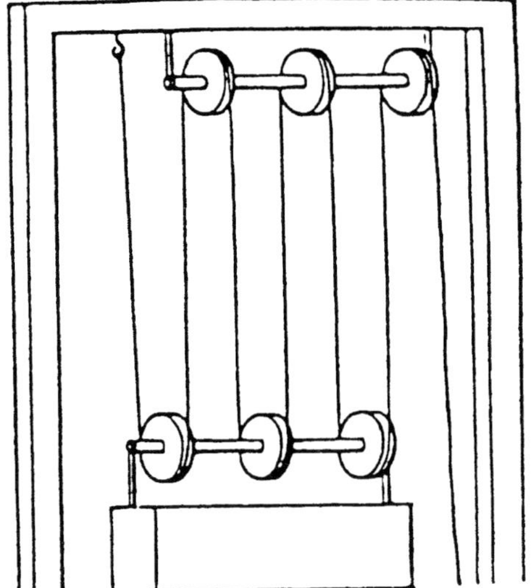

Abb. 3.25: Horizontale Anordnung der Flaschenzüge ohne Haspel

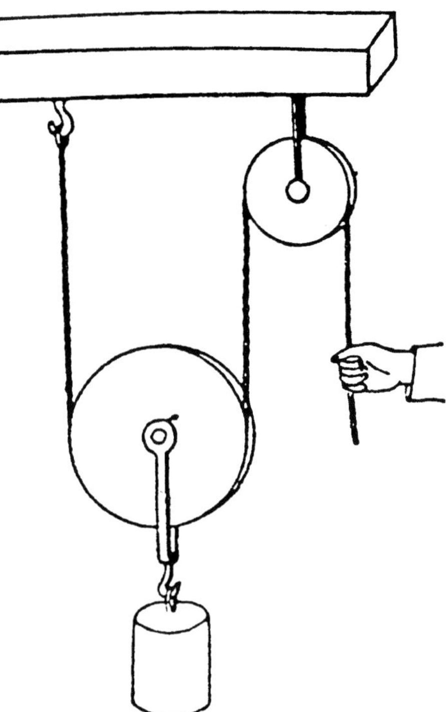

Abb. 3.26: Das Prinzip des Flaschenzuges

„Dikolos" ist nach Heron ein zweifüßiges Hebegestell mit drei oberen und drei unteren Rollen. Hier fehlt die Haspel mit Wellbaum. Das herabhängende Zugseil dient zum Heben oder Senken der Last. Auffallend ist die Unbeweglichkeit der Hebevorrichtung, die sich nicht seitwärts bewegen läßt. Vertikale Lasten können nur im Bereich des Hebegestells bewegt werden. Um so mehr überrascht die horizontale Anordnung von Rollen nach Heron (Schmidt/Nix), die gegenüber der vertikalen Anordnung Vitruvs die Hubkraft uneffektiv vergrößert. Dieser Widerspruch zwischen der mechanisch-physikalischen Innovation des Hebesystems durch die Einführung von mehreren Rollen, um schwere Lasten bei verminderter Kraftanstrengung zu gewährleisten, und dem Schematismus der Konstruktion ist charakteristisch für die Darstellungen von Heron.[84] Den gleichen Schematismus zeigen auch die anderen Hebemaschinen wie „Trikolos", ein dreifüßiges Hebegestell mit fünf Rollen, und „Tetrakolos", ein vierfüßiges Hebegestell mit fünf Rollen. Auch hier fehlen die Haspel und das Göpelwerk, um größere Lasten heben zu können (Abb. 3.27, 3.28).[85]

Heron, der auch das „Automatentheater" entworfen hatte, ging es mehr im didaktischen Sinn darum, die theoretisch-praktische Funktion des Flaschenzuges aufzuzeigen und nicht eine betriebs- und werkstattgerechte Konstruktion zu empfehlen. Darin liegt in formal-technischer Hinsicht der Unterschied zu Vitruv. Über die Schrift des alexandrinischen Mathematikers Pappus (um 300 n. Chr.), die zum großen Teil der Heronschrift „Mechanik" entnommen ist, erfährt man, daß Heron die Form und Funktion der Hebemaschine und des Göpels bekannt waren.[86] Auch die Wirkung der Hebel war bekannt, die hier in die Haspel eingesteckt waren, um die Drehung der Trommel zu ermöglichen. Der Hebel als Lastenheber in Form von Stemmbrettern, Kupfer- und Stemmeisen war sowohl den Ägyptern als auch den Mesopotamiern bekannt, wie uns die Darstellung in Layards „Monuments of Niniveh" zeigt, wie man mit Hilfe von Hebeln eine Kolossalstatue bewegen kann.[87] Ein technischer Fortschritt wurde durch die Einführung der Haspel, Winde und Rolle erzielt.[88] Von der Werkstofftechnik her gesehen, ist es interessant festzustellen, daß diese Teile zuerst aus Holz angefertigt wurden. Möglicherweise wurden diese Vorrichtungen zum Heben von Lasten zuerst in der Schiffahrt entwickelt und später vom Bauwesen übernommen. Ihr Einsatz auf Baustellen ist seit der klassischen Zeit (5.–4. Jh. v. Chr.) in den Inschriften zwar erwähnt, aber nicht technisch erläutert.[89]

Es ist bauhistorisch schwierig, aus Herons Buch aus der späthellenistischen Zeit, um 100 v. Chr., den Stand der Hebezeugtechnik im 5.–4. Jh. v. Chr. zu entlehnen.[90] Zwar ist Herons Schrift Gegenstand der praktischen Mechanik, die sich auch mit der Darstellung der Hebelpresse, der Konstruktion der Schraubenmutter, der Schraube und des Zahnrades befaßt, dennoch unterscheiden sich seine Angaben von

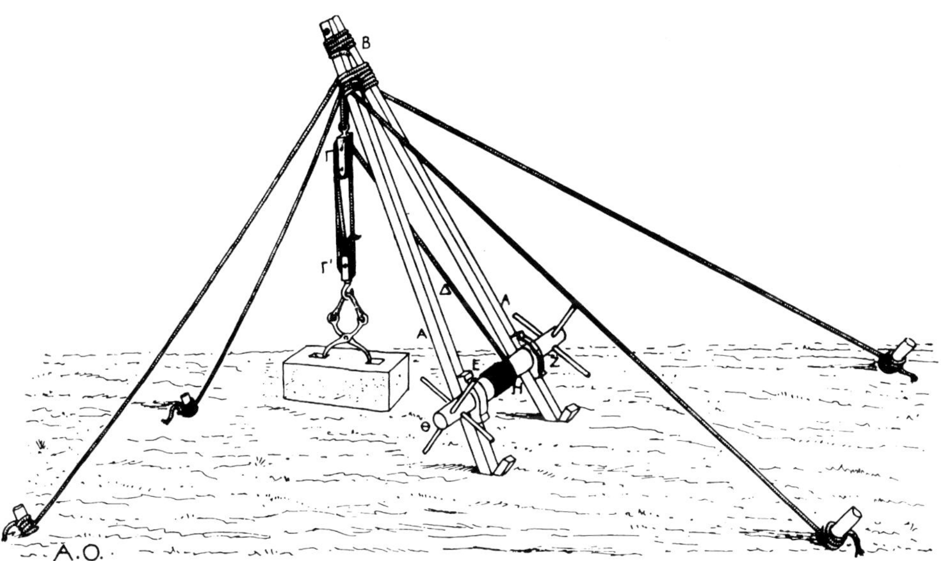

Abb. 3.27: „Dikolos", Hebegestell mit Haspel, Vitruv

denen im Architektur-Traktat von Vitruv (um 25 v. Chr.) sowohl in der Beschreibung der Bauteile als auch in der Klassifikation der Hebemaschinen. Bei Heron steht die Konstruktion des Hebegestells und die Beschreibung der mechanischen Prinzipien der Rollen im Vordergrund. Vitruv unterscheidet gerade die Hebemaschinen nur nach der Zahl der Rollen, die bei ihm im direkten Zusammenhang mit der aufzuziehenden Last auf der Baustelle stehen. Dabei geht es Vitruv nicht um die Wiedergabe von mechanisch-physikalischen Prinzipien, sondern wie man durch Einfügung mehrerer Rollen die Hubkraft für Bauzwecke vergrößert und dies Prinzip auf Baustellen einsetzt. Die erste Hebemaschine Vitruvs wird auf der Baustelle aus zwei Standbäumen in Form eines durch Seile abgespannten Auslegers aufgebaut. Oben an der Spitze wird ein U-förmiger, metallener Kloben (Flaschenzugschere) befestigt.[91] In der Schere des Klobens werden zwei Rollen übereinander, also vertikal eingesetzt. Eine dritte Rolle wird in dem unteren Kloben befestigt. Ein Seilende wird um die obere Rolle herumgeführt, um die untere Rolle gelegt, weiter um die zweite Rolle geführt und an einem Ring befestigt. Die Last hängt an einem Haken des unteren Klobens. Zum Aufzug der Hauptsteine wird nach Vitruv eine eiserne Schere befestigt. Das andere Ende des Seils wird um die Haspel herumgewickelt.

Durch Drehung der Hebel rollt sich das Seil um die Haspel auf und hebt oder senkt die Last. Dieser Baukran heißt 3-Roller oder „Trispastos" (Übersetzung 3 : 1). Größere Lasten werden von einem 5-Roller-Kran „Pentaspastos" gefördert. Die Einführung der Schiffswinde und des „starken Schiffstaues", „redens" genannt,[92] weist darauf hin, daß diese Bauelemente vom Schiffsbau übernommen wurden.

Abb. 3.28: „Tetrakolos", vierfüßiges Hebegestell mit Flaschenzug

Krane mit mehreren Flaschen, „Polyspastos" genannt, mit Tretrad und Seiltrommel („tympanum amplum"), sind Hebevorrichtungen, die auch im Schiffsbau und im Hafen genutzt wurden. Vitruv erwähnt, daß bei diesem Baukran an Stelle der einfachen Haspel die Griechen ein Drehrad „Amphireusis" oder „Petrochion" eingesetzt hatten.[93] Nach Vitruv werden bei diesen Hebemaschinen die Flaschenzüge in doppelten Reihen mit nebeneinander befindlichen Rollen angeordnet. Claude Perrault, der eine Rekonstruktion geliefert hat,[94] zeigt oben einen Kloben mit zwei doppelten Rollen, die neben-

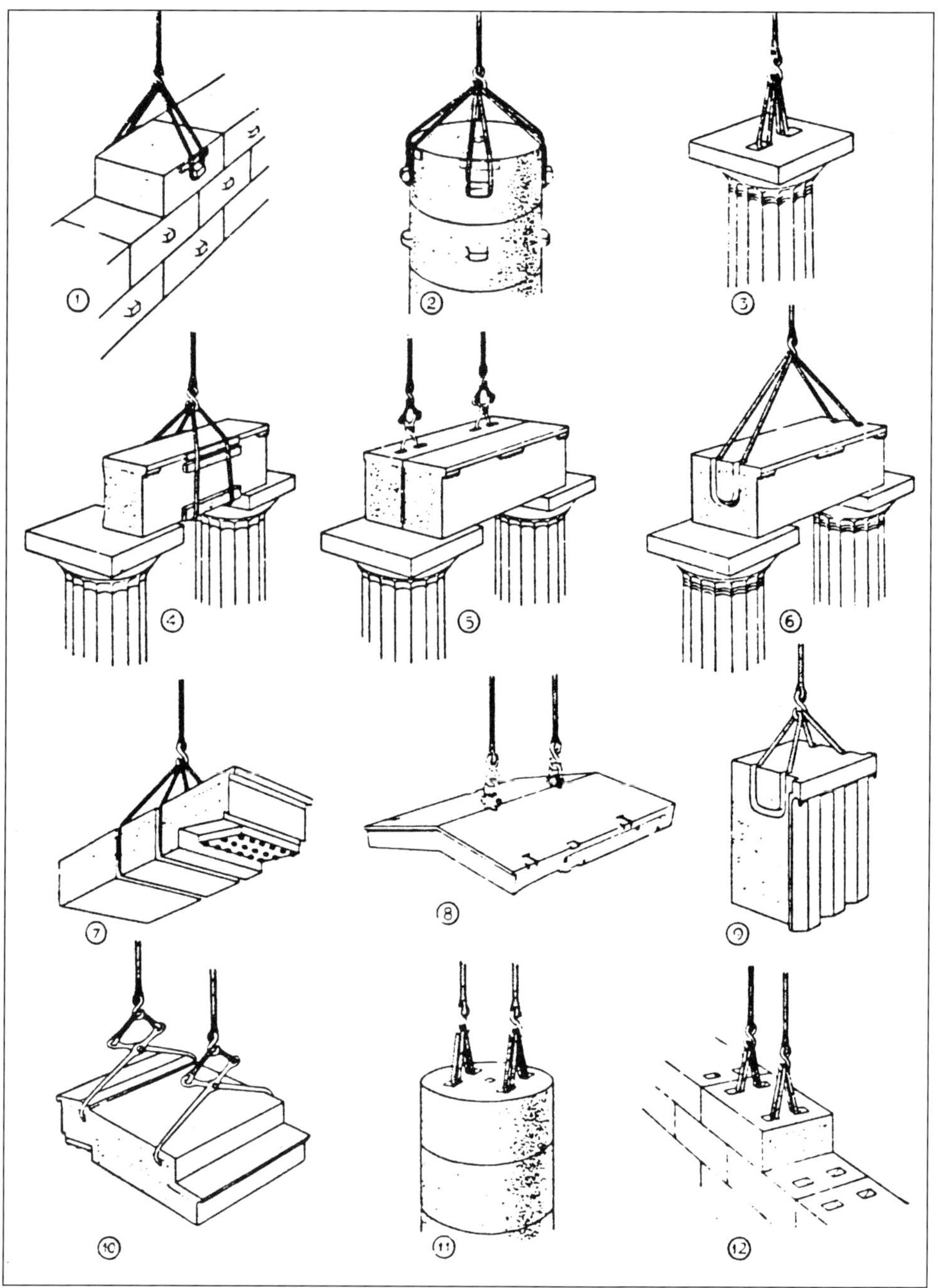

Abb. 3.29: Heben der Blöcke mit Steinzangen und Seilen (Orlandos II)
1. Propyläen; 2. Parthenon; 3. Aphaia; 4. Sunion; 5. Sunion; 6. Aphaia; 7. Selinunt; 8. Theseion; 9. Akragas; 10. Sunion; 11. Delphi; 12. Olympia

einander und auch vertikal übereinander angeordnet waren. Es handelt sich hier um den 6-Rollen-Kran, d. h., die Kraft ist gleich dem sovielten Teil der Last, wie Rollen vorhanden sind. Hier war es notwendig, mit Vorgelege und mehreren Seilen zu arbeiten. Das größte Drehmoment erzielte das Tretradvorgelege. Die Drehzahl wurde durch die Verbindung von Wellen mit Rädertrieben erzielt. Die von Vitruv mitgeteilten Konstruktionen geben jedoch den Zustand der Bautechnik um 25–16 v. Chr. wieder. Für die archaische Periode ist es nicht ausgeschlossen, daß für schwere Blöcke auch Rampen angelegt wurden, wie sie bei den Ägyptern und Babyloniern zur Ausführung kamen.[95]

Die Rekonstruktionen von Perrault[96], Blümner[97] und Beck[98] orientieren sich an den praxisbezogenen Ausführungen Vitruvs. Wenn auch das Flaschenzugprinzip und die Namen der Bauteile griechisch sind, so sind die Hebemaschinen Vitruvs bereits römische Konstruktionen.[99]

3.3.4 Versetzen der Steine

3.3.4.1 Seile, Greifzangen und Kropfeisen

Die einfachste Methode, Steine zu heben, bereits von den Ägyptern praktiziert[100], wurde auch bei den Griechen angewandt, nämlich Seile um den an den Schmalseiten des Blockes stehengelassenen Bossen herumzulegen, wie z. B. bei den Blöcken der Krepis des Segesta-Tempels, bei der Ostwand der Pinakothek der Propyläen und bei den unvollendeten Säulentrommeln am Parthenon.[101] Diese Methode zum Versetzen der Werksteine wurde bald verlassen, da ein bündiges Absenken an einen anderen Werkstein nicht möglich war.

Die Seile wurden in U-förmige Kanäle gelegt und auf der Oberseite des Architravs gezogen (Selinunt, Akropolismauer in Aegina, Akragas, Aphaia, Olympia).[102] Die Steinmetzarbeit für das Abmeißeln der Bossen entfiel bei diesem Verfahren, und doch verlangte das Auskehlen der Rinnen wahrscheinlich noch mehr Handarbeit (Abb. 3.29, 3.30).

Andere arbeitseffektive Werkzeuge waren die von Vitruv als „ferrei forfices" bezeichneten eisernen Greifzangen, deren Backen sich bei Zug einwärts bogen und in zwei Öffnungen griffen.[103] Ein anderes bis heute gebräuchliches Hebezeug zum Versetzen der Werksteine ist das Kropfeisen, auch Wolf genannt.[104] Der Wolf, seit dem 6. Jh. v. Chr. verwendet, besteht aus einem eisernen keilförmigen Stück, das in einer ausgemeißelten, konischförmigen Aussparung auf der Oberseite des Werksteins eingefügt wurde. Um das Gleiten der Steine zu verhindern, wurden Ausgleich- oder Seitenstücke eingeschoben. Das konische Loch erhält eine Tiefe von 12 cm und ist möglichst über dem Schwerpunkt des Werkstücks einzuordnen. Der Wolf muß genau in das Scherloch passen.[105] In der hellenistischen und römischen Zeit wurde der Wolf in seiner Wirkung als

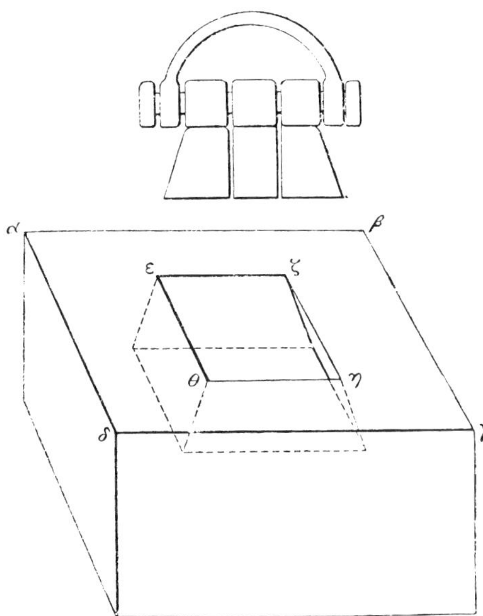

Abb. 3.30: Dreiteiliges Kropfeisen mit Bügel, hellenistisch

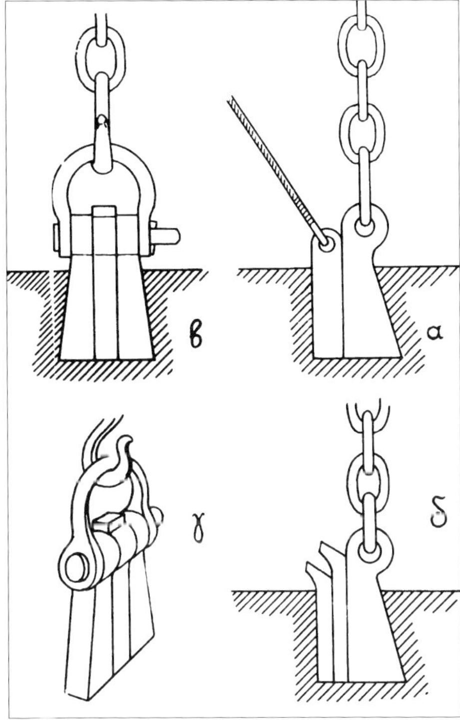

Abb. 3.31: Dreiteiliges Kropfeisen mit Bügel, links römisch, rechts hellenistisch

Werkzeug und in der Form weiterentwickelt. Auch bei diesem Werkzeug, ähnlich wie beim keilförmigen Wolf, scheint das Holz als Ausgangsmaterial für seine Herstellung gedient zu haben (Abb. 3.31).

In der hellenistischen Zeit bestand der Wolf aus zwei seitlichen Trapezen und einem geraden Mittelstück. Darauf wird der Bügel mit einem Splintbolzen befestigt.[106]

3.3.5 Versetzen und Verankern

Beim Versetzen der Werksteine wurden die Blöcke mit Stemmeisen ausgerichtet. Stemmlochartige Kehlen wurden in den Blöcken bereits in den Steinbrüchen behauen.[107] Die Steine wurden dort für Kontrolle, Abrechnung und Montage mit Steinmetzzeichen und Versatzmarken versehen. Ein gutes Beispiel für die Genauigkeit dieser Ausführungsmethode liefert z. B. die Krepis des ionischen Tempels in Pergamon und beim Stylobat, bei der Euthynterie des Ares-Tempels in Athen, wo jeder Werkstein mit zwei Buchstaben markiert ist.[108] Weitere Kennzeichen zur Bestimmung der Lage mancher Quadern sind die Aufrißlinien (Abb. 3.32, 3.33).

Furtwängler, Fiechner und Thiersch entdeckten auf den Stylobatplatten des älteren Tempels in Aegina Kreise als Vorzeichnung für Säulen. Furtwängler zeichnete einen Block von 105 × 99 × 31 cm mit einem aufgerissenen Doppelkreis, der andere Werkstein ist abgebrochen (93,5 × 31 cm) mit aufgerissenem Kreis und einer Tangente.[109]

In den Stoßflächen berühren sich die Steine nur an den Rändern in einem 6–8 cm breiten Saumstreifen („Anathyrosis").[110]

Gegen Verschiebungen wurden die Steine mit T- und I-förmigen Eisenklammern in Bleiverguß in der Längsrichtung und mit Dübeln in der Höhe abgesichert. Die Dübel hatten bei den Säulentrommeln eine doppelte Aufgabe: die Schaftstücke zu fixieren und zu zentrieren. Jeweils zwei nebeneinanderliegende Architravstücke waren durch eine Doppel-T-Klammer miteinander verbunden, so daß, statisch-konstruktiv gesehen, die ganze Steinschicht zugfest wirkt und in Analogie zum heutigen Ringanker bis zu einem gewissen Maß Momente aufnehmen konnte (Abb. 3.34, 3.35).

Abb. 3.32: Ausrichten der Blöcke mit Stemmeisen

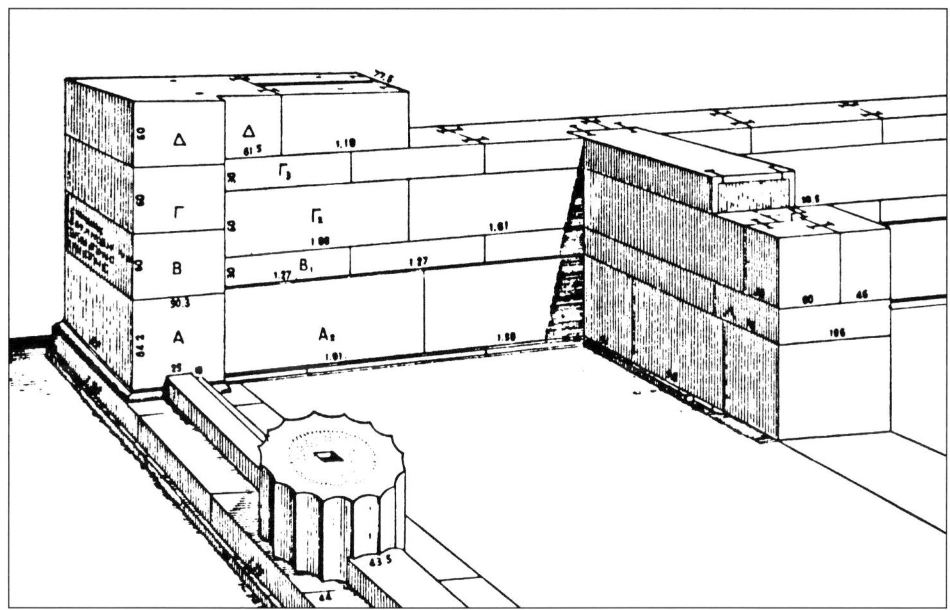

Abb. 3.33: Mauerwerksprinzip, Pronaos, Poseidon-Tempel, Sunion

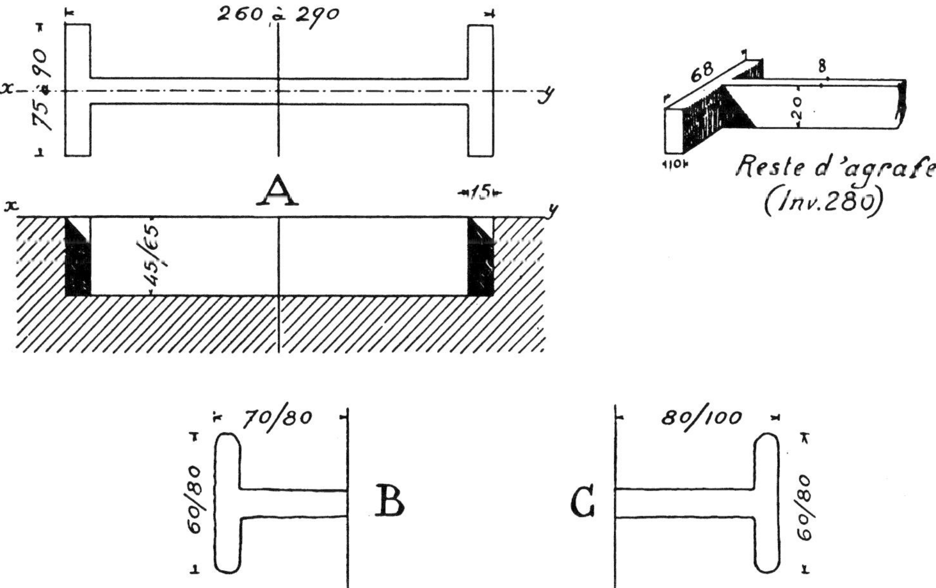

Abb. 3.34: T-förmige Eisenklammer, Apollon-Tempel, Delos

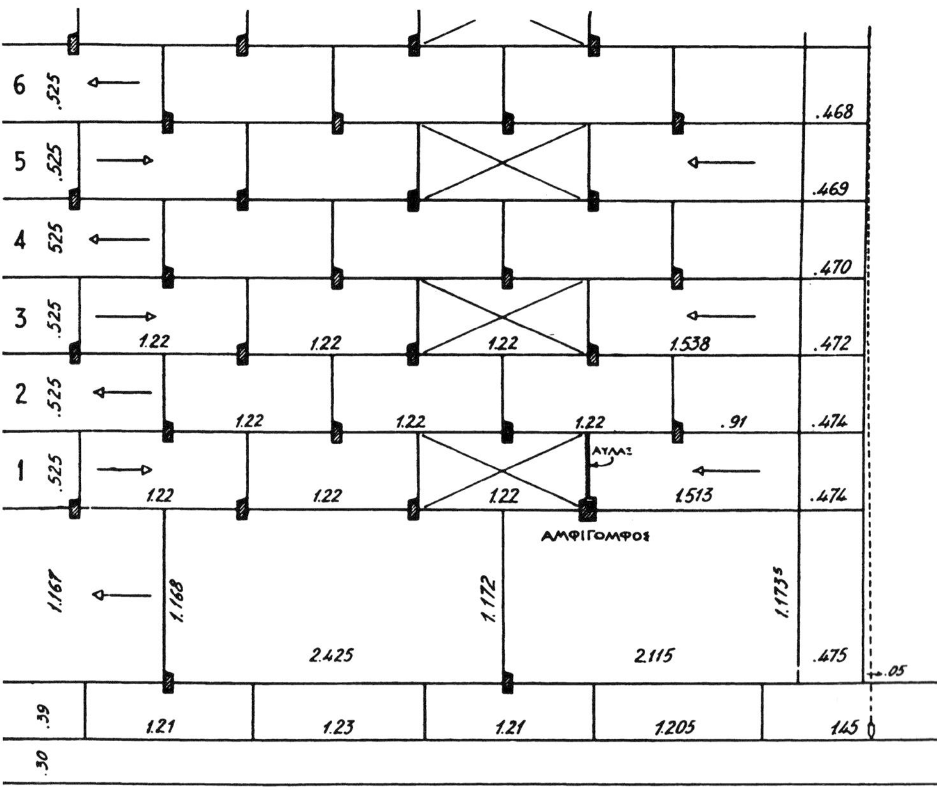

Abb. 3.35: Verdübelung durch Krampen, Nordostecke des Parthenon

4 Baustelle

Folgende Arbeitsschritte waren auf der griechischen Tempelbaustelle auszuführen und zu koordinieren:

Vorbereitende Arbeiten	**Bauhilfsarbeiten**	**Bauarbeiten**
Einrichtung der Baustelle, Materialbeschaffung, Bau von Geräten und Hebemaschinen, Anfuhr von Holz und Steinen	Vermessung der Baustelle, der Fundamente des Stylobats; Lehrgerüste, Rampen, Aufbau/Abbau	Fundamente (Unterbau), Stylobat, Krepis, Wandaufbau, Verbindungsmittel, Stützen, Dachstuhl/ Dachdeckung (im Grabbau: Einwölben)

4.1 Abstecken des Grundrisses

Das Abstecken der Baustelle verlangte Kenntnisse in der Landvermessung. Es ging hier aber nicht nur um Landeinteilung wie schon im alten Ägypten, sondern um die schnurgerüstgemäße Anlage des Gebäudes, d. h. um die Festlegung der dem Erdgeschoßmauerwerk entsprechenden Gebäudefluchten.

Das Antragen der rechten Winkel an den Ecken konnte auf dem Prinzip des „pythagoräischen“ Lehrsatzes fußen, der bereits den ägyptischen Seilspannern und den Alt-Babyloniern bekannt war. Dies geschah, wie bereits erläutert, durch Abmessen eines rechtwinkligen Dreiecks im Verhältnis 3 : 4 : 5. Bei der Bestimmung des rechten Winkels kann man auch die Verwendung des ägyptischen hölzernen „Maurerdreiecks“ vermuten.[111]

Zur Bestimmung von Höhenunterschieden wurden Nivellierlineale und Diopter verwendet. An Stelle des Fernrohrs wurde nach Angaben Herons in der hellenistischen Zeit eine drehbare Bronzescheibe mit Visier verwendet (Abb. 3.36, 3.37).[112]

Das weitere Abstecken des Grundrisses im Maßstab 1 : 1 wurde nach der notwendigen Planierung des Baugeländes und der Festlegung der Hauptachse mit Hilfe des Schnurgerüstes direkt auf dem Boden vorgenommen.[113] Nach dem Abstecken wurden die Fundamentgruben mit einer geglätteten Plattenschicht gefüllt. Jede Steinschicht diente im Tempelbau nach Fr. Krauss als Zeichenfläche, auf welcher die nächste Schicht vorgerissen wurde.[114]

Krischen hat darauf hingewiesen, daß „griechische Monumentalgebäude stets auf einer Werksteinschicht, die Euthynterie, welche Fundamente und Gelände ausgleicht, stehen".[115] Auf dieser Euthynteria wird der Grundriß des Gebäudes aufgezeichnet und dann auch auf der folgenden Schicht, auf dem Stylobat, dem Träger der Säulen, wieder markiert.

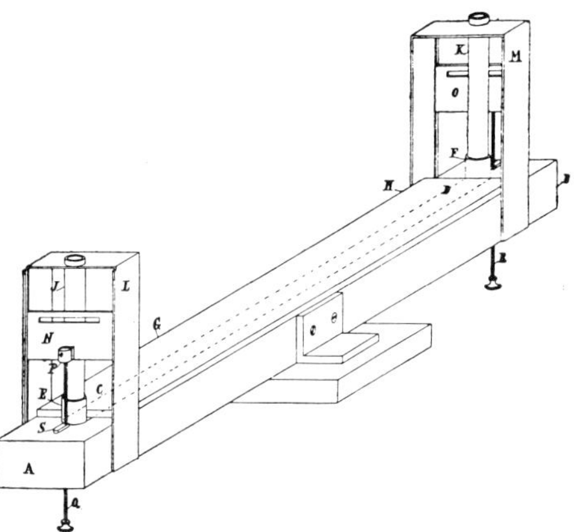

Abb. 3.36: Nivelliergerät nach Heron v. Alexandria, System der kommunizierenden Röhren

4.2 Bau- und Werkzeichnungen

Die Vorentwürfe zu einem Grundriß wurden in Ägypten und Mesopotamien auf Kalksteinscherben (Ostraka), Papyrus und Tontafeln festgehalten.[116] Die kompliziertere Gruppierung der Räume und der Gebäude in einem Baukomplex in Ägypten und Mesopotamien verlangte wenigstens nach einer grafischen Darstellung in Form einer maßstablosen Skizze. Die griechische Tempelarchitektur zeigt im Vergleich mit und gegenüber den ägyptischen und mesopotamischen Tempelanlagen eine ins Auge springende Einfachheit und Übersichtlichkeit der räumlichen Gliederung, wenn man an die rechteckigen Tempelformen und schlichten Säulenhallen denkt. Grafische Darstellungen sind von griechischer Architektur nicht bekannt geworden.

Die erhaltenen Baubeschreibungen („Syngraphai") enthalten bautechnische Angaben für den Bauunternehmer sowie für die Abrechnung der Bauarbeiten und reichten offensichtlich für die Ausführung durch kenntnisreiche Handwerker aus.[117]

Die Syngraphe der Skeuothek in Piräus schreibt vor, sich an die Ausschreibung, an die Maße und an das Paradeigma zu halten.

Das „Paradeigma" konnte ein Modell oder eine Werkzeichnung sein. Wahrscheinlich bezieht sich dieser Begriff auf Modelle von Details, wie z. B. Kapitellen, die für die Ausführung im Maßstab 1 : 1 vorhanden sein mußten. Gerade die Tendenz zur Normierung der Steinmetzarbeiten, die die Stücke mit Maß und Zahl auflisten konnten, spricht für die Entbehrlichkeit einer maßstäblichen Bauzeichnung.[118] Nach den neuesten Berichten der Grabungskampagnen in Didyma wurde auch hier der im Maßstab 1 : 1 aufgetragene Grundriß des Bauwerkes erkannt. Die Euthynterie des 60 × 100 m großen Tempels diente sozusagen als Reißbrett, auf dem Markierungen in Gestalt von langen, flachen Kerben als Entwurfsraster für die Position der Ringhallensäulen, der Wände und ihrer Achsen aufgetragen waren.[119] Außerdem wurde dort auf einer Fläche

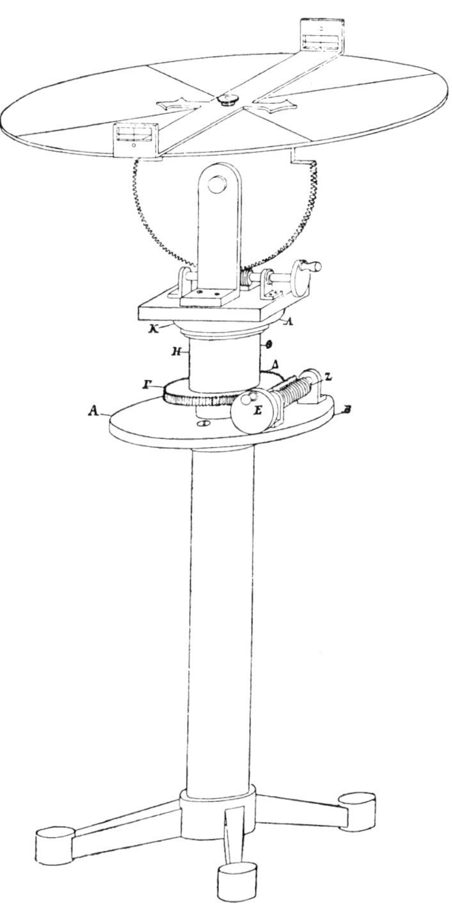

Abb. 3.37: Höhenmessung mit der Dioptra, drehbare Bronzescheibe mit Visier

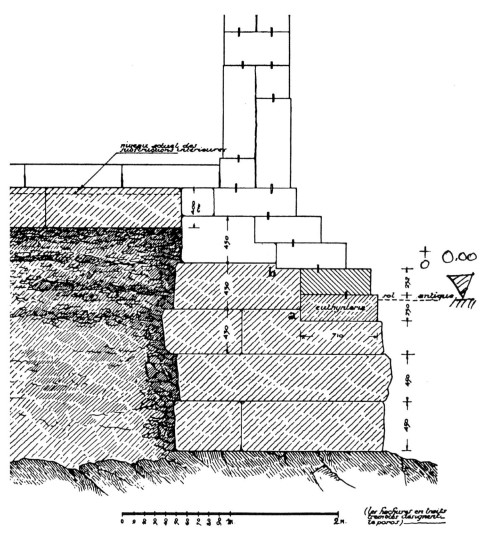

Abb. 3.38: Delos, Apollon-Tempel, Schnitt durch das Fundament

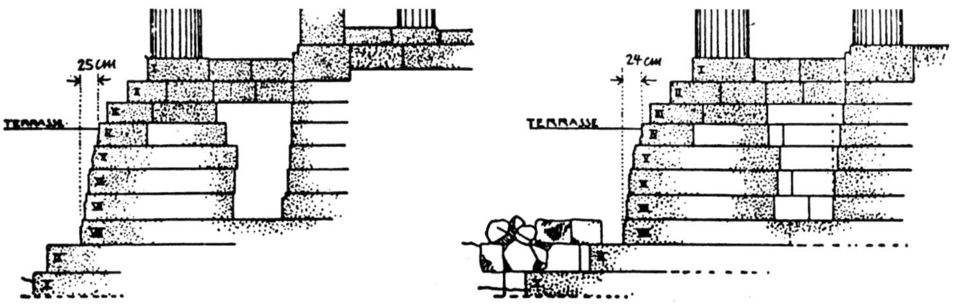

Abb. 3.39: Aegina, Aphaia-Tempel, Schnitt durch das Fundament im NW

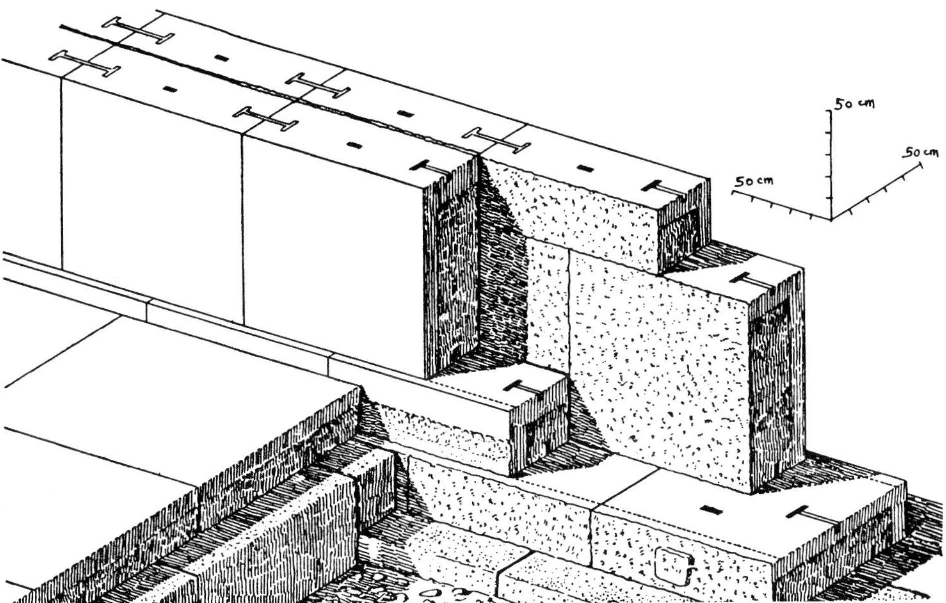

Abb. 3.40: Delos, Apollon-Tempel: Wandaufbau, Orthostaten der Cella-Wand

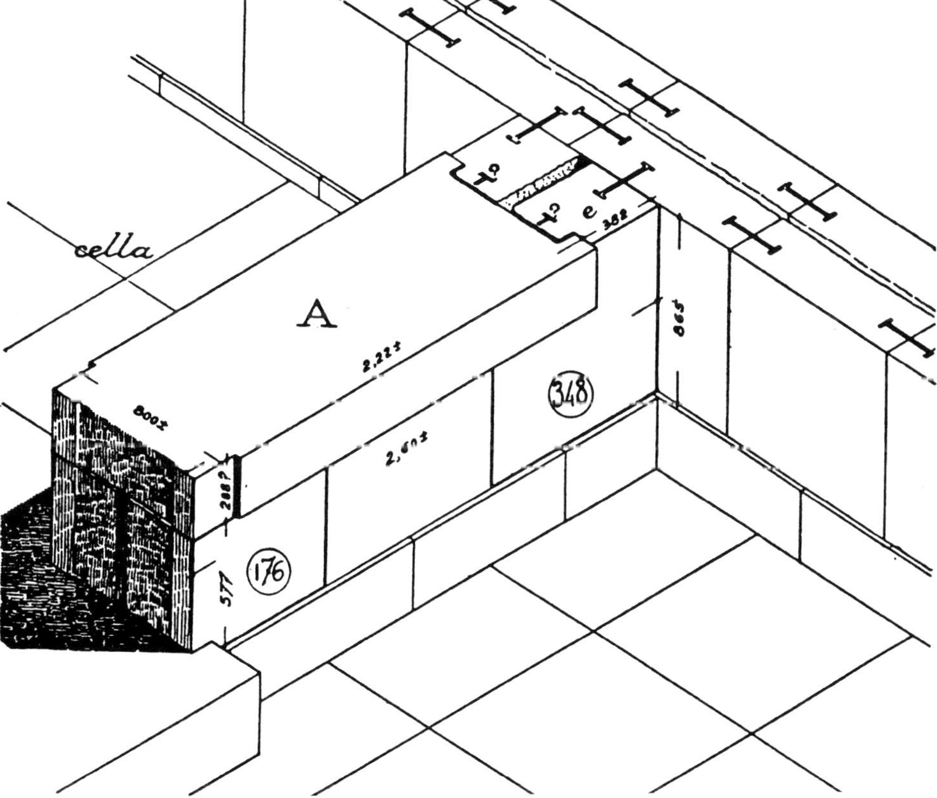

Abb. 3.41: Delos, Apollon-Tempel, Trennmauer und Fensteröffnung

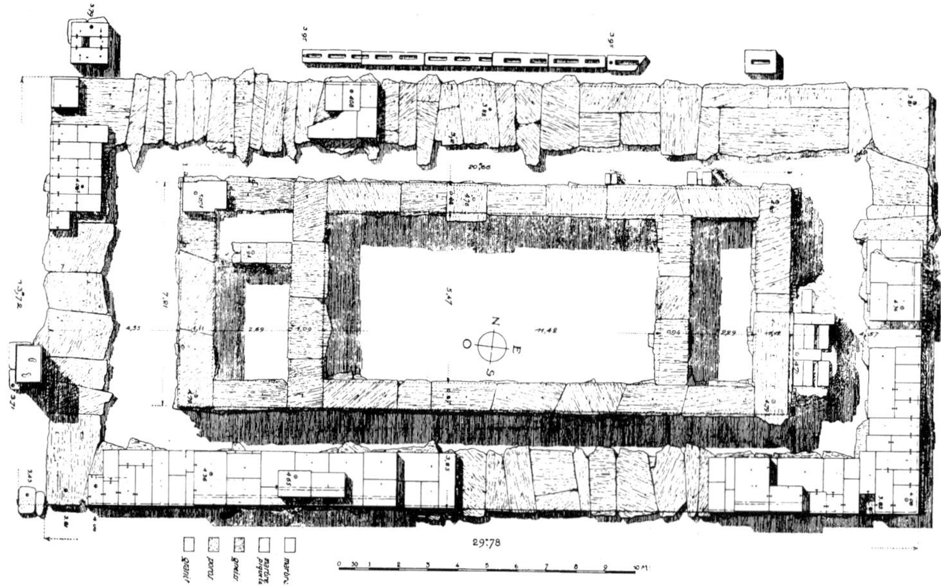

Abb. 3.42: Delos, Steinplan, Blöcke aus Gneis, Euthynterieplatten aus Marmor

von 200 m^2 ein Netz von ritzliniengroßmaßstäblichen Zeichnungen erkannt. Im Grunde genommen handelt es sich hier um eine 12 × 2 m hohe geritzte Zeichnung im Maßstab 1 : 1, die die rechte Giebelhälfte mit Gebälkaufbau zeigt.[120]

Bei der Planung und Ausführung der großen Sakral- und öffentlichen Bauten, wie z. B. des Parthenon, der Propyläen und des Erechtheions, setzte der Staat eine Baukommission ein.[121]

Die fünf Mitglieder (Epistatai) wurden von Jahr zu Jahr in ihrem Amt bestätigt,[122] und diese Baukommission hatte (um 420–400 v. Chr.) folgende Aufgaben zu erfüllen:[123]

- Ausschreibung auf der Grundlage des Entwurfs, Kontrolle der Bauarbeiten
- Vorschläge zur Bezahlung der Bauunternehmer gemeinsam mit dem Architekten und dem Rat; Herbeiführung eines öffentlichen Beschlusses hierüber
- Abrechnung der Bauarbeiten.

Die Abrechnungen und Auszahlungen wurden nach Bauteilen und Art der Arbeiten vorgenommen. Bei Steinmetzarbeiten: Einfügen vorhandener Blöcke, Glätten der Oberfläche des Stylobats, Fertigstellen der Gesimssteine; Holzarbeiten: Sägearbeiten, Zimmerarbeiten; Decken- und Dachkonstruktion: das Legen von Dachsparren. Mit dem technischen Entwurf wurde ein von der Baukommission gewählter Architekt beauftragt. Die Bauanweisung enthält eine Beschreibung aller geforderten Arbeiten mit Angaben von Maßen und Werkzeugen.[124]

5 Baukonstruktionselemente von Sakral- und öffentlichen Bauten

5.1 Fundamente

Vitruvs Angaben zur Anlage der Fundamente auf „gewachsenem wie aufgeworfenem Boden“ entsprechen den Angaben der griechischen Bauinschriften. Die Erde muß nach Vitruv bis zum gewachsenen Boden ausgehoben werden. Die Grundbauten müssen dann so tief herabgeführt werden, wie das Eigengewicht des Bauwerks dies erfordert (Abb. 3.38, 3.39).[125]

Durch Jeppesen, der die Bauinschrift des Arsenals in Piräus 1957 übersetzt hat, sind wir über den Vorgang der Fundamentierung unterrichtet.[126] Der Ausschreibungstext zur Skeuothek (347 v. Chr. begonnen) in Piräus beschreibt zwei Arten von Aushubarbeiten: das Abgraben in Größe und Umfang des Grundrisses auf eine Tiefe von 3 Fuß vom höchsten Punkt aus und das Ausheben der Bankette für die Grundmauern bis auf den tragfähigen Baugrund. Die Grundfläche des Innenraumes zwischen den

Banketten wurde mit einer Packlage bis zu einer bestimmten Höhe gefüllt. Zum obersten Plattenbelag gehören die Quader des Stylobats als mehrfach gegliederter Stufenbau. Die oberste Stufe der Krepis dient bei den Peripterosanlagen als Standfläche der Säulen.

5.2 Wandaufbau

Der Aufbau der Wand der Cella beginnt bei den dorischen Tempelanlagen mit den Orthostaten, den hochkant stehenden Quadern als unterste Schicht, die 0,80 bis 1,50 m hoch, 0,30 bis 0,50 m dick und 0,60 bis 1,00 m breit sind. Diese großen Blöcke werden jedoch über der Sockelschicht aus zwei übereinandergeschobenen, 0,30 bis 0,40 m hohen Quadern aufgebaut. Ganz ähnlich sind auch die Stoa-Hallen (Attalos-Stoa, Athen; Philipp-Stoa, Delos) aufgebaut.[127]

Interessant ist der Mauerverband beim Apollontempel in Delos. Der Schnitt von Courby zeigt, wie die Steine beim Blockverband versetzt werden. Binder und Läufer wechseln in den Schichten ab.[128] Die Quader sind miteinander durch T-förmige Eisenklammern verbunden und gegen Verschiebungen gesichert (Abb. 3.40–3.43).

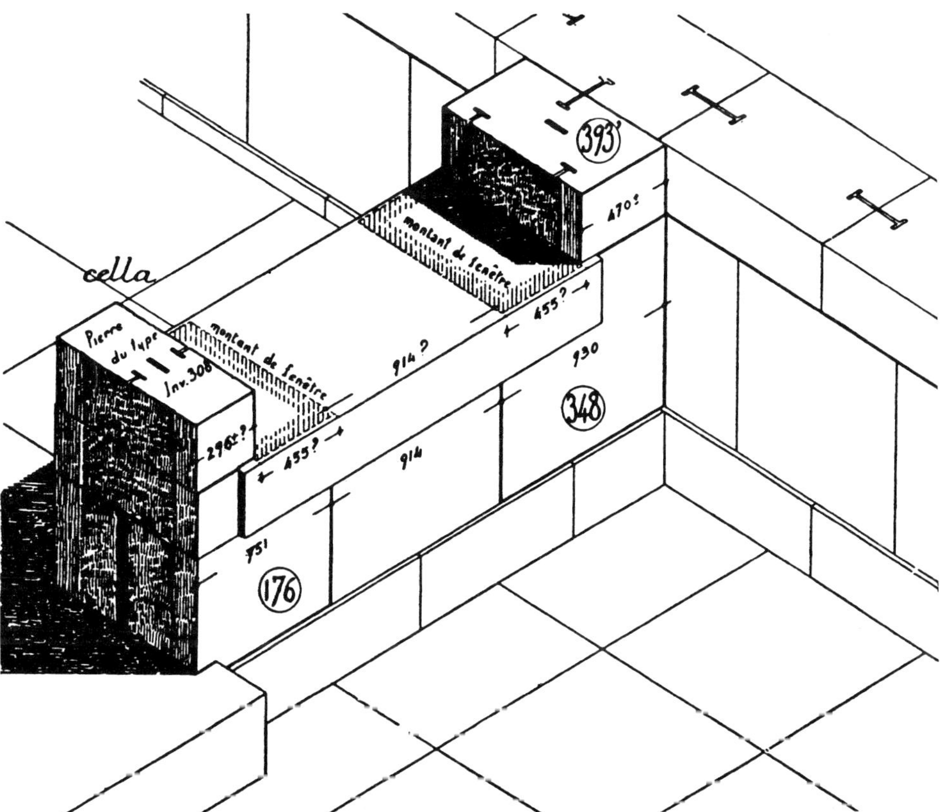

Abb. 3.43: Delos, Apollon-Tempel, Trennmauer und Fensteröffnung

Im Gegensatz zu den Außen- und Stützmauern mit ihrer polygonalen Form, und zu den Festungs- und Burgmauern mit den trapezförmigen Blöcken, zeigen die Innen- und Außenwände der Sakral- und öffentlichen Bauten eine regelmäßige rechtwinklige Form des Mauerverbandes auf.[129] Ausgesprochene Binderverbände wie in Pergamon, Ephesos, Kos und Assos kennzeichnen die Mauertechnik der hellenistischen Zeit, die jedoch auf assyrische Einflüsse zurückgeht.[130]

Das Abschlußglied der Cellawand besteht aus einer Gesimsleiste, die über die Mauerfläche vorkragt. Die Anten, als Mauerstirne, geben dem Templum in antis den architektonischen Abschluß. Als Bauelement sind sie wie Säulen aus Kapitell und Schaft gegliedert. Die Stirnfläche ist nur wenige Zentimeter größer als die Stärke der Cellamauer.[131]

5.3 Stützen

Die Chronologie der frühesten dorischen Kapitelle ist noch nicht völlig geklärt. Das älteste dorische Steinkapitell wird aufgrund der größeren Echinusausladung auf 650–600 v. Chr. datiert.[132] Die Umbildung des minoisch-mykenischen Wulstes zum dorischen Echinus fällt zeitlich gesehen wahrscheinlich mit der Ausführung in Stein zusammen.[133] Der dorische Schaft konnte als Monolith oder aus Trommeln hergestellt werden. Die Säulen vom Parthenon haben Trommelhöhen von 0,86 bis 1,06 m, durch Holz- oder Eisendübel miteinander verbunden.

Nach Durm weist eine Trommel ein Eigengewicht bis zu 6000 kg auf. Das Gesamtgewicht der darüberstehenden Trommel, des Gebälks, der Decke und des Daches ergibt eine Last von 135 230 kg. Das Material Marmor wurde dennoch mit nur 8 kg pro cm^2 belastet (Abb. 3.44, 3.45).[134]

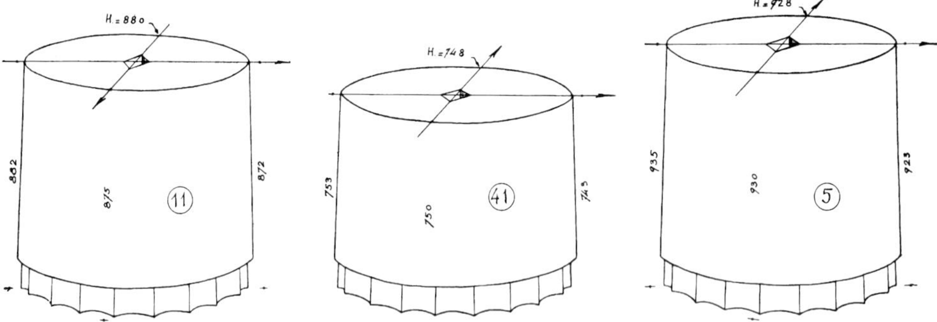

Abb. 3.44: Delos, Apollon-Tempel, untere Säulentrommelstücke: Die Vertiefung am Säulenfuß geschah im 1. Arbeitsgang. Der 2. Arbeitsgang sah die Herstellung der Kanneluren am Säulenmantel vor.

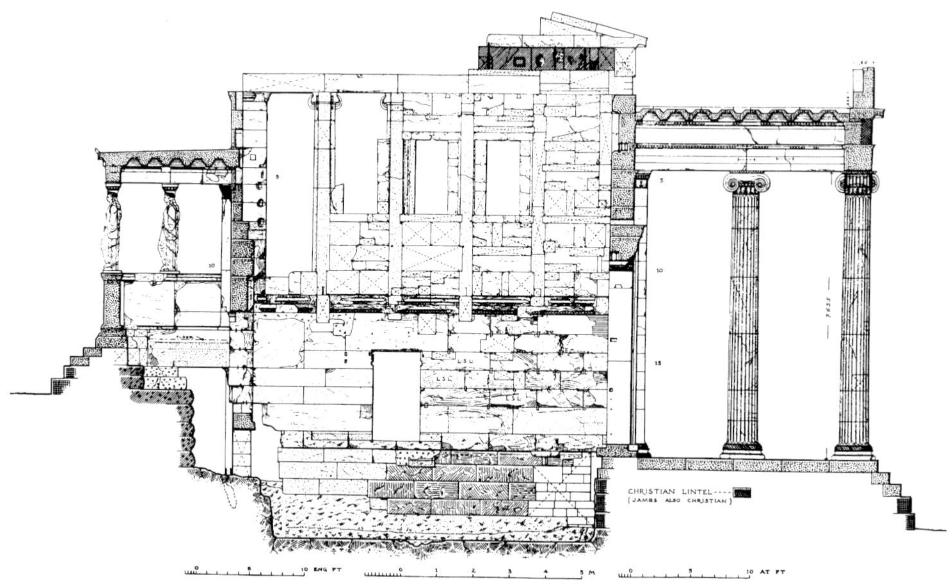

Abb. 3.45: Erechtheion, Querschnitt, Westteil; links: Karyatiden der ionischen Ordnung

Während die dorischen Schäfte niedriger waren, mußten die über 9 m hohen ionischen und korinthischen Säulen von Anfang an aus einzelnen Trommeln zusammengesetzt werden. Die Kanneluren wurden erst nach dem Versetzen mit der Schablone ausgearbeitet: eingemeißelt, scharriert und geschliffen (Abb. 3.46, 3.47).

5.3.1 Zum äolischen Kapitell

Im Gegensatz zum ionischen wird die Form des äolischen Kapitells als von dem „keineswegs abgerissenen mykenischen Erbe, teils von orientalischen Nachbarkulturen angeregt“, von der archäologischen Forschung zum Teil auch in neuerer Zeit erklärt.[135] Damit sind die äolischen Kapitelle aus Larisa und Neandria aus dem 6. Jh. v. Chr. als volutenlose Blattkranzkapitelle gemeint. Die ältesten Kapitelle dieser architektonisch bemerkenswerten Gruppen wurden in Megiddo, Ramat Rahel, Samaria und Hazor gefunden.[136]

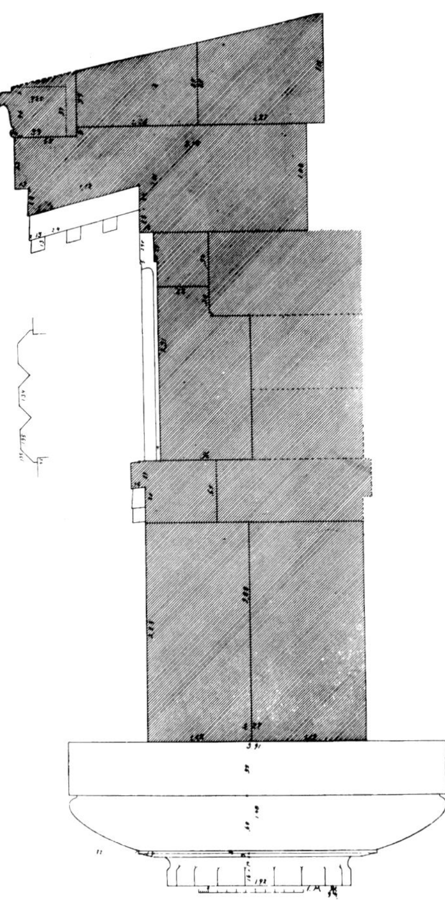

Abb. 3.46: Paestum, Hera-Tempel I, dorisches Kapitell mit Gebälk

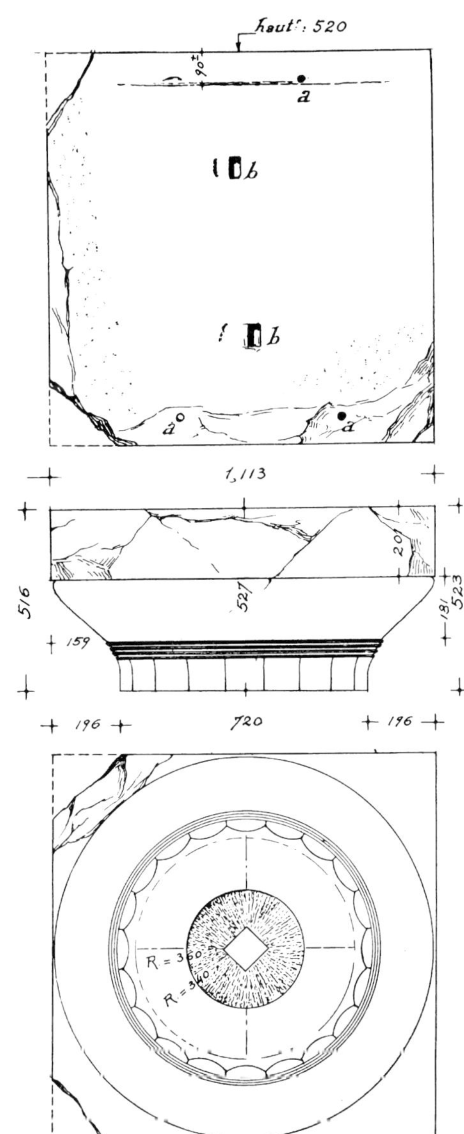

Abb. 3.47: Delos, Apollon-Tempel, dorisches Kapitell mit Abakusplatte

Aufschlußreich ist, daß die Funde aus Megiddo und Hazor nach Aharoni und Yadin ins 11. bis 9. Jahrhundert gesetzt wurden, d. h., sie entstanden während des gesamten Zeitraumes der altisraelitischen Königszeit.[137] Architektonisch bemerkenswert ist, daß das israelitische Volutenkapitell zunächst als Pilaster entwickelt wurde. Der Fund eines Ganzpfeilerkapitells aus Ramat Rahel spricht auch für seine Verwendung als Bauglied. Typologisch gehört die Form der Volute in den Bereich des Flachbildes. Anhand der zahlreichen Funde ergibt sich, daß das Volutenkapitell zuerst in der altisraelitischen Regierungszeit entwickelt wurde und in seinem räumlichen Bereich Verbreitung fand. Diese Tatsache wird auch durch das Fehlen von phönikischen Fundorten gestärkt. In Phönikien trifft man auf die ersten Zeugnisse von Volutenkapitellen nicht vor der hellenistischen Zeit (Abb. 3.48–3.51).[138]

Auch in Babylonien, Assyrien und Nordsyrien wurden bisher keine Fragmente von Volutenkapitellen gefunden.[139] Unmittelbare Nachfolge haben die altisraelitischen Volutenkapitelle auf Zypern gefunden. Typologisch schließen sie an die Kapitelle von Ramat Rahel an. Andere Formen der Zwickelfüllungen deuten auf die Kombination der Voluten aus Megiddo und Hazor hin. Die Weiterentwicklung dieser Kapitelle auf zyprischem Boden zeigt bereits die Tendenz zu spiralförmiger Volutenführung in Richtung des äolischen Kapitells von Larisa und Neandria. In diesem Zusammenhang können die Bekrönungen assyrischer Baldachinstützen nicht als Volutenkapitelle bezeichnet werden.[140]

Abb. 3.48: Ionische Schatzhäuser: Kapitelle und Basen von Klazomenai, Massilia und Siphos

Abb. 3.49: Kapitell aus Ramat Rahel

Abb. 3.50: Kapitell aus Samaria

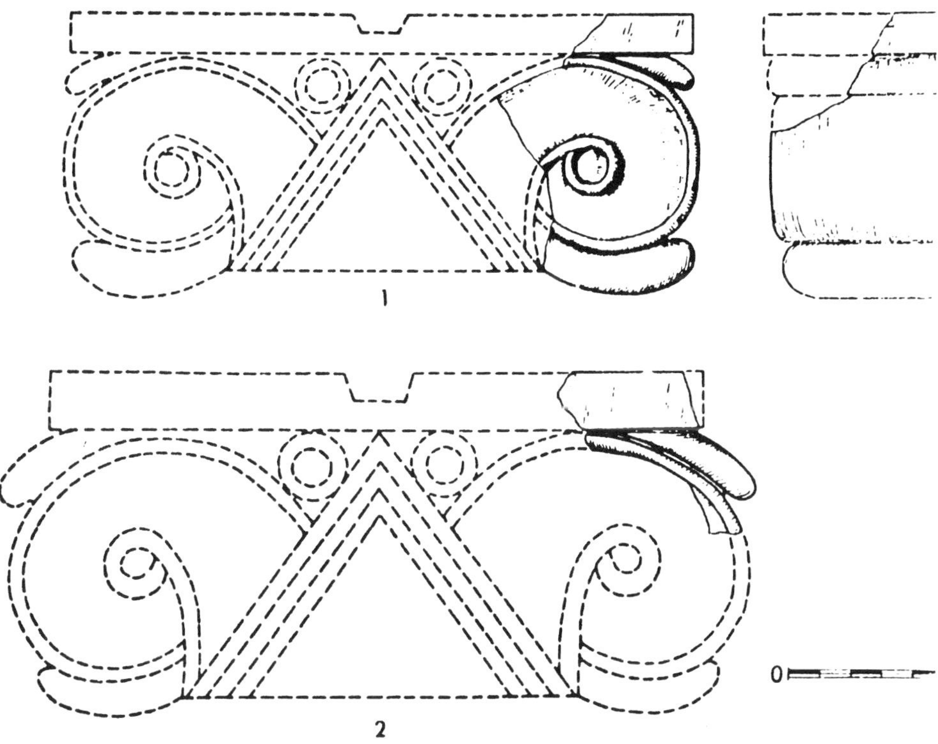

Abb. 3.51: Kapitelle aus Ramat Rahel

Während die altisraelitischen und zyprischen Volutenkapitelle (Golgoi, Trapeza) sich als Pilaster im Bauverband gut einfügen können, bereiten gerade die griechisch-äolischen Kapitelle bautechnische Probleme, wenn es darum geht, sie in Verbindung mit Säulen zu bringen und diese Bauglieder noch durch einen Architravbalken zu belasten.[141] Noch komplizierter stellt sich die Frage nach der Ecklösung des äolischen Kapitells bei peripteralen Säulenstellungen dar.[142] Als Tragglied kommt nur das blockhafte Larisa-Kapitell in Betracht. Eine schnurgerade kontinuierliche Bauentwicklung von dem ersten Volutenkapitell aus Hazor, das dem äolischen Kapitell aus Larisa sowohl in der Flächendekoration als auch in der steingerechten Blockhaftigkeit doch sehr nah kommt, ist in genetisch-architektonischer Hinsicht nicht notwendig, da Neuerungen in der Ausführung und Gestaltung, wie z. B. bei der Gruppe der Schatzhäuser (Delphi, Massilia, Knidos), in der vielfältigsten Art und Weise zum Ausdruck kommen. Die äolische Ordnung stellt einen selbständigen Bautypus dar, ohne direkte Verbindung zum ionischen Kapitell.[143]

5.4 Architrav

Auf den Stützen lagert das aus Architravbalken, Fries und Traufgesimsplatten bestehende Gebälk, auf diesem die Decke und das Dach. In der Regel bestanden die Balken aus zwei bis drei nebeneinanderliegenden Steinblöcken. Von der Materialfestigkeit hing auch die Spannweite des Balkens ab: beim Zeus-Tempel/Athen bis 6,55 m; bei den Propyläen 5,43 m, beim Apollon-Tempel in Delos nur 1,80 bis 2,30 m. Der Architrav von 85 × 85 cm aus zwei nebeneinanderliegenden Steinbalken am Aphaiaheiligtum in Aegina liegt auf 5,26 m hohen Säulen mit einem unteren Durchmesser von 1,80 m. Da der 2,60 m lange Architrav auf Kopfplatten der dorischen Säulen liegt, die 1,16 m breit sind, ergibt sich eine freie Spannweite von 1,43 m. Die Eigenlast des Kalksteinbalkens beträgt 2000 kg/m^3. Bei Gleichstreckenlast nimmt die Stützlinie einen parabelförmigen Verlauf an (Abb. 3.52, 3.53).[144]

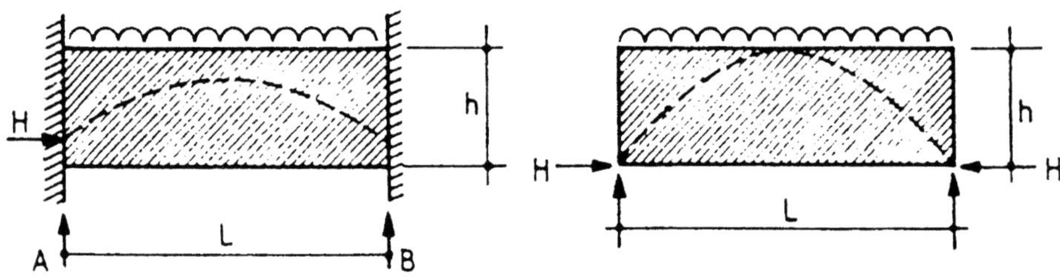

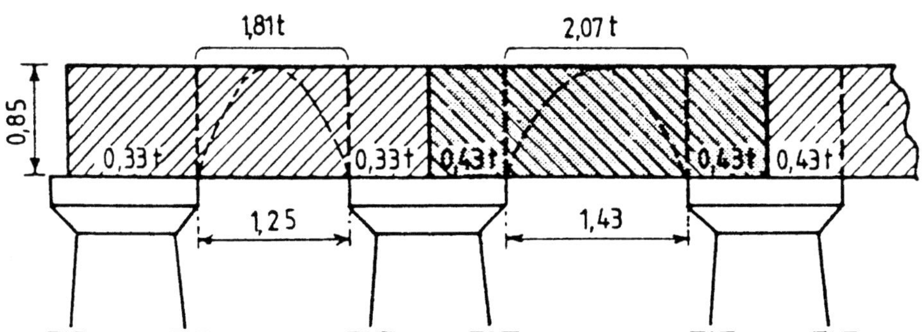

Abb. 3.52: Aegina, Aphaia-Tempel, Belastung der Architrave. Bei Gleichstreckenlast bildet sich ein parabelförmiges Gewölbe als Stützlinie aus.

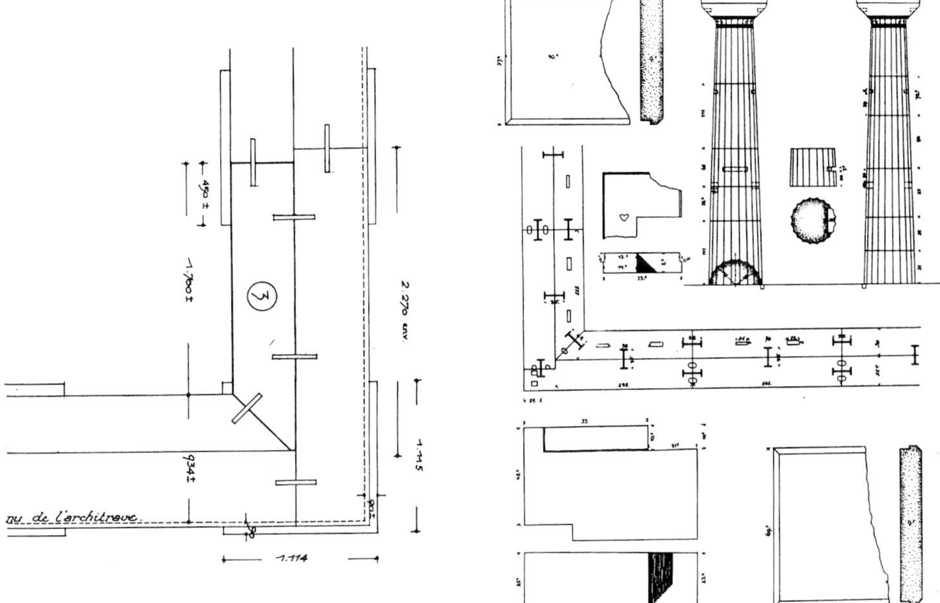

Abb. 3.53: Delos, Apollon-Tempel, Architrav besteht aus einem äußeren und einem inneren Balken. Verbindungsmittel gegen Abgleiten: Klammer

5.5 Decke und Dachstuhl

Die Decken der Säulenvorhallen setzen sich aus Kassettenplatten (Parthenon, Phigaleia) und aus Kassetten zusammen, die auf Marmorbalken lagern (Parthenon Opisthodom, Erechtheion Nordhalle, Nemesis-Tempel in Rhamnus). Die Rekonstruktion der nicht mehr in situ vorhandenen Dachstühle stützt sich auf die im Giebel gefundenen Auflagerspuren und Zapfenlöcher, die auf die damalige Dachneigung hinweisen.[145]

Der griechische Dachstuhl mit stehenden Sparren setzte sich aus einer Firstpfette und parallel zum Traufrand liegenden Pfetten zusammen. Im Monumentalbau ergibt sich eine flache Dachneigung von etwa 14 bis 16° (z. B. Apollon Tempel/Delos, Erechtheion) (Abb. 3.54, 3.55).

Beim einfachsten Pfettendach liegen die Sparren dicht nebeneinander auf den Fuß- und Mittelpfetten auf. Die Mittelpfetten und die Firstpfette werden alle 4,50 m durch Stiele oder eine Wand unterstützt. Bei den langen Hallen wurden für die oft angegebenen drei Pfetten große Querschnitte von etwa 30 × 50 cm gewählt.[146]

Bei den flachen Dächern wurde in der Regel auf Fußpfetten verzichtet. Die Sparren stemmen sich nicht gegen den Gesimsblock, sondern liegen in einer abgetreppten Aussparung. Dies zwingt zu dünnen Sparrenquerschnitten. Hier ist Kritik bei den zahlreichen Rekonstruktionen angebracht, die zu kräftige Sparrenquerschnitte angeben, welche den Gesimsblock durch den senkrechten Druck und den auftretenden waagrechten Schub zum Bruch bringen würden (Abb. 3.56–3.60).[147]

Auch bei der Gruppe der Stoa-Hallen, also den frei stehenden, langgestreckten Säulenhallen mit geschlossener Rückwand (Philipp-Stoa/Delos), zeigt Coulton bei den schmalen Gesimsblöcken enorme Querschnitte von Balken und Sparren.[148]

5.6 Gewölbe

Kraggewölbe kommen in der griechischen Architektur vor allem im Grabbau seit der mykenischen Periode vor. Zu dieser Periode gehört auch das Kuppelgrab aus der Zeit um 1325 v. Chr. in Mykene auf dem Peloponnes, als „Schatzhaus des Atreus“ bekannt. Die Höhe der Kuppel beträgt 13 m über einem Durchmesser von 14,50 m. Das Konstruktionsprinzip besteht darin, daß ein Stein über den anderen vorgeschoben wird. Nach mehreren Auskragungen hat sich der Schwerpunkt über den Ausgangspunkt hinaus verlagert, so daß ohne die gegenseitige Abstützung im Querschnitt die Konstruktion zum Einsturz käme.

Zur zweiten Gruppe der Gewölbekonstruktionen gehört die Schrägstellung zweier Steinplatten, die sich gegenseitig abstemmen, um eine Öffnung zu überbrücken (siehe Abschn. I, 4.5).

Die dritte Wölbungsmethode des runden oder halbkreisförmigen Bogens wurde nur für untergeordnete Konstruktionen und kaum als echte Überdachung angewandt:
Aus einem monolithischen Block wurde der untere Teil in Form eines Bogens behauen. Andere Bögen bestehen aus zwei Anfängern und einem Schlußstein, die aber im Sinne der Tragwerkslehre keine echten Bögen sind (Abb. 3.61).[149]

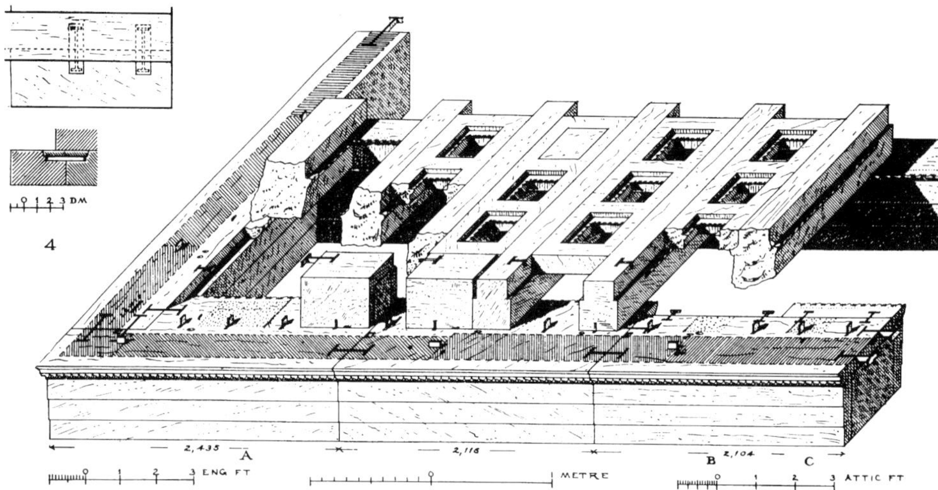

Abb. 3.54: Athen, Erechtheion, Details der Deckenkonstruktion, Ostportikus

Abb. 3.55: Delos, Apollon-Tempel, Querschnitt, Rekonstruktion der Dachkonstruktion

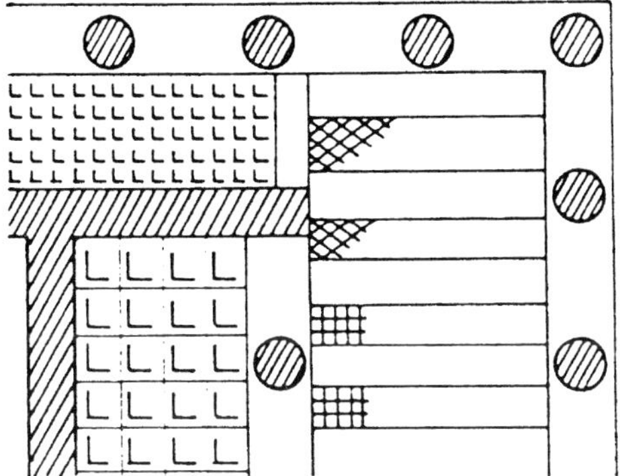

Abb. 3.56: Phigaleia, Deckenplan

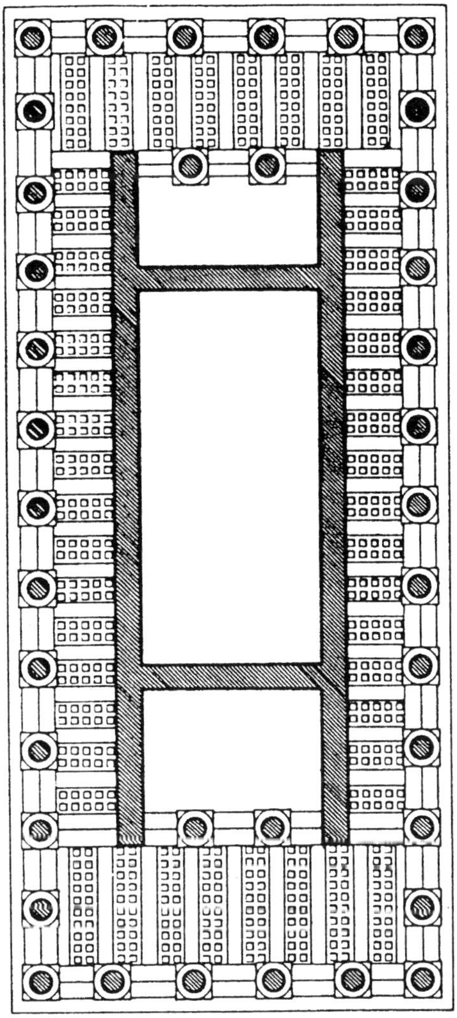

Abb. 3.57: Theseion, Deckenplan, Kassettenplatten und Balken

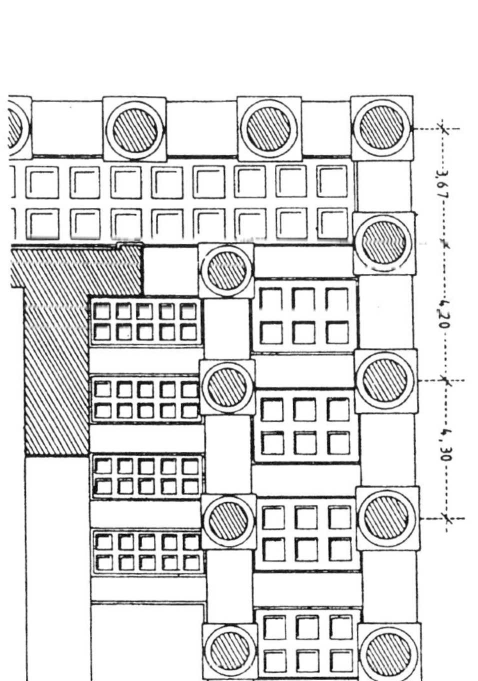

Abb. 3.58: Parthenon, Deckenplan, Kassettenplatten und Balken

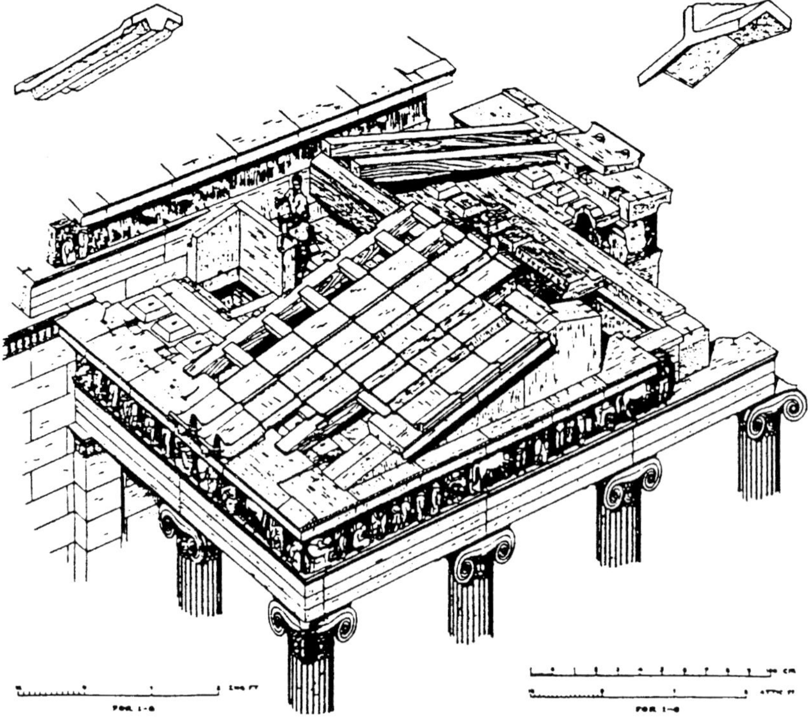

Abb. 3.59: Athen, Erechtheion, perspektivisches Schaubild des Daches, Nordportikus

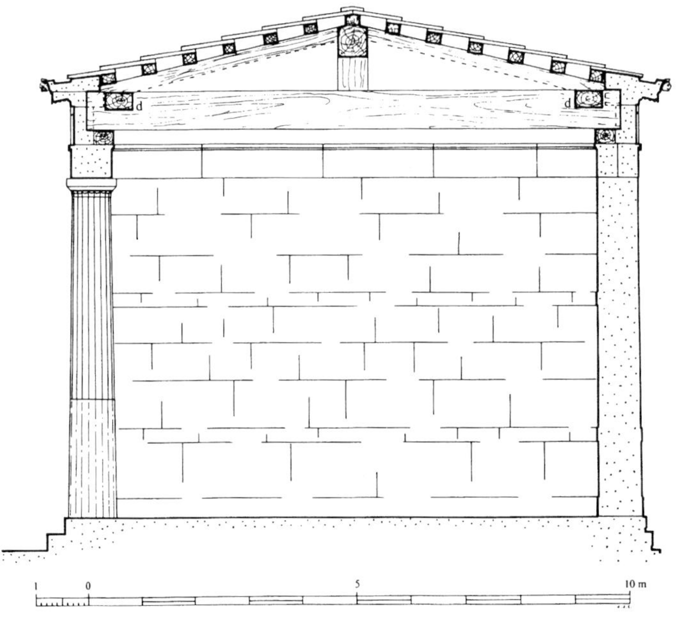

Abb. 3.60: Delos, Philipp-Stoa

Abb. 3.61: a) Griechische Kraggewölbe
b) Schrägstellung zweier Steinplatten
c) Abgerundeter Balken mit Pfeilern; radial behauene Steine

6 Zusammenfassung

Die Formensprache der frühen griechischen Architektur resultierte wahrscheinlich vom Holzbau. Die Anwendung des Holzes im Hausbau wird in den Abbildungen der Grabfassaden bezeugt. Auch im kleinasiatischen Raum sind Holzbausysteme mit eingelassenen Wandpfosten durch Funde belegt. Vom Bautypus des mykenischen Megaron-Hauses wurde eine Reihe von Bauelementen in den Monumentalbau übernommen. So wurde z. B. der hölzerne minoisch-mykenische Säulentypus in Form der dorischen Säule weiterentwickelt. Daß auch hier u. U. ägyptische Säulenformen als Vorbilder des im Entstehen befindlichen Steinbaus verwendet wurden, kann bei dem regen kulturellen Austausch über das Mittelmeer kaum übersehen werden. Auch die Tempel der ionischen Ordnung weisen noch auf die ursprüngliche Holzkonstruktion hin.

Die Verwendung des luftgetrockneten Lehmziegels bei Profan- und Wohnbauten läßt sich seit dem 9. Jahrhundert v. Chr. nachweisen. Im nächsten Schritt wurden gebrannte Dachziegel als Dachdekkungselemente seit dem 7. Jahrhundert v. Chr. in Korinth und Lakonien entwickelt. Bei Wohnbauten wurden die Dachziegel auf einer Lehmbettung verlegt. Die nichtbewohnten Hallen erhielten Dachziegel mit Löchern zum Aufnageln.

Als Neuerung im Baustellenbereich können die Hebemaschinen angesehen werden, die Heron von Alexandria beschrieben hat.

Zur Werkplanung gehörte nicht nur die Markierung des Grundrisses in voller Größe, sondern auch die Zeichnung der Bauglieder im Maßstab 1 : 1. Die griechische Architektur zeigt gegenüber der ägyptischen und mesopotamischen Architektur eine auffallende Vereinfachung in der Planung der räumlichen Verhältnisse und Raumgruppen, vor allem bei den rechteckigen Tempelhallen. Dieser Schematismus spricht für die Entbehrlichkeit von maßstäblichen Entwurfszeichnungen zumindest bei diesen Hallen. Die Monumentalbauten Griechenlands waren fast ausschließlich auf dem orthogonalen Prinzip von Architrav und Säule aufgebaut, der rechte Winkel herrschte im Grundriß wie im Aufriß.

Anmerkungen

[1] Evans, A. E., The palace of Minos at Knossos, Bd. 1, S. 10 f.; Matz, F., Kreta . . ., S. 8 f.
[2] Evans, S. 48 f.; Marinatos, Kreta . . ., S. 26.
[3] Evans, S. 20, Matz, S. 16.
[4] Säulen wurden in den Höfen, bei Torbauten und im Megaron um den Herd herum angeordnet. Die kretisch-mykenische Säule bestand als Freistütze aus Holz. Vgl. Wurz, E., Der Ursprung der kretisch-myken. Säulen, München 1913, S. 9; Wesenberg, B., Kapitelle u. Basen, in: BJb, 32, 1971, S. 6.
[5] Odyssee, VI, 300.
[6] Matz, Kreta und frühes Griechenland, S. 16.
[7] Sinos, S., Die vorklassischen Hausformen in der Ägäis, Mainz 1971; Marinatos, S., Kreta, Thera und das mykenische Hellas, München 1973.
[8] Wace A. J. B., Mycenae, Princeton 1949, S. 56; Mylonas, Ancient Mycenae, S. 30; Marinatos, S. 98.
[9] Wace, S. 154 f.; Durm, J., Die Baukunst der Griechen, Hd. d. Arch. 1, Leipzig 1910, S. 73.
[10] Charbonneaux/Martin/Villard, Das archaische Griechenland, München 1969, S. VII.
[11] Lexikon der Bibel: Alpha = Aleph, Beta = Beth, Gamma = Gimel, Delta = Daleth, usw. Das griechische „Alphabet“ stützt sich auf die hebräisch-phönikischen Schriftzeichen.
[12] Vgl. Schachermayer, F., Perikles, 1969, S. 142; ders., Religionspolitik . . ., in: Österr. Akad. d. Wiss., 258. 3, 1968, S. 68, Jones, A. H. M., Die wirtschaftl. Grundlagen der Athenischen Demokratie, in: Welt als Geschichte, 14 (1954).
[13] Schachermayer, Perikles, S. 170.
[14] Vgl. Krafft, Fr., „Mechanik“, Lexikon der Alten Welt, Zürich 1965; Archimedes’ Werke, übers. von J. L. Heiberg und kommentiert von H. G. Zeuthen, Wiss. Buchgesellschaft, Darmstadt 1967.
[15] Drachmann, A.-G., The mechanical technology of Greek and Roman Antiquity, Munksgaard 1965; Nix/Schmidt (Hg.), Herons von Alexandrien Mechanik und Katoptrik, Leipzig 1900; Hultsch, F. (Hg.), Pappi Alexandrini Collectionis, Amsterdam 1965.
[16] Vgl. Gruben, G., Die Tempel der Griechen, 2. Aufl. 1976, S. 8; Schachermeyr, Religionspolitik, Öster. Ak. d. W. Hist. Kl., 283.3 (1968).
[17] Gruben, S. 29.
[18] Coulton, J. J., Greek Architects at Work, S. 33.
[19] Vgl. Orlandos, A. K., Nouvelles Observations sur la construction du temple d’Athéna Niké, in: BCH, 71–72 (1947–48); Gruben, G., op. cit., S. 29, 188, Abb. 159 a–c; Vitruv, III.
[20] Gruben, S. 33–36; Charbonneaux/Martin/Villard, Das archaische Griechenland, S. 6; Coulton, op. cit., S. 35–37, Abb. 7.
[21] Coulton, S. 41.
[22] Charbonneaux/Martin/Villard, S. 11.
[23] Gruben, S. 56.
[24] Vitruv, V, 3, vgl. Übersetzung von J. Prestel, Aufl. 1974, S. 251.
[25] Dazu Riemann, H., Vitruv und der griechische Tempel, in: AA 1952; ders., Zum dorischen Peripteraltempel, 1935, S. 31 f.: Coulton, S. 62–64; Königs, W., Zum Entwurf dorischer Hallen, in: Ist. Mitt., 29 (1979), 209–234.
[26] Vitruv, III, IV-V.
[27] Gruben, S. 335; Charbonneaux/Martin/Villard, S. 169.
[28] Gruben, S. 349; Krischen, F., Weltwunder der Baukunst in Babylonien und Jonien, Tübingen 1956; Charbonneaux et al., S. 170, 202.
[29] Charbonneaux et al., Das klassische Griechenland, München 1971, S. 49; Caskey/Fowler/Paton/Stevens, The Erechteum, Cambridge/Mass., 1927.
[30] Schede, M., Die Ruinen von Priene, Berlin 1974, Häuser XXXIII–IV.
[31] Hoepfner, W., und Schwandner, E.-L., Typenhäuser im klassischen Griechenland, in: arcus, H. 6/1986, S. 248–254.
[32] Coulton, J. J., The architectural development of the greek stoa, Oxford 1976, S. 193, Fig. 20.
[33] Gruben, S. 180 und 415.
[34] Coulton, The architectural develop. S. 218–291.
[35] Schaaf, H., Untersuchungen zu Gebäudestiftungen in hellenistischer Zeit (phil. Diss. Köln 1991), Böhlau, Köln/Weimar 1992, S. 31 f., 125 f.
[36] Schaaf, S. 45 f.; Coulton, Greek architects, 1977, S. 156, Fig. 69 e.
[37] Schaaf, S. 62, „Donea te Polei dorean piron medimnon . . . gymnasioy“.
[38] Durm, J., Die Baukunst der Griechen, Leipzig, Aufl. 1910, Abb. 475, 476.
[39] Für Kleinasien vgl. Naumann, R., Architektur Kleinasiens, 2. Aufl. 1971 und Akurgal, E., Die Kunst Anatoliens von Homer bis Alexander, Berlin 1961; für Griechenland vgl. Drerup, H., Griechische Baukunst in geometrischer Zeit, Archaeol. Homerica, Göttingen 1969.
[40] Nicholls, BSA 53/54, 1958/59; Akurgal, Abb. 1, 2.
[41] Vitruv, IV, 2.
[42] Vgl. dazu Lenz: Botanik der alten Griechen und Römer, Gotha 1859; Plinius, Nat. Hist., 14, 15, 16, Buch mit Angaben über Bauholz (Hrsg. Strack, Bremen 1853, Reprodr. Darmstadt 1969); Theophrast, Hist. Plant., V, 1, 1 (Hrsg. Wimmer), S. 133; Pausanias: Beschreibung Griechenlands (E. Meyer, Hrsg.), dtv-Reihe Bd. I, München 1972; Vitruv, VII. Buch.
[43] Vgl. dazu Blümner, H., Technologie und Terminologie der Gewerbe und der Künste bei den Griechen und Römern, Leipzig 1879, Repro Hildesheim 1969, II, S. 238.
[44] D. M. Robinson: Excavations at Olynthos.
[45] Dinsmoor, op. cit., 3. Aufl. 1950, S. 43; Orlandos, I, S. 82; Gruben, Aufl. 1966, S. 37. Ich kann

in diesem Zusammenhang nicht auf die genetische Entwicklung des Dachziegels eingehen. Dazu vgl. z. B. A. Akerström, Zur Frage der Mykenischen Dacheindeckung, Opusc. arch., II, 1941, S. 164 ff.

46 DELOS XII, Ausgrabungsbericht, F. Courby, Paris 1931; Hampe/Winter, Bei Töpfern und Zieglern in Griechenland . . ., Mainz 1965, S. 56.

47 Boardman, J.: The Greeks Overseas, Penguin Books, Harmondsworth 1964, S. 134–156.

48 Vgl. Clarke/Engelbach: Ancient Egyptian Masonry, London 1930, Zur Geologie der griechischen Gesteine; Philippson: Die griechischen Landschaften, Berlin 1892; Siedler, E. J.: Baustofflehre, Berlin 2. Aufl. 1951, S. 13 ff. Man darf Tuffstein nicht mit Kalktuff verwechseln!

49 Orlandos (op. cit., II, S. 2) und Martin (op. cit., S. 117) nennen dieses Gestein „Le tuf ou Pôros". Gemeint ist hier auch der „Aufbau" des Gefüges, ob porös oder kugelig („oolithisch"). Vgl. auch Blümner, H.: Terminologie und Technologie der Gewerbe und Künste bei Griechen und Römern, III, Leipzig 1884, S. 28 ff.

50 Vgl. dazu Conophagos, C. E.: Laurium antique et la technique grecque de la production de l'argent, Athen 1980.

51 Wiegand, T.: Die archaische Porosarchitektur der Akropolis, S. 39; Orlandos, II, S. 16; Martin, S. 147; Blümner, III, S. 57; Durm, I, S. 93.

52 Courby, F.: DELOS XII, Le Temple d'Apollon, Paris 1931.

53 Fiehn: „Steinbrüche", RE, III, Stuttgart 1929; Siedler, op. cit., S. 65.

54 Lepsius: Griechische Marmorstudien, Berlin 1891, S. 44.

55 Goyon, G.: Die Cheops Pyramide, 1979, S. 82; Clarke/Engelbach, Abb. 13.

56 Blümner, III, S. 73; Durm, I, S. 93.

57 Lepsius, op. cit., S. 44; über den Bergbau vgl. Rosumek, P.: Technischer Fortschritt und Rationalisierung im antiken Bergbau, Phil. Diss. FU Berlin 1982; Kalcyk, H.: Untersuchungen zum attischen Silberbergbau. Gebietsstruktur. Geschichte u. Technik, Phil. Diss. Univ. München 1981, (Europ. Hochschulschr., III, 160), Frankfurt 1982, 135.

58 Blümel, C.: Griechische Bildhauer an der Arbeit, Berlin 4. Aufl. 1953, S. 11, Abb. 2–4.

59 Blümel, S. 11–12; Von der neueren Literatur ist die Arbeit von Angelina Dworakowska: Quarries in Ancient Greece, Wrocław 1975, besonders hervorzuheben, leider ohne Abbildungen und mit unvollständigem Inhaltsverzeichnis.

60 Der „Schram" ist ein schmaler Einschnitt in das Gestein.

61 Dworakowska, S. 99; Ramin, op. cit. 136; Conophagos, op. cit., S. 46 ff.

62 Blümel, S. 21.

63 Blümel, S. 25, Abb. 17.

64 Dworakowska, S. 113, 115; Blümner, II, S. 76 erwähnt die Stelle bei Theophrastus (De lap. I, 5), aber die Übersetzung ist ungenau.

65 Blümner, III, S. 192 ff.; Opderbecke/Wittenbecher: Der Steinmetz, Handb. des Bautechnikers, Leipzig 2. Aufl. 1912.

66 Orlandos, II, S. 74.

67 Orlandos, II, S, 74–75.

68 Koldewey & Puchstein: Die griechischen Tempel in Unteritalien und Sizilien, Berlin 1899, S. 223.

69 Koldewey & Puchstein, op. cit., S. 224; Hittorf J. I.: Recueil des Monuments de Segeste et Selinonte, mesurés et dessinés par J. Hittorf et L. Zanth, Paris 1870, S. 542.

70 Blümel, op. cit., S. 54; Asgari, Die Halbfabrikate, AA 1977.

71 Lauter-Bufe, H.: Zur Kapitellfabrikation in spätrepublikanischer Zeit, in: RM, 79, 1972, S. 324–328; Rieth, A.: Drechseltechnik und Drehbank in antiker Zeit, in: Forschungen und Fortschritte, 33/34, 1941; Opderbecke/Wittenbecher: Der Steinmetz, Hd. d. Bautechnikers, S. 22.

72 Asgari, N.: Die Halbfabrikate kleinasiatischer Girlandensarkophage und ihre Herkunft, in: AA 1977, S. 329–380.

73 Vitruv, 10. Buch, Kap. 2, Abs. 11, 12–15; vgl. dazu Koldewey & Puchstein, S. 222.

74 Dazu auch Blümner, III, S. 130. Er übersieht die Stelle von Vitruv mit vier Balken, zwei Längs- und zwei Querbalken, und zeichnet eine Walze (Fig. 14).

75 Perrault: Les dix livres d'architecture de Vitruve, 2. verb. Ausgabe Paris 1684, Reprodruck Brüssel 1979.

76 Hittorf, J. I.: Recueil des Monuments de Ségeste et Sélinonte, Textbd., Tafelbd., Paris 1870[2].

77 Koldewey & Puchstein, S. 120.

78 Durm, I, S. 95–98, Abb. 63–66.

79 Durm, I, 3. Aufl., S. 100 Anm. 1 und S. 106, Abb. 75. Nach Durms Vorschlag stellte Orlandos, op. cit., II, S. 28, Fig. 13 seine Skizze dar. Roland Martin verwechselt den Vorschlag von Koldewey und Puchstein mit dem von J. Hittorf (vgl. Martin, Manuel d'architecture grecque, S. 171, Fig. 68) und übersieht die Skizze von Durm, indem er die Anordnung der Räder als Originalidee von Orlandos ausgibt.

80 IG I; 313, 314, Stevens/Paton: Erechtheum, S. 386.

81 Heiberg: Quaestiones Archimedeae, Hauniae 1879; Orlandos, II, S. 34.

82 Heron: Mechanik und Katoptrik, Hrsg. und Übers. W. Schmidt/L. Nix, Leipzig 1900, Bd. II, Fasc. I.

83 Heron, Mechanik, Hrsg, Schmidt/Nix; Orlandos, II, Fig. 15; Martin, Fig. 84, zuletzt auch Coulton, Greeks Architects, S. 143.

84 Bautechnisch besser gelöst scheint der Vorschlag von Hittorff für ein zweifüßiges Hebegestell für einen Tempel in Unteritalien zu sein; dazu Hittorff, Recueil des Monuments ... Tafel 8, 9, S. 525, auch bei Durm, I, S. 100, Abb. 68 abgebildet.

[85] Herons Mechanik, III. Buch, 5, (Fig. 48-50, Nix/Schmidt S. 212).
[86] Beck, T.: Beitr. zur Geschichte des Maschinenbaues, Berlin 1899, S. 28; vgl. dazu Cantor, M.: Die Römischen Agrimensoren, Leipzig 1875, S. 30.
[87] Layard, The Monuments of Niniveh, II, London 1853, Taf. 12-15.
[88] Childe: Geschichte der Werkzeuge, Wien 1948, S. 26 o. Quellenang.
[89] IG II, 1627 b; 1.336 (332 v. Chr.); IG I, 374; Patton-Stevens: The Erechtheum, S. 386; Orlandos, II, S. 104, Anm. 2.
[90] Vgl. dazu Heron von Alexandria, Hrsg. Nix/Schmidt, S. 279. Es scheint nach der Übersetzung von Schmidt, daß Heron die Vorrichtung eines Klobens aus Holz bekannt war (Mánganon) Fig. 67.
[91] Vitruv, X, Prestel, 3. Aufl. 1974; Blümner, III, S. 112; Nix/Schmidt, S. 102, 279. Heron kannte den U-förmigen Kloben noch nicht: „Um (. . .) die Rollen nicht einzeln an (. . .) die Last knüpfen zu müssen, steckt man die (. . .) auf ein Stück Holz u. läßt sie sich um eine Achse drehen, welche *Mánganon* (Herv. d. Verf.) heißt.
[92] Vitruv, 10. Buch, 2. Kap., Übers. J. Prestel, 3. Aufl. 1974, Taf. 64, Fig. I-VI.
[93] Vitruv, op. cit, X, 2, 5.
[94] Perrault: Les dix livres de Vitruve, Paris 1684, S. 302.
[95] Coulton: Greek Architects at Work, London 1977, S. 144.
[96] Perrault: Les dix livres de Vitruve, Paris 1684, S. 302.
[97] Blümner, op. cit., III, S. 112; Durm, op. cit., 2. Bd., 1. Teil, S. 101.
[98] Beck, Th.: Beiträge zur Geschichte des Maschinenbaues, Berlin 1899, S. 42.
[99] Drachmann, A. G.: The mechanical technology of greek and roman antiquity, Copenhagen/Madison/London 1963; Vitruv, 10. Buch, 2. Kap., Ausg. Prestel, Taf. 64; bei Kretzschmer, F., Bilddokumente Römischer Technik, VDI, 3. Aufl. 1967, Düsseldorf, S. 24-26 kommen Ungenauigkeiten beim Rechnen der Hubkraft vor.
[100] Bossen wurden auch bei Granitblöcken gefunden, dazu Clarke/Engelbach, S. 85; Dinsmoor, S. 173.
[101] Orlandos, II, Fig. 93.94; Martin, Fig. 87; Durm, S. 157.
[102] Koldewey/Puchstein, Fig.144, 148; Furtwängler, Ägina, S. 66; Durm, S. 103., Fig. 71; Dinsmoor, S. 174; Wurster, Die Spätrömische Akropolismauer, Abb. 18.
[103] Vitruv, 10. Buch, 2; Paton/Stevens, The Erechtheum, S. 190, Fig. 116; Dinsmoor, op. cit., 3. Aufl. 1950, Fig. 63 c, d; Orlandos, II, S. 94-95; Martin, S. 214-215.
[104] Zwischen Seil- und Steinzange ist Herons „Krebs" einzuordnen, der aus Metallhaken besteht und über einen Stab mit dem Zugseil verbunden ist. Herons Mechanik, III. Buch, 7 (Hrsg. Nix/Schmidt, S. 214); Siedler: Baustofflehre, 2. Aufl. 1951, S. 68; Opderbecke/Wittenbecher, S. 25-27.
[105] Koldewey/Puchstein, op. cit., S. 225. Die großen Löcher beim Herkulestempel in Akragas können aus einem Wolf aus Holz herstammen; Orlandos, II, S. 97, Anm. 9.
[106] Heronis mechanicorum, III. Buch, 8 (Nix/Schmidt, S. 217, Fig. 53, S. 218), in der Übersetzung von Nix: „führen wir die Seile hier durch und ziehen an, so hebt sich der Stein, weil der mittlere Pflock die beiden anderen, deren schiefe Teile im Stein festsitzen, nicht losläßt (. . .). Wenn der Stein an seinem Platze sitzt, wird die Achse herausgenommen und der mittlere Pflock und die beiden Pflöcke mit schiefen Seiten entfernt"; Dinsmoor: The Choragic Monument of Nicias, in: AJA 1910, 14, No. 4, S. 468, Anm. 3, Fig. 6 nimmt hypothetisch für einen Block des Tympanon ein Loch für einen Wolf an.
[107] Orlandos, II, S. 96; Martin, S. 17; Durm, 2, 1, S. 102, Abb. 70; Paton/Stevens, The Erechtheum, S. 191.
[108] Altertümer v. Pergamon, IV, S. 58, bei Martin, S. 229 abgebildet; Dinsmoor, The Temple of Ares at Athens, in Hesperia, 9 (1940), S. 1-52.
[109] Furtwängler/Fiechner, Aegina, S. 123, Abb. 87, 88, S. 125.
[110] Dinsmoor, W., The Gables of the Propylea at Athens S. 149, Fig. 7, S. 168, 173, Fig. 10; ders., The Choragic Monument of Nicias, S. 460, Fig. 1-2, in: AJA 14 (1910).
[111] Clarke/Engelbach, op. cit., S. 67, Fig. 64.
[112] Heron von Alexandria, Vermessungslehre und Dioptra (Hrsg. H. Schöne), Leipzig 1903, III, S. 192, Fig. 83 a, b.
[113] Petronotis, A., Bauritzlinien am Unterbau griech. Bauwerke, Diss. TH München 1969, S. 13, 18; Krischen, Der Entwurf des Maussolleions, in: ZfB, 1927, H. 10-12, S. 75.
[114] Krauss, Paestum, Berlin 1941, S. 60.
[115] Krischen, Der Entwurf des Maussolleions, S. 76.
[116] Daressy, Ostraca, in: Catalogue général des antiquités egyptiennes du Musée du Caire, 1901, No. 25001-25385.
[117] Bundgaard, J. A., Mnesicles, A Greek Architect at Work (phil. Diss. Aarhus 1957), Kopenhagen 1957, S. 113, 132, Anm. 240 „syngrophos takes the place of the modern working drawing".
[118] Vgl. Jeppesem, K., Paradeigmata (phil. Diss. Aarhus 1957), Aarhus 1958, S. 85, „some elements could, of course, be copied from a model"; Coulton, Greek Architects . . ., S. 55. Beim Erechtheion waren es Wachsmodelle (IG 2, 74), in Delos: Steinmodelle.
[119] Haselberger, L., Werkzeichnungen am Jüngeren Didymaion, in: Ist. Mitt., 33, 1983.

120 Haselberger: Die Werkzeichnungen des Naiskos im Apollontempel von Didyma, in: Disk. z. arch. Bf. 4, o. J.(1984), S. 111 ff. Zum Baubefund vgl. Wiegand/Knackfuß, Didyma I, S. 50; Wiegand/ Rehm, Didyma II. 25, 35.

121 Shear, T. L., The Early Projects of the Periclean Building program, Ph. Diss. Princeton 1966, p. 251.

122 Wittenburg, A., Griechische Baukommissionen des 4. und 5. Jh., Phil. Diss. München 1978, S. 26.

123 Dinsmoor, W., Attic Building Accounts III, p. 90; Stevens/Caskey/Paton, The Erechtheum, p. 277, Nr. IX, 10–28; IG I2, 373, 74–87.

124 Ebert, F., Fachausdrücke des griech. Bauhandwerks. I. Phil. Diss. Würzburg 1910, S. 37, 48–51.

125 Vitruv, III, 4. Kap., Ausgabe Fensterbusch, S. 121.

126 Jeppesen, Paradeigmata, S. 72: „Excavate to a depth of 3 feet from the highest point of the area".

127 Durm, I, S. 142; Orlandos, II, S. 142; Fiechner, S. 125; Delos XII, S. 170; Coulton: The Architectural Development of the Greek Stoa, Oxford 1976, S. 205-207; Caskey/Paton/Stevens, The Erechtheum, S. 48.

128 Courby, F., Apollon, Délos, Fig. 175–180; Dinsmoor, Studies of the Delphian Treasuries, in: BHC 1912; Furtwängler, Aphaia, Ausgrabungsbericht, Fig. 91.

129 Choisy, Hist. de l'architecture, 1, S. 69; Martin, S. 378; Choisy, Etudes épigraphiques sur l'architecture grecque, Abf. 60–65.

130 Jorden: Konstruktive Elemente assyr. Monumentalbauten, S. 34. Delos VIII, Fig. 116.

131 Orlandos: Nouvelles Observations sur la Construction du Temple d'Athéna Niké, in: BHC 71-72 (1947-48), S. 18.

132 De la Coste-Messeliere, BHC 87 (1965), S. 642.

133 Drerup, op. cit., S. 115.

134 Durm, I., 149–152, Marmor wird erst bei einer Belastung von 200–500 kp/cm^2 zerdrückt.

135 G. Gruben, Die Architektur der griechischen Tempel, 2. Aufl., S. 116.

136 Lamon/Shipton. Megiddo I, in: OIP 26, 42; Aharoni/Yadin: Excavations at Ramat Rahel, Seasons 1961, 1962; Y. Yadin, Hazor III-IV.

137 Aharoni, Archaeology 18 (1965), S. 19; Y. Yadin, Antiquity and Survival 2 (1957–59), S. 168; Yadin, Hazor I–III. Ungenau die Einordnung bei Wesenberg, op. cit., S. 67 ff.

138 Über die Funde aus Megiddo, Samaria, Jerusalem, Hazor, Ramat Rahel vgl. Aharoni/Yadin; Sukenik, AA 1933, S. 95; Parrot: Samaria the capital of the Kingdom of Israel, New York 1958, S. 57–59.

139 Gänzlich überholt sind die Bezeichnungen der Volutenkapitelle bei E. u. R. Wurz: Die Entstehung der Säulenbasen, 1925, S. 36; bei Akurgal, Orient und Okzident, 1966, S. 89.

140 Boardman, The Greek Overseas, 1964; Barnett, Assyrische Palastreliefs.

141 Krischen, Weltwunder der Baukunst, S. 56; Akurgal, Kunst Anatoliens, S. 287; Drerup (Festschrift F. Matz, S. 32) erinnert deshalb an die Darstellungen des Baldachins (z. B. Vasenmalerei) im Zusammenhang mit der frühgriechischen Tempelarchitektur.

142 Pfeiler statt Säulen? Dinsmoor: Architecture of Anc. Greece. S. 64, schlägt eine Kombination zweier Kapitelle vor. Die Gliedformen sind nicht belegt.

143 Die Entstehung der griechischen Architekturglieder aus eigener Kraft, ohne den Einfluß der älteren, dicht benachbarten Kulturkreise darzustellen, ist heute nicht mehr vertretbar. Dazu Boardman, op. cit, 1964. Widersprüche noch bei Wesenberg, Kapitelle u. Basen, 1971, S. 49, 86; Charbonneaux/Martin/Villard: Das archaische Griechenland, S. 174.

144 Heyman, J., Gothic Construction in Ancient Greece, in: J. S. A. H., 31, 1972, p. 7; Furtwängler, A., und Fiechner, E. R., Thiersch, H., Aegina. Das Heiligtum der Aphaia, München 1906.

145 Trevor Hodge, A., The woodwork of greek roofs, Cambridge, 1960, p. 55, Fig. 13, p. 58 f, 80, Fig. 19.

146 Arsenal im Piräus; Erechtheion; Theseion. Ungenau scheint mir die Rekonstruktion von Courby für den Apollon-Tempel auf Delos zu sein.

147 Z. B. Rekonstruktionen: Apollon-Tempel/Delos; Erechtheion Nordhalle; Theseion; Poseidon/ Paestum; dazu gehören auch die Angaben bei Hodge, The Woodwork of Greek Roofs, Cambridge 1960 und bei Coulton, The Architectural Development of the Greck Stoa, S. 205 ff.

148 Vitruvian Stoa, Samothrace, Heraion, Corinth, Argive Heraion, bei Coulton, The Archit. Developm. of Gr. Stoa. Die Dachdeckung mit lakonischen Dachziegeln haben wir im Zusammenhang mit der Herstellung und Anwendung von Lehmziegeln erörtert. Die Frage, ob die Unterkonstruktion aus einem gemagerten Lehmschlag mit Häcksel bestand, auf dem die Dachziegel verlegt wurden, kann hier nicht mit Ja oder Nein beantwortet werden. Vieles spricht dafür, daß die nichtbewohnten Hallen wie Tempel, Schatzhäuser und Stoa, die nur gelegentlich benutzt wurden, keine Lehmschicht besaßen. Denn nach jedem großen Regen würden an den Wänden lehmigbraune Rinnsale herablaufen, die zu Sachschäden geführt hätten; ist ein wichtiges Argument, das bereits von Dörpfeld und Lattermann erwähnt wurde. Nach Buschor waren Dachziegel mit Löchern zum Aufnageln seit dem 6. Jh. v. Chr. bekannt. Vgl. dazu Dörpfeld, AM 8, 1883, S. 161; H. Lattermann, BCH 32, 1908, S. 291; dazu auch W. Wurster, Alt-Ägina, I, S. 72, 1974; ders., Der dorische Peripteraltempel auf dem Kolonnahügel in Ägina, Diss. TH München 1971 (gekürzte Fassung als Pflichtdruck nur 16 S.!). Demgegenüber Haselberger, der sich irrtümlich auf eine Bauinschrift verläßt, in:

AM 94, (1979), S. 106; E. Buschor, Die Tondächer der Akropolis, S. 14.

149 Choisy, A., Histoire de l'architecture, I, p. 30; Orlandos, II, p. 230. Nach Briegleb wurden bei den vorrömischen Brücken nur horizontale Balken auf senkrechten Stützen sowie die Technik des falschen Gewölbes angewandt, nicht jedoch die Technik des echten, aus Keilsteinen gesetzten Bogens. So z. B. wurde die Chasandhi-Köprü-Brücke in Pergamon fälschlich für griechisch gehalten. Nach einer eingehenden Analyse der Konstruktion und ihres Aufbaus erwies sie sich als römisches Bauwerk. Zwar wurden auch in Griechenland gewölbte Öffnungen gefunden, die möglicherweise bis ins 3. Jh. v. Chr. zurückgehen, aber insgesamt ist der Beitrag der griechischen Architektur der Antike zum Gewölbebau doch gering. Gewölbe entsprachen nicht den Gestaltungsprinzipien der Griechen, deren Monumentalbauten auf dem rechteckigen Prinzip von Architrav und Säule aufgebaut waren. Vgl. Briegleb, J., Untersuchungen zu den vorrömischen Steinbrücken des Altertums (Phil. Diss. Tübingen 1964), Reihe „Technikgeschichte", Nr. 14, VDI-Düsseldorf 1971; ders., in: Technikgeschichte 38 (1971), Nr. 3, S. 260; Orlandos, II, S. 246, führt den Keilsteinbogen, das Tonnengewölbe und sogar das Keuzgratgewölbe als „Erfindung" der griechischen oder hellenistischen Architekten aus Kleinasien, ohne Belege anzuführen. Zuletzt versuchte B. Wesenberg nach literarischen Quellen nachzuweisen, daß „das griechische Keilsteingewölbe nicht aus der Nachahmung vorderasiatischer Gewölbearchitektur entstanden ist", sondern als „selbständige Schöpfung", in: Bautechnik der Antike, Disk. z. Archäolog. Bf., 5, DAI, Mainz 1991, S. 258.

IV Rom

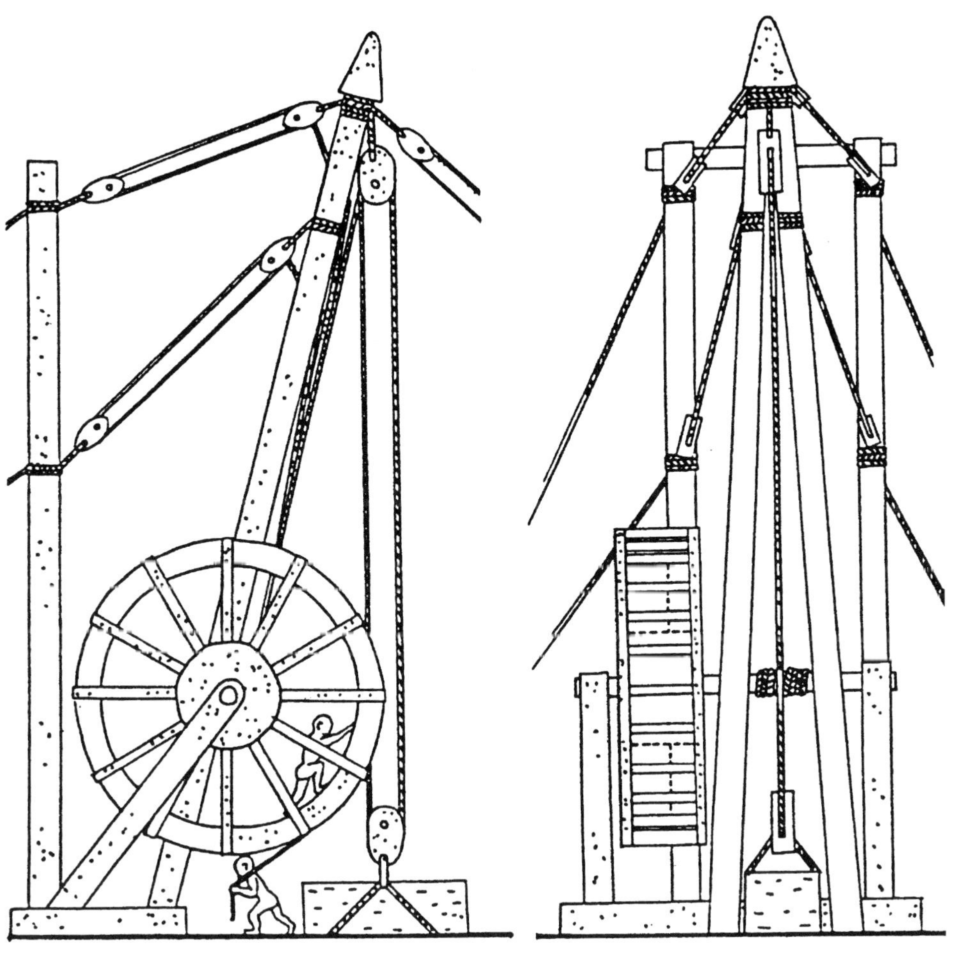

Abb. 4.1: Römischer Baukran mit Tretrad

1 Kulturgeschichtlicher Überblick

Eine der letzten großen Kulturen in der antiken Welt im Mittelmeerraum war die römische Kultur. Die Burg Roms, der ursprüngliche Stadtkern auf dem Kapitol- und dem Palatinhügel, hat sich allmählich von einem Stadtstaat zu einer politischen Großmacht entwickelt, die zum „Imperium Romanum" wurde.[1]

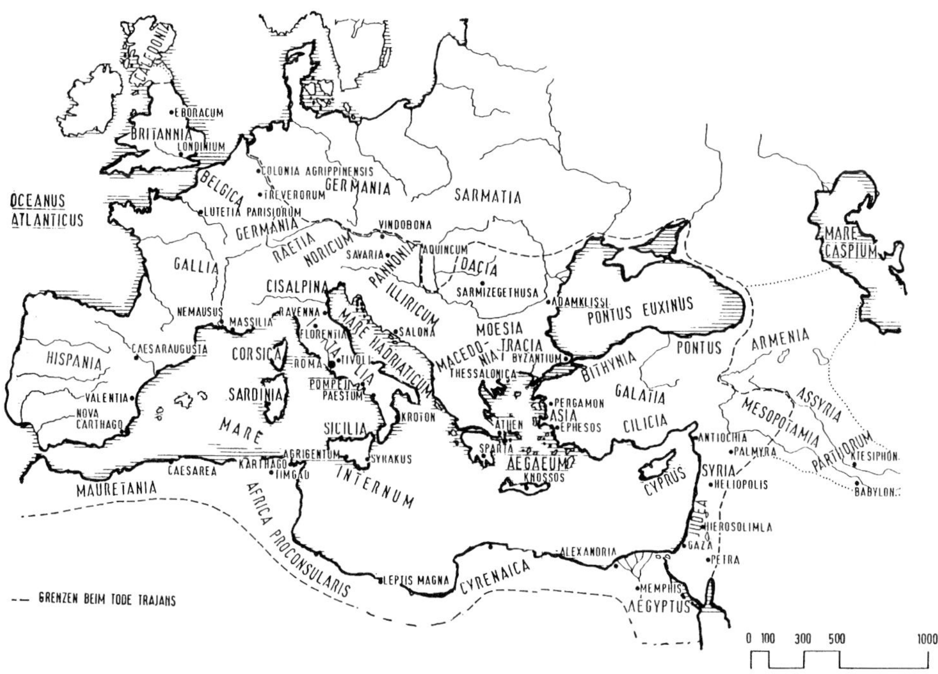

Abb. 4.2: Römisches Reich unter Trajan

Diese Entwicklung kann in geschichtliche Phasen eingeteilt werden, die den Kunst- und Kulturperioden entsprechen:

1. Die monarchische Periode beginnt mit dem traditionellen Datum der Stadtgründung Roms bis zur Bildung der römischen Republik (753–509 v. Chr.). Die erste Siedlung auf dem Palatin – die Roma Quadrata – wurde als Burg befestigt.[2] Sagenhafte Könige herrschten 700–600 v. Chr. in Rom (Romulus, Pompilius, Hostilius, Ancus Marcius). Von 600 bis 500 v. Chr. wurden die Grundlagen der etruskischen Religion übernommen (Triaden) und von den griechischen Kolonien (750 v. Chr. Gründung der ersten griechischen Kolonie im Westen, in Cumae) die anthropomorphe Erscheinung der Götter, die den Bau von Sakralgebäuden beeinflußte.
2. Die Periode der Republik (509–31 v. Chr.) ist sozial durch die Veränderung der Bevölkerungsstruktur gekennzeichnet. Zu den Patriziergeschlechtern und den freien Plebejern in den Städten und Dörfern kommen durch Eroberungskriege immer mehr Sklaven hinzu. Zu den größten städtischen Bauten gehörte die Errichtung der „Cloaca Maxima", der städtischen Kanalisation.

Im 4.–2. Jh. v. Chr. führte Rom Kriege gegen das etruskische Veji, die samnitischen Kriege um die Beherrschung von Campanien und die zwei Punischen Kriege um den Besitz Siziliens. Im 3. Punischen Krieg (149–146 v. Chr.) wurde Karthago zerstört. 148 v. Chr. wurde Griechenland römische Provinz.

Das 1. Jh. v. Chr. ist durch den Bürgerkrieg (88–82 v. Chr.) und den Spartakus-Aufstand (73–71 v. Chr.) gekennzeichnet.[3]

Auf baulichem Sektor sind nicht nur die Tempel am Forum Boarium und in Praeneste, sondern auch der Pons Fabricius zur Tiberinsel (62 v. Chr.) hervorzuheben.

In dieser Zeit entsteht das Cäsar-Forum (54–46 v. Chr.) und die Weihung des Augustus-Forums.

3. Mit der Schlacht bei Actium zwischen Octavian und Antonius endete die Staatsform der Republik. Im Jahr 31 v. Chr. wurde Caesar Octavian Augustus zum „Imperator perpetuus" ausgerufen. Die frühe Phase des römischen Kaiserreiches (31 v. Chr.-96 n. Chr.) tritt besonders durch die kulturellen Leistungen der Dichter Horaz, Vergil und Ovid, der Historiker Livius und Tacitus und durch den Architekten Vitruv (25 v. Chr.) hervor.
4. In der mittleren Periode (96–235 n. Chr.) erreicht das Römische Reich unter Trajan (98–117 n. Chr.) die größte Ausdehnung des Territoriums (Abb. 4.2).
5. 270–274 erfolgte der Bau der Aurelianischen Stadtmauer um Rom. 330 wurde Konstantinopel (Byzanz) Hauptstadt des Römischen Reiches. Die Hauptstadt Rom verliert an Einfluß: 408 wurde Ravenna Hauptstadt des Westreiches. 476 erfolgte die Auflösung des Westreiches.

2 Architekturprogramme

2.1 Tempelbau

Der römische Tempel übernahm vom griechischen Vorbild einige Elemente, wie z. B. Cella, Säule und Gebälk. Das Tempelgebäude wurde in zwei Raumbereiche aufgeteilt: „Pars antica", ein Portikus, an den Seiten offener, aber überdachter Raum, wo die Priester den Kult praktizieren, und „pars postica", eine Cella, als Gottesraum bestimmt. Der römische Tempel blieb räumlich und von der Fassade her gesehen in der Längsachse betont. Man konnte den Tempel, der auf hohem Unterbau gesetzt war, nur von vorne, in der Hauptfront, über Treppen betreten. Die Römer benutzten nicht die Säulenhallen nach griechischer Bauart, sondern stellten die Säulen, meistens korinthischer oder römischer Ordnung, im Frontbereich, als Wandhalbsäulen (Maison Carrée

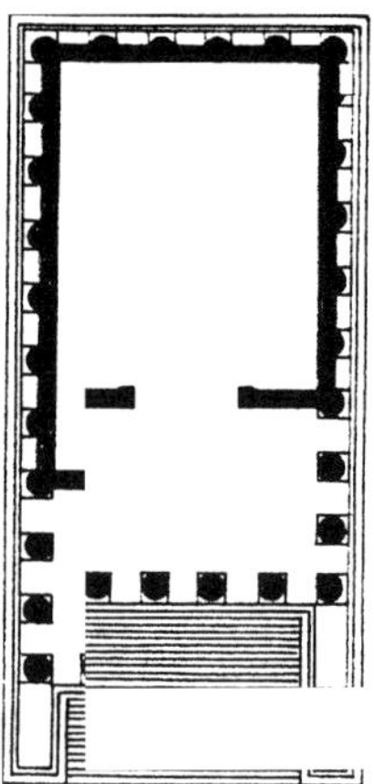

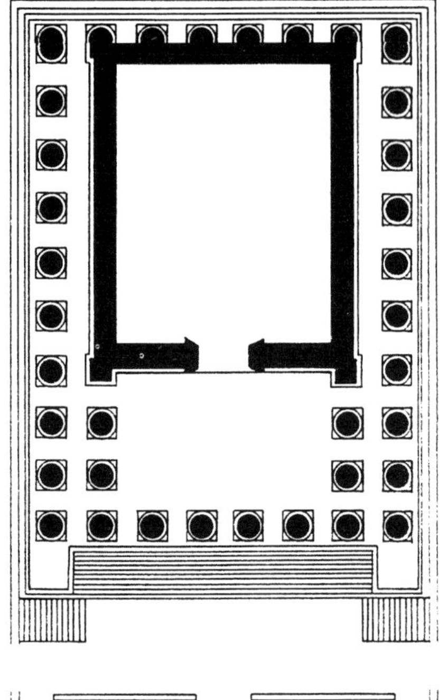

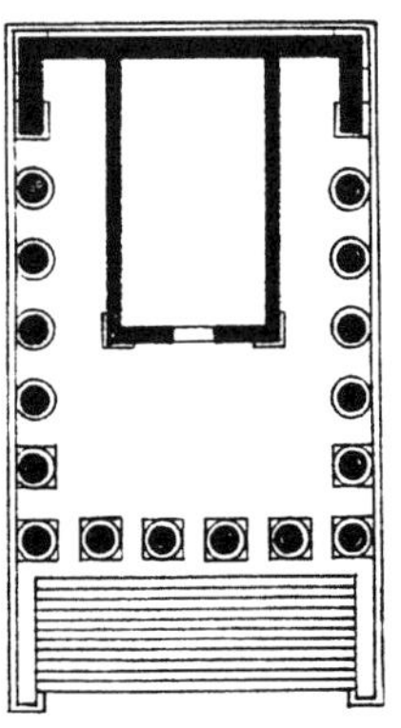

Abb. 4.3: Nîmes, Maison Carrée; Rom, Castor-Tempel; Vienne

in Nîmes) oder als Säulenkranz (Venus und Roma in Rom, 135 n. Chr.) auf. Tempelrundbauten, tholosartig (Vestatempel/Forum Romanum in Rom; Rundtempel in Tivoli, in Pergamon; Pavillon im Licinius-Garten; Minerva Medica, Rom, ca. 310 n. Chr.; und das Pantheon, 128 n. Chr. in Rom). Die Rundform fand besonders bei Mausoleen als oberirdischer Grabbau Anwendung (so z. B. S. Constanza in Rom, bei Tor de' Schiavi, Rom, 3. Jh. n. Chr., Galerius (St. Georg) in Thessaloniki, 310 n. Chr.) (Abb. 4.3, 4.4).[4]

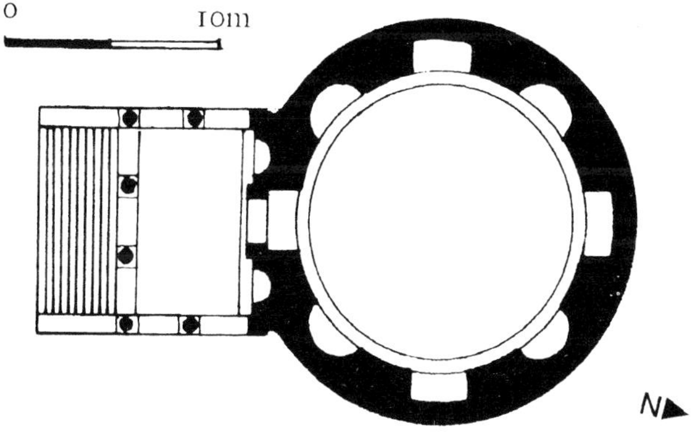

Abb. 4.4: Mausoleum bei Tor de' Schiavi, 300 n. Chr. (Rekonstruktion)

2.2 Wohnbau

Als städtisches Wohnhaus trat im 1. Jh. v. Chr. das Atriumhaus hervor, das wahrscheinlich auf etruskische Vorbilder zurückgeht: ein großer rechteckiger Raum, in dessen Mitte sich das Dach öffnete (compluvium), so daß Licht und Luft in den zentralen Raum gelangte. Das Regenwasser wurde in ein Marmorbecken geführt. Räume für Schlafen, Kochen und Wohnen wurden um das Atrium gruppiert.[5]

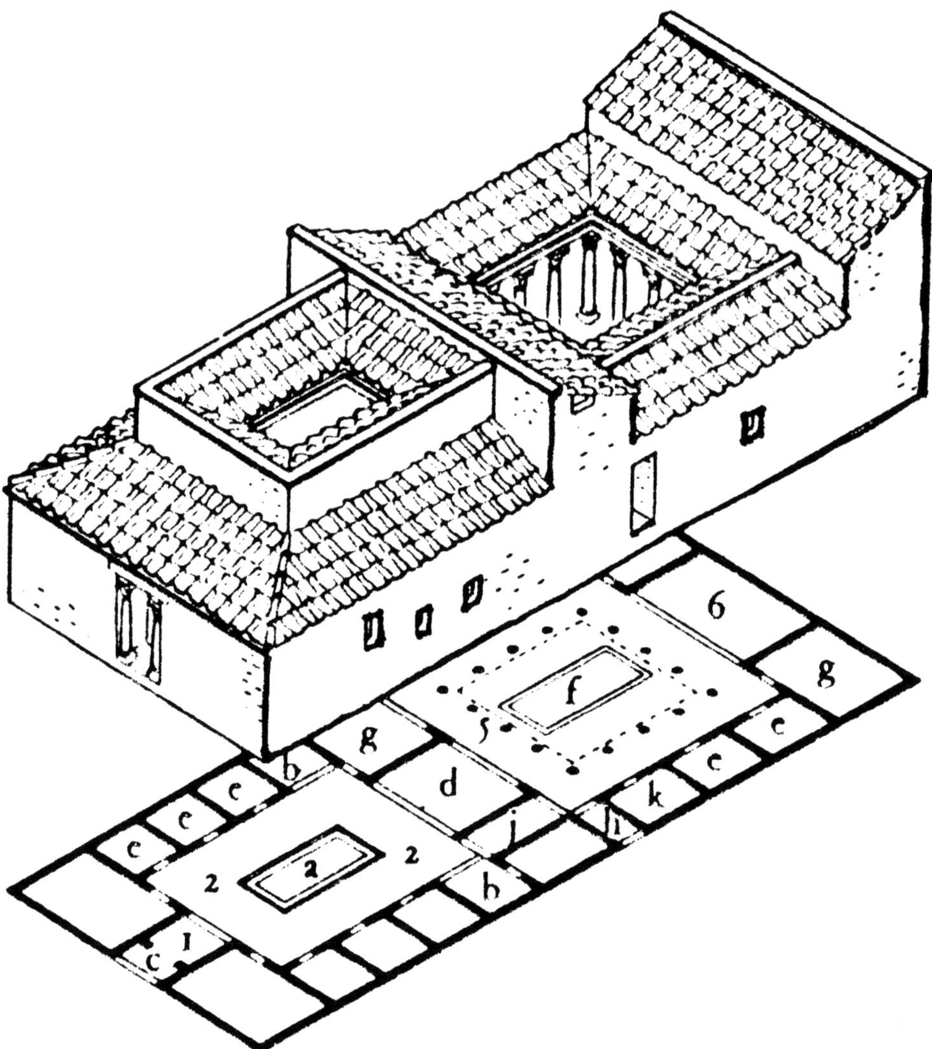

Abb. 4.5: Pompejanisches Haus
1 Fauces, 2 Atrium, 5 Peristyl, 6 Exedra, a Impluvium, b Alae, c Vestibulum, d Tablinum, e Cubicula, f Piscina, g Triclinia, h, k Nebenräume am Peristyl, j Durchgangsraum

Die „domus" stellt eine römische Kombination von Atriumhaus und Peristylhaus dar, die sich aus einem Atriumteil und einem oder mehreren Peristylhöfen zusammensetzte. Solche Hauskomplexe blieben in Pompeji („Haus der Silbernen Hochzeit") und Herculaneum erhalten (Abb. 4.5).[6]

Seit dem Ende der Republik begann der Mietshausbau in den Großstädten (Ostia, Rom). Die parzellierte „insula" ergibt den Lageplan für den Mietshausblock.[7] Die wohlhabenden Römer besaßen auf dem Lande Villenhäuser. Die Villen wurden nur für einen Teil des Jahres aufgesucht. In Abwesenheit

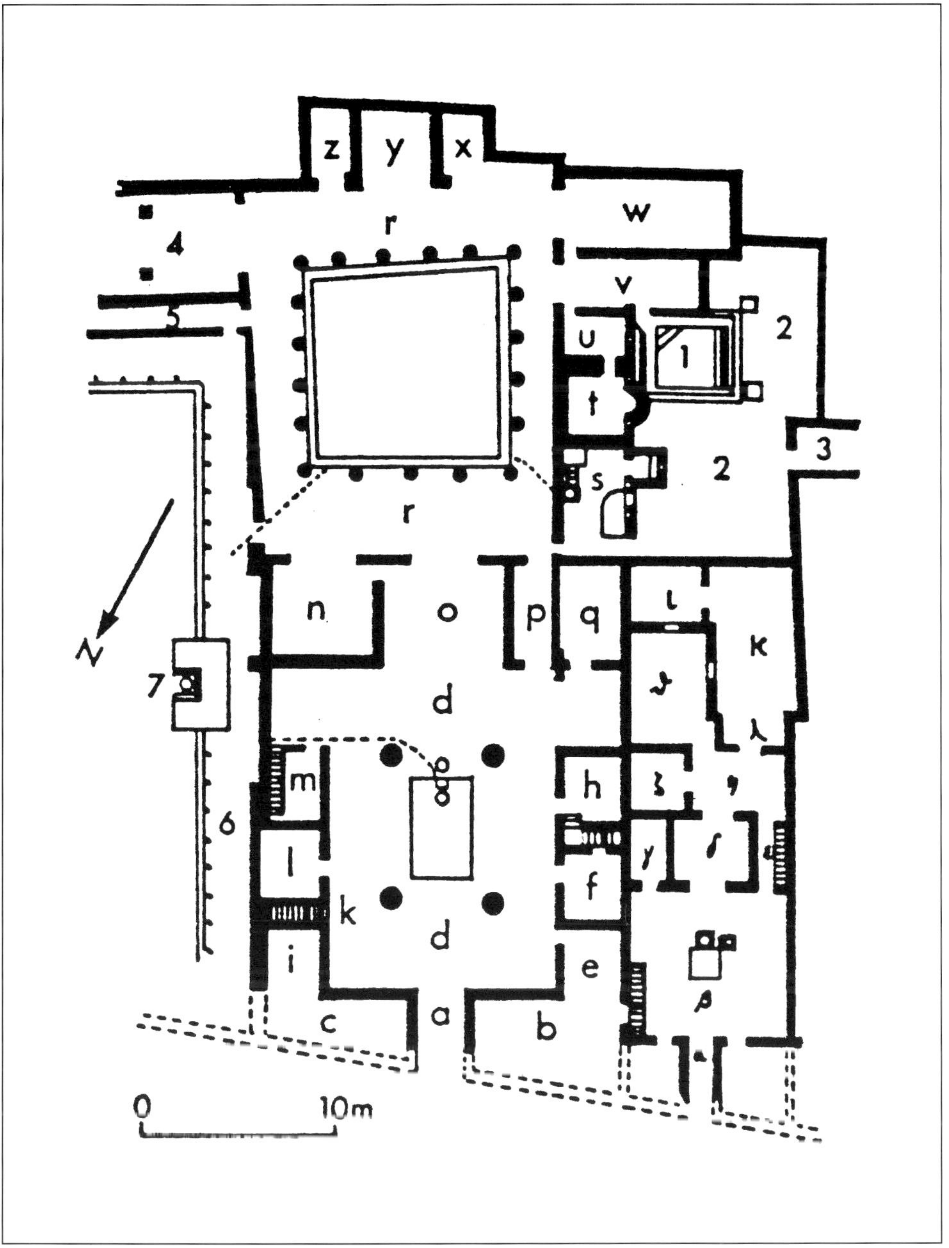

Abb. 4.6: Pompeji, „Haus der silbernen Hochzeit", Atrium-Haus, a Fauces, d tetrastyles Atrium, n Speiseraum, c Tablinum, p Andron, r Peristyl, s Küche, t–v Bad, z Schlafräume, y Exedra, i Schwimmbecken

des Besitzers führten der Verwalter (vilicus) und seine Frau die Landwirtschaft und die Gutsbetriebe.[8] Als berühmtes Beispiel einer Villa des 2.–1. Jh. v. Chr. gilt die Villa dei misteri, die vor der Stadtmauer Pompejis liegt.[9] Auch dieser Grundriß stellt eine Kombination des Atriumhauses mit einem Peristylhof dar. Die Exedra vor dem Tablinum wurde überdacht. Noch kühner gestaltete sich die Villa in der folgenden Zeit. Weitausladende segmentbogenförmige oder zeilenartige Wandelhallen verbanden die Villa mit einem Nymphäum und mit Wasser- oder Schwimmbecken. Von den kaiserlichen Villen ist die des Hadrian bei Tivoli die größte und bekannteste Anlage: ovale, runde und konvexe Räume wurden axial angeordnet. Der Innenhof war von gebogenen Säulenhallen eingefaßt (Abb. 4.6–4.8).[10]

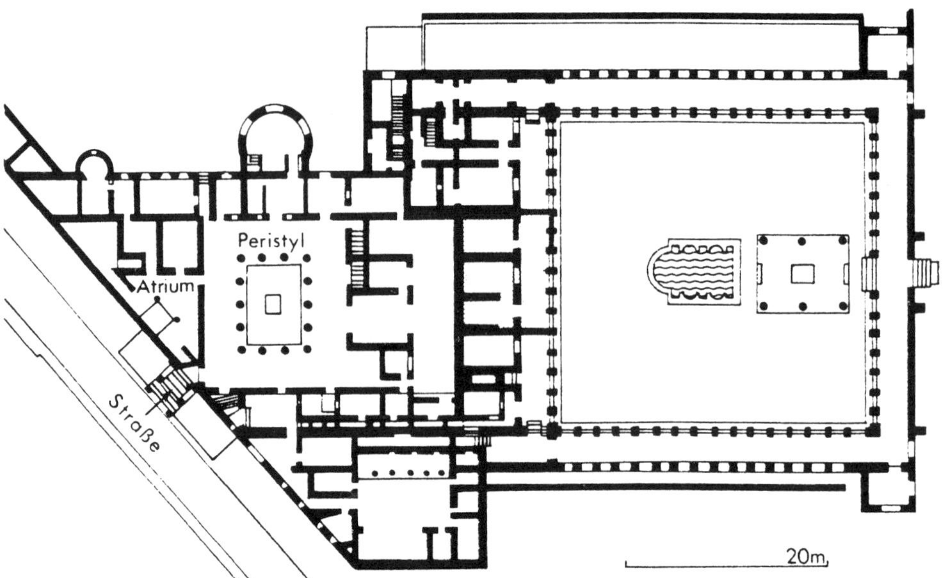

Abb. 4.7: Villa des Diomedes in Pompeji, Grundriß

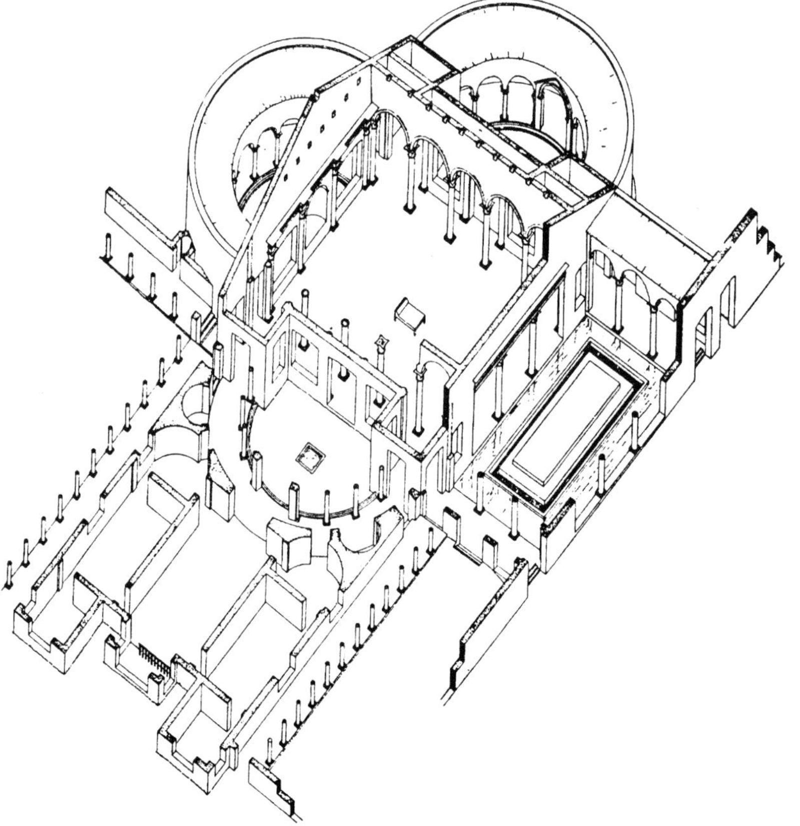

Abb. 4.8: Villa Hadriana, Rekonstruktion des Dreiexedrenbaus

2.3 Öffentliche Bauten

Die Basilika im Römischen Reich wurde oft als Wandelhalle und als Marktbasilika, in einigen Fällen als Gerichtshalle genutzt (z. B. die Basilica Aemilia, Neubau 14 v. Chr., 90 × 27 m). Vitruv empfahl, die Basilika an der wärmsten Stelle des Forums anzulegen.[11] Von den Griechen wurde der Bautyp des Theaters übernommen und der Bereich zwischen der Bühne und den Zuschauersitzen weiterentwickelt. Die kreisrunde Form der „orchaestra" wurde zum Halbkreis und von der Bühnenfläche abgegrenzt. Der Bühnenbau (scaenae frons) erhielt eine dekorative Fassade mit übereinandergestellten Säulen der korinthischen Ordnung.[12] Gegenüber dem griechischen Theater, das in der Landschaft eingebettet war, hob sich das römische Theater durch das Zuschauergerüst im Stadtbild empor.[13] Mit dem römischen Theater verwandt war auch das Odeion, das antike Konzerthaus, das teilweise überdacht war.

Im Gegensatz zu den Theatern mit Skene (scaenae) hatte das Amphitheater Sitzreihen, die um die ganze Spielfläche herumgeführt waren. Der Aufbau eines Amphitheaters war zwei- bis viergeschossig und durch Bogenstellungen zwischen Säulen, Halbsäulen oder Pilastern in den drei Ordnungen gegliedert (Amphitheatrum Flavium [Colosseum] in Rom, 80 n. Chr., das Oval ca. 180 × 150 m).[14] Das Stadion als Laufbahn für Athleten wurde von Griechenland übernommen. Das Längenmaß beträgt 600 Fuß (180–192 m; siehe Abschnitt Griechenland). Der „Circus" diente als Kampfspielplatz für Wagenrennen. Die Rennbahn in Rom (640 × 132 m) war an beiden Längs- und einer Schmalseite von Sitzreihen umgeben. Die Ställe und Wagenstellräume lagen gegenüber (Abb. 4.9, 4.10).[15]

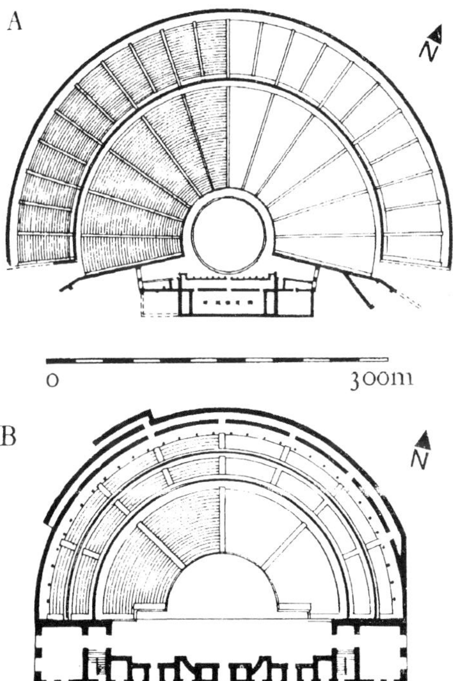

Abb. 4.9: oben: Epidauros, 4. Jh. v. Chr., griechisches Theater
unten: Orange, 1. Jh. n. Chr., römisches Theater

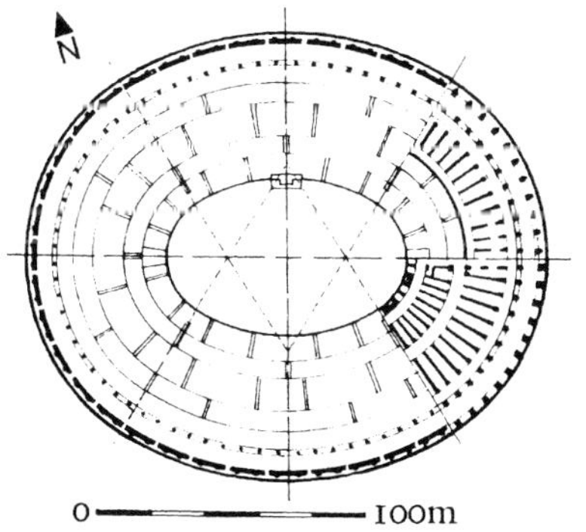

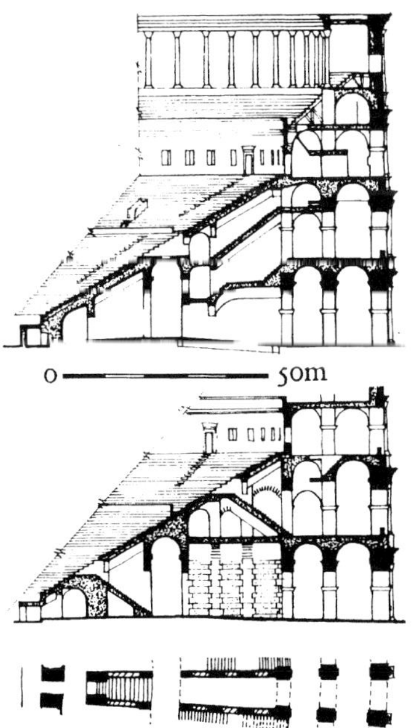

Abb. 4.10: Rom, Amphitheatrum Flavium, 80 n. Chr., links: Grundriß, rechts: Querschnitte

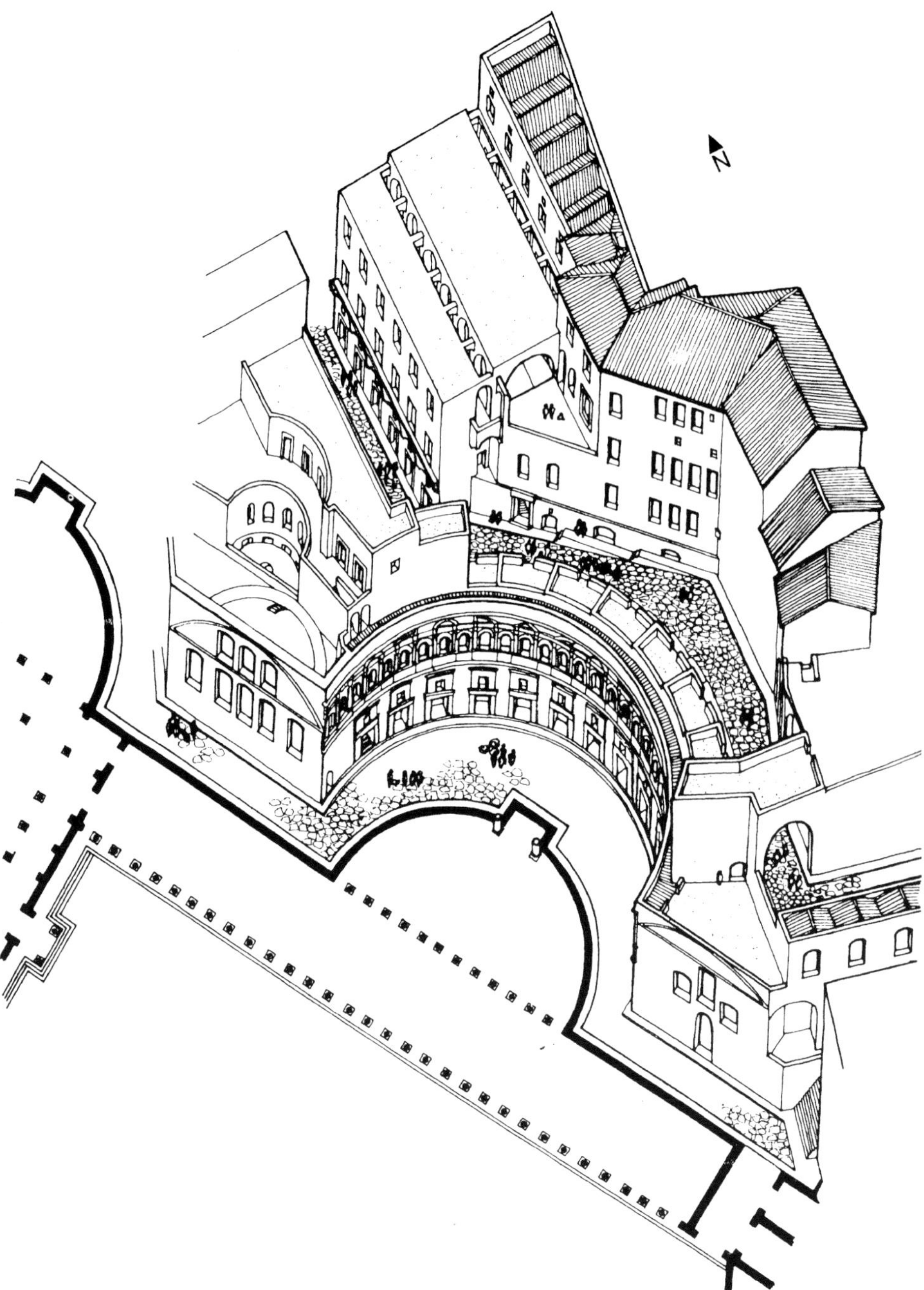

Abb. 4.11: Rom, Trajan-Markt, 100–112 n. Chr., Axonometrischer Blick

2.3.1 Thermen

Die Kaiserthermen weisen in der Regel eine axial symmetrische Anordnung der Räume auf. Im Zentrum der Anlage waren das Frigidarium mit der Piscina, das lauwarme Tepidarium und das heiße Caldarium plaziert. Die flankierenden Palästra-Säle dienten als Sport- und Übungsanlagen. Geheizt wurde durch Hypokausten.[16] Unter Trajan und Hadrian wurden die Thermen zu wahren Monumentalbauten.[17] Bereits A. Palladio hat 1554 während seines Rom-Aufenthaltes Bauskizzen von römischen Thermen (z. B. Titus-Thermen, 80 n. Chr.) angefertigt.[18]

2.3.2 Forum

Mittelpunkte des städtischen Lebens bildeten die Foren, die Kommunikations- und Marktplätze, ähnlich der hellenistischen Agora, aber mit anderem architektonischem Hintergrund.

Das Forum Iulium (Caesar-Forum), 51–44 v. Chr., weist eine Säulenhalle auf, die an der Rückseite kleine Verkaufsläden besaß. Eine prachtvolle Forum- und Marktanlage entwarf Apollodoros von Damaskus für den Kaiser Trajan in Rom, zu Füßen des Kapitol. Das Forum Trajani, 113 n. Chr. fertiggestellt, hebt sich in der Disposition und Form der Anlage von den anderen Foren ab. Das 200 × 120 m lange Rechteck setzt sich aus drei Baukomplexen zusammen: die langgestreckten Säulenkolonnaden des Forums mit seitlichen halbrunden Exedren, quer dazu die fünfschiffige Basilica Ulpia, die doppelt so lang wie breit war, zu der zwei Bibliotheken gehörten; dahinter die Trajanssäule. Den Abschluß des Forums bildete ein halbkreisförmiger Portikus, der den Tempel des Divus Trajanus einschloß. Parallel zur nördlichen Exedra führte Apollodoros die Trajanischen Märkte (Mercati Trajanei, 100–112 n. Chr.) aus. Das mächtige halbkreisförmige Gebäude aus Ziegelwerk erhebt sich mit sechs Stockwerken auf dem Forum zugewandten Terrassen (Abb. 4.11).[19]

2.4 Ingenieurbau

Der Ausbau des Straßennetzes des Römischen Reiches forderte die Errichtung von zahlreichen Brükken. Der Katalog von P. Gazzola, „Ponti Romani“ von 1963, zählt 293 bekannte Brücken auf.

Die erste gemauerte Brücke in Rom, Pons Aemilius (Ponte Emilio), ist seit 179 v. Chr. inschriftlich belegt.[20] Von den ursprünglich sechs halbkreisförmigen Bogen und fünf Pfeilern mit großen fensterartigen Maueröffnungen über den Pfeilern, um den Flußstau bei Hochwasser zu senken, sind zwei Bogen erhalten. Weitere erhaltene römische Brücken sind Pons Milvio aus Travertin (192 v. Chr., 109 v. Chr. vom Richter M. Aemilius Scaurus restauriert, im Zuge der Via Flaminia); Pons Cestius, 44 v. Chr. und Pons Fabricius, 62 v. Chr. (verbinden die Tiberinsel mit beiden Ufern) und Pons Aelius oder Hadriani, 136 n. Chr. (Abb. 4.12–4.14).[21]

Abb. 4.12: Pons Fabricius in Rom, 62 v. Chr. erbaut im Auftrag des L. Fabricius mit zwei Bogen von je 26 m Spannweite. Sie verbindet die Tiberinsel mit dem linken Ufer.

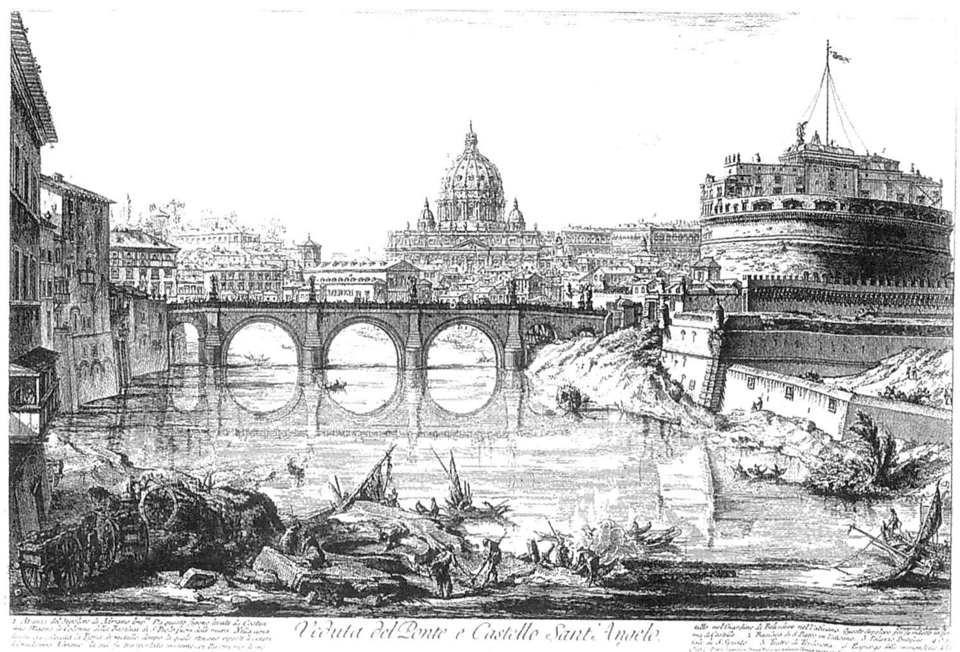

Abb. 4.13: Pons Aelius (Hadriani), 136 n. Chr. Erbaut von Demetrianus im Auftrag des Kaisers Hadrian

Abb. 4.14: Milvische Brücke, 192 v. Chr. Erste Brücke aus Travertin

3 Baustoffe, ihre Herkunft, Anwendungsbereiche und Werkzeuge

3.1 Holzbau und Holzkonstruktionen

Mit dem Bauholz befaßt sich Vitruv in seinem 2. Buch, 9. Kapitel. Dort zählt er die Baumarten auf, die für das Bauwesen genutzt werden können. Dazu gehören die Obstbäume, die Steineiche, Ulme, Pappel, Kiefer, Tanne, Lärche, Linde, Buche und Korkeiche. Nach Vitruv kann das Tannenholz für Balken und das Erlenholz für Pfahlroste genutzt werden.[22] Beim Behauen des Baumstammes wurde die Axt zum Teilen und Bearbeiten des Holzes quer und längs zur Faser eingesetzt. Mit dem Dechsel wurde vor allem die Oberfläche geschlichtet. Neben den Hobeln stellten die Dechseln die wichtigsten spanabhebenden Werkzeuge in der Holzbearbeitung dar. Weiter gab es Feilen (Sägefeile, Flachfeile) sowie Band- und Klobensägen und Bohrer (Abb. 4.15 bis 4.17).[23]

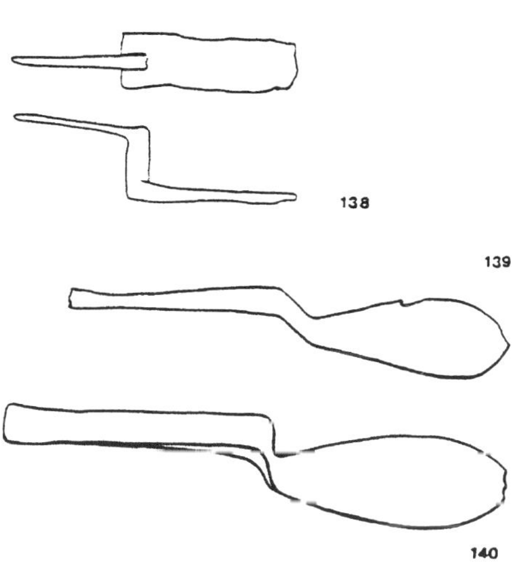

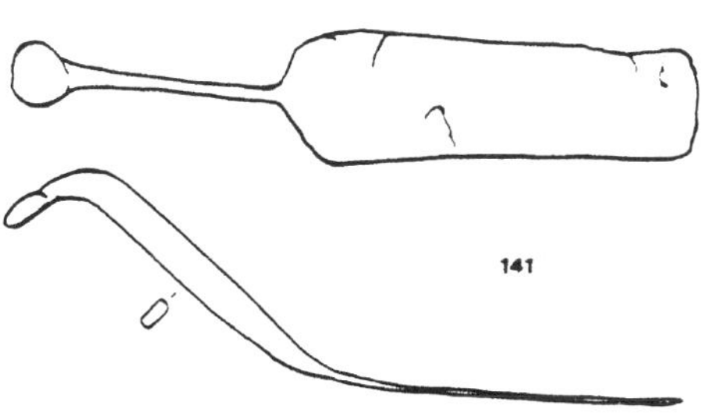

Abb. 4.16: Maurerkellen in Pompeji

Abb. 4.15: Zeichnung nach Relief in Pompeji: Kalkspaten, Maurerkelle, Setzwaage, Flachmeißel, Hammer

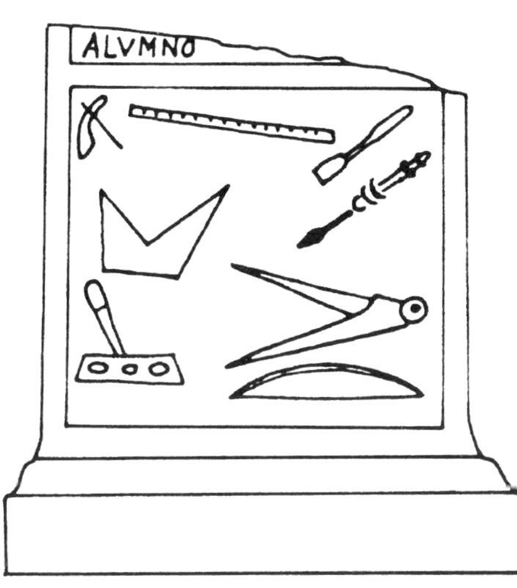

Abb. 4.17: Grabaltar, Zeichnung: Maßstab, Hobel, Drillbohrer, Zirkel, Feile, Schablone für Winkel

Holzkonstruktionen im Profanbau sind aus Pompeji bekannt. Über einem Mauersockel lagen die Schwellen der fachwerkähnlichen Holzrahmenkonstruktionen. Die tragende Konstruktion setzte sich aus den senkrechten Pfosten und den waagerechten Rahmenhölzern zusammen, die Ausfachung erfolgte mit Natursteinen und Lehm.[24] Der Baumeister Apollodoros von Damaskus baute auf Anordnung des Kaisers Trajan in den Jahren 103–105 n. Chr. eine Brücke aus steinernen Pfeilern und hölzernen Sprengwerken bei Turnu Severin (am Eisernen Tor/ Rumänien) über die Donau (Abb. 4.18).[25]

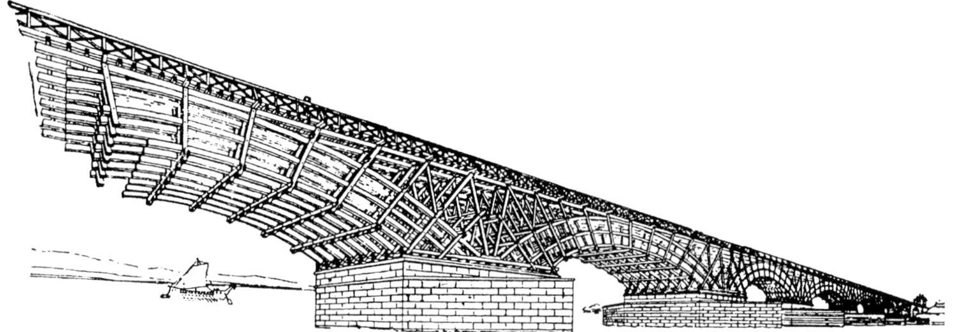

Abb. 4.18: Brücke über die Donau bei Drobeta/Turnu Severin, 103–105 n. Chr., Apollodoros von Damaskus baut auf Anordnung des Kaisers Trajan. Gesamtlänge 1135 m mit 20 Pfeilern, 45 m hoch, mit hölzernen Bogensprengwerken gespannt

3.2 Ziegelbau

Das Ziegelmauerwerk bildet einen wichtigen Bestandteil römischer Baukonstruktion. Vitruv beschreibt vornehmlich die luftgetrockneten Ziegel.[26] Diese Ziegel wiesen nach J. Prestels Vitruv-Übersetzung folgende Formate auf: „Pentadoros", fünf Handbreiten groß, „Tetradoros", vier Handbreiten groß, und Halbziegel. Mit diesen Ziegeln konnten die Römer Läufer- und Binderreihen mauern.[27]

Die Dauerhaftigkeit der römischen Ziegel beruhte auf dem relativ hohen Materialgewicht: etwa 1,93 gegenüber 1,55 g/cm³ des modernen Ziegels.

Die römischen Ziegel waren dünn. Eine einheitliche Mauerziegelform läßt sich anhand der baulichen Reste nicht feststellen. Es wurden Mauersteine mit Seitenlängen von 20 bis 60 cm und einer Dicke von 2 bis 10 cm hergestellt.[28] Außerdem kommen Formate mit folgenden Abmessungen vor:

- Rundziegel: ∅ 20–25 cm
- Dreieckziegel:
  Länge 21–45 cm, Breite 11–24 cm
- „lydische Ziegel": 44 cm × 29 cm oder „sesquipedales"
- „tedradonischer Ziegel": etwa 55 cm × 55 cm
- „bipedaler Ziegel": etwa 60 cm × 60 cm

Die Festigkeiten gebrannter Ziegel schwanken je nach Zusammensetzung und Brennvorgang erheblich. Festigkeitsuntersuchungen antiker Ziegelsteine liegen in der veröffentlichten Literatur nicht vor. Nach Schätzungen und Vorversuchen von Thode ergab sich eine Festigkeit von etwa 15 MN/m². Das entspricht in etwa der Festigkeit eines heutigen Ziegels Mz 12.[29]

3.3 Mörtelarten

Die Verbindung der Ziegel wurde mit Luftmörtel hergestellt, wobei der positive Einfluß des Mörtels auf die Mauerfestigkeit besonders groß ist, wenn die Ziegelfestigkeit deutlich über der Mörtelfestigkeit liegt.[30] Der Weißkalkmörtel (= Kalksandmörtel) ist der seit der Antike am häufigsten angewandte Luftmörtel und ist von den Römern aus Griechenland 300–200 v. Chr. möglicherweise über Karthago eingeführt worden. Wie man den Kalk mit der Sandmasse mischte, beschrieb Vitruv im 2. Buch.[31] Entscheidende Beiträge zur Qualität der römischen Mörteltechnik leisteten die vulkanischen Tuffe, der Traß und das Ziegelmehl. Die hydraulische Wirkung von Ziegelmehl im Mörtel wurde auch in den bautechnischen Untersuchungen der letzten Zeit bestätigt. Die Verwendung von Ziegelmehl verleiht dem römischen Mörtel die Eigenschaften eines modernen Kalkzementmörtels (DIN 1053).[32]

3.4 Werksteinbau

3.4.1 Steinarten, Steinbrüche und Abbauverfahren

Im Altertum wurden die Gesteinsarten nicht nach mineralogischen oder geologischen Gesichtspunkten klassifiziert. Nach Theophrast wurden sie als weiche und harte Bausteinsorten bezeichnet.[33] Zu den harten Gesteinen zählten Granit, Syenit, Diorit und Basalt. Als weiche Gesteine wurden die dichten, mineralogisch einheitlichen Sedimentgesteine wie Marmor, Kalkstein und Travertin bezeichnet.

Besonders zu Bauzwecken geeignet war der leichte, aber feste Kalktuff, der im Hochbau ausgedehnte Verwendung fand und kurz nach dem Abbau besonders leicht zu bearbeiten ist. Seine steinmetzmäßig wie bildhauerisch ideale Gestaltungsmöglichkeit und die Tatsache, daß er erst im Laufe der Jahre zunehmend an Festigkeit gewinnt, läßt ihn auch heute noch in den Mittelmeerländern breite Anwendung finden.

Der Abbau des nutzbaren Gesteins erfolgte im römischen Tagebau und Untertagebau, wo bei offenem Steinbruchbetrieb die schwierigste Arbeit in der Beseitigung der Deckschicht lag. Unterirdische Steinbrüche gab es in mehreren römischen Provinzen, z. B. im Rheinland. Auch das Unterschneiden des Berges in Terrassen wurde bei Syrakus praktiziert.[34] Das Spalten der Felsplatte geschah durch eiserne Keile, dann wurde der einzelne Stein in Abständen angebohrt. In die Bohrlöcher trieb man eiserne Keile. Der Quader wurde längs der Bohrlinie abgesprengt.

3.4.2 Werkzeuge

Die Hämmer zählten zu den wichtigsten Werkzeugen im Steinbruch: Es kamen Zuschlag-, Treib-, Spitz- und Schlichthämmer zum Einsatz.[35] Zum Schneiden von Tuff wurden gezähnte Sägen und für Marmor auch ungezähnte Sägeblätter verwendet.

Der Produktionsgang sah folgende Arbeitsschritte vor:

1. Kapitelle, Basen und Säulen wurden als Rohlinge auf der Drehbank durch frei geführte Meißel oder durch eine Lehre mit den vorgesehenen Wulstringen grob profiliert.
2. Kapitelle und Basen wurden in ihrer bildnerisch endgültigen Gestaltung von Bildhauern vollendet.[36] Die Blöcke wurden vom Steinmetz nach dem römischen Fußmaßstab angerissen. Die Längenmaße besaßen folgende Unterteilung: digitus = 1/16 Fuß = 1,848 cm; palmus = 1/4 Fuß = 7,392 cm; pes = 1 Fuß = 29,57 cm; cubitis = 1 1/2 Fuß = 44,35 cm.[37]

Die Meßinstrumente wie Richtschnur, Bleilot, Zirkel, Winkelmaß und Maßstab sind durch Funde belegt.[38]

Die bearbeiteten Steinrohlinge wurden vom Bruch bis zur Baustelle mittels Räder, Karren oder Schleifen transportiert. Mit Hilfe von Kranen konnten die Architravblöcke in eine Höhe von 6 bis 11 m gehoben werden, um zu ihrem Platz auf den Säulen gestellt zu werden.

Zwei Arten von Hebemaschinen teilt Vitruv mit: Bei einem Typ des Baukrans wurden die stehenden Bäume als ein umgekehrtes V angeordnet. Ein Rollkloben mit zwei übereinanderliegenden Rollen wurde an der Spitze der Kranbäume befestigt, und ein Seil führte über die Rolle nach unten, dessen anderes Ende zur Winde.

Die Anordnung von drei Rollen nennt Vitruv „tripastos“ (Dreirollenzug). Für das Anheben größerer Lasten empfiehlt Vitruv eine zweite Winde oder eine Welle mit Seiltrommel einzusetzen. Auch der Kran mit Tretrad war Vitruv bekannt (Abb. 4.19, 4.20).[39]

Abb. 4.19: Baukran nach Vitruv
oben: einfüßiges Hebegestell
unten: dreifüßiges Hebegestell mit Winde

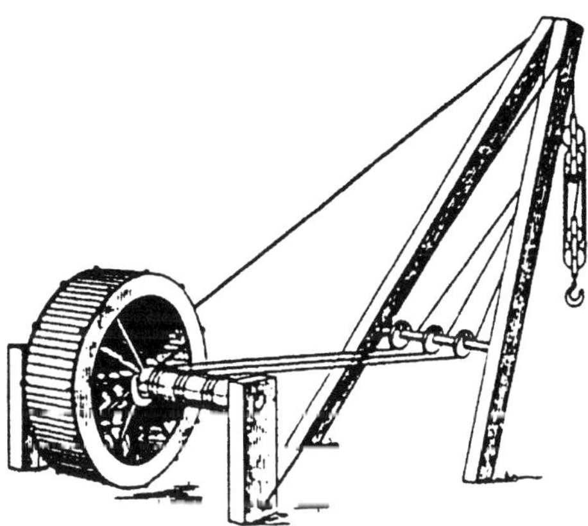

Abb. 4.20: Hebekran mit Tretrad nach Vitruv
Fünfrollenzug für 3 Seile

4 Baustelle

4.1 Absteckverfahren

Von der Einrichtung der römischen Baustelle gibt Vitruv kein verläßliches Bild. Das Abstecken des Gebäudegrundrisses konnte wohl wie heute erst dann begonnen werden, wenn die Grundstücksgrenzen vermessen waren.

Die Längenmaße wurden mittels Meßketten und mit einer 10 Fuß langen Meßlatte genommen. Der rechte Winkel wurde mit Hilfe der Groma bestimmt, ein rechtwinkliges Lattenkreuz, horizontal drehbar auf einem gekröpften Stativ befestigt.[40] Über die Lotschnüre an den Enden des Kreuzes wurden im Gelände Geraden und rechte Winkel anvisiert.

Mit Hilfe dieses Gerätes wurde auch die Fläche von Territorien vermessen und in gleich große Rechtecke geteilt.

Für den Bau einer Stadtmauer war eine geländegebundene, geometrisch bestimmte Parzellierung notwendig. Die Festlegung der Grundlinie, von wo an der rechte Winkel anvisiert werden konnte, war der Ausgangspunkt für die Vermessung.[41] Die entscheidende Neuerung, die sich seit dem 2. Jh. in der Vermessung durchsetzte, war die Verwendung des Achsenkreuzes und die Festlegung geometrischer Orte mit Hilfe von Koordinaten.

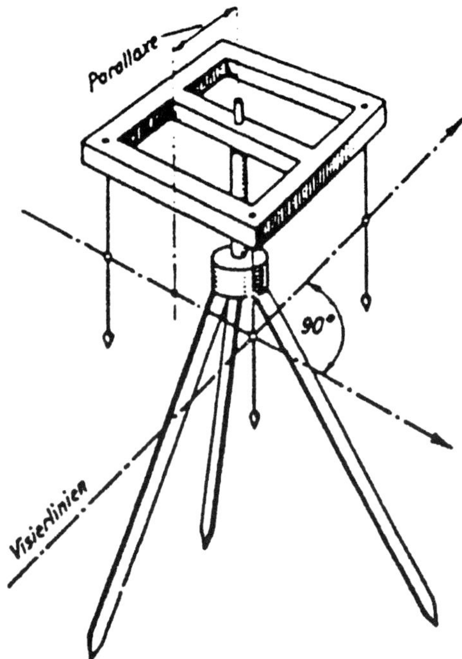

Abb. 4.22: Rekonstruktion der römischen Groma, 1. Jh. n. Chr.

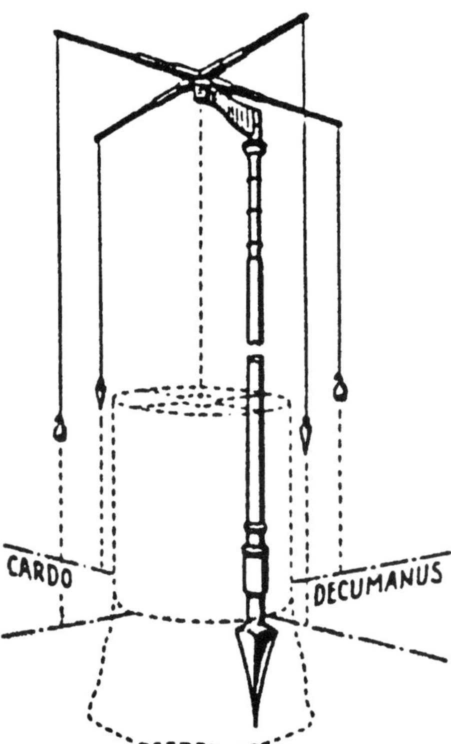

Abb. 4.21: Römischer Winkelmesser: Groma
Man visierte über die drei unter 90° angeordneten Fäden der Senklote

Die Absteckung des Geländes wurde wie bei den Griechen durch straffgespannte Schnüre durchgeführt. Das Antragen des rechten Winkels konnte auch nach dem Prinzip des pythagoräischen Lehrsatzes geschehen. Bereits bei Vitruv werden sämtliche Instrumente zur Einmessung und Markierung der Parzelle genannt: die Meßlatte, die Meßschnur (linea), das Fußmaß, der Zirkel (circinus), der Pflock und das Seil (funis).[42] Römische Mauern wurden auf breiteren Fundamentbanketten errichtet. In diesem Zusammenhang stellt sich die Frage, ob die Linien des Grundrißschemas sich auf lichte Raumbreite oder auf lichte Raummaße plus Mauerstärke beziehen. Die Metrologie kaiserzeitlicher Bauten zeigt nach Rakob, daß die Grundrißfigur auf der Baustelle im originalgroßen, abgeschnürten Plan auf der Grundlage des römischen Fußmaßes entwickelt wurde (Abb. 4.21, 4.22).[43]

4.2 Bau- und Werkzeichnungen

In der ägyptischen und griechischen Landvermessung wurden die topographischen Einzelheiten auf planartigen Urkunden festgehalten.[44] Die Neuerung in der römischen Landvermessung bestand in der Einführung des Achsenkreuzes als Vermessungsbasis, wozu auch die Numerierung von Zenturien in bezug auf die Hauptachsen gehörte. Die Flursysteme wurden kartographisch auf „Formae“ dokumentiert, die zusammen mit Baubeschreibungen des Territoriums zum Besitz der römischen Stadtverwaltung gehörten.

Für die langgestreckten Peripteralanlagen der Tempelarchitektur war es mit den in dieser Zeit zur Verfügung stehenden Hilfsmitteln auf der Baustelle möglich, ohne eine maßstäblich verkleinerte Bauzeichnung das Grundrißschema auf den Boden zu übertragen.

Daß jedoch auch Baupläne von den römischen Baumeistern angefertigt werden konnten, bezeugen die aus dem 1. Jh. n. Chr. stammenden Planfragmente des Severischen Marmorplans von Rom mit den detaillierten Architekturdetails im Maßstab von etwa 1 : 240 oder wie beim Grabmal von Claudia Peloris, Tochter des Kaisers Claudius (41–54 n. Chr.), und ihrem Gemahl Claudius Eutychus mit eingetragener Raumvermaßung (römischer Fußmaßstab) (Abb. 4.23, 4.24).[45]

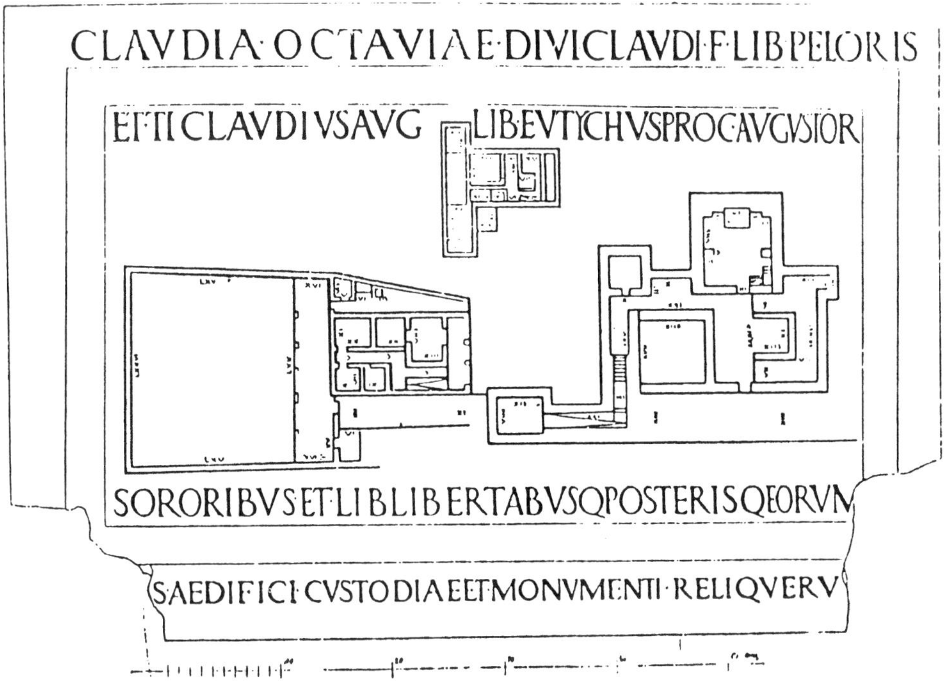

Abb. 4.23: Marmorplatte des Grabmals von Claudia Peloris und Claudius Eutychus, 1. Jh. nach Chr. (0,77 × 0,55 m)

Der Planungs- und Organisationsbetrieb der antiken Bauhütte und ihre Ausführungspraxis unterscheiden sich jedoch von der modernen Architekturplanung.

Die präzise Ausführung eines Bauentwurfes setzte in der Antike nicht wie heute für jeden Bauvorgang eine Zeichnung voraus.

Analog zum Marmorplan kennt man Reißböden, wie im Amphitheater von Capua, wo Bögen im Maßstab von 1 : 1 angerissen wurden. Sie dienten der exakten Zuarbeitung der Werksteine von Bögen und Gewölben.[46] Für Ornamente und Architekturelemente wurden Werkzeichnungen im Maßstab 1 : 1 angefertigt.[47]

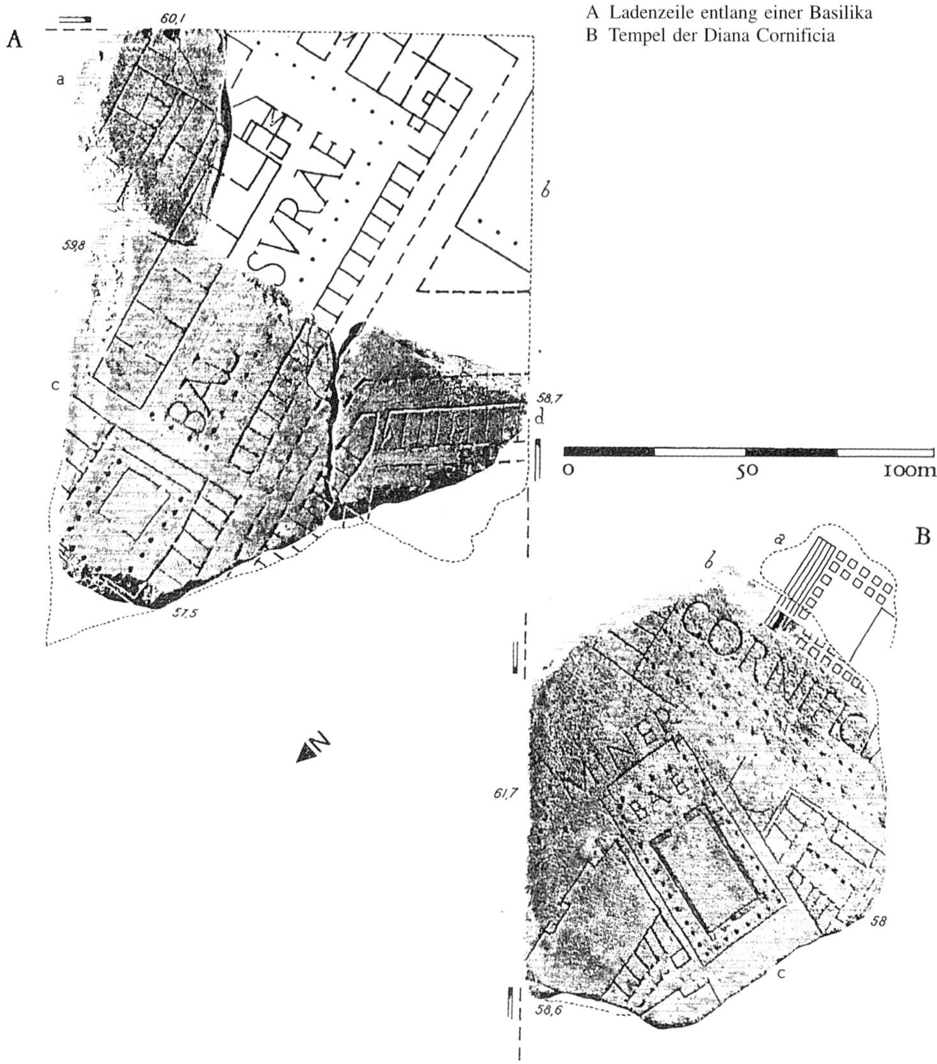

Abb. 4.24: Fragmente des Severischen Marmorplans von Rom, 2. Jh. n. Chr.

4.3 Baubetrieb

Im Gegensatz zur griechischen Bauausführung weist der römische Baubetrieb eine Arbeitsteilung auch auf der Baustelle auf. Neue Herstellungsverfahren des Mauerwerks trugen dazu bei, den Arbeitskräftemangel auszugleichen. Dazu gehört die Entwicklung des Gußmauerwerks, das aus Bruchsteinen, Ziegelbrocken, Feld- und Tuffsteinen mit Kalkmörtel und Zusatzmitteln, wie z. B. Ziegelmehl oder Puzzolanerde, hergestellt wurde. Für diese Arbeit konnten auch Hilfskräfte eingesetzt werden.

Dem Wunsch nach exakter handwerklicher Arbeit entsprach das Herstellungsverfahren des „opus reticulatum" (80 v. Chr. bis 280 n. Chr.). Auch das Retikulatmauerwerk im Gartenstadion in der Villa Hadriana bei Tivoli vom 1.–2. Jh. n. Chr. zeigt, daß Mauerkern und Außenhaut, in horizontalen Lagen geschichtet, in einem Arbeitsgang errichtet wurden. Die Außenhaut setzt sich hier aus diagonal gestellten Tuffsteinen zusammen, die, nach innen keilförmig zugespitzt, tief im Mauerkern vermauert sind.[48]

Aus Kostengründen bevorzugten die Römer örtlich anstehendes Baumaterial.

Einen besonderen Arbeitsgang stellte das Anbringen von Putz und Stuck auf den Außenwänden sowie die Verkleidung und das Bemalen der Innenwände dar.

Für die Bauausführung waren Kostenvoranschläge und Bauverträge üblich. Im Bauvertrag wurde auch das Bauprogramm festgelegt.[49] In einem eigenen Verfahren wurden die militärischen Bauten von römischen Einheiten selbst errichtet. Das Rohmaterial hierfür war in fast allen Gegenden zu finden, und die technischen Fertigkeiten beherrschte jeder römische Soldat.[50]

5 Elemente der Baukonstruktion

5.1 Fundamente und Fußböden

Den Unterbau im Erdreich, worauf das aufgehende Mauerwerk eines Gebäudes steht, bezeichnet schon Vitruv als „fundamentum".[51] Das Fundament kann auch eine Mauer sein, die noch oberhalb des Erdbodens sichtbar ist. Bei weichem Untergrund wurde ein Pfahlrost empfohlen, und für Wohnhäuser, deren Wände aus Luftziegeln bestanden, kamen für das Fundament Bruchsteine zur Anwendung.

Abb. 4.25: Römische Caementa-Mauer in hölzerner Schalung

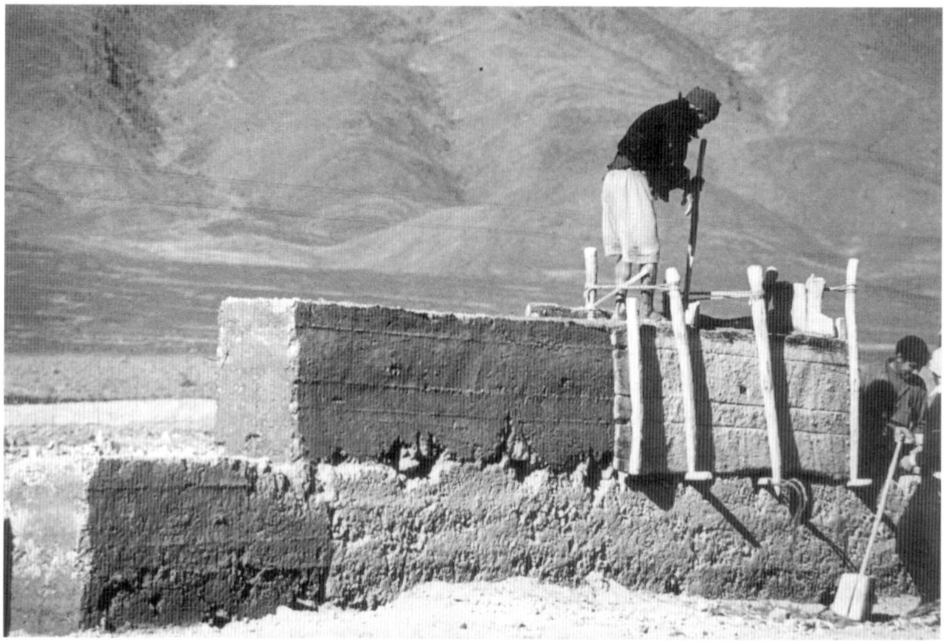

Abb. 4.26: Bau einer Pisé-Mauer, Dra-Tal, Marokko

Für die Gründung der Basilika des Konstantin, am Tempel der Venus und auf dem Palatin in Rom, wurden nach Choisy im vulkanischen Boden Gräben gezogen, durch Bretter und Querhölzer abgesteift und mit Mörtel ausgefüllt (Abb. 4.25).[52]

Diese Ausführungsmethode der Fundamentierung wurde auch beim Gartenstadion der Villa Hadriana bei Tivoli angewandt. Demgegenüber wurde die Piazza d'Oro in Tivoli auf einer gewachsenen Tuffplatte errichtet.[53] Als Fußbodenbelag diente Estrich, von den Römern als „pavimentum“ bezeichnet. Er bestand aus einem 11–12 cm hoch aufgetragenen Gemisch aus Kalkmörtel, Kies und Bruchsteinen. Auch die Backsteinpflasterung war bekannt.[54]

5.2 Mauerwerk und Wandaufbau

Das Mauerwerk stellt die konstruktive, ästhetische und statische Grundsubstanz dar. Man unterscheidet folgende Mauerverbände und Mauerwerkstechniken:

opus quadratum	Quadermauerwerk
opus caementicium	Futtermauerwerk mit Außensteinen
opus incertum	Futtermauerwerk mit kleinsten Bruchsteinen zur Außenseite
opus reticulatum	Futtermauerwerk mit rechteckigen Außensteinen
opus mixtum	kleine Natursteinschichten wechseln mit Ziegelsteinen
opus testaceum	Futtermauerwerk mit Ziegeln als Verblendschicht („facing of structure“).

Die Steine des opus quadratum weisen Höhen von 55 bis 70 cm und Längen von etwa 135 bis 168 cm auf. Im opus quadratum wurden Bogen, Gewölbe und Bogenbrücken hergestellt. Das opus caementicium setzte sich zusammen aus einem Mauerkern und Vormauersteinen, die – in horizontalen Schichten in einem Arbeitsgang errichtet – ein durchaus homogenes und monolithisch wirkendes Mauerwerk ergaben. Vitruv führte dieses Mauerwerkssystem auf die griechische Bauweise „emplecton“ zurück (Abb. 4.27).

Zur Aussteifung der Schichten wurde die äußere Mauerwerkshaut abwechselnd in Läufer- und Binderschichten versetzt. Zusätzlicher Verband wurde dadurch hergestellt, daß die größten Steine an die Ecken und nach außen verlegt wurden, während die kleinen in das Innere der Mauer kamen.

Die Verblendung römischer Caementicium-Mauern leitet sich von den kleinsteinigen Elementen des opus incertum ab. Die äußere Haut als facing of structure zählt beim opus incertum als Mauerverband und nicht die Kernmauer.[55] Der Herstellungsvorgang sah das Einstampfen des Mörtels mit Bruchsteinen in gemeinsamen Holzschalungen vor. Mörtel und Bruchsteine wurden in horizontalen

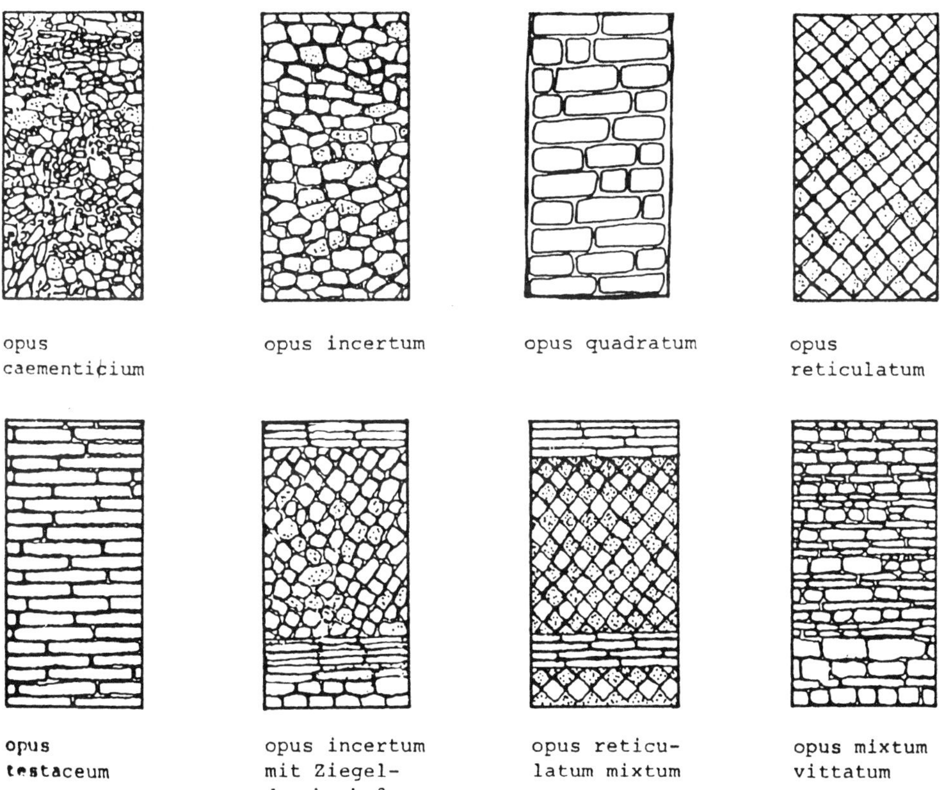

Abb. 4.27: Römisches Mauerwerk

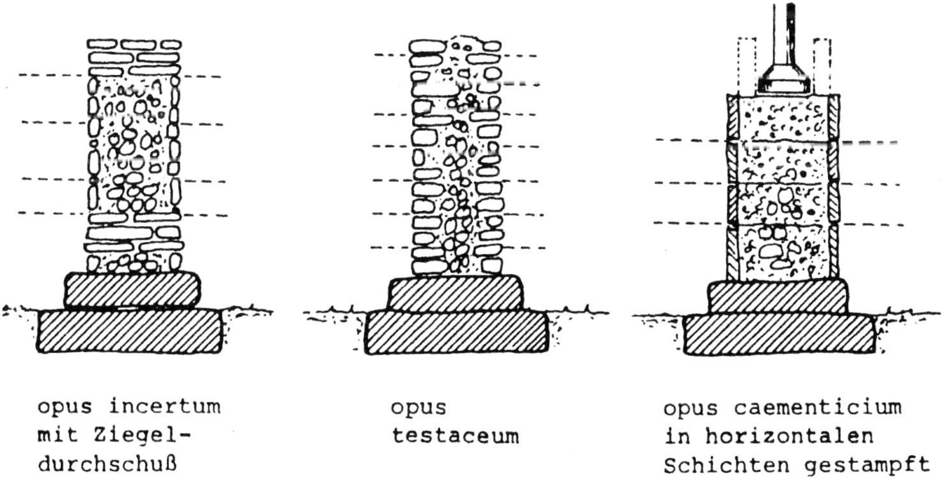

Abb. 4.28: Horizontale Schichtung im Querschnitt

Schichten gelegt, so daß diese Bautechnik sich schon der Pisé-Mauertechnik nähert (Abb. 4.26).[56]

Das opus reticulatum, das zur Zeit Vitruvs im Gebrauch war, bestand aus würfelartigen Bruchsteinen mit einer Seitenlänge von etwa 6 bis 7 cm und ungefähr 4 cm Dicke, die rechtwinklig bearbeitet und diagonal geschichtet wurden (Abb. 4.28).

Die Fugenweite variierte zwischen 0,5–1,5 cm. Mit diesen kleinen Elementen war es konstruktiv nicht möglich, Kanten, Mauerecken und die frei stehen-

Abb. 4.29: Ziegelmauern mit Retikulat aus der mittleren Kaiserzeit, Timgad/Algerien

Abb. 4.30: Ziegelmauern mit Retikulat als Außenhaut, Kernmauer aus Caementa, Timgad

den Pfeiler herzustellen. Deshalb wurde das opus reticulatum in Verbindung mit Blendquadern oder Ziegeln so verbunden, daß die Blendziegel in gewissen Abständen die Mauer in horizontalen Schichten durchziehen (z. B. Villa Hadriana; Augustus-Mausoleum, 28 v. Chr.; Minerva-Medica in Rom).

Das Steinfachwerk (opus africanum) aus Kalksteinpfeilern und -balken und einer Ausfachung aus Bruch- und Werksteinen kam außer in Pompeji besonders im punisch-karthagischen Kolonialgebiet vor (z. B. nach Rakobs Forschungen in Timgad/Algerien; Ziegelmauern mit Retikulat) (Abb. 4.29, 4.30). Der Mangel an Bauholz zwang die karthagischen Baumeister zu einer neuen Bautechnik. Dazu gehörte auch die Verwendung einfacher Pisés, Mauern aus Stampflehm zwischen Schalungsbrettern und Lehmziegelmauern ohne Mörtelbindung. Bemerkenswert ist, daß diese Bauart 1790 von dem französischen Gelehrten Cointereaux unter dem Namen le pisé (von piser = stampfen, schlagen) neu entdeckt wurde. Diese Entdeckung regte ein lebhafteres Interesse für diese Bauart an, und es wurden im Jahre 1795 die ersten Versuche in Pisé-Bauweise gemacht. David Gilly, der preußische Oberbaurat und Mitbegründer der Berliner Bauakademie, empfahl Lehm-Pisé-Mauern für ländliche Gebäude in seinem „Handbuch der Landbaukunst" von 1797.[57]

Die Standardisierung der Produktion von Verkleidungselementen und die Rationalisierung der Bauabläufe waren die Voraussetzungen für die Entwicklung der Außensteinhaut. Die Vorteile der massenhaft und schnell produzierbaren Einzelelemente liegen in der Arbeitsteilung zwischen Werkstatt und Baustelle. In den Werkstätten wurden die Steine mit Hebelöchern und Saumschlag hergestellt und an die Baustelle geliefert. Dort konnten auch ungelernte Arbeitskräfte eingesetzt werden.

Die Materialknappheit im 3. Jh. n. Chr. führte zur Bauweise des opus vittatum, die im Mauerverband einen Caementicium-Kern mit Vormauerung aus alternierenden Ziegel- und Tuffschichten aufweist. Das Mauerwerk aus gebrannten Ziegeln und Mörtel begann im römischen Weltreich seit dem 1. Jh. v. Chr. den luftgetrockneten Ziegel und den Werkstein im Bauwesen abzulösen.

5.3 Stützen und Architrav

Die Konstruktion von frei stehenden Stützen hängt von der Materialfestigkeit und von der Belastung ab. Säulen aus Tuffgestein wurden in horizontalen Mauerschichten hergestellt. Die Verwendung von härteren Gesteinen wie Granit, Kalkstein und Porphyr erlaubte Konstruktionen von monolithischen Säulen. Die Bearbeitung der Granit- und Marmorsäulen, z. B. am Vesta-Tempel in Rom, bezog sich auf die griechische Steintechnik mit Schliff der Berührungsflächen und speziellen Fertigkeiten zur Herstellung der Kanneluren.

Die Säulen setzten sich aus aufeinandergedübelten Trommeln zusammen. Die römischen Baumeister verwendeten jedoch an ein und derselben Säule neben Tuff und Travertin für den Schaft auch Marmor für die Basen und Kapitelle. Es kommen auch Säulen und Pfeiler aus Backsteinen oder Werksteinen vor (z. B. Deus Rediculus im Triopion in Latium, 2. Jh. n. Chr.; Sepolcro Barberini in Rom; Wasserleitung von Karthago). Backsteinsäulen wurden in der Regel geputzt (Abb. 4.31–4.34).[58]

Der römische Architrav ruht wie der griechische Steinbalken waagerecht auf Säulen und Pfeilern. Wo keine langen Steinbalken zur Verfügung standen, hat man die Architrave auch in Form mörtellos scheitrechter Bögen gebaut. So z. B. sind die großen Mauermassen des Kolosseums in Rom über diesen scheitrechten Bögen durch halbkreisförmige Bögen entlastet. In diesem Zusammenhang sind auch die scheitrechten Bögen der Maxentiusbasilika in Rom besonders bemerkenswert: Bei großen Fensteröffnungen bilden zwei übereinandergestellte scheitrechte Bögen die Fensterstürze, und bei Wandöffnungen zwischen den Pilastern wurden über die scheitrechten Bögen halbkreisförmige Entlastungsbögen aus Ziegeln errichtet (Abb. 4.35, 4.36).

Den Bogen als wichtiges tragendes Bauteil setzten die Römer beim Kolosseum ein. Zum erstenmal wurde er, aus fünfeckigen Keilsteinen bestehend, als sichtbares, statisches Element eingesetzt (Abb. 4.37, 4.38).

Abb. 4.31: Ziegelverkleidung, Kapitell der unteren Säulenordnung, Rom, sog. Sepolcro Barberini

Abb. 4.32: Lambaesis, Legionslager, Torbau an den Principia, westliche Längswand im Innenraum, Einarbeitung in Halbsäulenwandvorlagen

Abb. 4.34: Villa des Herodes bei Jericho, augusteisches Retikulat, 1. Jh. n. Chr.

Abb. 4.33: Kleinsteinig verkleideter römischer Quaderpfeiler, Wasserleitung von Karthago, Miliane-Ebene

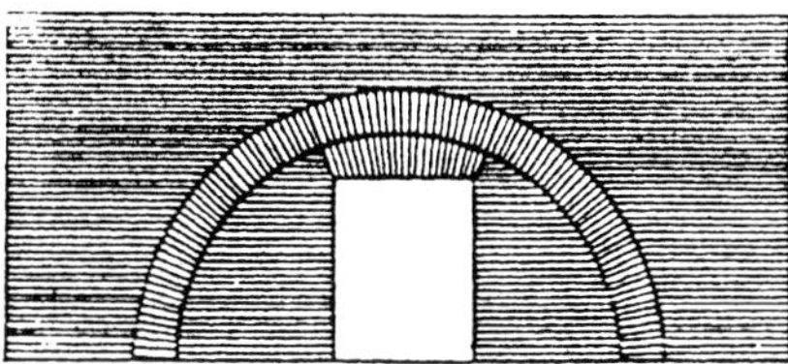

Abb. 4.35: Rom, Kolosseum, Ziegelmauerwerk, Entlastungsbogen

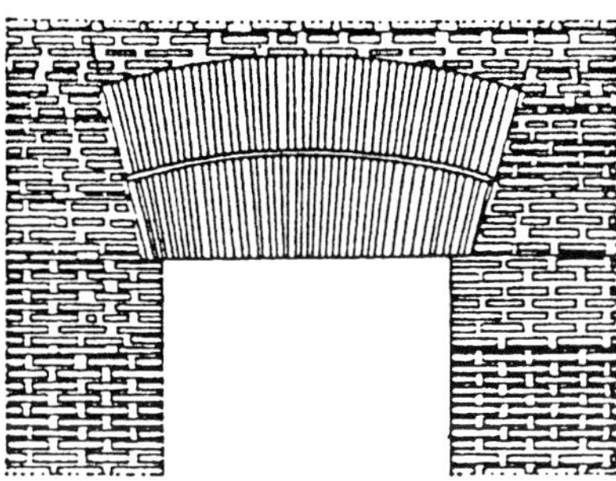

Abb. 4.36: Rom, Maxentiusbasilika, scheitrechter Bogen, Ziegelmauerwerk

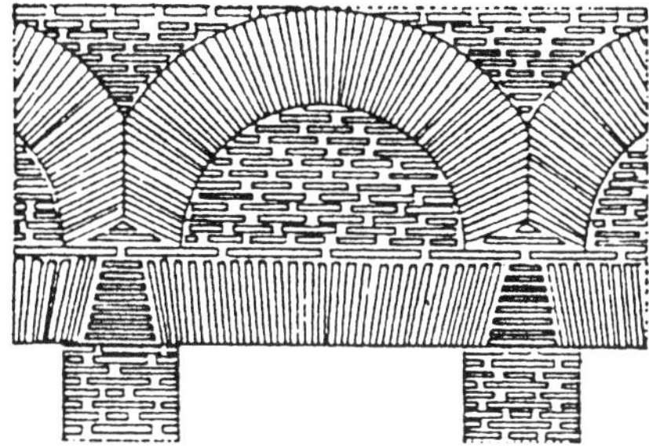

Abb. 4.37: Rom, Maxentiusbasilika, scheitrechter Bogen, darüber halbkreisförmige Entlastungsbogen, Ziegelmauerwerk

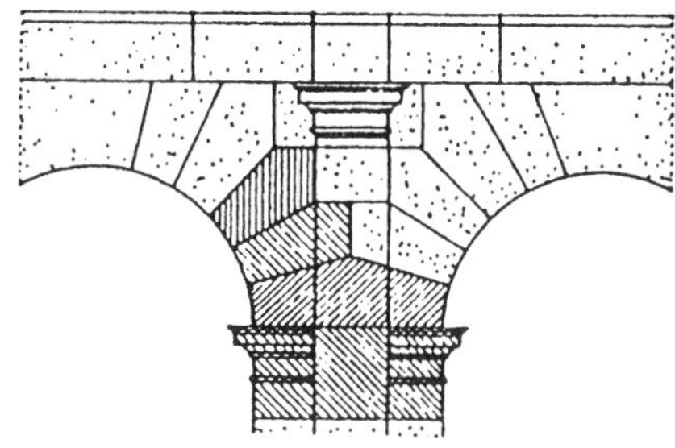

Abb. 4.38: Rom, Kolosseum, fünfeckige Keilsteine, Quaderwerk

5.4 Decke und Dachstuhl

Die Decken der Wohnhäuser wurden in der Regel mit Hilfe hölzerner Balken erstellt. Die Unterseite der Holzdecke wurde mit Rohr benagelt und danach Putz und Stuck aufgetragen. Für öffentliche Bauten wurden waagerechte Steinplattendecken verwendet, deren Decksteine glatt abgearbeitet waren. Die Kassetten verringern die Eigenlast der Deckenplatte. Die Neigung des Daches hing von der Beschaffenheit des Dachdeckungsmaterials ab. Der ältere Typus des italienischen Hauses in den Alpentälern zeigt ein steiles Strohdach, das auch mit Schindel und Steinplatten gedeckt sein konnte.

Das Giebeldach des römischen Tempels spiegelt wahrscheinlich das städtische Hausdach wider. Über die Dachausbildung liefert Vitruv im Zusammenhang mit den Planschemata der Basilika und der Überdachung von Hofanlagen kurze Beschreibungen. Nach seinen Angaben läßt sich über dem Mittelschiff einer Basilika von 60 Fuß Breite (etwa 17,80 m) ein Hängewerk rekonstruieren.[59] Ein solches Hängewerk hatte die Basilika San Paolo fuori le mura in Rom (386–397 n. Chr.). Nach Rondelet, Choisy und Ostendorfs Angaben wurde der 24,30 m lange Streckbalken an die Hängesäule angehängt. Die langen Sparren waren durch ein doppeltes Hängewerk ausgesteift (Abb. 4.39).[60]

In den Städten wurden die Holzgesimse zur Traufseite durch Steingesimse ersetzt, und die Dachdeckung bestand aus gebrannten Tonziegeln; nur bei Kultbauten wurden Marmorziegel verwendet. Sie setzte sich aus großplattigen Planziegeln mit seitlich aufgebogenen Rändern und sattelförmigen Deckhohlziegeln zusammen. Ihre Größen schwanken zwischen 46 cm × 58 cm, 49 cm × 65 cm bis 49 cm × 117 cm.[61]

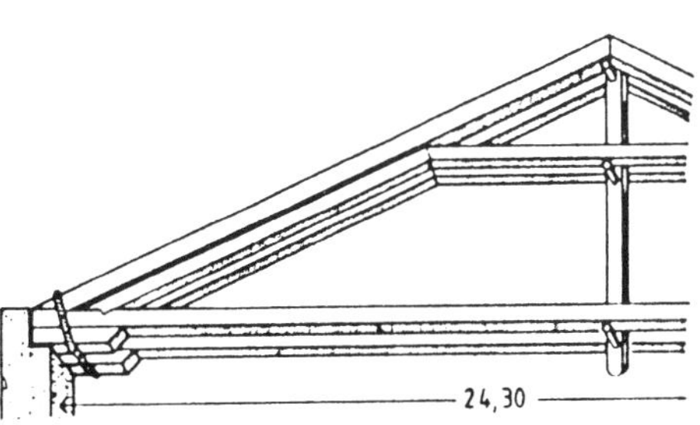

Abb. 4.39: Dachstuhlbinder von San Paolo fuori le mura (397 n. Chr.)

5.5 Gewölbe und Kuppel

Ausgehend von den Erfahrungen beim Bau schmaler unterirdischer Kanäle, wie der Anlage der Cloaca maxima in Rom aus dem 6. Jh. v. Chr., entwickelten die Römer die Wölbungstechnik zunächst im Brückenbau (Pons Milvius 192 v. Chr., Pons Fabricius 62 v. Chr.) und im Aquäduktbau. Das Tonnengewölbe war seit etruskischer Zeit bekannt. Konstruktionsgeschichtlich entwickelte sich der Keilsteinbogen aus der Gruppe der falschen Gewölbe mit radial behauenen Steinen, Kragsteinen und einem Schlußstein, der als schmaler Keilstein ausgebildet wurde. Als frühe Entwicklungsstufe der Gewölbe kamen rudimentäre Verzahnungen mit Hakenfugen vor. Diese Konstruktion stellte auch den Übergang zum scheitrechten Bogen aus mehreren ineinander verzahnten Architravsteinen dar. Noch eine zukunftweisende Neuerung tritt mit der Entwicklung des Keilsteinbogens auf: die Einfügung von zunächst fünfeckigen, dann von beidseitig abgerundeten Keilsteinen.

5.5.1 Tonnengewölbe

Das Tonnengewölbe ist ein einfaches, zylindrisches Gewölbe mit durchgehenden Auflagern. Ein aus Quadern hergestelltes Tonnengewölbe setzte sich aus aneinandergereihten Bogen zusammen; aber um das Quadermauerwerk zu stabilisieren, wurden die Quader

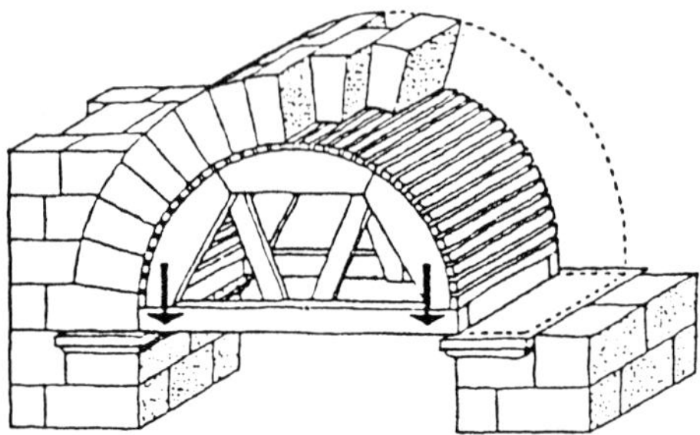

Abb. 4.40: Römisches Tonnengewölbe. Die Tonne im Kufverband wird auf einem tragenden Vollgerüst errichtet.

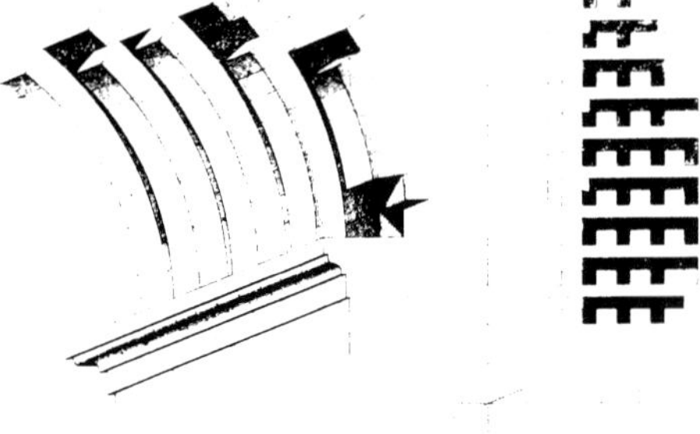

Abb. 4.41: Gerüstsparender Gewölbeverband der Brücke von Narni, Kufverband mit T-Querschnitten

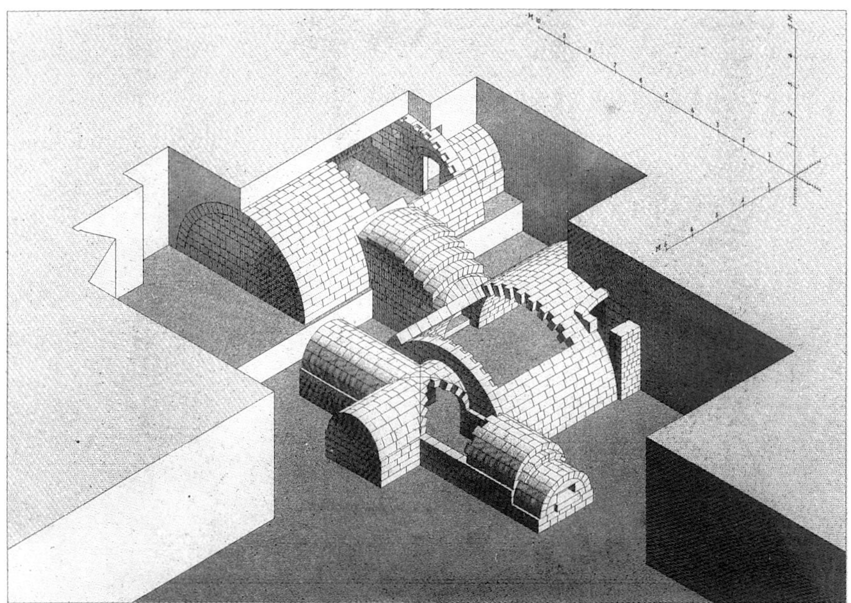

Abb. 4.42: Vivières. Römisches Tonnengewölbe mit Kufverband; Zweck: Verzahnung, Lastverteilung und Erhöhung der Scherfestigkeit. Quadermauerwerk

in einem Läufer- oder Blockverband mit liegenden Schichten versetzt. Diese „Kufmauerung" erforderte ein Traggerüst und eine vollständige Schalung.

Die andere Ausführungsmethode sah das Versetzen von horizontalen Ringschichten vor. Der Aufwand an Lehrgerüst wurde reduziert. Gerüstsparende Konstruktionen der Augusteischen Zeit weisen in der Wölbung aneinandergereihte Ringe ohne Querverband auf (Abb. 4.40, 4.41).

Die Bögen des Pont du Gard bei Nîmes mit einer Spannweite von 16 bis 21 m setzen sich aus nebeneinanderstehenden Keilsteinringen ohne Querverband zusammen. Man verschob die Gleitlehre von einem Bogen zum nächsten.[62] Eine andere Ausführungstechnik hängt mit der Entwicklung des römischen Gußmauerwerks zusammen: Auf einem Gerüst mit leichter Schalung wurden parallele Bögen aus Backsteinen errichtet. In regelmäßigen Abständen wurden die Bögen durch Plattenziegel „bipedales" miteinander verbunden und die Zwischenräume mit der Mörtelmasse ausgefüllt (Abb. 4.42).[63]

Abb. 4.43: Gewölbe des Palatins, Kreuzgratgewölbe

5.5.2 Kreuzgewölbe

Das Kreuzgewölbe ist ein zusammengesetztes zylindrisches Gewölbe mit geteilten Auflagern und entsteht aus der rechtwinkligen Durchdringung zweier Tonnen (Abb. 4.43, 4.44).

Wenn das Kreuzgewölbe in Quadern gemauert wird, müssen entlang den Graten winkelförmige Steine versetzt werden. Der Scheitel wird durch einen kreuzförmigen Schlußstein gebildet. Steinbogen und Grate wurden auch aus Backsteinringen mit Plattenziegeln („bipedales") durchschossen hergestellt. Dieses Ziegelnetzsystem wurde in seinen Zwischenräumen mit Gemischmörtel ausgefüllt (Abb. 4.45).[64]

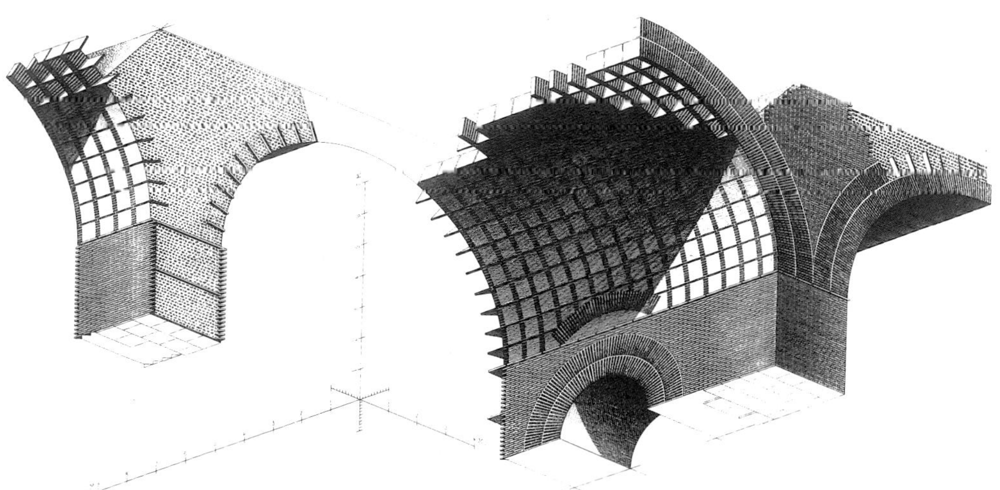

Abb. 4.44: Lamellengewölbe mit Ziegelflachschichten und Caementamörtelfüllung, Ziegelverkleidung der Außenhaut, Basilika des Konstantin

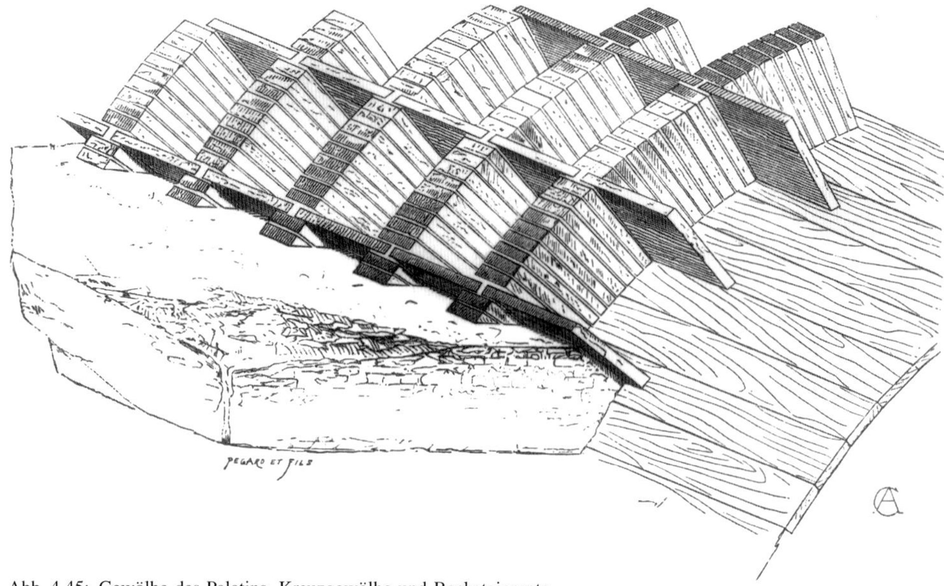

Abb. 4.45: Gewölbe des Palatins, Kreuzgewölbe und Backsteingrate

5.5.3 Kuppelgewölbe

Das Kuppelgewölbe ist ein sphärisches Gewölbe mit durchgehenden Auflagern. Bei polygonalen und über einem quadratischen Grundriß errichteten Kuppeln waren geometrisch-konstruktive Vorkehrungen notwendig, um einen tragfähigen Übergang von den Polygonecken zur Halbkugel zu schaffen. Die römischen Baumeister der syrischen Schule hatten bei kleinen Räumen die Trompe angewandt, ein Hilfsgewölbe mit horizontaler Achse, das diagonal über den Ecken des Quadrats durch allmähliche Überkragung waagrechter Ziegelschichten hergestellt wurde (vgl. Abschn. V). Dabei war die Trompe nicht ein Teil des Gewölbes, sondern des Auflagers.[65]

Der räumliche Übergang zwischen Kuppel und Wand bzw. Pfeiler wurde durch einen sphärischen Zwickel, das Pendentif, gebildet. Dieses räumliche Dreieck ist ein Ausschnitt aus einem Rotationskörper. Im Grundriß tritt er als Teil des dem Grundquadrat umgeschriebenen Kreises auf (z. B. Caracalla-Thermen, 3. Jh. n. Chr.; Minerva-Medica, 4. Jh. n. Chr.). Kuppeln mit kleinem Durchmesser können bis etwa 30° Reibungswinkel in Ziegelstein und Mörtel über der Horizontalen freihändig gewölbt werden (Abb. 4.47).

Bei der Pantheonkuppel in Rom (118–128 n. Chr., Baumeister Apollodoros von Damaskus) haben Halbkugel und Zylinder den gleichen Innendurchmesser von 43,30 m und die gleiche Höhe. Die Belichtung erfolgt durch ein kreisförmiges Auge (opeion) von 9 m Durchmesser (Abb. 4.46).

Die Kuppel ist außen nach unten zu durch Abtreppungen verstärkt.

Mit dem konstruktiven Aufbau der Kuppel hat sich Cozzo beschäftigt. In seinem 1928 erschienenen Buch „Ingegneria Romana“ stellte er darin die Behauptung auf, daß die Pantheonkuppel nicht halbkugelförmig sei, sondern daß sie als flachere Kalotte erst in Höhe des äußeren Hauptgesimses ansetze.[66] Thode, der sich mit der Statik der antiken Kuppelbauten befaßte, stellte fest, daß die Stützlinie in weiten Bereichen unterhalb der von Cozzo angenommenen Kalotte verläuft, d. h., daß die Stützlinie im tragfähigen Querschnitt liegt.[67]

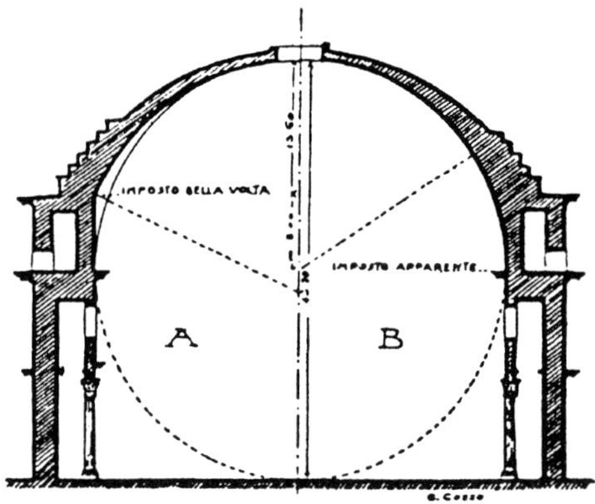

Abb. 4.46: Schnitt durch das Pantheon
A = angeblich tragende Form
B = sichtbare Form

Cozzos Beobachtungen lassen aber den Schluß zu, daß die gemauerten Entlastungsbögen im Bereich zwischen Kuppelansatz und äußerem Hauptgesims der Zylinderform der Außenwand folgen. Thode geht deshalb davon aus, daß man zuerst den Mauerzylinder mit seinen gemauerten Bogensystemen errichtete und erst dann die Kuppel gewölbt hat.[68] Da das Mauerwerk keine Ringzugkräfte aufnimmt, lassen sich die Lasten aus der Eigenlast nur in Meridianrichtung über die sich einstellende Stützlinie abtragen. Die Stützlinienuntersuchung und Spannungsermittlung weisen darauf hin, daß im gesamten Kuppelbau ein reiner Druckspannungszustand herrscht (Abb. 4.48).[69]

Ähnliche Konstruktionsprinzipien zeigen auch die Rotunde der Caracalla-Thermen, die Kuppel des Venustempels, die Schirmkuppel des Merkurtempels bei Bajae und das Maxentius-Mausoleum an der Via Appia in Rom.[70]

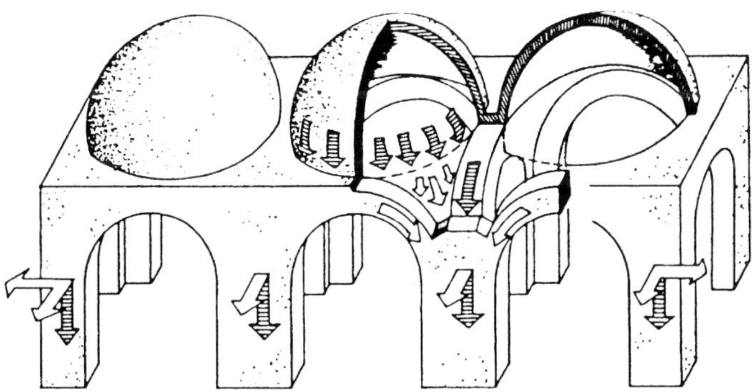

Abb. 4.47: Wirkungsweise des Kuppelgewölbes auf Pendentifs und Gurtbogen

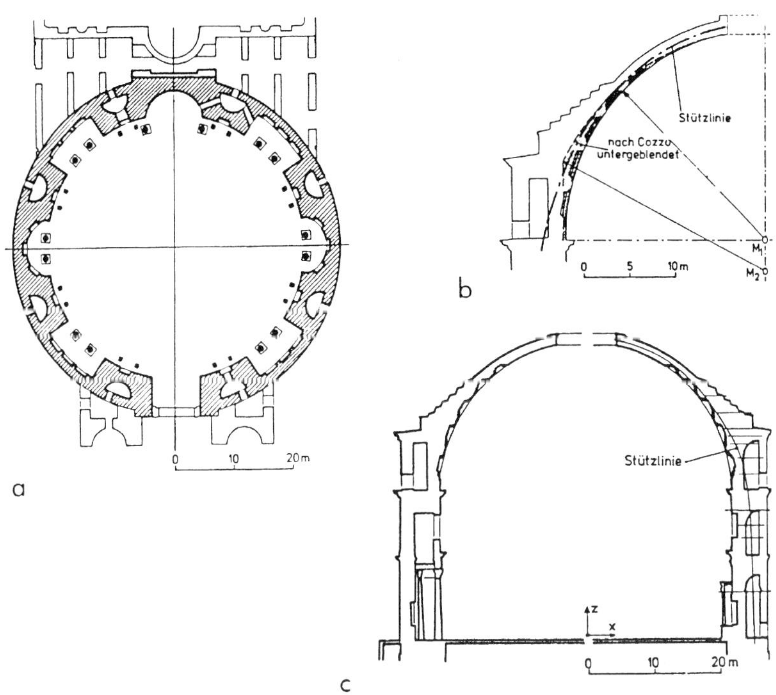

Abb. 4.48: Pantheon, a) Grundriß (nach de Fine Licht)
b) Kuppelschnitt nach Beltrami mit eingezeichneter Stützlinie
c) Querschnitt mit Stützlinie

6 Rom und Griechenland im Vergleich

Im Vergleich mit der griechischen Architektur, deren Monumentalbauten auf dem rechtwinkligen Prinzip von Architrav und Säule aufgebaut waren, stellten die römischen Bauten, der Ausdehnung des Reiches entsprechend und den kleinasiatischen und nordafrikanischen Einflüssen unterworfen, eigenständige Raum- und Konstruktionsformen dar. Die überwiegend auf den Innenraum bezogenen Bauten zeichneten sich durch reiche Verwendung runder Formen wie Gewölbe und Kuppel aus.

Die römische Bautechnik des Gußmörtels und des Backsteinbaus ermöglichte in der Kaiserzeit die Errichtung von weitgespannten Kuppeln.

Keine Übernahme der Baukonstruktion und Bautechnik, sondern eine „übertragene Technik" stellt das opus reticulatum in den römischen Ostprovinzen dar (z. B. Villa des Herodes in Jericho, 37 v. bis 4 n. Chr.; Aquädukt von Daphne nach Antiocheia ad Orontem, 50 n. Chr.). Seit der 2. Hälfte des 2. Jh. n. Chr. übernahm in Nordsyrien das römische Heer die Herstellung von gebrannten Ziegeln, wie es auch in anderen Grenzprovinzen an Rhein und Donau praktiziert wurde.[71] Zu Beginn des 3. Jh. n. Chr. entstand eine Reihe von Bauten aus gebrannten Ziegeln in Dura Europos. Planung und Ausführung der Bäder wurden den römischen Truppen um 210–216 n. Chr. übertragen.

Die griechischen und römischen Baumeister haben ihre Bauwerke weder nach verkleinerten maßstäblichen Bauzeichnungen noch unter Anwendung der Mechanik von Archimedes (3. Jh. v. Chr.) oder nach Heron von Alexandria (1. Jh. v. Chr.) gebaut.

Auch in Philons Mechanik, Buch VII und VIII über die Befestigungsmauer einer Stadt, kommen lediglich Erfahrungswerte zum Ausdruck. Vitruv hat zwar in seinem 10. Buch, 3. Kapitel das mechanische Prinzip des Hebels und seine Kraftwirkung qualitativ beschrieben, doch seine Mitteilungen betrafen nicht das Bauen und Planen von Gebäuden, sondern die Kraftwirkung der Hebelstange und ihre Anwendung auf Reisewagen, Schöpfräder und Seiltrommeln. Die römischen Baumeister haben ihre Bauwerke aus Intuition, dem reichen Fundus bautechnisch-konstruktiver Erfahrungen und aus durch Empirie gewonnenen Kenntnissen entworfen, ohne daß baustatische Überlegungen in die Baukonstruktion eingeflossen sind.

7 Mechanik und Bauwissenschaft in der Antike

Welches Maß an ingenieurwissenschaftlichem Können bei den Ägyptern und Babyloniern vorhanden war, beweisen einerseits die monumentalen Bauwerke, andererseits aber werden den Baumeistern der Antike umfassende Kenntnisse in Mathematik, Mechanik, Geometrie und Physik nachgesagt.

Die Pyramiden, die zu den ältesten Bauwerken der Geschichte zählen, weisen auch im Hinblick auf die exakte Trassierung und Nivellierung des Geländes auf die Genauigkeit in der Absteckung der Eckwinkel hin.

Die Frage, die sich bei diesem Ergebnis stellt, lautet: Wie haben die alten Ägypter den rechten Winkel so genau abstecken können?

Mit der Setzwaage, die auf dem Satz vom gleichschenkligen Dreieck der Elementargeometrie aufgebaut ist, war es möglich, nicht nur die Pyramidengrundfläche zu nivellieren, sondern auch Winkel zu teilen.[72]

Die Kenntnisse über die ägyptische Mathematik beruhen hauptsächlich auf den Rechenbeispielen aus den Papyrustextfragmenten in den Museen in Moskau, London, Berlin und Kairo.

Das Rechnen mit ganzen Zahlen beruht auf der Methode des schrittweisen Verdoppelns und Zusammenfassens von Teilfaktoren, aus denen der Faktor des Produktes aufgebaut werden kann.

Während in der babylonischen Mathematik bereits das Hauptgewicht auf die algebraische Behandlung der aus der Geometrie resultierenden Fragen gerichtet ist, lag das Niveau in Ägypten eine ganze Stufe tiefer, weil das rein Numerische noch nicht bewältigt wurde.[73]

Immerhin konnten die Ägypter nach Neugebauer, der die Rechentexte mathematisch interpretiert hat, Flächeninhalte von Rechteck, Dreieck und Trapez berechnen.[74]

Interessant erscheint in diesem Zusammenhang die Anwendung von einigermaßen korrekten Formeln und Näherungsformeln. In einer Liste von Felderschenkungen in Edfu/Ägypten wurden die Felderangaben mit den vier Seitenlängen a, b, c, d und deren Inhalt aufgeführt.

Die Größe des Inhalts ergibt sich nach der Näherungsrechnung (modern ausgedrückt, weil Bruchstrich und Zähler damals unbekannt waren):

$$\frac{a + b}{2} \cdot \frac{c + d}{2}$$

Bei Feldern mit dreieckiger Form läßt sich der Inhalt nach dem Ausdruck

$$\frac{a+b}{2} \cdot \frac{c}{2} \quad \text{errechnen.}$$

Für eine Kreisfläche ergab sich die Näherungsformel

$F = \left(\frac{8}{9}\, d\right)^2 = xd^2$, wobei der Ausdruck

$$x = \left(\frac{8}{9}\right)^2$$

ein unveränderlicher Koeffizient ist und der Durchmesser „d" seinen 9. Teil subtrahiert und den Ausdruck mit sich selbst multipliziert („x" ist das moderne Zeichen für die unbekannte Zahl).

Die Aufgabe Nr. 48 des „Papyrus Rhind" im Britischen Museum enthält eine Figur, welche die Kreisfläche mit der Quadratfläche vergleicht. Wenn man die Ecken abschneidet, würde man die Näherungsformel

$$F = d^2 - \frac{2}{9}\, d^2$$

erhalten, die aber für die ägyptische Anwendung noch nicht gesichert ist (Abb. 4.49).[75]

Die Textaufgabe für die Berechnung einer Böschung enthält praktische Maßverhältnisse über den Rücksprung in Handbreiten „Seqed" zur Höhe in Ellenlänge. Daraus kann sich der moderne mathematische Ausdruck ergeben:[76]

1 Elle = 7 Handbreiten

ctg $\alpha = 1 : 7$

Nach Neugebauer bleibt fraglich, ob die Ägypter den „pythagoreischen" Lehrsatz für das rechtwinklige Dreieck mit den Seiten 3, 4, 5 oder deren Vielfachen gekannt haben.[77]

Diese Einschränkung kann höchstens bis 1000 v. Chr. gelten. Da rege Handelsbeziehungen mit den Babyloniern und Assyrern bestanden haben, welche die rationalen Dreiecke mit den Zahlen 3 : 4 : 5, 5 : 12 : 13, 8 : 15 : 17, 20 : 21 : 29 gekannt haben, könnte die Kenntnis des pythagoreischen Satzes von Babylonien nach Ägypten gelangt sein. Die ersten Berührungen mit den Griechen fanden im 6.–5. Jh. v. Chr. statt.

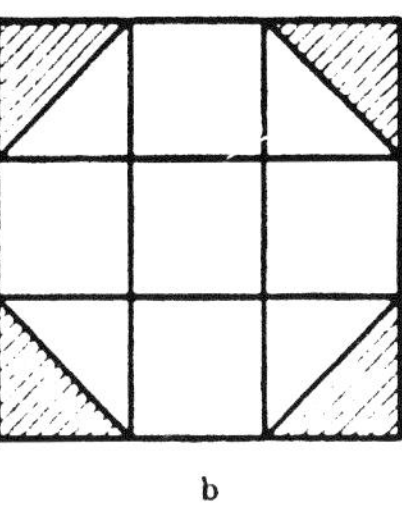

a b

Abb. 4.49: a: Figur der Aufgabe R 48, Papyrus Rhind
b: Umzeichnung, die Ecken des Quadrates sind abgeschnitten; für die Kreisfläche ergibt sich die Näherung

$$F = \left(d^2 - \frac{2}{9}\, d^2\right)$$

Heron, der im hellenistischen Alexandria lebte, kannte selbst das Verfahren, daß mittels eines Seiles von 12 Ellen Länge, das durch Knoten in drei Teile von 3, 4, 5 Ellen geteilt ist, ein rechter Winkel im Gelände abgesteckt werden konnte. Möglicherweise schöpfte er sein Wissen von der damals noch im Gebrauch älteren Arbeitsmethode ab.[78]

Von den Babyloniern sind mathematische Texte erhalten, die praktische Fragen betreffen, wie z. B. die Berechnung für den Aushub von Kanälen und das Errichten von Dämmen. Aus mathematischen Keilschrifttexten ist gesichert, daß sie den „pythagoreischen" Lehrsatz kannten und Tabellen mit „pythagoreischen" Zahlen aufgestellt haben.[79]

Bei einem Ziegelbau-Fundament in Gestalt eines Pyramidenstumpfes sind die Grundfläche, die Höhe und die Neigung der Seitenflächen im Verhältnis 1:1 angegeben. Für das Volumen wurde eine Näherungsformel (Abb. 4.50, 4.51)

$$V = \frac{a^2 + b^2}{2} \cdot h \quad \text{angesetzt.}$$[80]

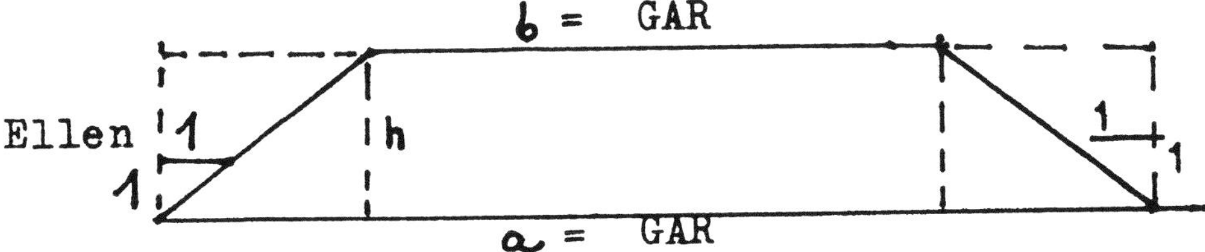

Abb. 4.50: Böschung des Ziegelbaues
Die Grundflächen werden in GAR gemessen
Die Höhen werden in Ellen gemessen.

Mit einer Näherungsformel wurde das Volumen für einen Belagerungsdamm berechnet:

$$V = \left(\frac{a_1 + b_1}{2} + \frac{a + b}{2}\right) \cdot \frac{1}{2} \cdot \frac{h + h_1}{2} \cdot l$$

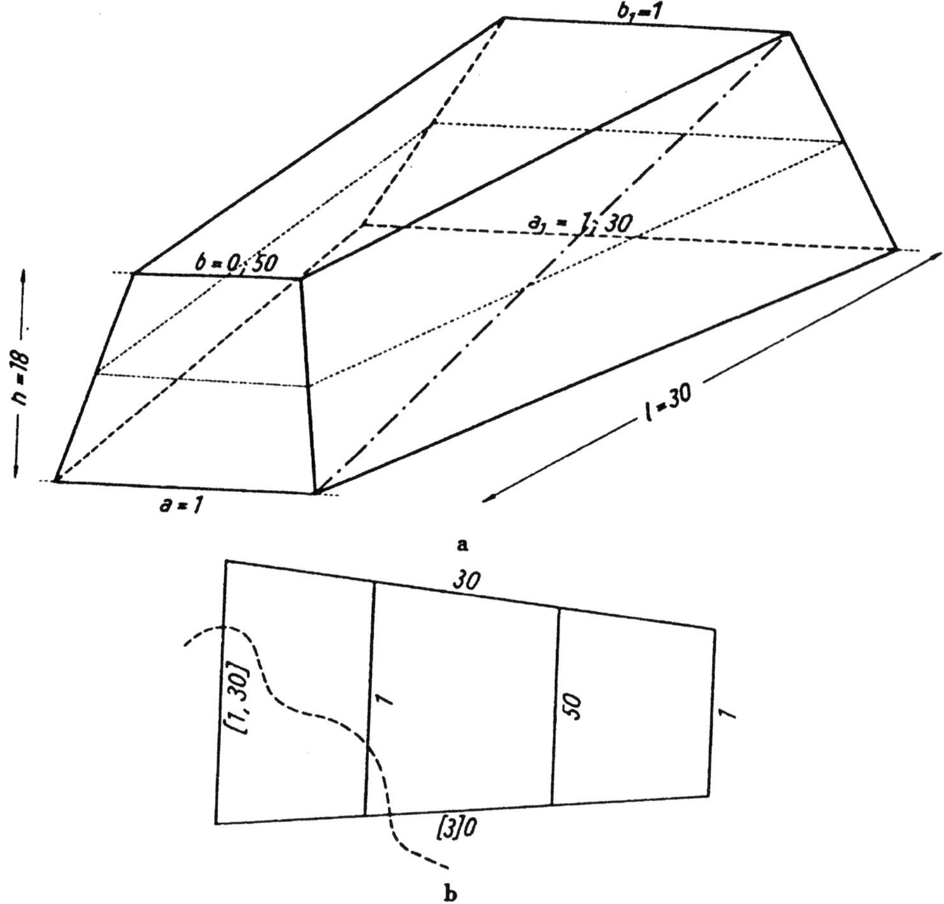

Abb. 4.51: a: Belagerungsdamm mit Trapezquerschnitt
b: Grundriß der Grundfläche

Mathematische Kenntnisse der Babylonier und Ägypter konnten sich in den Nachbarländern verbreiten, mit denen Handelsbeziehungen bestanden.

Thales von Milet (600 v. Chr.) hielt sich in Ägypten auf. Von Thales sollen die elementaren geometrischen Sätze des Kreises begründet worden sein.[81]

Am bekanntesten ist der Name des Pythagoras von Samos (6. Jh. v. Chr.) durch den nach ihm benannten Lehrsatz geworden; der Satz war in Babylonien und vielleicht auch in Ägypten bereits bekannt, aber Pythagoras hat ihn als erster bewiesen.

Es folgen Demokrit (460–370 v. Chr.), der über Geometrie ein Werk „Ekpetasmata" und über Projektionslehre und Perspektive schrieb, Platon (429 bis 348 v. Chr.) wegen der Würdigung der mathematischen Methode (Analysis) und Aristoteles (384–322 v. Chr.), Schüler Platons und Lehrer Alexanders des Großen, der zur Mechanik einige Arbeiten geschrieben hat. Aus der „Peripatetischen Schule" des Aristoteles ging das Werk von 280 v. Chr. „über den Hebel" hervor. In diesem Buch werden die ersten statischen Problemfälle qualitativ erörtert (Abb. 4.52).[82]

In seinem Werk „über das Gleichgewicht ebener Flächen oder über den Schwerpunkt ebener Flächen" setzt sich Archimedes von Syrakus (287–212 v. Chr.) auf der Grundlage der euklidischen Geometrie mit der qualitativen Beschreibung des Hebelgesetzes und des Gleichgewichts auseinander:

„Wir setzen voraus, daß gleiche Gewichte an gleichen Hebelarmen im Gleichgewicht sind, daß aber gleiche Gewichte an ungleichen Hebelarmen nicht im Gleichgewicht sind, sondern ein Übergewicht nach der Seite des längeren Hebelarmes haben“ (§ 1, Satz 1).

„Wenn ungleiche Gewichte im Gleichgewicht sind, so sind die Hebelarme ungleich, und zwar entspricht dem größeren Gewicht der kleinere Hebelarm.

A und B seien ungleiche Gewichte, A sei das Größere, AC und BC seien die Hebelarme (. . .) Es ist auch klar, daß Gewichte, die an ungleichen Hebelarmen im Gleichgewicht sind, ungleich sind, und zwar entspricht dem kleineren Hebelarm das größere Gewicht“ (§ 3).[83]

Nach Archimedes folgten: Der Geometer Apollonios von Perge (265–170 v. Chr.) mit seinem Hauptwerk „Konika“ (Kegelschnittlehre) und Ptolemaios von Alexandria (2. Jh. n. Chr.), Verfasser der „Mathematischen Zusammenstellung“ („Syntaxis“, arab. „Almagest“), der für das Gebiet der Bautechnik durch seine trigonometrischen Leistungen von Bedeutung ist.[84]

Unter den antiken Technikern ragt besonders Heron von Alexandria (ca. 50 n. Chr.) hervor.

Sein Werk über Mechanik (MHXANIKA) ist in der arabischen Übersetzung Questâ ibn Lûqâs (Kostas-ben-Lukas) um 865 n. Chr. Im Vordergrund der Studien standen die fünf sogenannten Einfachen Maschinen der Antike: der Keil, der Hebel, die Winde, der Flaschenzug und die Schraube ohne Ende, und die praktischen Anwendungsbeispiele.

Der Traktat sollte den Baumeistern und Bauunternehmern als Leitfaden über Theorie und Anwendung der Mechanik dienen.[85]

Im Zusammenhang mit dem statischen Gleichgewicht erwähnt Heron die archimedische Abhandlung „Über Stützen“ („Peri Kolon“). Heron betrachtet den Balken über mehrere Stützen:

„Wenn man beliebig viele Stützen hat und auf diesen Querbalken oder eine Mauer liegen . . ., und wenn die Entfernung zwischen den Säulen gleich oder verschieden ist, so wollen wir erfahren, wieviel von der Last jede der Säulen trifft“ (Heron, Mech. I, 25).

„Es liege also eine gleichmäßig dicke und gleichmäßig dichte Last $\alpha\beta$ auf Säulen. Sie liege auf zwei Säulen, nämlich $\alpha\gamma$ und $\beta\delta$; so trifft jede der beiden Säulen $\alpha\gamma$, $\beta\delta$ die Hälfte der Last $\alpha\beta$. Sei nun noch eine dritte Säule $\varepsilon\zeta$ vorhanden und teile sie die Entfernung $\alpha\beta$ beliebig, so wollen wir von jeder der Säulen $\alpha\gamma$, $\varepsilon\zeta$, $\beta\delta$ wissen, wieviel von der Last auf sie kommt. Denken wir uns die Last $\alpha\beta$ im Punkte „ε“ nach einer auf der Säule Senkrechten geteilt, so zeigt es sich, daß der Teil $\alpha\varepsilon$ jede der beiden Säulen $\alpha\gamma$, $\varepsilon\zeta$ mit seinem halben Gewichte und der Teil $\varepsilon\beta$ jede der beiden $\varepsilon\zeta$, $\beta\delta$ mit seinem halben Gewichte trifft (. . .). Auf die Säule $\varepsilon\zeta$ kommt also die Hälfte des Gewichtes von $\varepsilon\beta$ und die Hälfte des Gewichtes von $\alpha\varepsilon$, d. i. die Hälfte des ganzen Gewichtes von $\alpha\beta$; und auf die Säule $\alpha\gamma$ kommt die Hälfte des Gewichtes von $\alpha\varepsilon$, auf $\beta\delta$ die Hälfte von $\varepsilon\beta$“ (Heron, Mech.I 26–27) (Abb. 4.52).[86]

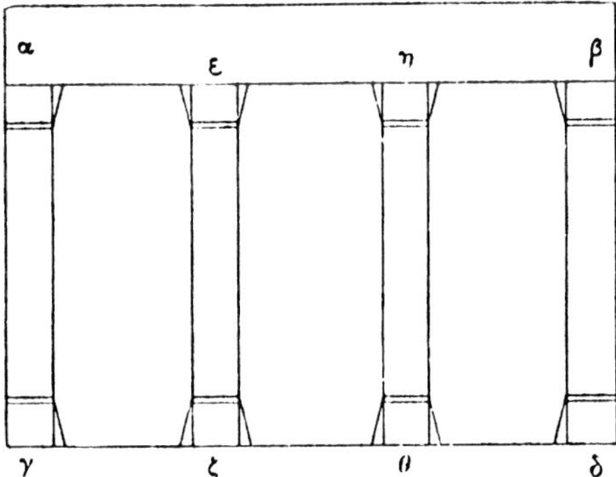

Abb. 4.52: Balken auf vier Stützen
Heron, Mech. I, 5

Im ersten Buch seiner Mechanik versuchte Heron, die theoretischen Lehrsätze von Archimedes auf die praktischen Zwecke im Bauwesen anzuwenden. Das Ergebnis ist die qualitative Beschreibung eines Balkens, der eine Anzahl von Säulen belastet. Weder Gewichte noch Längenmaße werden von Heron bei seinen Beispielen angegeben. Bei seinen deskriptiven Beweisversuchen rechnet Heron keine konkreten Aufgaben mittels Zahlen und den zugehörigen Maßen vor.

Im zweiten Buch beschreibt Heron die Prinzipien der fünf Potenzen (Keil, Hebel, Flaschenzug, Winde, Schraube). Die Winde mit und ohne Wellrad hatte vielfältige praktische Anwendung. In Verbindung mit Flaschenzügen und Treträdern wurden Winden bei Vitruv (X, 2, 5) erwähnt. Darüber hinaus spricht Heron (Mech.II, 21) von dem – mittels hintereinandergeschalteten Zahnradgetrieben – konstruierten Lastenzieher „Barulkos“, der aber wegen seiner Ausführung in Holz und der großen Reibung wahrscheinlich nie gebaut wurde (Abb. 4.53).[87]

Die „Barulkoi“ mit Zahnrädern oder mit Wellrad und endlosem Seil scheinen über das Papierstadium nicht hinausgekommen zu sein.[88]

Darüber hinaus entwarf Heron eine in das Zahnrad eingreifende „endlose“ Schraube, die außerhalb des Gerätekastens mit einer Kurbel in Bewegung gesetzt sein sollte (Abb. 4.54, 4.55).[89]

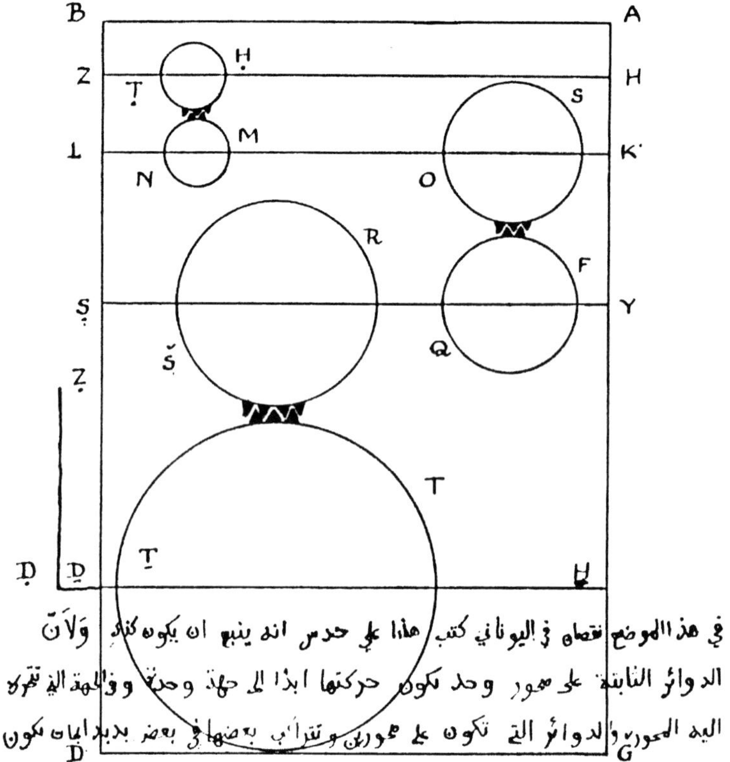

Abb. 4.53: Barulkos-Getriebe in Herons Mechanik
Fotogr. Kopie aus dem Ms. in Leiden

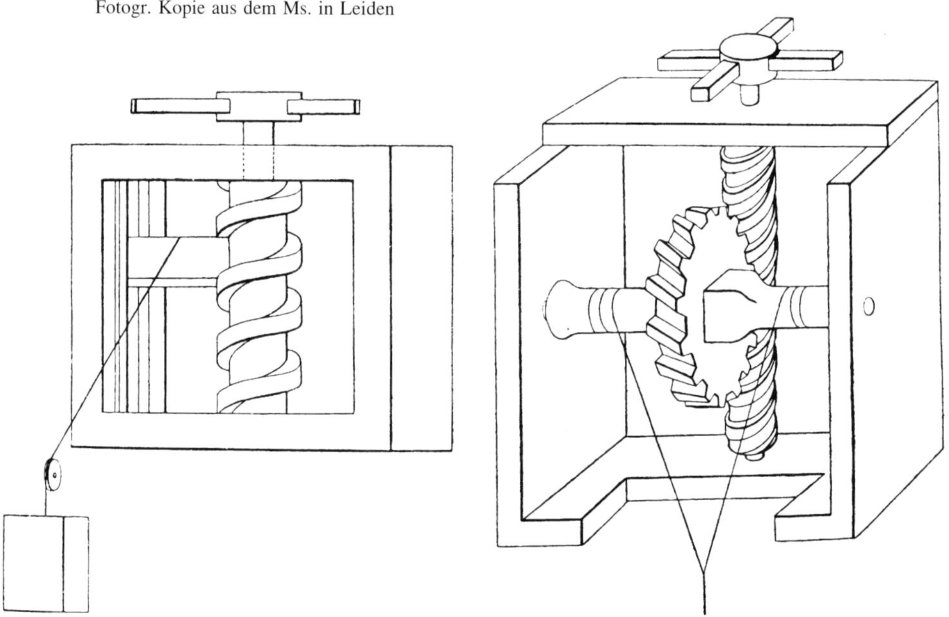

Abb. 4.54: Lasthebemaschine mit Schraube und Drehhebel (oben)

Abb. 4.55: Bewegungsumsetzung mittels Zahnrad und Schraube; oben: Drehhebel (als Kurbel)

Die Erfindung des Zahnrades kann in die Zeit von Ktesibios (3. Jh. v. Chr.) fallen.[90]

Ktesibios wird auch die Erfindung einer Wasseruhr, eines Zahnstangengetriebes für Schiffe und der Schraube zugeschrieben. Heron faßte die Schraube als gewundenen Keil auf und leitete sie von diesem ab.[91]

Wie eine Last mittels zweier Rollen leicht gehoben werden kann, indem das eine Ende eines Seils an einen festen Balken gebunden wird, das Seil aber über eine lose Rolle geführt wird, die an einem Holzklotz befestigt ist, an den die Last gehängt wird, ist im 18. Kapitel der „Quaestiones mechanicae" im Corpus Aristotelicum beschrieben (Abb. 4.56).[92]

Das Prinzip des Flaschenzuges wurde wahrscheinlich um 400 v. Chr. in der Praxis entwickelt. Die schematische Figur des Flaschenzuges im handschriftlichen Manuskript der Mechanik von Heron weist durch die altertümliche Form, die zur Zeit Vitruvs und Herons überholt war, auf die ältere archimedische Quellenvorlage hin (Abb. 4.57).

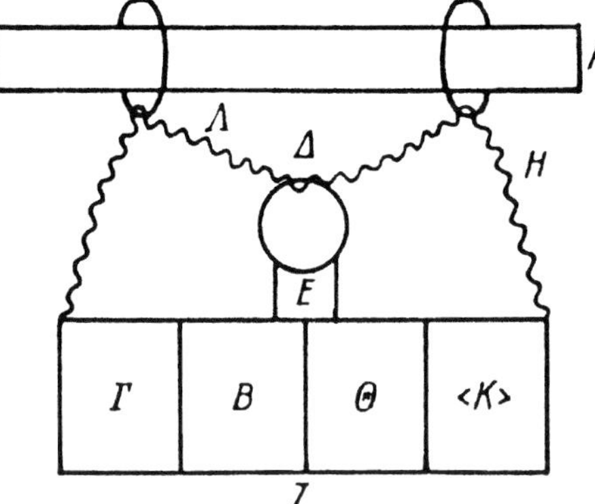

Abb. 4.56: Handschriftlich überlieferte Figur zu Heron, Mechanik II, 12

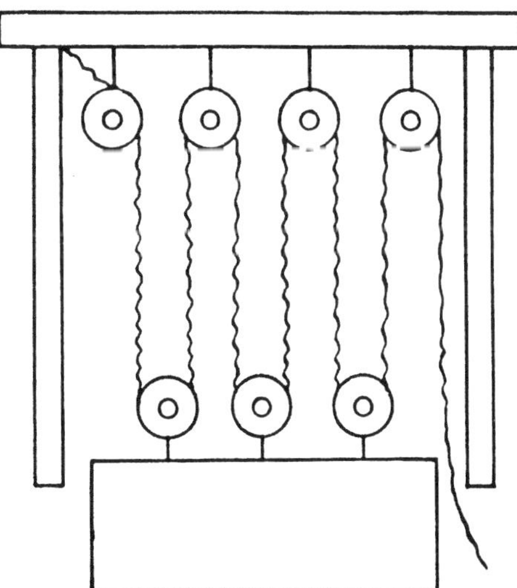

Abb. 4.57: Handschriftlich überlieferte Figur zu Heron, Mechanik II, 3

Nach 250–300 Jahren von der Erfindung bis zur praktischen Umsetzung zur Zeit Vitruvs (25 v. Chr.) waren bereits verschiedene Formen des Flaschenzuges in Gebrauch, die bis ins 20. Jh. in der Baustellenpraxis benutzt wurden.

Die zehn Bücher des Marcus Vitruvius Pollio sind um 25 v. Chr. geschrieben worden und dem Kaiser Augustus gewidmet (27 v.–14 n. Chr.) und stellen einen vollständigen Traktat über das Bauwesen dar.

Das erste Buch, in sieben Abschnitte gegliedert, befaßt sich mit der Ausbildung des Architekten, den Grundlagen der Bau- und Stadtplanung; das zweite Buch (zehn Abschnitte) befaßt sich mit den Baustoffen; im dritten Buch (fünf Abschnitte) werden die Entwurfsgrundlagen der Sakralbauten vermittelt; das vierte Buch enthält Ausführungen über Säulenordnungen, Proportionslehre und Tempelbau; fünftes Buch: Planungsgrundlagen für öffentliche Bauten; sechstes Buch: Wohngebäude; siebtes Buch: Bauausführung; achtes Buch: Über das Wasser, Wasserleitungen; neuntes Buch: Sternkunde, Zeitmessung; zehntes Buch: Grundlagen der Mechanik, Bau von einfachen Maschinen, Verteidigungs- und Belagerungsmaschinen.

Vitruv stellt allerdings, z. B. im zehnten Buch, die mechanischen Vorrichtungen vor, ohne auf die mechanische Funktion einzugehen. Bei den Hebemaschinen (2. Kap.) sind die mit den Kolben verbundenen Rollen jeweils untereinander angeordnet.

Vitruv beruft sich auf griechische Bezeichnungen „Tripastos", zwei Rollen oben, eine unten, und „Pentapastos", drei Rollen oben, zwei unten. Diese Formen wurden bis ins 18. Jh. auf der Baustelle verwendet (Abb. 4.58).

Bei der Beschreibung der Wasserschnecke oder Wasserschraube benutzte Vitruv ein älteres Werk, so z. B. wies die beschriebene archimedische Schraube acht Windungen auf, sie war aber zu seiner Zeit nicht mehr im Gebrauch. Zwei Windungen reichten aus, um das benötigte Wasser hochzukurbeln.[93]

Das Vitruv-Werk wurde seit der Renaissance in mehrere Sprachen übersetzt und kommentiert. Die erste bedeutende Vitruvausgabe gab der Renaissance-Architekt Fra Giocondo 1511 in Venedig mit 136 eigenen Illustrationen (Holzschnitten) heraus, die als solche kunsthistorischen Wert beanspruchen können. Es folgen Cesare Cesariano 1521, der Mathematiker und Arzt G. H. Rivius aus Straßburg gab 1548 in Nürnberg die erste deutsche Übersetzung „Vitruvius Teutsch" mit ebenso interessanten Abbildungen heraus; Daniele Barbaro 1556, Philander 1557. Es folgt die erste bedeutende französische Übersetzung durch Claude Perrault, Arzt und Architekt, 1673 und 1684, mit eigenen Zeichnungen,

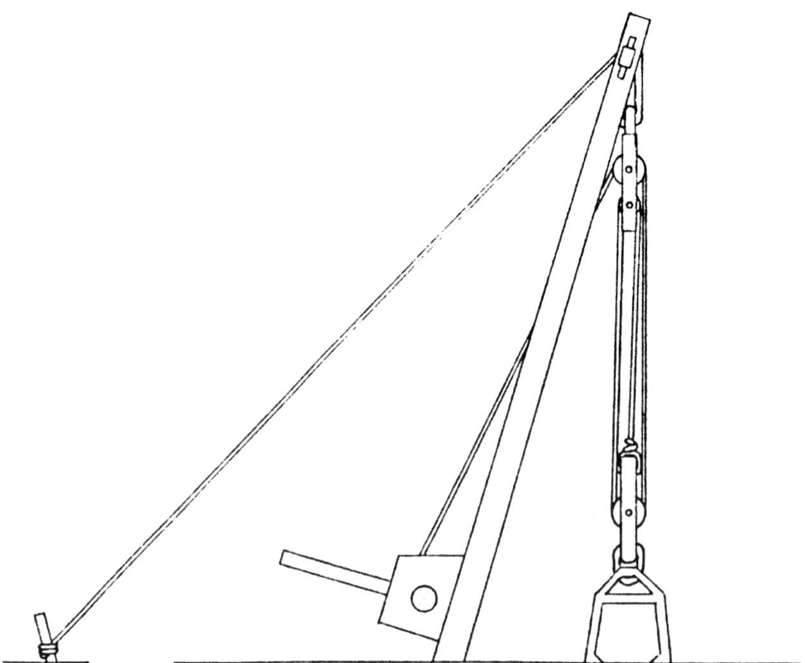

Abb. 4.58: Schematische Rekonstruktion des Kranes bei Vitruv, X, 2; zwei Rollen oben, eine Rolle unten

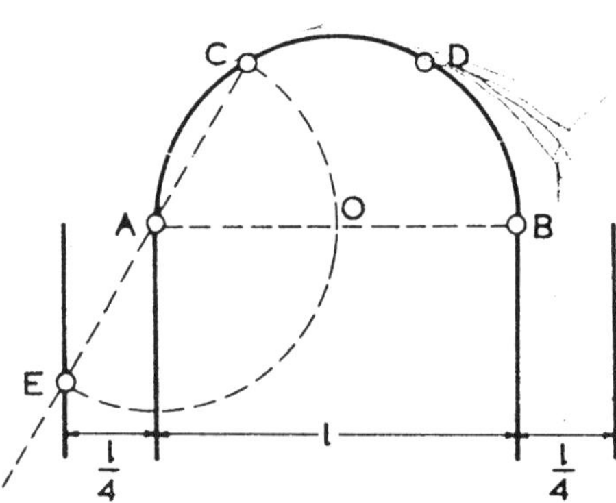

Abb. 4.59: Graphische Methode von F. Derant, 1643, zur Bemessung der Widerlagerstärke einer Kuppel

Galianus 1758, August Rode gab eine deutsche kommentierte Übersetzung 1796 in Leipzig mit Abbildungen des Baumeisters Fra Giocondo und des Kupferstechers G. Newton heraus.[94]

Zu den Militärarchitekturtraktaten gehören Herons und Philons „Belopoiika", die Bau und Ausführung von Festungsanlagen (Türme, Kurtinen, Wehrgänge) und Geschützbau gewidmet sind.[95]

Die mechanischen Studien von Heron wurden in den „Gesammelten Werken" des Pappus, der Anfang des 4. Jh. n. Chr. in Alexandria gelebt hat, beschrieben und weiter ergänzt. Pappus beschreibt die „fünf Maschinen" des Heron: Keil, Hebel, Schraube, Flaschenzug und Radwelle. Die Theorie von Hebel, Flaschenzug und Welle beruht auf dem Hebelgesetz; Keil und Schraube aber versteht man nur mit Hilfe der Theorie der schiefen Ebene. Nach Fierz ist jedoch der Versuch von Pappus, eine solche Theorie zu liefern, mißglückt.[96]

Die Schrift des Sextus Frontinus (40–103 n. Chr.), Oberaufseher der Wasserleitungen von Rom, „De aquae ductibus urbis Romae" über die Wasserversorgung im antiken Rom enthält eine spezielle Ausführung zur römischen Hydrotechnik.[97]

In all diesen Schriften wurden zwar die fünf Einfachen Maschinen der Antike und eine Reihe von praktischen Vorrichtungen beschrieben, aber noch keine Lösungsformeln für die Abmessung und Dimensionierung von Baugliedern erklärt.

Die römischen Brücken wiesen halbkreisförmige Durchlaßöffnungen auf. Das Verhältnis zwischen Pfeilhöhe des Bogens und Spannweite beträgt 1 : 2. Ob einfache Entwurfs- und Bemessungsregeln, in geometrisch-schematischer Form oder den babylonischen Näherungsformeln ähnlich verfaßt, vorhanden waren, ist nicht überliefert.

L. B. Alberti (1404–72), Architekt, Maler und Architekturtheoretiker der Renaissance, wies in seiner Schrift von 1452 „De re aedificatoria" auf eine Bemessungsregel für halbkreisförmige Brückenbogen hin. Es ist aber noch nicht bewiesen, daß die Empfehlung von Alberti sich auf eine viel ältere Vorlage stützt (Abb. 4.59, siehe Abb.7.64).[98]

Anmerkungen

[1] Picard, G., Imperium Romanum, München 1966, S. 10 f.; Boëthius, A., Ward-Perkins, J. B., Etruscan and Roman Architecture, London 1970, S. 8 f.

[2] Arte e Civiltà nell' Italia Antica, Milano Enciclopedia dell'Arte Antica, Roma 1965.

[3] Bandinelli, M. B., Rom (Universum der Kunst), München 1970.

[4] Ward-Perkins, J. B., Roman Imperial Architecture (The Pelican History of Art), Middlesex 1981, S. 425, 451.

[5] Brödner, E., Das Wohnen in der Antike, Wiss. Buchges., Darmstadt 1989, S. 43 f.

[6] McKay, A. G., Römische Häuser und Paläste, dt. Ausgabe v. R. Fellmann, S. 29, Abb. 21–22; Brion, M., Pompeji und Herculaneum, Köln 1961, S. 19; Durm, J., Baukunst der Etrusker/Römer, Hd. d. Arch., 2. T., 2. Bd., Stuttgart 1905.

[7] Brödner, S. 42 f.; McKay, S. 88–89, Abb. 75–77.

[8] Dohr, H., Die italischen Gutshöfe nach den Schriften Catos und Varros, Phil. Diss. Köln 1965, S. 14 f.

[9] Maiuri, A., La Villa dei misteri, Roma 1931, dazu auch Mielsch, H., Die römische Villa, München 1987, S. 38 f.

[10] Kähler, H., Hadrian und seine Villa bei Tivoli, Berlin 1950.

[11] Vitruv, Buch 5, I, 4–7.

[12] Ward-Perkins, J. B., Roman Imperial Architecture, S. 144, 259–261.

[13] Vitruv, Buch 5, VI-VII, 2.

[14] Vgl. dazu Andrae, B., Römische Kunst, Freiburg/Basel 1973; Durm, S. 163 f.

[15] Dazu Stichwort „Circus“, in: Reallex. d. klass. Alt., 1899.

[16] Vitruv, 5. Buch, X.

[17] Brödner, E., Die römischen Thermen und das antike Bad, Darmstadt 2. Aufl. 1992, S. 39 ff.

[18] Ward-Perkins, S. 72, Abb. 33; Summerson, J., Architecture in Britain 1530–1830, London 1963.

[19] Ward-Perkins, Roman Imperial Architecture, 1981, S. 88; vgl. die Angaben Vitruvs im 5. Buch, I. Kap.

[20] Gazzola, P., Ponti Romani, Firenze 1963, S. 33.

[21] Großartige Brückenansichten wurden von dem Architekten und Kupferstecher G. B. Piranesi (1720–78) von 1748 bis 1778 Blatt für Blatt unter dem Titel „Vedute di Roma“ als Radierungen veröffentlicht, die einen nachhaltigen Einfluß auf die Entwicklung des Klassizismus und der romantisch-imaginären Architekturdarstellungen des 18. Jahrhunderts ausübten; vgl. besonders den Ausstellungskatalog „I Ponti di Roma“, Roma 1975.

[22] Vitruv, 2. Buch, IX. Kap.

[23] Gaitzsch,W., Eiserne römische Werkzeuge, Phil. Diss. Marburg 1979, in: BAR, Intern, Ser., 78, Oxford 1980, 1, S. 117.

[24] Durm, Die Baukunst der Römer, Stuttgart 1905.

[25] Choisy, L'art de bâtir chez les Romains, p. 160; Ionescu, G. Arhitectura pe teritoriul Romaniei, Bukarest 1982, p. 33.

[26] Vitruv, 2. Buch, III. Kap.

[27] Marcus Vitruvius Pollio, Zehn Bücher über Architektur, übers. u. erläutert von J. Prestel, 3. Auflage Baden-Baden 1974, Tafelteil, S. 6, Fig. 2–3.

[28] Rupp, E., Bautechnik im Altertum, S. 37.

[29] Durm, op. cit., S. 184; Adam, J.-P., La Construction Romaine, Paris 1984, p. 159

[30] Tonindustrie-Zeitung, 1913, S. 623, und Quietmeyer, Einfluß des Mörtels auf die Festigkeit des Mauerwerks, in: Der Bauingenieur 1920, S. 393.

[31] Vitruv, 2. Buch, V. Kap.

[32] Thode, D., Untersuchungen zur Lastabtragung in spätantiken Kuppelbauten, Diss. TH Darmstadt 1975, S. 54.

[33] Blümner, op. cit., III, S. 9.

[34] Rosumek, P., Technischer Fortschritt im antiken Bergbau, Phil. Diss. Bonn 1982, S. 127, 131, 137.

[35] Gaitzsch, op.cit., S. 80.

[36] Lauter-Bufe, H., Zur Kapitellfabrikation, in: RM 79, 1972, S. 324; Asgari, N., Halbfabrikate ... in: AA 1977, S. 329.

[37] AA 1977, S. 329 und RM 79, 1972, S. 324.

[38] Rakob, F., Metrologie und Planfiguren, in: Disk AB, 4, 1984, S. 220.

[39] Vitruv, 10. Buch, II. Kap.

[40] Heimburger, U., Römische Landvermessung, S. 12; dies., Griechische und römische Landvermessung, in: Disk AB, 4, 1984, S. 277.

[41] Adam, op. cit., S. 21–22.

[42] Zimmer, G., Römische Berufsdarstellungen, Phil. Diss. München, Berlin 1982, S. 41; Vitruv, 1. Buch, I. Kap.

[43] Rakob, F., Die Piazza d'Oro in der Villa Hadriana, ungedr. Diss. Karlsruhe 1967, ders., Opus caementicium, in: RM 90, 1983, S. 361.

[44] vgl. Abschn. I, III.

[45] Huelsen, Ch., Piante iconografiche incise in marmorea, in: RM 5, Taf. III; Cretoni/Colini/Gatti, La pianta marmorea, Roma 1960, plan XVI.

[46] Lamprecht, H. O., Opus caementicium, S. 15.

[47] Ueblacker, M., Das Theatro Marittimo, Diss. München 1976, S. 80–81; Heylmeyer, W.-D., Korinthische Normalkapitelle, Diss. Frankfurt, S. 20.

[48] Das „opus reticulatum“ entspricht demnach dem englischen Ausdruck „facing“ und dem ital. Wort „faccia vista“. Dazu Hoffmann, A., Das Gartenstadion in der Villa Hadriana, DAI Rom, 1980 (Diss. Karlsruhe 1975), S. 38 u. Anm. 199; Blake, M., Ancient Roman Construction in Italy from the Prehistoric Period to Augustus, S. 228.

[49] Choisy, A., Histoire de l'architecture, I, p. 536.

[50] Deichmann, F-W., Westliche Bautechnik im römischen und rhomäischen Osten, in: RM 86, 1979, S. 478.

[51] Vitruv, 3. Buch, IV. Kap.; 6. Buch, VIII. Kap.

[52] Choisy, L'art de bâtir chez les Romains, S. 13, 17; Durm, II, S. 217; Cozzo, Ingegneria Romana, p. 164.

[53] Hoffmann, A., Das Gartenstadion in der Villa Hadriana, Diss. Karlsruhe 1975, DAI Rom/Mainz 1980, S. 37; Rakob, Piazza d'Oro, 7.

[54] Blümner, III, S. 160f; Vitruv, 7. Buch, IV. Kap.

[55] Van Deman, E. B., Methods of Determining the Date of Roman Concrete Monuments, in: AJA 16, 1912, S. 1912; Kammerer-Grothaus, H., Der Deus Reticulus im Triopion des Herodes Atticus, ungedr. Phil. Diss., Köln 1970, in: RM 81, 1974, S 167.

[56] Rakob, F., Römische Architektur in Nordafrika, in: 150-Jahr-Feier DAI-Rom, 25. Ergh. RM (1982), S. 111; Adam, J.-P. op. cit., S. 140.

[57] Rakob, F., Opus caementicium, in: RM 90, 1983, S. 369; Gilly, D., Hd. d. Landbaukunst, Braunschweig 1797.

[58] Kammerer-Grothaus, op. cit., S. 166, 169; Durm, II, Abb. 229.

[59] Rondelet, J., L'art de bâtir; Choisy, op. cit., I. S. 531; Blake, M. E., Roman Construction in Italy from the Prehistoric Period to Augustus, S. 193.

[60] Choisy, ebenda; Ostendorf, F., Geschichte des Dachwerks, 1914, I.

[61] Blake, M. E., Roman Construction in Italy from Prehistoric Period to Augustus, S. 193.

[62] Choisy, op. cit., I, S. 523–524

[63] Choisy, I., S. 526; Durm, II, S. 266–267, Fig. 276.

[64] Choisy, L'art de bâtir, pl. 8.

[65] Choisy, op. cit, S. 127; Besenval, R., Technologie de la voute dans l'orient ancien, Thèse de Doctorat de 3ème Cycle, Univ. de Paris I, Paris 1984, I, 61.

[66] Durm, II, S. 269; Cozzo, Ingegneria Romana, Rom 1928; vgl. Thode, D., Untersuchungen zur Lastabtragung . . ., S. 131.

[67] Durm, II, S. 269; Cozzo, Ingegneria Romana, Rom 1928, vgl. Thode, D., Untersuchungen zur Lastabtragung . . ., S. 131.

[68] Durm, II, S. 269; Cozzo, Ingegneria Romana, Rom 1928, vgl. Thode, D., Untersuchungen zur Lastabtragung . . ., S. 131.

[69] Thode, S. 134.

[70] Thode, S. 132; Rakob, F., Untersuchung am Venustempel in Baiae, in: RM 68, 1961, S. 138.

[71] Deichmann, F.-W., Studien zur Architektur Konstantinopels, Baden-Baden 1956, S. 23; Choisy, L'art de bâtir, S. 147, pl. 8.

[72] Borchardt, L., Längen u. Richtungen der vier Grundkanten der Großen Pyramide bei Giseh (Berlin 1926), in: Beitr. z. äg. Bf. u. Altertumskunde, Kairo 1937, H. 1, S. 7–13.

[73] Neugebauer, O., Vorlesungen über Geschichte der antiken mathematischen Wissenschaften, Bd. 1, Vorgriechische Mathematik, Reprint (1934) Berlin / Heidelberg / New York 1969, S. 121–122

[74] Neugebauer, op. cit., S. 122.

[75] Neugebauer, S. 124, Fig. 37.

[76] Neugebauer, S. 124, Fig. 38.

[77] Nach Neugebauer, S. 122, Anm. 1, gibt es keine textlichen oder zeichnerischen Belege, daß gewisse Flächen, die man dem rechtwinkligen Dreieck zuordnen kann, einander gleich sind. Dazu Becker/Hofmann, Geschichte der Mathematik, Bonn 1951, S. 23.

[78] Becker/Hofmann, Geschichte der Mathematik, 1951, S. 23–24, 32–33.

[79] Vogel, K., Vorgriechische Mathematik, II, H 2, Hannover/Paderborn 1959, S. 37–38, 84.

[80] Vogel, S. 81, Abb. 36.

[81] Becker/Hofmann, Geschichte der Mathematik, S. 45.

[82] Drachmann, A.G., The mechanical technology of Greek and Roman antiquity, Copenhagen 1963, p. 13, An. 2.

[83] Archimedes Werke, Übers. A. Czwalina, F. Rudio, J.L. Heiberg und H.G. Zeuthen, Nachdruck Darmstadt 1967, S. 168, 208, 384, Fig. 1–5.

[84] Becker/Hofmann, op. cit., S. 86; Wieleitner, H., Geschichte der Mathematik, I, Berlin u. Leipzig 1922, S. 22f.

[85] Drachmann, A.G., The mechanical technology of Greek and Roman antiquity, Copenhagen 1963; Heron von Alexandria, Mechanik und Katoptrik, Hrsg. u. Übers. von L. Nix und W. Schmidt, Leipzig 1900

[86] Heron von Alexandria, Hrsg. u. übersetzt von Nix/Schmidt, Leipzig 1900, S. 70–73.

[87] Dazu Drachmann, op. cit., S. 22, Fig. 5; Krafft, F., Mechanische Technik in der Klassischen Antike, in: Technikgeschichte, 33 (1966) S. 123.

[88] Krafft, op. cit., S. 124.

[89] Heronis Opera, H. Schöne, vol. 3, Leipzig 1893; F. Hultsch bildete in dem Sammelband des Pappos die Maschinen von Heron ab, „Pappi Alexandrini Collectionis", Berlin 1877.

[90] Aristotle: Minor Works, London/Cambridge (Mass.), 1936, p. 382f.

[91] Wasserschnecke und Schraube hießen „Koklias" (*κοχλίας*), siehe dazu Treue, W. und Kellermann, R. Die Kulturgeschichte der Schraube, München 1962, S. 14 f. Aufschlußreich die Ausführung bei Krafft, op. cit., S. 137. In der Antike war die „schiefe Ebene" noch nicht als mechanisches Prinzip erkannt worden.

[92] W.S. Hett (Ed.), Aristotle, Minor Works, London/Cambridge, 2. Aufl. 1955, p. 372f.; dazu Krafft, op. cit., S. 143.

[93] Drachmann, A.G., The Screw of Archimedes, Actes du VIIIe Congrès intern. d'Histoire des Sciences, Florenz/Mailand 1956, (1958), p. 940 f.

[94] Über die Vitruvliteratur vgl. Kruft, H.-W., Geschichte der Architekturtheorie, München 1985, S. 72 f.

[95] H.A. Diels und E. Schramm (Hrsg.), Herons Belopoiika, Philons Belopoiika, Leipzig 1970.

[96] Fierz, M., Vorlesungen zur Entwicklungsgeschichte der Mechanik, Berlin/Heidelberg/New York 1972, S. 15.

[97] „Wasserversorgung im antiken Rom", Frontinus-Gesellschaft (Hrsg.), München/Wien 1982.

[98] Dazu Kojuharov, G., La voûte de l'Antiquité et du Moyen Age, Sofia 1974, p. 139. Er weist auf die Methode von Dérant hin, der 1643 eine geometrische Hilfskonstruktion für die Bemessung der Widerlager benutzt. Diese geometrische Hilfsfigur wurde 1684 erneut von F. Blondel, Direktor der Académie d'Architecture, vorgeschlagen. Darüber soll an anderer Stelle erörtert werden.

V Byzanz

Abb. 5.1: Hagia Sophia, Querschnitt

1 Zur Kulturgeschichte von Byzanz

Zur historischen Voraussetzung der Entfaltung byzantinischer Architektur wird die Neugründung Konstantinopels, der alten griechischen Stadt Byzanz, im Jahre 324 n. Chr. und die gewaltige Lebensdauer der Stadt von elfhundert Jahren bis zur Einnahme durch die Türken im Jahre 1453 (Abb. 5.2).

Am 11. Mai 330 n. Chr. fand die Einweihungsfeier Konstantinopels als neue Hauptstadt des Römischen Reiches statt. Die Verlegung der Hauptstadt von Rom nach Konstantinopel markiert den Beginn der künftigen neuen kulturellen Entwicklung Osteuropas. Im Jahre 395 vollzog sich die Trennung zwischen West- und Ostteil des römischen Imperiums, und 476 n. Chr. löste sich das Westreich endgültig auf. Mit der konstantinischen Gründung dringen starke weströmische Einflüsse auf die hellenistische Provinzstadt ein, verleihen ihr aber trotz der Romanisierung im Laufe der weiteren Erstarkung das Bewußtsein, daß dieses Neu-Rom doch anders ist als Alt-Rom und den Charakter einer Weltmetropole erringen kann.

Die griechische Sprache ersetzt in der Staatsverwaltung bald die lateinische Sprache, das Christentum wird ab 391 als einzige offizielle Religion vom Staat anerkannt, es wird zur Staatsreligion.

Man kann die byzantinische Kultur und Zivilisation in drei Zeitabschnitte unterteilen:

- Frühe Periode (450–843): Kultureller und politischer Höhepunkt wurde unter Kaiser Justinian I. (527–565) erreicht. Das Ostreich umfaßt Süditalien und Südspanien, Nordafrika, die Balkanländer, Kleinasien, die Ostmittelmeerküste und Armenien. In der Zeit bis 600 n. Chr. ist der Byzantinismus noch nicht so weit ausgeprägt, so daß man die Architektur dieser Zeit als oströmisch oder romäisch bezeichnen kann. In dieser frühen Periode (4.–7. Jh.) ist die Architektur noch im wesentlichen antik, spätrömisch. Mit Sicherheit kann die Justinianische Periode, die einen Höhepunkt in der Architekturgeschichte darstellt, als frühbyzantinisch bezeichnet werden. Beim Hagia-Sophia-Bau in Konstantinopel kommt eine neue, alles Vorausgehende hinter sich lassende Wölbungstechnik und Konstruktion zur Ausführung, die eine eigene Bautradition begründet.

  Die monumentale justinianische Architektur wurde natürlich durch die weströmische und nicht durch die wölbungslose griechische und hellenistische Architektur beeinflußt. Sie hat die Ostprovinzen (Klein- und Vorderasien, Mesopotamien, Kaukasus) und die Westprovinzen (Griechenland, Balkanländer) in bautechnischer Hinsicht (z. B. Ziegelbau, Wölbungstechnik) befruchtet (Abb. 5.1)[1].

  Eine erste, tiefe Erschütterung des Byzantinischen Reiches brachte der Bilderstreit in der byzantinischen Malerei, der von 725 bis 843 gedauert hat. Diese kirchliche dogmatische Auseinandersetzung betraf in der Hauptsache die Verehrung der Bilder (Ikonen) heiliger Personen. Armenische, kleinasiatische Griechen und syrische Kaiser, die noch einen Restbezug zur frühchristlich-jüdischen Auffassung hatten, waren gegen die Verehrung von Ikonen. Der Streit wurde durch die Kaiserin Theodora im Jahre 843 mit der feierlichen Befestigung des Ikonenkultes beendet.[2]

- Die mittlere Periode (843–1261) ist durch eine relative politische Stabilität der Reichsgrenzen gekennzeichnet. Die Kunst erfuhr eine Dogmatisierung und entsprechend dem religiösen orthodoxen Kult eine Kanonisierung der Formenvielfalt. Nach der Trennung des West- vom Ostreich erfolgte die erste kirchliche Spaltung im Jahre 867 und endgültig 1054. Nach diesem Bruch mit der römischen Kirche wendet sich der kirchliche und kulturelle Universalismus von Byzanz dem osteuropäischen Raum und Rußland zu. In den neuen politischen und kulturellen Bestrebungen wurden die Kontakte zu Westeuropa durch die Kreuzfahrer eingeleitet. Die byzantinischen Kaiser Basileios I. und II. (976–1025) versuchen die römische Reichstradition und Gesetzgebung mit der griechischen Sprache und Kultur zu verbinden. Die Eroberung Konstantinopels durch die verbündeten Kreuzfahrer im 11. Jh. erschüttert das Byzantinische Reich.

- Die Spätzeit (1261–1453) kann durch den politischen und gesellschaftlichen Zerfall von Byzanz charakterisiert werden. Die west- und mitteleuropäischen Kreuzfahrer dehnen die Herrschaft über Konstantinopel (1204–1261) nach Griechenland, Palästina, Syrien und Kleinasien aus. Durch die Berührung mit der feudalen ritterlichen Kultur des Okzidents hat sich das Byzantinische Reich teilweise selbst feudalisiert. Die byzantinischen Romane des 13.–14. Jh. sind durch den Einfluß der „Chansons de geste" gefärbt.[3]

  Die Eroberungszüge der Türken, die im Verlauf von zwei Jahrhunderten große Territorien im südosteuropäischen Raum besetzten und sich nunmehr gegen Konstantinopel richteten, führten zum Zusammenbruch des Byzantinischen Reiches. Am 29. Mai 1453 nahmen die Osmanen die Hauptstadt und letzte Bastion des Reiches ein.

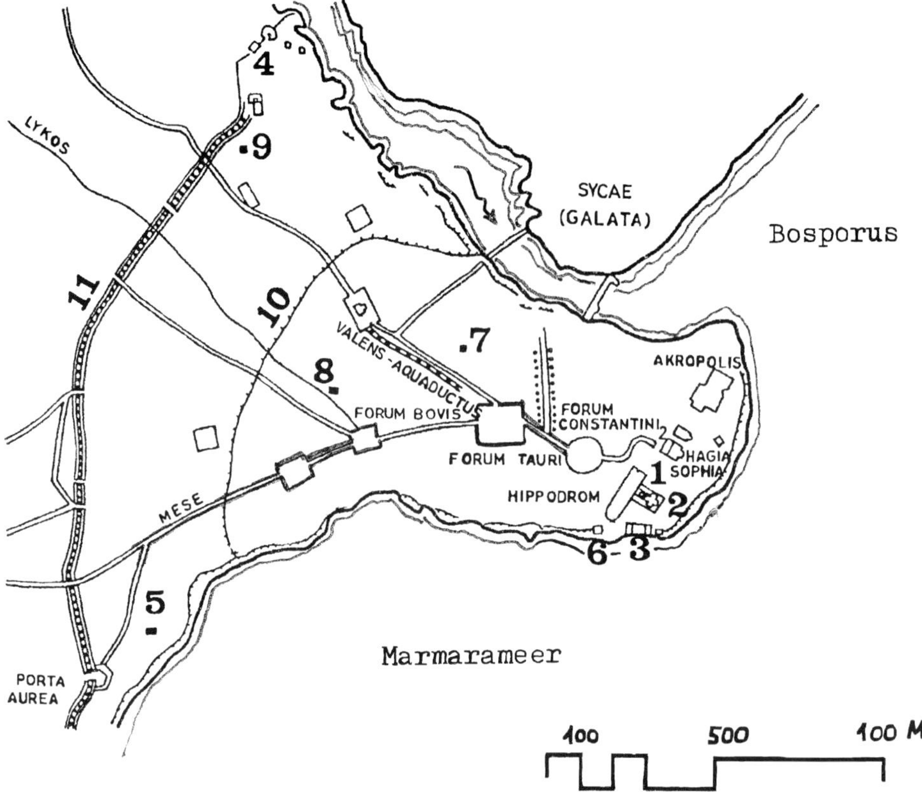

Abb. 5.2: Konstantinopel – Stadtplan
1 Augusteon (Säulenportiken)
2 Kaiserlicher Palast
3 Bucoleon
4 Blachernenpalast, Blachernenkirche
5 Stadionbasilika
6 Il.-Sergius- und Bacchus-Kirche
7 Pantokrator-Kloster
8 Lipskloster
9 Cahri Camii
10 Mauer Konstantins d. Gr.
11 Mauer Theodosius' II.

Mit der Übernahme des Christentums aus Byzanz verbreitet sich die byzantinische Kunst und Kultur nach Nordosten, Kiew, Nowgorod und Moskau, nach Südosten, zunächst unmittelbar in den Konstantinopel näher liegenden Gebieten, wie Bulgarien, Makedonien und Südserbien, später in Nordserbien und dann oberhalb des Donauflusses in der Walachei und der Moldau.[4]

2 Architekturprogramme

Die Bipolarität der byzantinischen Gesellschaft wurde vom Kaiserhof und von der Kirche verkörpert. Beide Instanzen waren für Investitionen im Baubereich verantwortlich: Palastbauten und Kultbauten. Ein bedeutender, wenn auch umfangmäßig beschränkter Bereich fiel dem Befestigungswesen und den ädilitären öffentlichen Bauten zu (z. B. Bäder, Wasserleitungen und Zisternen). Gebäuderäume mit soziokulturellen Funktionen, wie z. B. Schulen, Bibliotheken und Krankenpflege, konnten in bescheidenem Umfang in den Klosteranlagen eingerichtet werden.[5] Über den Wohnungsbau in den byzantinischen Städten gibt es noch zu wenige Forschungsergebnisse, um darüber präzise zu berichten.[6]

Nach einem Ausgrabungsbericht über byzantinische Häuser in Pergamon lassen sich ein allseitig umbauter Hof mit Wohn-, Stall- und Vorratsräumen und ein Wohnhaus aus einer Aufreihung von Wirtschafts- und Wohnräumen an der Längsseite eines Hofes unterscheiden.[7]

2.1 Sakralbau

Das Raumprogramm ist in der Liturgie und dem orthodoxen Ritual begründet. Der wichtigste Ort für die Ausübung der Liturgie war der Naos. Der Altar wurde vom Naos durch die Bilderwand, die Ikonostasis mit drei Türen, getrennt. Zwei kleine Nischen säumten den Altar: im Norden die „Prothesis" und im Süden der Kleiderraum (Diakonikon). Der „Pronaos", als Vorhalle, war für die Taufe vorbehalten. Der Haupteingang war durch einen Portalvorbau geschützt.

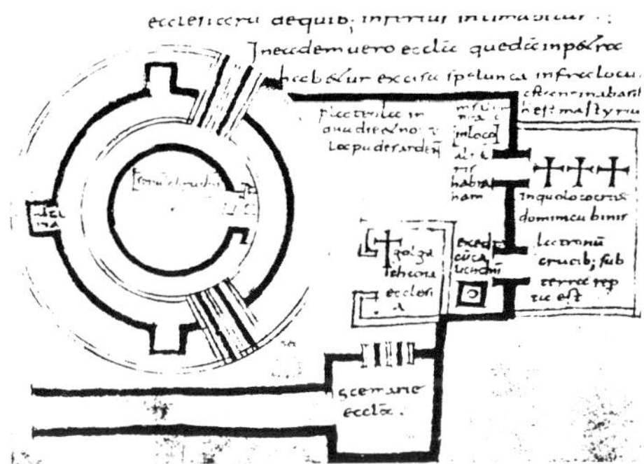

Abb. 5.3: Jerusalem, Heiliggrabkirche, Abbildung in: Arculf, De locis sanctis, 680–684

2.1.1 Basilikaler Typus

Der basilikale Kirchentypus, durch seine Längsachse mit Blick zum Altar ausgerichtet, hat nicht ägyptische und römische Vorbilder, sondern auch konstantinische Gründungen zeigten bereits die symmetrische Raumdisposition mit Haupt- und Nebenschiffen.[8] Eine bedeutende Ausstrahlung auf die Raumbildung übte die Jerusalemer Heiliggrabkirche (335 n. Chr.) aus. Die zwei wichtigsten Bestandteile

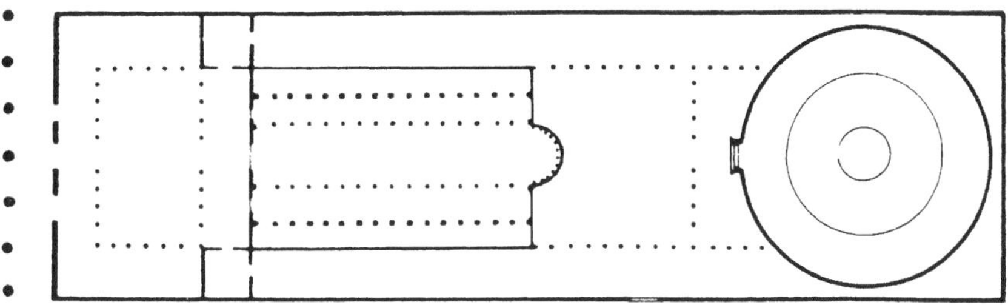

Abb. 5.4: Jerusalem, Heiliggrabkirche, Rekonstruktion d. Konstant. Bereichs

der Anlage waren die Pilgerbasilika (Martyrion) und die Rotunde (der Wiedergeburt) mit Umgang.[9] Beispiele von basilikalen Langschiffanlagen findet man in Ravenna, S. Apollinare Nuovo und S. Apollinare in Classis (6. Jh.), in Thessaloniki Hagios Dimitrios (5. Jh.), in Konstantinopel Hagios Studion, in Syrien Dâr Kltâ, St. Paul und Moses (418 n. Chr.) (Abb. 5.3, 5.4, 5.7).

2.1.2 Zentraltypus

Die Raumform kommt bereits bei römischen Rundbauten (Martyrion, Mausoleum) vor, S. Constanza (320 n. Chr.). Das Achteck wurde aus dem Quadratraum durch Abschrägen der Raumecken und ausgehöhlte Nischen gewonnen, St. Georg in Zorah/Syrien (515), die Kathedrale in Bosrâ (512) und das Baptisterium in Kalât Simân/Syrien und das Martyrion in Rusâfah (Resâfah/Sergiopolis) in Mesopotamien. Diese Kirche stellte eine Kombination aus Basilika und Trichoros dar. Die drei Apsiden wurden mit Halbkuppeln überdeckt, der basilikale Längsraum war durch die segmentförmigen Exedras und Ausbuchtungen der Längs- und Seitenwände geprägt (Abb. 5.6, 5.8).[10]

In Konstantinopel ragen Hagios Sergios und Bakchos (527–536) und Hagia Sophia als Basilika mit einer Verbindung zum Zentralbau mit Pendentifkuppel (532–537) als justinianischer Höhepunkt der byzantinischen Baukunst des 6. Jh. hervor (Abb. 5.9).

Im früheren Exarchat Ravenna kam S. Vitale, ein Oktagon mit einem in Exedren ausschwingenden Kernbau, zur Ausführung (522–532).

Eine wichtige Neuerung der Raumgestaltung, die auch die Konstruktion bestimmte, stellte die Kreuzkuppelkirche Hagia Sophia in Thessaloniki, die Johanneskirche in Ephesos (550–565), die Irenenkirche in Konstantinopel (532) mit einer längsgerichteten Aneinanderreihung von Kuppeln dar. Die Trylobatanlage mit drei Apsiden hat zwar römische Vorbilder, aber auch Anregungen von den Klosteranlagen in Athos erfahren. Von dort verbreitete sich dieser Typus mit Konchen in Südosteuropa: Hosios Elias in Thessaloniki, Turnu Severin, S. Nicolaie/Curtea de Arges (Rumänien). Als Kombination der Basilika mit dem Grundriß des griechischen Kreuzes entstehen das Kloster in Kalât Simân und S. Marco in Venedig (Abb. 5.10–5.14).[11]

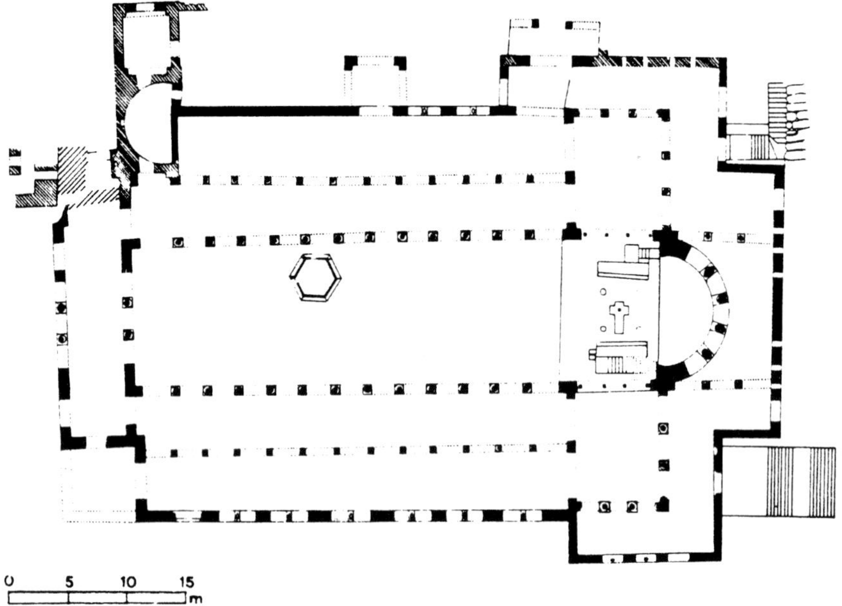

Abb. 5.5: Hagios Dimitrios in Thessaloniki (5. Jh.)

In der Sakralarchitektur Osteuropas setzte sich die mehrschiffige Kreuzkuppelkirche durch, wie z. B. die fünfschiffige Kathedrale von Kiew (1017). In der Walachei (Rumänien) tritt der byzantinische Einfluß zum Teil über die Moravaschule auf: Die bedeutende Dreikonchenanlage des Klosters in Cozia, 1388 (von Mircea d. Gr. errichtet) mit einem Kuppeldurchmesser von 4 m.[12]

Unter den Kreuzkuppelkirchen der Walachei ragt die Nikolauskirche (Biserica Domneasca) in Curtea de Arges (1350) hervor: Kuppeldurchmesser ca. 5 m.[13] Demgegenüber tritt in den bulgarischen Kreuzkuppelkirchen des 14. Jh. eine Abhängigkeit von der palaiologischen Architektur Konstantinopels in Erscheinung (Abb. 5.15–5.18).[14]

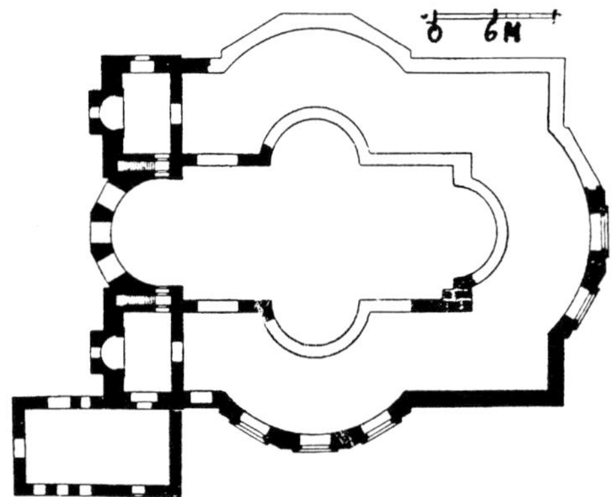

Abb. 5.6: Rusafah, Martyrion (6. Jh.)

2.1.3 Die türkische Kuppelmoschee

Zwar gehört die türkische Kuppelmoschee nicht direkt zu den Bauwerken der byzantinischen Epoche, aber die Einflüsse der justinianischen Bauten, besonders der Hagia Sophia, auf Entwurfskonzept und Konstruktion der türkischen Kuppelräume „über dem Quadrat" ist unbestritten (Abb. 5.19–5.21).

Entwicklungsgeschichtlich gehört die Anlage von zwei und mehr Kuppeln in T-Form zum frühen Bautypus der Kuppelmoschee, wie z. B. die Yesil-Camii in Iznik (ca. 1450) mit einem Kuppeldurchmesser von ca. 10 m. Da sich Raumquadrat und Kuppel nicht decken, sind in den Raumecken Überleitungselemente, hier in Form von Eckschrägen oder Dreiecken als sphärischen Zwickeln, aufgemauert.[15]

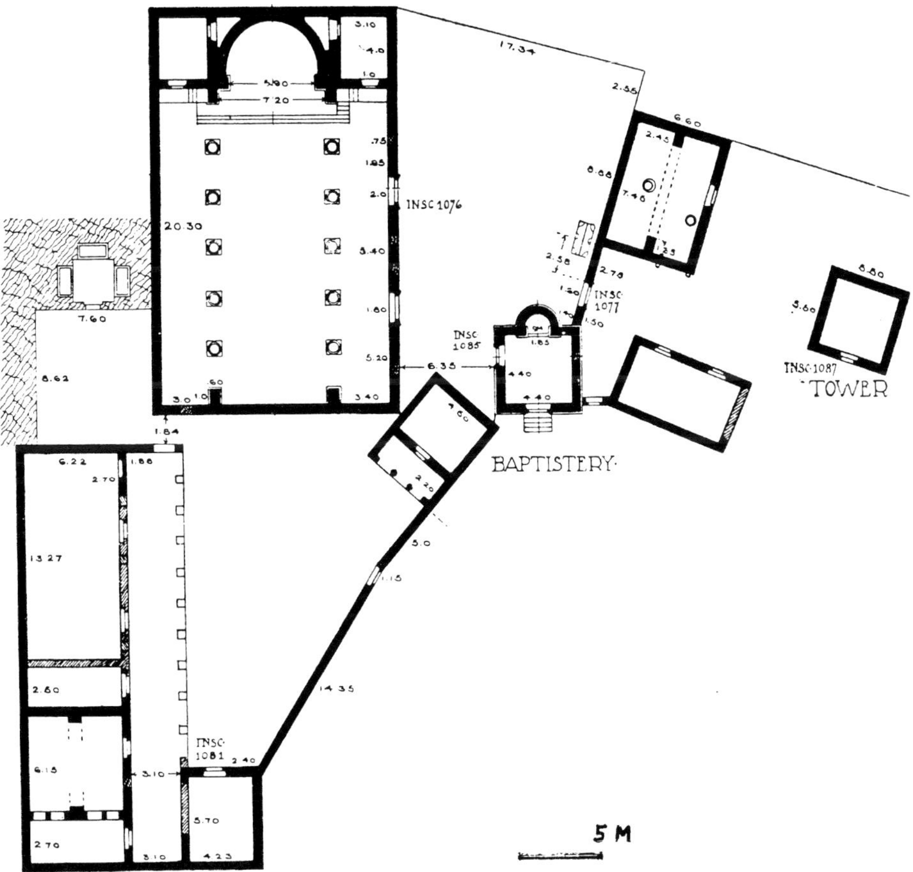

Abb. 5.7: St. Paul und Moses in Dâr Kîtâ, Syrien (418), Grundriß

Der Sultan-Suleyman I.-Camii in Istanbul wurde nach dem Vorbild der Hagia Sophia mit durchfensterten Neben- und Satellitenkuppeln von dem illustren Baumeister Sinan, 1550, mit einer Zentralkuppel von ca. 25 m Durchmesser errichtet. Eine analoge Konstruktion hat die Sultan-Ahmet-Camii (1609) mit einem großen Zenkalkuppelraum und einem Durchmesser von ca. 23 m Weite.[16]

3 Baukonstruktionselemente

In der byzantinischen Architektur gab es zwei Bauausführungsmethoden, die sich an den örtlich vorhandenen Baumaterialien orientierten: Haustein-Mauerwerk in den Ostprovinzen (Syrien-Palästina, Kleinasien, Armenien und Georgien) und eine Bauweise aus Ziegeln und Bruchsteinen in den Westprovinzen (Konstantinopel, Balkan, Italien).

Die Bauweise mit Ziegeln und Bruchsteinen wird in der Literatur als konstantinopolitanische bezeichnet.[17] Die Konstruktion bestand zwar aus zwei Außenmauern mit einem Kern, wurde jedoch Lage um Lage mit viel Kalkmörtel verlegt.[18] Nach mehreren Hausteinschichten wurde ein Ziegelband gelegt, das oft aus fünf Lagen bestand und sich über die ganze Mauerdicke erstreckte.

Allein die Ziegel dienten als Maßeinheit: In Konstantinopel waren sie quadratisch, mit einer Seitenlänge von etwa 35–38 cm. Bogen, Gewölbe und Kuppel wurden dort wie z. B. bei der Sophienkirche ausschließlich aus Ziegeln errichtet.

Bautechnisch interessant ist der konstruktive Unterschied zur römischen Bauweise: Der römische Mauerkern hatte durch den Zuschlag von Puzzolanerde und auch Ziegelmehl eine hydraulische Wirkung, war monolithisch und wasserundurchlässig

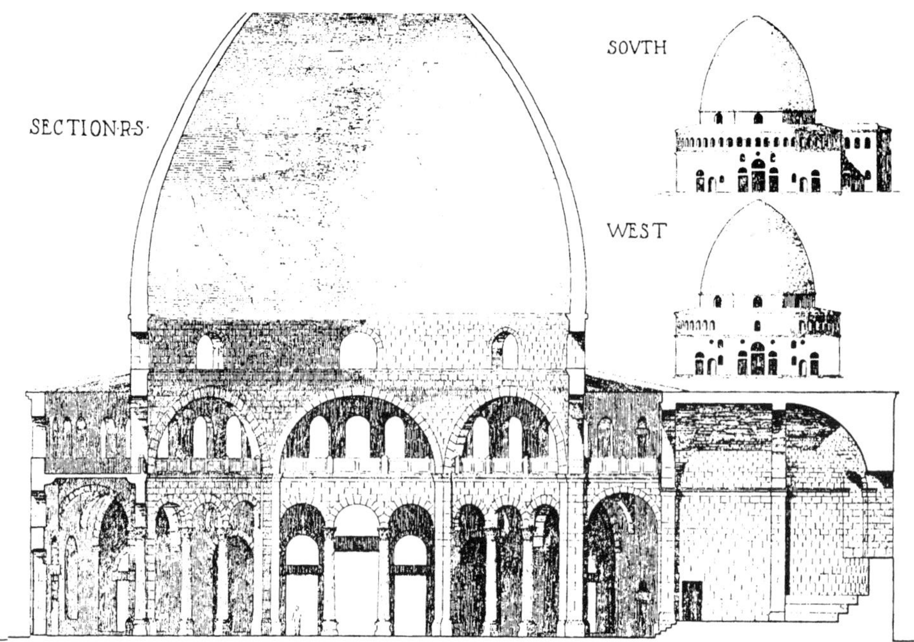

Abb. 5.8: Kathedrale von Bosra, Syrien (512), Längsschnitt

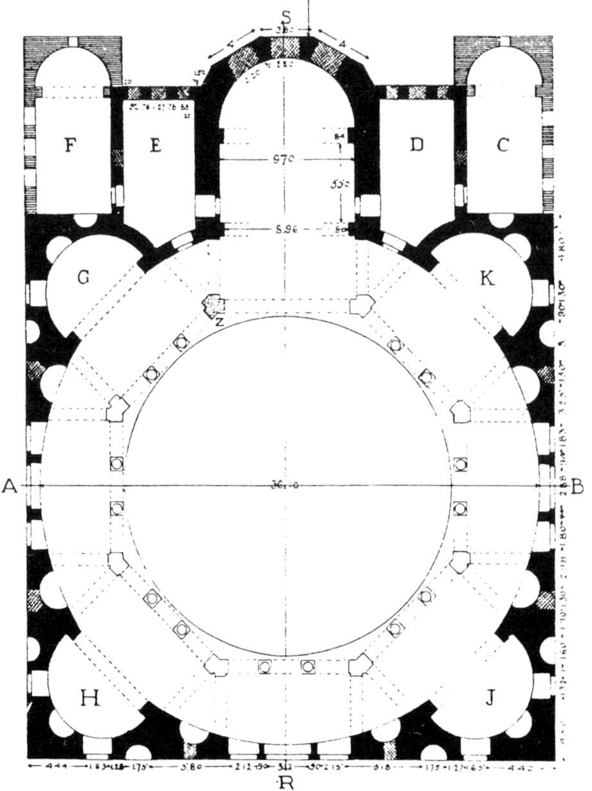

Abb. 5.9: Kathedrale von Bosra, Syrien (512), Grundriß

Abb. 5.10: Hagios Sergios und Bakchos (527–536), Querschnitt

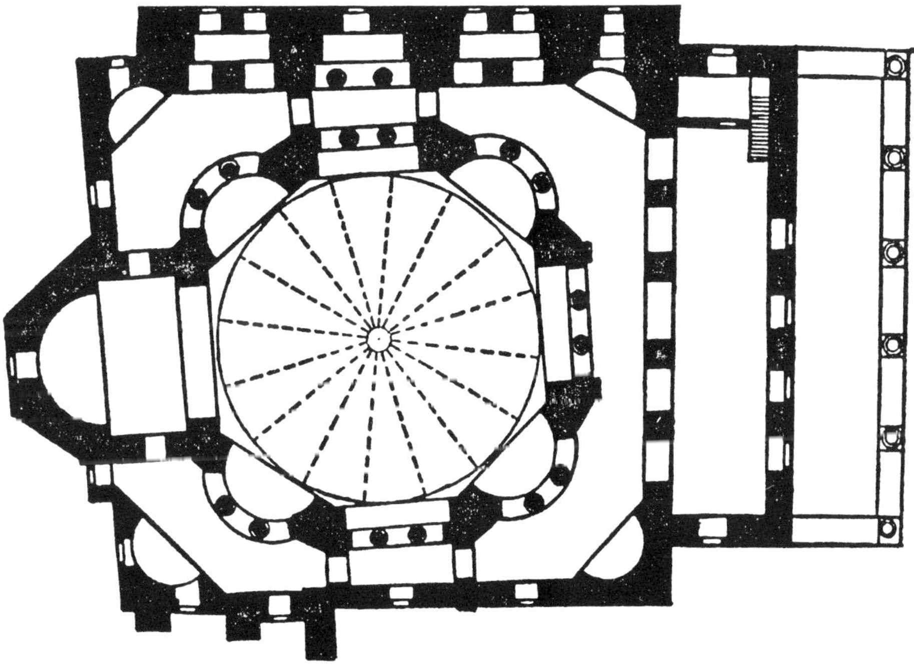

0 5 10 20 M

Abb. 5.11: Hagios Sergios und Bakchos, Grundriß

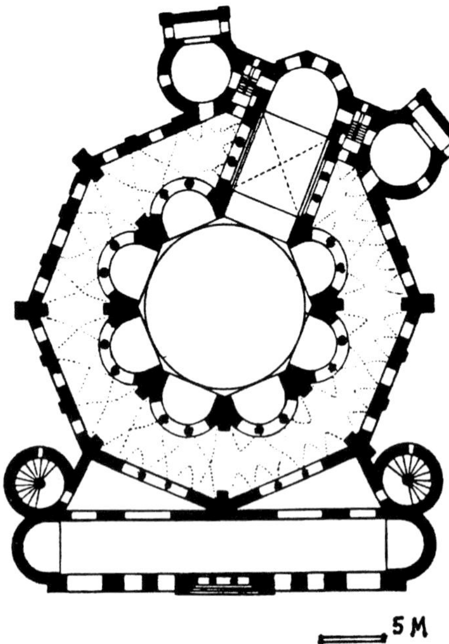

Abb. 5.12: San Vitale in Ravenna (522–532), Grundriß

und konnte auch ohne die Verkleidungselemente aus Retikulat- oder Bruchsteinen nackt bleiben. Bei der byzantinischen Baukonstruktion hingegen besteht das Mauerwerk aus opus caementicium, ohne Puzzolanerde, mit Blockfassung und Ziegeldurchschuß oder aus Ziegelwerk mit Quaderdurchschuß. Der Schuttkern wird trotz des Kalkmörtels nicht zur homogenen Masse. Die Werksteinverkleidung ist also konstruktiv notwendig, ebenso auch der Ziegeldurchschuß.

Beim Ziegelmauerwerk fällt die Dicke der Mörtelfugen auf: Das Verhältnis von Ziegel und Mörtelfuge wurde von 3 : 2 auf 1 : 1 vergrößert. Die Eckfassung der Mauern sowie der Pfeiler wurde nach hellenistischem Vorbild erstellt (s. Abschnitt III).

3.1 Gewölbe- und Kuppelbau

3.1.1 Tonnengewölbe

In Kleinasien wurden die Gewölbe mit radial geschichteten „caementa“ errichtet. Beim Rundtempel des Askleipios Soter von Pergamon (150 n. Chr.) bestand die Kuppel aus radial geschichteten Ziegeln, während am Kuppelfuß ein äußeres Widerlager aus opus caementicium vorhanden war.[19] Diese Wölbungsform setzte sich in Kleinasien durch, während das weströmische caementicium-Gewölbe allmählich verschwand (Abb. 5.22).

Zur Verstärkung des Tonnengewölbes wurden seit dem 3. Jh. n. Chr. Gewölberippen angewandt, die im Querschnitt als Doppelbogen erscheinen. Die Ausführungstechnik des Tonnengewölbes beschränkte sich auf das Aufmauern von schrägen Ringschichten bei Verwendung von rasch abbindendem Gipsmörtel und flachen Ziegeln.

Mit dem Gipsmörtel war es möglich, den flachen, mit Gips beschichteten Backstein an eine Wand zu drücken. Diese Technik führte dazu, daß das Gewölbe sich aus senkrecht oder schräg stehenden Ziegelreihen oder Ziegelringen zusammensetzte, wobei jeweils eine neue Ringschicht auf die fertige aufgeklebt wurde (Abb. 5.23).

3.1.2 Kreuzgewölbe

Das römische Kreuzgewölbe entsteht durch die Durchdringung von zwei Tonnen. Die horizontalen Scheitel neigen dazu, nachträglich durch Setzungen zu reißen. Diesem Nachteil wurde bei der byzantinischen Bauweise abgeholfen, indem man den Kappen in der Längs- und Querrichtung steigende Scheitel gab. Der Mangel wurde also beim byzantinischen Kreuzgewölbe durch „Busung“ vermieden, d. h., die Scheitellinie ist segmentförmig überhöht, und der Grat, in dem sich die ganze Gewölbelast sammelt, geht im Scheitelbereich in eine Kehle über (Abb. 5.24).[20]

3.1.3 Domikalgewölbe und Kuppeln

Beim Domikalgewölbe verlegte man die Ziegel mit einer allmählich immer stärker von der Horizontalen abweichenden Neigung so, daß zuerst Gewölbezwickel entstanden, die eine kreisrunde Basis für das Gewölbe bildeten. Dann arbeitete man weiter aufwärts, bis der Scheitel erreicht war.

Die Kuppel wurde aus horizontalen Ringschichten gebildet und ruhte auf Gewölbezwickeln in Form von Pendentifs.

In der syrischen Provinz tauchte im 4.–5. Jh. n. Chr. die Trompe auf. Dieses Hilfsgewölbe wurde diagonal über die Ecken des Raumquadrats in abgetreppten Quader- oder Ziegelschichten gespannt (s. Abschnitt V, 5.5.3).

Bei der römischen Kuppelschale kommen Ziegelbänder als Meridiane vor: zwischen diesen Rippen wurde das opus caementicium eingelassen.

Die Rippen waren als Grate ausgebildet, die zur Verstärkung der Kuppel beitrugen. Dennoch waren sie kein konstruktives Element im Sinne der Romanik und Gotik, da sie mit der zwischen ihnen liegenden Fläche ein Ganzes bildeten (Abb. 5.25–5.31).

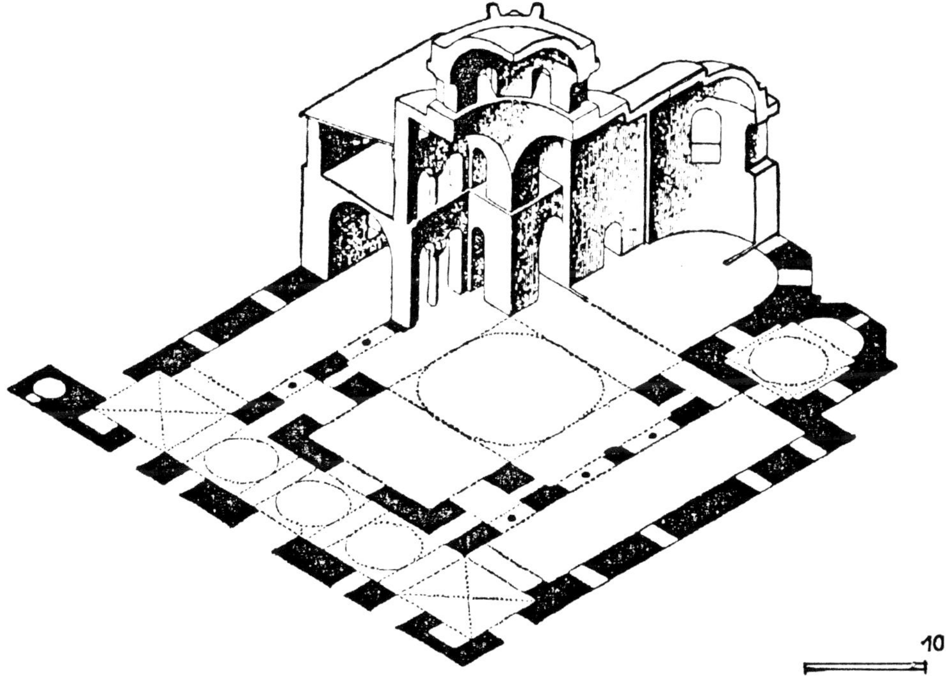

Abb. 5.13: Hagia Sophia in Thessaloniki, isometrischer Blick (300°), Grundriß und Kuppelraum

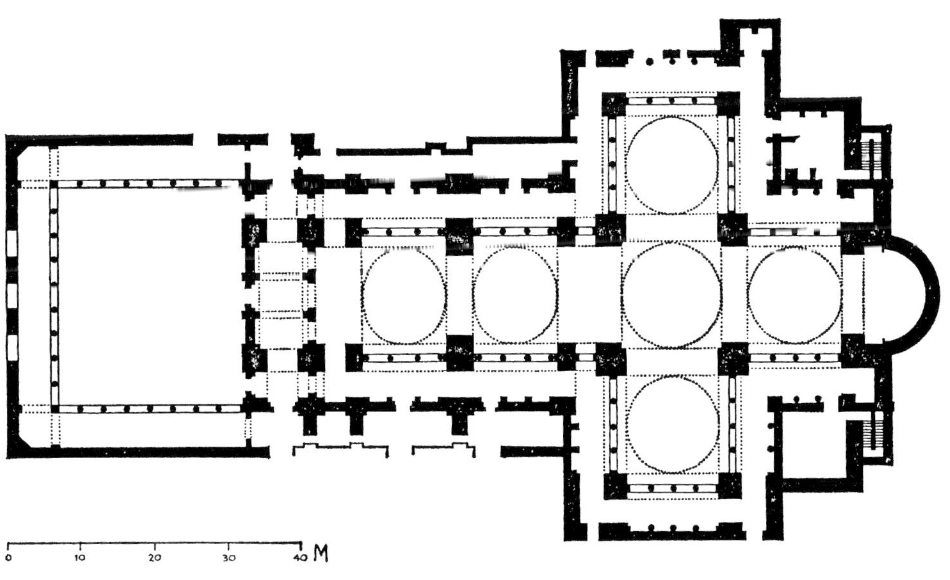

Abb. 5.14: Johanneskirche in Ephesos (550–565), Grundriß

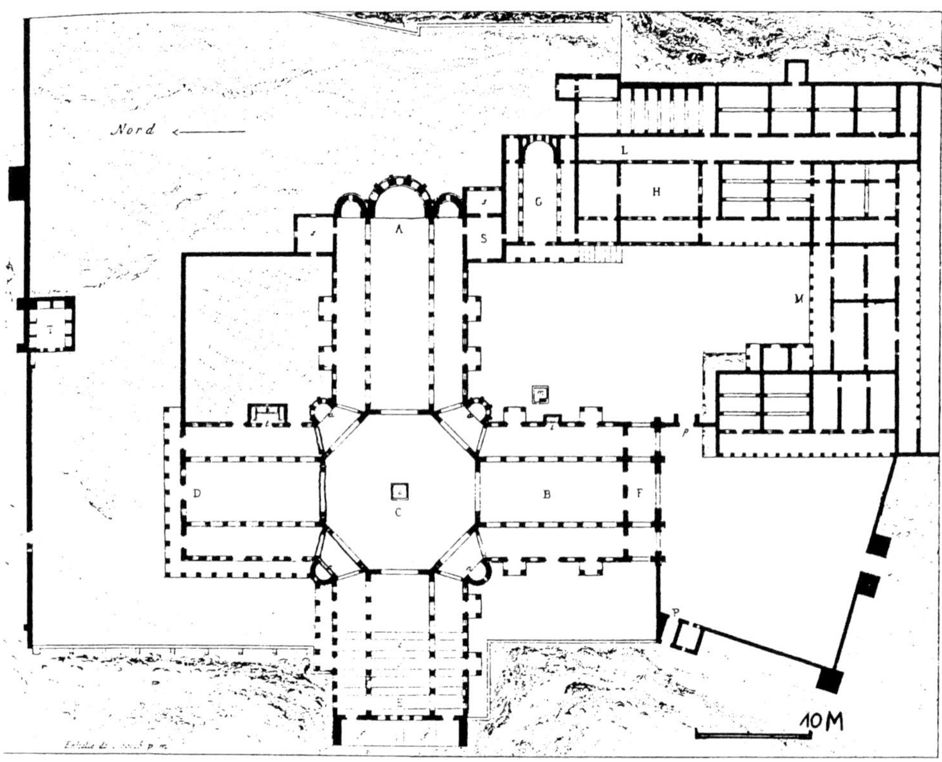

Abb. 5.15: St. Simeon, Stylites-Klosterkirche in Kalât Simân, Syrien

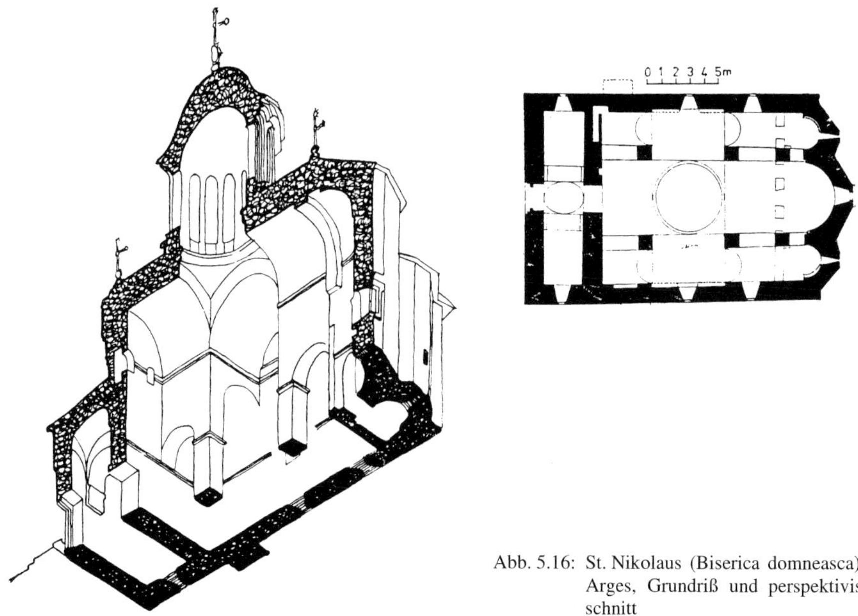

Abb. 5.16: St. Nikolaus (Biserica domneasca), Curtea de Arges, Grundriß und perspektivischer Querschnitt

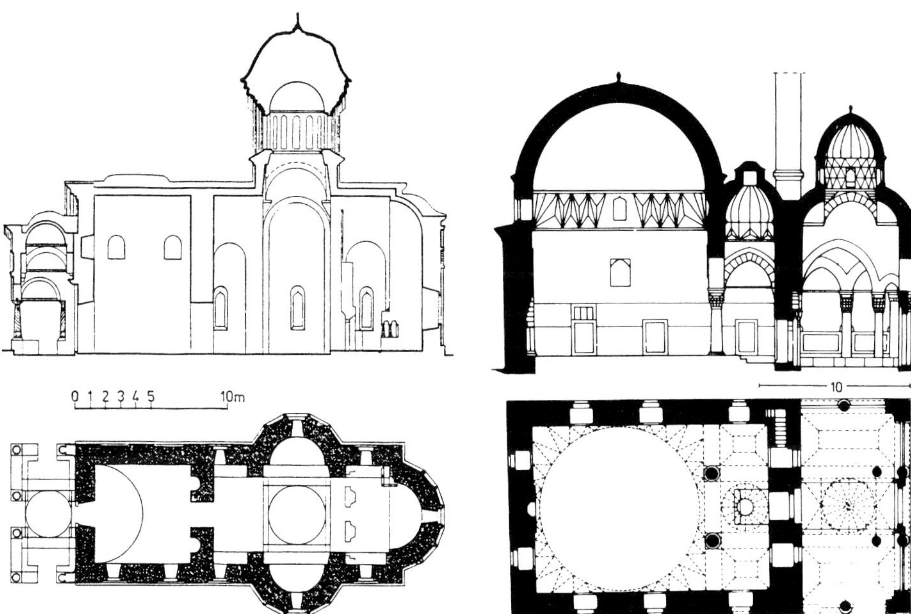

Abb. 5.17: Klosterkirche Cozia, 1388, Grundriß (unten) und Querschnitt (oben)

Abb. 5.19: Yesil Camii, Iznik, 1450

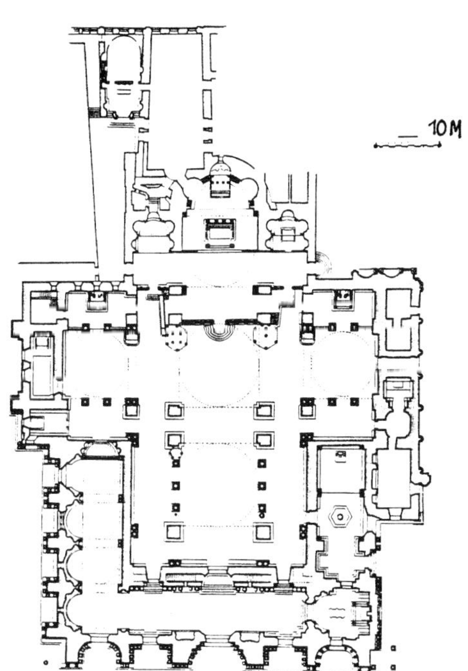

Abb. 5.18: San Marco, Venedig, Grundriß (Opera di San Marco, Mostra di Venezia)

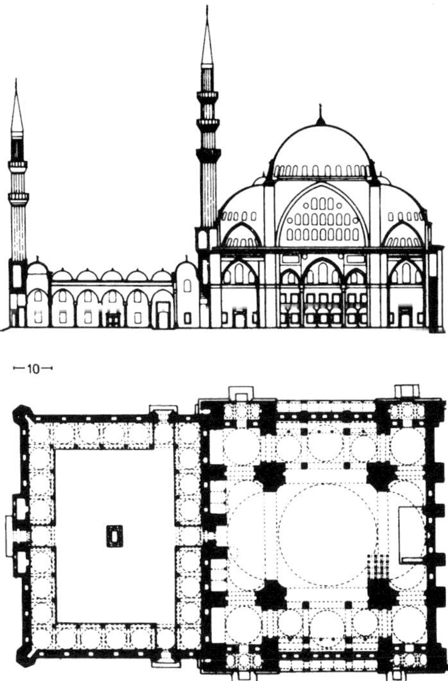

Abb. 5.20: Sultan Suleyman I. Camii, Istanbul, 1550, Arch.: Sinan

Abb. 5.21: Byzantinische Bauweise: Tonnengewölbe, Kuppel aus Ziegelmauerwerk und Tambour

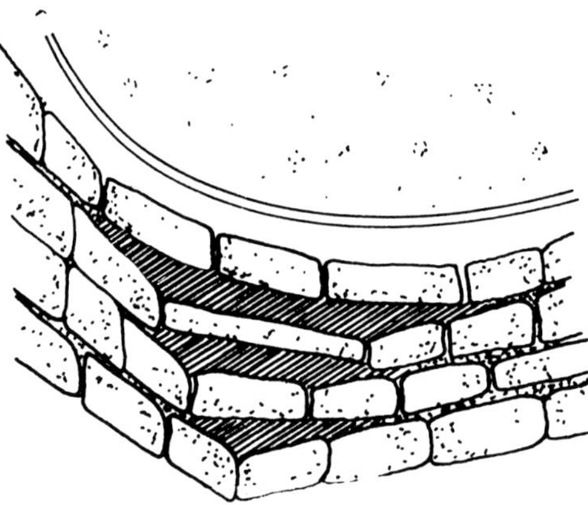

Abb. 5.22: Trompe, Zeichnung: Verfasser nach H. Reuther, Die Lehmziegelwölbungen von Gol-I Safed, Archäol. Mitt. aus Iran

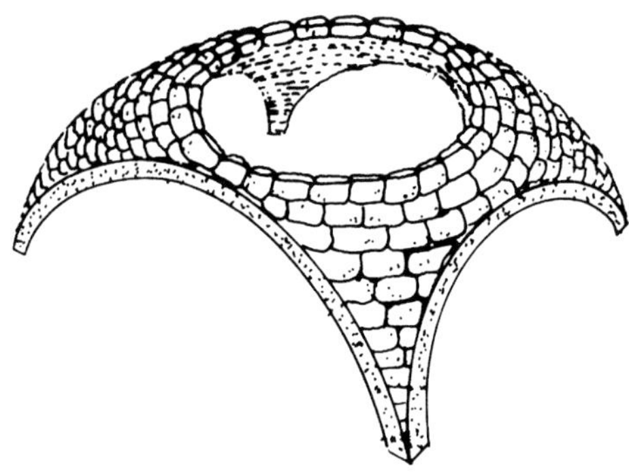

Abb. 5.23: Pendentifkuppel, in Ringschichten gemauert

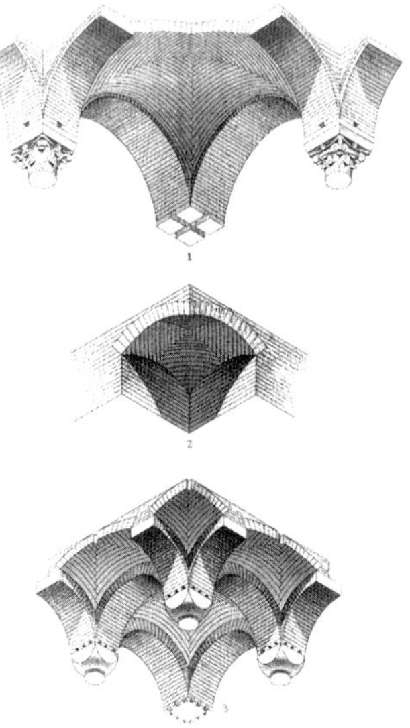

Abb. 5.24: Byzantinische Ziegelgewölbe; Kreuzgewölbe auf Rechteckgrundriß, hier in Ringschichten gemauert, außen Gurtbögen

In Konstantinopel entwickelte sich bei der zweiten Kuppel der Hagia Sophia eine neue Gewölbeform: die Rippenkuppel. Kaiser Justinian verpflichtete die Baumeister Anthemios von Tralles und Isidoros von Milet, die weder Baustatiker noch Entwurfsarchitekten im heutigen Sinne waren, sondern Baumeister, die handwerkliches Können und theoretisches Wissen in sich vereinigten.[21]

Die Konstruktion der Hagia Sophia wird bestimmt durch die zentrale, auf vier Pfeilern ruhende Pendentifkuppel von 33 m Durchmesser und 66 m Höhe bis zum Scheitel. Die erste Kuppel stürzte im Jahre 558 ein.

In der vorliegenden Literatur gibt es verschiedene Annahmen, die darin übereinstimmen, daß die erste Kuppel um etwa 6 m niedriger als die zweite von 563 war.[22] Die zweite, steilere Kuppel von Isidoros d. Jüngeren ergab eine steilere Resultierende der wirkenden Lasten am Kuppelfuß und den damit verbundenen geringeren Horizontalschub, d. h., auch hier wurde, wie bei allen antiken Kuppelbauten, ein statischer Grundsatz wirksam: Die resultierende Kraft der wirkenden Lasten muß so weit innerhalb des stützenden Querschnittes verlaufen, daß das Mauerwerk die auftretenden Beanspruchungen aushält. Damit wird die Unterkonstruktion günstiger beansprucht.

Die vier Hauptpfeiler setzen sich jeweils aus dem eigentlichen Kuppelpfeiler aus Quadermauerwerk und dem nach Norden bzw. nach Süden anschließenden Treppenhauspfeiler aus Ziegelmauerwerk zusammen.[23]

Die Hauptkuppel besteht aus einer gemauerten Schale mit 40 eingemauerten Rippen, entsprechend den 40 Fensterpfeilern am Kuppelfuß, die am Kämpfer 38 cm aus der Kuppelfläche heraustreten und 7 m vom Scheitel in die Kuppelfläche übergehen. Über die Kuppeldicke gibt es in der baugeschichtlichen Literatur unterschiedliche Angaben zwischen 65 und 100 cm. Thode, der die Kuppel statisch untersuchte, nahm eine mittlere Dicke von 90 cm an. Der Rippenquerschnitt verjüngt sich von b/d = 110/38 cm auf b/d = 60/0,5 cm etwa 7 m vor dem Kuppelscheitel.

Die konstruktive Innovation gegenüber der massiven römischen Kuppel bestand im Aufbau einer Rippenkuppel, bei der zum ersten Mal eine große Anzahl von Fensteröffnungen zwischen den Rippen - und vor dem Kuppelfuß - eingeschnitten wurde, die zur Verringerung der Kuppelmasse beitragen, da die Bogen über den Fenstern den Druck der darüberliegenden Mauermasse seitlich in die Richtung der Rippen ableiten. Die Schale ist so dünnwandig, daß

Abb. 5.25: oben: Pendentif in Quadermauerwerk
unten: Gurtgewölbe

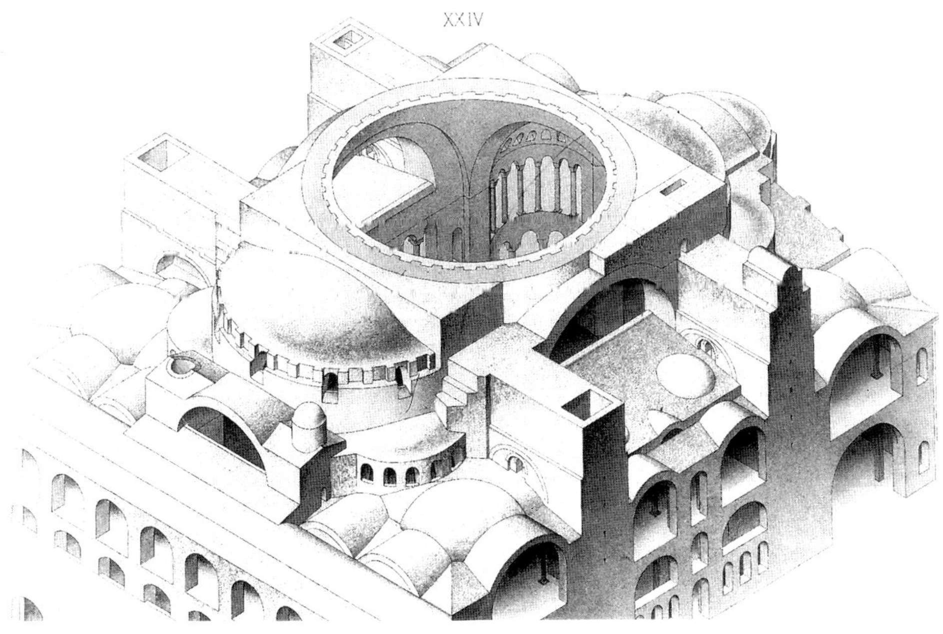

Abb. 5.26: St. Sophia, Haupttragwerk mit Schildbogenverstärkung

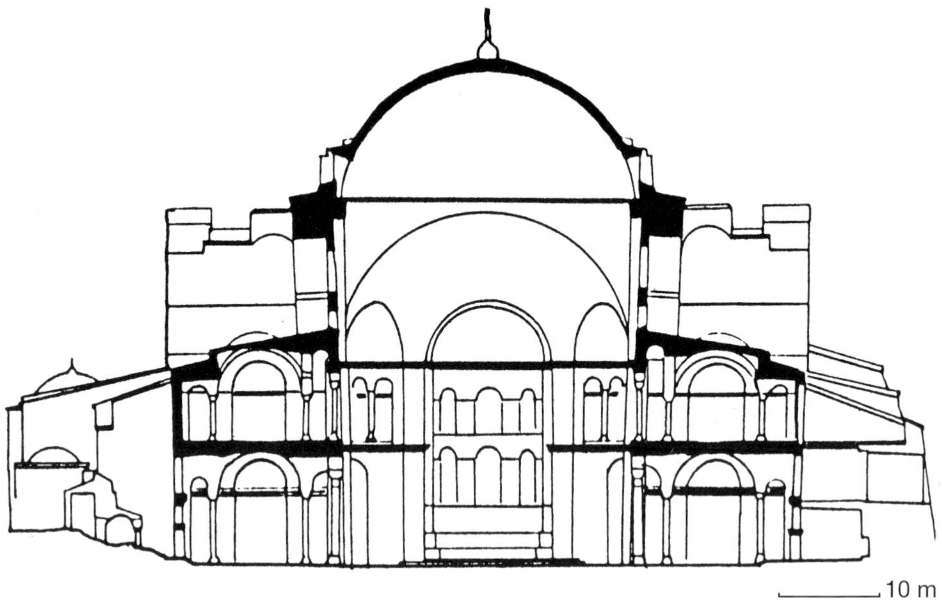

Abb. 5.27: Hagia Sophia, Querschnitt

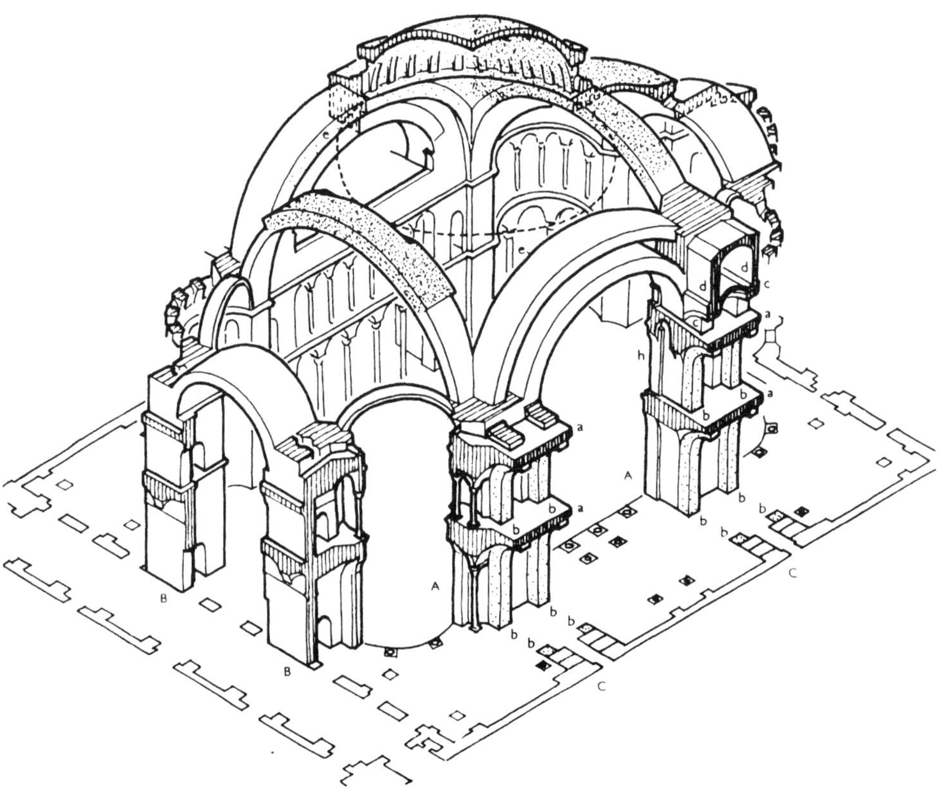

Abb. 5.28: Isometrie Tragsystem, Hagia Sophia, Konstantinopel

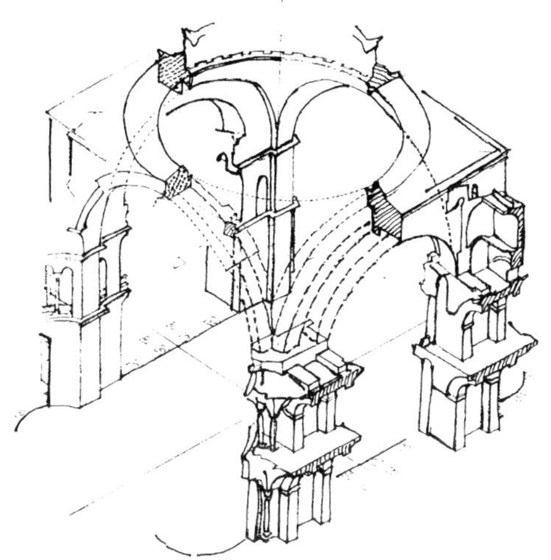

sie sich selbst nicht tragen konnte, aber die vorgesetzten Rippen geben ihr die notwendige Festigkeit.

Der Grundsatz der modernen Baukonstruktionen, mit dem geringsten Massenaufwand die größtmögliche Festigkeit zu verbinden, wurde hier bereits zum ersten Mal verwirklicht.[24]

Abb. 5.29: Isometrische Skizze der Vierungspfeiler und der Galerien

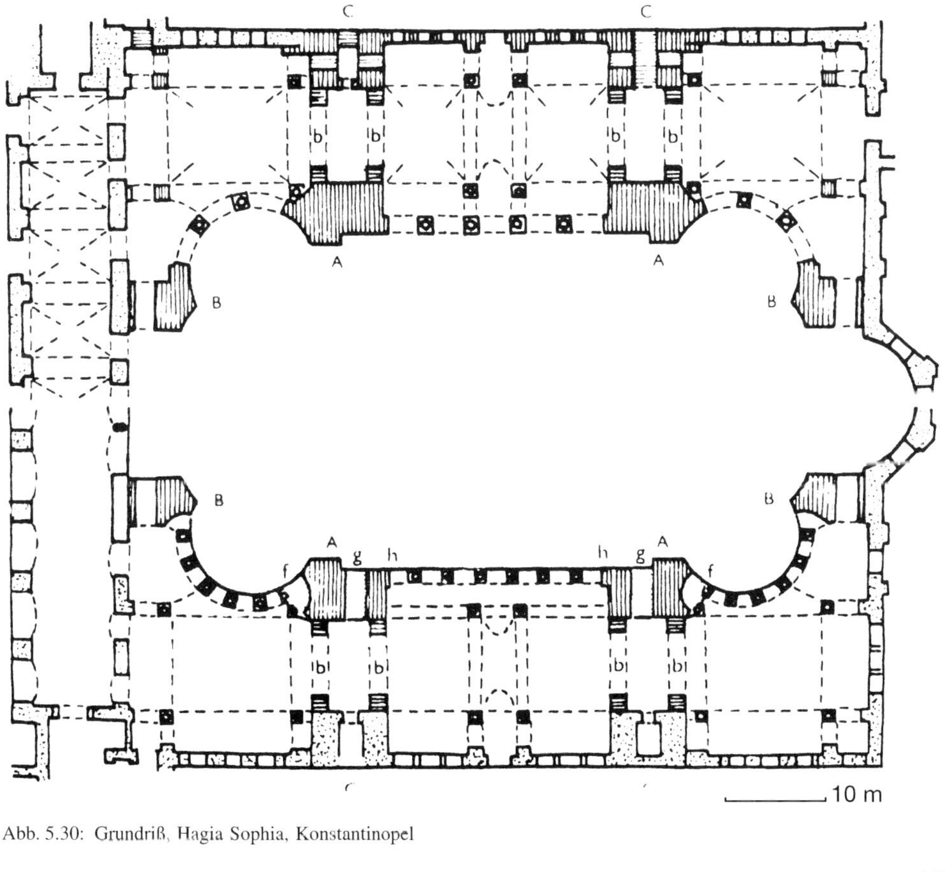

Abb. 5.30: Grundriß, Hagia Sophia, Konstantinopel

Abb. 5.31:
Hagia Sophia, Kuppelraum, Seitenschiffe und Galerien

4 Persisch-sassanidische und frühislamische Wölbungen

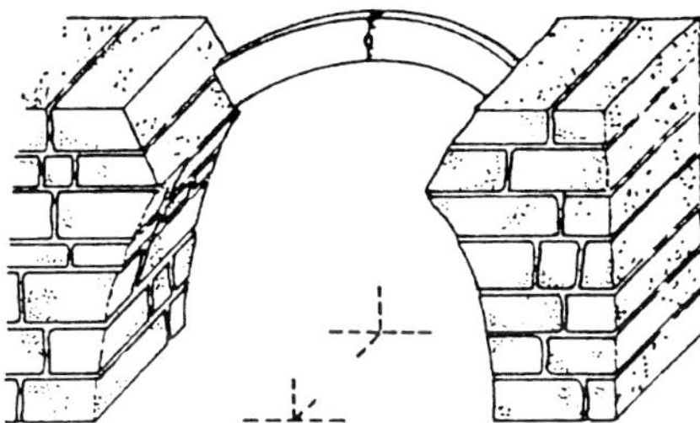

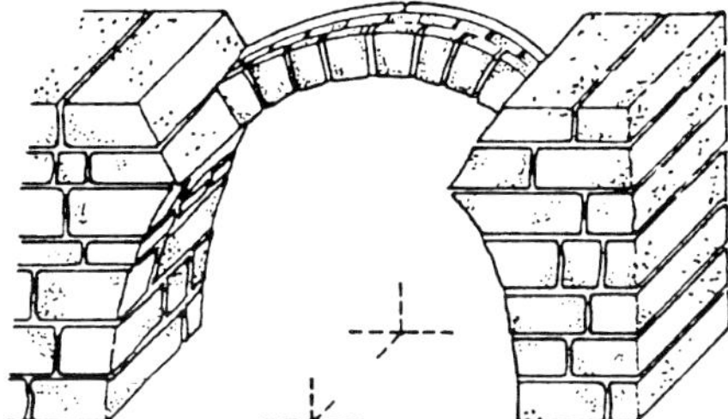

Abb. 5.32: Freihändige Wölbung eines Bogens ohne Stirnwand: Die „Gipslehre“ wird auf den auskragenden Widerlagern befestigt.

Die mesopotamische Architektur war seit der vorhellenistischen Zeit durch Ziegelkonstruktionen geprägt. Große, quadratische, flache Ziegelsteine wurden freihändig mit Hilfe eines rasch abbindenden Gipsmörtels versetzt. Dieser Mörtel ermöglichte eine besonders ökonomische Technik der Wölbung: Man konnte damit den flachen, mit Gipsmörtel beschichteten Ziegel an den bereits vorhandenen Bogen oder an eine Wand drücken, ohne daß eine weitere Unterstützung notwendig war. Gewölbe ließen sich so aus senkrecht oder schräg stehenden Ziegelringen bauen. Jede neue Ringschicht wurde auf die bereits fertigen und abgebundenen sozusagen aufgeklebt.

Der Höhepunkt der sassanidischen Wölbungstechnik wurde beim sassanidischen Palast von Ktesiphon unter Sapur I. (242–274 n. Chr.) erreicht.[25] Das Gewölbe ist mit 25 m Spannweite die größte Tonne mit Ringschichten, die freihändig gebaut wurde. Diese Ringschichten hatte man in den beiden Ecken, zu denen sich die Stirnwand mit dem hochgeführten Kraggewölbe traf, aufzumauern begonnen. Dabei wurden die vollendeten Ringschichten als Arbeitsgerüst benutzt.[26] Die eiförmige (parabolische) Querschnittsform ergab sich nicht aus statischen, sondern aus wölbungstechnischen Gründen als Relikt der einheimischen, freihändigen Kragwölbungstechnik (Abb. 5.32–5.34).

Besondere Aufmerksamkeit wurde der Ausbildung der Ecknischen gewidmet, die im Querschnitt eine konische Form erhielten. Die Ausführung der Kuppel begann mit der Herstellung der Trompen, die mit Hilfe einer „Leier“ freihändig gemauert wurden (vgl. dazu Abb. 5.45) (Abb. 5.35).

Das Pendentif konnte sich nur in dem ehemals byzantinischen Bereich durchsetzen, wo der Werksteinbau praktiziert wurde. Baukonstruktive Probleme gab es dort, wo größere Tonnengewölbe ohne Stirnwand errichtet werden sollten. Als Notbehelf entstand der flache Hilfsbogen aus Gips und Schilfrohr. Dieser Hilfsbogen diente nur zum Ankleben der ersten Ringschicht. Das fertige Gewölbe konnte dann selbst als Schalung für eine darüberliegende Wölbungsschicht in Kufverband dienen. Auf diese Weise entstand die charakteristische Bogenform mit doppelten Ringschichten in der frühislamischen Architektur (Abb. 5.36–5.45).[27]

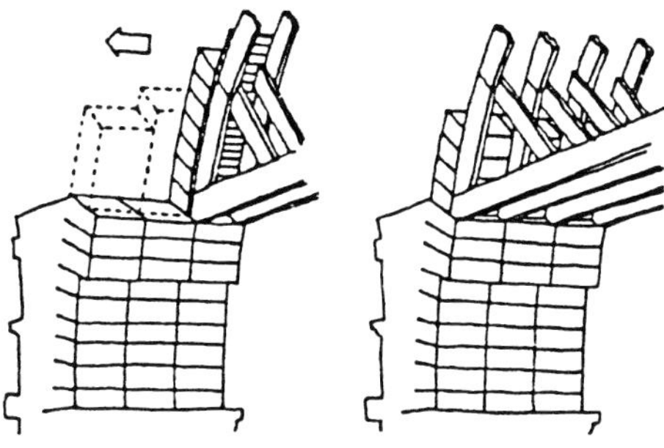

Abb. 5.33: Holzsparende Bautechnik bei parallelen Bögen, hier Pont du Gard, Nîmes

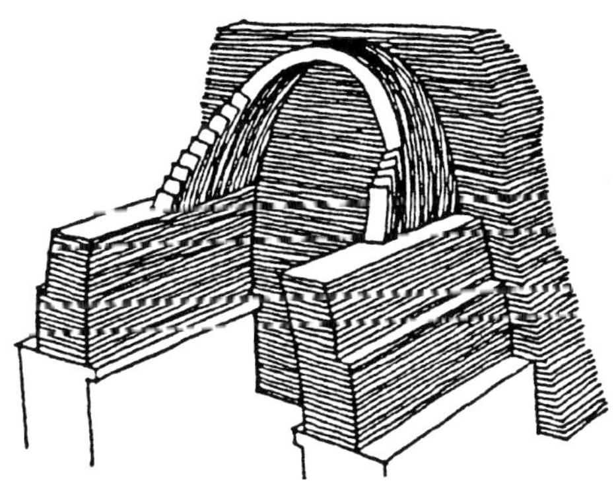

Abb. 5.34: Freihändige Wölbung, Ktesiphon

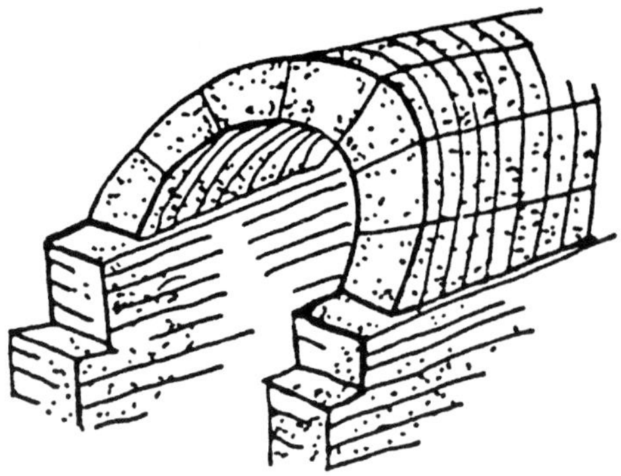

Abb. 5.35: Freihändige Wölbung, geneigte Ringschichten, Chorsabad

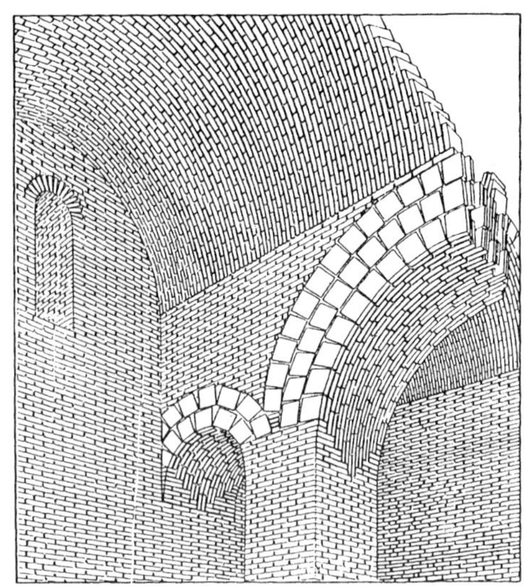

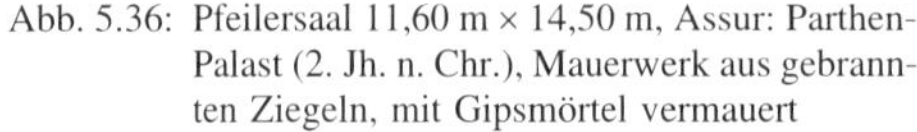

Abb. 5.36: Pfeilersaal 11,60 m × 14,50 m, Assur: Parthen-Palast (2. Jh. n. Chr.), Mauerwerk aus gebrannten Ziegeln, mit Gipsmörtel vermauert

5 Bauplanung und Baubetrieb

In der frühbyzantinischen Periode vertraten den Beruf des Baumeisters eine Reihe von Spezialisten, die in den Inschriften „tekton“, „architekton“, „mechanopoios“ und „protomaiostor“ genannt werden.

Mit der Bezeichnung „mechanikos“ war der Baumeister gemeint, der handwerkliches Können mit theoretischem Wissen in sich vereinigte.[28] Die „mechanikoi“ hatten ihren Namen von der angewandten Mechanik, die damals zu den „Handwerkskünsten“ zählte und die Baukunst und Zimmerei umfaßte. Sie beschäftigten sich mit der Mechanik und Physik nicht nur im theoretischen Sinne, sondern auch mit dem Bau von Belagerungsmaschinen, Seiltrommeln und Hebevorrichtungen.

Nach Mango dürfte sich die Ausbildung des „architekton“ vom 4. Jh. an so verschlechtert haben, daß er auf die Stufe des Handwerkers herabsank. Das könnte auch die Anonymität der byzantinischen Baumeister zum Teil erklären. Die Mehrzahl der Bauten im 4.–7. Jh. wurde von solchen Handwerksmeistern errichtet, und die griechischen, byzantinisch-kleinasiatischen und syrisch-byzantinischen Steinmetzen, die auf Werkstein spezialisiert waren, wurden im gesamten byzantinischen Reich bei kaiserlichen Bauten – ähnlich wie die persischen Handwerker später im islamischen Raum – als Wandergesellen eingesetzt.[29]

Über die Bauplanung, Fixierung und Ausführung berichten einzelne Texte im Zusammenhang mit dem Bau von Kirchen, von denen manche auf Kosten der Regierung gebaut wurden. Die Provinzverwaltung wurde angewiesen, Arbeitskräfte und Baumaterial zu beschaffen. Vorsitzender der Planungskommission war der Bischof. Aus der Biographie des Gregorios von Nyssa erfährt man in einem Brief an den Bischof von Ikonion um 380, daß Gregorios ein Martyrion bauen wollte, dessen Gebäudeform als Zentralraum in der Gestalt eines Oktogons mit

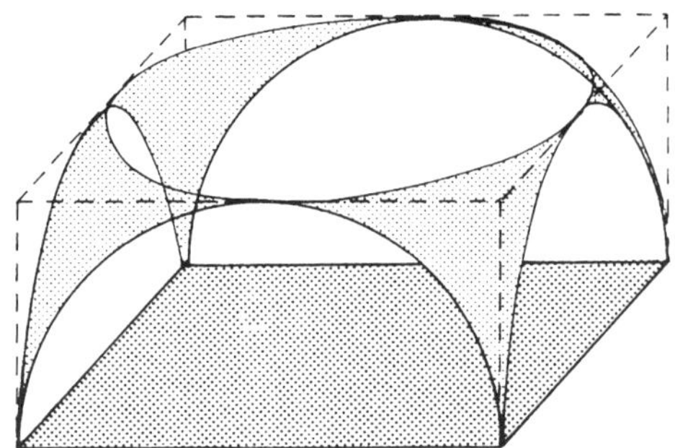

Abb. 5.37: Ecklösung für den Kuppelraum: Pendentifs

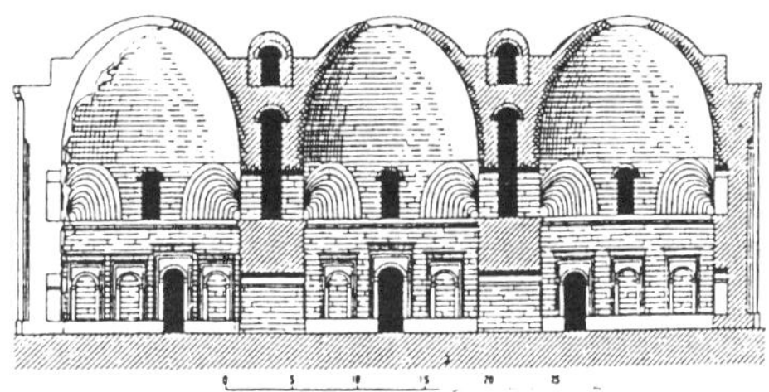

Abb. 5.38: Firuzabad: Schnitt A–A, Raumhöhe: 22 m

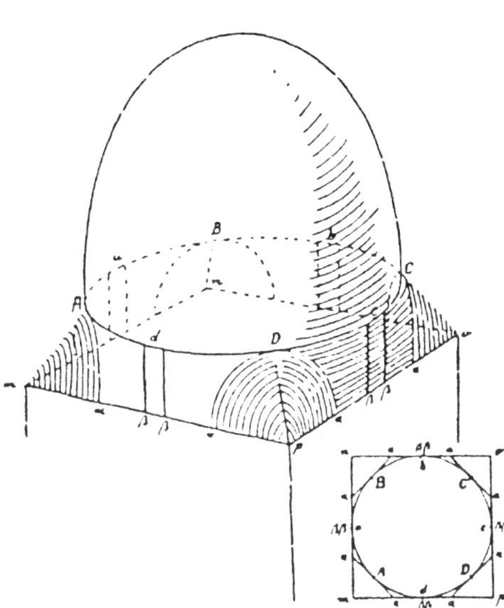

Abb. 5.39: Firuzabad: Kuppel, 13 m Durchmesser, vier Trompen an den Raumecken „A, B, C, D“

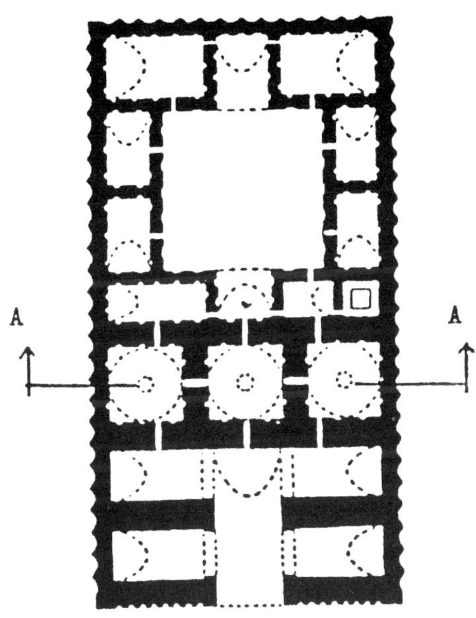

Abb. 5.40: Firuzabad: Grundriß, Maße: 103,50 m × 55,50 m

vier Armen angegeben wurde, so daß ein kreuzförmiger Grundriß entstand.

Die gewünschte Grundrißform wurde oft in Briefen mitgeteilt. Der Brief der Kaiserin Eudoxia (5. Jh.) an Bischof Porphyrios zum Beispiel enthielt eine Skizze („skariphos“) mit dem Schema einer Kreuzform.[30] In diesem Brief ist weiter angegeben, daß der „architekton“ Rufinus den Grundriß mit Kreide auf den Erdboden zeichnete.[31] Dann hob man die Fundamentgräben aus. Dem Baumeister oblag nur die Bauleitung. Im Vordergrund stand für ihn nicht das Entwerfen von Gebäuden anhand von Skizzen und verkleinerten maßstäblichen Bauzeichnungen, sondern lediglich der Ausschnürungsvorgang auf der Baustelle im Maßstab 1 : 1 und die Leitung der Bauarbeiten.

Zu den aktuellen Problembereichen der Bauforschung gehören die Fragen zur Planungsmethodik, zum statischen Baugleichgewicht und zur Bemessung der Bauglieder. Bei dem symmetrischen Schema des Grundrisses nach der griechischen Kreuzform konnte sich die Bauplanung auf das innere Zentralquadrat mit den vier Pfeilern stützen, die das Zentralgewölbe trugen. Bei basilikalen Anlagen und Kreuzkuppelkirchen ist denkbar, daß die Baumassenproportionierung und die Konstruktion sich an das Gerüst einer geometrischen Figur anlehnen, wie z. B. eines gleichschenkligen Dreiecks, dessen Basis die Breite der Kirche – im Querschnitt – bildet und dessen Spitze der höchste Punkt der Kuppel ist.[32]

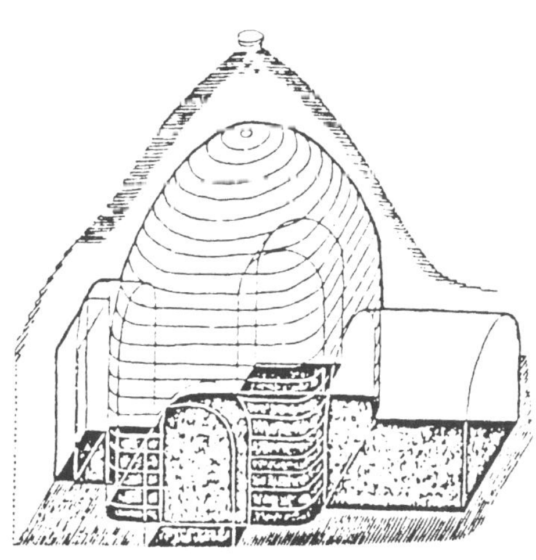

Abb. 5.41: Schema eines zweischaligen Kragkuppelhauses in Apulien

6 Zur Frage der Baustatik in der byzantinisch-römischen Architektur

Zur byzantinischen und persischen Gewölbetechnik stellt sich die Frage, ob diese Konstruktion nur aus dem Fundus praktischer Kenntnisse entworfen wurde oder ob nicht auch baustatische Überlegungen eingeflossen sind. Nach den theoretischen Werken der Antike und Spätantike, die nur fragmentarisch und in Form von späteren Abschriften erst zum Teil entdeckt wurden, ergibt sich keine klare Antwort.

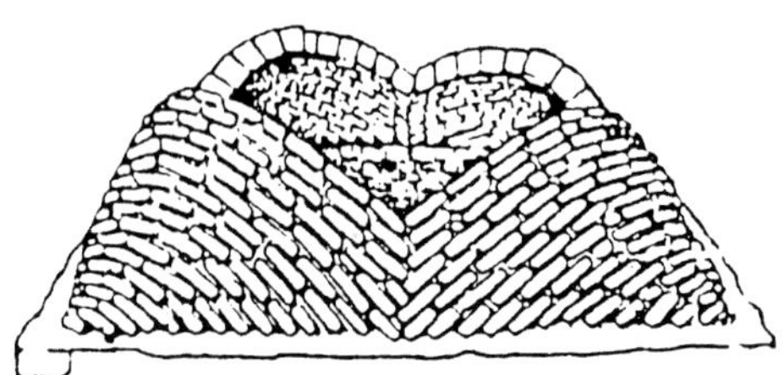

Abb. 5.42: Traditionelle Bautechnik: Iranische Kuppelkonstruktion aus Lehmziegeln

Im Vergleich zum relativ klaren Aufschnürungsvorgang einer Grundrißfigur kann die Frage nach den Bemessungsregeln der byzantinischen Kuppel, Pfeiler und Gewölbe wegen der mangelnden schriftlichen Belege spekulativ und gewissermaßen - a posteriori - durch Rekonstruktion und Nachberechnung des Tragwerks mit Vorsicht beantwortet werden.

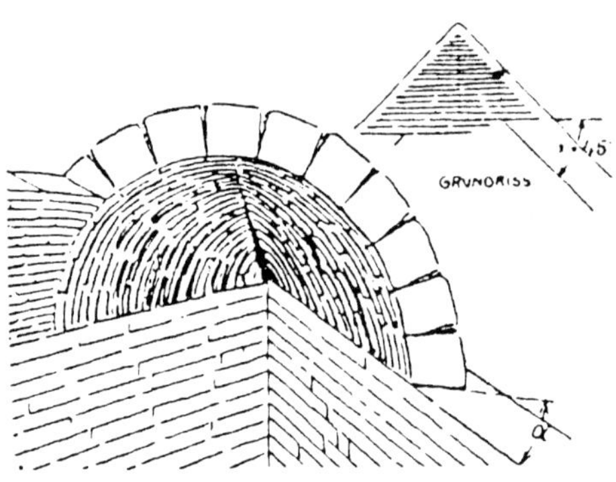

Abb. 5.43: Trompe in Sarvistan

Beim Bau von zahlreichen byzantinischen Kirchen mit Kuppeln konnten sich für Entwurf und Bemessung von häufig immer wiederkehrenden Baugliedern Erfahrungsregeln herausbilden, die, in die geometrische oder arithmetische Form gefaßt, als Faustregeln für die Konstruktion verwendet wurden.

Auf der Suche nach praktischen Bemessungskriterien hat G. Kojuharov 1974 die zeichnerisch-geometrische Regel von F. Derant für Steingewölbe von 1643 zu erweitern versucht.[33] Die graphische Methode von Derant ist in der Literatur auch als „Blondelsche Regel" für die Bemessung der Gewölbewiderlager bekannt geworden.[34] Ob diese Regel im Byzantinischen Reich bekannt war, läßt sich anhand des spärlichen Quellenmaterials noch nicht beantworten (vgl. dazu Mechanik und Bauwissenschaft in der Antike).

Die Versuche Kojuharovs haben lediglich gezeigt, daß die „Faustregel" Derants nur für einige kleine einschiffige Kirchen mit einer Höhe von 2,50 bis 3,00 m gelten könnte. Für größere Raumbreiten und Turm- oder Kuppelhöhen ergaben sich für den Horizontalschub viel zu dünne Mauern. Unter ganz bestimmten Voraussetzungen, als Spezialfälle, bei Winkeln von 60°, 63°26′, 73° und 73°50′ und wenn man die Mauerdicke proportional zum Durchmesser vergrößert, ergeben sich günstige Bemessungsergebnisse.[35]

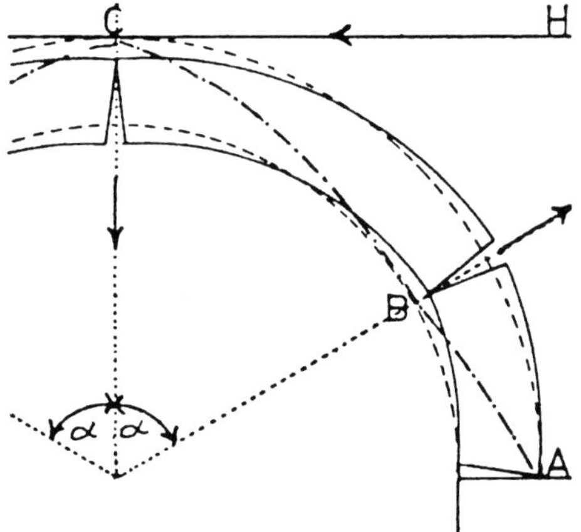

Abb. 5.44: Bruchverformung im Halbkreis-Tonnengewölbe. Der Gewölberücken wird nach oben gedrückt, die Bruchfuge, etwa 30° gegen die Waagerechte, klafft nach außen.

Die byzantinischen Werkmeister konnten sich allenfalls mit Erfahrungsregeln bei der Konstruktion und Dimensionierung von Kuppeln, Gewölben und Brücken befaßt haben, und die persisch-sassanidische Bauweise mit Bruchsteinen, Ziegeln und Gipsmörtel erforderte auch für weitgespannte Gewölbebauten weder detaillierte Bauzeichnungen noch komplizierte Berechnungen.

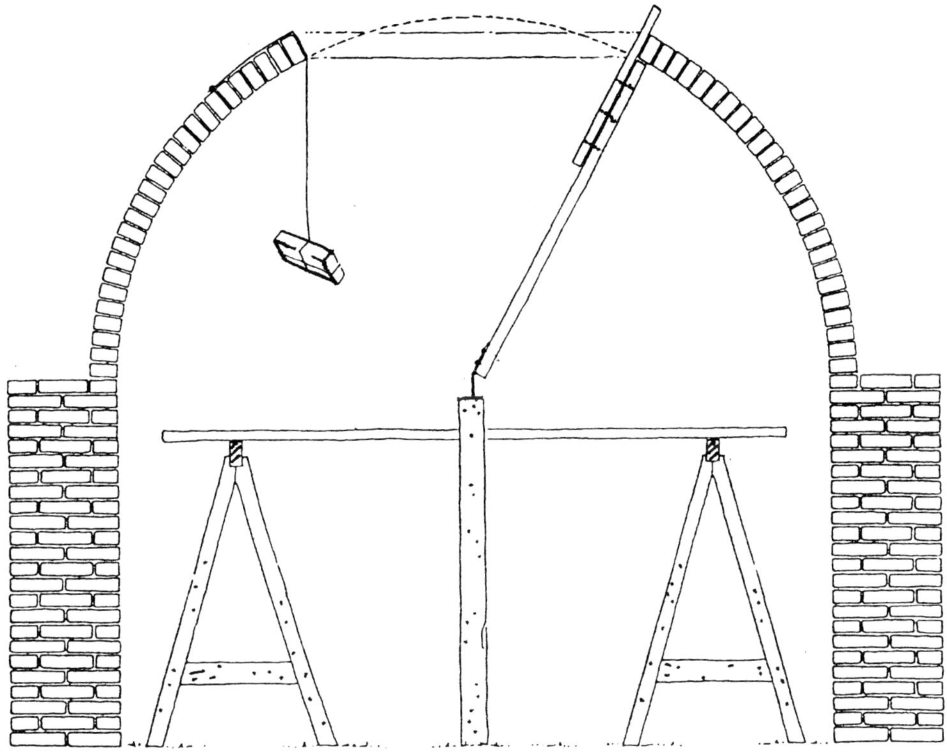

Abb. 5.45: Freihändige Wölbung. Zur Ermittlung der Fugenrichtung dient eine Schnur oder Leiste, die im Bogenmittelpunkt drehbar befestigt ist („Leier").

7 Zusammenfassung

Die Technik der byzantinischen Gewölbekonstruktionen stützte sich auf Erfahrungswerte. Modelle für die Erprobung von Konstruktionen wurden auch von Philon von Byzanz erwähnt und empfohlen.[36] Die byzantinische Baukonstruktion fußt im Konzept auf den römischen Konstruktionsprinzipien, doch sie entwickelt aus den traditionellen Baustoffen der Ostprovinzen eine eigene Tradition.

Wichtigste Bauten in Konstantinopel sind: ab 526 Sergios und Bacchos mit einer Schirmkuppel; ab 532 die Hagia Irene, eine Kuppelbasilika mit Emporen; schließlich ebenfalls ab 532 die Hagia Sophia als von vier Pfeilern getragene Kompartimentkuppel (nach 558 als Rippenkuppel erneuert), die als Höhepunkt der byzantinischen Architektur und Baukonstruktion gilt.

Demgegenüber zeichnet sich die persisch-sassanidische Baukonstruktion durch die sparsamen Gerüsthilfen im Gewölbe- und Kuppelbau aus. Ihre Bautradition geht auf jahrtausendealte mesopotamische Ziegelkonstruktionen zurück.

Anmerkungen

[1] Deichmann, op. cit., S. 16, und Sas-Zaloziecky, Wlad., Die Byzantinische Kunst, Berlin 1963, S. 6.

[2] Sas-Zaloziecky, W., Geschichte der altchristlichen Kunst, Lemberg 1936; ders., Die byzantinische Kunst, Frankfurt (M.)/Berlin 1963, S. 58 bis 60.

[3] Sas-Zaloziecky, Byz. Kunst, S. 86 f.

[4] Talbot Rice, D., Byzantinische Kunst, München 1963, S. 365 ff.

[5] Millinger, A. V., Byzantine Churches and Byzantine Architecture, Harmondsworth 1965.

[6] Darüber Millet, G., Monuments byzantins de Mistra, 1910; Orlandos, A. K., Quelques notes complementaires sur les maisons paleologuiennes de Mistra, in: Art et société à Byzance sous les Paléologues, 1971; Velenis, G., Wohnviertel und Wohnungsbau in byzantinischen Städten, in: Disk. z. Archäol. Bf., 3, Berlin DAI, 1979, S. 227 f.

[7] Radt, W., Die byzant. Wohnstadt von Pergamon, in: Disk. z. Archäol. Bf. 3, S. 199 f.

[8] Frühere Tempelformen aus dem 2.-3. Jh. kamen in Syrien vor, so. z. B. Tafhâ, Shakkâ, Nimreh bei Butler, H. C., Early Churches in Syria 4th to 7th century, ed. by E. Baldwin Smith, Princeton, Reprint Amsterdam 1969, S. 22-30.

[9] Reallexikon z. byzant. Kunst, Hrsg. Wessel, K., Restle, M., Stuttgart 1966.

[10] Butler, op. cit., S. 122, 124-126, 191; Sarre, F., und Herzfeld, E., Archäologische Reise im Euphrat- und Tigris-Gebiet, Bd. II, Berlin 1920, S. 29.

[11] Sas-Zaloziecky, W., Byzantinische Kunst, Frankfurt/M. u. Berlin 1963, S. 38 f; Butler, op. cit., S. 126.

[12] Jonescu, G., Arhitectura pe teritoriul Romaniei de-a lungul veacurilor (L'architecture sur le territoire de la Roumanie au long des siècles), Bukarest 1982, S. 168-169, Fig. 100.

[13] Joneseu, G., op., cit., S. 164, Fig. 98.

[14] Sas-Zaloziecky, op. cit., S. 134 f.

[15] Koepf, H., Die türkische Kuppelmoschee, hrsg. vom „Institut für Baukunst", TU Wien 1985, S. 3-9. Ich danke hier Herrn Gregor Henke, der mich auf diese Schrift aufmerksam gemacht hat.

[16] Koepf, op. cit., S. 10.

[17] Mango, C., Byzantinische Architektur, S. 11.

[18] Irrtümlich wird in der Literatur behauptet, daß die byzantinische Mauer mehrschalig ist.

[19] Deichmann, S. 26.

[20] Choisy, L'art de bâtir, S. 51, 59; ders., Hist., II, S. 18.

[21] Vgl. dazu Procopius von Cäsarea, De Aedificiis, Peri Ktismaton, I. Buch, Kap. I, § 24-73; und Paulos Silentiaros, Ekphrasis, Vers 362-410; Ambon, V, 150, griech.-dt. Ed. Otto Veh, München 1977, 5. Bd. Vor übertriebenen Interpretationen hinsichtlich der „mathematischen Schriften" beider Baumeister soll hier gewarnt werden.

[22] Conant, K. J., The First Dome of St. Sophia, in: AJA 43, 1939, S. 589.

[23] Mainstone, R. J., The Structure of St. Sophia, in: Trans. Newcomen, 38, 1965/66, S. 23; Thode, S. 65.

[24] Choisy, L'art de bâtir chez les Byzantins, S. 67; Sanpaolesi, P., La chiesa dei SS. Sergio e Bacco, in: Rivista dell'Ist. Naz. d'Archeol. e Storia, 19, 1961, S. 116.

[25] Creswell, K. A. C., Early Muslim Architecture, I, 622-750 n. Chr., S. 349; Sarre, F., Die Kunst des alten Persiens, S. 36.

[26] Sarre/Herzfeld, Archäologische Reise im Euphrat und Tigris, II, S. 171-172; Rosintal, J., Pendentifs, Trompen und Stalaktiten, S. 34.

[27] Godart, A., The Art of Iran, S. 187; Cejka, J., Tonnengewölbe und Bögen islam. Architektur, Ing.-Diss., München 1978, S. 12, 21, 65, 78.

[28] Butler, H. C., Early Churches in Syria, S. 61.

[29] Mango, C., Byzantinische Architektur, S. 23-24.

[30] Mango, S. 25-27.

[31] Ebd.

[32] Petronotis, A., Der Architekt in Byzanz, in: Disk. z. Archäol. Bf., 4, Berlin DAI 1984, S. 336.

[33] Derant, F., L'architecture des voûtes, Paris 1643, Ch. VI; Kojuharov, G., La voûte de l'Antiquité et du Moyen Age, Sofia 1974, frz. Zusammenfassung, p. 138 f.

[34] Bélidor, Science des ingénieurs, Aufl. 1729; auch Straub, H., Geschichte der Bauingenieurkunst, 3. Aufl. Basel 1975, S. 125.

[35] Kojuharov, op. cit., p. 141, Fig. 1-15.

[36] Procopius von Cäsarea, De Aedificiis, I. Buch, 1. Kap., § 24-72; Ambon, V, 150, Ed. O. Veh, München 1977, hier Bd. 5. Auch die erhaltene Schrift von Anthemios von Tralles über Hohlspiegel gibt keine Auskunft über seine mechanischen Kenntnisse; dazu auch Huxley, G. L., Anthemius Trallensis, Cambridge (Mass.) 1959.

VI Mittelalter

Abb. 6.17: Nordschiff von St. Etienne in Beauvais, 1120–1125

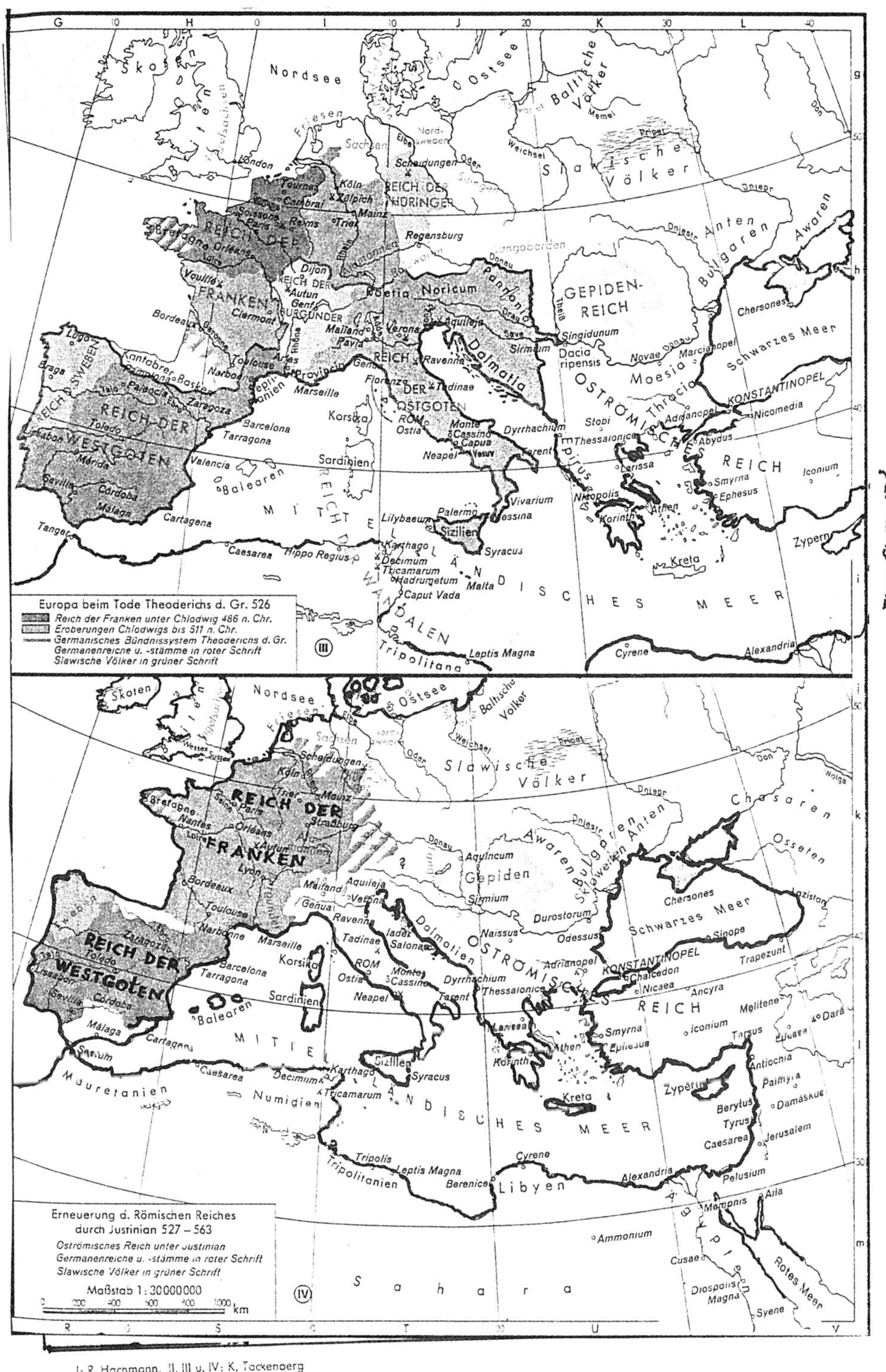

I: R. Hachmann, II, III u. IV: K. Tackenberg

Abb. 6.1: Europa im 6. Jahrhundert

Abb. 6.2: Europa im Hochmittelalter (1000), Maßstab 1 : 20 000 000

A Vorromanik (5.–10. Jh.)

1 Kulturgeschichtlicher Überblick

Im Jahr 476 setzte Odoaker, römischer Offizier skirischer Herkunft, den weströmischen Kaiser Romulus Augustulus ab und machte sich zum Herrscher des Landes. Damit wurde die Existenz des antiken Roms beendet. Odoakers Nachfolger war kein Römer mehr, sondern der König der Ostgoten Theoderich d. Gr. (454–526) (Abb. 6.1).

Bevölkerungsbewegungen kennzeichnen das frühe Mittelalter in Europa: Im Osten behielt das Oströmische Reich, nunmehr byzantinisch, die politische Kraft, im Westen war das Weströmische Reich am Ende des 5. Jh. zerbröckelt; die Ostgoten beherrschten Italien, Dalmatien und Rätien; die Westgoten Spanien und Südgallien und die Franken Mittel-, Nord- und Ostgallien. Langobarden drangen nach Italien ein.

Das fränkische Geschlecht der Merowinger gründete im 5. Jh. das Frankenreich. Ab 751 erlangten die Karolinger die Königswürde und traten als Schutzherren des Papstes auf. 800 wurde Karl d. Gr. (768–814) in Rom durch Papst Leo III. mit der Bezeichnung „Romanum gubernans imperium" zum Kaiser gekrönt (Abb. 6.2).

Mit der Krönung kommt auch das künstlerische Programm zum Tragen. Ein plötzlicher Bedarf an Reiterei hat in der Frühzeit der Karolinger zu einem Umbau des Reiches in Richtung auf Lehnsherrschaft geführt mit dem Ziel, berittene Krieger zu gewinnen. Die neue Zeit kündigt sich im 8. Jh. mit der Einführung des Steigbügels des Reiters an. Das neue Gefüge der Gesellschaft wird durch das Lehnwesen geprägt. Der Ritterstand hat die Grundbedingung für die feudale Gesellschaftsform geschaffen.[1]

Zur sogenannten „landwirtschaftlichen Revolution" des 6.–10. Jh. gehören die Erschließung reicher Eisenerzvorkommen in Nordeuropa, die neue Art von Baumaxt, die im 10. Jh. entstanden ist und zur Ausdehnung der Ackerfläche beigetragen hat, der Pflug mit dem eisernen Sech und die Einführung der Dreifelderwirtschaft.[2]

Karls d. Gr. Gedanke der Erneuerung antiken Kaisertums, sein politisches Programm und seine Kulturpolitik schufen die entscheidenden Voraussetzungen der karolingischen Kunst. Kaiser und Adel vergaben die großen Bauaufträge, sie förderten die karolingische Kultur. Die Kirche wurde zum Vereinigungsfaktor der romanisierten fränkisch-gallischen Bevölkerung mit den verschiedenen eingewanderten Volksgruppen.

Die Bischöfe wurden nicht nur zu Bauherren und Unternehmern von Bauvorhaben, wie z. B. der Kathedralen, sondern waren die ersten Instanzkontrollen des Papstes auf der regionalen Ebene. Die grundlegende Raumeinheit der Kirche war der Pfarrbezirk. Im Stadtgebiet bildeten die Pfarreien die ersten Verwaltungs- und Kulturbezirke, die in Renaissance und Barock als Planungseinheit für die Stadtverteidigungs- und die spätere Polizeibezirksplanung diente.[3]

Von ebenso großem Einfluß für den Sakralbau war die Entwicklung des Klostersystems. Gegenüber den Einsiedlermönchen der Ostkirche stellten die Regeln des hl. Benedikts (480–553) ein streng reguliertes, einheitliches Gemeinschaftsleben dar, das nicht nur dem Benediktiner-Orden als Organisationsrahmen, sondern auch den späteren Orden der Westkirche als Vorbild diente: Im Norden sollte die Klosterkirche, im Westen die Vorratskammer, im Süden der Schlafsaal, im Osten der Speisesaal, in der Mitte der Kreuzgang angeordnet werden.[4]

In der monastischen Architektur spiegelt sich dieses Organisationssystem am Beispiel des St. Gallener Idealplanes, um 820, wider, der nach dem Klosterschema der Benediktiner entworfen wurde.[5]

2 Architekturprogramme

Während im byzantinischen Osten im 5.–7. Jh. neue Wege im Sakralbau mit dem kuppelgewölbten Zentralbau beschritten wurden, trat die Architektur im Westen den langsamen Prozeß der Umformung und Einschmelzung von überlieferten Baukonstruktionen und Bauformen an.

2.1 Sakralbau

Die Raumdisposition erfährt eine Reihe von Veränderungen, die mit der Liturgie zusammenhängen:

- Ausweitung des Reliquienkults
- Zunahme der Zahl der Priester führt zur Anfügung eines Vorchores.
- Die Intensivierung der Christianisierung der lokalen und eingewanderten Bevölkerung schafft neue Raumbereiche für die Taufe (baptisterium) mittels Taufbecken im Mittelschiff, Seitenschiff, Narthex.
- Bei speziellen Raumgegebenheiten kann sich die neue Kirche an einen vorhandenen Baukomplex anbinden.

Zwei Grundrißtypen setzen sich im Kirchenbau durch: der basilikale Longitudinalbau und der Zentralbautypus.

Der basilikale Kirchentypus eignete sich für Pfarrei-, Bischofs- und Klosterkirchen, die eine große Anzahl von Gläubigen am Gottesdienst zuließen. Auch hier tauchen folgende Veränderungen auf:

- Die Lokalisation der Krypta unter dem Altar mit eigenen Altären (Reliquienkult) führt zur baulichen Anhebung des Altars auf ein Podium.
- Herausbildung der Räume für den Klerus, Einführung eines Chores als Raumzone zwischen dem Altar und dem Hauptschiff; der Triumphbogen der früheren Basiliken wurde aufgehoben.
- Schaffung von neuen, kleinen, um den Chorumgang radial angelegten Altären und Kapellen, die auch in den Apsiden westlich des Hauptaltars (St. Gallen) angeordnet und durch eine ringartige Galerie („deambulator") zugänglich waren (z. B. St. Martin in Tours).
- Erweiterung des Westteils durch Aufstockung der Narthex-Halle mit einer Empore (Tribüne) für den Königshof („Westwerk").

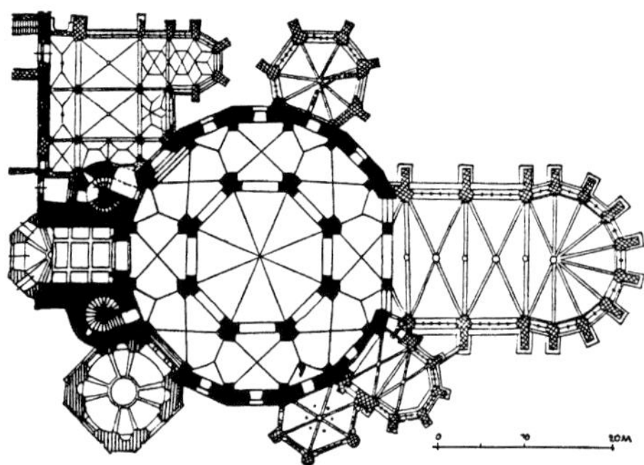

Abb. 6.3: Aachen, Palastkapelle Karls d. Gr., Grundriß

2.1.1 Zentralbau

Der Zentralbau wurde in der Spätantike und in Byzanz als Krypta, Martyrion und Baptisterium gebaut.

Bedeutendstes Werk ist die Palastkapelle in Aachen (796–805). Der Hauptraum beschreibt ein regelmäßiges Achteck, um das sich ein sechzehneckiger Umgang mit Emporen legt. Der Mittelraum erhebt sich turmartig und wird mit einem achtteiligen Klostergewölbe abgeschlossen (Abb. 6.3).[6]

Dem Bauleiter Odo oder Eudes aus Metz, der wahrscheinlich Bauerfahrungen im italienischen und byzantinischen Osten gesammelt hatte, gelang es mit Hilfe von Maurern und Steinmetzen, nach byzantinischen Vorbildern (S. Vitale in Ravenna, Chrysotrikinos im Kaiserpalast zu Konstantinopel) einen gewölbten Zentralbau als Hauptwerk der karolingischen Baukunst zu schaffen, der eine vollendete Baukonstruktion aufweist (Abb. 6.4–6.6).

Gerade die Analyse der Konstruktion weist auf die spätantike Technik des Steinbaues und der Verankerung mittels Eisenankern und Eisenklammern hin.[7] Bemerkenswert sind die Stabeisen, die als Ringanker im Kuppelwiderlagerbereich (3 × 4,5, 3 × 5, 6 × 7,5 cm) und als Bogenzugverbindung zur Behebung des Bogenschubes angebracht wurden).[8]

Als direktes Vorbild der Aachener Pfalzkapelle gilt das Benediktiner-Nonnenkloster in Ottmarsheim).[9]

Eine Reihe von Zentralbauten folgten der antiken Bautradition der Grabbauten, wie z. B. St. Michael, Fulda (820–822), Germigny-des-Prés (799–818).[10]

2.1.2 Basilikale Longitudinalbauten

Die langgestreckte basilikale Kirchenhalle hat eine antike Tradition. Die Vertikalisierungstendenz wurde durch die Ausbildung von Turmfassaden erreicht. Bei der Entwicklung der karolingischen Turmfronten könnten syrische Kirchen des 5.–6. Jh. und römische Stadttortürme als Vorbild gedient haben.[11]

Zu den räumlichen Neuerungen zählen die Einführung des Chores zwischen Lang- und Querbau (Idealplan St. Gallen, 9. Jh.), Kapellen im Ostteil des Schiffes und im Transept (S.Miguel de Cuxa), Radialkapellen (St. Martin, Tours, 997) und das Westwerk (St. Riquier in Centula bei Abbéville) als neue Bauform mit dem Mittelturm und den flankierenden Treppentürmen (um 799–800). Bei St. Riquier/Centula wurde das Langhaus von dem gleichbreiten Querhaus durchdrungen: Dieser Raumteil, der sich im Grundriß als Quadrat ergibt, wurde durch Gurtbögen markiert (ausgeschieden). Erst allmählich verschwanden die Trennwände zu den Querflügeln (Abb. 6.7).[12]

2.1.3 Klosteranlagen

Das vollständige Raum- und Gebäudeprogramm einer Klosteranlage stellt der Idealplan aus der Klosterbibliothek von St. Gallen dar, ein großer Pergamentplan (9. Jh.). Die Maße sind in karolingischen Fuß eingetragen: umgerechnet 1 : 192. Die Hauptbereiche umfaßten: Kirche, Kreuzgang, Speisesaal für Mönche, Schlafsäle der Mönche, Küchen, Bäckerei und Brauerei; Abtshaus, Pilger- und Armenhaus, Schule, Krankenhaus, Arzthaus, Noviziat, Friedhof, Gemüse- und Heilkräutergarten, Gasthaus, Haus für Knechte und Stallungen (Abb. 6.53).[13]

Von den Palastanlagen in Aachen und Ingelheim sind wenige archäologische Spuren erhalten. Die Anlage in Aachen erinnert in der Straßendisposition, der Ummauerung und in der Axialität und Symmetrie an den römischen Palast von Diokletian in Spalato.[14]

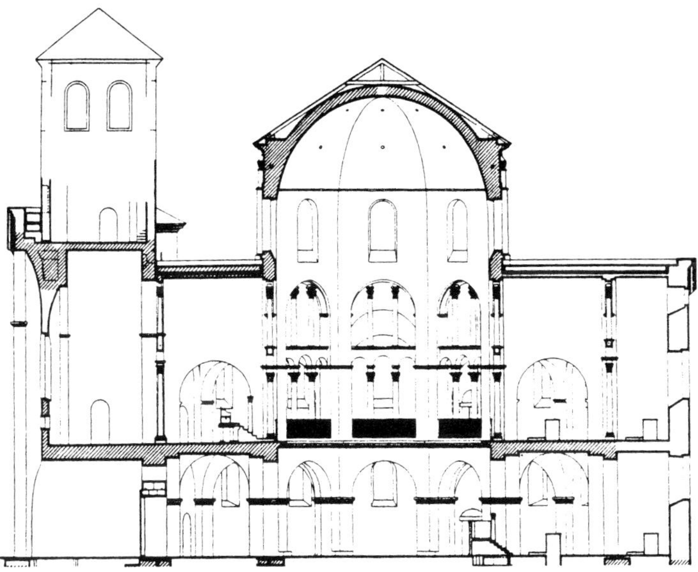

Abb. 6.4: Aachen, Schnitt durch das Oktogon mit zweigeschossigem, sechzehneckigem Umgang, Westbau und Chor, i. M. 1 : 500.

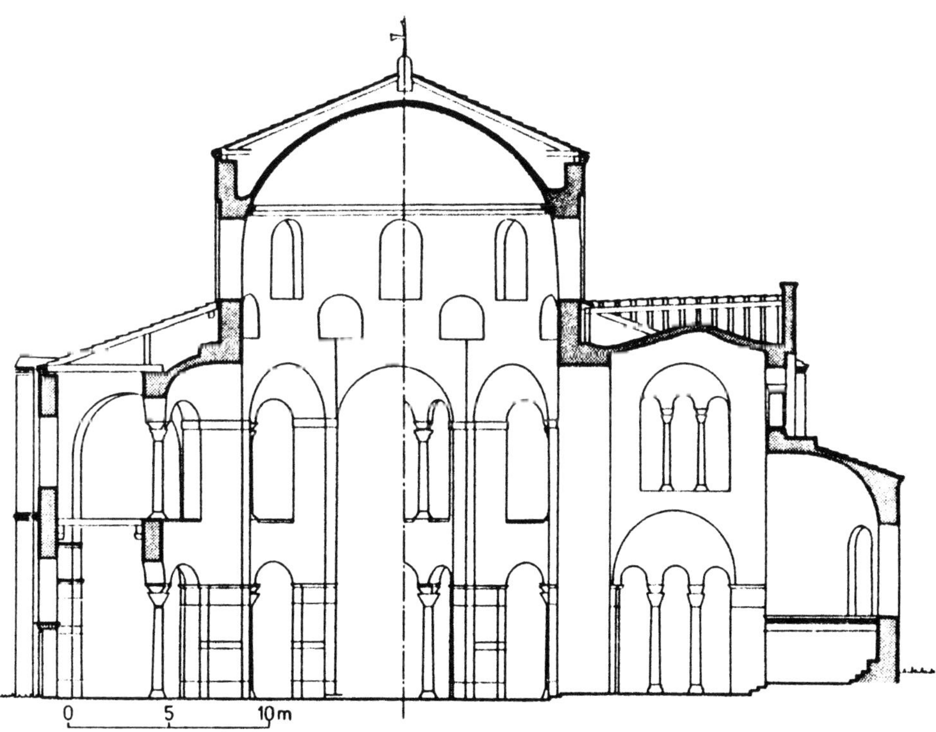

Abb. 6.5: S. Vitale in Ravenna, Schnitt durch Oktogon und Presbyterium

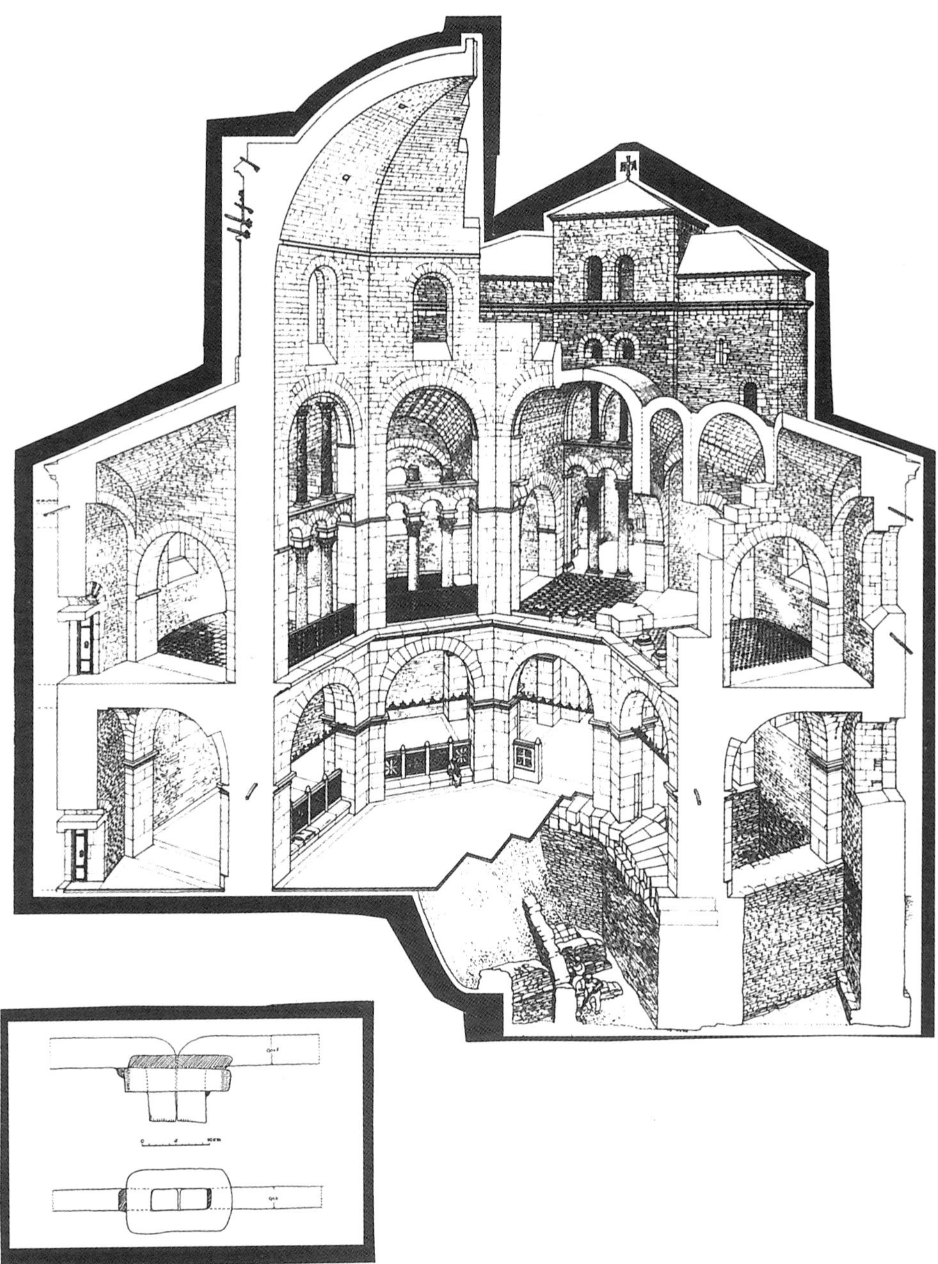

Abb. 6.6: Palastkapelle zu Aachen, Perspektivischer Schnitt durch den Zentralbau

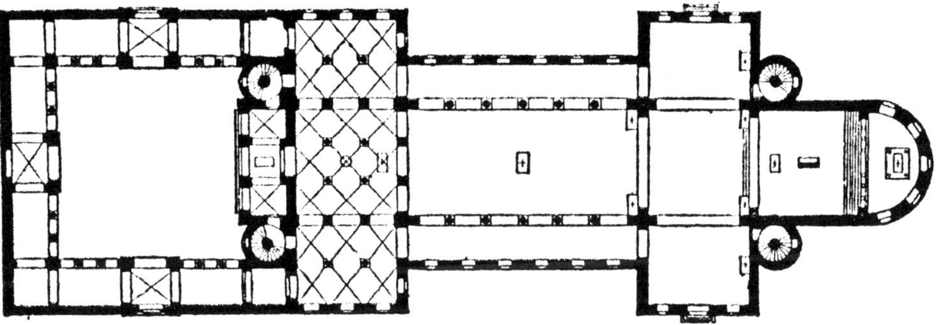

Abb. 6.7: Centula, St. Riquier, Grundrißrekonstruktion des zerstörten Baus

B Romanik (1000–1150)

1 Kulturgeschichtlicher Überblick

Das christliche Mittelalter kam seit dem 9. Jh. zu einer Verbesserung des Pferdegeschirrs, die es ermöglichte, die Zugleistungen des Pferdes auf das Vierfache zu vergrößern. Anstelle des antiken Jochsystems trat eine Art Halskummet mit Riemen, das auf den Schultern ruhte. Jetzt konnte das Pferd mit den Schultern ziehen und erst so seine Kraft voll zur Anwendung bringen.[15]

Im 11. Jh. konnten das Maultier und das Pferd bei der Feldarbeit verwendet werden, wo zuvor der Pflug mit Radgestell, Sech, Schaar und Streichbrett von Ochsen gezogen wurde.[16]

Die Lehnzinsherrschaft konsolidierte sich. Der wehrhafte Ritter war kein Beruf für Halbtagskrieger. Er mußte als Berufssoldat mit langer Waffenschulung intensiv ausgebildet werden. Die Knaben wurden viele Jahre in den ritterlichen Künsten unterwiesen. Das wichtigste Ereignis im Gefüge der Feudalgesellschaft war die Aufnahme in den Ritterstand.[17]

Auch aus dem Blickfeld des Pferdeeinsatzes läßt sich feststellen, daß die lehnsrechtlichen Bindungen innerhalb des Vasallentums, zwischen Territorialherrscher als Lehnsherrn und seinen Untergebenen, sich im 10.–12. Jh. verstärkt hatten (Abb. 6.8).

Über die Verbesserung der Fahrzeuge mit lenkbaren Vorderachsen und Bremsen kennt man nur wenige belegbare Einzelheiten. Die aus der römischen Antike überlieferten Wagen besaßen zwei Scheibenräder, aber in der ersten Hälfte des 12. Jh. tritt der vierrädrige „Lastwagen" auf, die „longa caretta".[18]

Eine bedeutende Erneuerung im Bereich der Landwirtschaft war die Einführung und der Ausbau der „Dreifelderwirtschaft". Unter der Zweifelderordnung konnte die Hälfte des Landes mit Wintergetreide bestellt werden. Die andere Hälfte blieb jeweils brachliegen. Bei Dreifelderwirtschaft konnte die bestellbare Fläche in drei gleiche Teile aufgeteilt werden. Ein Drittel wurde im Herbst mit Winterweizen, im Frühjahr das zweite Drittel mit Hafer oder Hülsenfrüchten bestellt. Den dritten Teil ließ man brachliegen. Auf diese Weise ergab sich ein Überschuß von einem Drittel Ertrag. Der Anbau mit Hafer war wiederum für die Pferdehaltung notwendig.[19]

Ein weiterer Fortschritt gegenüber der Antike wurde in der Nutzungsmöglichkeit der Wasserkräfte mittels senkrechten Wasserrädern zum Antrieb von Getreide- und Walkmühlen, aber auch zur Erzeugung von schmiedbarem Eisen erzielt.[20]

Ein ländlich geprägtes Wirtschaftsleben bildete sich in den Burgsiedlungen entlang den Handelsstraßen, die kirchlichen oder weltlichen Herrschaften gehörten. Im Schutz ihrer Mauern und im rechtlichen Schutz des Marktgerichtes siedelten sich Händler und Handwerker an. Die Synthese von Markt und Herrschaftssitz führt zur Gründung zahlreicher Bürgerstädte, wie z. B. die Zähringer Stadtgründungen in Bern, Freiburg und Rottweil und die Welfen-Gründungen in Lübeck, Braunschweig und München. Auch Bischöfe und Äbte halfen zur Gründung neuer Siedlungen. Noch unbebauter und ungenutzter Landbesitz wurde parzelliert und gegen einen Jahreszins an Siedler vergeben.[21]

Im 13. Jh. entstehen in Frankreich (Bastides), Deutschland (Brandenburg – Alt- und Neustadt), Holland, England und Polen eine Reihe von Neugründungen.[22]

Abb. 6.8: Kummetgeschirr aus der Trierer Apokalypse um 800

2 Architekturprogramme

2.1 Wohnbau

Wohnhäuser aus dem Material Naturstein wurden gemäß der langen Tradition in Italien, Spanien und Südfrankreich, mit Ziegelsteinen und in fachwerkähnlicher Bauweise in England, Frankreich und in Süddeutschland errichtet.

In der beengten, mit einer Mauer befestigten Stadt konnte die schmale Parzelle mit einem Giebelhaus bebaut werden. Noch im 16. Jh. wiesen die Pariser Straßen innerhalb der Stadtmauer zweifensterbreite Giebelhäuser auf. Im Erdgeschoß zur Straße befand sich der Laden oder die Werkstatt. In den Obergeschossen wurden die Wohnräume angeordnet. Patrizierhäuser wiesen in Köln fünf Fensterachsen auf (Abb. 6.9, 6.10).[23]

Das Turmhaus (casatorre) mit einer ursprünglichen Wehrfunktion kam besonders in Florenz, Siena, Pisa und Lucca vor (Abb. 6.10). Die Türme wurden ursprünglich neben dem Wohnhaus gebaut. Bei Gefahr suchten die Familien, ohne die Straße zu betreten, im Turm Zuflucht. Die Höhe variierte je nach der sozioökonomischen Lage und erreichte ca. 35–40 m (im Vergleich zum Campanile del Duomo mit 84 m Höhe) über dem quadratischen Grund-

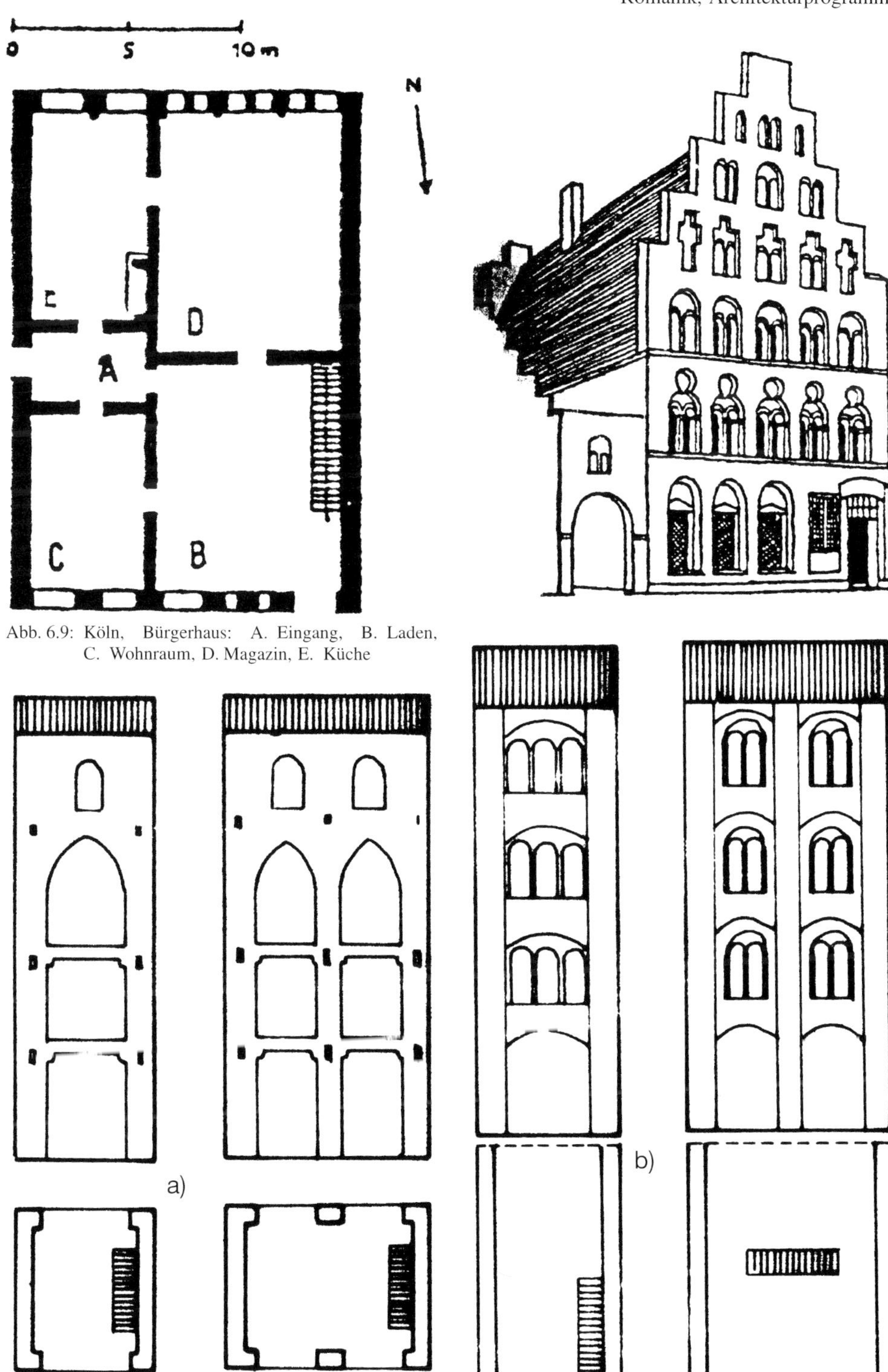

Abb. 6.9: Köln, Bürgerhaus: A. Eingang, B. Laden, C. Wohnraum, D. Magazin, E. Küche

Abb. 6.10: Pisa, Turmhäuser – casa torre – a) 12. Jh., Außenmauer aus Ziegeln, separater Eingang zum Wohnbereich, b) 13. Jh.

riß von 7 bis 8 m Seitenlänge bei einer Mauerdicke von ca. 1,50 m, wobei die Turmmauer aus Stein und die Öffnungen aus Stein- oder Holzbalken oder mit Bögen aus Ziegeln gebaut wurden.[24]

2.2 Festungsbau

Die Konstrukteure konnten sich auf dem Gebiet des ehemaligen Römischen Reiches bei ihrem Entwurf nach den vorhandenen Beispielen römischer und byzantinischer Zitadellen orientieren.

Die Analyse der Festungsanlagen läßt folgende Grundtypen unterscheiden:

- die Zitadelle - kontrolliert die Zugangswege
- das befestigte Schloß (Kastell, Castellum)
- die Stadtbefestigung und Burg.

Die Zitadelle beherbergt die Garnison und dient als Arsenal. Die Wehrfunktion dominiert (z. B. Carcassonne; Abb. 6.11). Die Zitadelle kann ovalen oder rechteckigen Grundriß haben und durch 1–3 Mauerringe mit Türmen, Toren, Gräben und durch einen Wall befestigt werden. Sie verfügt über Waffenlager, Vorratsräume, Kapelle und Brunnen.

In der durch Mauern und Gräben umschlossenen Burg standen die Wohnhäuser, die sich an die Ringmauer anlehnten. Die Kastellburg und die Burg waren durch Tore, Zugbrücken und Fallgatter geschützt. An dem inneren, von einer Kapelle überbauten Tor konnte der Palas mit Wohnräumen plaziert sein (Abb. 6.11, 6.12).[25]

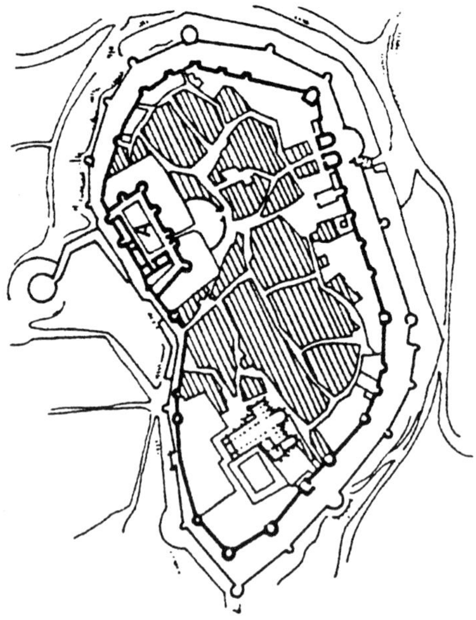

Abb. 6.11: Carcassone: A. Zitadelle; Stadtmauer

Abb. 6.12: Kerbzinne und Rechteckzinne

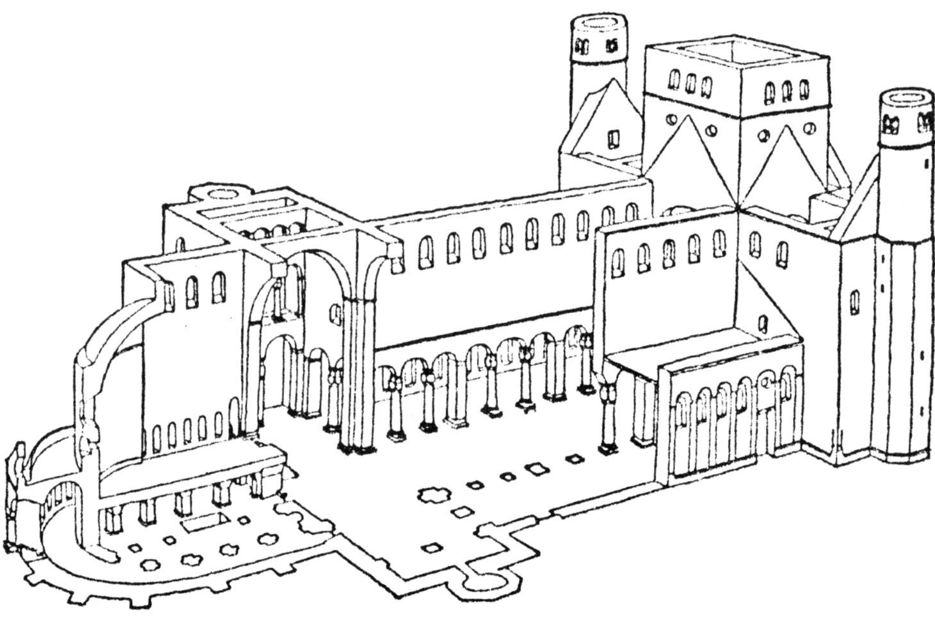

Abb. 6.13.: a, b, c: Hildesheim, St. Michael, Rekonstruktion

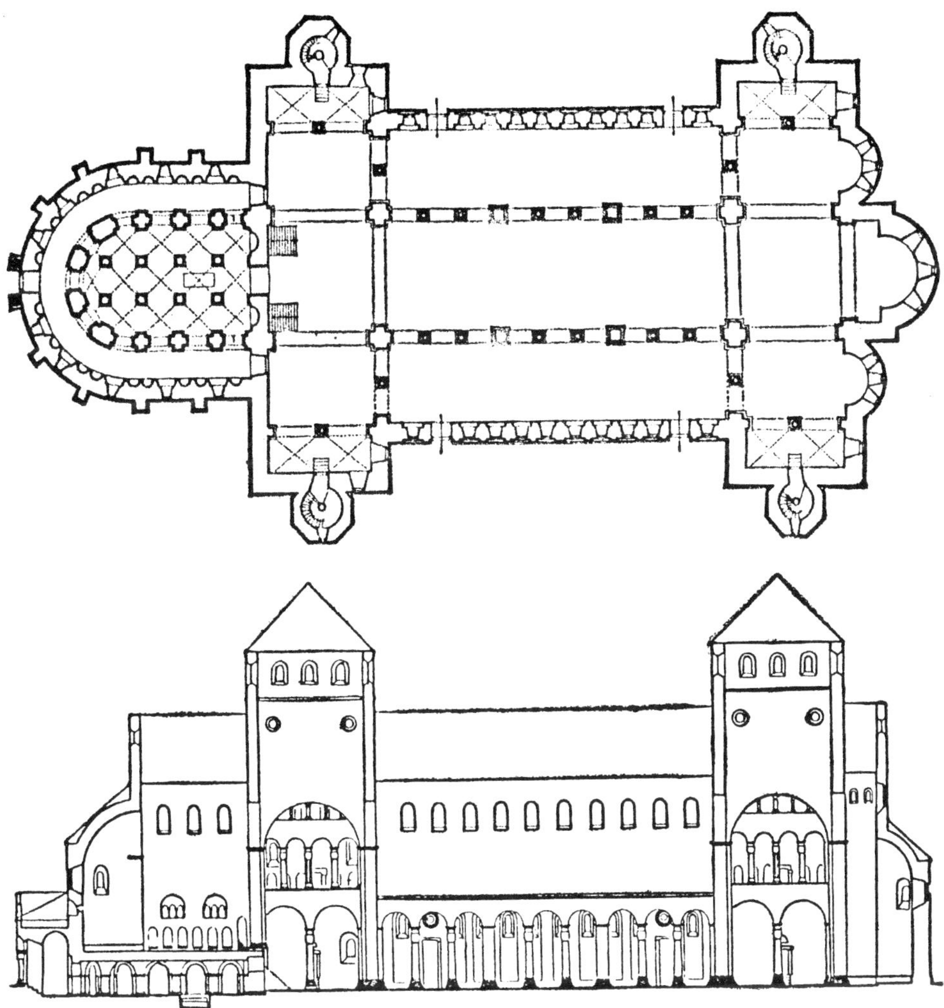

Abb. 6.13.: a, b, c: Hildesheim, St. Michael, Rekonstruktion

Das System der Verteidigungsanlage entsprach der Entwicklung der Belagerungswaffen. Bei den Befestigungsmauern konnte auch ein regelmäßiges Schichtmauerwerk zur Ausführung kommen. Für die Verteidigung wurden Kreuzscharten, Bogenscharten und schußsichere Öffnungen angeordnet. Ein System aus Rechteck- und Kerbzinnen schützte die Mauerkrone.[26]

2.3 Sakralbau

Aus der ottonischen Zeit, 10. Jh., ragen zwei Kirchen hervor:

- die Nonnenstiftskirche St. Cyriakus in Gernrode/Harz von 961, erweitert 973–983 mit einem kurzen, dreischiffigen Langhaus. Im Westbau befinden sich zwei Treppentürme, die von den Seitenschiffen begleitet werden, und im Ostbau das Querschiff mit Chorquadrat und anschließender Apsis über einer Krypta; zwei kleine Nebenchöre säumen die Apsis.[27]
- die Benediktiner-Klosterkirche St. Michael in Hildesheim. Die Raumkonzeption wird dem Bischof Bernward, um 1001–1002, zugeschrieben. Bei der dreischiffigen basilikalen Anlage fallen die doppelten Querschiffe auf, die in der Vierung

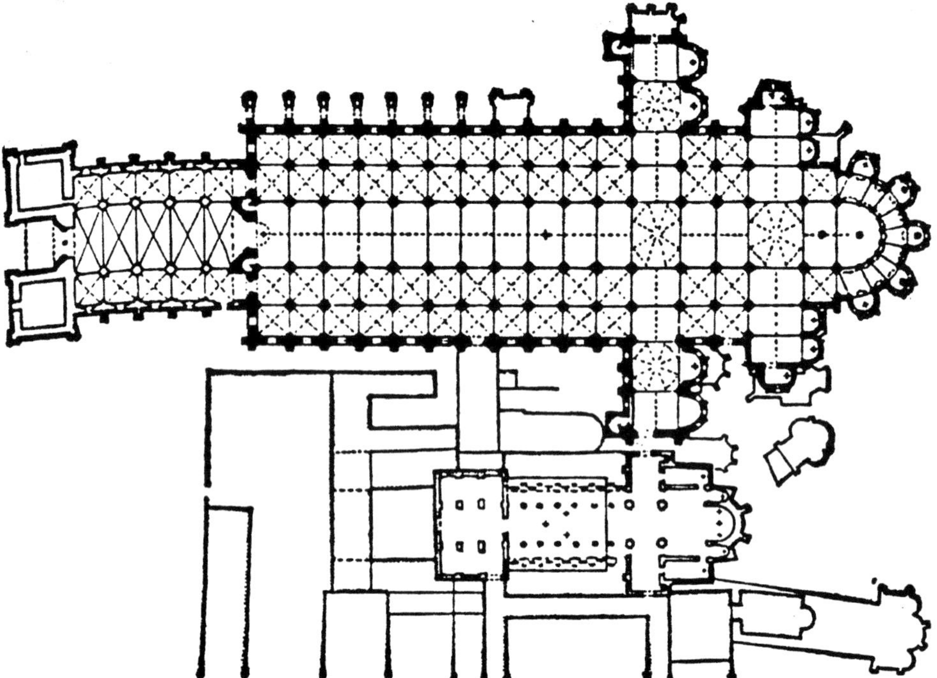

Abb. 6.14: Cluny, Burgund, Abteikirche, Cluny III, Cluny II

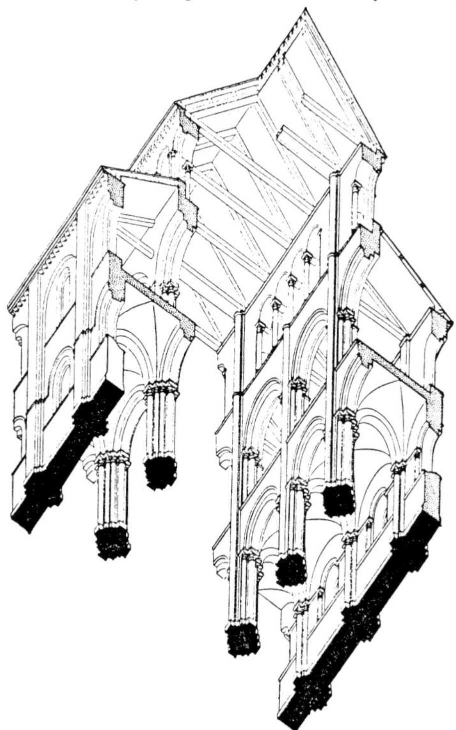

Abb. 6.15: Caen, Abteikirche St. Etienne, 1066

durch Türme überhöht werden. Die polygonalen Treppentürmchen sitzen außen an den Querschiff-Stirnseiten (Abb. 6.13).[28]

Von den dreischiffigen Anlagen mit zwei Querschiffen ist vor allem die Klosterkirche in Reichenau-Mittelzell (1048) zu nennen.

Bei St. Etienne in Caen (1064–66), Normandie, wurden die Seitenschiffe wie in Jumièges mit Kreuzgratgewölben eingedeckt. Von den Mittelschiffpfeilern steigen halbrunde Vorlagen auf. Das Mittelschiff hatte einen offenen Dachstuhl (Abb. 6.15). Mit Kreuzrippengewölbe wurde das Nordschiff von St. Etienne in Beauvais (1120–1125) gebaut (siehe Seite 157, Abb. 6.17).

In Burgund zeigen die Klöster in Cluny (Cluny II), dreischiffig mit einem Staffelchor, Cluny III, fünfschiffig mit zwei Transeptflügeln, Chor und Radialkapellen neue Raumlösungen auf. Die Gesamtlänge beträgt 187 m (Cluny III; Abb. 6.14).

Die Klosterkirche von Paray-le-Monial (1130) kann als Nachfolgebau von Cluny III gelten. Eine zweite Gruppe von Klosterkirchen der burgundischen Schule wurde als dreischiffige Basilika mit Kreuzgratgewölben zwischen starken Gurtbögen ausgeführt. Dazu gehören die Kirchen von Avallon und Vézelay.[29]

Zu einer besonderen Kategorie von mächtigen Klosteranlagen gehören die Klöster des Zisterzienser-Ordens.[30]

Im Idealplan erhält man ein Schema von der Pfeilerbasilika mit Querhaus und kleinem Chor. Ein Lettner unterteilt die Kirche in den Chor für Mönche und den für Konversen.

Dem Vorbild der Klosteranlage von Clairvaux folgten Royaumont und Ebersbach (1220).[31]

Die Portale zeichnen sich durch Archivolten, die in der Profilierung abgestuft zurücktreten, aus. Bei Fensteröffnungen wurden die Laibungen abgeschrägt. In der Spätromanik wurden zweifach gekoppelte Fenster innerhalb einer rundbogigen Mauernische entwickelt. Die mittlere Stütze und die obere Rundöffnung führten zum Maßwerk.

Auf die antike Tradition weisen die zahlreichen Kapitell- und Basenformen der Stützen hin, die jedoch in der dekorativen Abwandlung zu neuen charakteristischen Formen gelangen:

- das Würfelkapitell, fast ohne Dekoration
- das abgewandelte korinthische Kapitell
- Kapitelle mit figürlicher Szenerie, Tieren etc. (Abb. 6.16).[32]

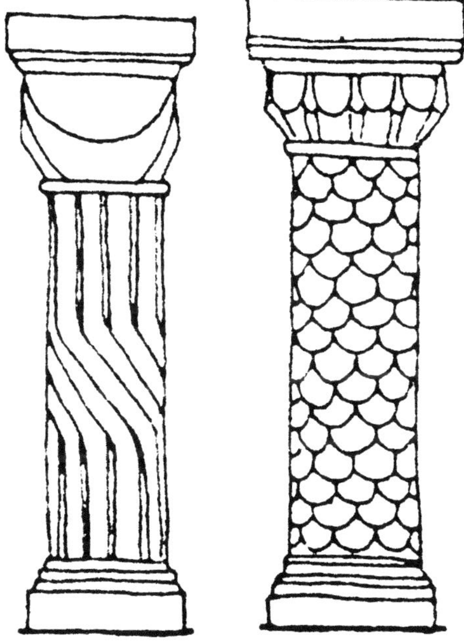

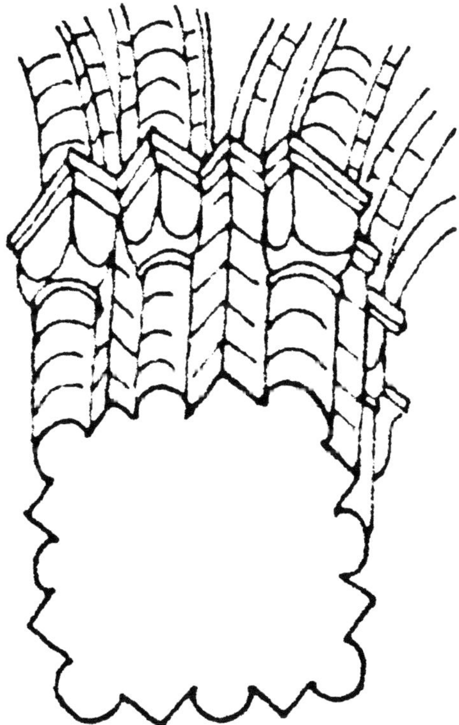

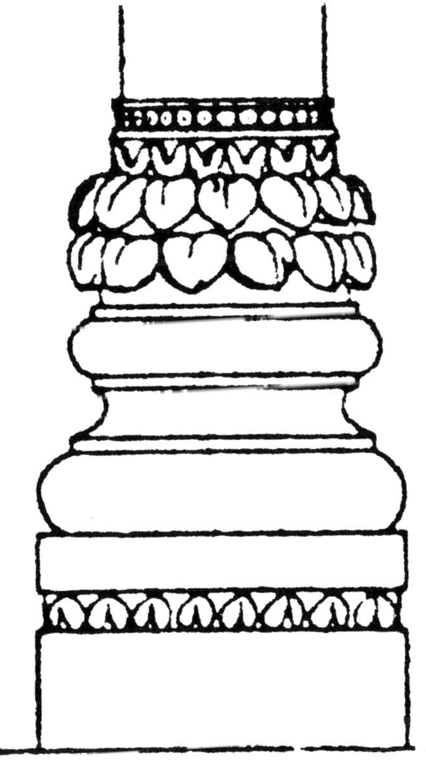

Abb. 6.16: Romanischer Pfeiler, Säulen, Säulenbasis

Abb. 6.18: Europa im Spätmittelalter (1400) im Maßstab 1 : 20 000 000

C Gotik (1150–1500)

1 Kulturgeschichtlicher Überblick

Die Zeit zwischen der zweiten Hälfte des 12. Jh. und dem 14. Jh. ist durch die Expansion des Katholizismus in östlicher und westlicher Richtung gekennzeichnet:

Im 11.–13. Jh. erobert die Reconquista Landesteile der iberischen Halbinsel; 1492 wurde Granada, letzter arabischer Staat auf europäischem Boden, erobert (Abb. 6.18).

1096–1270 finden die Kreuzzüge mit dem Ziel statt, das Heilige Land von den Moslems zu befreien. Im Laufe des 4. Kreuzzugs wurde 1204 Konstantinopel von den Kreuzfahrern eingenommen und das „Lateinische Kaisertum“ errichtet, bis Michael Palaiologos mit Hilfe Genuas 1261 beseitigt wurde.[33] Der 8. und letzte Kreuzzug endet 1270 mit dem Tod Ludwigs IX., des Heiligen, vor Tunis.

Seit dem 12. Jh. bilden sich Zünfte der Handwerker, Zwangskorporationen zur Kontrolle der gewerblichen Produktion und zur Ausbildung, Beschäftigung und Sozialfürsorge der Handwerker, wie sie im „Livre des Métiers“ von 1268 für Paris zusammengefaßt sind.[34]

Die Abgrenzung des Stadtgebietes durch die Verteidigungsanlagen ermunterte viele Grundherren, ihre Grundstücke in Bauparzellen zu teilen und zu verpachten. Handwerker und Kaufleute nutzten die Chance, ein Haus innerhalb der Stadtmauer zu besitzen, das ihnen als „Bürger der Stadt“ gewisse Privilegien und Freiheiten einbrachte.

Nächst dem Rad ist die Kurbel die wichtigste von den einfachen Maschinen für die Umsetzung von der Drehbewegung in hin und her gehende Bewegung und umgekehrt. Nach dem Manuskript eines Technikers aus den Hussitenkriegen kommt zum erstenmal die gekröpfte Kurbel in Form der Brustleier vor.[35]

In der Handschrift des Mariano di Jacopo Taccola (1441–58), bereits im Übergang zwischen Mittelalter und Renaissance, zeigt der Zeichner ein Triebrad aus gekröpfter Welle und Pleuelstange (Abb. 6.19).[36]

Ein anderes wichtiges Maschinenelement des Mittelalters ist das Pedal, das mit der Kurbel verwandt ist. Die ersten Anzeichen für die Anwendung des Pedals sind bei einem Webstuhl aus dem 13. Jh. belegt.[37]

Mit dem Pedal verwandt sind der Federbaum und die Bogenfeder gewesen. In den Maschinenbau dringt die Feder um 1235 ein. Im Skizzenbuch des Villard de Honnecourt ist der Federbaum gezeichnet, der den Aufwärtszug einer wasserbetriebenen Sägemühle auszuführen hat. Und um 1250 wurden die Federbäume bereits zum Antrieb von Drehbänken benutzt.[38]

Während die Frühscholastik noch vom Glauben ausgeht und das Erkennen der Glaubensinhalte anstrebt („Credo ut intelligam“: Ich glaube, damit ich verstehe), rief Roger Bacon (1214–1294) zu kritischer Prüfung scholastischer Lehrmeinungen und zu freierer Naturbetrachtung auf.[39]

„Artes“ waren die freien Künste (artes liberales) und die mechanischen Künste (artes mechanicae). Die sieben Künste Grammatik, Rhetorik, Dialektik, Musik, Arithmetik, Geometrie und Astronomie waren im Mittelalter Wissenschaften. Demgegenüber gehörten die Malerei und Bildhauerei zu den „artes mechanicae“. Sie verstanden sich als Kunstfertigkeiten, die einen praktischen Zweck erfüllten.[40]

An Kloster- und Kathedralschulen bildeten sich im 12.–14. Jh. Genossenschaften von Lehrenden und Lernenden (universitas magistrorum et scholarium). Die ältesten Universitäten wurden in Bologna 1088, in Paris 1150, in Salerno 1173, in Oxford 1167, in Palencia/Nordspanien 1208, in Padua 1222, in Toulouse 1229, in Valencia 1245, in Sevilla 1250 und in Montpellier 1289 gegründet. Die Pariser Universität ging zu Beginn des 13. Jh. aus dem Zusammenschluß der Kathedralschule von Notre-Dame mit den Klosterschulen von St. Victor, St. Dénis und Ste. Geneviève hervor.

In Paris ragten die Gründungen der „Collèges“ hervor, als Wohn- und Studienhäuser eingerichtet: An der Kathedralschule auf der Cité stiftete Josse de Londres durch den Kauf einiger Häuser des Hospitals Hôtel Dieu den ersten Collège, 1254 folgte die Gründung des berühmten Collège de Sorbonne durch Robert de Sorbon, Kaplan König Ludwigs IX., des Heiligen.[41]

Das 14. Jh. ist im Westen durch den Hundertjährigen Krieg (1339–1453) zwischen England und Frankreich, durch wirtschaftliche und soziale Mißstände und der Epidemie der Schwarzen Pest gekennzeichnet.

Das Ende der päpstlichen Weltherrschaft zeichnet sich ebenso im 14. Jh. ab: 1309 erfolgte die Übersiedlung des Papstsitzes nach Avignon. Erst 1377 kehrt Papst Gregor XI. nach Rom zurück und wählt den Vatikan als neue Residenz aus.[42]

Im 13.–15. Jh. nimmt die Bedeutung des Stadtwesens zu. Königliche Residenzstädte wie London und Paris wurden zwar durch Mauerringe befestigt, aber die Grundstücke innerhalb der Ringmauern wurden mit Wohnräumen dicht bebaut. Es werden neben den Pfarr-, Abtei- und Klosterkirchen, Kapellen und Kathedralen Stadthäuser, Paläste und Landhäuser für die Hofaristokratie und für den höheren Klerus, Turnierfestdekorationen und Brücken errichtet.

Die Kaufmannschaft und die Gewerbetreibenden nehmen Anteil an der Verwaltung und Verteidigung der Stadt. Kunst und Literatur werden durch die Patrizier, den Hof und die Kirche gefördert. Der Prozeß einer größeren kulturellen Erneuerung erreicht in Italien zwischen Ende des 14. Jh. und Beginn des 15. Jh. mit der Renaissance, der Rinascita, einen Höhepunkt, der in den anderen Ländern West- und Mitteleuropas erst im 16. Jh. erreicht wird. So kommt es, daß um 1400–1500 der König und die Städte die wichtigsten Auftraggeber der Kunst in London und Paris sind.

So entstehen in Paris auf Anordnung der Krone: La Sainte-Chapelle und der Palast auf der Cité, Studienhäuser der Universität, das Hospiz der „Quinze-Vingts", die Brücken der Grand-Pont, das Hôtel Saint-Pol, der Louvre und schließlich die erste Verwirklichung eines städtebaulichen Ensembles – des Pont Notre-Dame (1499–1510).[43]

In London wurde im 14. Jh. die St.-Stephans-Kapelle („die Sainte Chapelle" Englands) im Westminsterpalast gebaut, und im 15. Jh. wurden die Kings College Kapelle in Cambridge (ab 1446) und die St.-Georgs-Kapelle in Schloß Windsor (ab 1481) mit meisterhaft dekorierten Innenräumen errichtet.[44]

Die großen Erfolge der Stadtbaukunst der Toskanischen Stadtstaaten wurden durch die bürgerliche Gesellschaft gefördert. Das Wachstum von Florenz kann durch die Zunahme der Brücken veranschaulicht werden: Ponte Vecchio (11. Jh.), Ponte alla Carraia (1218), Ponte del Podestà („delle Grazie") 1237 und Ponte alla Trinità 1252.

Auch die Anordnung der Stadtplätze in der monumentalen Achse weist auf die Neuorganisation der Stadtgliederung hin: „Piazza della Signoria" erhielt seine Gestalt im 14. Jh. Die angrenzenden Häuser wurden durch Rustika und Bogenöffnungen einheitlich gestaltet. Das Ganze wird durch den Palazzo Vecchio mit seinem Turm beherrscht. Rechts schräg gegenüber befindet sich die Loggia dei Lanzi (ab 1378), ein Hauptwerk der Florentiner Spätgotik. Der Straßenzug der Via Calzaioli verbindet diese Piazza Civica mit der Piazza del Duomo mit Dom S.Maria del Fiore, Campanile und Baptisterium.[45]

Außerhalb der damaligen Stadtmauern befindet sich in Pisa der Dom (ab 1064), das Baptisterium (1152) und der Campanile. Das Gelände war in der Spätantike ein Friedhof gewesen.

Auch in Pistoia spiegelt die Piazza del Duomo in der Mitte der Stadt mit dem oktogonalen Baptisterium mit Campanile, romanischem Dom, Palazzo del Comune (1294) und Palazzo Pretorio die Wirtschaftskraft und kulturelle Blüte dieser Stadt mit den beeindruckenden romanischen und gotischen Kirchen (S. Giovanni Fuorcivitas, Pieve di S. Andrea) und dem Ospedale del Ceppo wider.[46]

Politische und ökonomische Gründe führten im 13. Jh. zur Gründung von neuen Städten in Norditalien (Piemont), die als „borghi franchi" in der Geschichte des Städebaus bezeichnet werden. Den neuen Stadtbürgern wurde Steuerfreiheit gewährt.[47]

Typische Beispiele stellen die gestochenen Stadtpläne von J. Blaeu für Cuneo, Gattinara und S. Damiano d'Asti mit rechteckigen Baublöcken an ca. 12–14 m breiten Hauptstraßen dar. Die Häuserblocks wurden durch Arkaden rhythmisiert.[48]

In Frankreich wurden Bastide-Städte von Alphonse de Poitiers (Laparade/Lot-et-Garonne), Ludwig IX. (Aigues-Mortes) und Eustache de Beaumarchais (Pavie, Mirande) gegründet.[49]

Neue Städte wurden auch in England (Salisbury, Winchelsea), in Holland (62 Städte im 13. Jh.), in der Schweiz (Fribourg, Bern), in Süddeutschland (Villingen), in Nordostdeutschland (Neubrandenburg 1248) und in Polen (Poznań, Krakau) planmäßig angelegt (Abb. 6.20, 6.21).[50]

Die kulturelle Entwicklung im Mittelalter kann durch folgende Aspekte charakterisiert werden:

- Das Stadtwesen (Burg mit Bürgern/Bourgeois) gewinnt an sozioökonomischer Bedeutung. In den königlichen Residenzstädten verflechten sich politische, administrative, wirtschaftliche, militärische, religiöse und Bildungsfunktionen miteinander und führen zur kulturellen Blüte.

  Die Residenzstadt entwickelt sich zum Regierungs- und Kulturzentrum. Aus strategischen und wirtschaftlichen Gründen wurden neue Bürgerstädte gegründet, die sich Zinsfreiheit und weitere Privilegien sicherten.

- Die Gründung zahlreicher Universitäten im 12. bis 15. Jh in Italien (z. B. in Bologna 1088, in Salerno 1173, in Padua 1222, u. a.), in Frankreich (Paris 1150), in England (Oxford 1167), in Spanien (Valencia 1245, Sevilla 1254), im deutsch- und slawischsprachigen Raum (Prag 1348, Krakau 1364, Wien 1365, Heidelberg 1385, Köln 1388) trug dazu bei, philosophische, theologische und humanistische Gedanken in der Gesellschaft bekannt zu machen und sie für künstlerische und technologische Fortschritte zu interessieren, die die materiellen Verhältnisse der Zeit verbessern sollten.

  Der entscheidende Beitrag der Scholastik ist das Vordringen der Naturphilosophie und Metaphysik des Aristoteles einschließlich der griechischen und arabischen Kommentatoren.[51]

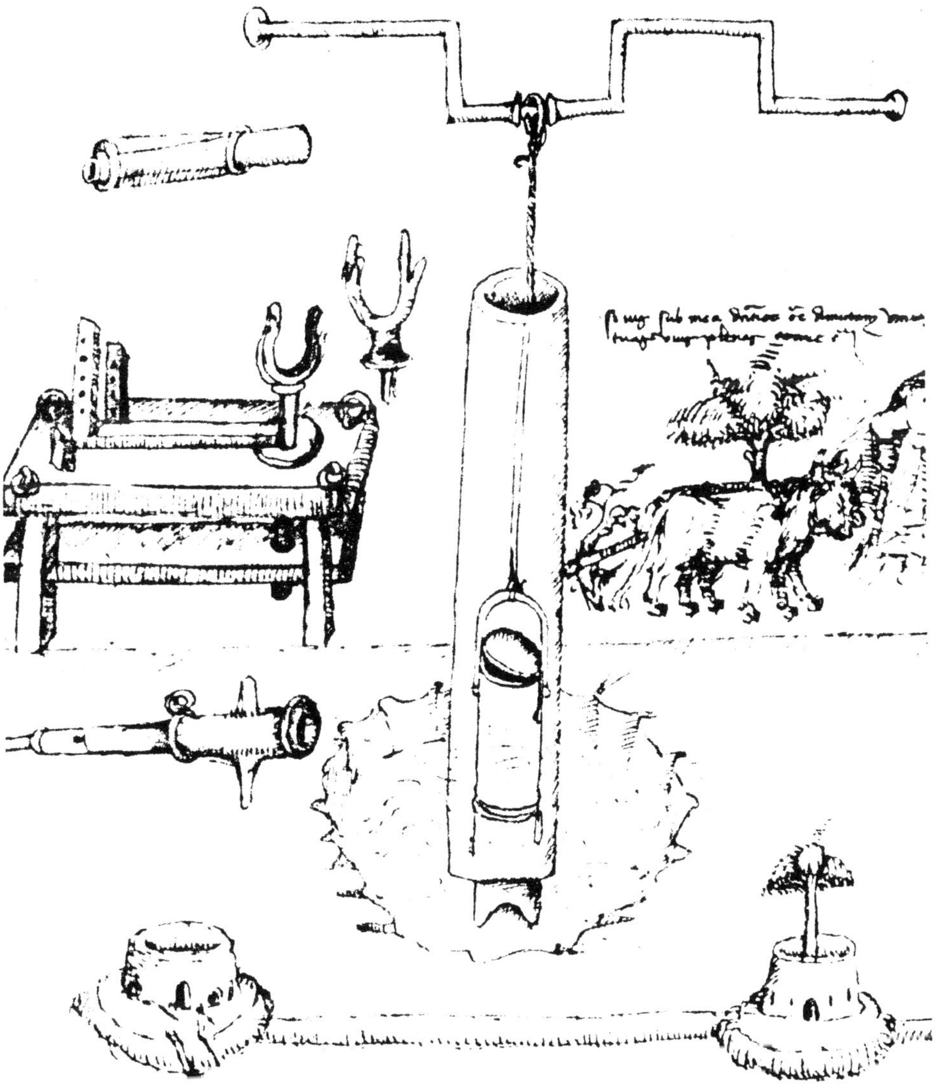

Abb. 6.19: Skizze einer doppeltgekröpften Pumpenwelle von Mariano di Jacopo Taccola, um 1450

- Änderungen in der Liturgie beeinflussen die architektonischen Raumkonzeptionen im Sakralbau.
- Neben den kirchlichen gewinnen weltliche Bauaufgaben zunehmend an Bedeutung.
- Von der regional bezogenen Romanik greifen die Stilmerkmale und Raumkonzeptionen der Gotik von Frankreich im Südwesten nach der iberischen Halbinsel und im Osten besonders in den deutschsprachigen Raum über. Von dort gibt es Ausläufer nach Polen, Ungarn und Rumänien.

2 Architekturprogramme

2.1 Sakralbau

Die Planung einer Kirche in der Stadt im 12.–13. Jh. reduzierte sich nicht nur auf die Funktion, einen Versammlungsraum für Gläubige zu schaffen, die die Liturgie verfolgen. In der Kirche sollen auch andere Feiern stattfinden: ein Treffpunkt der Stadtgemeinde.

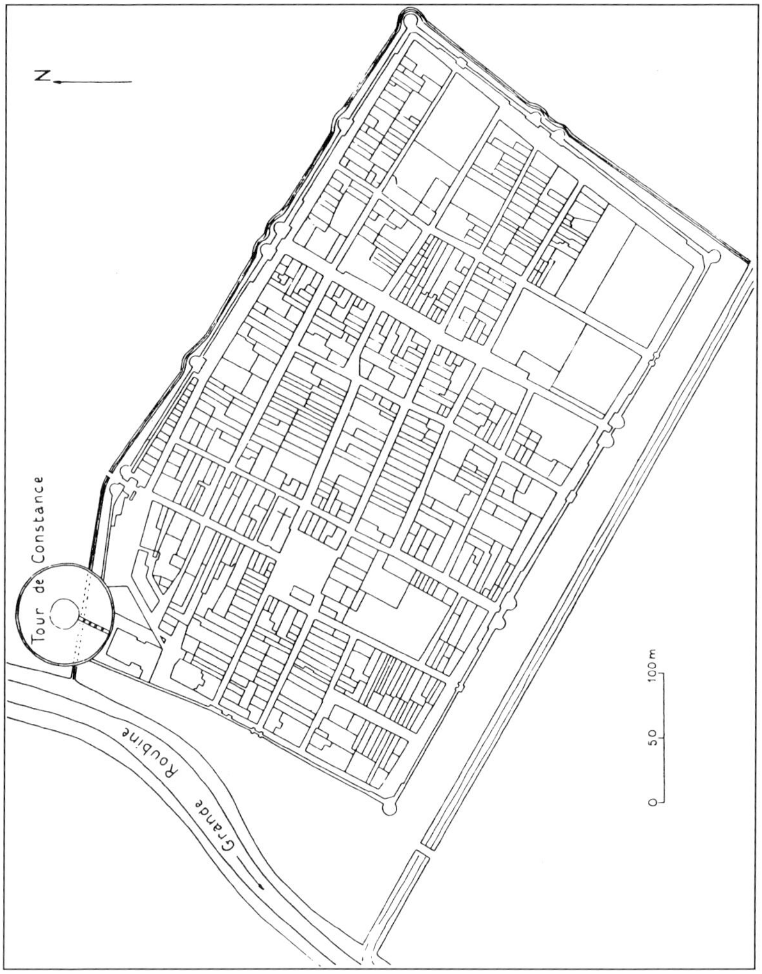

Abb. 6.20: Aigues-Mortes (Gard)

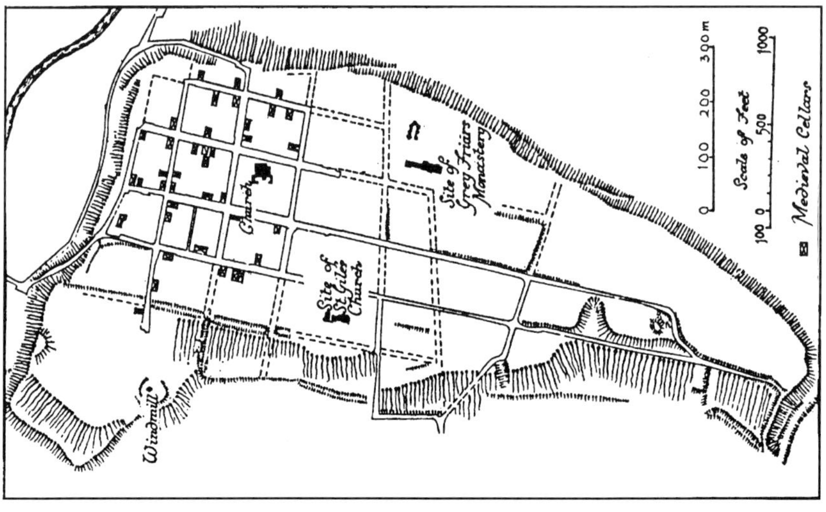

Abb. 6.21: Winchelsea, England

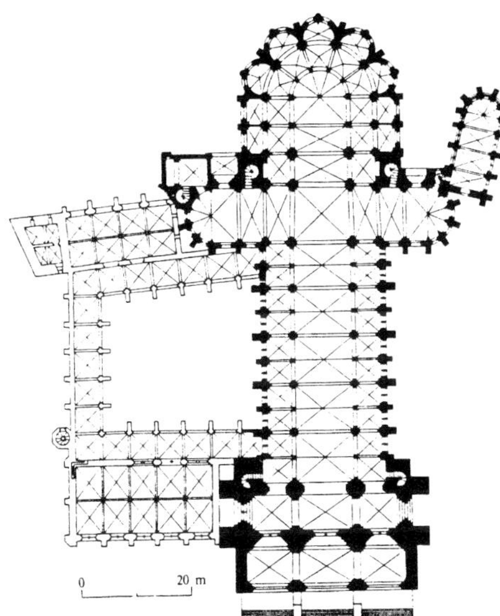

Abb. 6.22: Noyon, Kathedrale Notre-Dame, Grundriß

Zu den Veränderungen der Raumkonzeption gehören z. B. die Entscheidung, die Reliquien im Altarbereich zu plazieren, die Erweiterung des Chores mit einem Kapellenkranz, die räumliche Schrumpfung des Querschiffes und der Wegfall des Lettners, die zur Vereinheitlichung des Raumes beitrugen.

Die Bauidee der „gotischen" Bischofskirche entstammte der Landschaft um Paris herum, Ile-de-France und der Champagne und dem nordfranzösischen Landesteil Picardie. Die Gotik ist nach H. Jantzen eine „Stilentelechie", eine Stilbildung mit einem innewohnenden Formprinzip.[52]

Die Bezeichnung „Gotik" taucht erst in der italienischen Renaissance auf und meint in abwertendem Sinne die mittelalterliche Baukunst der gotischen Barbaren.[53]

Die gotische Kathedrale weist in der Regel im Grundriß ein mehrschiffiges Langhaus mit basilikalem Querschnitt auf. Das Mittelschiff überragt als Hauptraum die Seitenschiffe so, daß es sein Licht aus den hohen Fensterreihen erhält. Die neuen architektonischen Gestaltungsmöglichkeiten artikulieren sich im Aufriß der Langhauswand. Im Erdgeschoß stehen die Arkaden als Durchlässe zu den Seitenschiffen, darüber befinden sich ein bis zwei Galerien und schließlich die Fenster im Obergaden.

Zu den Kirchen der Frühgotik gehören die Abteikirche von St.-Denis (1137–43) mit Chorumgang und Kapellenkranz, mit der Rose als Fassadenmotiv und dem Strebewerk (98 m Länge, ca. 40 m Breite), ferner die Kathedrale von Senlis (1150–90) mit sechsteiligen Mittelschiffgewölben und angespitzten Rippenprofilen, die Kathedrale Notre-Dame von Noyon (1160–63) ca. 24 m Höhe, mit oblongen Kreuzgewölben und viergeschossigen Wandgliederungen, die Kathedrale Notre-Dame von Paris (1130–1208; Türme 1235) mit einer Gesamtlänge von 130 m (Breite 50 m, Kreuzgewölbe im Mittelschiff: 14 × 11 m, Seitenschiffe: 5,50 × 5,50 m, Höhe ca. 24 m) und die Kathedrale von Laon (1155–1230) mit einer Länge von ca. 111,25 m (56 m Breite des Querschiffes; Hauptschiff: 12 × 8 m, 24 m Höhe) (Abb. 6.22–6.24).[54]

Der Stützenwechsel in den Pariser Seitenschiffen bedeutet konstruktiv den Wechsel von runden und eckigen Pfeilern. Bei den frühgotischen Kathedralen mit sechsteiligen Rippengewölben erscheint der Stützenwechsel als eine Art konstruktive Maßnahme, besonders dort, wo Dimensionsunterschiede zwischen Haupt- und Nebenstützen, wie z. B. in Noyon und Senlis, vorkommen.

In der Hochgotik (1200–1250) wurden die Kathedralen von Chartres (vierteilige Kreuzgewölbe 16,50 × 6,50 m, Gesamtlänge ca. 132 m × 67 m, bei einer Höhe von 36,50 m; 1194), Reims (38 m Höhe, 145 × 55 m, Kreuzgew. 15 × 7 m; 1210) Amiens (141 × 63 m, Höhe 42,30 m; 1220) und Beauvais (48 m Höhe; 1227) gebaut (Abb. 6.25 bis 6.36).[55]

Bei der klassischen Kathedrale fehlen die Galerien, und die vierteiligen Gewölbe schaffen eine gleichmäßige Verteilung des Druckes auf die Hochschiffwand.

Zu den architektonisch-dekorativen Neuerungen gehört das Maßwerk-Fenster, das zum erstenmal von Jean d'Orbais bei der Kathedrale von Reims eingeführt wurde. Der Kapellenkranz setzte sich aus halbkreisförmigen Segmenten über fünf Seiten des Zehnecks zusammen, die die trapezförmigen Felder des Umganges säumten.

Bei der Kathedrale von Amiens ordneten Robert de Luzarches und Regnault de Cormont jenseits des dreischiffigen Querschiffes einen Langchor mit drei Jochen an. Das Chorpolygon erhebt sich über sieben Segmenten des Zwölfecks.[56]

Zu den steilsten Raumbildungen der Kirchenbaukunst gehört der Chor der Kathedrale von Beauvais. Fast symbolhaft markiert der Einsturz der Gewölbe in Beauvais (1284) das Ende der Hochgotik.

Zu den großen Leistungen dieser Epoche gehört noch die Sainte-Chapelle in Paris (1243–48). König Ludwig der Heilige beauftragte wahrscheinlich den Werkmeister Pierre de Montreuil mit dem Bau der Ste.-Chapelle, um in ihr wertvolle Reliquien zu bergen. Die Funktion des Baus, als Hof- und Palastkapelle zu dienen, erklärt den Aufbau in zwei Geschossen. Die Unterkirche ist als Sockelgeschoß ausgebildet. Das Obergeschoß zeichnet sich durch die riesigen buntverglasten Fenster aus.[57]

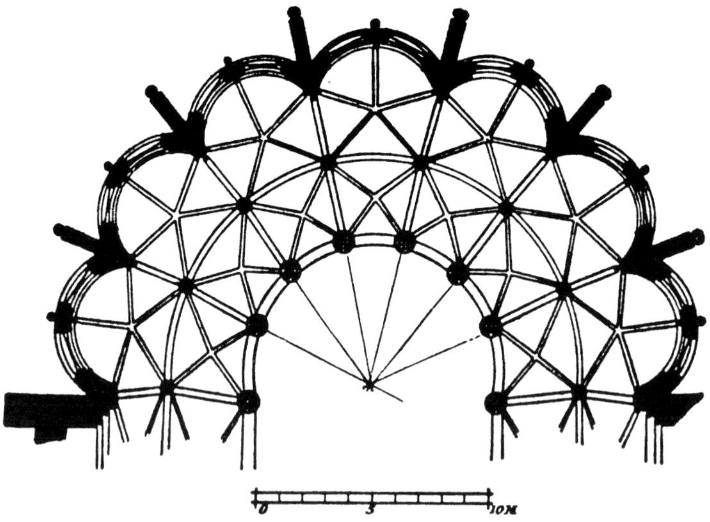

Abb. 6.23: St. Denis, Abteikirche, Grundriß der Chorpartie

Der Chorumgang des Magdeburger Domes (1209 bis 1263) greift auf französische Vorbilder zurück.

Über Burgund erreichen die ersten gotischen Formen das Straßburger (1235–75) und das Freiburger Münster.

Die Idee des Zentralbaus kommt 1235 bei der Liebfrauenkirche in Trier zum Tragen.

Erst die Marburger Elisabethkirche (1249), eine dreischiffige Hallenkirche, verdeutlicht die Umsetzung der gotischen Raumkonzeption im Deutschen Reich.

In Köln entstand der Dom (1248-1322) als Folgebau der französischen Kathedralen. Ab 1350 wurde mit dem Westbau begonnen, nach 1450 nahm die Bautätigkeit ab. Erst im 19. Jh. wurde der Dom vollendet (1848–80).[58]

Zur Spätgotik (13.–15. Jh.) gehören der Flamboyant-Stil in Frankreich (Rouen) und die Hallenkirchen mit Netz- und Sterngewölben in Schwäbisch-Gmünd (1351), Annaberg (1499), St. Lorenz in Nürnberg (1445–72), der Prager Dom (15. Jh.).

In Spanien stand der ersten Großen Kathedrale von León (1205–1303) der Grundriß von Reims als Modell. Für die Kathedralen von Burgos (1224-1442) und Toledo (1226 begonnen), die erst im 16. Jh. vollendet wurden, diente die Kathedrale von Bourges als Vorbild. Zwar verraten die Stern- und Netzgewölbe die spätgotischen Formen des deutschsprachigen Raumes, aber die geschwungenen Rippen und Sterngewölbe fußten auf spanischen Bau- und Konstruktionsvorstellungen, so wie die neue Kathedrale von Salamanca, die 1512 weitgehend von Juan Gil de Hontañón entworfen wurde. Juan und Rodrigo Gil de Hontañón waren die letzten spanischen Baumeister der Gotik.[59]

Als eine Besonderheit der iberischen Gotik stellen sich die Hallenbauten der katalanischen Kirchen dar: Die Einführung der Gurtbogen-Balken-Bauweise für Kirchen wurde dadurch erschwert, daß nur das Gewölbe dem sakralen Charakter des Kirchenraumes angemessen schien. Erst die ideologische Revolution der Albigenser (1209–1229, deren Bewegung 1330 durch die Inquisition vernichtet wurde) und die Entstehung der Bettelorden veränderte die bestehenden Auffassungen. Die neue Konstruktion wurde verwendet, um einen großen Raum zu schaffen. Im Languedoc, das bis 1213 zum Teil unter der Herrschaft Barcelonas stand, wurde die Kathedrale von Mirepoix mit Balkendeckung und einer Spannweite von 24 m erbaut.[60]

Einschiffige Kirchen mit Strebewänden zwischen Seitenkapellen wurden der bevorzugte Kirchentypus der katalanischen Gotik. Ein Teil dieser Kirchen wurde mit Satteldächern auf Gurtbögen gedeckt. Die reichste Kirche dieser Art ist Santa Àgata, die Kapelle des Königspalastes von Barcelona (Palau Reial Major). Sie wurde 1302–17 teils auf der römischen Stadtmauer, teils auf Gewölbesubstruktionen der Stadtmauer gebaut.[61]

In Italien kommen Kirchenbauten in gotischem Gewand vor, die das romanische Raumempfinden aufweisen: Der Dom von Siena (1225–64) zeigt im

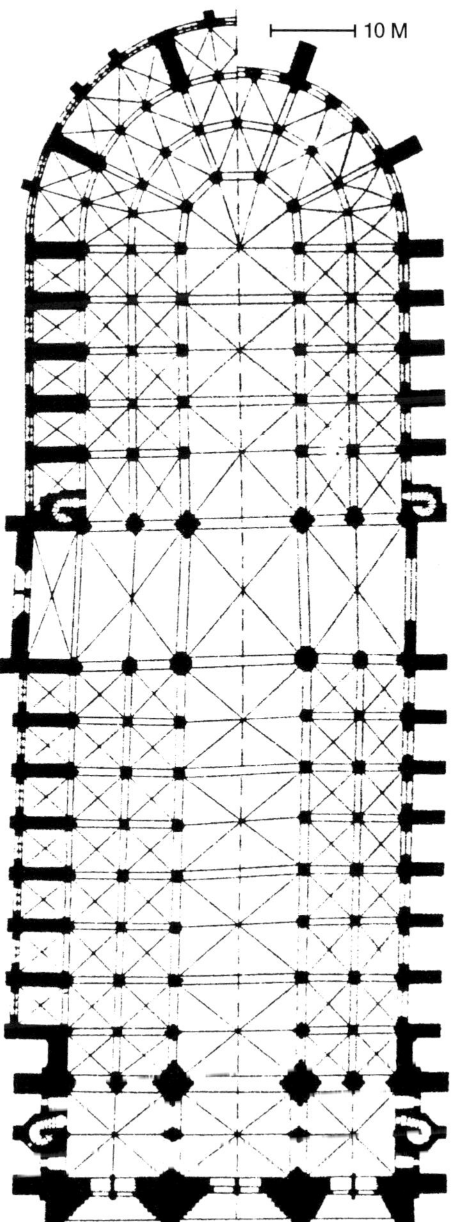

Abb. 6.24: Paris, Kathedrale Notre-Dame, im 12. Jh.

Abb. 6.25: Chartres, Kathedrale

Innern, trotz der Kreuzschiffgewölbe, die malerische Wirkung der romanischen Fassadenarchitektur der Toskana auf. Die mit schwarzem und weißem Marmor in horizontal geschichteten Streifen gestaltete Fassade scheint von Giovanni Pisani, 1284–99 Dombaumeister in Siena, wenigstens zum Teil entworfen zu sein.

In Florenz hat die Franziskanerkirche S. Croce (1294 f.) von Arnolfo de Cambio keine Gewölbe, sondern nur hölzerne Hängewerkdachstühle. Schließlich weist der Dom von Florenz, der 1296 unter Arnolfo di Cambio begonnen und unter Giotto 1334 fortgesetzt wurde, an Stelle der queroblongen Mittelschiffjoche quadratische Joche auf, die von den längsoblongen Seitenschiffjochen begleitet sind (Abb. 6.29).

Die dreischiffige, mit Kreuzgewölben überdeckte Pfeilerbasilika (150 m Länge, 38 m Breite) verdeutlicht das System der französischen Kathedrale, das im rationalen florentinischen Geist umgesetzt wurde: Das Schiff mündet in die riesige Hohlform der Kuppel, die jede Bewegung zur Ruhe bringt. Die runden Fenster im Obergaden erinnern an die Oculi der Sta. Maria Novella in Florenz (1278–1360). Der Bauabschnitt von 1378 bis 1436 mit dem Tambour und der Kuppel von Brunelleschi gehört bereits der Periode der Renaissance an (siehe Abschnitt VII).

Erwähnenswert sind neben dem Mailänder Dom (ab 1386) die Chiesa di S.Maria del Carmine nach dem Entwurf von Bernardo da Venezia (1370–1397) mit Oculi-Fenstern.[62]

Eine wesentliche Wurzel für die französische Gotik war die romanische Baukunst der Normandie, von

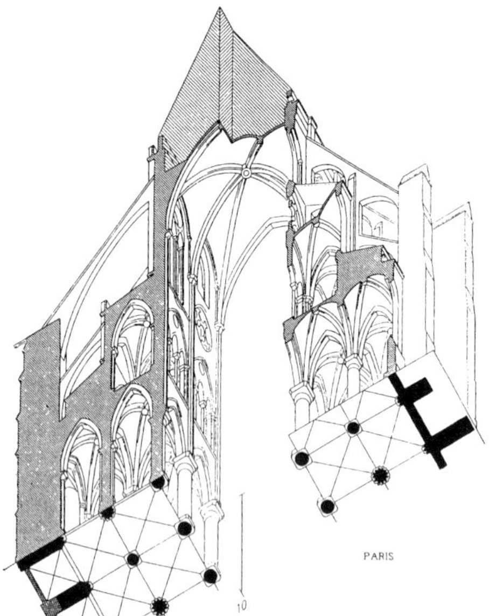

Abb. 6.26: Paris, Kathedrale

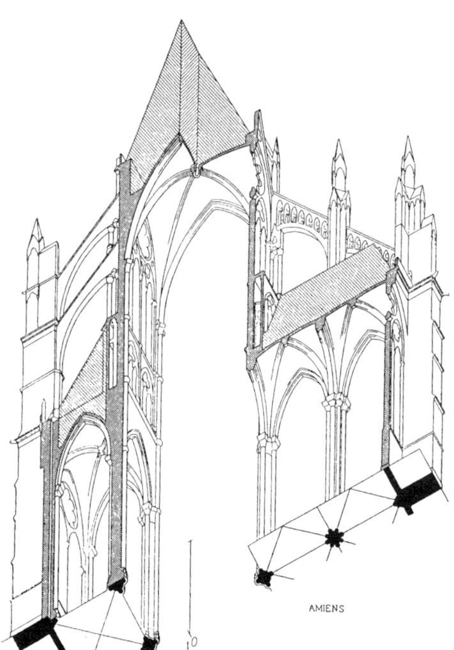

Abb. 6.27: Amiens, Kathedrale

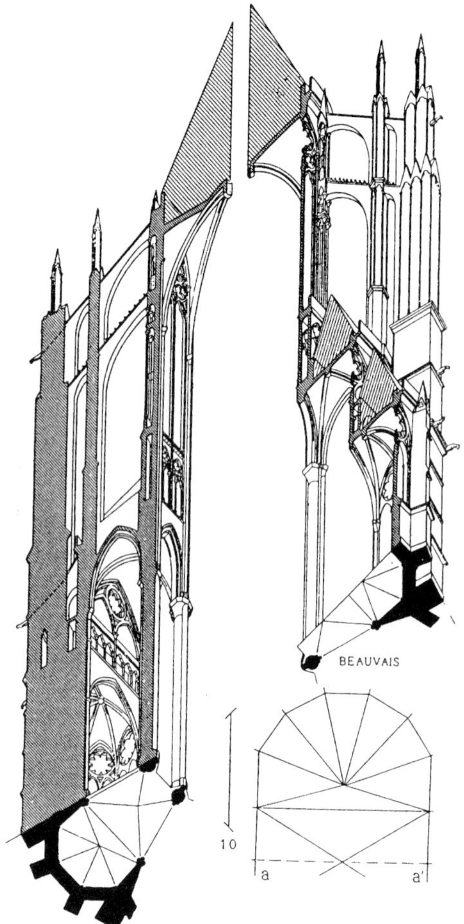

Abb. 6.28: Beauvais, Kathedrale

der künstlerische Einflüsse nach England ausgingen. Das früheste Bauwerk der Gotik in England ist das Ostwerk der Kathedrale von Canterbury, das nach einem Brand von 1174 von dem französischen Werkmeister Guillaume de Sens und 1185 von William the Englishman vollendet wurde. Vorbilder waren die Kathedralen von Sens und Paris (Abb. 6.26–6.28).

Zählt man zur Gotik auch die Bauwerke des „Early English"-Stils, so findet man gotische Formelemente und Raumempfindungen bei den Kathedralen in Wells (1180) und Lincoln (1192).

An Stelle des Kreuzrippengewölbes tritt das Fächergewölbe mit Sekundärrippen (Tiercerons) auf. Weitere eindrucksvolle Werke der Gotik stellen die Kathedralen von Exeter (1224) und Salisbury dar.[63]

Die späteren Phasen der englischen Gotik kennt man als „Decorated Style" (13.–14. Jh., Southwell) und

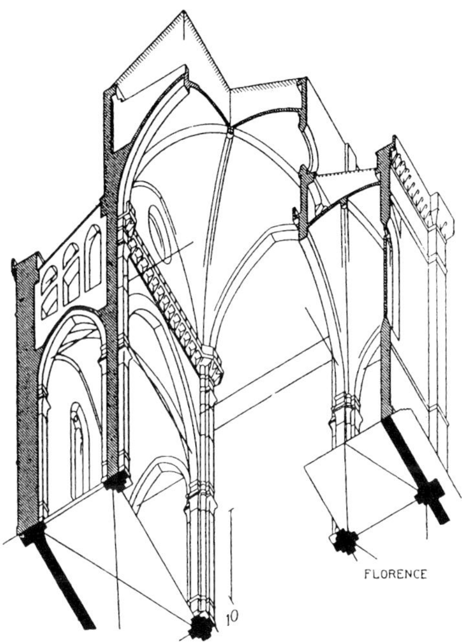

Abb. 6.29: Florenz, Dom, 14. Jh.

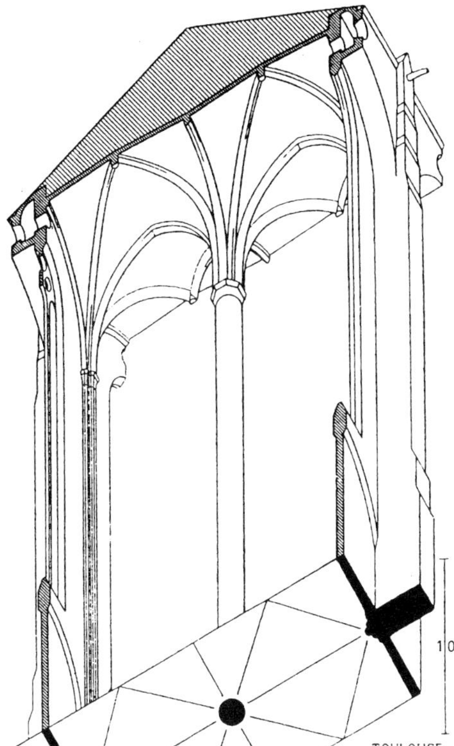

Abb. 6.30: Toulouse, Jakobinerkirche, 13.–14. Jh. (zweischiffig ohne Strebebogen)

„Perpendicular Style" (Kathedrale von Gloucester, 1375, Kapelle Heinrichs VII., Westminster Abbey in London). Für die Überdeckung der Innenräume wurden Netz-, Stern- und Fächergewölbe bevorzugt.[64]

2.1.1 Räumlich-konstruktive Bautypen im Sakralbau

Basilikaler Typus (12.–13. Jh.)

Noyon	dreischiffig	Empore
Laon	dreischiffig	Empore
Chartres	dreischiffig	
Paris	fünfschiffig	

Hallenkirchen (14.–16. Jh.)

Die Schiffe sind fast gleich hoch. Die Belichtung erfolgt durch die großen Seitenschiffenster.

St. Martin in Landshut	dreischiffig	
Schwäbisch-Gmünd	dreischiffig	(15. Jh.)
Toulouse (Abb. 6.30)	zweischiffig	

Saalkirchen (13. Jh.)

Kirchentypus ohne Seitenschiffe für kleine Dimensionen, wie z. B. Kapellen.

Ste.-Chapelle, Paris; Poitiers; Jakobinerkirche in Toulouse (1292)

Zentralbautypus

Als Kirchentypus für Kapellen, Martyrion
Liebfrauenkirche, Trier (1227-44)

Aufrißsystem der Längswände

Die geschoßartige Ordnung der Aufbauelemente setzt sich aus vertikalen Einheiten zusammen. Im Erdgeschoß befindet sich die Arkade aus Stützen, in Paris rund, aber an jeder Vorderseite ist dem Pfeilerkern ein Dienst vorgelagert; in Chartres sind die Dienste bis zum Gewölbeansatz hinaufgeführt. Darüber erstreckt sich in Paris und Laon die Empore. In Chartres dagegen ist anstelle der Empore ein niedriges Triforium getreten, das als selbständiges Motiv, eine Art Zwerggalerie, in die Wand als Laufgang eingelassen wurde und als Mittel zur Durchgestaltung der Wand dient (Abb. 6.31, 6.32).

Zu den Neuerungen gehört auch das Obergadenfenster. Zwei Lanzettfenster mit einer darüberstehenden Rose schließen die Wand ab. Die Fenster der Hochgotik weisen ein Maßwerk mit schmalen Profi-

Abb. 6.31: Chartres, Kathedrale, Aufriß

Abb. 6.32: Reims, Kathedrale, Aufriß

len auf. Mit dem Großwerden der Glasflächen entstehen neue Gliederungen in 4–6 Bahnen oder Streifen. Das führt zu Kleeblattumrissen und zu Paß- und Fischblasenformen (Abb. 6.35–6.38).

Aus dieser Ornamentik setzt sich der spätgotische Flamboyantstil zusammen.[65]

Die Westfassade wurde in der Gotik bevorzugt. Der Eingang ist oft durch zwei Türme hervorgehoben. Die Längsfassaden sind in der Regel durch Strebepfeiler und Strebebögen rhythmisiert. Die Portale wurden, wie in der Romanik, mit Türsturz, mit Giebeln und Bogenfeldern, Archivolten und Arkaden aufgebaut.

2.2 Wohn- und Kommunalbauten

Das Bürgerhaus im 13.–15. Jh. setzte sich, z. B. in Paris und London, aus 1 oder 2 Stockwerken zusammen. Zur Straße überwogen die schmalen Giebelhäuser mit Läden im Erdgeschoß und Wohnräumen im darüberliegenden Geschoß, die in Fachwerkbauweise errichtet waren. Zu dieser Gruppe gehören die Häuser und Läden der Pariser Brücken.

An dem Vorbild des ländlichen Herrenhauses orientierte sich das städtische Residenzhaus („Hôtel") der kirchlichen und weltlichen Aristokratie, mit Innenhof und Treppenhaus. Den Gebrauch von Quadern

Abb. 6.33: Amiens, Kathedrale, Aufriß

Abb. 6.34: Chartres, Kathedrale, Querschnitt

Abb. 6.35: Beauvais, Kathedrale, Querschnitt, Aufriß: Lanzettfenster

in Verbindung mit Backstein zeigt das spätgotische Hôtel de Cujas in Bourges, mit Treppentürmen das Haus von Jacques Coeur.[66] In Rouen überwogen die Fachwerkhäuser.[67]

Auf der Schwelle zwischen Spätmittelalter und Renaissance wurden die Palazzi Davanzati und Bardi-Busini in Florenz aus Werkstein errichtet.[68]

Neben den Stadtpalästen, wie z. B. Ca'd'Oro in Venedig (1421–40) wurden königliche und Bischofspaläste (Louvre) und Repräsentationshallen, wie

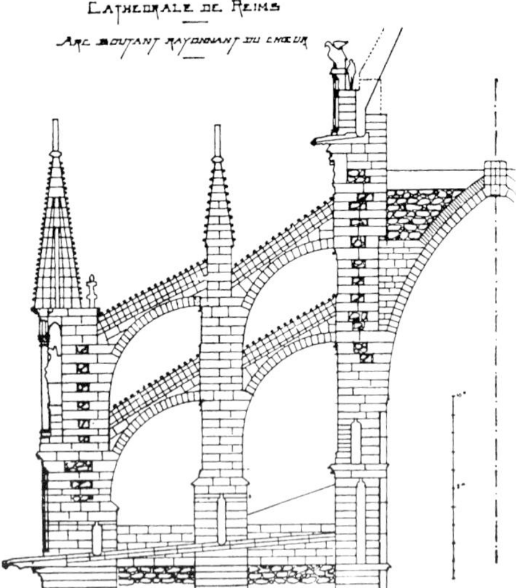

Abb. 6.36: Reims, Kathedrale, Chor, Querschnitt

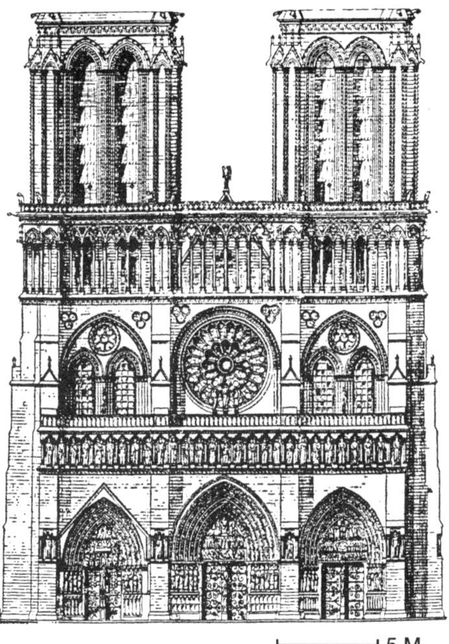

Abb. 6.37: Paris, Notre-Dame, Westfassade, 1200–1250

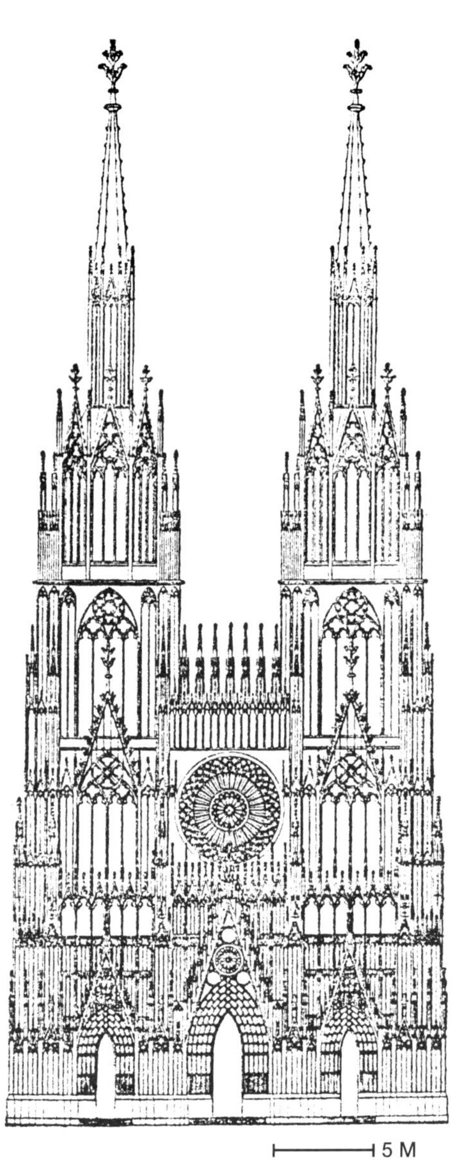

Abb. 6.38: Straßburg, Münster, Entwurf zur Westfassade, Riß B, 1275

z. B. die „Sala Major" im Palau Reial Major in Barcelona, gebaut. Dieser Saal mit einer Länge von 35 m wurde 1359-62 von Guillem Carbonell erbaut. Die horizontale Holzbalkendecke liegt auf halbkreisförmigen Gurtbögen. Mit Satteldächern und Gurtbögen wurden Versammlungssäle („Tinell" 1373), Warenbörsen (z. B. Ilotja von Barcelona 1380–92; Ilotja von Tortosa 1368–73) errichtet.[69]

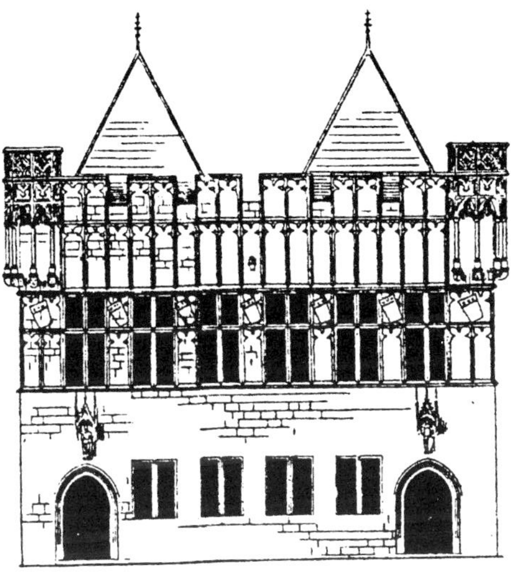

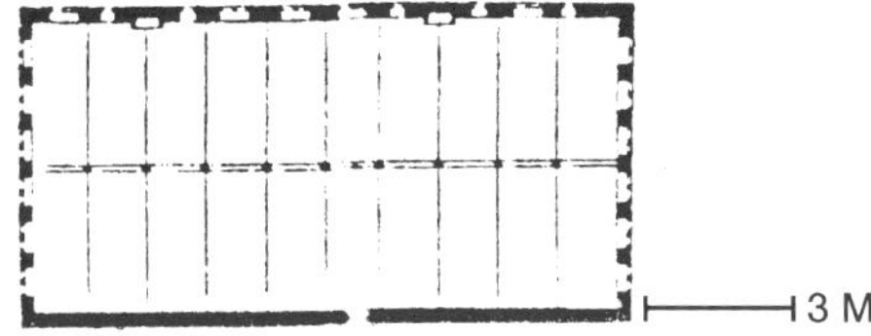

Abb. 6.39: Köln, Kaufhalle, zweigeschossig

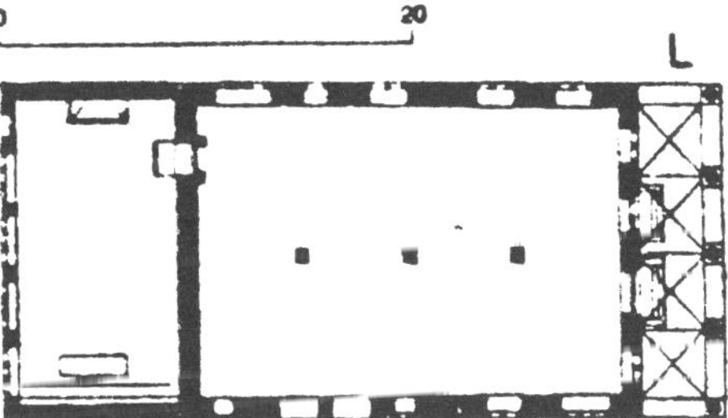

Abb. 6.40: Rathaus, Münster, Treppengiebel

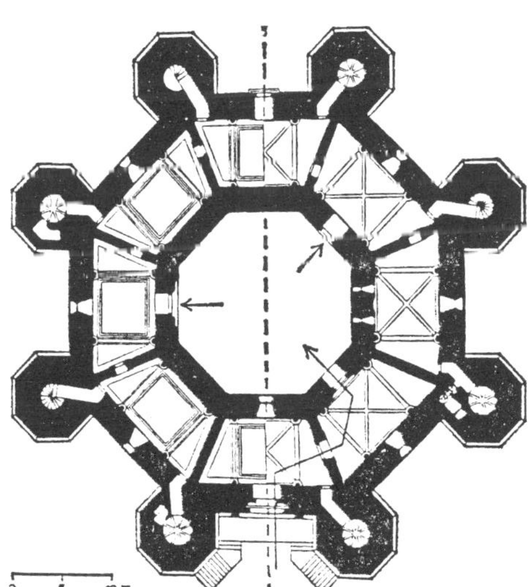

Abb. 6.41: Castel del Monte (Apulien), Jagdschloß

Zu den Kommunalbauten zählen:

Rathäuser (Brügge, Thorn, Breslau, Münster), Palazzo del Podestà in Perugia (1280–90), Pistoia (1367 f.), Palazzo Vecchio in Florenz (1298 f.), Dogenpalast in Venedig (1309 f.) und Tuchhallen (Ypern, Köln), Hospitäler (Hôtel Dieu in Paris 1165–95, erweitert 1463–66, Beaune 1443, Sta. Cruz in Barcelona), Hochschulen (New College in Oxford, St. John & Trinity College, 14. Jh.) (Abb. 6.39–6.41).

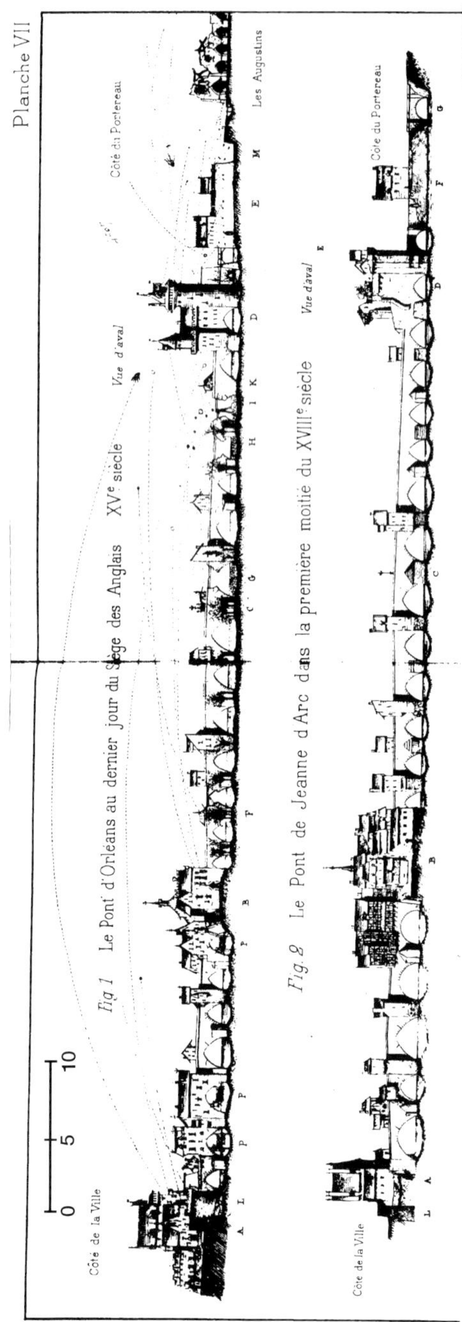

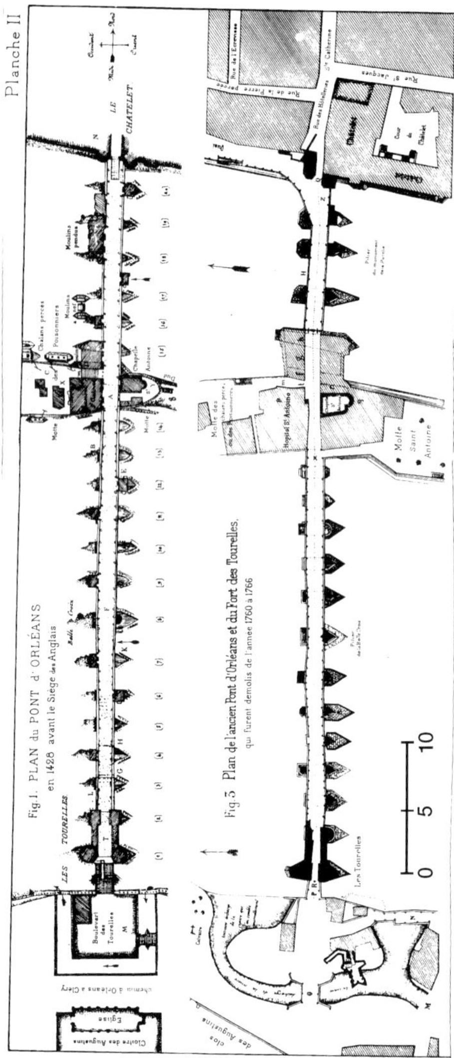

Abb. 6.42: Orléans, Loire-Brücke, hier im 15. Jh.

2.3 Brückenbau

Ein ebenso großes Aufgabenfeld für den Werk- und Baumeister stellten die Verteidigungswerke und die Brücken dar. Dazu gehörten die befestigte Burg und die befestigte Brücke („Pons castri et castrum pontis“).[70]

Zu den mit Türmen und Toren befestigten Brücken gehören:

In England Old London Bridge und Newcastle-upon-Tyne, in Frankreich der Pont de Montauban über die Garonne (1304), Pont Valentre in Cahors über den Lot (1308), Blois, Orléans, Tours und Beaugency über die Loire, Pont de Pirmil in Nantes, die Rhone-Brücken in Avignon, Vernon, Rouen und

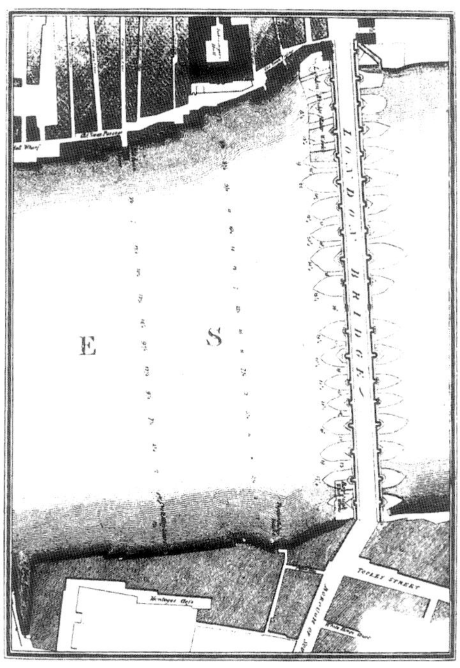

50 M

Abb. 6.43: Old London Bridge, 1209 errichtet, hier um 1758–60

LE COMMERCE ET LES MÉTIERS DE PARIS
AU MOYEN-AGE.

(Le Grand-Pont de Paris au quatorzième siècle. — D'après un manuscrit conservé à la Bibliothèque royale.)

Abb. 6.44: Grand-Pont, Lieferung des Korns für die Mühlen (vor 1296)

schließlich die ältesten Brücken von Paris: Grand-Pont mit Grand Châtelet und Petit-Pont mit Petit Châtelet über die Seine (Abb. 6.42–6.44).

Zu den steinernen Stadtbrücken des Mittelalters gehören noch die Old London Bridge, der Ponte Vecchio über den Arno-Fluß in Florenz, der Ponte Serchio bei Lucca, die Moldaubrücke in Prag, die Elbebrücke in Dresden und die Donaubrücke in Regensburg.[71]

Paris, das zur größten Stadt Europas im Mittelalter aufstieg, wies innerhalb der Stadtmauern von Philipp-August (1190–1210) und Karl V. (1370) eine Fläche von ca. 273 bzw. 439 ha, im 12.–13. Jh. zwei Brücken und im 14. Jh. bereits fünf Brücken zwischen der Ile de la Cité und den beiden Ufern auf. Zwischen dem rechten Ufer und der Cité wurden folgende Brücken errichtet:

- Grand Pont (1119–1296)
  Architekten: kgl. Werkmeister
  133 m Spannweite; 7–8 m breite Fahrbahn
  Steinkonstruktion aus 17 Pfeilern, 13 steinernen Bögen und 3 hölzernen Sprengbögen
  13 Mühlen unterhalb der Bögen (Abb. 6.46)

- Folgebauten:
  Pont-aux-Meuniers (1323–1596)
  Holzkonstruktion
  12 Mühlen

  Grand Pont-aux-Changeurs (1298–1621)
  Architekt: Kgl. Werkmeister
  Holzkonstruktion

- Pont Notre-Dame (1413–1499)
  Architekten: Ratswerkmeister für Zimmer- und Maurerarbeiten Robert de Hebuterne und Nicolas Labbé
  115 m Spannweite
  Holzkonstruktion

Zwischen dem linken Ufer und der Citéinsel wurden über den schmalen Seinearm zwei Brücken erbaut:

- Petit Pont (885–1499)
  Architekt: Als Planer des gesamten Areals wird für den 1. Bau der Bischof Maurice de Sully angegeben, der auch das erste Hospital Hôtel-Dieu am Brückenkopf der Petit-Pont bauen ließ.

  Zwischen 885–1499 wurden durch wiederholten Einsturz der Konstruktion nacheinander sechs

Abb. 6.45: Plan von G. Braun, 1572, Paris um 1530

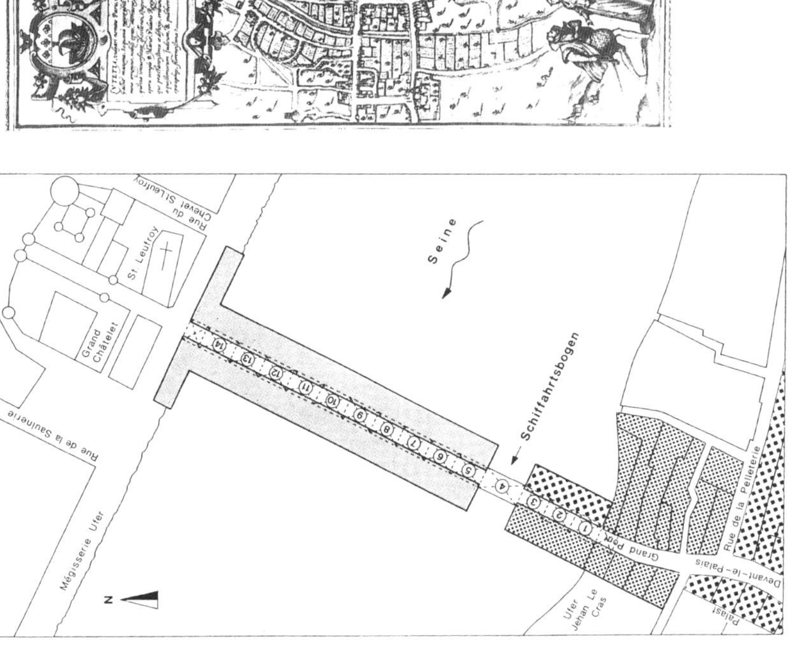

Abb. 6.46: Paris, Grand-Pont

Grand-Pont · Ausdehnung der Lehnzinsherrschaft im 13. Jh.

Domkapitel Notre-Dame

Abtei St.-Magloire

Priorei St.-Eloi

(1) Bogen

0 10 20 m
1:1000

Bauten errichtet. Nur der 1. Bau (885–1206) wies eine Steinkonstruktion auf. Die späteren Brükkenbauten wurden aus Holz errichtet. Für die Wiedererrichtung des 4. Baus (1307) wurden der königliche Zimmermeister Geoffroi und der Zimmermeister Jean de Senlis beauftragt.

Die Leitung der Bauarbeiten 5. Baus übernahm 1395 der königliche Werkmeister Raymond du Temple, der vorher an der Rekonstruktion und Erweiterung des Louvre-Palastes mitgewirkt hatte. Auch der 6. Bau von 1410 wurde von königlichen Werkmeistern ausgeführt. Noch im gleichen Jahr überließ König Karl VI. die Petit Pont dem Besitz der Stadtverwaltung. Die Mieten der Ladenzeilen sollten die Kosten für die Unterhaltung und Reparatur des Brückenbauwerks decken.[72]

- Pont St. Michel (1379–1408; 1410–1547)
  Architekt: kgl. Werkmeister
  60 m Spannweite
  1. Bau: Steinkonstruktion (Abb. 6.45)

2.4 Kurzer chronologischer Überblick über Brücken und Kathedralen im Mittelalter

	Steinbrücken		**Kathedralen**
1119–36	Grand Pont in Paris	1100	Durham
1146	Mainbrücke in Würzburg	1125	Autun
1146	Donaubrücke in Regensburg	1130	Beginn der Kathedrale in Chartres
1160	High-Bridge in Lincoln	1137	St. Denis
1172	Moldaubrücke in Prag	1140	Sens
		1155	Senlis
1175	Petit-Pont in Paris	1155	Kathedrale in Paris
1178	Ponte Nuovo in Verona	1160	Noyon
1188	Pont St. Bénézet in Avignon	1170	Laon
		1176	Münster in Straßburg
1206	Pont d'Ile in Lüttich	1194	Chartres
1209	Themsebrücke in London	1195	Bourges
1210	Newcastle Bridge, Newcastle-upon-Tyne	1200	Soissons
1222	Moselbrücke in Metz	1202	Freiburger Münster
1226	Rheinbrücke in Basel (Holz u. Stein)	1205	Léon
1259	Pliensaubrücke in Esslingen	1209	Magdeburg
1260 ca.	Pont des Tourelles in Orléans	1211	Reims
1260	Elbebrücke in Dresden	1215	Lincoln
1284	Pont St. George in Metz	1220	Amiens
1291	Tharne-Brücke in Montauban	1220	Salisbury
		1221	Burgos
1308	Pont Valentré in Cahors	1227	Beauvais
1327	Pont Neuf in Narbonne	1243–48	Ste. Chapelle Paris
1345	Ponte Vecchio in Florenz	1247	Toledo
1354-56	Scaliger Brücke in Verona	1248	Köln
1360	Ponte di Serchio in Lucca	1242–53	Liebfrauenkirche Trier
1376	Ouse-Bridge in York	1298	Bristol
1379	Pont St. Michel in Paris		
1381	Ponte di Mezzo in Pisa	1328	Ely
		1338	Wells
1424-46	Pont des Arches in Lüttich	1351	Heilige Kreuz-Kirche Schwäbisch-Gmünd
1500-07	Pont Notre-Dame in Paris	1377	Ulmer Münster
		1387–1858	Mailänder Dom
		1390	S. Petronio Bologna
		1500	Belém
		1503	Westminster Abbey London
		1509	Salamanca, Neue Kathedrale
		1521	Granada

3 Baustoffe

3.1 Holz und Lehm

Als Baumaterial wurde Holz vor allem für Wohnhäuser verwendet. Früheste Hausform im Mittelalter war das ebenerdige Einraumhaus, in dem sich die ganze Familie versammelte.

Es gab Bauten mit reinen Holzwänden aus aufeinandergelegten Stämmen, Halbstämmen oder Bohlen. Bevorzugt wurde bei diesen Blockbauten verständlicherweise geradewüchsiges Nadelholz, vor allem Fichte, Tanne und Lärche. Die Ecken wurden miteinander verkämmt oder verzinkt.

Weit älter ist konstruktionsgeschichtlich die Pfostenwand: Zwischen den in die Erde eingegrabenen Pfosten wurde in die zu füllenden Felder ein Flechtwerk gespannt und mit Lehm angeworfen. Reine Lehmwände wurden seit dem 9. Jh. auf niedrigen Steinfundamenten mit der Forke aus feuchten „Lehmpatzen“ geschichtet und nach dem Trocknen mit dem Beil oder Spaten geglättet.

Von der Wand aus „Patzen“ (16 × 18 × 36 cm) unterscheidet sich die Lehmstampfwand, die zwischen Bretterverschalung gestampft wurde. Diese Pisé-Bauweise ist jedoch keine Erfindung des Mittelalters, sondern wurde schon in den römisch-karthagischen Provinzen praktiziert.[73]

3.2 Backsteinbau

Nachrichten über die Herstellung quadratischer Backsteine von etwa 60 und 28 cm Seitenlänge und etwa 7,5–11 cm Dicke enthält ein Brief Einhards, des Beraters und Biographen Karls des Großen.[74] Mit solchen quadratischen Backsteinen wurden die etwa 60 cm breiten Pfeiler der 815–827 errichteten Kirche St. Maria in Steinbach/Odenwald aufgemauert. Geformt wurden die Ziegel mit der Hand in einem offenen Holzkasten. Überstehender Ton wurde abgestrichen. Die Backsteine des Mittelalters weisen unterschiedliche Formate auf. Sie zeigen Längen von 25 bis 36 cm, Breiten von 10 bis 18 cm und Dicken von 6 bis 10 cm. Die unregelmäßige Gestalt weist auf das Schwinden beim Trocknen der Rohlinge und während des Brennens hin. Auch beeinflußten die Zusätze von Glimmer, Feldspat, Mergel und kohlensaurem Kalk die Höhe des Schmelzpunktes.

Wir finden Backsteine für die Eckausbildung der Wände bei St. Johann in Augsburg um 955 n. Chr. und um 1015 vereinzelt auch für Gewölbe (St. Maria in Quedlinburg). Zur Bauzeit 1042/44 wechseln im Westteil des Domes zu Trier Kalkstein- und Backsteinschichten fast in spätantiker Art. Erst ab 12. Jh. begann sich in Norddeutschland der Backsteinbau bei Kirchen wie St. Johannis (1150) und St. Andreas (1160) in Verden, im süddeutschen Raum bei den Kirchen St. Peter in München (1175), der Martinskapelle und am Dom zu Freising (nach 1159) durchzusetzen. Durch die Zisterzienser kommt der Backsteinbau von Burgund nach Holland, Westfalen und Dänemark.

3.3 Werksteinbau

3.3.1 Material

Die Sandsteine, die im 8. bis 16. Jh. für Großbauten verwendet wurden, gehören der Gruppe der verkitteten Trümmergesteine an. Von den Sedimentgesteinen seien die dichten, mineralisch einheitlichen, wie Marmor, Kalkstein, Travertin, meist schleif- und polierbar, genannt.

Die jüngeren der Buntsandsteine aus der Triasformation und die Quadersandsteine der Kreideformation sind die hauptsächlichen Werksteine der Romanik. Die Sandsteine mit Kalk oder Dolomit sind wetterfest, werden aber von Rauchgasen angegriffen. Am haltbarsten sind die roten – die Farbe wird durch Eisenoxid hervorgerufen –, z. B. der mainfränkische Sandstein.[75]

Feldsteine wurden als Bausteine gespalten oder ohne weitere Bearbeitung ganz vermauert. Bruchsteine wurden nur so weit bearbeitet, daß sie lagerhaft wurden oder als Werkstein in steinmetzmäßig gerichteten, rechtwinklig zueinanderstehenden Flächen zugerichtet (Abb. 6.47).

Der mittelalterliche Mauerquerschnitt zeigt einen Mauerkern und die Außenhautsteine. Diese Mauertechnik ist keine Erfindung des Mittelalters, sondern eine selbstverständliche Fortsetzung des römischen und byzantinischen Steinbaues (Abb. 6.50).

Der Mauerkern, aus Bruchsteinen in Kalkmörtel gebunden, mit den Außenhautsteinen in horizontalen Schichten in einem Arbeitsgang errichtet, ergab eine hohe Festigkeit. Die karolingischen Mauern mit den rohen Bruchsteinen in reicher Mörtelbettung ohne Außenhautsteine wurden im Innenraum mit einem Schlämmputz versehen (Michaelskapelle in Fulda 820–822). Nackte Quadermauern zeigen noch das

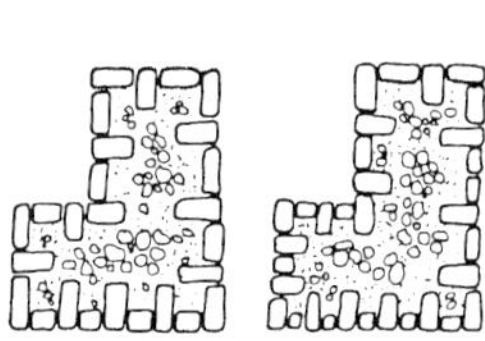

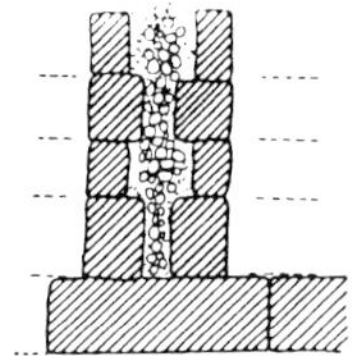

Abb. 6.47: Mauerwerkschnitt:
unten: Sockel
oben: Steinlagen, horizontal geschichtet
in der Mitte: Mauerkern, Bruchsteine mit Kalkmörtel oder Gußmauerwerk

Innere der Kirche Sta. Comba de Bande in Westspanien aus dem späten 7. Jh. Kleinquader sind Steinblöcke von geringer Schichthöhe zwischen 10 und 18 cm, die mit einem Hammer in regelmäßige Form gebracht sind. Seit dem 11. Jh. bis zum 13. Jh. wurde das hammerrechte Kleinquaderwerk auf Vorrat gearbeitet. Kleinquader wurden an romanischen Kirchenbauten im Elsaß und am Bau I des Domes zu Speyer im 11. Jh. verarbeitet.[76] Quader sind Steinblöcke, die mit Hilfe von Winkel und Richtscheit eine regelmäßige, in den Lager- und Stoßflächen rechtwinklige Form erhalten. Beim Quaderwerk ist das Fugennetz orthogonal. Im 12. Jh. kommen springende Lagerfugen und geneigte Stoßfugen vor. Erst im 13. Jh. drückt sich die Gleichmäßigkeit der Verarbeitung in den konstanten Schichthöhen von etwa 40 cm aus.

3.3.2 Steinmetzarbeiten

Auch im Mittelalter blieb der Vorgang der Steinbearbeitung dem der Antike im Grundsätzlichen gleich, soweit die Steinmetzwerkzeuge gleich geblieben waren.

Der rohe Steinblock wurde zuerst in eine prismatische Form gebracht und das überschüssige Steinmaterial mit dem Spitzeisen abgeschlagen.

Das Spitzeisen diente nur an den ältesten Bauteilen vereinzelt zur Herstellung der endgültigen Oberfläche. Die Bearbeitung der Werksteine erfolgte in der Regel wie heute auf einer Bank aus Holzböcken, wo auch die bossierte Oberfläche abgearbeitet wurde. Erst mit der Einführung des Scharriereisens im 13. Jh. verlor die in der Steinbearbeitung der Romanik übliche Glattfläche an Bedeutung (Abb. 6.49).[76a]

Eine gewisse Gleichförmigkeit der Steinprofile von Basen und Bogen geht auf die Arbeitsteilung und auf eine größere Produktion von Fertigfabrikaten zurück, die im 13. Jh. erreicht wurde. Zur Kontrolle und Herstellung des behauenen Steins dienten Negativschablonen aus Holz oder Eisenblech (Abb. 6.48).

Was die Mauertechnik selbst betrifft, so muß richtiggestellt werden, daß es sich hier nicht um reine Steinkonstruktionen handelt. In der Fachliteratur werden die Quader „Schale" des Mauerwerks ge-

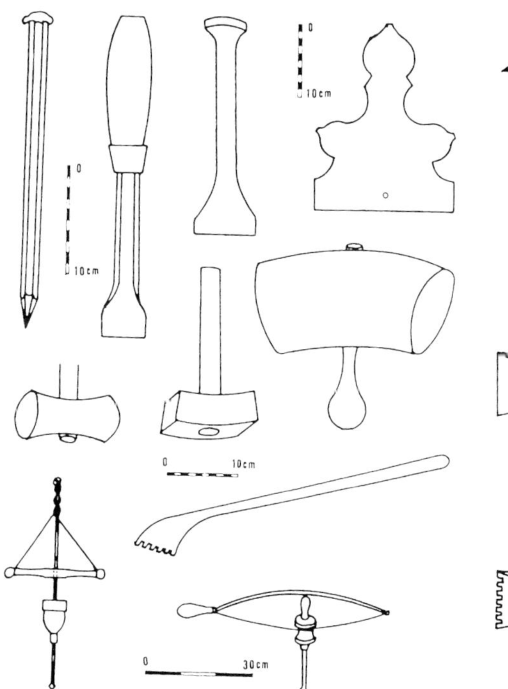

Abb. 6.48: Schlageisen, Fäustel, Hammer, Schablone, Bohrer

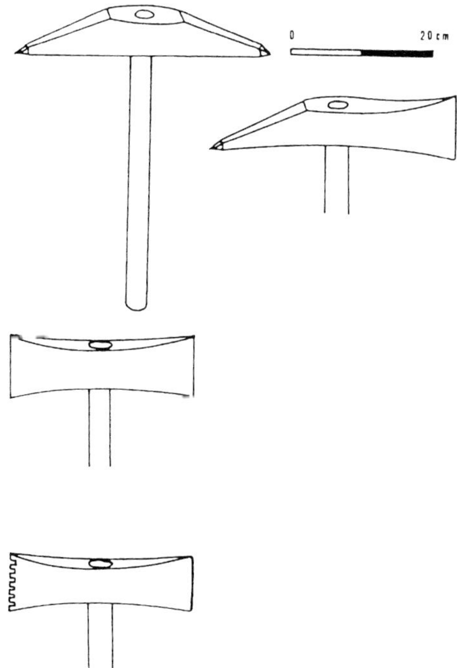

Abb. 6.49: Mittelalterliche Steinmetzwerkzeuge
Hauwerkzeuge
Zweispitz, Spitzflache, Fläche, Zahnfläche

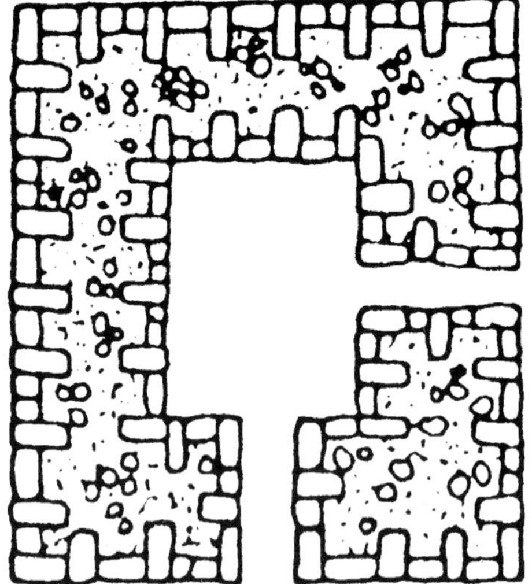

Abb. 6.50: Turm, Grundriß im Maßstab 1 : 250, 11.–12. Jahrhundert
Mittelalterlicher Mauerquerschnitt, Kernmauer und Verkleidungssteine

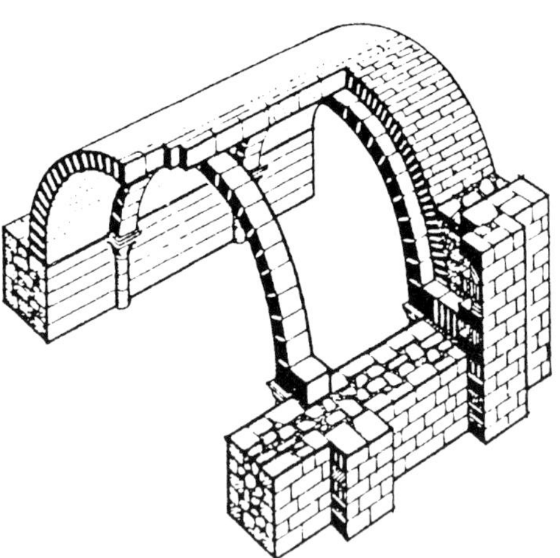

Abb. 6.51: Romanisches Tonnengewölbe mit Gurtbögen, Kufverband des Gewölbes, Außenmauer zweischalig

nannt: „Die Mauerschalen wurden immer ein Stück weiter aufgeführt und dann mit Kernmauerwerk hinterfüllt."[77] (Abb. 6.47, 6.50)

Das klingt so, als ob der Dombau zu Speyer oder andere Kirchenbauten des Mittelalters vom Scheitel bis zum Fuß, von oben nach unten gegossen worden seien. Denn nicht nur die Mauern, sondern auch die gewölbten Bögen wurden, wie z. B. in Speyer I, in dieser Bauweise hergestellt.

Die bautechnische Erklärung soll anders lauten: Bei der Herstellung wurde die Füllung durch Stampfen Schicht für Schicht mit der aufgehenden Steinverkleidung ausgeführt (Abb. 6.51).[78]

4 Abstecken des Grundrisses und Vermessung der Baustelle

Nach Berichten und Illustrationen von Heiligengeschichten lassen sich Meßvorgang und Instrumente für das 9. bis 13. Jh. bestimmen.[79] Die Grenzlinien der Baustelle wurden zum Aushub der Fundamente mit Schnüren nach dem Fußmaß mit Zwölfteleinteilung abgesteckt.[80]

Die Meßkunst stand in der Tradition der römischen Agrimensoren. Man zog die Nord-Süd-Linie, das Cardo, und senkrecht dazu den Decumanus. Von diesem Achsenkreuz aus wurde geometrisch eine Diagonale als Hilfslinie auf die Erde geritzt. Die Winkel wurden mit einem Visiergerät aufgetragen. Durch die Endpunkte dieser Konstruktion wurden die Parallelen zu Cardo und Decumanus gezogen und die Eckpunkte durch Pfähle gekennzeichnet. Dann wurden die Grundrißlinien im Maßstab 1:1 mit der Meßschnur, mit dem Zirkel und mit dem Maurerdreieck festgelegt. Zum Markieren von Geraden diente die Rötelschnur, ein in Rötel getauchtes Seil (Abb. 6.52).

Abb. 6.52: Die drei Patrone der Abteikirche von Cluny

5 Bauplanung

5.1 Entwurfs- und Werkzeichnungen

Zeichnungen mit technischem Inhalt kommen im Mittelalter als Illustration bei verschiedenen Literaturgattungen vor:

- in religiösen Darstellungen (Bibel, Heiligengeschichten, Gebet- und Stundenbüchern)
- Enzyklopädien, Chroniken
- Kriegs- und Büchsenmeisterhandschriften
- Sammlungen und Übersetzungen von antiken Abhandlungen, Geometria practica und in den Rechenbüchern des 14. und 15. Jh. (P. dell' Abbaco)
- Skizzen-, Werkmeister- und Baumeisterbücher (Villard, Roriczer, etc.).

Die Bauzeichnungen des Hoch- und Spätmittelalters (13.–15. Jh.; im deutschsprachigen Raum 16. Jh.) lassen sich nach ihrem Zweck unterscheiden:

a) Entwurf, zeichnerische Festlegung der architektonischen Idee (Abb. 6.53).[81]

b) Reinzeichnung für den Bauherrn oder für einen Wettbewerb (15. Jh.)
Dazu gehören auch Pläne zu den Werkverträgen,[82] Risse für die Baukommission.[83]

c) Werkzeichnung für die Bauausführung
Dazu gehören Detailzeichnungen für die Ausführung.
Die Reimser Palimpseste (gr.: palim psestes) mit orthogonaler Darstellung einer Kathedrale um 1270 (Abb. 6.54).[84]

Für die Bestimmung der Brückenbahnhöhe legten Jean de Felin und Fra Giocondo am 9. März 1504 jeweils einen Entwurf und Modell (Probestück) mit schriftlicher Erläuterung der Baukommission vor („ject et patron").[85]

- Zur Bauausführungsphase gehören auch die Schablonen für die Herstellung von Profilen und Bauformen (Abb. 6.64).
- Ritzzeichnungen auf dem Reißboden im Maßstab 1:1 (Paviment der Kirche, Terrassendächer, z. B. in Limoges, Narbonne, Reims, Clermont-Ferrand u. a., zuletzt entdeckt an der nördlichen Schiffswand der Pfarrkirche zu Szydłowiec/Polen)

d) Aufnahmen zu Studienzwecken
Skizzenbücher
Hierher gehört das Skizzenbuch „Livre de portraiture" des Villard de Honnecourt aus der Zeit um 1225–35, das 65 Zeichnungen von zumeist vollendeten Bauten enthält (Abb. 6.55, 6.56, 6.58).[86]

- Zeichnungen als Meisterstück (15.–16. Jh.)
- Steinmetz- und Musterbücher (15.–16. Jh.) (Wien, ca. 1495, Frankfurt 1572, Dresden 1550),[87]
- Baumeister-Sammlungen z. B. eine Reihe von Zeichnungen mit gotischen Bauten oder gotischen Bauelementen der Baumeisterbücher W. J. Stromer (1561–1614).[88]

e) Werkmeisterbücher (15.–16. Jh.)
(Lorenz Lechler, „Von des Chores Maß und Gerechtigkeit" 1516; Das Wiener Werkmeisterbuch (ca. 1490); M. Roriczer, „Das Büchlein von der Fialen Gerechtigkeit", 1486; Geometria Deutsch; Hans Schmuttermayers „Fialenbüchlein" ca. 1485–88) (Abb. 6.61–6.64).[89]

Aus dem frühen Mittelalter ist der 77,50 × 112 cm (30 × 40 karolingische Zoll) große Pergamentplan der St. Galler Klosterbibliothek erhalten, eine um das Jahr 820 auf der Reichenau angefertigte Kopie eines wenig älteren Vorbilds. Nach W. Horn ergibt sich ein möglicher Maßstab von 1/16″ (Zoll): 1 karolingischer Fuß (1 : 192).[90]

Der St. Galler Plan ist eine bemaßte Schemazeichnung, die wahrscheinlich als Fluchtlinienplan dienen konnte, bei dem die Mauern mit einfachen Strichen, die Arkaden der Innenhöfe – beinahe in altägyptischer Zeichentechnik – durch Umklappen der Bogen dargestellt sind. Weitere Bauzeichnungen aus dem frühen Mittelalter sind nicht erhalten (Abb. 6.53).

Daß ein graphisches Können zur Illustration von Bau- und Architekturelementen vorhanden war, belegen die abbreviierten Architekturdarstellungen in den Handschriften.[91]

Die Miniaturmalerei fand im 14.–15. Jh. in der Buchmalerei als schmückende Illustration in den Gebet- und Stundenbüchern, Werken der Dichtkunst und Chroniken ihren Höhepunkt. So stellen z. B. die Miniaturen des Stundenbuches „Très Riches Heures du Duc de Berry" (1414) ganze architektonische Baukomplexe von Paris und Umgebung präzise dar (Abb. 6.65).[92]

Die Zahl der Planzeichnungen nahm erst ab dem 13. Jh. zu. Vorher, während der Romanik, unterschied sich der Werkmeister von den Handwerkergesellen nur durch seine Funktion. Die Bauherren waren Geistliche, die auch als Architekten genannt werden. Sie könnten das Bauprogramm und das Konzept der Kirche erstellt haben. Für die bauliche Umsetzung des theoretischen Konzeptes wurden zunächst Kanoniker gebraucht, jene auf Bauen spezialisierten Mönche, die aber Hand in Hand mit den Steinmetzmeistern gearbeitet haben.

Elementare Kenntnisse in Arithmetik und Geometrie konnten an Klosterschulen erlernt wer-

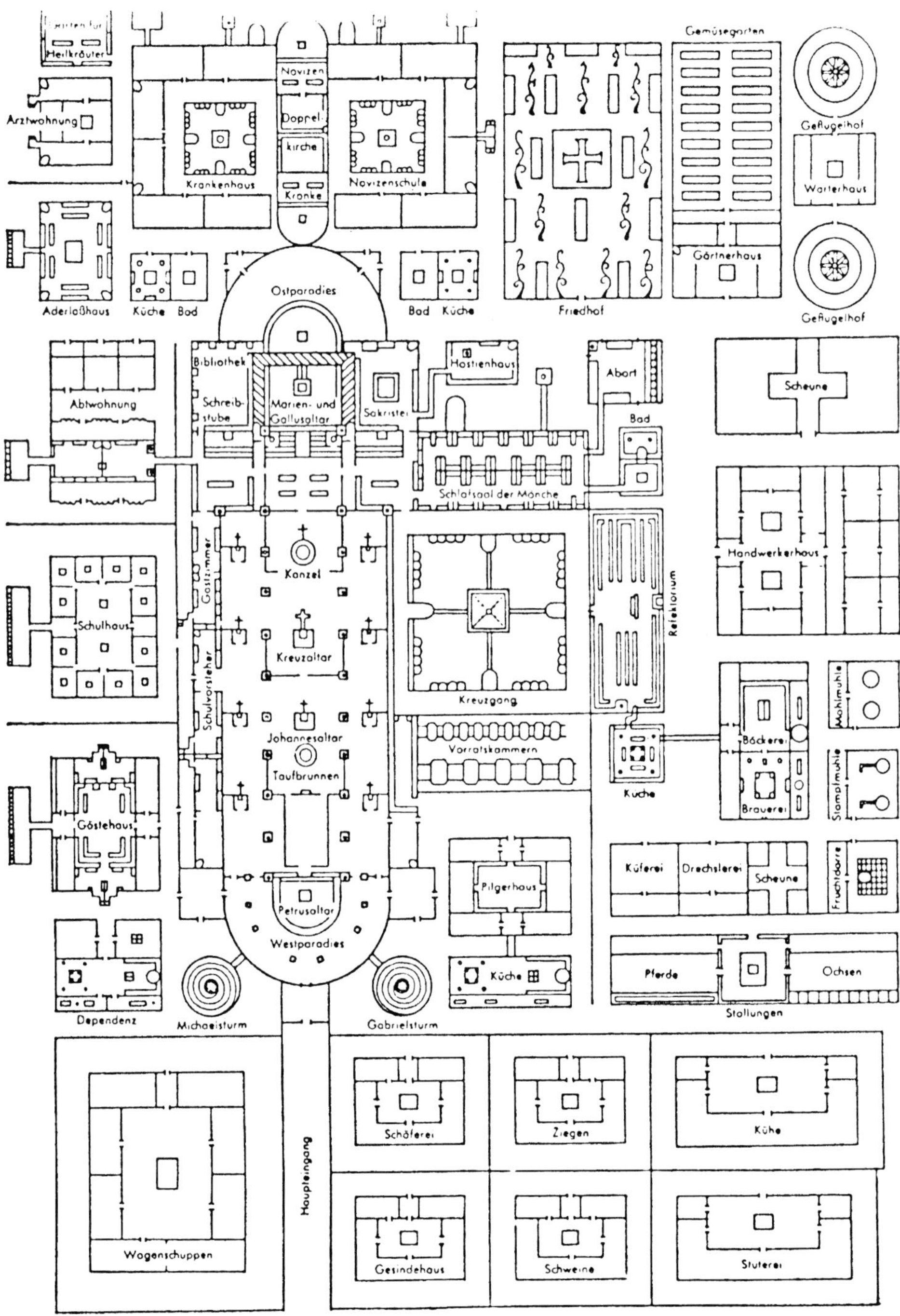

Abb. 6.53: St. Gallener Klosterplan

den, die seit dem 9. Jh. in Fulda, Tours, St. Gallen, Werden, Corvey an der Weser als Ableger des pikardischen Klosters Corbie und später im belgisch-französischen (Reims, Lüttich) und süddeutschen Sprachraum (Freising, Regensburg, Kremsmünster, u. a.) gegründet wurden.[93]

Abt Suger stützte den Lichtästhetikgedanken des Pseudo-Dionysius Areopagita, als er um 1140 den berühmten Chor mit der lichtdurchfluteten Durchfensterung in der Abteikirche von St. Denis bauen ließ.[94]

Wie sich der Übergang von den konzeptuell planenden Geistlichen zu den Handwerksmeistern im 12. Jh. gestaltete, bleibt an Hand der Quellenlage noch unklar. Für die Kirchenbauten der Romanik und der frühen Gotik waren detaillierte Pläne vor dem Baubeginn noch nicht notwendig. Man tastete sich nach dem groben Raumkonzept abschnittsweise heran. Ein geistlicher Planungsbeauftragter sollte mit dem ausführenden Werkmeister die Bauidee „in mente“ auf der Baustelle weiterentwickelt haben.[95] Es geht um die Sichtbarmachung einer liturgischen Raumidee (ad exemplum).[96]

Im 12.–13. Jh. treten mit dem Wachstum der Städte und der Errichtung zahlreicher Bischofskirchen neue Produktionsbedingungen auch im Bauwesen auf. Seit dieser Periode waren Laien als Werkmeister der kirchlichen Bauwerkstätten tätig. Große Fortschritte in der Glasherstellung förderten auch den Bau der Kathedralen.[97] Gerade diese Entwicklung der Maßwerkfenster, der Rosetten und die Gestaltung von Einzelteilen der Fassade verlangte nach maßstäblich verkleinerten Plänen.[98]

Ab dem 13. Jh. erscheinen die 2–3 mm tief in den Stein eingetieften, mit Zirkel und Winkelscheit konstruierten Ritzzeichnungen an Bauteilen im Maßstab 1:1 (z. B. bei den Kathedralen in Soissons, Narbonne, Clermont-Ferrand u. a.).[99]

Die ältesten erhaltenen, auf Pergament gezeichneten Risse sind die sogenannten Reimser Palimpseste (um 1260–1270), die am Reißbrett zunächst vorgezeichnet werden mußten. Der gotische Bau- oder Werkmeister bediente sich dabei eines aus Metall hergestellten Stiftes, dessen abgerundete Spitze in der Zeichenfläche feine, im Seitenlicht sichtbare Rillen hinterließ.

Mit diesem Stift wurde auch auf Wachstafeln geschrieben. Die Reinzeichnung wurde mit der Reißfeder hergestellt, die seit der Spätantike bekannt war.[100]

Bemerkenswert ist die Tatsache, daß es bei diesen Rissen keine geometrischen Hilfs- oder Proportionsfiguren gibt.

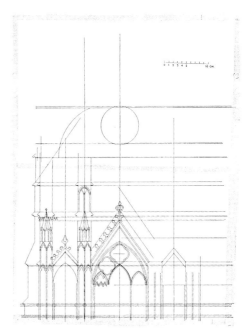

Abb. 6.54: Reimser Palimpseste, Umzeichnung, 1250

5.2 Musterbücher, Proportionslehre

Die Zeichnungen, die Villard de Honnecourt angefertigt hat, um 1220–35, sind die ältesten erhaltenen Skizzen eines Musterbuches (24 × 16 cm), das in der Pariser Nationalbibliothek aufbewahrt wird (Abb. 6.55).[101]

Das Buch enthält eine heterogene Sammlung von über dreihundert Abbildungen von Architektur, Maschinen, Menschen und Tieren. Die Architekturzeichnungen wurden nach Planunterlagen oder nach dem Baubestand der Kirchen in Cambrai, Chartres, Laon, Lausanne, Meaux, Reims und Vaucelles angefertigt. Villard hat manche Details verändert, andere Skizzen zeigen Bau- und Konstruktionsteile, die umstilisiert wurden und als Verbesserungsvorschlag gedacht waren (Rundfenster der Westfassade der Kathedrale in Chartres, Nordquerhaus der Kathedrale in Lausanne).

Besonders bemerkenswert sind die Skizzen für technische Bauwerke: eine fachwerkähnliche Brückenkonstruktion, Schlußsteinschnittverfahren, eine Säge, die mittels eines Wasserrades angetrieben wird, eine Wurfschleuder.[102] Aufschlußreich ist die Darstellung der Höhenmessung eines Turmes mit Hilfe eines rechtwinklig-gleichschenkligen Dreiecks (dessen Katheten also gleich lang sind). Die Verlänge-

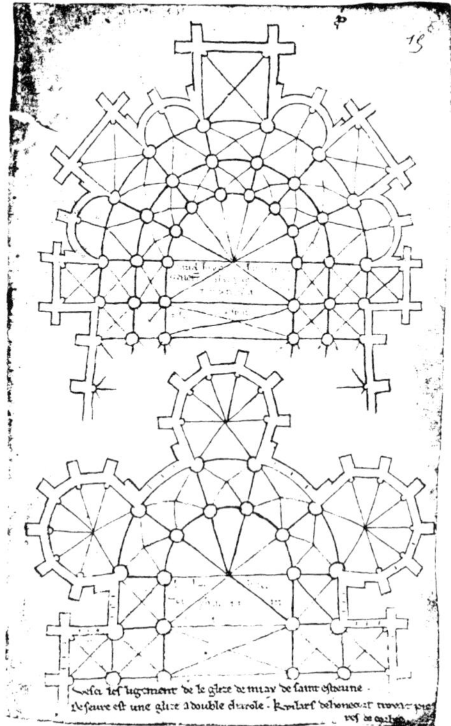

Abb. 6.55: Villard de Honnecourt, Skizzenbuch, 1220–30, Chorentwürfe;
oben: Diesen Chor haben Ulardus de Hunecort und Petrus de Corbeia in gemeins. Besprechung miteinander (se disputando) erfunden.
unten: Chor von St. Faron Meaux

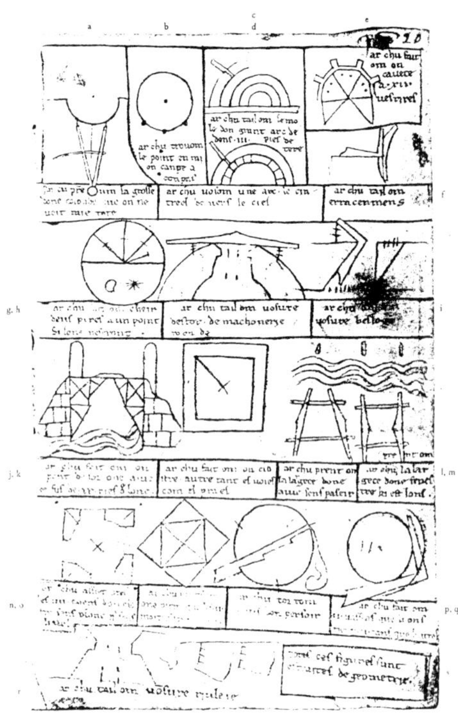

Abb. 6.56: Villard, Skizzenbuch
oben: Kontrolle mit Zirkel; Kreismittelpunkt; Modell eines Bogens, Kreisbogen; Chor; Gewölbeansatz mit Winkelscheit; Fensterbogen; Keilsteineinteilung; Brücke; Flächenhalbierung eines Quadrats: Kreuzgang; (2. Meister:) Entfernungsmessung; Halbierung eines Quaders; Verdoppelung der Kreisfläche

rung der Hypothenuse verbindet mit der Spitze des Turmes. Die untere Kathete wird bis zum Turmsokkel verlängert. Die Höhe des Turmes ist gleich der Länge der unteren verlängerten Kathete plus der Höhe des Dreiecksgestells (Abb. 6.56–6.58).[103]

Die Skizzen der Bautechnik können in drei Gruppen aufgeteilt werden:

a) praktische Geometrie des Steinmetzen (Kreismittelpunkt, Kreisradien, Schlußsteinkonstruktion, Flächenhalbierung eines Quadrates, Fünfeckkonstruktion)

b) geometrische Hilfsmittel des täglichen Meßverfahrens auf der Baustelle, Werkstatt (Kontrolle des Halbsäulenquerschnittes mittels eines Zirkels, dessen Spitzen waagerecht gegen das Halbsäulenprofil befestigt sind; Säulenquerschnittsüberprüfung mittels Winkelscheit)

c) Skizzen für Werkzeichnungen mittels geometrischer Hilfskonstruktion (Chordimensionierung, Schlußsteinradien eines Spitzbogens) (Abb. 6.61–6.64).[104]

Zwar zeichnet sich die Darstellungsweise der Türme und Wandansichten Villards durch die Frontalansicht mit verkürzter Seitenlänge und die polygonal gebrochene Innenwandabwicklung aus, aber diese Zeichentechnik war im Mittelalter teilweise bis ins 16. Jh. üblich.[105]

Die Literaturquellen zu Fragen der Proportionsfiguren, die im wesentlichen der Formfindung des Grundrisses und des Aufrisses dienen, die aber mehr unter ästhetischen Gesichtspunkten verwendet wurden, hat K. Hecht 1969–71 veröffentlicht.[106]

Sein Ergebnis lautet: Quadrat übereck im Quadrat – wurden als planimetrische Übungen und als Hilfslinien (bei Villard) und im 15. Jh. als Formgrundlage für Architekturdetails, wie z. B. Fialen und Wimperge eingesetzt.

Die von Lechler (Lacher) 1516 in seinen „Unterweisungen“ empfohlene „Quadratur“, d. h. die Einzeichnung von Quadraten ineinander, die um 45° gedreht sind, die auch Villard skizziert hat, diente z. B. bei der Proportionierung, Planung und Übertra-

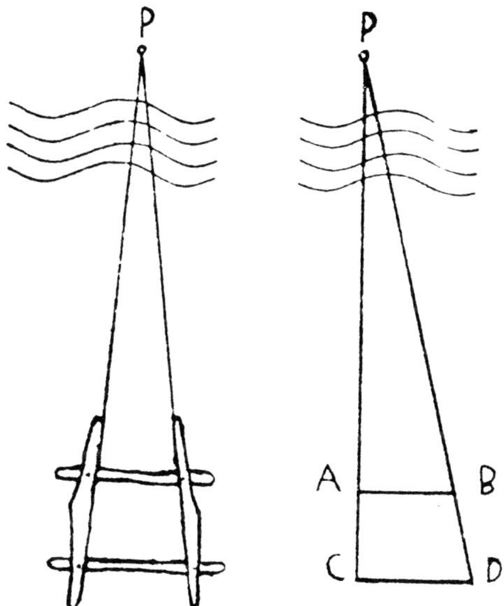

Abb. 6.57: Entfernungsmessung nach Vitruv/Agrimensoren

gung des Chorgewölbes der St. Sigismund-Kirche im Maßstab 1:1 in Szydłowiec (Abb. 6.59).[107]

Die Quellen, die für die Anwendung des gleichseitigen Dreiecks sprechen, gehen auf die Querschnittskizze von Gabriele Stornaloco aus Piacenza von 1391 zurück, die die Querschnittsfigur mit einem Netz von gleichseitigen Dreiecken und einem Netz von Rechtecken von 16:14 Ellen (braccia) einschreibt.

Der Vorschlag Heinrich Parlers, den er der Mailänder Dombaukommission 1391–92 unterbreitete, beruht auf einem Quadratraster. Er wählte gleich hohe Seitenschiffe und ein doppelt so hohes Mittelschiff. Der Dombaukommission waren die Höhen der Schiffe zu steil. Nach den Annalen der Mailänder Dombauhütte scheint es, daß die Dreiecksfiguren in den genannten und späteren Vorschlägen nicht nur für die Proportion der Höhen und Breiten des Raumes dienten, sondern die Dreiecksfigur eher aus Unverständnis der Mathematik als Faustregel für Schönheit und Solidität benutzt wurde (Abb. 6.60).[108]

5.2.1 Zur Zeichentechnik

In der Zeichentechnik lassen sich folgende Merkmale unterscheiden:

- schiefe Parallelprojektion
- Verkürzungsverfahren und Umklappung der Seitenansichten

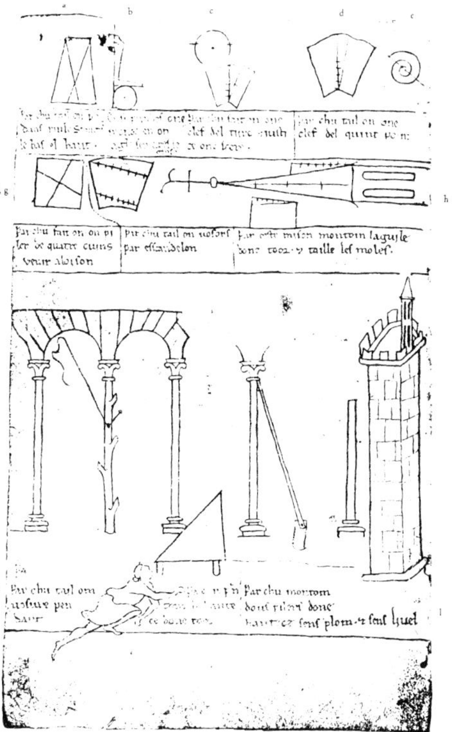

Abb. 6.58: Villard, „Pendans“; Linienführung der Schlußsteine; Einteilung des Bogens: „Quintpoint“, „tiers point“; archimedrische Spirale; „Säulenbefestigung“; Höhenmessung mit dem rechtwinkligen Dreieck

- Verschmelzung von Teilansichten
- Die überwiegend freihändig gezeichneten Auf- und Grundrisse konnte Villard gemäß seinen Aussageabsichten bis auf das Wesentliche abstrahiert darstellen. Die übrigen Zeichnungen sind in orthogonaler Projektion dargestellt.

Erst durch die Entwicklung der darstellende Geometrie seit dem Ende des Mittelalters durch die Mathematiker, Architekten und Maler (Alberti, P. della Francesca, G. del Monte, Desargues) gelingt in der Renaissance die exakte Darstellung des Auf- und Grundrisses.

5.2.2 Die Werkmeisterbücher

Zu den Werkmeisterbüchern gehört das Fialenbüchlein von Matthäus Roritzer, der seit etwa 1480 Dombaumeister in Regensburg war. Er hatte seine Schrift 1486 dem Bischof von Eichstädt gewidmet.

In der um 1487 erschienenen „Geometria deutsch“ berichtet Roritzer über die Austragung des Wimpergs und der Kreuzblume. Zur gleichen Zeit erschien das Fialenbüchlein von Hans Schmuttermayer. Es behandelt wie Roritzers Buch die Fiale, den Wimperg und die Kreuzblume.[109] Ein anderes aufschlußreiches Musterbuch sind Lorenz Lechlers „Unterweisungen“ von 1516, die in einer Abschrift des Baumeisters Jakob Facht von Andernach um 1593 erhalten sind.[110]

Der Ausgangspunkt für die Planung einer Kirche ist in den Musterbüchern die lichte Weite des Chores. Lorenz Lechler gibt für den Chor verschiedene Maßverhältnisse an, wobei das Verhältnis 2 : 1 zwischen Länge und Breite den Vorrang hat. Auch für die Aufrißgestaltung gilt als Grundmaß die lichte Weite des Chores. Lacher schlägt 1 1/2 mal so hoch wie weit für kleine Kirchen und das Verhältnis 1:2 für das Mittelschiff als Norm vor. In der Absicht, die Höhen- und Längenmaße des Chores und des Mittelschiffes zu erhalten, bildet er das 1 1/2fache, 2- oder 3fache des Grundmaßes. Das nach gemeinen Brüchen aufgeteilte Grundmaß liefert nach Hecht die wenigen großen Baumaße. Die Mauerstärke ist gleich der Stärke der Strebepfeiler.[111]

Lechler (Lacher) entlehnte die Proportionen des Chores und der architektonischen Details von der Mauerstärke, die 1/10 der lichten Weite zwischen den Wänden betragen sollte. Bei der Pfarrkirche St. Sigismund in Szydłowiec beträgt die Mauerstärke fast 1/10 der Chorbreite.[111a] Aus der so bestimmten Mauerdicke wurde auch die Bemessung der Schablonen oder Bretter gewonnen.

Alle Bau- und Schmuckglieder des Bündelpfeilers konnten auf demselben Reißboden gerissen werden. Die Maße der Glieder werden bei Lechler mit Hilfe zweier übereck gestellter Quadrate und durch geometrische und arithmetische Teilung gefunden.

Der Reißboden des Wiener Musterbuches (Abb. 6.62) ist ganz ähnlich aufgebaut: Auch die Austeilung der Pfostenbretter entspricht der Maßbestimmung nach Lorenz Lechler.[112] Mit dem gleichen Verfahren wurden in den Musterbüchern des 14. bis 16. Jh. auch die Rippen der Gewölbe entwickelt.

Die Empfehlung von Lechler, aus dem Grundriß Faustregeln für die Stärken der Bauglieder abzuleiten, war variabel zu verstehen, denn jede Veränderung der Höhe hätte eine Änderung z. B. des Querschnitts des Pfeilers oder der Stärke des Strebebogens zur Folge (Abb. 6.63).[113]

Für den Vorgang des Konstruierens ist besonders bemerkenswert, wie die Umsetzung der Figur vom Reißboden in naturgroßem Maßstab 1:1 vollzogen wurde: Die Profilierungen wurden auf Bretter aufgezeichnet und exakt ausgesägt. Diese Schablonen dienten dem Steinmetzen, um die Basen und Strebepfeiler fertigzustellen, aber auch für die Herstellung von Lehrbogenmodellen der Gewölbe eines gotischen Kirchenchores (Abb. 6.64).[114]

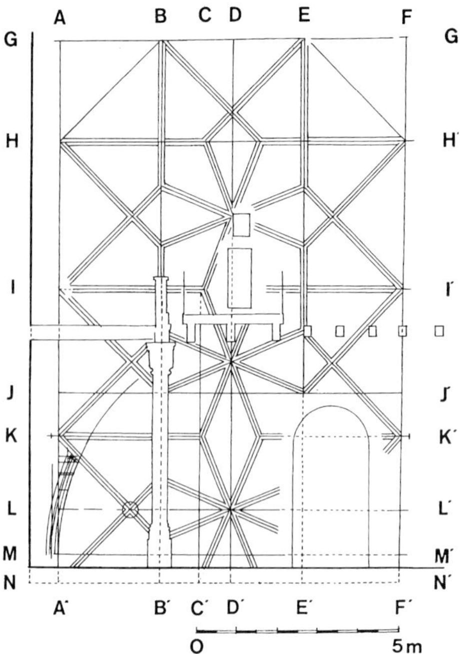

Abb. 6.59: Szydłowiec, Ritzzeichnung der Gewölbeprojektion

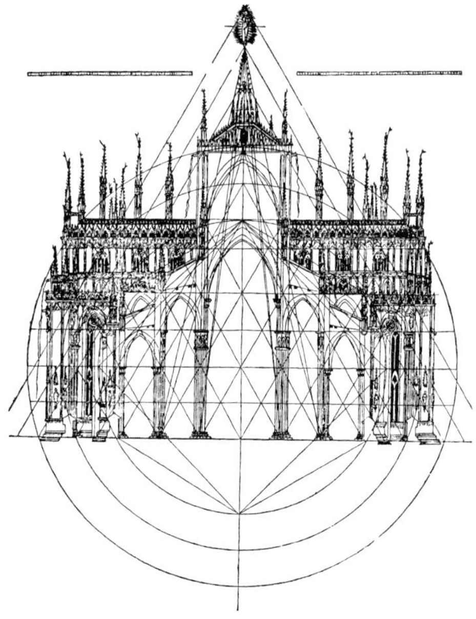
Abb. 6.60: G. H. Rivius, Vitruvius Teutsch, 1548, fol. XXXr: Querschnitt und Queraufriß des Mailänder Doms mit Proportionsfiguren

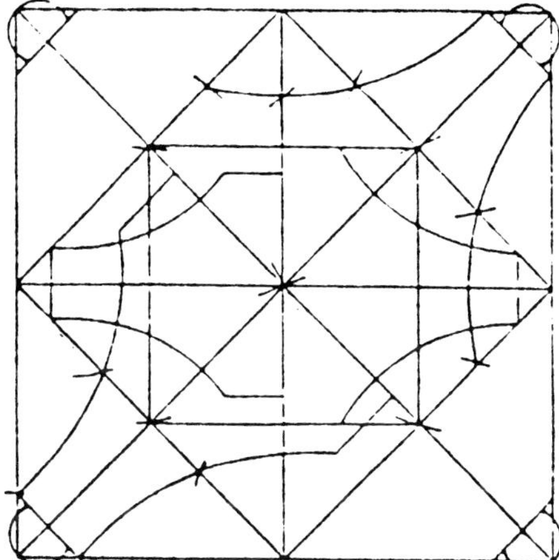

Abb. 6.61: Reißboden nach Lorenz Lechler (1516)

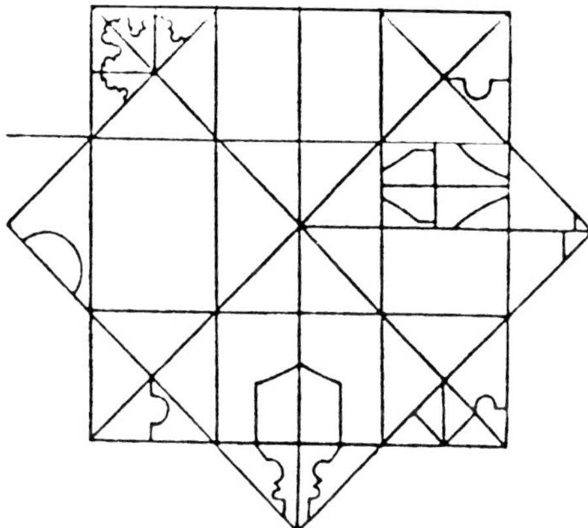

Abb. 6.62: Reißboden nach dem Bauhüttenbuch in Wien

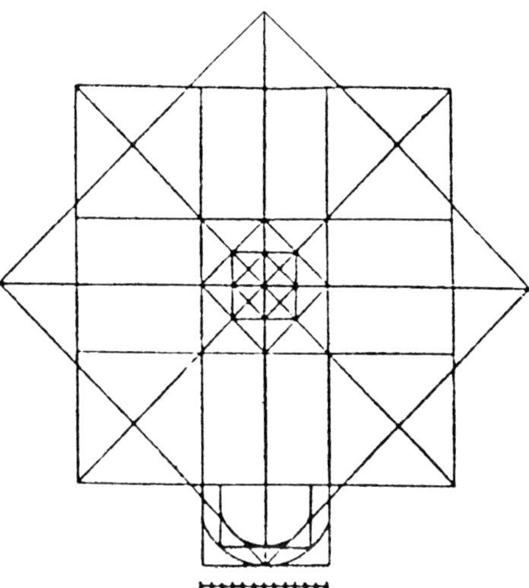

Abb. 6.63: Pfostenausteilung

6 Der Baubetrieb

Der frühmittelalterliche Baubetrieb im Wohnbau in Frankreich und Deutschland war in Bauart und Baumaterial auf Holz ausgerichtet.

Die Technik des Steinbaus wurde im karolingischen Reich und in der ottonischen und Stauferzeit wahrscheinlich von wandernden Steinmetzgesellen und Meistern aus dem romanischen südgallischen und italienischen Raum, besonders aus der Lombardei erlernt.[115]

In der Lombardei setzte sich im rechtlichen Bereich im 7.–9. Jh. das Edikt des Königs Liutprando vom 28. Feb. 714 neben dem bestehenden römischen Recht durch. Dort wurden in den Artikeln 144–145 die „magistri commacini" erwähnt, die Bauarbeiten in Akkordverdingung („pagamento forfettario") ausführen, aber für entstandene Schäden an Dritten keine Verantwortung übernehmen können.[116] Die Comacini, Bauleute aus Como, gehörten zu den wandernden Baukolonnen, die auch über die Alpen als Maurer, Mörteler und Steinmetzen beschäftigt wurden. Der „magister commacinus" konnte nach dem genannten Art. 145 als Maurer-, Zimmer- oder Werkmeister Verträge abschließen, wenn er die Funktion des Unternehmers übernahm. Am Dombau in Havelberg in Brandenburg wurden Maurermeister aus Mailand und Pavia beschäftigt, die den Ziegelbau um 1160 dort einführten. Auf diesem Weg fand kurze Zeit später die Ziegelbauweise in Dänemark und Schweden Eingang.[117]

Die Bauherren und Stifter der Kathedralen konnten Könige oder Bischöfe sein, so waren es z. B. beim Speyrer Dom die Kaiser Konrad II., Heinrich III. und Heinrich IV. Das Gebäude und die dazugehörige Baustelle waren die „fabrica ecclesiae", die von einem Verwalter, oft einem Kanoniker („provisor", „procurator" usw.), geleitet wurde. Die Bauausführung oblag dem Werkmeister, dem auch die Bauhütte mit den Baurissen und den Werkzeugen unterstand.[118]

In England wurden für Neubauten Bauverwalter („supervisor" oder „controller") eingesetzt, die oft nur für eine Baumaßnahme eingestellt wurden.[119]

Die Architektenaufgabe übernahmen die Maurermeister (master-mason), die manchesmal als „devisor", „dispositor et ordinator" bezeichnet wurden, wie z. B. Henry Yevele (1360) in Westminster.[120]

Im 12.–14. Jh. taucht auch die Bezeichnung „ingeniator“ auf, die für Maurermeister verwendet wurde, die Reparaturen von Mühlen, Schlössern und Festungsbauten vornahmen. Für Holzarbeiten war der Zimmermeister (master-carpenter) verantwortlich.[121]

Bauverwalter (custodes operarum) waren für den Kauf der Baustoffe, für Finanzen und für die Entlohnung der Arbeiter zuständig.[122]

Die Bezeichnung „Werkmeister“ („magister operum“) kommt in den englischen Bauakten des 13. bis 15. Jh. selten vor. Der freie Maurer „mestre mason de franche pere“ (freemason) wird seit dem 13. Jh. registriert.[123]

In Frankreich wurden große Kathedralen, wie z. B. in Bourges und Chartres 1195, Soissons 1200, Reims 1211 und Amiens 1220 in der Regierungszeit von Philipp-August (1180–1223) begonnen. An der Finanzierung beteiligten sich nicht nur Bischof, Klerus und König, sondern auch die städtischen Gewerbe. Die Bauarbeiten einer Bauhütte leitete der Werkmeister:

So wird z. B. der in Paris tätige Pierre de Montreuil 1265 als „magister operum beatae Mariae Parisiensis“ tituliert. Der Titel „magister fabricae“ findet im 13. Jh. Verbreitung und bezeichnet Werkmeister ebenso wie den Verwalter.[124]

Das städtische Bauamt in Paris wurde von dem „Maître d'oeuvres de maçonnerie de la Ville“ und von dem „Maître d'oeuvre de charpenterie de la Ville“ seit dem 14. Jh. geleitet. Beide Werkmeister für Maurerarbeiten und für Zimmerarbeiten waren gleichberechtigte Stadtbaumeister, die für Planung und Ausführung der Bauarbeiten der Stadt verantwortlich zeichneten. So wurde z. B. der Pont Notre-Dame 1414 von der Stadtverwaltung errichtet. Beim Petit Pont und Pont St. Michel, die der königlichen Domäne gehörten, lag die Planung in den Händen der königlichen Werkmeister für Maurer- und Zimmerarbeiten. Die einzelnen Gewerke wurden an städtische Handwerksmeister vergeben.

Der Titel „Maître d'œuvre“ oder „Maître d'ouvrage“ war kein Amt, sondern eine Funktion nach dem Motto „kein Bau, kein Titel“. So z. B. wurde Fra Giocondo in den Stadtratsprotokollen von 1500 bis 1504 nur als „Frère Joconde“ erwähnt, einmal als „diviseur des bâtiments“ bezeichnet, der aber als beratender Architekt beim Bau des Pont Notre-Dame mitwirkte.

Colin Biart, der den Bau der Schlösser von Amboise, Le Verger, Gaillon und Blois geleitet hat, wurde als „maître maçon“, ebenso Martin Chambige in den Stadtratsprotokollen (1499–1500) genannt. Die Leitung der Brückenbauarbeiten des „Petit-Pont“ übernahm 1395 Raymond du Temple, der einmal als „maçon du Roi“, ein anderes Mal als „maître maçon du Roi“ in den Bauakten erwähnt wird.[125]

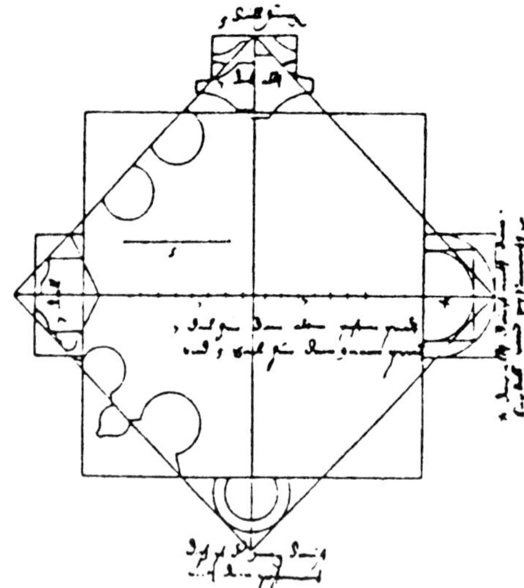

Abb. 6.64: Geometrische und arithmetische Austeilung. Die Profilierungen wurden auf Bretter aufgezeichnet und exakt ausgesägt. Sie dienten als Schablonen.

Abb. 6.65: Baustelle im 15. Jh., Jean Colombe (1430/35), Neubau Trojas durch Priamos, 1490, Deckfarben auf Pergament, 51 × 33 cm

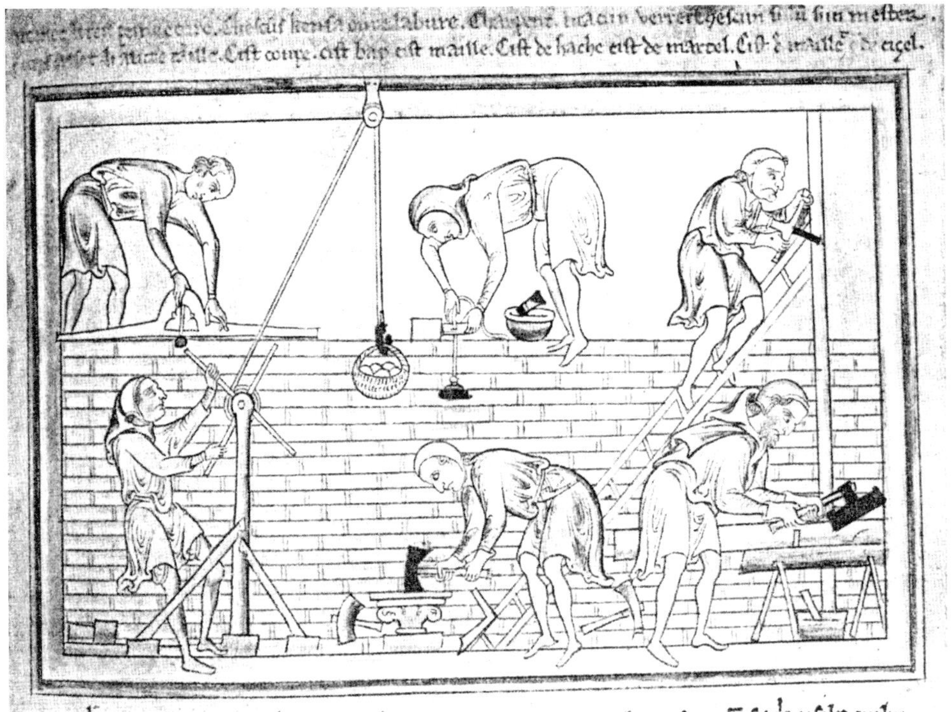

Abb. 6.66: Matthieu Paris, Heiligengeschichte St. Alban Amphibale, Der Architekt mit Winkelscheit

Abb. 6.68: Der Zimmerer auf einem Bauplatz, nach Rodler, Kunst des Messens, 1531

Abb. 6.69: Baustelle im Mittelalter, dreigeschossiger Bau, T-förmiger Baukran (Buchillustration)

Abb. 6.66 (Fortsetzung): Matthieu Paris, Heiligengeschichte St. Alban Amphibale, Der Architekt mit Winkelscheit und Zirkel

In der Zeit zwischen 1190 und 1300 änderte sich die Bautechnik im Werksteinbau: Vom Quaderbau geht man – mit Hilfe von Schablonen und Werkrissen – über zum fast seriellen steinmetzmäßigen Gliederbau von großen Kathedralen: Amiens, Bourges, Troyes, Beauvais. Diese Spezialisierung erforderte eine stärkere Arbeitsteilung. Zum Beispiel wird von nun an zwischen dem Steinbrecher im Steinbruch, dem Steinmetzen, dem Maurer für Bruchsteine und dem Maurer für gemörteltes Mauerwerk und schließlich dem Handwerker unterschieden, der auf Putzarbeiten spezialisiert ist (Abb. 6.65).[126]

Der Transport des Baumaterials fand seit dem Altertum und noch in der Renaissance per Schiff statt, wobei alle Binnengewässer genutzt wurden. Auf dem Landweg übernahmen Pferde- oder Ochsengespanne mit vierrädrigen Wagen die Beförderung der für die Herstellung des Mörtels und des Gußmauerwerks notwendigen Baustoffe wie Kalk, Bruchstein und Sand (Abb. 6.66–6.69).

Die großen Bauvorhaben der Gotik im 12.–13. Jh. wie der Bau von Kathedralen haben die Entwicklung von Lastkränen vorangetrieben. Für den mittelalterlichen Baukran gab es zwei Bauarten: den sogenannten Galgen und den Säulenkran mit einem T-förmigen Ausleger. Im 13. Jh. tritt die Haspel mit

Abb. 6.70: Fachwerkhaus, Beginn des 15. Jh. (Stundenbuch des Herzogs v. Bedford)

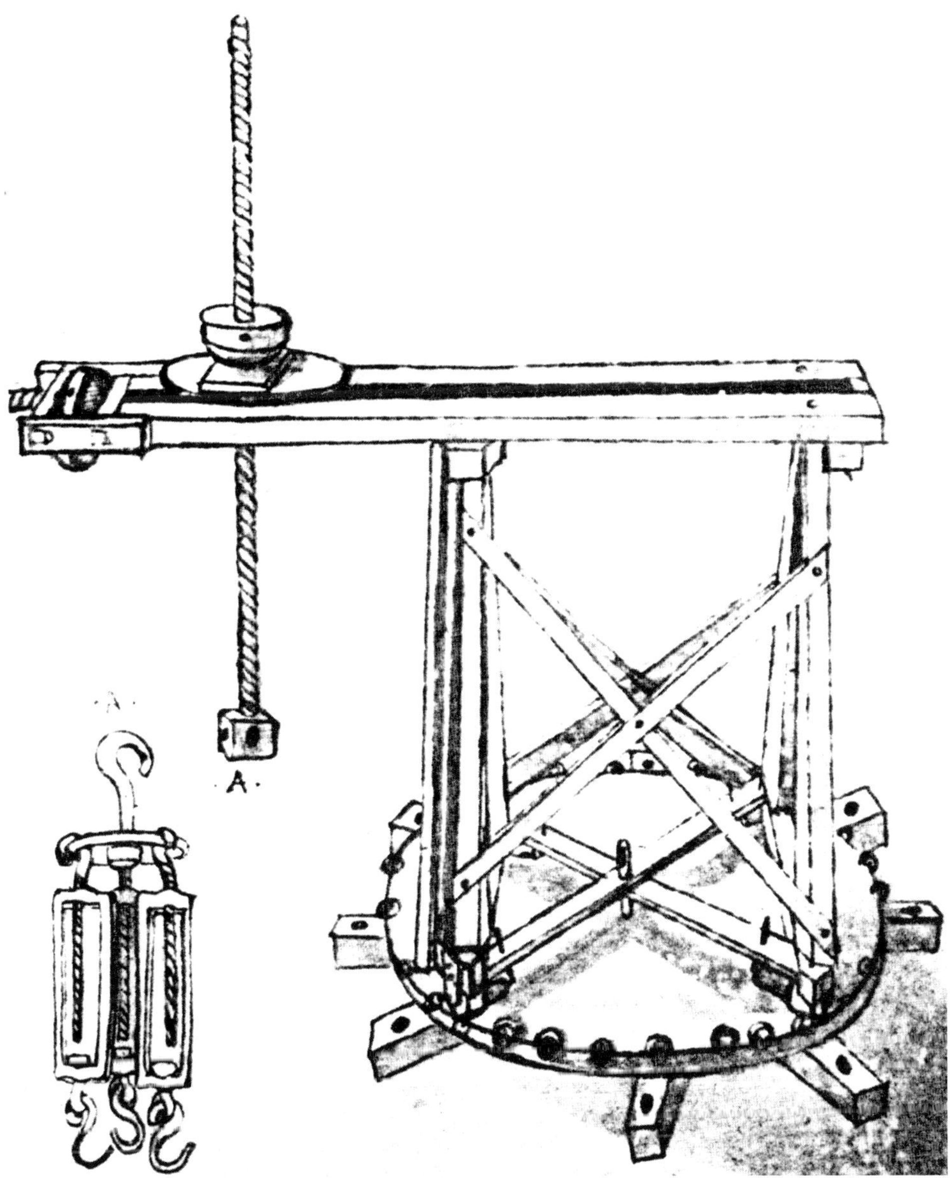

Abb. 6.67: Drehkran, Buonaccorso Ghiberti

horizontaler Welle auf und das Tretrad, die beide auch im griechisch-römischen Baubetrieb bekannt waren. Auch das Versetzen der bis zu 250 kg schweren Quader mittels Hebegeschirren wie „Wolf“, Zange oder Greifschere war in der Antike sehr ähnlich praktiziert worden (Abb. 6.66–6.70).

Der Steinwolf wurde weiterentwickelt. Der Wolf besteht noch heute in der Praxis der Steinbildhauerei aus drei flachen Schmiedeeisenstücken, von denen zwei in Richtung der Längsachse des Gerätes trapezförmig abgeschrägt sind. Der mittlere Teil wird zwischen die beiden anderen eingeführt, und die Einzelstücke werden durch einen Bügel mit Bolzen gesichert.[127]

Ein Wort zur Konstruktionsweise der Baugerüste: Auslegergerüste bestanden aus Kanthölzern, die mittels Bügeln von unten gegen die Mauer abgestützt und im Baufortgang eingemauert wurden. Die

Stangengerüste setzten sich aus einer Reihe von Rüststangen und mit diesen verschnürten Querhölzern zusammen, eine Gerüstbauweise, die bis in die 60er Jahre unseres Jahrhunderts üblich war und noch heute gelegentlich auf einfachen ländlichen Baustellen beobachtet werden kann (Abb. 6.67).

Im Mittelalter wie auch noch in der Renaissance war der Baumeister rechtlich in der Lage, einen Bau nicht nur zu planen, sondern auch selbst mit eigenen Fachkräften auszuführen. Bei größeren Bauvorhaben wie dem einer Kathedrale, eines Schlosses oder einer Brücke war der leitende Werkmeister unter Umständen nur in der Planung und Beratung tätig.

Für die Beschaffung von Arbeitskräften und Baustoffen war der vom Bauherrn bestellte Bauverwalter zuständig. Neben der Verdingung im Tagelohn kannte das Mittelalter auch die Akkordverdingungen. Die Aufträge für die Ausführung von Bauabschnitten wurden in der Regel an den Mindestfordernden vergeben.[128]

Die Längenmaße waren je nach geographischer Landschaft verschieden: (rhein., bayer., brandenburg.) Fuß, Elle, Finger, Klafter, Toise, pied, braccia (0,584 m) „römisch“, Pariser Linie, piede canna (channa = Rute), palmo.

Gewichtsmaße waren: das Pfund (liura, libr., lb'), die Unze (oncia = 1/12 lb') und das Pfennig-Gewicht (denaio di cantora = 1/24 Unze), 1 Pfund = 389,55 g (tosk.).

In Italien wurde die in 20 soldi oder 12 once geteilte Elle (braccio) und die Spanne (palmo) angewandt: Der „palmo architettonico“ wurde in 12 once (= 60 minute und 120 decimi) unterteilt. 10 palmi ergeben 1 canna.[129] In Frankreich, England und Deutschland war der Fuß (Schuh, pied, foot) verbindliches Grundmaß. Die Unterteilung ergab sich nach dem Duodezimalsystem in 12 Zoll (pouces, inches) zu je 12 Linien (lignes, lines). Durch Apostrophe kann die Maßzahl angegebenen werden: 1′ 2″ 3‴ = 1 Fuß, 2 Zoll, 3 Linien.[130]

7 Elemente der Baukonstruktion

7.1 Fundamente

Nach der Erstellung des Schnurgerüstes konnte der eigentliche Bauvorgang mit den Aushubarbeiten beginnen. War der Aushub beendet, so trat der feste Baugrund zutage, auf dem sich das Bauwerk gründen sollte.

Damit kommen wir zum schwachen Punkt gotischer Konstruktionen: dem Fundament. Die mangelhafte Fundamentausführung am Mainzer Dom führte bald nach der Fertigstellung zur notwendigen weitgreifenden Erneuerung. Untersuchungen an den französischen Kathedralen in Chartres, Meaux, Amiens und Noyon belegten erhebliche Setzungen als Folge unsachgemäßer Gründung.[131]

Die Fundamentierung im Grundwasser mit Pfahlrosten war im Mittelalter nicht überall bekannt. In Paris wurde die erste Brücke mit Pfahlrosten, die Notre-Dame-Brücke, erst nach langen Diskussionen zwischen der Baukommission und den eingeladenen 23 Maurermeistern und Steinmetzen im Jahre 1500 beschlossen. Die Pfähle für das Fundament wurden aus Eichenholz, Ulmen- oder Erlenholz ausgeführt.

Lorenz Lechler beschreibt in seinem Musterbuch die Fundamentierung: die Grundmauer soll nach ihm in der Breite das Anderthalbfache der Turmmauer betragen. Die Hypothese, daß über die Proportionen eines Turmes mittels Quadratur auch die Dimensionierung der Mauer gewonnen werden kann, ist nicht bewiesen.[132]

Auf tragfähigem Boden mit niedrigem Grundwasserspiegel wie beim Dom zu Speyer wurden die Steinfundamente unmittelbar in den glatten Sand gelegt. Die Pfeiler der Krypta stehen auf breiten durchlaufenden Fundamentstreifen, ebenso das Längshaus des Domes auf vier mächtigen Längsfundamenten, die eine Kronenbreite von 2,60 bis 2,90 m haben. Beim Speyrer Dom besteht das Fundamentmauerwerk aus Ziegeln und Sandsteinquadern, die mit Kalkmörtel vermauert sind, und erreicht eine Tiefe von 4 bis 5 m unter dem Langhausniveau und etwa 0,5 m unter dem Kryptaniveau.[133]

Sicherungsarbeiten an der Katharinenkirche zu Hamburg ergaben auf der Turmseite ein Fundament von 5,20 m Tiefe auf einzelnen Pfählen und aufgebaut aus unterschiedlichen Steinschichten: unten Findlinge, darüber Ziegelschichten und oben Granitblöcke, darauf schließlich abgetreppte Sandsteinschichten.[134] Die nachgewiesenen Streifenfundamente können den auflastenden Druck nur in einer Richtung verteilen und erreichen keine gleichmäßige Bodenpressung. Als besonders ungünstig in statischer Hinsicht erweisen sich *die* Fundamente, die nur 0,35 bis 0,60 m Tiefe erreichen und dadurch weder zur Aussteifung noch zur Lastenverteilung beitragen.

Der Bau von Pfeilerfundamenten bei Brücken stellte die Bauleute vor das größte Problem. Zur Sicherung gegen Unterspülung der Brückenpfeiler wurden z. B. bei der Regensburger Brücke (1135–46) und bei der Themsebrücke in London (1209) um das flach aufgesetzte Pfeilerfundament Steinpackungen gelegt, die von eingerammten Pfählen zusammengehalten wurden und bootsartige Pfeilerschuhe im Fluß bildeten. Beim Ponte Vecchio in Florenz (1345) wurde das wasserbautechnische Problem durch den Bau von Pfahlrosten gelöst.[135]

Abb. 6.71: Typische gotische Pfeiler, kantoniert mit Kapitell

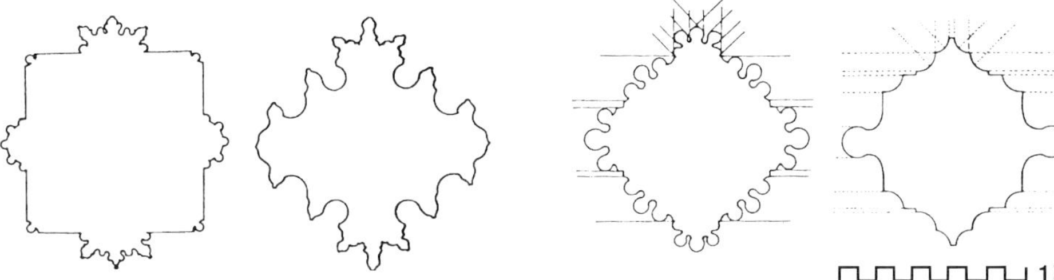

Abb. 6.72: Pfeiler: 1 Dom in Rostock, 1400
2 St. Maclou, Rouen, 1490
3 St. Lorenz, Nürnberg, 1350
4 St. Lorenz-Neu, Nürnberg, 1350

7.2 Pfeiler, Säulen, Halbsäulen

Die Funktion des Pfeilers besteht darin, die Last der Bögen und Gewölbe auf das Fundament zu übertragen. Die formale Entwicklung dieses Traggliedes reicht von der einfachen, kräftigen Säule, die von vier Diensten umstellt ist, bis zum reichgegliederten Bündelpfeiler im Kölner Dom (Abb. 6.71, 6.72).

Der romanische Pfeiler besteht aus einem viereckigen Kern, der die Scheidebögen zwischen den Schiffen zu tragen hat, und den Vorlagen, die den Gurt- und Gratbögen der Mittel- und Seitenschiffgewölbe unterstehen. Bei der Vergrößerung der Scheidebögen wurde auch der Pfeilergrundriß des viereckigen Kerns durch vorgelegte Halbsäulen erweitert (Abb. 6.73, 6.74).[136]

Diese vorgelegten Halbsäulen, die den Kreuzrippen unterstehen, wurden vor dem Kern als dünne Viertel- bis Dreiviertelsäulchen herausgestellt und sind als Dienste in den Kern des Pfeilers entweder eingebunden oder an den Pfeilerkern angelehnt, so daß sie nur durch Kapitell und Basis miteinander verbunden werden.

Bereits Villard hat in einer Skizze (Hahnloser, Tafel 39) mit einem Zirkel das Halbsäulenprofil kontrolliert. Dieses Nachprüfen ist besonders für die profilierten Wandvorlagen und Pfeiler erforderlich, die nicht als Monolith bearbeitet worden sind.

Der Einsatz von Schablonen zur Überprüfung der Profile kam erst seit 1190–1220 zur Anwendung. In

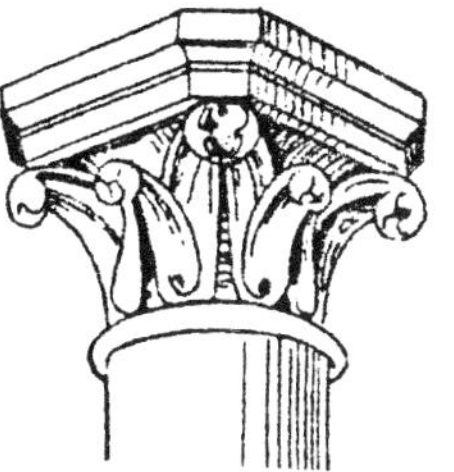

Abb. 6.73: Kapitelle mit vieleckiger Platte

dieser Zeit wurden die Kathedralen von Chartres, Bourges, Soissons, Reims und Amiens begonnen oder fertiggestellt.

Es entwickelte sich eine gewisse Vorfertigung der Steinelemente, vor allem für Pfeiler, Dienste und Wandvorlagen. Diese Arbeitsweise sah z. B. in Chartres vor, um den Pfeilerkern vier Runddienste anzugliedern oder vier achteckige Profildienste um einen Pfeiler zu stellen. Zum besseren Halt wurden die Stoßfugen auch diagonal angeordnet. Mit dieser Herstellungstechnik der stappelbaren Wand- und Pfeilervorlagen konnte der Baubetrieb auch im Winter weiter betrieben werden. Damit wäre es nach D. Kimpel möglich gewesen, den Arbeitsablauf nach dem Baufugenplan zu rationalisieren.[137] Dies kann im beschränktem Umfang für bestimmte Teil-

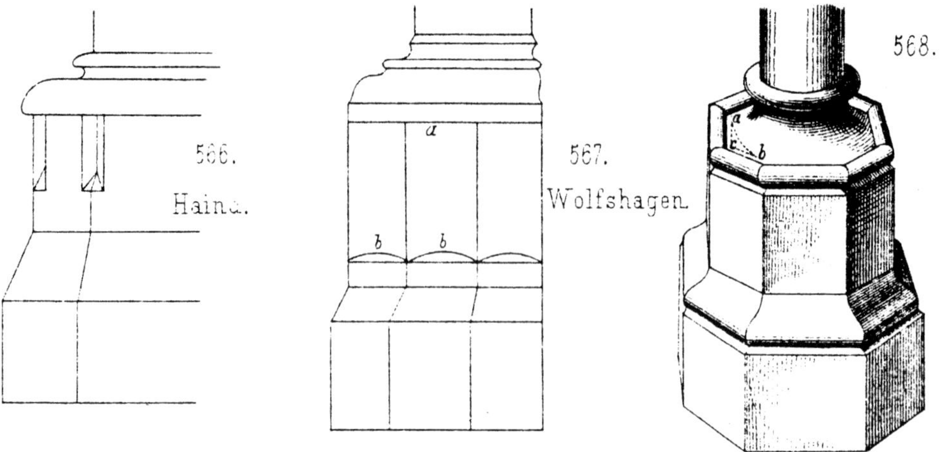

Abb. 6.74: Pfeilersockel

bereiche (z. B. Chor) bei den Neubauten der Gotik zutreffen. Da eine ganze Reihe von romanischen Kirchen nachträglich mit Gewölben versehen wurden, mußten dort auch die Pfeiler mit gotischen Vorlagen angefügt werden. Dennoch scheint es, daß durch den Einsatz von maßstabgerechten Bauzeichnungen und Positivschablonen eine Art Vorfabrikation von Werkstücken stattgefunden hat, die sich nicht nur auf den Bau von Kathedralen beschränkte, sondern auch im Befestigungs- und Brückenbau Eingang fand, besonders in der Herstellung von einfachen Steinen, die keiner bestimmten Form bedurften.

Besonders bemerkenswert in statisch-konstruktiver Hinsicht sind die sehr schlanken Granitsäulen der Briefkapelle in der Marienkirche zu Lübeck mit einer Breite von nur 0,32 m bei 10 m Höhe, d. h. mit einer Knickschlankheitszahl von 31. Die Belastbarkeit der Säule wird aber bei dieser Schlankheit nicht allein durch das Knicken, sondern auch in der Anschlußfuge bestimmt, die oft mit Blei ausgeführt wurde.[138]

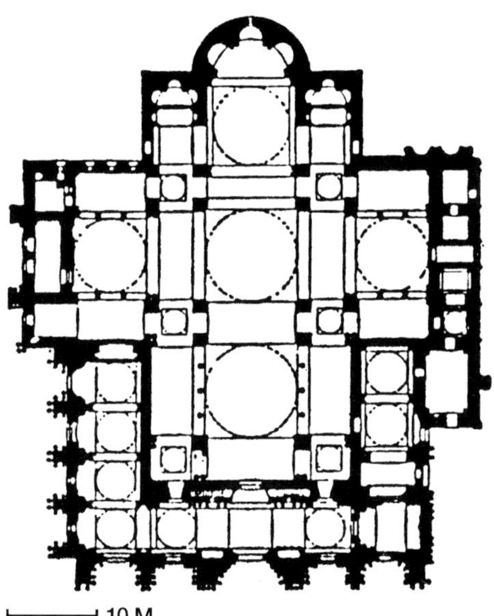

Abb. 6.75: Venedig, Grundriß von S. Marco

7.3 Gewölbe

7.3.1 Zum Grundriß und seiner Wechselwirkung mit dem romanischen Gewölbe

Die byzantinische Kuppeltechnik strahlte auch nach dem Westen aus: S. Marco in Venedig (11. Jh.) und andere einschiffige Saalkirchen mit Kuppeln wie die Kathedralen von Angoulême (1105), von Cahors, St. Etienne in Perigueux, St. Front in Perigueux (1120) - alle im Grundriß einander sehr ähnlich - gehen auf die justinianische Apostelkirche in Konstantinopel zurück.

Fünf Kuppelräume sind im Grundriß von S. Marco und St. Front zu einem griechischen Kreuz aneinandergefügt, jeder von ihnen bildet in sich wieder ein kleineres Kreuz mit Tonnenarmen und überwölbten viergliedrigen Eckpfeilern (Abb. 6.75, 6.76).

Die mittelalterlichen Bauten zeigen zunächst das Tonnengewölbe als monumentale Steindecke über dem einschiffigen Saal. Die nächste, darauf folgende Erweiterung des einschiffigen Saales liegt in der Anordnung von Mauernischen in den Seitenwänden. Das in horizontalen Schichten auskragende Kuppelgewölbe bildet den Abschluß der Konstruktion.

Die Einführung von Halbtonnen über den beiden äußeren Schiffen geht auf den Haupttypus der auvergnatischen Bauschule zurück. Eine konstruktive Aussteifung des genannten Systems bringt die Einführung von Emporen in den Seitenschiffen.

Den Prototyp der Tonnenhallen mit Emporen stellt die 1100 begonnene Kirche Notre-Dame-du-Port in Clermont-Ferrand dar. Das Tonnengewölbe wurde durch die burgundische Bauschule auch auf die überlieferte Basilika übertragen. Die hochromanische Basilika in Burgund, in der Normandie und im Loiregebiet (Cluny III, St. Etienne in Caen und La-Charité-sur-Loire, 1056–1107) tritt als schmale, hohe Hallenkirche mit niedrigen Emporen auf. Das Mittelschiff und die Querräume wurden mit einer Tonne und Gurtbogen gewölbt, in den Seitenschiffen kommen Kreuzgratgewölbe vor.

Einen besonderen Vorteil brachten die Gurtbogen für die Bauausführung: Sie wurden vor den Mauern der Tonne eingeschalt und gewölbt und stabilisierten die Schalung der Tonnenfelder, die von Joch zu Joch umgesetzt werden konnten (Abb. 6.84–6.87).

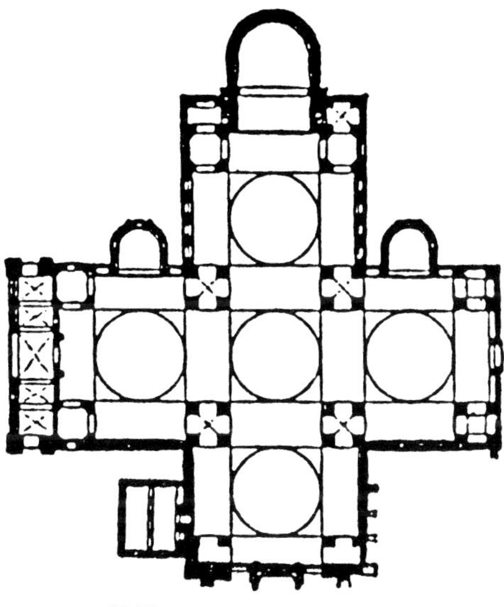

Abb. 6.76: Perigueux, Grundriß von St. Front

7.3.2 Das gotische Gewölbe

Die Herstellung des Kreuzgewölbes über Rechteckgrundrissen stellte den Maurer vor die Problematik des Gewölbeverbandes an den Graten. Bereits beim römischen Kreuzgewölbe zeigte sich die Formung der Gratsteine kompliziert: Die Verzahnung anstelle der hackenförmigen Gratsteine läßt keinen korrekten Verband zu, und bei ungleicher Krümmung in den beiden Kappen ist es nicht möglich, auch gleiche Schichthöhen einzuhalten. Der Stoß mußte mittels der Kreuzrippe abgedeckt werden.

Das Kreuzrippengewölbe enthält bereits alle Elemente der Gewölbetechnik: Die Diagonalbögen bilden mit den Randbögen die Ansatzlinien für die Gewölbeflächen (Abb. 6.77).

Da das Mittelschiff breiter als die Seitenschiffe ist, ergaben sich bei gleicher Jochweite rechteckige Felder. Zunächst wurde die Grundrißanordnung gefunden: quadratische Felder für alle drei Schiffe bei wechselnder Schiffsbreite. Bei dieser Konstruktion wechseln sich belastete Hauptpfeiler mit schwächer belasteten Zwischenpfeilern.

Interessant ist die Darstellungstechnik der Bogenaustragung nach A. Choisy:[139] von der Diagonalen im rechteckigen Grundriß ergibt sich durch Projektion ein Halbkreisbogen. Die (Quer- oder) Transversalbögen zwischen den Jochen und die „formerets“-Bögen an den Arkadenwänden erhielten steile Bogenhöhen, um die Höhenunterschiede auszugleichen (Abb. 6.79).

Bei dem sechsteiligen Kreuzgewölbe (seit dem 12. Jh., z. B. in Paris, Beauvais) wurden die Zwi-

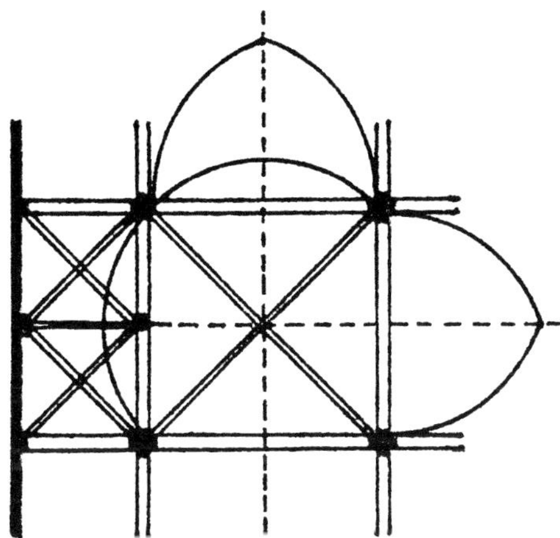

Abb. 6.77: Kreuzgewölbe auf Quadrat: Chor, St. Denis

schenpfeiler ins Hauptgewölbe miteinbezogen. Die Kreuzung der Kappenfelder im quadratischen Feld des Kreuzgewölbes stellt im Querschnitt eine Halbellipse dar. Die verschiedenen Neigungswinkel der Außenkappen brachten für das Versetzen der Steine technische Probleme mit sich.[140]

Bei der Bogenaustragung des Kreuzgewölbes über einem quadratischen Grundriß, der in sechs Kappenfeldern unterteilt ist (Abb. 6.78), erhält man zwei spitzbogige Transversalbögen zwischen den Hauptpfeilern und je zwei schmale Zwillingsbögen „formerets“ in den Seitenlängen.[141]

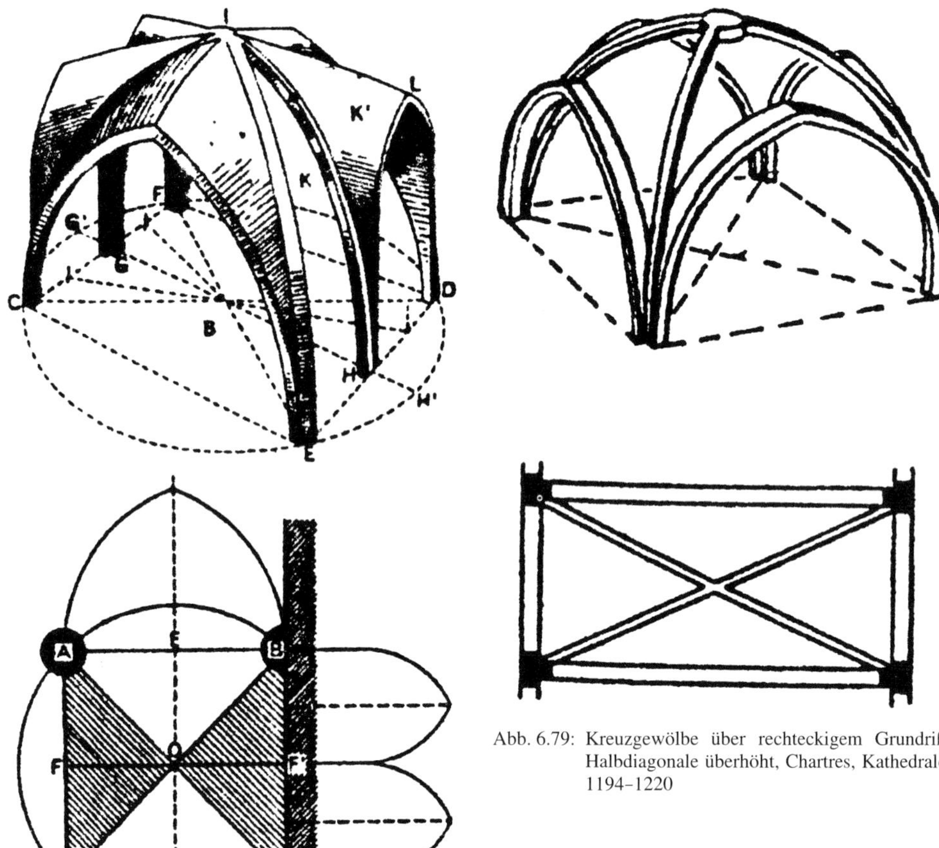

Abb. 6.79: Kreuzgewölbe über rechteckigem Grundriß: Halbdiagonale überhöht, Chartres, Kathedrale, 1194–1220

Abb. 6.78: Kreuzgewölbe über quadratischem Grundriß, sechs Kappenfelder, Sens, Kathedrale, 1155

Die Kappengeometrie wurde in 12. Jh. geändert, indem die Diagonalbögen mit einem fast halbkreisförmigen Profil konstruiert wurden.[142]

Beim Kreuzgewölbe über rechteckigem Grundriß ergeben sich (z. B. in Chartres, Abb. 6.79) durch Projektion halbkreisförmige Diagonalbögen. Bei diesen „voûtes barlongues“ wird die Halbdiagonale als überhöhter Rundbogen dargestellt. Die Projektion der Halbdiagonale seitwärts (Arkadenseite) ergibt nach Choisy einen Spitzbogen (Abb. 6.81, 6.82).[143]

Die Gratgewölbe der deutschen Architektur, die im Speyrer Dom errichtet wurden, sind eine Kreuzung zweier Tonnengewölbe im rechten Winkel. Das so entstehende Kreuzrippengewölbe verlagert den Druck des Gewölbes auf vier Punkte, nämlich auf die Ansatzstellen der Rippen.

Eine weitere Entwicklung zeigt das gebuste Kreuzgewölbe: In den Diagonalen an den Rändern des Gewölbejoches wurden tragende Lehrbögen aufgestellt, darauf konnten die Keilsteine aufgesetzt werden.

Beim Speyrer Dom wurden die Keilsteine der Gurtrippen und Gurtbögen auf der Bank zugerichtet. Zum Festlegen der Keilform genügte eine Schablone für alle Steine eines Bogens.

Hinsichtlich der Ausführung kann man annehmen, daß die Keilsteine trocken auf die Lehrbögen gesetzt wurden. In die letzte verbleibende Lücke paßte man den letzten Stein durch Abarbeiten an der Versetzstelle genau ein.[144]

Die Verwandlung des französischen Kreuzrippengewölbes in ein Scheitel- und Flechtrippensystem geschah zuerst in Frankreich, doch die neuen Formen treten stärker in England hervor. Die eingebauten Flechtrippen verringern die Spannweite und erleichtern die Ausführung der Gewölbekappen.

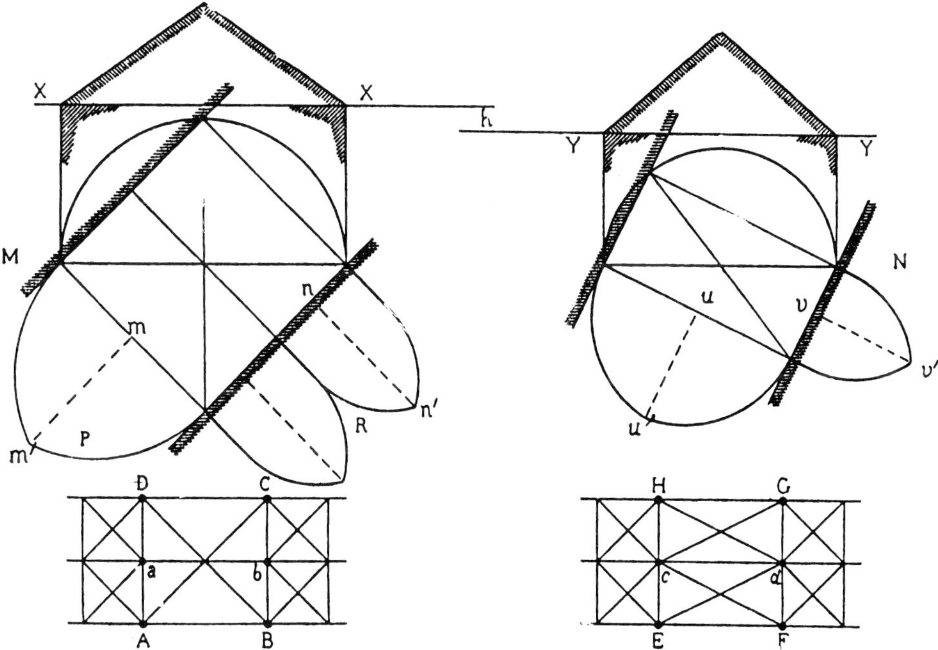

Abb. 6.80: Kreuzgewölbe; links: „en six panneaux"; rechts: „voûte barlongue"

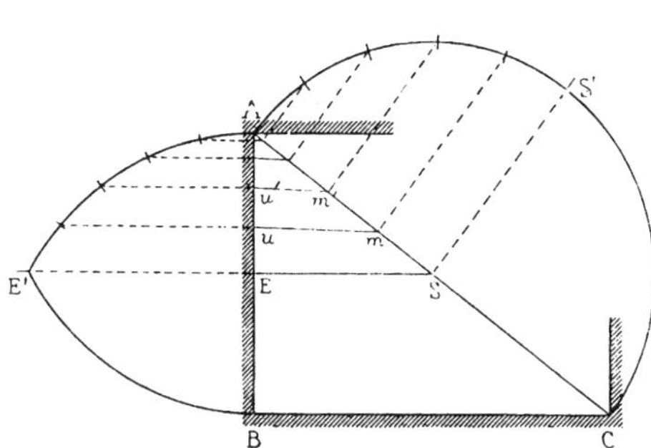

Abb. 6.81: Bogenaustragung des Spitzbogens Diagonale A–C wird als Halbkreisbogen Gurtbogen A–E'–B: arcs „doubleaux"

Das angevinische Gewölbe, das in der Region Anjou auftrat (z. B. Angers, Laval), zeichnete sich durch den überhöhten Scheitelpunkt aus. Durch die Einschaltung neuer Rippen: die Lierne im oberen Gewölbebereich, in der Regel parallel zur Längsachse, und „Tiercerons", Rippen, die radial angeordnet sind und die Liernerippen mit den Pfeilern verbinden, entstand das Stern- und Netzgewölbe (Abb. 6.83).[145]

Abb. 6.82: Bogenaustragung, Kreuzgewölbe über rechteckigem Grundriß: „quarrée et barlongue par équarrissement"

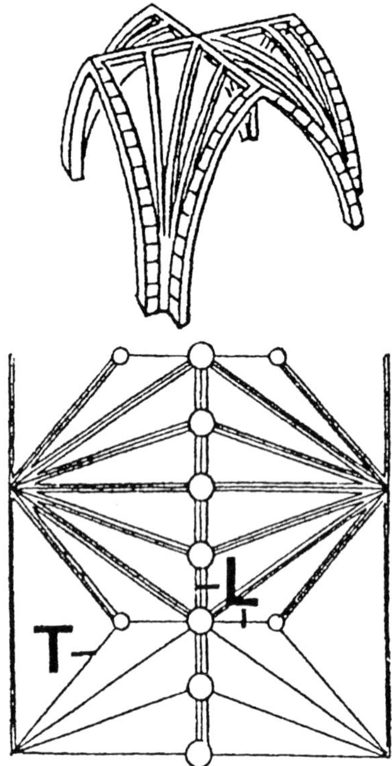

Abb. 6.83: Das angevinische Gewölbe

Im englischen System laufen die Schichten der Kappen nicht parallel zu den Raumachsen wie im französischen Bau, sondern diagonal. Sie verzahnen sich fischgrätartig entlang dem Scheitel, so daß hier ein Deckprofil erforderlich wird.

Die Seitenschiffgewölbe wurden durch Zuganker in den Gurten gesichert, die man erst zum Schluß entfernte. Auf der Plattform der Balken stellte man den Dachstuhl auf. Erst danach wurde die Einwölbung des Hochschiffs vorgenommen.

Die Kappenflächen verlieren den Charakter massiver Wölbungen und werden zu flachem, raumschließendem Fächergewölbe (Abb. 6.88–6.90).

Der Grundriß der Kathedrale von Lincoln zeigt deutlich die Entwicklung des Kreuzgewölbes über das Sterngewölbe bis zum Flechtrippengewölbe.

Erst gegen Ende des 13. Jh. kommt das Ziergewölbe nach Deutschland: deutlich wird der achtzackige Rippenstern beim Großen Remter der Marienburg um 1320. Im 14. Jh. dringen die Sterngewölbe nach Schlesien und Böhmen vor.

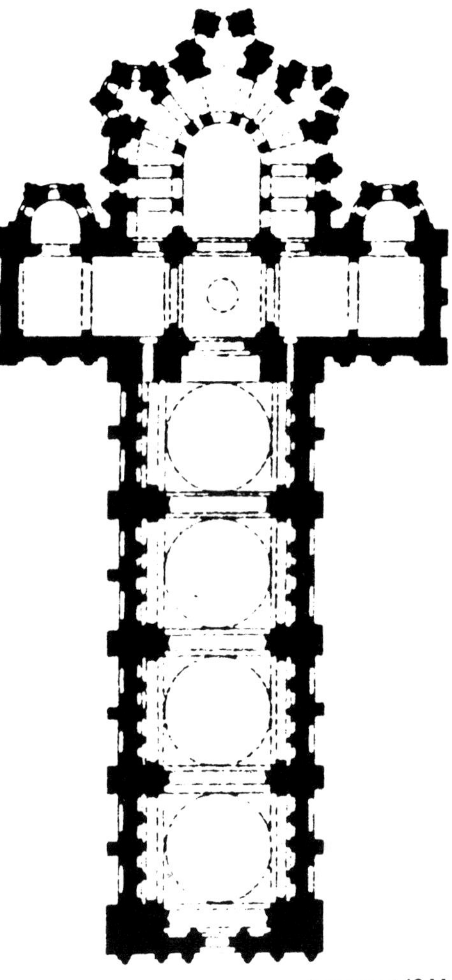

Abb. 6.84: Romanische Kirche, 11.–12. Jh., Saalkirchentypus. Ausbildung des Pendentifs in der Vierungskuppel bei St. Pierre in Angoulême. Bei der Abteikirche Fontevrault ist die Vierungskuppel ohne Pendentifs. Bei St. Maurice in Angers: Rippenkuppel mit Kreuzgewölbe

Vergleicht man die flache Tonnenwölbung des Prager Chors, die von Peter Parler um 1380 errichtet wurde, so fällt auf, daß die Rippen hier kaum noch etwas anderes als die klare Abgrenzung der Stichkappen sind.

7.3.2.1 Zur Standsicherheit

Ungewitter/Mohrmann sprechen von der Zerlegung der Kappen in einzelne Streifen, die sich nicht nach der Richtung der Steinschichten, sondern nach der Gestalt der Kappen richtet. Für jeden Streifen wird sein Gewicht berechnet.[146]

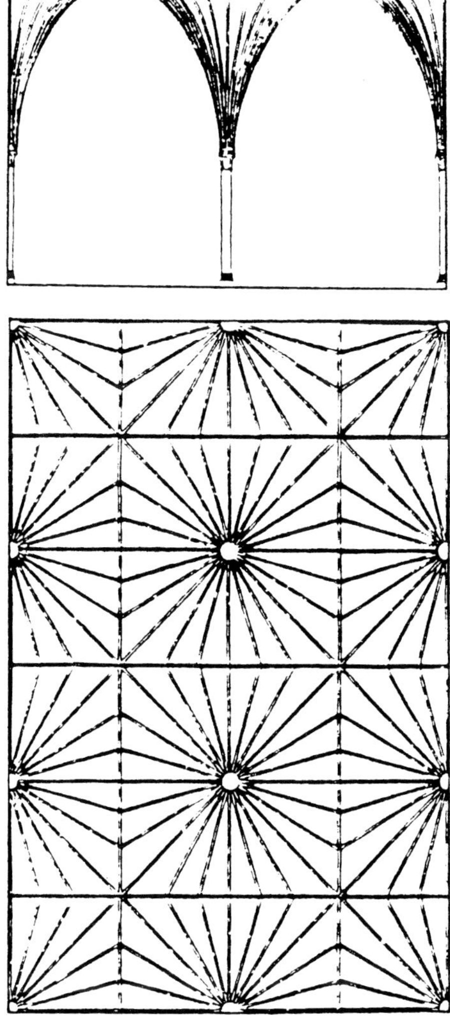

Abb. 6.85: Fächergewölbe: Die kleinen Felder können schalenartig ausgefacht werden.

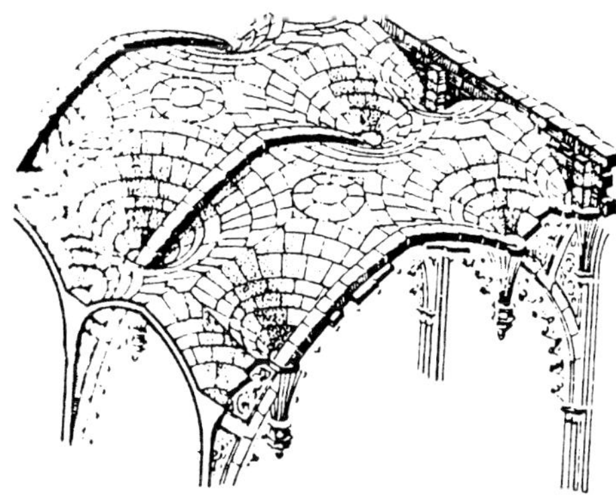

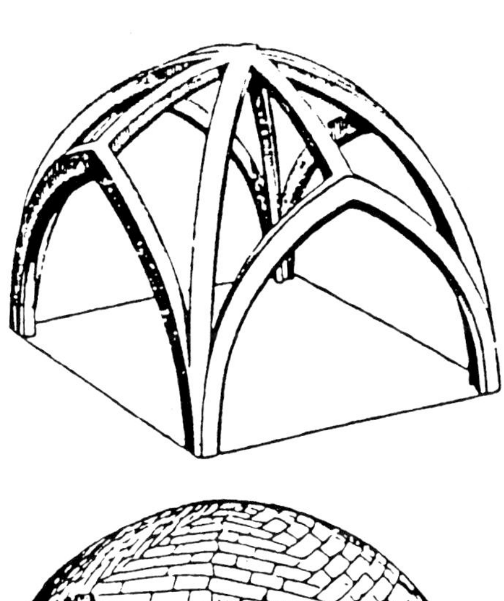

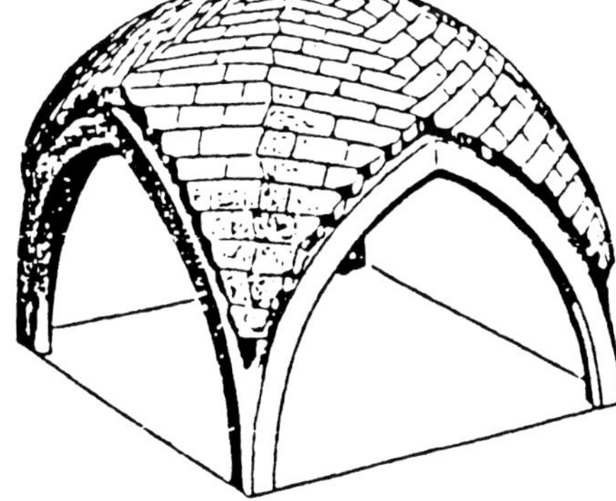

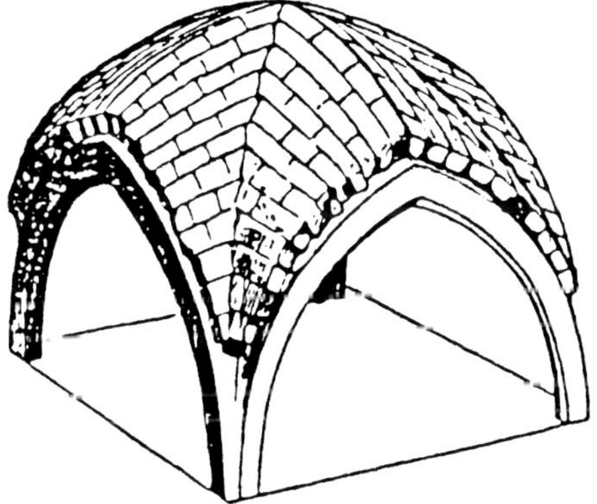

Abb. 6.86a: Gewölbebauarten
a) Kreuzrippengewölbe mit erhöhtem Scheitelpunkt
b) Englische Bauart einer Rippe
c) Franz. Bauart einer Kappe

Abb. 6.86: Fächergewölbe 1503–19, Henry VII., Westminster Chapel

Abb. 6.87: Mit Pendentifs

Abb. 6.89: Clermont-Ferrand, Gewölbe der Kirche Notre-Dame-du-Port

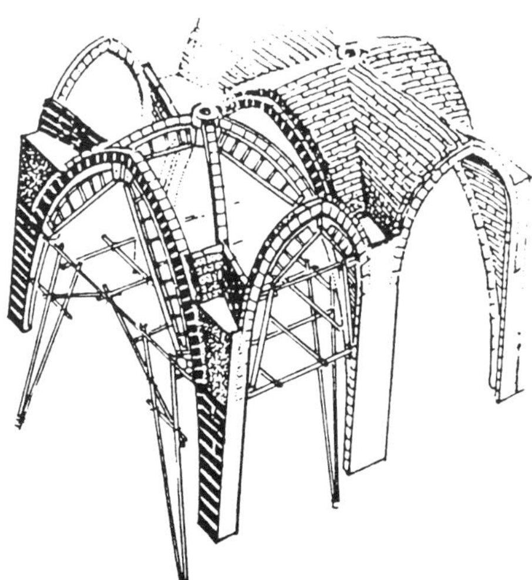

Abb. 6.88: Lehrgerüste des Kreuzgewölbes

Abb. 6.90: Fächergewölbe, 1515, Kings College, Chapel, Cambridge

Nach J. Segger (1969) ließe sich die Kappe in vertikale Streifen teilen und deren Drucklinien berechnen, besonders bei Gewölben, die nach der Drucklinie für Eigengewicht geformt sind. Eine weitere Verfeinerung besteht in der Vorstellung, daß die Kappe einer Addition von Elementen gleich ist, von denen jedes horizontal durch seine Zugehörigkeit zu einem Ringstreifen und vertikal durch seinen Verbund in einen Meridianstreifen gehalten ist.[147]

Die ideale Drucklinie einer Kappe infolge Eigengewicht hat die Form einer Parabel (Abb. 6.93).

Da dem Mauerwerk der Gewölbekappen die Zugfestigkeit fehlt, kann von einer Schalenwirkung nicht gesprochen werden. Die Rippen können statisch gesehen als Tragglieder betrachtet werden.

Die Strebebogen stellen eine der typischen Konstruktionselemente der Gotik dar: der obere Strebebogen überträgt Windkräfte, und der untere leitet den Gewölbeschub in die Pfeiler weiter.

Bei dem hoch herausragenden Mittelschiff (Chartres) sind die zwei übereinanderliegenden Strebebögen notwendig gewesen, Die Pfeilerentwicklung reicht von der kräftigen Säule, die von vier Diensten umstellt ist, bis zum gegliederten Bündelpfeiler (Köln).

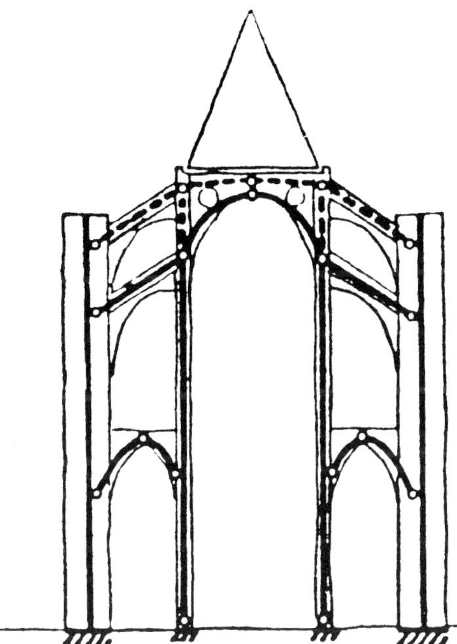

Abb. 6.91: Stark vereinfachte Skizze der gotischen Kathedrale, Querschnitt: statisch bestimmtes Modell (Dreigelenkbogen)

Der Strebepfeiler ist das äußere Widerlager des Quersystems. Die äußere Entwicklung wird durch Abtreppen der Vorderkante, kleine Giebel und Kreuzblume charakterisiert. Größere statische Unsicherheiten ergeben sich nach K. Pieper (1983) durch die Unkenntnis der Steifigkeit der Fundamente gegen Verdrehungen.[148]

Die häufig angewandten Streifenfundamente sind in statischer Hinsicht von dem mittelalterlichen Werkmeister verkannt worden, weil sie weder zur Aussteifung noch zur Lastverteilung beitragen können. Um so mehr überrascht die richtige Anwendung von leichterem Material für das Gewölbe.

Bemerkenswert bei den Gewölben des zweiten Speyerer Dombaues sind die regelmäßig geformten und geschichteten Steine aus Tuffmaterial. Die Ansätze der Kreuzgewölbe und auch der Tonnen und Halbkuppeln wurden ein Stück freihändig aufgemauert. Auch die Kappen konnten in der Gotik, wie der Wiederaufbau der Marienkirche zu Lübeck zeigte, als schrägliegende, 1/2 Stein starke Bögen freihändig ohne Gerüst errichtet werden.[149]

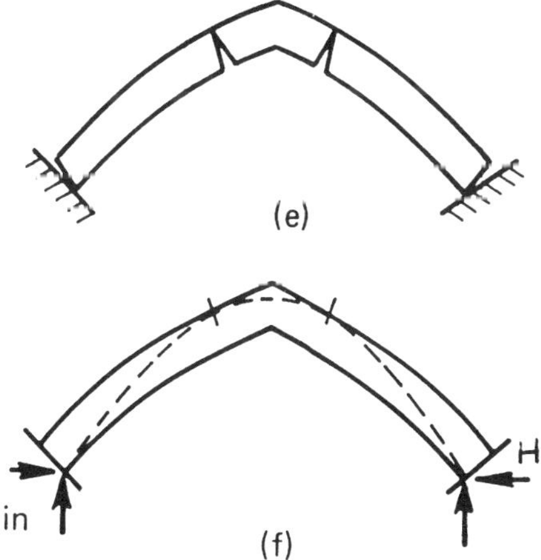

Abb. 6.92: Schematischer Vorgang beim Zusammenbruch eines gemauerten Brückenbogens, e) falsche Spannweite, zu weit, vier Bruchfugen; bei f) Drucklinienverlauf, tangiert die Außenkanten, leichte Asymmetrie

Für die statische Berechnung der gotischen Kathedrale hat J. Segger die wesentlichen Konstruktionsteile auf die Grundformen reduziert und das Hauptschiffsgewölbe als Dreigelenkbogensystem idealisiert (Abb. 6.91).[150]

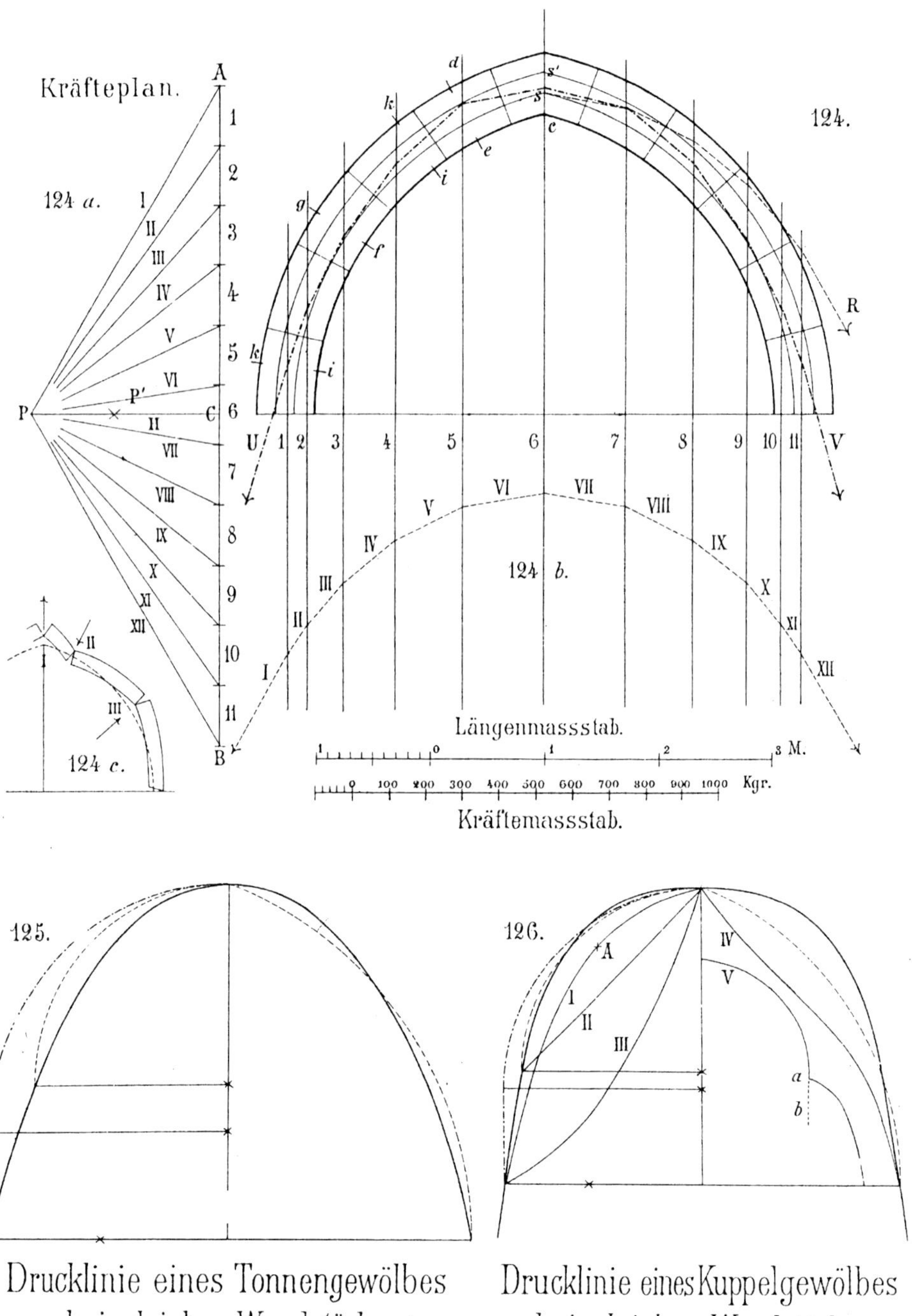

Abb. 6.93: Konstruktion der Drucklinie, 1890

Das so zu gewinnende Bild ließe sich am besten mit exakter Skizzierung des Kräfteverlaufs beschreiben. Zur Berechnung mittels graphischer Statik muß das System bestimmt und unverschieblich sein. Zur besseren Illustration sollen nur die fünf Hauptkonstruktionsteile mit ihren jeweiligen statischen Grundfunktionen gezeigt werden.

(1) Hauptschiffsgewölbe reduziert zum „Dreigelenkbogen", dem Hauptschiffspfeiler auflastend

(2) Strebebogen vereinfacht zum Zweigelenkbogen (d. h. als gelenkig gelagerte Druckstäbe zwischen Schiffs- und Strebepfeiler)

(3) Seitenschiffsgewölbe zum „Dreigelenkbogen" reduziert (als Belastung für Schiffs- und Strebepfeiler)

(4) Hauptschiffspfeiler, vereinfacht zum seitlich gestützten und belasteten Druckelement („Pendelstütze")

(5) Strebepfeiler als eingespannter Kragpfeiler angesetzt zur Aufnahme aller Horizontalkräfte.

Bei Brückenbogen aus dem 13.–15. Jh. traten unter der Schubwirkung des Bogens Risse auf, wenn z. B. die Spannweite ein wenig zu groß oder zu eng zu den Widerlagern war. An drei Stellen kann der Brückenbogen brechen (Abb. 6.94).[151]

Bei einem Spitzbogen können sich theoretisch vier Bruchfugen bilden, wenn die Spannweite zunimmt (siehe den Verlauf der Drucklinie) (Abb. 6.92).[152]

Der gemauerte Brückenbogen setzt sich aus dem Bogenring aus keilförmigen, mit Mörtel versetzten Steinen, aus den Bogenzwickeln, Mauerfüllung, Widerlagern und dem Straßenaufbau zusammen. Für gemauerte spitzbogige Brückenbogen wies J. Heyman (1982) auf den Verlauf der Stützlinie hin, die durch Versuche so optimiert werden kann, daß eine günstige Drucklinie für die Nachprüfung ermittelt werden kann, die sich von der Außen- und Innenkante des Bogens wenig entfernt (Abb. 6.95).

Mit dieser graphischen Betrachtung kann man die Gestalt des Brückenbogens im Zusammenhang mit der Auswirkung des Widerlagerschubs geometrisch veranschaulichen. Für die statische Nachberechnung sind Pfeilerhöhe und Bogenzwickelhöhe im Verhältnis zur Spannweite von Bedeutung. Bei Brückenbogen aus dem Mittelalter ist der geometrische Mittelpunkt der Bogenrippe nicht immer mit dem Brükkenbogenfeld identisch. Dadurch können Mauerschäden an den unsymmetrisch großen Widerlagern entstehen.

Möglicherweise lagen dem mittelalterlichen Werkmeister eine Reihe von geometrischen Proportionsregeln für die Verhältnisse zwischen der Widerlagerdicke, der Dicke der Pfeiler und der Spannweite der Bögen sowie der Bogenform vor, einschließlich des Bogenstichs zur Spannweite.

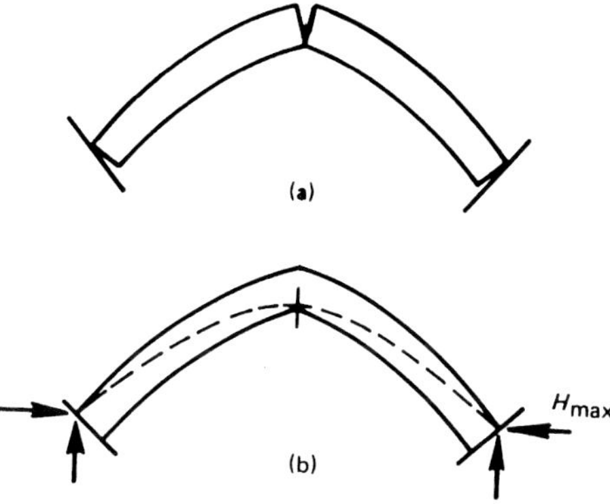

Abb. 6.94: Gemauerter Brückenbogen
a) falsche Spannweite, zu eng, drei Bruchfugen; b) Drucklinienverlauf tangiert die Unterkante des Spitzbogens und die Außenkanten der Widerlager

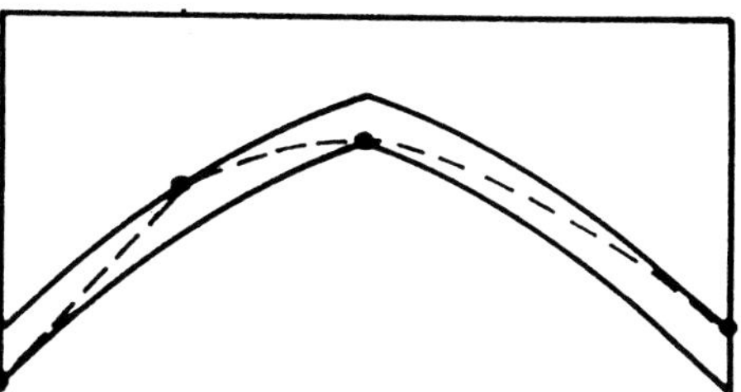

Abb. 6.95: Bewegliche Last beim gemauerten Brückenbogen: Drucklinienverlauf zeigt die „geometrische Sicherheit"

Durch die oft wiederholte Planung und Konstruktion von spätgotischen kleinen Hallenkirchen im 15.–16. Jh. (Schwaben, Böhmen, Schlesien, Posen, Mähren, Ungarn, Siebenbürgen) ergaben sich Erfahrungswerte für die Dimensionierung und Proportionierung der Mauern und Gewölbe.

Aus dem Büchlein Lechlers „Unterweisungen" von 1516 lassen sich solche Erfahrungswerte für die Proportionierung und Dimensionierung des Kirchenchores und der Mauerstärke gewinnen, die 1/10 der lichten Weite zwischen den Wänden betragen sollte.

Das geometrische Verfahren zur Bestimmung der Widerlagerstärke von François Derant von 1643, das vor der Blondelschen Regel (1684) entstand, stützt sich wahrscheinlich auf ältere Steinmetztechniken. Die „Coupe-des-Pierres-Geometrie"-Regeln berücksichtigen dabei nur die Widerlager für einen gemauerten Bogen ohne Zwischenpfeiler (Abb. 6.96, 6.100).[153]

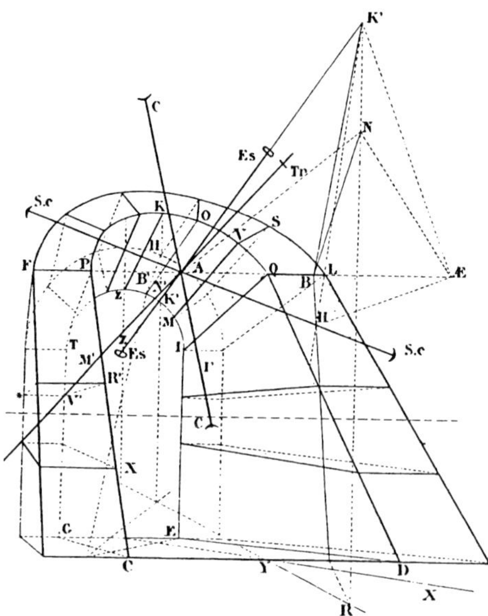

Abb. 6.96: Gemauerter Bogen mit Widerlagern, Perspektive

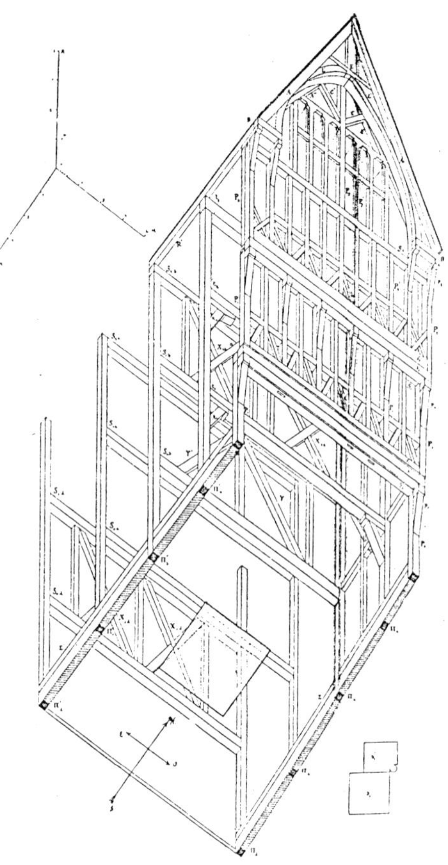

Abb. 6.98: Wohnhaus in Rouen, 15. Jh., Rue de la Grosse-Horloge, n° 139–141, Rouen

7.4 Dachstuhl

In der Romanik wurden vor allem Pfettendächer gebaut. Die Gotik baute in der Regel Kehlbalkendächer. Beim Pfettendach werden die Lasten aus dem dachhauttragenden Sparren durch die Pfetten in Längsrichtung auf Binder konzentriert und von diesen auf die Außenwände abgeleitet. Die Sparren des Pfettendaches nehmen nur Biegemomente und Querkraft auf. Beim spätmittelalterlichen Pfettendach wird der Kehlbalken durch Pfetten unterstützt.

Konstruktiv gesehen, handelt es sich bei vielen Dachstühlen um ein Mischsystem aus Sparren- und Pfettendach (Abb. 6.97–6.99, 6.101, 6.102).[154]

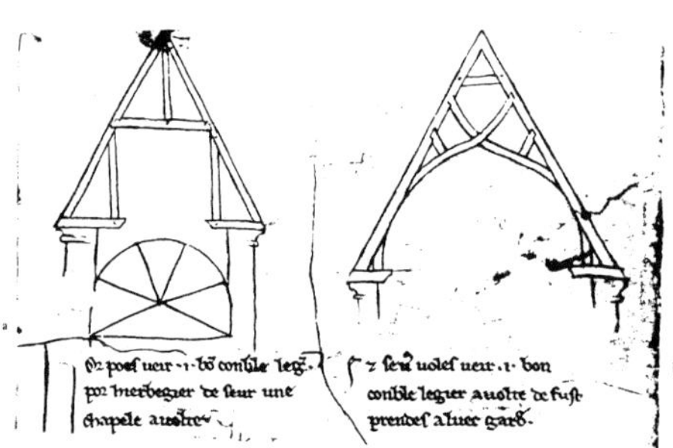

Abb. 6.97: Dachstuhlkonstruktionen nach Villard, 1220–30

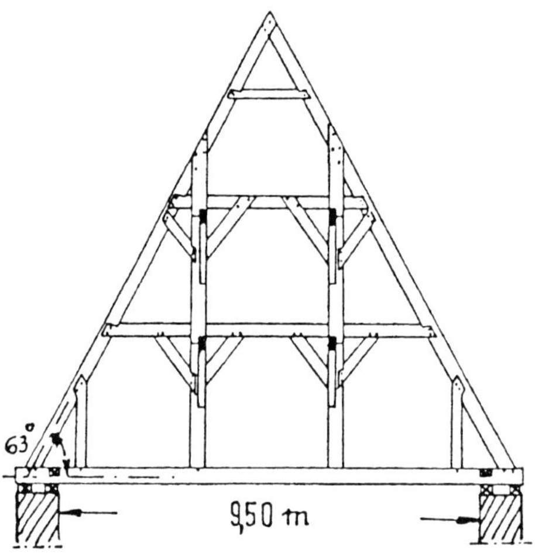

Abb. 6.99: Mainz, St. Stephan, 14. Jh., zweifach stehender Dachstuhl mit drei Kehlbalkenlagen, Neigung 63 Grad

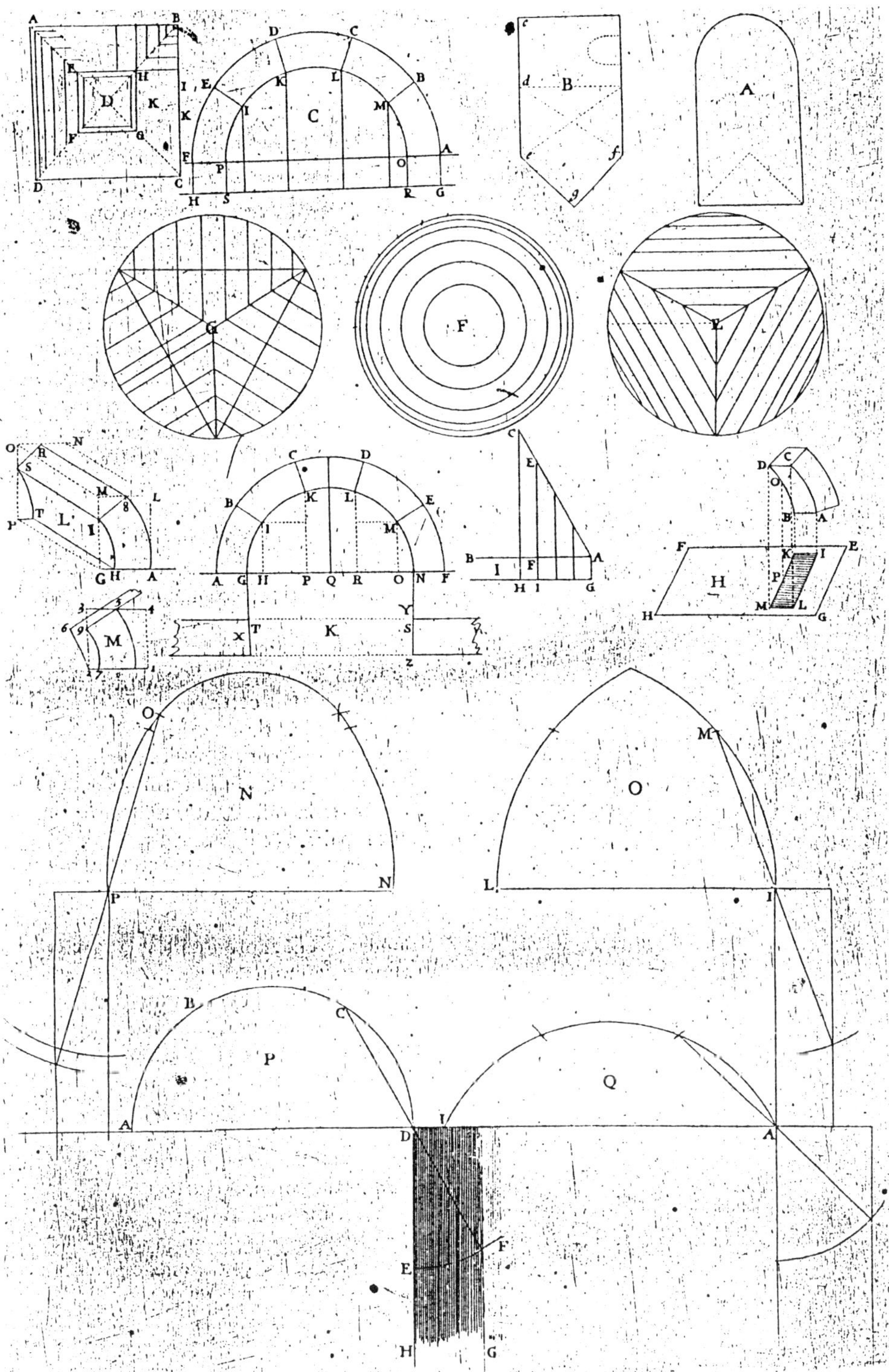

Abb. 6.100: Geometrische Regel zur Bestimmung der Widerlagerstärke

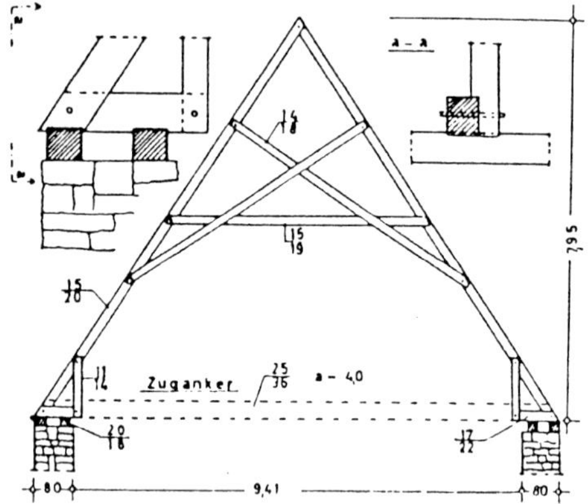

Abb. 6.101: Dachstuhl über dem Mittelschiff des Freiburger Münsters

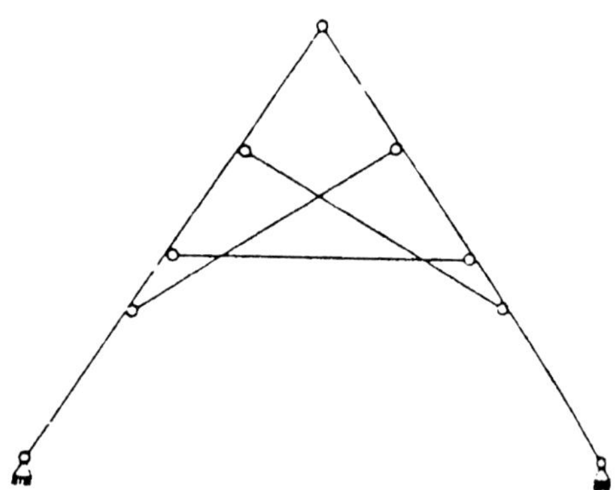

Abb. 6.102: Statisches System des Dachstuhls

8 Praktische Mathematik und Mechanik

Nach dem Untergang des Weströmischen Reiches 476 und durch den Einfall der Ostgoten 493 wurde Rom von Theoderich erobert, und der Entwicklung der Wissenschaften war vorerst ein Ende gesetzt. Eine Ausnahme war Boëtius (480 bis 524), ein römischer Mathematiker, der von Theoderich hingerichtet wurde. Er verfaßte eine Übersetzung des Euklid und eine Abhandlung über Arithmetik. Das auf ihn zurückgehende „Quadrivium" (viergeteilter Weg) für den Unterricht umfaßte Arithmetik, Musik, Geometrie und Astronomie.[155]

Die griechische Wisssenschaft konnte sich nach der Schließung der Athener Universität 529 n. Chr. (von Kaiser Justinian als „heidnisch" aufgehoben) in Persien behaupten, wohin sieben Lehrer, darunter der Mathematiker Simplikios, auswanderten.[156]

Im 7. Jh. eroberten die Araber Persien, Syrien, Ägypten und setzten sich im 8. Jh. auf der iberischen Halbinsel und in Südfrankreich (Narbonne) fest. Die Schriften des Aristoteles, Archimedes, Euklid, Apollonios, Theodosius, Diophant und Heron wurden ins Arabische übersetzt und kommentiert. Der Perser Muhammad ibn Musa mit dem Beinamen Alhwârazmî (825) veröffentlichte sein Werk „Algabr w'almuqabalah" (etwa: „Sammlung und Ergänzung"). Das erste Wort wurde als „Algebra" bekannt. Sein Beiname wurde für „Algorithmus" benutzt.

Über die Toledaner Übersetzer- und Kommentatorenschule sind Ende des 12. Jh. die arabischen Übersetzungen in West- und Mitteleuropa bekannt geworden.[157]

An Klöstern und Bischofssitzen wurden im 9. bis 11. Jh. Schulen errichtet. Es gab eine innere Schule für künftige Mönche und eine äußere Schule für die Laien.

Im Rahmen der „septem artes liberales" wurden in den Kloster- oder Domschulen neben Grammatik und Logik auch etwas Mathematik gelehrt, zu der die Osterrechnung, der Computus gehörte. Die wenigen Nachrichten über den Rechenunterricht im 10. und 11. Jh. wiesen auf den Abakus hin, der zugleich als geometrisches Reißbrett Verwendung fand.[158]

Die an den Bischofssitzen errichteten Kathedralschulen dienten eigentlich der Weiterbildung von Geistlichen. Gerbert von Aurillac (Auvergne), der 999 als Papst den Namen Silvester II. angenommen und zuvor an der Kathedralschule von Reims 980 gelehrt hatte, verfaßte 981–982 eine „Einführung in die Geometrie" mit 94 Kapiteln, deren Handschriften, auch wenn sie nicht alle von ihm stammen, den damaligen Wissensstand widerspiegeln.[159]

In seiner Geometria behandelt Gerbert die rechtwinkligen pythagoreischen Dreiecke mit ihren Flächen, die Messung von Höhen durch das „Astrolabium", Aufgaben über Distanzmessungen, die auf Kenntnis der römischen Agrimensoren und des Heron von Alexandria schließen lassen.[160]

Die von M.-T. Sarrade 1986 abgebildeten Zeichnungen aus der Geometria Gerberts, die in der lateinischen Edition von A. Olléries zum erstenmal 1867 publiziert wurden, zeigen Messungen von Turmhöhen, die von einem Punkt „C" visiert werden, dessen Entfernung zum Punkt „B" des Turmes bekannt sein muß.[161]

Diese Aufgaben kamen vor Gerberts Geometria bereits in der Aufgabensammlung des anonymen Verfassers der „Geometria incerti auctoris" aus dem 9. Jh., einschließlich des Astrolabes, vor.[162]

Für das Bauwesen im Mittelalter ist jedoch auch die Benutzung des Astrolabs von Bedeutung gewesen.

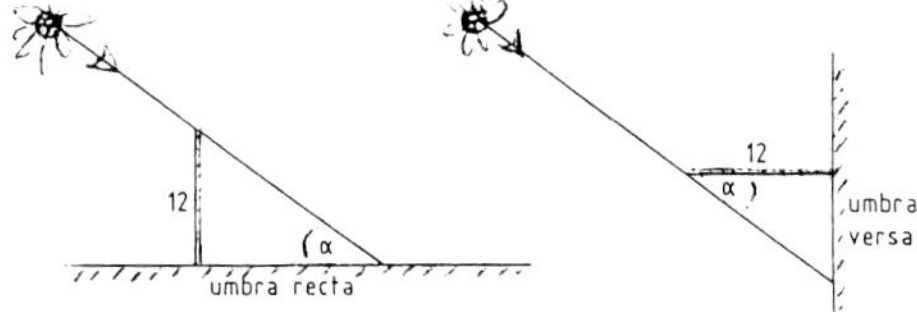

Abb. 6.103: Umbra recta, umbra versa

Das Gerät gestattete, nach Ptolemaios' Angaben die Höhe der Sonne zu bestimmen, aber mit dem Visierlineal „alhidade" und dem mit einem Loch versehenen Plättchen war es möglich, auch die Länge des Schattens eines Stabes von 12 Einheiten Länge zu messen. Die Richtung der Alhidade liefert die gemeinsame Hypothenuse zweier rechtwinkliger Dreiecke, aus denen sich die unbekannte Strecke durch eine einfache Proportionsrechnung ergibt.

„Umbra recta" ist der Schatten, den ein vertikaler Stab auf eine horizontale Ebene wirft, und „umbra versa" ist der Schatten, den ein horizontaler Stab (Länge L = 12) auf eine vertikale Fläche wirft (die den Funktionen Cotangens und Tangens entsprechen).

Auch horizontale Strecken konnten auf diese Weise gemessen werden (Abb. 6.103).[163]

Trotz der Geschicklichkeit in der Anwendung des Astrolabs oder des Quadrants, bei dem man entlang einer Kante visiert und der Winkel gegen eine mit Bleilot hergestellte Senkrechte ermittelt wird, handelt es sich nicht um die Anwendung der Trigonometrie. Die Höhenmessungen wurden nicht aus bautechnischen Gründen, sondern aus astronomisch-astrologischen Gründen gelehrt.

Nach S. Günther (1887) verbreitete sich die Kenntnis der Elementargeometrie langsam, und die Anzahl der Stiftsschulen, die die Geometrie von Gerbert im Unterricht benutzten,[164] war noch gering. Nach ihm wurde das Fach Mathematik im Verlauf des ganzen Mittelalters an den Stadtschulen nicht oder bis auf wenige Ausnahmen kaum gelehrt.[165] Das städtische Schulwesen hatte in deutschsprachigen Ländern noch während des 15. Jh. größte Schwierigkeiten, den gewöhnlichen Unterricht in Ziffernrechnen durchzuführen.[166]

Zu den Lehrbüchern der praktischen Mathematik und Geometrie des 12.–13. Jh. gehörten, in chronologischer Folge zitiert, der „Liber Embadorum", das Buch der „Flächenmessungen" von Savasorda, um 1116/1136[167], die Toledanischen Tafeln von Al-Zarqâli, um 1080, der für die Funktionen Cotangens und Tangens die Bedeutung von „umbra recta" und „umbra versa" kennt und für die cos-Funktion etwa „sin $(90-\alpha)$" schreibt.[168]

Leonardo Pisano (1170–1240), der 1202 den „Liber abaci", ein Arithmetikbuch für Kaufleute mit den in Italien neuen indisch-arabischen Ziffern – die Rechnung geht von rechts nach links – und 1220 „Practica geometriae" mit einem Abschnitt für Vermessungsarbeiten verfaßt,[169] und schließlich Jordanus de Nemore (1180–1237), der neben den mathematischen Werken (De numeris data; liber philotegni) eine bedeutende Arbeit über Mechanik „De ponderibus" schreibt,[170] sind weitere Autoren.

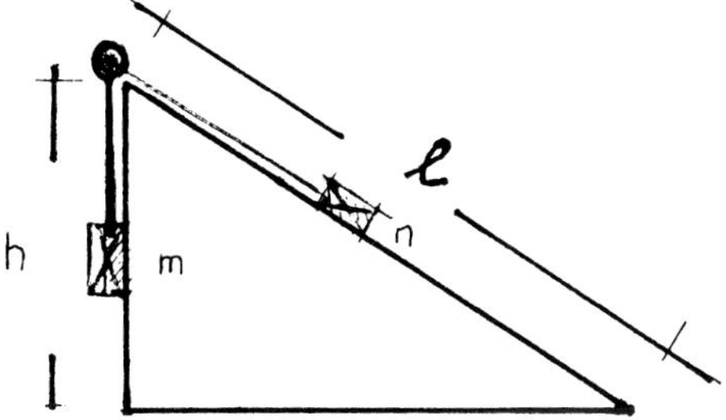

Abb. 6.104: Schiefe Ebene

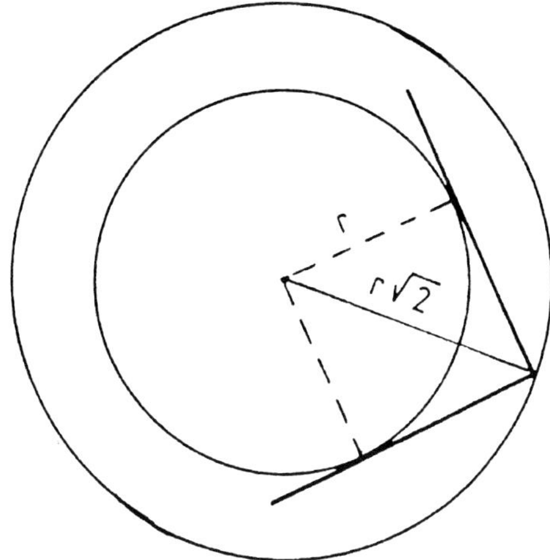

Abb. 6.105: Verdoppelung der Kreisfläche

Für das Bauwesen sind die Definitionen im Liber philotegni von Bedeutung, wie z. B. „Figura vero est ex terminorum qualitate et applicandi modo forma proveniens" (Figur ist die Form, die aus der Eigenschaft der Grenzen und der Art, wie sie angebracht sind, hervorgeht).[171]

Es folgen Sätze über Dreiecke, Kreissektoren, Kreissehnen, Bögen, Viereck und Fünfeck.

Die älteste Schrift, die sich mit Sätzen der Mechanik des Aristoteles beschäftigt, ist die „Lehre vom Gewicht", („de ponderoso et levi") des Jordanus de Nemore (1250). Jordanus entwickelt den Begriff der „gravitas secundum situm", der sich auf die Lage eines Körpers auf der schiefen Ebene bezieht, ohne zu erkennen, in welchem Verhältnis die Kraft zum Gewicht des Körpers steht.[172]

Bei einer Interpretation des Jordanus-Satzes zum Problem der schiefen Ebene und der damit verbun-

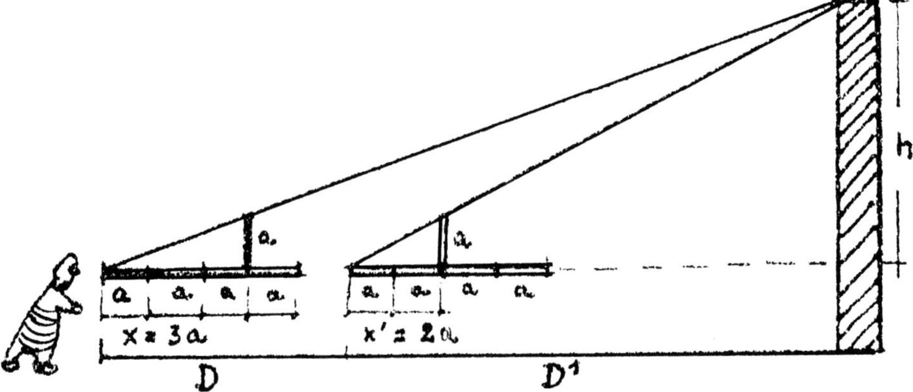

Abb. 6.106: Höhenmessung mit dem Jacobstab, 1503

denen Kräftezerlegung nach verschiedenen Richtungen lassen sich folgende Forderungen unterscheiden:

- Die Kraft (virtus) hat die Fähigkeit, nach unten zu streben und sich der entgegengesetzten Bewegung zu widersetzen.
- Je flacher die Ebene geneigt ist, desto geringer ist die „gravitas secundum situm".

Nach Fierz ergeben sich folgende Postulate, die das Gesetz der schiefen Ebene erfassen (Abb. 6.104):

- Eine schiefe Ebene hat eine geneigte Bahn „l" und eine Höhe „h", d. h., die Schiefe ist durch l/h gegeben.
- Die „gravitas secundum situm" ist proportional zu „h/l".
- Die Schwere (gravitas) ist am größten, wenn l = h ist. Dann würden wir die Last „m" nennen. Eine Masse „m", für welche l = h ist, hält daher einer anderen Masse „n", für die l > h ist, das Gleichgewicht: n = m · h/l.[173]

Ein anderes Prinzip des geraden Hebels hat Jordanus am Waagebalken beschrieben. Was eine gewisse Last „G" zu einer gewissen Höhe „h" emporhebt, kann auch eine Last G/n um die Höhe h · n heben. Dieses Postulat wurde zum Prinzip der virtuellen Verschiebungen, das im 17. und 18. Jh. weiterentwickelt wurde.[174]

Die Form ist nach dem aristotelischen Verständnis über eine Materie ausgebreitet und kann intensiv oder weniger intensiv sein (remissio). Auch die Geschwindigkeit ist eine Form. Die Geschwindigkeit wurde nach der Intensität der Bewegung betrachtet. Der Mathematiker Thomas Bradwardine (1290 bis 1349) schrieb 1328 den Traktat „De proportionibus velocitatum".

Daraus entwickelte sich die Lehre von den „proportiones proportionum" im „Algorismus proportionum" des N. Oresme. Der Kanoniker Nikolaus Oresme (1323–1382) hat versucht, die Ausdehnung der Materie in graphischer Weise als Strecke darzustellen, die in jedem Punkte der Strecke ein Lot erhielt. Auf diese Weise wurde die „Figuration" der Form veranschaulicht. Die Intensitäten stellen Dichten und den Flächeninhalt dar, und der Inhalt der Figuren ist die Gesamtgröße.

Die Geschwindigkeit (velocitas) ist veränderlich. Die velocitatio ist die Beschleunigung, die schnell oder langsam sein kann. Diese theoretischen Bestrebungen führten auf mechanischem Gebiet zur Impetus-Theorie. Der Impetus ist desto größer, je größer die Geschwindigkeit ist. Damit führten diese Gedanken auf qualitativer Art zu einer Vorstufe der Fallgesetze.[175]

Noch dem 13. Jh. gehört das Musterbuch des Villard de Honnecourt (um 1230) an, das im Abschnitt 5.2 besprochen wurde. Mit Hilfe des Winkelscheits zeichnete Villard die Verdoppelung der Kreisfläche (Abb. 6.105).

Die anderen geometrischen Figuren (ein Quadrat halbieren, Kreisradien und die Höhenmessung eines Turms mittels eines gleichschenkligen Dreiecks) sind auch in Gerberts Geometrie (Kap. V, VI) enthalten.

Ein Traktat des „Algorismus vulgari" schrieb der Geistliche Sacrobosco in Paris im 13. Jh. (ca. 1230). Diese Darstellung beschäftigte sich mit der Addition, Subtraktion, Halbierung und Verdoppelung, Multiplikation und Division mit indischen Zahlen.

Thomas Bradwardine (1290–1349), der spätere Bischof von Canterbury, schrieb zu Beginn des 14. Jh. eine „Geometria speculativa", die ein Kompendium aus den Werken des Euklid, Boëtius und Campanus darstellte.[176]

Zur praktischen Mathematik gehört auch der Traktat über Geometrie und Arithmetik aus der Zeit Philipps II., des Kühnen (1342–1404), der auszugsweise von M.-T. Sarrade 1986 veröffentlicht wurde.[177]

Die praktische Geometrie enthält Aufgaben mit Flächenberechnungen von gleichseitigen und gleichschenkligen Dreiecken, Parallelogrammen, Rechtecken, Kreisen, Sechsecken und dem Umgang mit dem Astrolab bei Messungen von Höhen.

Zur Berechnung der Länge einer Diagonale eines Quadrates mit der Seitenlänge 6 soll man eine Seite um 1/4 und 1/6 verlängern:

$$6^2 \cdot 2 = 72 \; ; \; 6 + \frac{6}{4} + \frac{6}{6} = 8\frac{1}{2} \; ; \; (\sqrt{72} = 8{,}4853)$$

Mit Hilfe des ungleich langen und breiten Winkelscheits (ca. 26/34,90 × 39/46 cm Länge bei 4,9 bis 5,9 cm Breite) war es im 13.–14. Jh. möglich, eine Reihe von Quadraten mit dem Seitenverhältnis $1 : \sqrt{2}$ zu konstruieren.[178]

Zur praktischen Mathematik und Geometrie gehören die Abhandlungen von Levi ben Gerson, auch Leo de Balneolis genannt (1288–1344). Sein religionsphilosophisches Werk von 1316/17 beschreibt im Abschnitt über Astronomie zum erstenmal den Jacobstab („baculus Jacob") und seine Varianten, die als Geräte zu genaueren Höhenmessungen angegeben werden.[179]

Eine gängige Variante im Vermessungswesen zeigt der Geistliche G. Reisch in seiner „Margarita Philosophica" von 1503. In den leicht tragbaren Stab mit einigen Löchern im jeweils gleichen Abstand „a" läßt sich ein Visierstäbchen ebender Höhe „a" einstecken. Die Höhe des Turmes wird von zwei Stellen anvisiert:

- Visierstäbchen im 3. Loch und
- Visierstäbchen im 2. Loch.

Die beiden Beobachtungsstandpunkte auf derselben geraden Linie zum Turm hin vorausgesetzt, ergibt sich die Turmhöhe „h" gleich der Distanz „D" dieser beiden Visierstandpunkte (Abb. 6.106).[180]

Zum Bereich des kaufmännischen Rechnens gehören die Rechenbücher des 14. Jh. Der „Trattato d'Aritmetica" von Paolo dell'Abbaco (1281–1374), eine Handschrift (um 1374), enthält 197 Rechenaufgaben, die zum Teil illustriert sind.

Neben Problemlösungen des Alltags für den Kaufmann, darunter die Erklärung des Dreisatzes „regola delle 3 chose", wie Preisberechnungen für Stoffe, Devisenhandel, Zins- und Münzrechnungen, der Unterhaltungsmathematik und der Geometrie werden z. B. Flächenberechnungen von Quadrat, Rechteck, Viereck, Kreis, Dreieck, Näherungsziffern für Quadratwurzel und Höhenmessungen genau erklärt.[181]

Ein anderes Rechenbuch aus der 2. Hälfte des 14. Jh. eines anonymen „Maestro d'abbaco" aus Cortona aus der ehemaligen Bibliothek des Fürsten B. Boncompagni enthält 142 arithmetische und geometrische Rechenaufgaben.[182]

Einige Rechenaufgaben, die evtl. vom angehenden Werkmeister oder Baumeister im 14. Jh. gelöst werden sollten, enthalten folgende Probleme, die hier beispielhaft in vier Fällen vorgeführt werden (Abb. 6.107–6.110):

- Berechnung der Quadratseite aus der Diagonale 10

  Arbeitsschritte:

  1) $10 \cdot 10 = 100$ („10 via 10 fanno 100")

  2) $\frac{100}{2} = 50$

  3) $\sqrt{50} = 7\frac{1}{14}$

  moderne Berechnung:

  $x = \sqrt{10^2 : 2} = 7\frac{1}{14}$

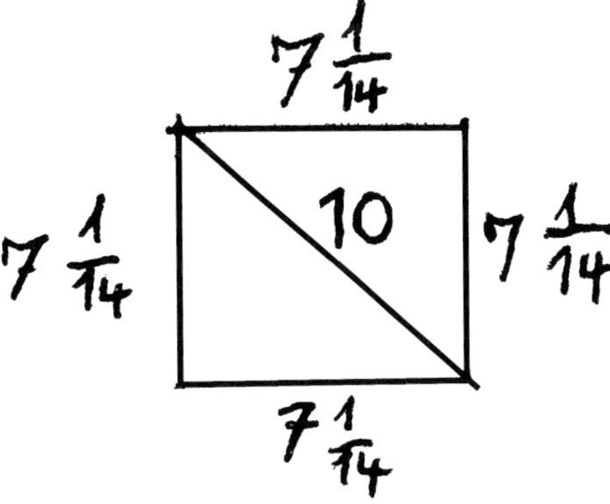

Abb. 6.107: Rechenaufgabe: Quadratseite aus Diagonale

- Berechnung der Quadratdiagonale, wenn die Seitenlänge bekannt ist:

  1) $20 \cdot 20 = 400$
  $20 \cdot 20 = 400$

  2) $400 + 400 = 800$

  3) $\sqrt{800} = 28\frac{2}{7}$

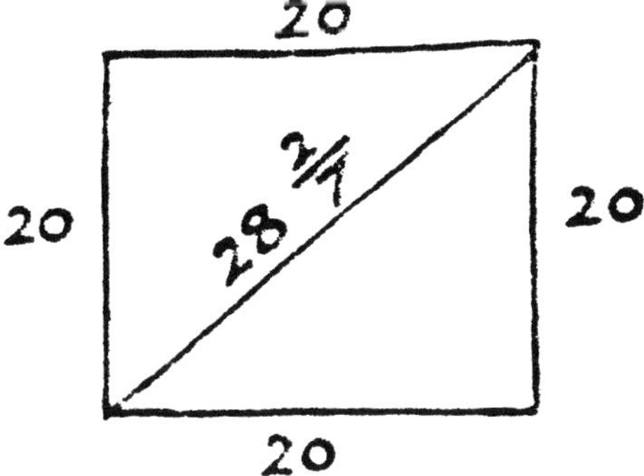

Abb. 6.108: Rechenaufgabe: Quadratdiagonale

- Mauerhöhe bekannt (40 Br.), Strecke bis zum Beobachter bekannt (30 Br.), wie lang ist die Hypotenuse?[183]

  1) $40 \cdot 40 = 1600$
  $\quad 30 \cdot 30 = 900$

  2) $1600 + 900 = 2500$

  3) $\sqrt{2500} = 50$

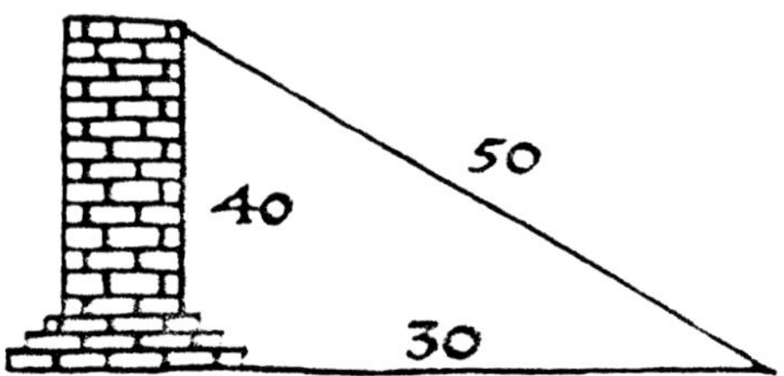

Abb. 6.109: Rechenaufgabe: Mauerhöhe bekannt, Länge der Hypotenuse?

- Die Turmhöhe ist bekannt (40 Br.), die Seillänge ist bekannt (50 Br.). Wie breit ist der Graben?[184]

  1) $40 \cdot 40 = 1600$
  $\quad 50 \cdot 50 = 2500$

  2) $2500 - 1600 = 900$

  3) $\sqrt{900} = 30$

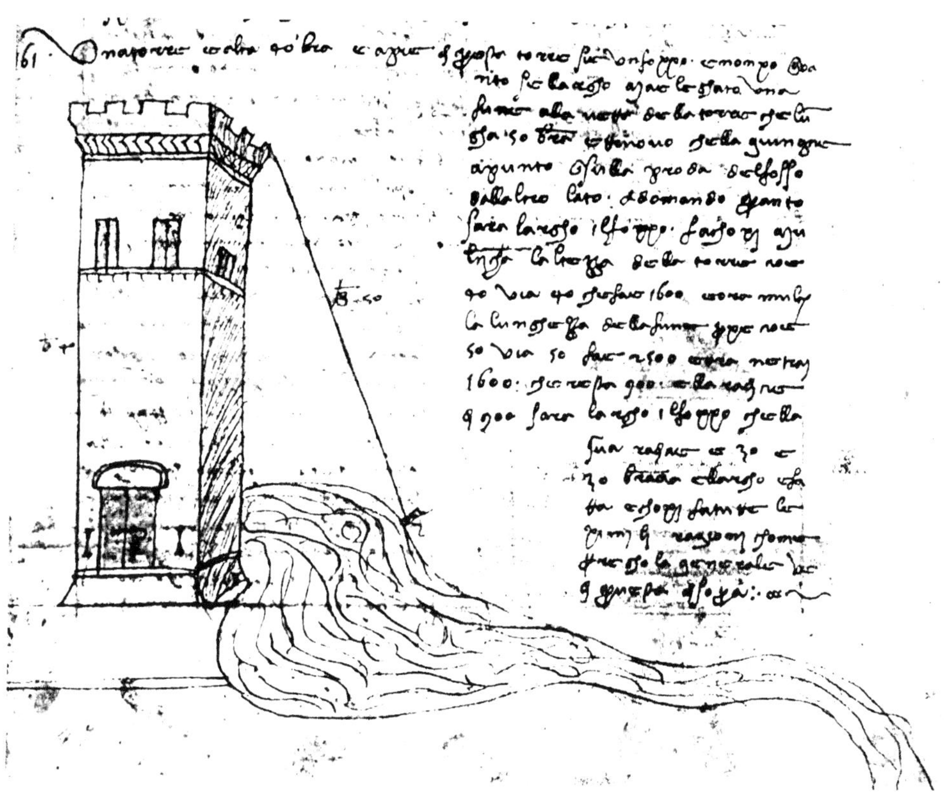

Abb. 6.110: Rechenaufgabe Nr. 161, Arrighi (Ed.), Paolo dell'Abbaco, 1374

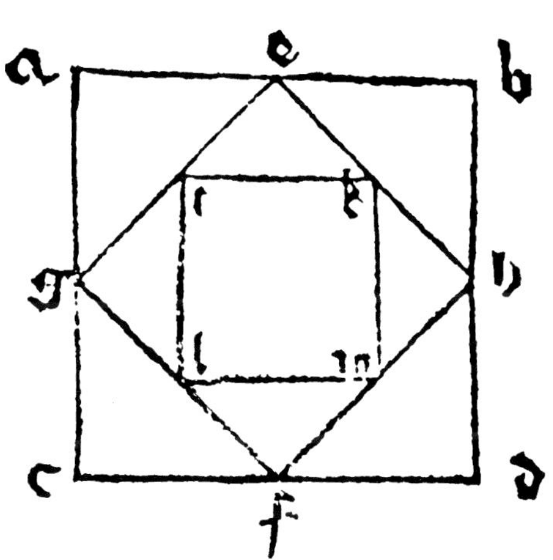

Abb. 6.111: Zweimal eingeschriebene Quadrate, aus Roritzer, Von der Fialen . . . 1486

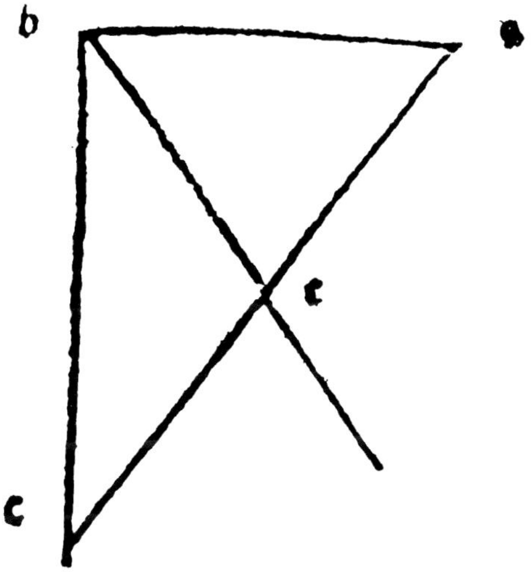

Abb. 6.112: Konstruktion eines rechten Winkels, aus Roritzer, Geometria deutsch, 1487

Die damaligen Bezeichnungen waren für:

Addition im Italienischen	„ragiangj" und „gionge"
Multiplikation im Italienischen	„via" und „multiplicha per"
Multiplikation im Deutschen	„multiplizier"
Subtraktion im Italienischen	„trarre", „traj"
Division im Italienischen	„parti"
Wurzel im Italienischen	„radice"

Die „Geometrie des Werkmeisters" im 15. Jh., am Ende des Mittelalters, illustrieren die Werkmeisterbücher von M. Roritzer „Von der Fialen Gerechtigkeit" und „Geometria deutsch" von 1486, 1487/88 und von H. Schmuttermayer „Das Fialenbüchlein" von 1485.[185]

Es werden die Maßverhältnisse für den Bau von Fialen dargestellt. Das Prinzip der Proportionierung beruht auf der „Vierung über Ort". Roritzer geht von einem Quadrat aus, in das zweimal ein Quadrat von jeweils dem halben Inhalt eingeschrieben wird (Abb. 6.111). Diese geometrischen Konstruktionsmittel wurden beim Regensburger Dom angewandt.[186]

In der „Geometria deutsch" werden sieben geometrische Aufgaben in elf Figuren behandelt, wie z. B. einen rechten Winkel konstruieren, Näherungskonstruktionen eines Fünfecks, Siebenecks, Achtecks, das Auffinden des Kreismittelpunktes. Beweise sind nicht enthalten, da die Anweisungen sich an Bauhandwerker und nicht an Mathematiker richten (Abb. 6.112–6.114).[187]

Albrecht Dürer (1525) und Sebastiano Serlio (1545) beschreiben die Konstruktion des regelmäßigen Fünfecks wie Roritzer. Serlio übernimmt erstaunlicherweise, 68 Jahre nach Roritzer, in seinem „Primo libro di geometria" 1545 die Konstruktion des Siebenecks, Achtecks, das Auffinden des Kreismittelpunkts von Roritzer und entwickelt aus dem Fünfeck, als neue geometrische Form, das Oval.[188]

Die Traktate zur Arithmetik und Geometrie von Luca Pacioli, „Summa" von 1494, Dürers „Unterweisung" von 1527, G. Disargues/A.Bosse „Manière" (1648), „La coupe des pierres" (1640), P. della Francesca „De prospettiva pingende" sowie die Illustrationen von C. Cesariano für die Vitruvausgabe von 1521, ebenso wie der kleine Traktat von Francesco di Giorgio Martini „La praticha die geometria", gehören zur Renaissance-Periode.

Die Frage nach dem Beruf und der Tätigkeit der Verfasser von mathematischen Lehrbüchern läßt sich nicht eindeutig beantworten:

- Gerbert, Sacrobosco, Bradwardine, Nemore, Oresme waren Theologen, die Kirchenämter bekleideten.
- Savasorda, Pisano, Pegoletti, L. B. Gerson, P. dell'Abbaco und der Anonymus aus Cortona waren Rechenmeister, Astrologen, Astronomen, Ärzte und Philosophen.
- Villard de Honnecourt und M. Roritzer waren Werk- oder Baumeister.

Mathematiker, Architekten und Maler legten seit dem Ende des Mittelalters die ersten Grundlagen der darstellenden Geometrie und der Perspektive, die erst die exakte Darstellung des Auf- und Grundrisses und der Perspektive ermöglichen.

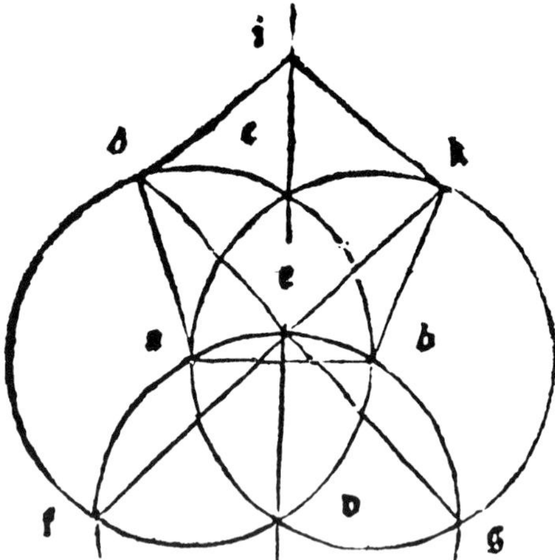

Abb. 6.113: Näherungskonstruktion eines regelmäßigen Fünfecks, Geometria deutsch, 1487

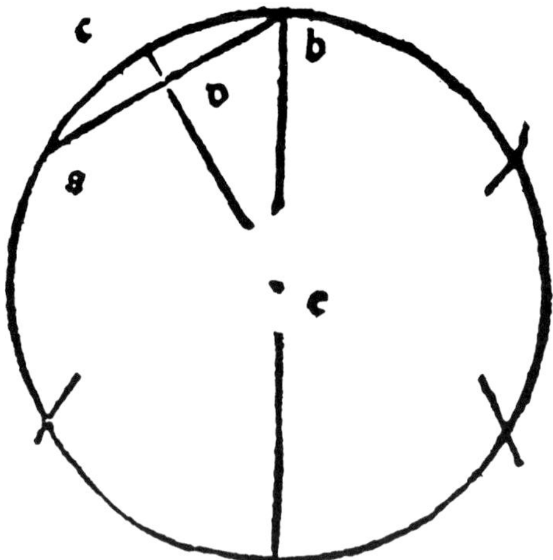

Abb. 6.114: Näherungskonstruktion eines regelmäßigen Siebenecks, Geometria deutsch, 1487

9 Zusammenfassung

Nach den konstruktiven Leistungen der Antike erreichte die Bautechnik im Mittelalter beim Bau der gotischen Kathedralen einen neuen Höhepunkt. Die große ästhetische Ausgewogenheit gotischer Konstruktionen führte in den letzten Jahrhunderten vor allem in der kunsthistorischen Literatur zu einer Überbewertung der Gotik, die im Licht der baukonstruktiven Analyse gerechtfertigt scheint.

Die gotischen Kathedralen hatten auf ihrem Standort fast in jedem Fall Vorläuferbauten. Die Neubauten zeigen jedoch deutlich, daß Neuerungen in der Bautechnik selten waren, denn das Erprobte setzte den Maßstab.

Der raumästhetische Gedanke, hohe Mittelschiffwände zu bauen und zu belichten, und die Notwendigkeit, den Horizontalschub der Gewölbe auf die Vorlagen der Mittelschiffwände zu beschränken, wiesen den Weg zur Weiterentwicklung der gotischen Kreuzgewölbe hin.

Beim Bau der romanischen, dann bei der Errichtung der gotischen Kathedralen konnten die Werkmeister Erfahrungen über die Standsicherheit der Gewölbe sammeln, die die Entwicklung des Kreuzgewölbes über quadratischem Grundriß zunächst als sechsteiliges Kappengewölbe, dann über rechteckigem Grundriß als oblonges Gewölbe begünstigte.

Die Form der Konstruktion wurde nicht allein von der Raumproportion gewonnen, sondern die Gewölbegeometrie der Gotik erreichte eine Synthese von Trag- und Raumstruktur. Der Konstruktionsgedanke entstand nicht rezeptartig als Endprodukt eines rechnerischen Verfahrens, sondern als Ergebnis eines langen Bau- und Ausführungsprozesses, der das mechanische Verhalten erheblich verbessern konnte.

Mit den Geometriekenntnissen, die im Skizzenbuch von Villard dokumentiert sind, war es dem Baumeister möglich, die Gestalt der Kirche zeichnerisch festzulegen und den Grundriß zu vermessen und abzustecken.

- Die Bauausführung vollzog sich von der Romanik zur Gotik nach dem gleichen Schema: ein Widerlager für das labile System der Hochschiffwände bildete der Chor, daran anschließend das Langhaus und als Abschluß das gegenüberliegende Westwerk. Jedenfalls wurde die Reihenfolge Chor, Langhaus und Turm bei allen Bauten beibehalten bis zum krönenden Abschluß durch die Kreuzblume Ende des 19. Jh. am Ulmer Münster und am Kölner Dom.

  Als Grundmaß galt die lichte Weite des Chores. Das aufgeteilte Grundmaß ergab die Breite der Seitenschiffe und die Mauerstärke.

  Von Bedeutung ist in diesem Zusammenhang der Bericht von M. Brykowska (1992), daß das große Quadrat nach der bekannten „Werkmeistergeometrie" für die Planung des Chorgewölbes an der Pfarrkirche zu Szydłowiec/Polen ausgeführt wurde. Damit ist zumindest bei diesem Bauwerk nachgewiesen, daß die klassische Quadratur, wie sie Lechler 1516 empfohlen hat, für die Planung und Ausführung benutzt wurde.

Nach der bisherigen Analyse der Entwicklung und Verbreitung mathematischer Kenntnisse im Mittelalter im Hinblick auf ihre Anwendung im Bauwesen lassen sich folgende Entwicklungsschritte unterscheiden:

Abb. 6.115: Das Bild der Geometrie: Werkzeuge und Instrumente des Bau- und Vermessungswesens

- Nach Westeuropa drangen zunächst die Kenntnisse der praktischen Vermessungslehre der römischen Agrimensoren, die eine Reihe von Sätzen und Aufgaben aus den arithmetischen Büchern von Euklids Elementen mitverarbeitet haben.

Weitere Kenntnisse der griechischen Mathematik drangen über Byzanz und Süditalien ein. In den Klöstern entstand die mathematische Aufgabensammlung der „Prepositiones ad acuendos iuvenes".

Im Frühmittelalter konnte neben dem Steinmetz der gelehrte Mönch auf dem Bauplatz gestanden haben.

- Im 9. Jh. entstand die „Geometria incerti auctoris", die praktische Aufgaben der Vermessung, darunter die Benutzung des Astrolabs mit Quadranten, enthält. Die Arbeiten zur Geometrie des Gerbert von Aurillac (10. Jh.) befassen sich mit den Grundbegriffen der Geometrie und den rechtwinkligen Dreiecken, die für die Bauplanung sehr nützlich sind. Die Beherrschung dieses Stoffes konnte den Werkmeister dazu befähigen, Bauwerke zu planen und auszuführen.
- Über Spanien übten die arabischen Übersetzungen der griechischen Mathematiker großen Einfluß aus. Ihre eigenen Erkenntnisse zur Astronomie und Trigonometrie gaben neue Impulse in allen Bereichen der Wissenschaft, einschließlich des Bau- und Vermessungswesens.

Nachdem die ersten Lehrbücher zur Arithmetik und Geometrie aus der Feder kirchlicher Lehrer für Theologen und Studenten entstanden sind, schrieben Rechenmeister, später auch Ärzte, Juristen und Baumeister, praktische Traktate, die sich für die Lösung spezieller Aufgaben geeignete Methoden zurechtlegten.

Der Übergang zur Renaissance ist in Italien fließend: Baukünstler wie z. B. Brunelleschi, Giotto, Ghiberti, Filarete, Alberti, Bramante, Leonardo und Fra Giocondo, die im 14. und 15. Jh. praktische und theoretische Werke verfaßten, waren Maler, Baumeister und Kunsttheoretiker in einer Person.

Noch am Ende des 15. Jh. fand - nicht nur infolge der Kriege mit Italien - die Renaissance früh Eingang in Frankreich. Es sei an Karl VIII. (1483 bis 1498) erinnert, der 1495 eine Reihe von erstklassigen Künstlern von Italien auf sein Schloß in Amboise mitbrachte, darunter Fra Giocondo.

Schließlich brachten die engen Handels- und kulturellen Beziehungen zwischen Italien und den deutschsprachigen Ländern die Renaissance-Ideen im 16. Jh. nach Deutschland. Baumeister wie z. B. Elias Holl aus Augsburg und Wolf Jacob Stromer und Maler wie z. B. Albrecht Dürer aus Nürnberg nahmen bei ihren Italienreisen neue Anregungen auf. Im Bereich der Technik gab es sogar eine Art Technologietransfer vom Süden nach Norden und umgekehrt, wie z. B. im Zusammenhang mit den durch Albrecht Dürers Aquarelle und Federzeichnungen berühmt gewordenen Nürnberger Drahtziehmühlen.[189]

Anmerkungen

[1] Cronne, H. A., The origins of feudalism, History, 1939, XXIV, 25.

[2] White, Lynn jr., Die mittelalterliche Technik u. der Wandel der Gesellschaft, München 1968, S. 24–73.

[3] Friedmann, A., Paris, ses rues, ses paroisses, Paris 1959; Lebeuf, J., Histoire de la ville et de tout le diocèse de Paris, Hg. Augier, Paris 1883.

[4] Braunfels, W., Abendländische Klosterbaukunst, Köln 1976, S. 39 f.

[5] Horn, W., Das Modell eines karolingischen Idealklosters nach dem Plan von St. Gallen, in: Ausstellungskatalog Karl d. Große, Aachen 1965.

[6] Bandmann, G., Mittelalterliche Architektur als Bedeutungsträger, 1951, S. 48, 105; Buchkraner, J., Untersuchungen zum karolingischen Bau der Aachener Pfalzkapelle, in: ZDVKW, Bd. 1, H. 1/2, Berlin 1947, S. 1; Gall, E., Karolingische und ottonische Kirchen, 1930, S. 7; Kreusch, F., Kirche, Atrium und Portikus der Aachener Pfalz, Düsseldorf 1965, S. 470–471. Zu Proportionsuntersuchungen vgl. Boeckelmann, 1957, der ein Modulsystem, basierend auf 1 karol. Fuß (33,29 cm), erhält. Zuletzt Jansen, M., Weitere Überlegungen zu Modul und Ikonographie des Aachener Domes, in: Festschrift Günter Urban, Rom 1992, S. 115 f. Die überlagerten oktogonalen Muster wirken gerade im Querschnitt künstlich (Abb. 9, S. 123).

[7] Haupt, A., Die Pfalzkapelle Karls d. Großen zu Aachen, Leipzig 1913, S. 10 und perspektivischer Schnitt; Lamprecht, H.-O., opus caementitium, Düsseldorf 1984, S. 21-22.

[8] Siebigs, H. K., Ringverankerungen aus Stahl im Dom zu Aachen, in: Festschrift G. Urban, 1992, S. 151f.

[9] Burckhardt, J., Die Kirche zu Ottmarsheim, Basel 1844.

[10] Conant, K. J., Carolingian and Romanesque Architecture 800–1200, Middlesex 1959

[11] Butler, Early Churches in Syria, Princetown 1929; Bandmann, G., Mittelalterliche Architektur als Symbolträger, 1951, Taf. IV. 1.

[12] Effmann, W., Centula, St. Riquier, Münster 1912.

[13] Horn, W., Das Modell eines karolingischen Idealkosters nach dem Plan von St. Gallen, in: Ausstellungskatalog Karl d. Große, Aachen 1965; Braunfels, W., Abendländische Klosterbaukunst, Köln 1976, S. 55 f., Abb. 11.

[14] Gassner, E., Zur Geschichte des Städtebaus, I, Bonn 1972.

[15] Klemm, F., Geschichte der Technik, Reinbeck bei Hamburg 1983, S. 4

[16] Klemm, F., Zur Kulturgeschichte der Technik, Deutsches Museum München, 1979, Bd. 1, S. 73

[17] Cronne, H. A., The origins of feudalism, History, XXIV (1939), S. 253; White, L., Die mittelalterliche Technik u. d. Wandel der Gesellschaft, München 1968, S. 34.

[18] Nachdem der Lastwagen mit vier Rädern in Gebrauch kam, findet man schon die Redensart vom „fünften Rad am Wagen": „. . . tantum . . . quantum de quinta rota plaustri", in: Mon. Germ. Hist., XXXII (1905–1913), S. 239 bei White, Lynn: Die mittelalterliche Technik, München 1968, S. 60, Anm. 29.

[19] White, S. 66; Lamprecht, K., Deutsches Wirtschaftsleben im Mittelalter, Leipzig 1886, I, S. 545.

[20] Feldhaus, F. M., Die geschichtliche Entwicklung des Zahnrades Berlin 1911, S. 5–11.

[21] Vgl. umfassend Lavedan, P. et Hugueney, J., L'Urbanisme au Moyen Age, Genève 1974, S. 62 f.

[22] Dazu Lavedan, op. cit.; S. 122 f.

[23] Wiedenau, A., Romanischer Wohnbau im Rheinland, Köln 1979.

[24] Pera, L., L'architettura civile del periodo medioevale a Pisa, 1955; Bartalini, A., L'architettura civile del Medioevo in Pisa, 1973; Nardi, L., Molteni, Le case-torri lucchesi; dazu Stadtpläne nach Braun & Hogenberg, civitates orbis terrarum, 1572–1618 (Faks.Ausgabe, Basel/Kassel 1965)

[25] Förster, O. W., Das Befestigungswesen, 1960; Hotz, M., Kleine Kunstgeschichte der dt. Burg, Darmstadt 1965.

[26] Viollet-Le-Duc, E., Military architecture, 1977.

[27] Jantzen, H., Ottonische Kunst, Aufl. 1963, München, S. 11.

[28] Jantzen, op. cit., S. 19; Adam, E., Baukunst des Mittelalters 1, 1963, S. 46–47.

[29] Adam, op. cit., S. 142; Braunfels, op. cit., S. 114 f.

[30] Vgl. ausführlich über den Orden bei Braunfels, op. cit., S. 114 f.

[31] Braunfels, S. 150.

[32] Kubach, H. E./Verbeek, A., Roman. Baukunst an Rhein und Maas, 1976; Reallexikon z. dt. Kunstgeschichte, Hg. Schmitt, 1937.

[33] Vgl. Kinder, H. u. Hilgemann, W., dtv-Atlas zur Weltgeschichte, Bd. 1, 5. Aufl. 1969, S. 153

[34] Lespinasse, R./Bonnardot, F., Le livre des métiers d'Etienne Boileau, Paris 1879

[35] Bayer. Staatsbibl. München, Cod. lat. 197, Fol. 18 r°, 42 r°.

[36] Bayer. Staatsbibl. München, Cod. lat. 197, Fol. 82 v°.

[37] White, L., Die mittelalterliche Technik und der Wandel der Gesellschaft, 1968, S. 96.

[38] Feldhaus, F. M., Die Maschinen im Leben der Völker, Basel 1954, Fig. 167; White, op. cit., S. 96.

[39] Braunfels, W., Abendländische Klosterbaukunst, 1976; dtv-Atlas z. Weltgeschichte, 1, S. 184.

[40] Assunto, R., Die Theorie des Schönen im Mittelalter, S. 21.

[41] Ausführlich Glorieux, P., Aux Origines de la Sorbonne, tome II, Paris 1966.

[42] Cazelles, R., Nouvelle Histoire de Paris, 1223 bis 1380, Paris 1972, S. 140 ff.

[43] Cazelles, R., Nouvelle Histoire, S. 405-407.

[44] Pevsner, N., Europäische Architektur, 3. Aufl. 1973, S. 165 f.

[45] Fanelli/G. Firenze, Architettura e Città, 2 Bde. Florenz 1973, Anm. 30; Braunfels, W., Mittelalterliche Stadtbaukunst in der Toskana, Berlin 1951, S. 90–94.

[46] Herlihy, D., Medieval and Renaissance Pistoia, London 1967; Il Romanico Pistoiese, Atti dell' I. Congresso, Pistoia 1966.

[47] Dazu Gina Fasoli, Ricerche sui borghi franchi dell' alta Italia, in: Rivista di Storia del diritto italiano, 1942, p. 139.

[48] Bei Lavedan u. Hugueney, L'Urbanisme au Moyen Age, p. 102.

[49] Ausführliche Literatur bei Lavedan u. Hugueney, p. 75–85.

[50] Lavedan u. Hugueney, p. 124 f.

[51] Becker, O., u. Hofmann, J. E., Geschichte der Mathematik, S. 146.

[52] Jantzen, H. Kunst der Gotik, 1963, S. 10.

[53] Vasari, G., Le vite dei piu eccellenti pittori, scultori ed architetti, 1550, Firenze 1913; Adam, E., Baukunst des Mittelalters, 2, Frankfurt (M.)/Berlin 1963, S. 56.

[54] Vgl. Gall, E., Gotische Baukunst in Frankreich u. Deutschland Bd. 1, Braunschweig 1955; Jantzen, H., Kunst der Gotik, S. 18f, Adam, E., Baukunst des Mittelalters, 2, S. 59–77; Panowsky, E., Abbot Suger, Princeton 1946.

[55] Dehio u. Bezold, Die kirchl. Baukunst, 3. Bd., Hildesheim 1969.

[56] Jantzen, S. 56; vgl. Barnes, C. E., Le problème Villard de Honnecourt, in: Les Bâtisseurs des Cathedrales, Strasbourg 1989, p. 209.

[57] Zu Ste-Chapelle vgl. St.Louis à la Ste-Chapelle, Katalog zur Ausstellung 1960 (Paris); Adam E., Baukunst des Mittelalters, 2, 1963, S. 97.

[58] Adam, S. 157; Dehio u. Bezold, Die kirchl. Baukunst.

[59] Zu Burgos vgl. Karge, H., Die Kathedrale von Burgos und die spanische Architektur des 13. Jh. Französische Hochgotik in Kastilien und Léon, Berlin 1989; Kubler, G. u. Soria, M., Art and Architecture in Spain and Portugal 1500–1800, 1959; der Lehrer von Rodrigo Gil de Hontañón war zwar Francisco de Colonia, der aber der Enkel des Juan de Colonia, des vermuteten Steinmetzen Hans von Köln, war; vgl. John Douglas Hoag, Rodrigo Gil de Hontañón; His work and writings, Yale Univ. Ph. D. Diss. 1958, Ann Arbor, Michigan 1979, p. 403.

[60] Cirici, A., Arquitectura gótica catalana, Barcelone 1968.

[61] Soldevilla, Ferrau: História de Catalunya, Bd. I, Barcelone, 2. Aufl.

[62] Castellano, Aldo: Dal tardo gotico al primo Rinascimento in: Castellano, A. u. Selvafolta, O. (ed.), Costruire in Lombardia, Milano 1983, p. 57 f. Zum Mailänder Dom vgl. speziell Romanini, A. M., Il Duomo di Milano, 2 vol., Milano 1973; vgl. Ackerman, J., Gothic theory of Architecture of the Cathedral of Milan, in: Art Bulletin XXX, 1949 pp. 84 f.

[63] Pevsner, N., Europäische Architektur, 1973, S. 120 f; Adams, S. 136 f.

[64] Pevsner, N., The Buildings of England, London 1951: Webb, G., Architecture in Britain: The Middle Ages, London 1956; Bond, F., Gothic Architecture in England, London 1906; ders., An Introduction to English Church Architecture in England, London 1913; Brieger, P., English Art 1216–1307, Oxford 1957.

[65] Jantzen, S. 29 f; Pevsner, Europäische Architektur, S. 105; Adam, S. 87.

[66] Verdier u. Cattois, Architecture civile, II, S. 114.

[67] Quenedey, L'habitation rouennoise, S. 203.

[68] Schiaparelli, A., La casa fiorentina e i suoi arredi, Firenze 1908; Romby, C. G., Per costruire ai tempi di Brunelleschi, Firenze 1979.

[69] Cirici, A., Arquitectura gótica catalana, Barcelone 1968; Soldevilla, F., História de Catalunya, Barcelone 1962, Bd. 1.

[70] Lavedan u. Hugueney, L'Urbanisme au Moyen Age, Paris/Genève 1974.

[71] Ein Überblick, leider ohne genaue Quellenangaben für Texte und Bilder und ohne konstruktionshistorische Untersuchungen, aber mit ausführlichem Literaturverzeichnis bietet J. Mesqui, Le Pont en France avant le temps des ingénieurs, Paris, 1986; vgl. Watson, W. J., Bridges Architecture, New York, 1964; Ruddock, T., Arch Bridges and their Builders, Cambridge 1979; Verneilh, F. de: Architecture civile du Moyen Age. Construction des ponts in: Annales archéologiques, 1860, t. 20, p. 98.

[72] Mislin, M., Parigi, Ile de la Cité: Le Sovrastrutture dei Ponti Parigi, Ile St.-Louis: Sviluppo Urbanistico e Costruzione di Pont Marie, in: Storia della Città, N. 17, ottobre-dicembre 1980, Milano, p. 11 f; ders., Ponti di Parigi - Ponti abitati, in: Rassegna, No. 48/4, Dicembre 1991 (1992), Milano, p. 26 f.

[73] Vgl. Ausführung im Abschnitt „Römische Bautechnik"; Baumgarten, K., Das deutsche Bauernhaus, Neumünster 1980, S. 24.

[74] Monumenta Germaniae, Epist. V, Einhard ep. 59; Müller, O., Die Einhardts-Basilika zu Seligenstadt, Phil. Diss., Leipzig 1936; S. 41.

[75] Siedler, E. J., Baustofflehre, Berlin 1951, S. 15.

[76] Dom zu Speyer, in: Die Kunstdenkmäler von Rheinland-Pfalz, Bd. 5, München 1972, S. 538.

[76a] Dies., 537.

[77] Kubach/Haas, op. cit., S. 556.

[78] Vgl. dazu Mislin, M., Aspekte der Konstruktions- und Bautechnikgeschichte, in: „db", Heft 8/1986.

[79] Schlosser, J. v., Schriftenquellen zur Geschichte der karolingischen Kunst; vgl. dazu Hecht, K., Maß und Zahl in der gotischen Baukunst, Hildesheim/New York 1979.

80 Booz, P., Der Baumeister der Gotik (Ing.-Diss. TH Darmstadt 1952), München 1956, S. 94.

81 Zeichnungen der Kriegs- und Büchsenmeisterhandschriften, wie z. B. Mariano Taccolas De Rebus Militaribus und Conrad Kyeser von Eichstädts Bellifortis (1413), können in dieser Arbeit nicht berücksichtigt werden. Frey, D., „Architekturzeichnung", in: Reallexikon der dt. Kunst, 1937, S. 992.

82 Huth, H., Künstler und Werkstatt der Spätgotik, Augsburg, 1923.

83 z. B. Riß des Malers Gaultier de Campes „une figure et pourtraict" vom 12. März 1500 für den Pont-Notre-Dame in Paris; Mislin, Die überbauten Brücken von Paris, Diss. Stuttgart 1978 (1979), S. 164.

84 Branner, R., Drawings from a thirteenth-Century Architect's shop: The Reims Palimpsest, in: Journal of the Soc. of. Archit. History, XVIII, 4, p. 9–21.

85 Mislin, op. cit., S. 166. Der Terminus „Patron" kann Modell, Muster oder Schablone bedeuten. Mir scheint eine Verwandtschaft mit dem englischen Wort „pattern" vorzuliegen. Bischoff, F., Les maquettes d'architecture, in: Les Bâtisseurs, 1989, p. 288 weist auf Holzmodell hin.

86 Lassus, M. und Darcel, A. (ed.), Album de Villard de Honnecourt, Faks. Ausgabe der Bibl. Nat., Ms. Fr. 19093, Paris 1858; Hahnloser, H. R., Villard de Honnecourt, Wien 1935.

87 Gerlach, C., Vorzeichnungen auf gotischen Planrissen, Köln, Wien 1986.

88 Stromer, W. von, Ein Lehrwerk der Urbanistik der Spätrenaissance. Die Baumeisterbücher des Wolf-Jacob Stromer 1561–1614, Ratsbaumeister zu Nürnberg, in: La Città italiana del Rinascimento fra utopie e realtà, Kolloquium 27. bis 29. Sept. 1982, Centro Tedesco di Studi Veneziani, Quaderni 27, 1984, p. 71–115.

89 Coenen, U., Die spätgotischen Werkmeisterbücher in Deutschland, München 1990.

90 Horn, W., Das Modell eines karol. Idealkosters nach dem Plan von St. Gallen, in: Ausstellungskatalog Karl d. Gr., Aachen 1965; nach Binding, Baubetrieb im Mittelalter, S. 178, handelte es sich um einen Systemplan.

91 Ueberwasser, W., Deutsche Architekturdarstellung um das Jahr 1000, Festschrift H. Jantzen, Berlin 1951, S. 45 f.

92 Original im Musée Condé in Chantilly (Miniatur von P. v. Limburg). Zur Entwicklung der Architekturzeichnungen im 9.–12. Jh. vgl. Prinz, W., Die umgekehrte Perspektive in der Architekturdarstellung des Mittelalters, in: E. Redslob zum 70. Geburtstag, Berlin 1955, S. 253 f; Lampl, P., Schemes of Architectural Representation in Early Medieval Art, in: Masyas, 9 (1960–61); kurzer Überblick auch bei Schöller, W., Die Entw. d. Architekturzeichnung in der Hochgotik, in: Dresdener Beitr. z. Gesch. der Technikwissenschaften, H. 23/1 (1994), S. 2–9. Zu den Miniaturen technischen Bildinhaltes gehören einzelne Illustrationen aus der Heiligengeschichte „Vie de Monseigneur saint-Denys", 1314/17 (vor 1296), Paris, Bibl. Nat., Ms. fr. 2092, fol. 37 v.

93 Umfassend Cantor, Moritz, Vorlesungen zur Geschichte der Mathematik, S. 715 f.; Kaemmel, H. J., Geschichte des deutschen Schulwesens im Übergang vom Mittelalter zur Neuzeit, Leipzig 1882, S. 39 f.; Specht, Geschichte des Unterrichtswesens in Deutschland von den ältesten Zeiten bis zur Mitte des 13. Jh., Stuttgart 1885, S. 12 f.

94 Simson, O. v., Die gotische Kathedrale, Darmstadt 1968, S. 169 f. Dazu auch Germann, G., Einführung in die Geschichte der Architekturtheorie, Darmstadt 1980, S. 34 f.

95 Dazu zahlreiche Literatur: Booz, P., Der Baumeister der Gotik, München/Berlin 1956, S. 68 f.; Pause, P., Gotische Architekturzeichnungen in Deutschland, Phil. Diss. Bonn 1973, S. 32 f.; Müller, W., Grundlagen gotischer Bautechnik, München 1990, S. 14 f.; Schöller, W., Le dessin d'architecture à l'époque gotique, in: Les Bâtisseurs des Cathedrales Gothiques, Strasbourg 1989, p. 227 f.

96 Lehmann/Brockhaus, Schriftquellen zur Kunstgeschichte, 1938, Neudruck New York 1971, S. 230.

97 Simson, O. v., op. cit., S. 238–239.

98 Oertel, R., Wandmalerei und Zeichnung in Italien, in: Mitt. d. Kunsthist. Inst. in Florenz 5, 1937/40, S. 220.

99 Schöller, W., Le dessin . . ., in: Les Bâtissuers, 1989, p. 228.

100 Branner, R., Drawings from a 13th Century Architect's Shop, The Reims Palimpsest, in: Journal of Arch. Soc., 1958, p. 9 f.

101 Vergl. Barnes, Carl F., Villard de Honnecourt. The Artist and his Drawings, Boston/Mass. 1982. Dazu Schöller, W., Le dessin d'architecture a l'époque gothique, in: Les Bâtisseurs. 1989, p. 227 f.

102 Bibl. Nat., Ms. fr. 19093, fol. 20 v, 22 v, 23.

103 Hahnloser, op. cit., Aufl. 72, Tafel 40; Bibl. Nat., Ms. fr. 19093, fol. 20 v; dazu auch Aldo Castellano, Dal tardo gotico al primo Rinascimento: alcune osservazioni su progetto, disegno e cantiere, in: Castellano, A. u. Selvafolta, O., (ed.) Costruire in Lombardia, Milano 1983, p. 58 f.

104 Hahnloser, op. cit. Tafel 39, S. 195 f; Bibl. Nat., Ms. fr. 19093, fol. 14, 17, 18, 20 v, 22 v, 23, 32; Lipsmeier, A., Das vorindustrielle technische Zeichnen unter fertigungstechnischen und berufspädagogischen Aspekten, in: Technikgeschichte, Bd. 38, (1971), S. 273 f; Müller, W., Grundlagen gotischer Bautechnik, München 1990, S. 29, 37, 61; Barnes, Carl F., Le „Problème" Villard de Honnecourt, in: Les Bâtisseurs des Cathedrales, 1989, p. 209 f: übt eine extrem strenge Kritik an Villards Skizzenbuch aus. Dabei ließ er sich von dem fehlenden „Titel" Vil-

lards unnötig irritieren: „pourquoi ne s'est-il pas servi du titre de maître ou de magister?" Sein Ansatz ist genauso extrem einseitig wie seinerzeit der bekannte Aufsatz von M. Hasak von 1895–96 „Haben Steinmetzen unsere mittelalterlichen Dome gebaut?" in: Zeitschrift f. Bauwesen, Jahrg. 45 (1896) Sp. 183–388, der gegen Behauptungen der „Kunstschriftsteller" Stellung bezieht.

105 Die Darstellungstechnik Villards ist im Vergleich z. B. zu den Darstellungen im „Hortus Deliciarum" von Herrad von Landsperg, um 1160–1180, über ein Wasserrad oder die Wasserhebemaschine nach Gazari um 1200 überlegen (Herrad de Landsperg, Hortus Deliciarum, Straub/Keller (Hg.), Straßburg 1879–99, Bl. 112; al-Gazari, in: Technikgeschichte, 8, 1928). Andere Illustrationen von Bibelhandschriften (z. B. Welislaw-Bible 1335, Bible moralisée, 1230) und Weltchroniken (Grandes Chroniques 1415) sind gegenüber Villards Skizzen in der graphischen Geschicklichkeit und dem Aussagewert bei weitem unterlegen. Vgl. z. B. Ms. fr. 5, fol. 16, John-Rylands-Library, Manchester; Chroniques des Hainant, Ms. 9943, fol. 121, Bibl. Royale Bruxelles; Bibl. Add. Ms. 38122, fol. 78 v, British Museum, London.

106 Hecht, K., Maß und Zahl in der gotischen Baukunst, in: Abhandlungen der Braunschweigischen Wiss. Gesellschaft, XXI (1969), S. 215 f., XXII (1970), S. 105 f; XXIII (1971), S. 25 f.

107 Brykowska, M., Quadratur des spätgotischen Gewölbes im Chorraum der Pfarrkirche zu Szydłowiec/Polen, in: architectura, Heft 2/1992, S. 101–108.

108 Ackerman, J. S., Gothic Theory of Architecture at the Cathedral of Milan, in: Art Bulletin XXXI (1949), p. 84 f. Bemerkenswert in diesem Zusammenhang ist auch die Arbeit von Friedrich Vellguth, Der Turm des Freiburger Münsters. Versuch einer Darstellung seiner Formzusammenhänge, Tübingen, 1983, der von 1954–1973 an der Hochschule für Bildende Künste (HBK) Berlin das Fach „Darstellende Geometrie" lehrte.

109 Zu Roritzer vgl. Booz, op. cit., S. 100; 1 Exemplar in German. Nat. Museum Nürnberg, Ms. 36045.

110 Stadtarchiv Köln, WF 276.

111 Hecht, Maß und Zahl. S. 182; Booz, S. 96.

111a Brykowska, M., Quadratur des spätgotischen Gewölbes . . ., in: architectura, 2/1992, S. 106, Abb. 2.

112 Hecht, op. cit., S. 188, An. 235; Booz, S. 103, Abb. 18, 19.

113 Vgl. Weber, H., Das wechselseitige Verhältnis von Konstruktion und Formung an den Kathedralen Nordfrankreichs, Diss. Hannover 1957, S. 46 f.

114 Lechlers Verfahren wurde auch für Proberisse im 16.–17. Jh. angewandt, vgl. Müller, W., Das Weiterleben gotischer Überlieferung in der oberdeutschen Steinmetzlehre vom endenden 16. bis ins 18. Jahrhundert, in: Technikgeschichte, 43 (1976), 4, S. 268 ff.

115 Heyne, M., Fünf Bücher deutscher Hausaltertümer von den ältesten geschichtlichen Zeiten bis zum 16. Jh., Leipzig 1899, Bd. I, S. 154; Castellano, Aldo: I costruttori lombardi nel Medioevo. Dall' espansione internazionale al declino, in: Costruire in Lombardia, Castellano/Selvafolta (ed.), Milano 1983, p. 13 f.

116 Castellano, op.cit.p. 13 f.

117 Conant, K. J., Carolingian and Romanesque Architecture 800 to 1200, Harmondsworth 1974, p. 431 f.

118 Mojon, L., Der Münsterbaumeister M. Enzinger, in: Berner Schriften zur Kunst, X, Bern 1967, S. 32-34

119 Harvey, J. H., The Medieval Office of Works, in: Journal of the British Arch. Assn., Nr. 3/6, 1941, p. 28-35; Andrews, F. B., The Medieval Builder and his Methods, in: Transactions of the Birmingham Archeol. Soc., XLVII (1925) p. 42.

120 Andrews, op. cit., p. 43.

121 Andrews, op. cit., p. 44.

122 Andrews, op. cit., p. 49.

123 Andrews, p. 63, dort auch weitere Bezeichnungen für Bauberufe.

124 Schöller, W., Die rechtliche Organisation des Kirchenbaus im Mittelalter, Köln/Wien 1989, S. 163 f.

125 Mislin, M., Die überbauten Brücken von Paris, Diss. Stuttgart 1978 (1979), S. 65, 105, 176 ff.; vgl. Bulletin Comité Historique des Arts, 1843.

126 Zur „Normierung" der Pfeiler in Chartres und Amiens, St. Denis, vgl. Kimpel, D., L'Apparition des Eléments de Série dans les Grands Ouvrages, Dossier: Histoire et Archéologie, No. 47/ Nov. 1980, Les Bâtisseurs du Moyen Age, p. 40 f.

127 Leistikow, D. Aufzugsvorrichtungen für Werksteine im mittelalterlichen Baubetrieb, in: Architectura, 12, 1982, S. 270.

128 Braunfels, W., Stadtbaukunst in der Toskana, Berlin 1953.

129 Alberti, H. J. v., Maß und Gewicht, Berlin (Ost) 1957, S. 258; Vogel, K. (Hg.), Ein italienisches Rechenbuch aus dem 14. Jh. (Columbia X 511 A 13), München 1977, S. 14.

130 Enciclopedia italiana, 7, Milano/Roma 1930, p. 649; 17, Roma 1935, p. 168; The Encyclopaedia Britannica, 28, Cambridge 1911.

131 Rüth G., Sicherungsmaßnahmen bei alten norddeutschen Kirchenbauten aus Backsteinmauerwerk mit Gipsmörtel, in: Der Bautenschutz, 8, 1933, S. 89; ders., Bautechnische und statische Ursachen der Schäden am Mainzer Dom, in: Der Bauingenieur, 25, 1926, S. 489.

132 Wir können im Rahmen dieser Arbeit nicht auf die spezielle Problematik der Proportionsfiguren eingehen. Für das 12.–13. Jh. ließ die auf der Baustelle praktizierte „Maurergeometrie" keine

komplizierten Netze von Schnürgerüsten zu. Vgl. Hecht, K., Maß und Zahl in der gotischen Baukunst, in: Abhandlungen d. Wiss. Ges., 21 bis 23 (1969–71); Müller, W., Grundl. gotischer Bautechnik, S. 59–105. In dieser Arbeit wird aber nicht ausgeschlossen, daß die „Mauerstärke der Türme zur Quadratur“ in Beziehung gesetzt werden könnte (S. 103–104, 234), wobei hier der Diskurs auch Proberisse und Traktate aus dem 15.–18. Jh. einbezieht.

133 Haas, W., Der Dom zu Speyer, Kunstdenkmäler von Rheinland-Pfalz, 5. Bd., München 1972, S. 464.

134 Pieper, K., Sicherung historischer Bauten, Berlin/München 1983, S. 71, 118.

135 Zu Regensburg vgl. Heinrich, B., Am Anfang war der Balken, München 1979, S. 58 f.; zu London vgl. Home, G., Old London Bridge, London 1931.

136 Zu Steinbearbeitung vgl.: Opderbecke, A. und Wittenbecker, H., Der Steinmetz, Hd. des Bautechnikers, Leipzig 1905; Habermayer, R., Mauerwerkstechnik und Steinbearbeitung der romanischen Zeit im ehemaligen Bistum Minden, Diss. Hannover 1983; Hochkirchen, D., Mittelalterliche Steinbearbeitung und die unfertigen Kapitelle des Speyerer Doms, Phil. Diss. Köln 1990.

137 Kimpel, D., Die Entfaltung der gotischen Baubetriebe. Ihre sozio-ökonomischen Grundlagen und ihre ästhetisch-künstlerischen Auswirkungen, in: F. Möbius und E. Schubert (Hg.), Architektur des Mittelalters, Weimar 1983, S. 246 ff.

138 Pieper, K., op.cit., S. 71, Abb. 8.55.

139 L'arc diagonal, qu'on appelait au moyen âge l'arc „augive“, est presque toujours un plein cintre; quant aux arcs de tête („doubleaux“ et „formerets“) . . . etc.
Choisy, A., Histoire de l'architecture, II, Paris 1899, p. 271, fig. 3

140 Vgl. Glück, H., Der Ursprung des römischen und abendländischen Wölbungsbaues, Wien 1933, S. 80 f.

141 Choisy, op.cit., II, p. 286, fig. 18 M, 19

142 Dazu auch Ungewitter, G./Mohrmann, K., Lehrbuch der gotischen Konstruktionen, Leipzig 1890, Bd. 1, S. 21 f.

143 Choisy, II, p. 287, fig. 18 N.

144 Haas, W., Der Dom zu Speyer, Kunstdenkmäler von Rheinland-Pfalz, 5. Bd., München 1972, S. 588 f.

145 Choisy, II, p. 277.

146 Ungewitter/Mohrmann, Bd. 1, S. 51.

147 Segger, op.cit., S. 86.

148 Pieper, K, Sicherung hist. Bauten, S. 71.

149 Pieper, K., op.cit., S. 198, Abb. 18. 31.

150 Segger, J., Zur Statik gotischer Kathedralen, dargestellt am Kölner Dom und statisch verwandten Kathedralen, Diss. Aachen 1969, S. 86.

151 Heyman, J., The Masonry Arch, Ellis Horwood Series in Engineering Science, Chichester 1982, p. 35, Fig. 2.6.

152 Heyman, J., op.cit., Fig. 2.6 (f); Fig. 4.1; Pippard, A. J. S., The approximate estimation of safe loads on masonry bridges, in: Civil Engineer in war, London, The Institution of Civil Engineers, 1948.

153 Derand, François, L'Architecture des Voûtes ou l'Art des Traits et Coupe des Voûtes, Paris 1643, Chapitre VI, p. 16, „Du trait des poussées des voûtes, d'où on insere quelles épaisseurs doivent avoir les murs, & arcsboutants quiles portes“.
Vgl. dazu Girard Desargues, La Coupe des pierres . . ., Paris 1640 mit Perspektive der Widerlagerstärke. Diese Traktate gehören weder dem Mittelalter noch der Gotik. Ähnlich der Steinmetzentechnik der „Coupe des pierres“ zur Bestimmung der Widerlagerstärke für einen gemauerten Bogen wurden von Simon Garcia Empfehlungen in seinem unveröffentlichten Traktat „Compendio de arquitectura y simetria de los templos“ mit Texten von Rodrigo Gil de Hontañón aus der Zeit um 1550 zusammengestellt (1681–83), als Ms. 8884 der Bibl. Nacional in Madrid. Teilweise von J. Camón Aznar, Salamanca 1941 und von Carlos C. Olmos herausgegeben, Churubusco 1979. Auch Alonso de Vandelvira hat einen Traktat über „. . . tracas de Cortes de piedras“ um 1575–91 verfaßt. Im Rahmen dieser Arbeit ist es nicht möglich, auf diese Spezialliteratur einzugehen.

154 Deinhard, M., Die Tragfähigkeit historischer Holzkonstruktionen, Karlsruhe 1963, S. 8; Segger, J., Zur Statik gotischer Kathedralen, Ing.-Diss., Aachen 1969.

155 Wieleitner, H., Geschichte der Mathematik, Berlin/Leipzig 1922, S. 33; Becker/Hofmann, Geschichte der Mathematik, 1951, S. 96, 101, 104, 146.

156 Wieleitner, S. 45; Becker/Hofmann, S. 94.

157 In diesem Zusammenhang ist die spanisch-jüdische Übersetzergruppe zu erwähnen, wie z. B. Abraham Bar Chija (1136), Johannes v. Sevilla, Gerardo da Cremona, Domenico Gundisalvi (1150), Plato von Tivoli (1145) bei Becker/Hofmann, S. 148; Wieleitner, S. 60.

158 Günther, S. 115 f, Geschichte des mathem. Unterrichts, Wiesbaden 1887, S. 94 f; Gericke, H., Mathematik im Abendland, Berlin 1990, S. 78 f.

159 Günther, S. 115 f; Gericke, S. 74; Wieleitner, S. 58.

160 Cantor, M., Die römischen Agrimensoren, S. 168; Günther, S. 117.

161 Sarrade, M.-T., Sur les Connaissances Mathématiques des Bâtisseurs des Cathédrales, Paris 1986, p. 11 f; fig. 49, p. 15.

162 Gericke, S. 68.

163 Gericke, S. 71, 97; Sarrade, S. 13–14, Fig. 38 bis 44.

164 Günther, S. 120.

165 Günther, S. 132.

[166] Selbst in Kulturzentren wie Nürnberg und Augsburg oder in Württembergs Stadtschulen, vgl. Pfaff., K, Geschichte des Unterrichtswesens in Württemberg, Ulm 1842; Günther, S. 135.

[167] Abraham bar Chija (Savasorda), Liber embadorum (Hibur ha-mešiha we-ha-Tisboret) ed. M. Guttmann, Berlin, 1912-13.

[168] Toledanische Tafeln, lat. ed. G. di Cremona, ed. M. Curtze, Bibl. math., 3, I, 1900.

[169] Gericke, S. 102 f.; Il libro Abbaci, in: Scritti di Leonardo Pisano I, ed. B. Boncompagni, Roma 1857.

[170] Unsachliche überholte Angaben bei Günther, S., Geschichte des math. Unterrichts im dt. Mittelalter, 1887, S. 156–162; Gericke, S. 105–117.

[171] Nach Gericke, S. 114 zitiert.

[172] Duhem, P., Les origines de la statique, t. I, chap. VI, 1905; Ramme, W., Über die geschichtliche Entwicklung der Statik in ihren Beziehungen zum Bauwesen, Diss. TH Braunschweig (1913), 1939, S. 14–15; Straub, H., Geschichte der Bauingenieurkunst, 3.Aufl. 1975, S. 81.

[173] Fierz, M., Vorlesungen zur Entwicklungsgeschichte der Mechanik, Berlin/Heidelberg/New York, 1972, S. 26.

[174] Ramme, S. 16.

[175] Fierz, S. 32; Becker/Hofmann, S. 152; Wieleitner, S. 66–67.

[176] Vgl. Gericke, S. 147, mit dem Beweis: Teilung eines gleichschenkligen Dreiecks durch die mittlere Senkrechte, dann Ergänzung zum Viereck, das die gleiche Fläche wie das Dreieck hat, usw. Als Vergleich sollte man Simon, M., Euclid und die sechs planimetrischen Bücher, Leipzig 1901, S. 75–77, heranziehen.

[177] 1882 veröffentlichte Charles Henry zwei Traktate nach einem Ms. der Bibl. Ste-Geneviève. Der Inhalt des ersten Traktats gleicht einem Ms. der Bibl. Nat., das um 1909 von V. Mortet veröffentlicht wurde. Mit eigenen Kommentaren und Ergänzungen bei M.-T. Sarrade, op.cit., S. 27 ff. veröffentlicht.

[178] Vgl. Sarrade, S. 40, 48–49.

[179] Die Praxis des Rechners, ed. G. Lange, Frankfurt a. M. 1910; vgl. Goldstine, B. G., The Astronomy of Levi ben Gerson, Springer Berlin/Heidelberg/New York/Tokyo, 1985; Gericke, S. 156. Vgl. dazu die Entfernungsmessung bei Villard, Bild 38, die auf die Vermessungstechnik der Agrimensoren zurückgeht.

[180] Becker, U. (Ed.), Gregorius Reisch. Die erste Enzyklopaedie aus Freiburg um 1495, Freiburg 1970; Gericke, S. 157, 219–224.

[181] Arrighi, G. (Ed.), Paolo dell'Abbaco, Trattato d'Aritmetica, Pisa 1964.

[182] Vogel, K. (Hg.), Ein italienisches Rechenbuch aus dem 14. Jh. (Columbia X 511 A 13), München 1977.

[183] Aufgaben Nr. 127, 131, 134, Vogel K. (Hg.), Ein ital. Rechenbuch aus dem 14. Jh. (Columbia X 511A13), München 1977.

[184] Aufgabe Nr. 161, Paolo dell'Abbaco, Trattato d'Aritmetica, Gino Arrighi (ed.), Pisa 1964, p. 133–134.

[185] Vgl. Coenen, U., Die spätgotischen Werkmeisterbücher in Deutschland, München 1990, S. 331–339, 349–350.

[186] Geldner, F. (Hg.), Matthäus Roritzer, Das Büchlein von der Fialen Gerechtigkeit und die Geometria Deutsch, Wiesbaden 1965; S. 72 stützt sich auf Günther, S., Geschichte des math. Unterrichts, 1887, S. 338–345.

[187] Coenen, op.cit., S. 349.

[188] Serlio, S., Libro primo d'architettura di Sebastiano Serlio bolognese, Vicenza 1454, S. 10–14.

[189] Zur Mitwirkung Fra Giocondos beim Bau des Pont Notre-Dame in Paris (1500–1505) vgl. die noch unveröffentlichte Dissertation von Mislin, M., Die überbauten Brücken von Paris, ihre bau- und stadtbaugeschichtliche Entwicklung im 12. bis 19. Jh., Stuttgart 1978 (1979), 704 Seiten. Ein kleiner Teil in: Mislin, M. Die überbaute Brücke: Pont Notre-Dame. Baugestalt und Sozialstruktur, Haag + Herchen Verlag, Frankfurt/M. 1982, 166 S., veröffentlicht. Zum Technologietransfer vgl. Wolfgang von Stromer, Brunelleschis automatischer Kran und die Mechanik der Nürnberger Drahtmühle, in: architectura, H 2/1977, S. 163–174.

VII Renaissance

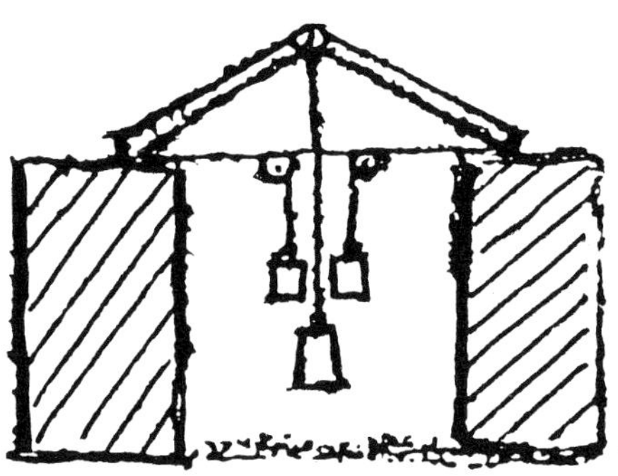

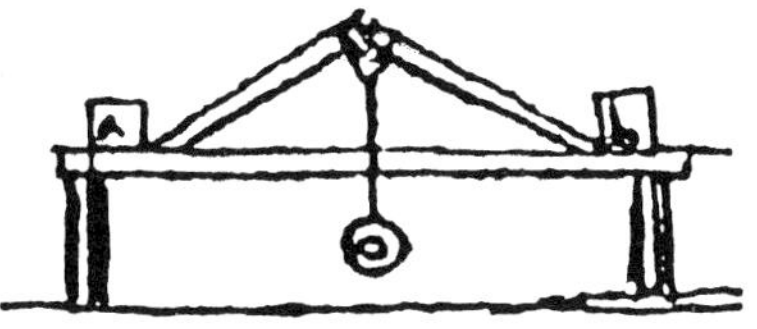

Abb. 7.1: Zeichnungen Leonardo da Vincis zum Problem des Horizontalschubes, um 1495
links: Pfeilerstärke bei vorhandenem Horizontalschub
rechts: Pfeilerstärke bei aufgehobenem Horizontalschub

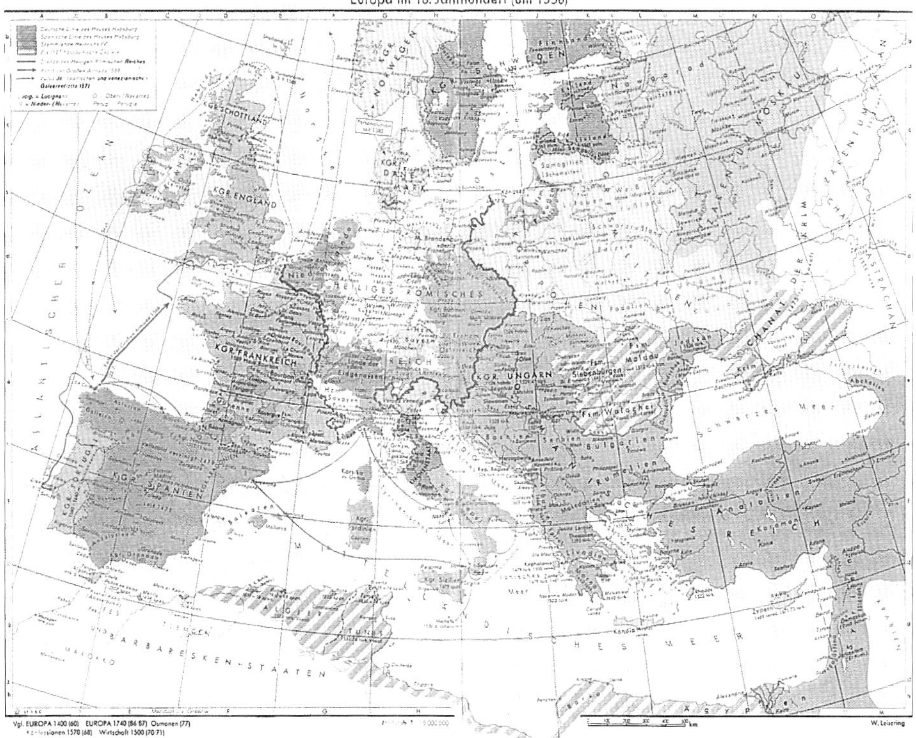

Abb. 7.2: Übersichtskarte: Europa im 16. Jahrhundert (1550)

1 Bau- und kulturgeschichtlicher Überblick

Der Übergang vom Mittelalter zur Renaissance vollzog sich im Süden Europas schneller als in seiner Mitte. Nachdem das Mittelalter in kirchlich-religiöser Bewegung beim Bau von mächtigen Kathedralen zu neuen baukonstruktiven Lösungen gelangt war, begann mit dem Blick zurück auf die Antike zuerst in Italien die Suche nach dem Ursprung der Kultur (Abb. 7.2).

Die Forschungen dieser Zeit der Wiederentdeckungen umfaßten auch die antike technische Literatur. Das italienische Wort „rinascita“ oder „Wiedergeburt“ bezog sich auf das Wiederaufleben von Ideen der römischen Antike, und auch das bautechnische Schaffen entfaltete ein gesteigertes Verlangen nach wissenschaftlicher Begründung der erfahrungsmäßig betriebenen handwerklichen Tätigkeit.

Das Werk des römischen Baumeisters Vitruv war im italienischen Frühhumanismus (Petrarca, Boccaccio) seit der Mitte des 14. Jh. bekannt. Im 15. Jh. wurden die Vitruv-Handschriften von Bauherren, Gelehrten und bildenden Künstlern zu Rate gezogen.[1] Humanistische und praktisch-architektonische Bestrebungen ließen das Bedürfnis nach gedruckten und illustrierten Vitruv-Ausgaben entstehen.[1a] Die ersten gedruckten lateinischen Ausgaben wurden 1486 und 1496 in Florenz und 1497 in Venedig, wahrscheinlich von dem römischen Humanisten Giorgio Valla, herausgegeben.[1b]

Die neue Traktatliteratur der Renaissance, die mit Albertis Abhandlung „De re aedificatoria“ 1485 beginnt und mit Scamozzis „L'Idea dell'architettura universale“ 1615 abschließt, lehrt, wie das antike Bauwesen nachgeahmt werden kann.

Die Lehre von den fünf Säulenordnungen war dem Vitruv-Traktat nicht zu entnehmen, er hatte nur über drei geschrieben. Sie mußte neu bearbeitet werden und durch Vignolas „Regola delli cinque ordini“ ergänzt werden.

Der vitruvianische Gedanke von der Proportionierung der Säule nach dem Modell des menschlichen Körpers führte z. B. bei Francesco di Giorgio Martini zu einem formalistischen Suchen nach anthropometrischen Proportionen.

Schließlich gehörte die mathematische Erarbeitung der Perspektive zu den großen Leistungen der Renaissance: Maler, Baumeister und Mathematiker befassen sich mit der systematischen Darstellung und Konstruktion der Zentralperspektive. Die Darstellung jener theoretischen Gesellschafts- und Stadtentwürfe, die die Traktate von Alberti bis zu Leonardos Notizen auszeichneten, bilden die Gemälde Piero della Francescas und der „Città ideale“ ab: in der Mitte ein Tempietto, ein Stadttor oder Kolonnaden, links und rechts entlang den Fluchtlinien reihen sich symmetrisch angeordnete Palazzi.

Während in der Frührenaissance die Künstleringenieure sich mit allen Zweigen des Bauwesens und der Militärarchitektur beschäftigen, weisen die Traktate der Spätrenaissance und des Manierismus deutliche Spezialisierungstendenzen auf.

Gleichzeitig begann die sozialökonomische Emanzipation des Baumeisterberufes. Aus der Enge des städtischen Zunft- und Korporationswesens trat der Künstleringenieur hervor, der als Partner von Literaten und Dichtern sich der höfischen Gesellschaft zuwendet.

Vicenzo Scamozzi, der letzte Architekturschriftsteller der Renaissance, hält in seinem Lehrtraktat von 1615 einerseits an dem mittelalterlichen Bildungsprogramm der „artes liberales“ und „artes mechanicae“ fest, andererseits sieht er die Architektur durch ihre enge Beziehung zur Geometrie und durch ihr in der Renaissance sich profilierendes Aufgabenfeld im Bereich des Entwerfens und Zeichnens, welches sich von der handwerklichen Tätigkeit der „artes mechanicae“ und von den bildenden Künsten getrennt hat, als würdigste Wissenschaft.

Die Renaissance, deren Beginn in Florenz etwa 1420 mit dem Wirken Brunelleschis datierbar ist, dauerte dort bis nahezu 1530. In anderen westlichen Ländern wirkt die Renaissance in ihrer späten Phase bis 1560. Die Zeit von 1530 bis 1620 wird in der Kunstgeschichte als Epoche des Manierismus bezeichnet.

Nur setzten die Ideen und Entwürfe der Renaissance nicht überall gleichzeitig und gleichförmig ein. Gotische Bauwerke und Baukonstruktionen wurden im 16. Jh. in Italien und Frankreich weiterhin errichtet, wie z. B. der Turm der Kathedrale von Beauvais um 1564 und der Mailänder Dom. Im deutschsprachigen Raum wurden die gotischen Netzgewölbekonstruktionen noch im 17. Jh. angewandt.

2 Theorie des Bauens

2.1 Handschriften/Traktate (15. bis Anfang des 17. Jh.)

Bereits im 14./15. Jh. traten manche Vorurteile der Gelehrten, als Vertreter der artes liberales, gegenüber den Handwerksmeistern zurück, die als Rechenmeister, Büchsenmeister und Künstleringenieure den mechanischen Künsten angehörten.

Zwischen den Gelehrten und Humanisten und den Handwerkern schob sich die neue soziale Gruppe der aus dem Handwerkerstand kommenden Künstleringenieure ein, die ihre Traktate nicht mehr in Latein, sondern in der jeweiligen Landessprache schrieben und daher die Schicht der Handwerker und kleinen Unternehmer erreichen konnten.[1c]

Die Übersichtstabelle vermittelt uns eine Vorstellung von dem Spezialisierungsgrad der Wissenschaftler und Künstleringenieure und der Variationsbreite der Aufgabengebiete vom 15. bis zu Beginn des 17. Jh. (Abb. 7.13):

- a) Festungsbau, Instrumentenbücher
- b) Baukunst, Vitruv-Übersetzungen/Kommentare/Illustrationen
- c) Perspektive
- d) Mathematik/Mechanik
- d1) Rechenbücher/Praktische Geometrie
- e) Steinschnitt- und Handwerkskunst
- f) Denkmäler der Antike.

2.1.1 Festungsbau und Instrumentenbücher

Mathematiker, Mechaniker und Künstler, wie z. B. Maler, Bildhauer, Bronzegießer und Architekten, wurden vom 15. bis ins 17. Jh. von den Städten und Fürsten als Festungsbauer und Entwerfer von hölzernen Maschinen beschäftigt. Aus dieser Reihe, die wir chronologisch aufgelistet haben, ragen einzelne Traktate hervor.

Zu den frühen Traktaten der Kriegskunst und Kriegsgeräte gehören die Bildhandschriften zwischen 1400 und 1500, des Quattrocento, wie z. B. Conrad Kyeser „Bellifortis“, 1405[2] und „De ingeneis“ von Mariano di Jacopo Taccola aus der Zeit 1427 bis 1441 und „De Rebus Militaribus“, 1449.[3]

Bei den beiden Schriften des Taccola handelt es sich um Schriften aus einer Vorratssammlung von technischen Zeichnungen, deren Bedeutung nach der inhaltlichen Ausrichtung mitbedingt ist.[4]

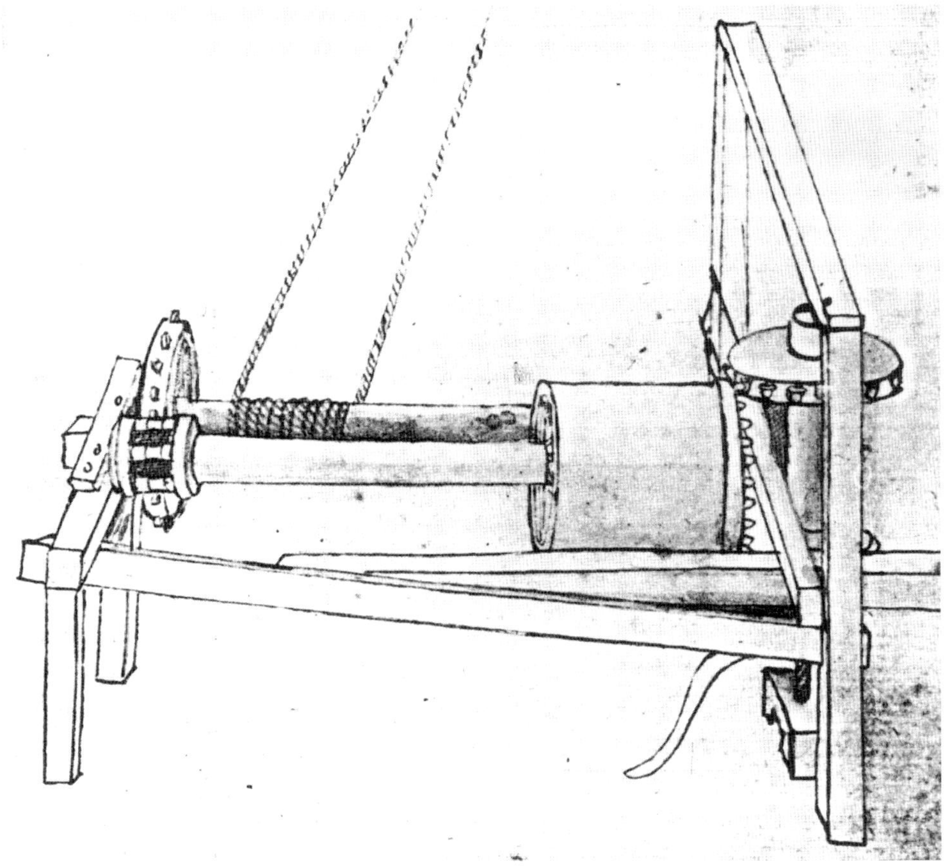

Abb. 7.3: Brunelleschi, Hebevorrichtung, 1420, Zeichnung von Buonaccorso Ghiberti, 1480

Das Werk R. Valturios, eines humanistischen Gelehrten, von 1455 „De re militari", mit 82 Holzschnitten von dem Stempelschneider Matteo de' Pasti, möglicherweise nach Zeichnungen von Fra Giovanni Giocondo geschmückt und in Verona gedruckt, diente als Vorbild für Francesco di Giorgios und Leonardo da Vincis Zeichnungen für Gerät und Pferdewagen.[5]

Francesco di Giorgio Martini (1439–1501) war Maler, Bildhauer, Architekt und Ingenieur und wirkte in allen diesen Sparten in Siena und Urbino. Sein Traktat zur Zivil- und Militärarchitektur wurde um 1482 verfaßt, aber damals nicht veröffentlicht. Etwa zur gleichen Zeit bewarb sich Leonardo da Vinci bei Ludovico Sforza um eine Stelle am Mailänder Hof und hob in seinem Bewerbungsschreiben sein Können beim Bronzegießen für das Reiterstandbild des Fürsten hervor.[6]

Beide Künstler übernahmen in ihren Traktaten Skizzen der Vorgänger: Francesco von Filarete, Valturio und Taccola, Leonardo von Francescos Handschrift, die damals bereits als Kopie im Umlauf war. Übernahmen aus Francescos Traktat lassen sich in Leonardos Madrider Codex II auf 13 Seiten feststellen.[7]

Brunelleschis Erfindung der Hebevorrichtung für die Florentiner Domkuppel von 1420 wurde von Buonaccorso Ghiberti in seiner Handschrift „Zibaldone" von 1480 gezeichnet, dieselbe von Leonardo und von Francesco di Giorgio Martini um 1480 und von Giuliano da Sangallo um 1486 umgezeichnet (Abb. 7.3).[8]

Die Erfindung der Kanonen führte zur Entwicklung der Festungen nach wissenschaftlich-geometrischen Prinzipien. Für den Entwurf der Befestigungswerke wurden auch Instrumentenmacher gebraucht, die Präzisionsgeräte für die Vermessung entwickeln sollten. Uhrmacher, Goldschmiede und Graveure waren die ersten Feinmechaniker auf diesem Gebiet.

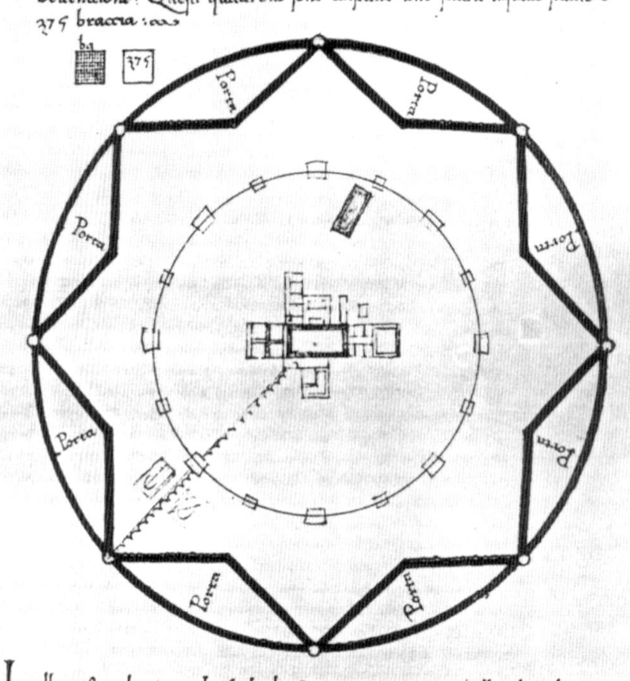

Abb. 7.4: Filarette, Sforzinda-Idealstadt

Das Aufgabengebiet eines Künstleringenieurs wie z. B. Francesco di Giorgio umfaßte nach seinem Buch zur Militärarchitektur den Entwurf von Fuhrwerken, Pontonbrücken (f. 10), befestigten Hafenbecken (f. 86–87) sowie sternförmigen Zitadellen, noch mit kreis- oder halbkreisförmigen Türmen befestigt (f. 57–58). Dazu gehörten auch die Aufgaben zur Vermessungslehre, wie z. B. Messung der Turmhöhe und der Längsseite mit Hilfe des Quadranten (f. 28–29).

Als Mechaniker entwarf Francesco di Giorgio Mühlradgetriebe mit Nocken, Schraub- und Preßgeräte sowie Pumpenwellen mit Pleuelstangen (f. 91–92).[9]

Eine Reihe von Traktaten aus der Stilepoche des Manierismus, wie z. B. Jacques Bessons „Livre des instruments“ um 1569 oder A. Ramellis „Le diverse et artificiose machine“ von 1588, enthalten kuriose Entwürfe für Maschinen und Pumpenvorrichtungen, die wegen der enormen Dimensionen und etlicher Vernachlässigungen (u. a. der Reibung) nicht zur Ausführung gelangten.

Eng mit dem Befestigungswesen hängt die Planung von Idealstädten zusammen. War das römische Castrum durch die zwei sich kreuzenden Verkehrsachsen Cardo und Decumanus mit einem mittigen Zentrum als Forum gekennzeichnet, so treten erst in der Renaissance die frühesten Stadtpläne auf:

- Filaretes (1400–69) Sforzinda ist eine achtsternige Stadtanlage mit Radialstraßen, die den zentralen Platz mit den jeweiligen Toren verbinden. Der äußere Mauerring ist kreisrund. Der Hauptplatz („come si vede la piazza & in mezzo della città“) ist 150 × 300 braccia (ca. 100 × 200 m) groß. Summarische Angaben werden zu den öffentlichen Plätzen, Sakralbauten, öffentlichen und Privatbauten gemacht (Abb. 7.4).[10]

  Für den Fürsten der „Sforzinda“ entwarf Filarete eine Steinbrücke mit sieben Halbkreisbögen und sechs rechteckigen Pfeilern über den Averlo-Fluß, die zwei Wohngebäude („ci potrà habitare persone“) miteinander verbindet. Die Spannweite beträgt 150 Braccia, die Breite 14 Braccia. Der Aufriß zeigt, daß Filarete die Brücke aus-

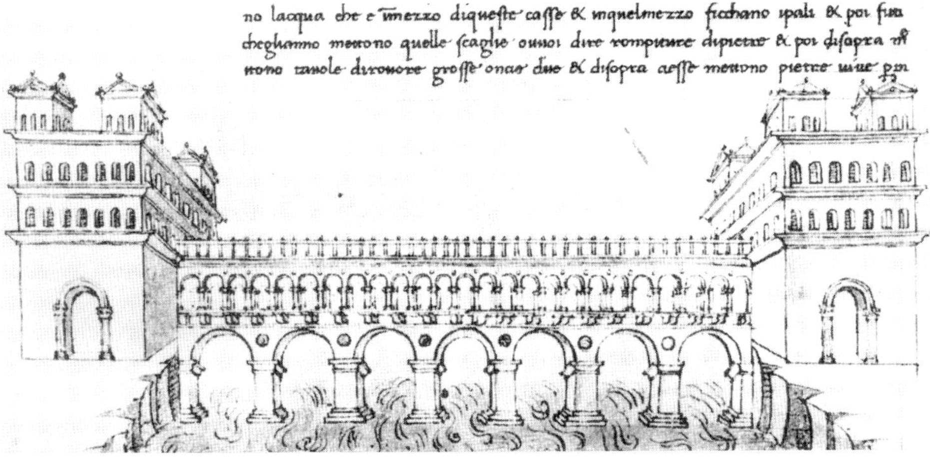

Abb. 7.5: Filarete, Steinbrücke über den Averlo mit Arkaden und zwei Palazzi

schließlich als ästhetische Aufgabe betrachtete. Das Ganze ergibt ein monumentales Ensemble (Abb. 7.5).[10]

Interessanterweise stimmt diese Fassung des „Ponte coperto", der gedeckten Brücke, mit der Beschreibung von L. B. Alberti in seinem Traktat „De Re Aedificatoria" (1485) und dem Holzschnitt der Ausgabe von 1550 überein. Albertis Steinbrücke weist drei halbkreisförmige Bögen mit zwei Pfeilern und Wellenbrechern auf, die mit einer Kolonnade aus jonischen Säulen auf Piedestalen gesetzt und mit einem geraden Gebälk überbaut ist (Abb. 7.6).

- Francesco di Giorgio Martini (1439–1501) entwickelt bereits Schemata von planmäßig angelegten befestigten Städten: oktogonale, radial konzentrierte Städte, Bergstädte mit Serpentinstraßen und polygonale Städte. Ecktürme bilden die Schwerpunkte der Befestigung. Die Stadtmitte wird von einem rechteckigen, kreisrunden oder polygonalen Platz beherrscht (Abb. 7.7, 7.8).
- Martinis Konzept wurde nach einer Planskizze um 1500–1505, wahrscheinlich von Fra Giocondo, mit einem kreisrunden Tempel in der Mitte variiert. Diese Zeichnung diente als Grundlage für das Schema einer Idealstadt von Jacques Androuet Ducerceau noch um 1570 (Abb. 7.9, 7.10).[11]
- In den Vitruv-Ausgaben, z. B. von C. Cesariano 1521 und von D. Barbaro 1556 (mit Zeichnungen von A. Palladio), sind Pläne für befestigte kreisförmige Städte enthalten (Abb. 7.11, 7.12).
- Von Leonardo da Vinci um 1500 über A. Dürers „Befestigungstraktat" um 1525, Francesco de Marchi 1545 bis Pietro Cataneo 1554 wurden die Idealstädte mit Bastionen befestigt. Aus ursprünglich runden Vorsprüngen entwickelte sich das Vorwerk mit spitz zulaufenden Frontlinien.

  V. Scamozzis Idealstadt Palma Nuova wurde 1593–94 ausgeführt.[12]

Die Schwerpunkte der Künstleringenieure lagen in der Malerei, Bildhauerei, Bronzeguß und Architektur und durch das Befestigungswesen auch auf den Gebieten des Bau- und Maschinenwesens.

Als mit der Entstehung der neuzeitlichen Naturwissenschaft im ausgehenden 15. Jh. zunächst in Italien die sozialen Unterschiede zwischen den freien und mechanischen Künsten an Bedeutung verloren, übernahmen die Gelehrten die von den Handwerkern entwickelten experimentellen quantitativen Methoden. Auf diese Weise ergaben sich neue fachliche Kontakte in Form einer Zusammenarbeit:

Luca Paciolis Traktat „De divina proportione" von 1497 wurde mit Zeichnungen von Leonardo da Vinci illustriert, die Vitruvübersetzung von dem Humanisten Daniele Barbaro wurde von Andrea Palladio 1556 mit Stichen bebildert.

Jacques Bessons Instrumente aus „Livre des instruments mathématiques et mécaniques" von 1569 wurden von Jacques Androuet Ducerceau le père mit Kupferstichen dargestellt. Auch das Werk über die Perspektive des Malers und Architekten Jacopo Barozzi da Vignola „Le due regole della prospettiva prattica" von 1583 entstand in Zusammenarbeit mit dem Mathematiker Egnatio Danti.

Abb. 7.6: L. B. Alberti, Steinbrücke mit Kolonnade, De Re Aedificatoria (1485), Holzschnitt 1550

- Zu den praktischen Mathematiktraktaten gehört die „Summa de arithmetica, Geometria, Proportioni e Proportionalità“ des Luca Pacioli von 1494. Dieses Werk, in Venedig gedruckt und dem Herzog von Urbino gewidmet, ist eine umfassende Darstellung des gesamten Wissens am Ende des 15. Jh. Der zweite Teil zeigt geometrische Aufgaben, die sich auf die Praxis beziehen können (Abb. 7.14).

Daß das im Mittelalter angesammelte mathematische Wissen noch nicht in Vergessenheit geraten ist, zeigt eine Handschrift von Fra Giovanni Giocondo um 1500, die noch auf Gerberts von Aurillac mathematisches Material aus dem 10. Jh. zurückgreift, so z. B., um bei einem gleichseitigen Dreieck mit der Seite „7“ den Inhalt zu berechnen. Fra Giocondo teilt, wie Gerbert, die Basis des Dreiecks in sieben gleiche Teile, zieht zu ihr im Dreieck Parallelen, die 6/7, 5/7, 4/7, 3/7, 2/7 und 1/7 der Grundlinie sind, dann läßt sich das „n“-te Rechteck in „n“ Quadrate zerlegen. Die Zahl der Quadrate ist der Inhalt. Die 28 Quadrate sind um 14 kongruente Dreiecke größer, die Giocondo schraffiert hat. Der Überschuß ist 7; 28 - 7 = 21 (Abb. 7.15).

2.1.2 Baukunst- und Vitruvtraktate

Zu Beginn der Renaissance steht der Traktat von L. B. Alberti (1404–72), De Re Aedificatoria, der 1443 begonnen und 1452 fertiggestellt wurde. Gedruckt wurde sein Werk erst 1485. Es umfaßt, wie Vitruv, zehn Bücher: I - Baurisse, Bauplatz, II - Baustoffe, III - Bauvorgang, IV - Städtebau, Ingenieurwerke, V - Bauaufgaben, VI-IX Ornament und Berufsbild, X - Bauunterhalt und Restauration.[13]

In Albertis Entwurfslehre nimmt die „utilitas“ eine bedeutende Stellung ein. Das übliche Mittel, einem Bau Würde zu verleihen, sind für Alberti die Säulen (VI, 13). Albertis Definition der Säule als Bestandteil der Wand geht auf Bauten des 12. Jh. in der Toskana zurück.

In seinen Kirchenbauten vermied Alberti die Verbindung von Säule und Bogen. Für Säulen empfahl er ein gerades Gebälk. Bögen sollen über Pfeiler gestellt werden. Bei seinen Fassaden von S. Sebastiano und S. Andrea in Mantua verwendet er Pilaster.[14] Für den Entwurf der Fassade von S. Francesco in Rimini entlehnt er das Motiv des römischen Triumphbogens. Die Gestalt ist in der Medaille von Matteo de'Pasti festgehalten worden.[15]

Die ideale Kirche ist für Alberti der Zentralbau, der von Francesco di Giorgio Martini, Leonardo da Vinci und Giuliano da Sangallo weiterentwickelt wurde. Alberti spricht von der Schönheit eines Gebäudes, die auf Anmut (gratia), Wohlgefälligkeit (piacevolezza) und Würde (dignitas) beruht.[16]

Von dem Begriff der Symmetrie des Vitruvs (III, 1) als Übereinstimmung aller Teile untereinander und der Teile mit dem Ganzen in einer Grundeinheit, über die Entsprechung des menschlichen Körpers gemäß den Abschnitten Gesicht bis zum Mittelfinger 1/10, der Kopf 1/8 und der Fuß 1/6 als Längen, wurden in der Renaissance die anthropomorphen Zahlenverhältnisse entwickelt.[17]

Es wäre zu einseitig, wenn wir das Wesentliche der Albertischen Tätigkeit auf seine Schriften beschränken wollten; er war bei einer Reihe von Restaurationen von Kirchen tätig, wie z. B. San Maria Trasvestere, S. Prasedia, San Teodora usw., und bei sechs

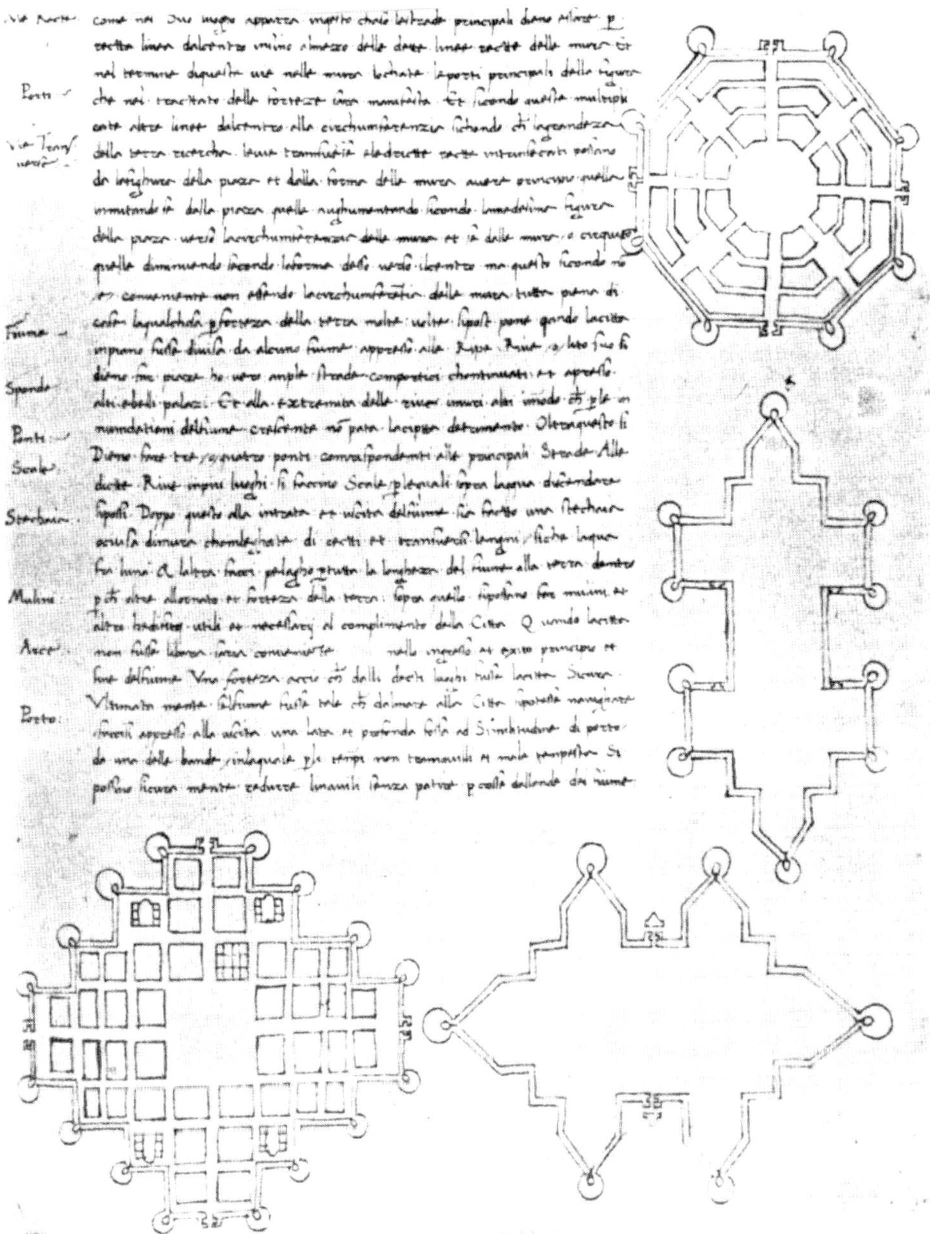

Abb. 7.7: Francesco di Giorgio Martini, Oktogonale und polygonale Städte

der Hauptkirchen, wie z. B. S. Giovanni in Laterano, S. Maria Maggiore und S. Lorenzo fuori mure, und hat bei der Gestaltung des Palazzo Rucellai mitgewirkt.[18]

Francesco di Giorgio Martini übernimmt von Vitruv (IV, 1) die Symmetrie der Säulenordnungen gemäß anthropometrischer Typen. Er bezieht sich dabei auf die Säule mit Kapitell und Basis (Abb. 7.16, 7.17).[19]

In diesem Zusammenhang ist sein Zeichennetz bemerkenswert, das als Schemaverfahren von Bildhauern und Malern angewandt wurde. Für die Höhe

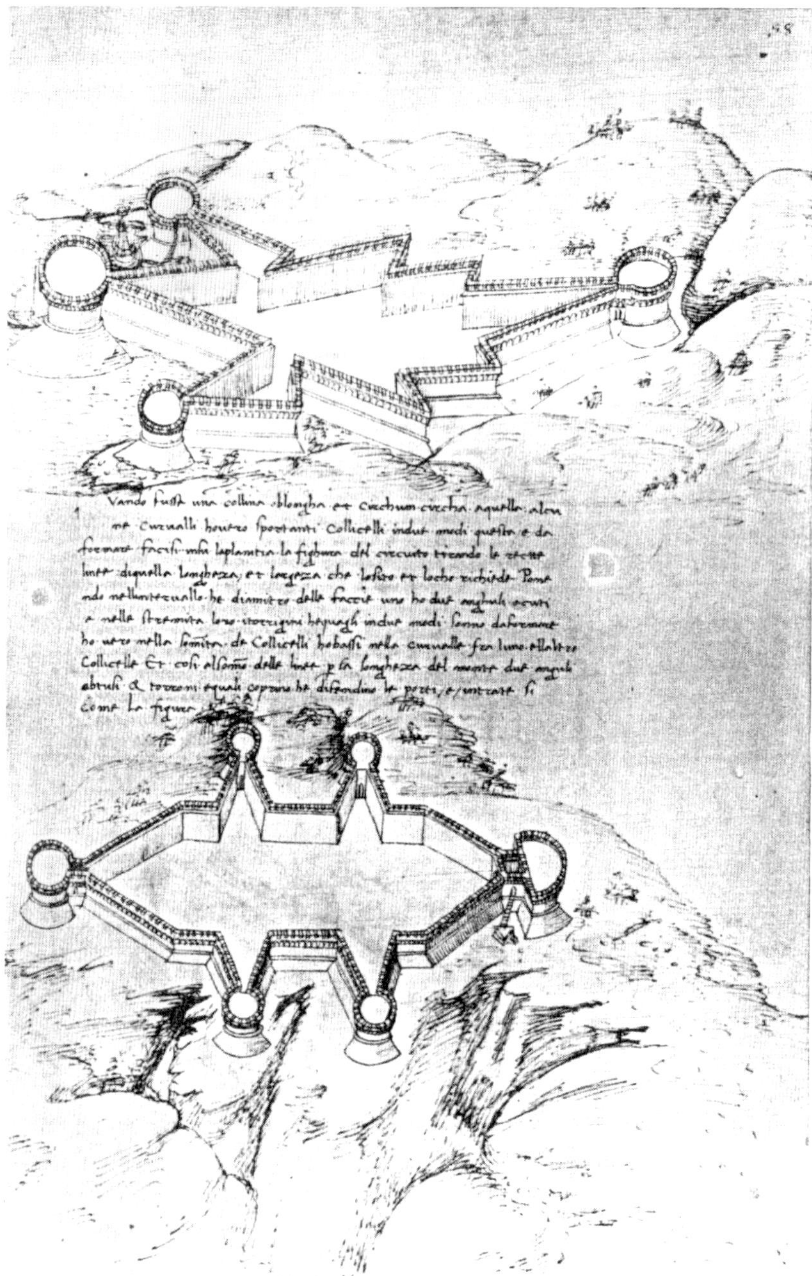

Abb. 7.8: Francesco di Giorgio Martini, Sternförmige Zitadellen

des Sockelprofils wird eine geometrische Bestimmung vom Gradnetz her gewonnen. Francesco di Giorgio bemüht sich, die antiken Regeln nach Vitruv mit den vorhandenen Mitteln zu verwirklichen, indem er die Maße aus Kreuzungspunkten von geometrischen Figuren und Linien des Gradnetzes entnimmt.

Auch Filarete ging bei seiner Grundrißplanung für den Dom von „Sforzinda" von einem Rasternetz aus Quadraten aus („io lotrapartisco in questa

Abb. 7.9: Fra Giocondo (?), Idealstadt, ca. 1500

Abb. 7.10: Idealstadt nach Ducerceau, 16. Jh.

forma ... intre parti uguali di quaranta braccia per ciascheduna").[20]

Die Beschäftigung der Meister der Hochrenaissance mit Vitruv führte zu einer Reihe von Traktaten:

- Die erste gedruckte Vitruv-Ausgabe in Latein gab der Veronese Fra Giovanni Giocondo 1511 mit Holzschnittillustrationen heraus (Abb. 7.18).
- Der Bramante-Schüler Cesare Cesariano leitete in seiner illustrierten italienischen Ausgabe des Vitruv von 1521 die ersten Bemerkungen über die Proportionen der Tempel und der menschlichen Gestalt ein. Auf einem Rasternetz aus Quadraten und Diagonalen zeichnet Cesariano die Proportionsfigur des Menschen mit gespreizten Armen (CXLIX,r^{o}). Bemerkenswert sind seine Rekonstruktionen der Basilika Julia (CLXXIIII,r^{o}), der Rotunde des Theaters (CLXXXII,v^{o}), der Palestra mit den Arkaden (CLXXXIX,r^{o}) und die Perspektiven der gewölbten Arkaden der Hofhallen mit den architektonischen und konstruktiven Elementen der Renaissance (CLXXXVII,v^{o}), die die „preditte idee di iconografia, ortografia e scenografia" von Cesariano wiedergeben.[21]
- Sebastiano Serlios (1475 bis ca. 1554) Traktat setzt sich aus folgenden Büchern zusammen: I: Planimetrie (1545), II: Perspektive und Scenographie (1545), III: Antike und Renaissance (1540), IV: Säulenordnungen und Hausfassaden nach Serlios Erfindung (1537), V: Kirchenbau (1547), VI: Wohnbau (Handschrift), VII: Schloßbau, Innenarchitektur (1575), VIII: Festungsbau (unvollendet).

Neben der Interpretation der fünf Säulenordnungen, der Fassade mit den zwei Bogenreihen „a logge sopra logge" mit dem Motiv der „Serliana", (IV, XXXII), die „Facciata veneziana d'ordine corinzio" (IV, LVI), in Anspielung auf Vitruvs korinthische Ordnung, die Abbildungen der Projekte von Bramante, Peruzzi und Raffael für St. Peter in Rom (III, XXXVI) und schließlich die bekannten szenografischen Darstellungen der „Scena Tragica" und der „Scena Satyrica" (Abb. 7.19, 7.20).

Im 6. Buch stellt Serlio eigene Wohnbautenentwürfe für verschiedene Sozialschichten vor, wie z. B. landwirtschaftliche Höfe für den Durchschnitts- und reichen Bauern („mediocre, ricco contadino"), für den Handwerker (case di artefici), z. T. mit hohem Walmdach, zweigeschossig mit hohen Lukarnen, die teilweise französischen Einfluß verraten, das adelige Hotel für den Kardinal Ippolito II. d'Este und das Schloß Anay-le-Franc von 1546 und Landschlösser „fuori della città", befestigte Landhäuser, Stadthäuser und Stadtpaläste, die Serlio während seines Aufenthaltes in Fontainebleau am Hofe Franz' I. erarbeitet hat (Abb. 7.21).[22]

Schließlich enthält das 7. Buch einige Holzkonstruktionen, darunter solche für steilere Dächer als „costume francese". Die Holzverbindungen sind der Schwalbenschwanz, der Versatz und der Zapfen, die auch Francesco di Giorgio Martini in seinem Traktat (f. 22 r°) abgebildet hat.

Seine Entwürfe für einen Dachstuhl und einen hölzernen Brückenbau mit einer Spannweite von ca. 21 m zeichnen sich durch das unklare und umständliche Konstruktionskonzept aus. Bemerkenswert ist die Untergurtkonstruktion aus einem fachwerkähnlichen Gitterwerk aus Diagonalpfosten, die unterhalb der Brückenbahn angeordnet sind (Abb. 7.22, 7.23).

Zwei seiner Darstellungen von anderen Dachstühlen entsprechen dem französischen hohen Pfettendachstuhl des Mittelalters, der „comble droit", die zwei anderen der Bohlendachkonstruktion aus Brettern nach dem System von Philibert de l'Orme.[23]

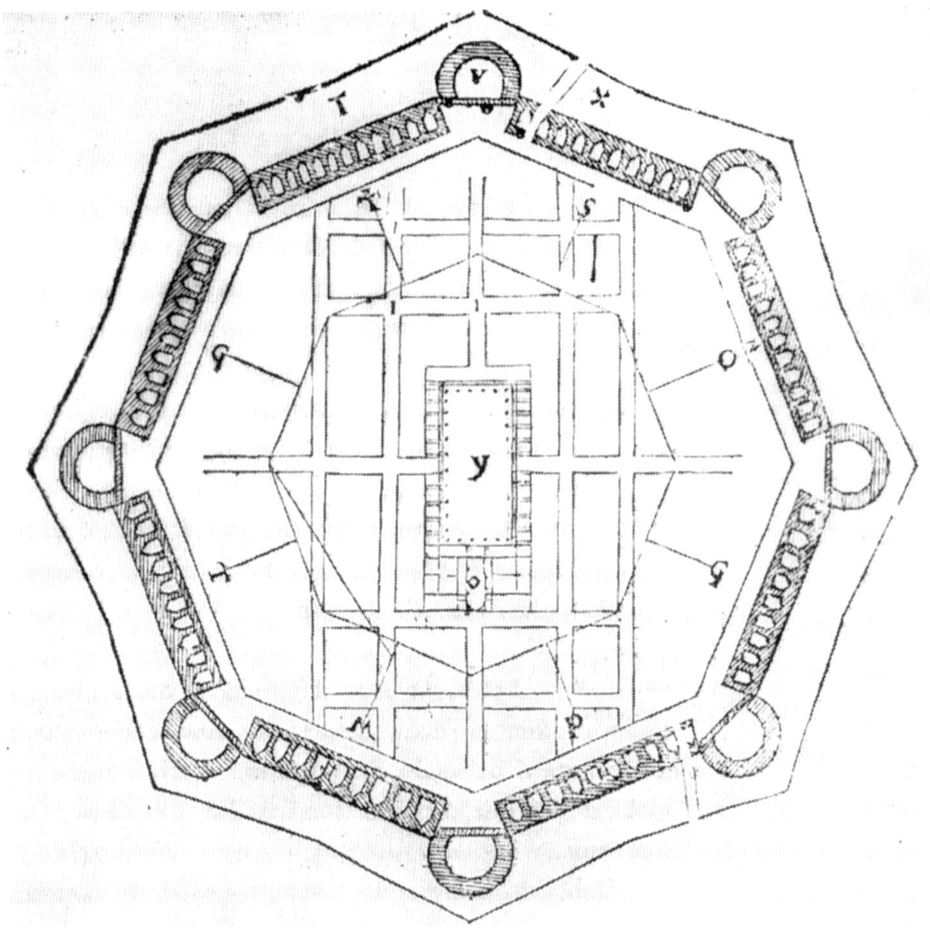

Abb. 7.11: Vitruv-Ausgabe, D. Barbaro, 1556

• Philibert de l'Orme (1505/10–1570) verkörpert das neue Berufsbild des Architekten in Frankreich. Nach den spärlichen biografischen Angaben ergibt sich, daß P. de l'Orme als Sohn eines Maurer- und Steinmetzmeisters in Lyon geboren wurde. Nach seinen eigenen Angaben begann er mit fünfzehn Jahren auf Baustellen des Vaters zu arbeiten und leitete bald die Maurer- und Steinmetztrupps.[24] Neben der Ausbildung zum Maurer und Steinmetzen scheint er noch eine literarische Bildung, vielleicht im Rahmen eines Studiums der Theologie, genossen zu haben.[25]

Der Romaufenthalt von 1533–36 und das Studium und die Vermessung der antiken Baudenkmäler hoben ihn weit über den Stand der Handwerksmeister hinaus. Als Architekt des Königs Heinrich II. (gest. 1559) baute de l'Orme das Château d'Anet, das Château des Tuileries in Paris und war am Château in Fontainebleau beschäftigt.[26] Für den Kardinal Jean du Bellay, Erzbischof von Paris, plante er das Château St. Maur-des-Fossés bei Paris.

Sein erster Traktat über kostensparende Holzbögen erschien 1561 unter dem Titel „Nouvelles inventions pour bien bastir et à petits fraiz". An Stelle von geraden Holzsparren schlug de l'Orme Bogensprengwerke vor, die aus segmentförmig geschnittenen und hochkant in zwei bis drei Lagen nebeneinandergelegten Brettstücken gebildet werden. P. de l'Orme empfahl, die Form eines Halbkreises für die Bogenträger zu wählen.[27] Die Bögen seien um so fester, je kürzer die Brettstükke hergestellt würden (Abb. 7.24 bis 7.28).

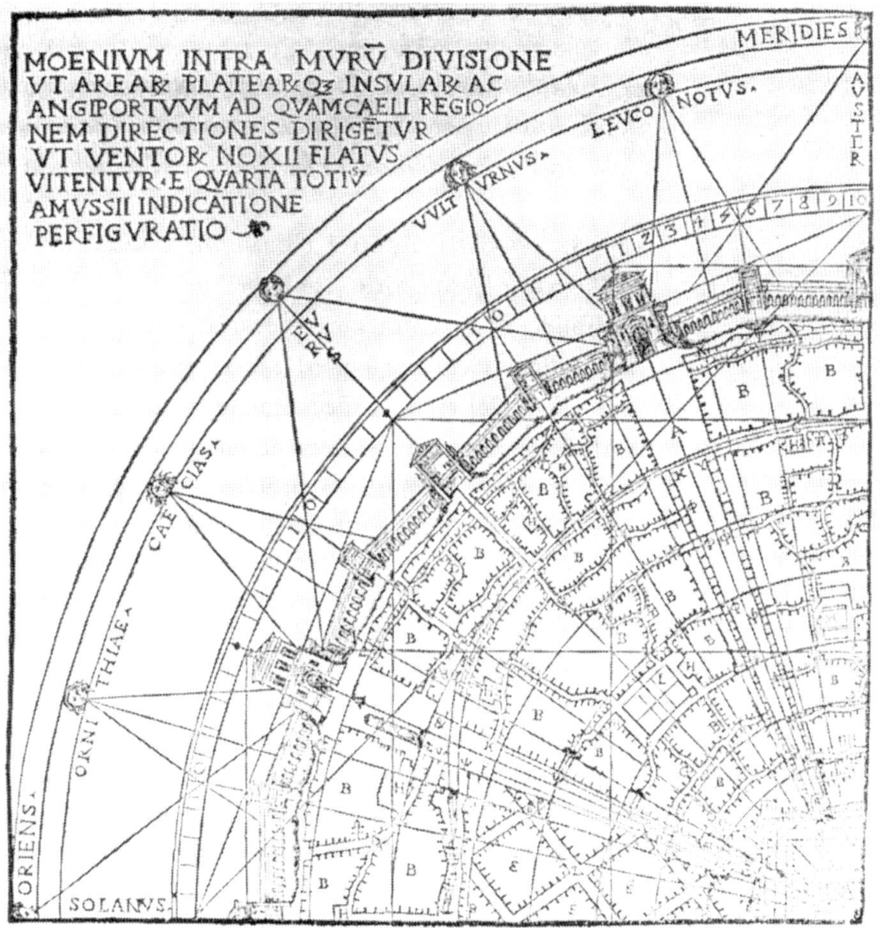

Abb. 7.12: Vitruv-Ausgabe, C. Cesariano, 1521

Autschlußreich ist der Bericht von de l'Orme über den Belastungsversuch der Deckenbalken in seinem Wohnhaus in Paris in Anwesenheit des Königs Heinrich II. und seines Hofes. Ein Balken (poutre) setzte sich aus 225 und der andere aus 263 Brettstücken zusammen. Die Probebelastung erfolgte mittels zweier Schraubwinden. „Der Druck war so groß, daß die Decke und Boden und Wände sich hoben, ohne daß die Balken auch nur eine halbe Fingerbreite nachgegeben hätten."[28]

Das zweite Werk von de l'Orme erschien 1567 und umfaßt unter dem Titel „Le premier tome de l'architecture" neun Bücher: Buch I – Grundlagen des Bauens, Baustoffe, grafische Darstellung/Modell, II – praktische Geometrie, Vermessung, Fundamente, III – Steinschnitt, Bogenaustragung bei Gewölben, IV – Gewölbe, V VIII Säulenordnungen, Proportionslehre, IX – Kamine, X–XI Nouvelles Inventions. De l'Orme rät, gelehrte Architekten zu suchen „Le conseil des doctes Architectes estre le vray fondement de bien bastir" (folio 7 verso).

Mit Berufung auf Vitruv und Alberti empfiehlt de l'Orme für die Architekten eine breite Wissenspalette, die auch Mathematik, Philosophie, Perspektive und Geschichte umfassen sollte (folio 9r-10v°).

In den Büchern II und III stellt de l'Orme unter Erwähnung von Vitruv pythagoräische Dreiecke (f. 35 r–36 v) unter Benutzung des Winkelscheits (équierre), der Meßlatte und des gleichseitigen Dreiecksinstrumentes (triangle équilateral) vor. Es folgen Schablonen (moules), die z. B. für die

Abb. 7.13: Übersicht: Traktate 15.–17. Jh. (1400–1620)

A – Festungsbau und Instrumentenbücher

C. Kyeser (1)
De Bellifortis, 1405

Mariano di Jacopo Taccola (2)
De Rebus Militaribus, 1449
De Ingeneis, 1427–41

B. Ghiberti (3)
Zibaldone, 1380–1400

Giovanni da Fontana (4)
Bellicorum Instrumentorum liber, 1420

Roberto Valturio (5), 1455
De re militari, 1472 (mit 82 Holzschnitten von Fra Giocondo)

A. Dürer
Unterricht zur Befestigung der Stett, Schloß, Flecken, 1527

N. Tartaglia (6)
La nova sciencia, 1537

Jacques Besson
Theatrum instrumentorum et machinorum, 1569 (Stiche von J.A. Ducerceau le père)

Guidobaldo del Monte
Mechanicorum liber, 1577

A. Ramelli
Le diverse et artificiose machine, 1588

D. Speckle
Architektur der Vestungen, 1589

Jaques Perret
Des fortifications, 1594

Bonaiuto Lorini
Trattato delle fortificationi, 1596–97

Francesco de Marchi, 1599

Jean Errard de Bar-le-Duc
La Fortification reduicte en Art et demonstrée, 1600
Livre des instruments, 1584

V. Zonca
Novo teatro di machine ed edificii, 1607

Fausto Verantio, 1595
Machinae novae (1617)

---

(1) Götz Quarg (Übers., Bearb.), Conrad Kyeser, Hrg. Georg-Agricola-Ges. z. Förderung d. Gesch. d. Naturw. u. Technik, Düsseldorf 1967

(2) Knobloch, E., Mariano Taccolas „De Machinis" in: Technikgesch., 48/1 (1981); Scaglia, G., (Ed.)
M. Taccola, Wiesbaden, 1972, 2. vol.

(3) Bibl. Naz. Firenze, BR 228, cl.XVII, 2

(4) Huelsen, C., Der liber instrumentorum des Giovanni Fontana, in: Festschrift für Hugo Blümner, Zürich 1914 S. 507 f.

(5) Horwitz, Mariano und Valturio, in: Geschichtsbl. IX (1912), S. 38

(6) Klemm, F., Zur Kulturgeschichte der Technik, Dt. Museum, München 1979

B – Architekturlehre, Vitruvianismus

L.B. Alberti
De Re Aedificatoria, 1452 (1485)

Antonio di Averlino Filarete (1)
Trattati d'architettura, 1451–64

Francesco di Giorgio Martini (2)
Trattati di architettura ingegneria et arte militare, 1482

Fra Giovanni Giocondo
Vitruv, De Architectura, 1511, lat. Ausgabe (Holzschnitte)

Cesare Cesariano
Vitruv, De Architectura libri decem . . ., 1521, ital. Ausgabe

Walter Ryff
Vitruvius Teutsch, 1548
deutsche Ausgabe

Daniele Barbaro
Vitruv, I dieci libri, 1556
(Stiche von Palladio)

Sebastiano Serlio (3)
Trattato di Architettura, IV libro, Regole generali di architettura 1537, libri III, II, I, V, VII (1540–51)
extraord. libro (1551)

Pietro Cataneo
I quattri libri di architettura, 1554

Hans Blum
Von den fünff Säulen, 1570

Jacopo Barozzi da Vignola
Regola delli cinque ordini di architettura, 1562 (ohne Städtebau)

Philibert de l'Orme
Nouvelles Inventions pour bien bastir et à petits fraiz, 1561;
Le premier tome de l'architecture, 1567 (ohne Städtebau)

A. Palladio
I quattro libri dell'architettura, 1570

Rodrigo Gil de Hontañon
(Simon Garcia, 1681–83)
Compendio de arquitectura y simetria de los templos . . . etc., ca. 1560–70

Jaques Androuet Ducerceau le père
Livre d'architecture (I, II, III) 1559–72
Les plus excellents Bastiments de France (I, II, 1576, 1579)

Hans Vredeman de Vries
Theatrum vitae humane, 1577

Wendel Dietterlin
Architectura . . . fünff Säulen etc., 1598

Vicenzo Scamozzi
L'idea dell'architettura universale, 1615

---

(1) Cod. Magliabechiane II-I-140, in: Bibl. Naz. Firenze: Tigler, P., Die Architekturtheorie des Filarete, Berlin 1963; Fusco, R. de, Il Codice dell'Architettura, Napoli 1968; Wittkower, R., Principi architettonici nell'età dell'umanesimo, Torino 1964, p. 75

(2) Bibl. Naz. di Firenze, Cod. Magliabechiano II-I-141; Cod. Ashburnham 361, Bibl. Laurenziana Firenze; C. Maltese (Ed.), F. di Giorgio Martini, Trattati di architettura ingegneria e arte militare; Papini, R., F. di Giorgio architetto, 1946

(3) De Fusco, R., Il Codice dell'architettura. Antologia di Trattatisti, Napoli 1968

Abb. 7.13 (Fortsetzung): Übersicht: Traktate 15.–17. Jh. (1400–1620)

C – Perspektive (1)

L.B. Alberti
Della pittura, 1436

Piero della Francesca
De prospettiva pingendi, ca. 1450

Jean Pélérin (Viator)
De artificiali perspectiva, 1504

Luca Pacioli (2)
De Divina Proportione (1497), 1509
(Zeichnungen Leonardo da Vinci)

A. Dürer
Unterweysung der Messung, 1525

Jean Cousin (3)
Livre de perspective, 1560

Daniele Barbaro
La pratica della prospettiva, 1568–69
(mit Giovanni Zamberto)

Wenzel Jamnitzer, 1568
Perspectiva corporum regularium

J.A. Ducerceau le père, 1576
Leçons de perpective positive

Jacopo Barrozi (Vignola)
Le due regole della prospettiva pratica con i commentari (del Egnatio Canti), 1583

Guidobaldo del Monte
Perspectivae libri sex, 1600

Simon Stevin
Der Deursichtighe, 1605

Samuel Marolois
Perspective, 1614

Johann Faulhaber
Newe Geometrische und Perspectivische Inventiones, 1610

Gerard Desargues
Méthode universelle, 1636
(A. Bosse, 1648)

---

(1) Gericke, H., Mathematik im Abendland, Berlin etc., 1990, S.175f.; Biral A./Morachiello, P., Immagini dell'ingegnere tra Quattro-e-Settecento, Milano, 1985; Kemp, M., Geometrical Perspective from Brunelleschi to Desargues, Oxford 1985;
Piero della Francesca, De Prospettiva pingendi (ed. G. N. Fasola, 2vols., Firenze 1942); Panofsky, E., La Prospettiva come forma simbolica (ed. G. Neri), Milano 1976

(2) Scritti rinascimentali di architettura. Hrsg. A. Bruschi, C. Maltese, M. Tafuri, R. Bonelli, Milano 1978

(3) Vor dem Traktat J. Cousins erschien „Il secondo libro di prospettiva" von S. Serlio, 1945

D – Arithmetik/Algebra Trigonometrie/Mechanik (1)

L. Pacioli
Summa de arithmetica (1487), 1494

Niccolò Tartaglia
Quesiti et inventione diverse, 1546

Regiomontanus
De triangulis omnimodis libri quinque (1462–64), 1533

Leonardo da Vinci
Codice Atlantico
Codice Madrid, 1491–95

G. Cardano
De subtilitate, 1551

Simon Stevin
De Beghinselen, Der Weegconst, De... Waterwichts, 1586

Galileo Galilei
Le meccaniche, 1593
Discorsi e dimonstrazioni mathematiche, 1638

D 1 – Rechenbücher/ Prakt. Geometrie

L.B. Alberti
Ludi matematici, ca. 1460 (2)

Piero della Francesca
Trattato d'abaco (1470–80)

Nicolas Chuguet
Géométrie, 1475

Francesco di Giorgio Martini
La Praticha di Gieometria, ca. 1490

G. Reisch
Margarita philosophica, Buch VI Geometrie, 1503

Girolamo Cardano
Practica Arithmeticae generalis, 1537
Ars magna arithmeticae, 1545

Orontius Fineus
Liber de geometria practica, 1543

J. Faulhaber
Ingenieurs-Schul, etc., 1630

---

(1) Zur Mathematikgeschichte vgl. Gericke, H., Mathematik im Abendland, Berlin 1990; Duhem, P., Les origines de la statique, Paris 1905; Ramme, W., Über die geschichtliche Entwicklung der Statik ..., Diss. 1939, Braunschweig

(2) Cod. G. IV 29, Genova, Bibl. Univ.; Borsi, F., Leon Battista Alberti, Stuttgart/Zürich 1985, S. 314 f.

E – Steinschnitt- und Handwerkskunst

Philibert de l'Orme
Le Troisième Livre de l'Architecture, 1567

Mathurin Jousse
Le théatre de l'art de Charpenterie, 1627
L'art des sérrurerie, 1637

G. Desargues
La Coupe des Pierres, 1640

F. Derant
L'architecture des voûtes, 1643

F – Denkmäler der Antike

L.B. Alberti
Descriptio Urbis Romae ca. 1434–37
Lettera sull'architettura (1)
(Lettera a Leone X) ca. 1520

S. Serlio
Libro III, 1534–40

A. Palladio
Le antichità di Roma, 1554
Libro IV di architettura, 1570

V. Scamozzi
Discorsi sopra le antichità di Roma, 1582

J.A. Ducerceau
Edifices antiques romains, 1584

---

(1) R. Bonelli, Scritti rinascimentali, 1978, p. 459 ff.; Förster, O. H., Bramante, 1956

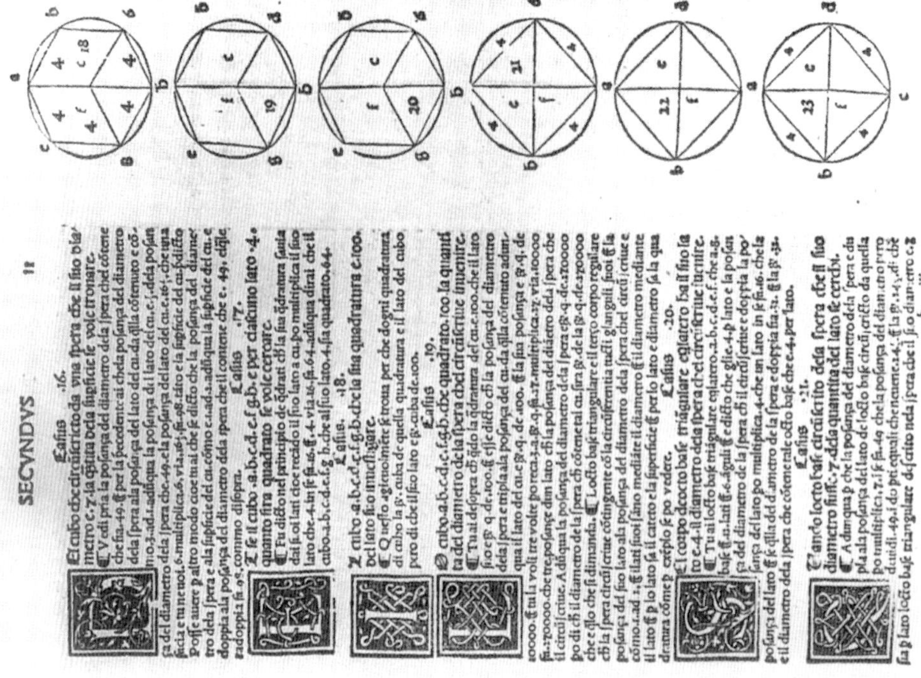

Abb. 7.14: Luca Pacioli, Summa de arithmetica, Geometria, 1594, Venedig

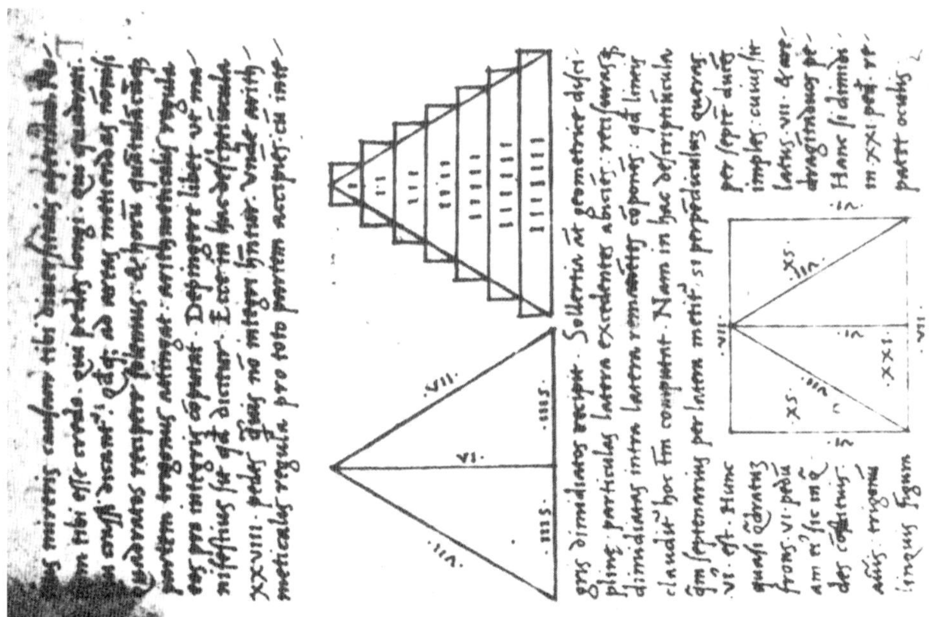

Abb. 7.15: Fra Giocondo, Inhalt des gleichseitigen Dreiecks

Säulenbasen und Gesimsprofile angewendet werden (f. 44 r) (Abb. 7.29). Für die Bemessung der Fundamente empfiehlt de l'Orme Erfahrungswerte. In besonderem Maße wird auf die Projektions- und Gewölbegeometrie eingegangen: Das Herrichten der Quader mit dem Winkelscheit konzentriert sich auf die Flächeneinteilung der Werksteine, das Aufreißen der Bögen, die Lagerfugen, das Herstellen von Schablonen und das Zurichten der Keilsteine (f. 58 r–71 v) (Abb. 7.30).

Im VII. Buch steuert de l'Orme neben den klassischen Säulenordnungen noch verschiedene eigene Variationen und Erfindungen bei („colomnes de l'invention de l'autheur appellées Françoises", f. 218 v). Interessant sind seine Hilfsmittel im Zusammenhang mit dem Entwurf eines Portikus. De l'Orme verwendet ein Quadrat, das ein Rasternetz darstellt. Dieses Verfahren, das von Malern und Bildhauern in der Antike angewandt wurde, kam im 15. Jh. z. B. bei Francesco di Giorgio Martini in seinen Proportionsstudien vor. In der Bauhütte von St. Peter kam im Jahrzehnt 1506–16 das Zeichnen auf kariertem Grund zur Anwendung.[29]

Im Quadratraster von 7 × 7 Einheiten, das von zwei Diagonalen und einem Halbkreis markiert ist, zeichnet de l'Orme die Umrisse einer dreischiffigen Kirche ein, die eine ziemlich exakte Wiedergabe des geometrischen Schemas für den Aufriß einer Kuppelkirche von Francesco di Giorgio Martini auf fol. 41 r des Cod. Magliabecchiano darstellt (f. 235r°) (Abb. 7.31).[30]

Interessant ist die ihm zugeschriebene Brücke in Chenonceau (Abb. 7.32, 7.33).

- Andrea Palladio (1508–80), Sohn eines Müllers, wurde in Padua geboren.[31] Nach einer Lehre als Maurer („lapicida") war er 1532 beim Bau des Klosters San Michele als „magistro Andrea etiam lapicida q. Petri Gregorii" genannt. Er wirkte dort auch als Bauzeichner und Bauleiter mit.[32]

Seit 1538–40 tritt Palladio, nachdem er auch als „scultore" beim Konvent di Santa Maria di Aracoeli in Vicenza gearbeitet hat, als selbständiger Architekt auf.[33] Die Bekanntschaft mit dem Humanisten und Dichter Giangiorgio Trissino in den 30er Jahren brachte ihn mit den Ideen der damaligen humanistischen Ideale in engere Berührung und verschaffte ihm den Auftrag für den Bau der Villa in Cricoli bei Vicenza.[34]

Palladio nahm bei seinen Romreisen 1541, 1545 bis 47, 1549 und 1554 vor allem antike Bauwerke auf. 1554 veröffentlichte Palladio „Le antichità di Roma" und die „Descrizione delle chiese di Roma", 1556 erscheinen Illustrationen zu Daniele Barbaros Übersetzung und Kommentar des Vitruvius „I dieci libri" und 1570 sein Traktat „I quattro libri dell' architettura". Diesen Traktat gliedert Palladio auf folgende Weise:

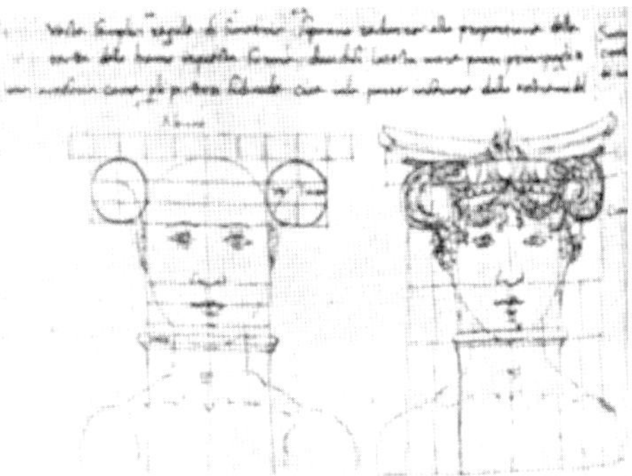

Abb. 7.16: Francesco di Giorgio Martini, Anthropometrische Kapitelle

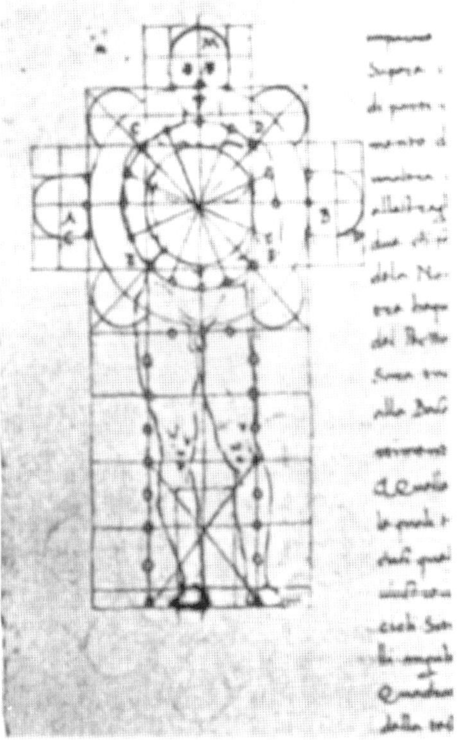

Abb. 7.17: Francesco di Giorgio Martini, Kirchengrundriß

Buch I	Baustoffe, Hausbau, Bauregeln, die fünf Säulenordnungen
Buch II	Die Stadt- und Landvilla (eigene Projekte)
Buch III	Straßen, Brücken, Plätze (eigene Projekte)
Buch IV	Antike Tempel.

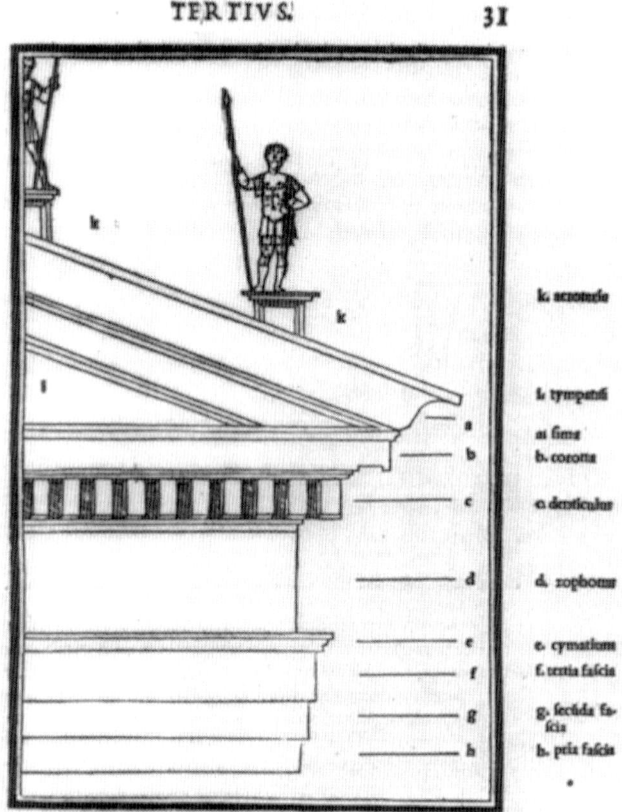

Membra omnia quæ ſupra capitula columnarum ſunt futura, ideſt epiſty
lia zophori, coronæ, tympana, faſtigia, acroteria, inclinanda ſunt in frontis
ſuæ cuiuſq; altitudinis parte. xii. ideo q; cum ſteterimus contra frontes, ab
oculo lineæ duæ ſi extenſæ fuerint, & vna tetigerit imam operis partem, al/
tera ſummam, quæ ſummam tetigerit, longior fiet, Ita quo longior viſus li/
neæ in ſuperiorem partem procedit, reſupinatam facit eius ſpeciem, Cum
au tem (vti ſupra ſcriptum eſt) in fronte inclinata fuerint, tunc in aſpectu

Abb. 7.18: Fra Giovanni Giocondo, Vitruv-Ausgabe, 1511

Im ersten Buch erwähnt er nicht nur die Lehre Vitruvs und Albertis, sondern auch „Messer Giacomo Sansovino Scultore & Architetto", der in Venedig gebaut hat und in Vicenza, „Città non molto grande di circuito . . ., ove ho avuto occasione di praticare" (p. 5). Ferner werden die fünf Säulenordnungen, die arithmetischen und geometrischen Proportionen der Räume (Cap. XXIII) und u. a. die Hausbedeckung dargestellt.

Im zweiten Buch bespricht er in der Regel die eigenen Entwürfe und Projekte der Villen und Palazzi. Seine Villen, Landhäuser und Palazzi, die er seit den fünfziger Jahren des 16. Jh. gebaut hat (Villa Thiene, Sarego, Badoer, Zeno etc.), wurden aus einem Grundrißschema entwickelt: ein symmetrischer Kernbau mit offenen Loggien (Portiken) und ein großer Saal in der Mittelachse, zwei, drei Zimmer an beiden Seiten und dazwischen die schmalen Treppentrakte. Durch die Verlegung der Treppen nach außen in die Ecken, wie z. B. bei Villa Cornaro und Villa Pissani, erhält der Saal die Breite der Loggia (Abb. 7.34, 7.35).[35]

Die Übertragung des Portikus auf Wohnbauten stellte ein Novum dar. Damit wurde ein Motiv der antiken Tempel mit einer Hauswand verbun-

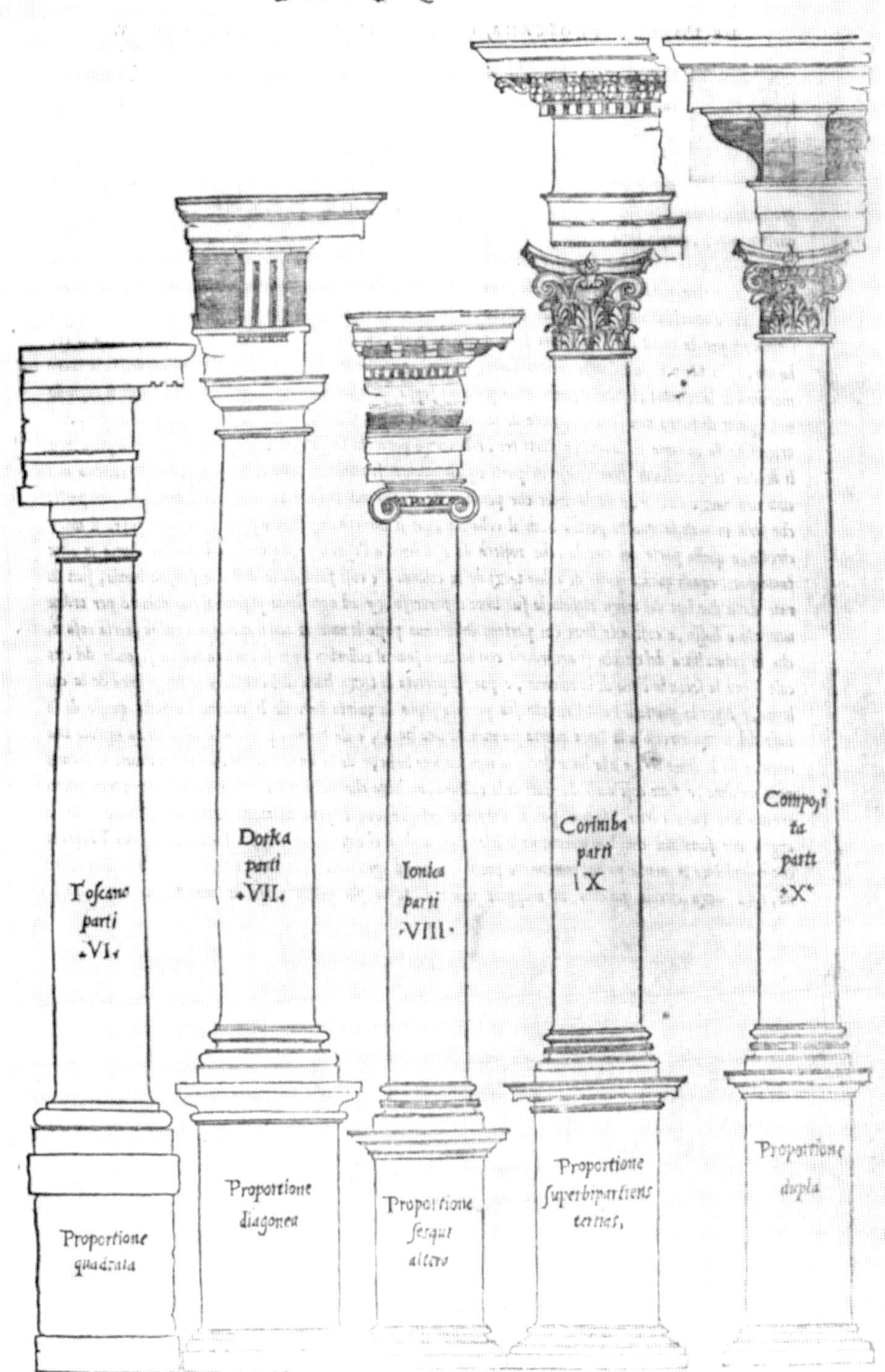

Abb. 7.19: S. Serlio, Fünf Säulenordnungen (Die Säulen wurden auf Piedestale gesetzt.)

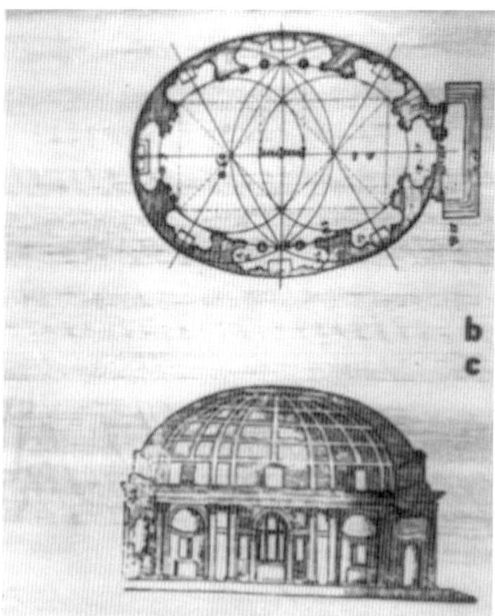

Abb. 7.20: S. Serlio, Oval-ellipsoide Raumform einer Kirche nach Peruzzi

den. Das Thema konnte Palladio der Umgebung und dem besonderen Zweck des Hauses entsprechend variieren.[36]

Nach einem römischen Aufenthalt 1545 erhielt Palladio den Auftrag für die Umgestaltung des Palazzo della Ragione (1549). Das alte Rathausgebäude umgab Palladio mit zwei Arkadengeschossen und verwendete dabei das nach ihm benannte „Palladio-Motiv“ „Serliana“ aus einem mittleren breiten Bogen, der von zwei schmalen Öffnungen flankiert wird, die von einem Gebälk abgeschlossen werden.[37]

Sein Ziel war die Anwendung des klassischen antiken Basilikatypus für die Erfordernisse seiner Zeit um 1530. Auch bei der Planung der Palazzi standen Palladio einerseits die Grundrisse antiker römischer Bauwerke, andererseits für die Herleitung der Fassade die römischen Paläste von Bramante und Raffael als Vorbilder zur Verfügung.

Die Organisation der Fassade lautet: Rustika im Erdgeschoß und die glatte Wand des „piano nobile“ mit Halbsäulen, Fensteröffnung umrandet mit Frontons, Attikageschoß mit kurzen Pilastern. Die Verzierung der Fenster durch Masken an den Schlußsteinen waren Zutaten Venedigs und der „terra ferma“.[38]

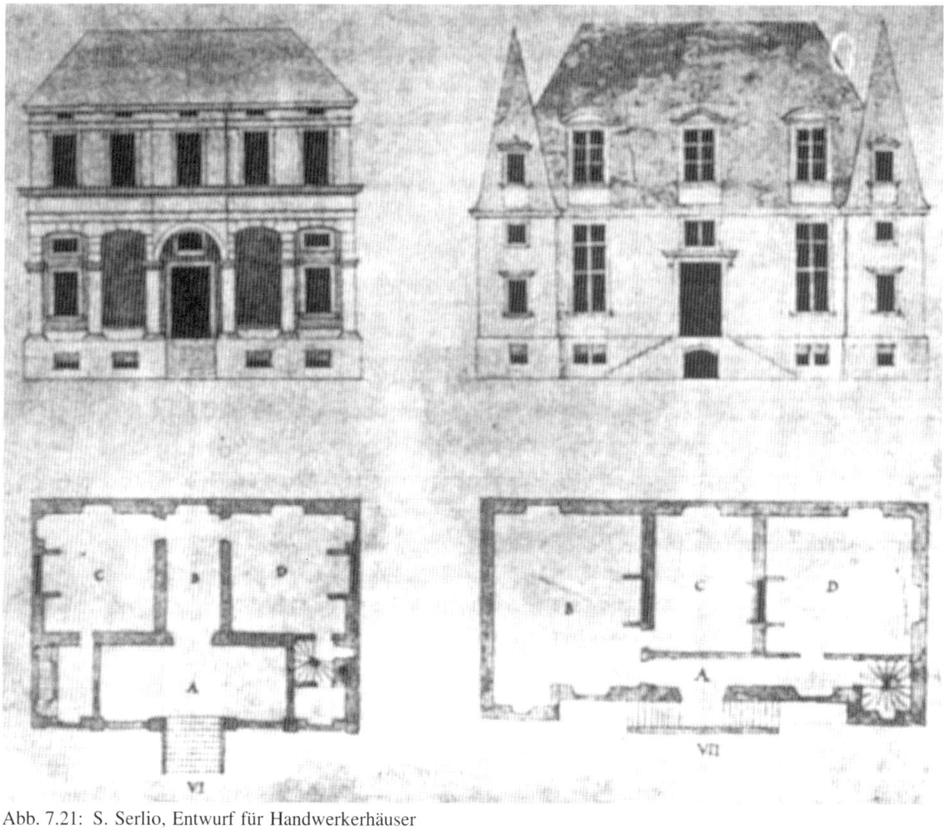

Abb. 7.21: S. Serlio, Entwurf für Handwerkerhäuser

Abb. 7.22: S. Serlio, Dachkonstruktionen

Für die Kirche empfahl er die Tempelfront aus Tympanon, getragen von je zwei Kolossalsäulen auf hohen Piedestalen, im Grundriß ein Langschiff mit abgerundeten kurzen Querschiffarmen und in der Vierung die Kuppel (S. Francesco della Vigna 1562; S. Giorgio Maggiore 1566; Il Redentore 1576) (Abb. 7.36).[39]

Im dritten Buch der Quattro libri werden Projekte für öffentliche Bauten, darunter Straßen und Brücken besprochen. Auch bei der Brücke, die er als „strada fatta sopra dell'acqua" versteht, gibt es antike Vorbilder. In zwei Abschnitten behandelt Palladio die Holzbrücken und die Cäsarbrükke über den Rhein. Für den Conte Giacomo Angarano („il quale è patrone del Ponte") schlug er die Brücke über die Cismone zwischen Trient und Bassano vor, die als doppeltes Hängewerk aus Dreiecksstabwerken konstruiert ist. Seine verbesserte Version stellt die Form des reinen einfachen Ständerfachwerks mit Durchtrieben dar.

Die nach der Mitte ansteigenden Diagonalen nehmen bei der vorgegebenen Dimensionierung nicht nur Druckkräfte auf. Obwohl die Idee des stabilen Dreiecks in Palladios Entwürfen klar zum Ausdruck kommt, hat sie weder im 17. noch im 18. Jh. eine Weiterentwicklung gefunden.

Damals konnten die Zimmermeister aus Fertigungsgründen die Knotenverbindungen für wechselnde Kräftewirkungen und wechselnde Lastfälle nicht herstellen. Die Streben endeten nicht axial in den Knotenpunkten, sondern ausmittig in den Hängesäulen oder im Gurt (Abb. 7.37).[40]
Nach seinem Plan wurde auch die Bassano-Brücke (Bassano del Grappa) als gedeckte Holzbrücke, die sich auf Pfahlreihen und doppelte Sprengwerke stützt, gebaut.[41]

Nach antik-römischem Vorbild konzipierte Palladio die Projekte für eine steinerne Brücke in Vicenza mit drei Segmentbögen von 60 und 48 Fuß (ca. 18 und 15 m) und für die Rialto-Brücke 1552 und 1570. Das letzte Projekt, im Libro III (pp. 26–27) abgebildet, stellt eher einen Idealplan dar.[42]

- Vicenzo Scamozzi (1548/52–1616) wurde von seinem Vater, einem Zimmermann, ausgebildet. Sein bedeutendster Bau ist die Procuratie Nuove in Venedig.

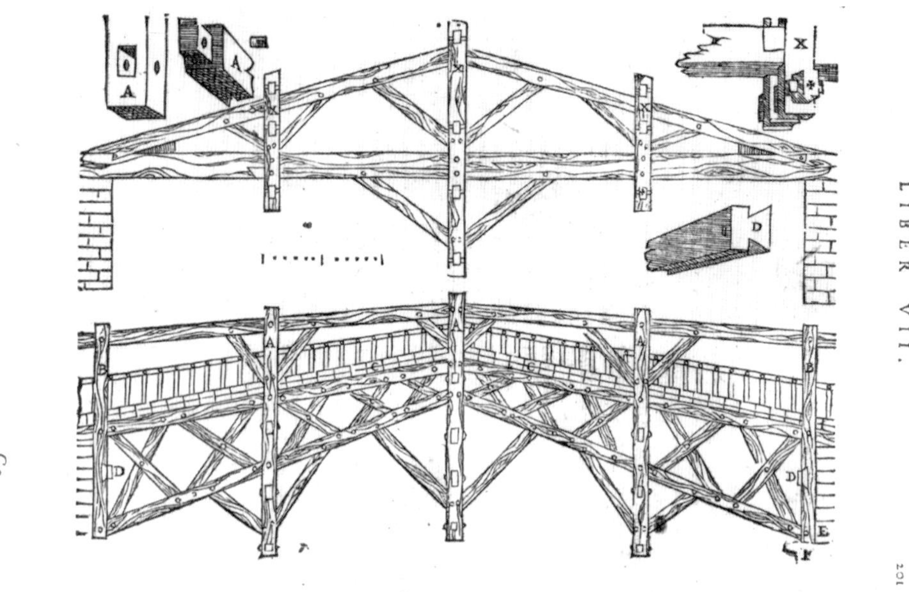

Abb. 7.23: S. Serlio, Entwurf für einen Dachstuhl und für eine Brücke

Nach seinen Reisen nach Süditalien, Neapel und Rom verfaßte er seine „Discorsi sopra le antichità di Roma" (1582). 1615 erschien sein Hauptwerk „L'idea dell'architettura universale", die letzte akademische Abhandlung der Renaissance. Von den zehn Büchern sind nur die Bücher I–III und VI–VIII gedruckt worden.[43]

Von Interesse für die Konstruktionsgeschichte ist sein Entwurf für eine hölzerne Brücke mit der Bezeichnung „Ponte artificiosis de legami armati coperto" (Abb. 7.39).

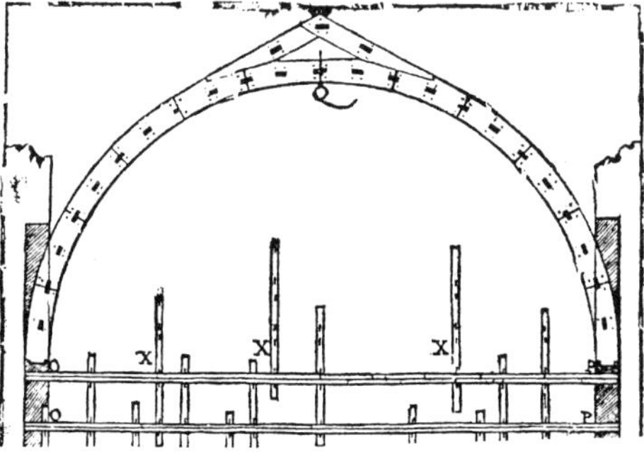

Abb. 7.24: Ph. de l'Orme, Entwürfe für Holzbogenkonstruktionen, 1561

Abb. 7.25: Philibert de l'Orme, „Basilika“ mit Bohlendach, 1561

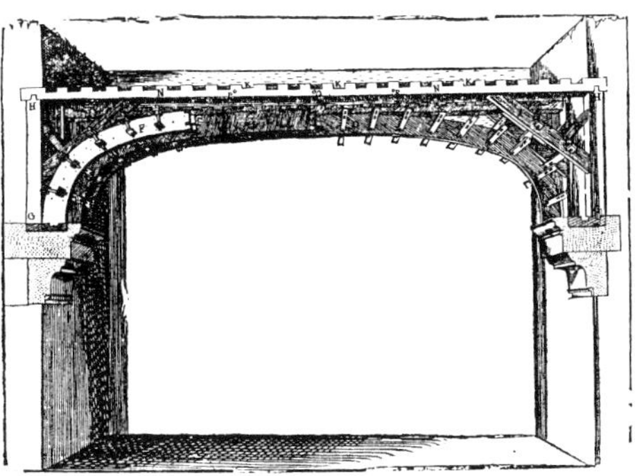

Abb. 7.26: Ph. de l'Orme, Schnitt durch die Decke des Saals und Grundriß der „Basilika“, 1561

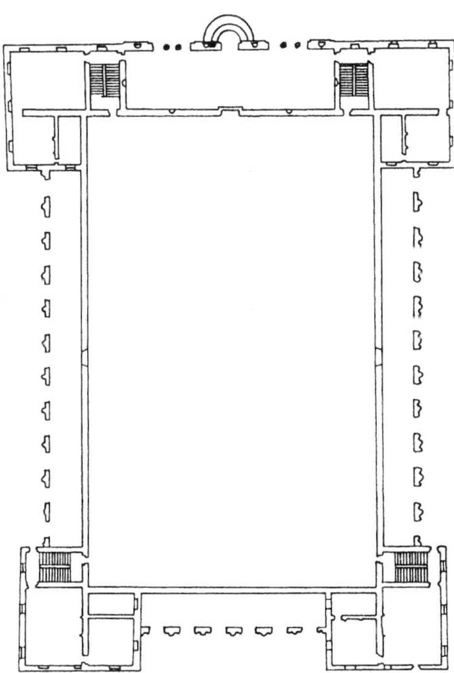

Abb. 7.27: Bohlendach aus nebeneinander hochkantig gestellten Brettern, 1561

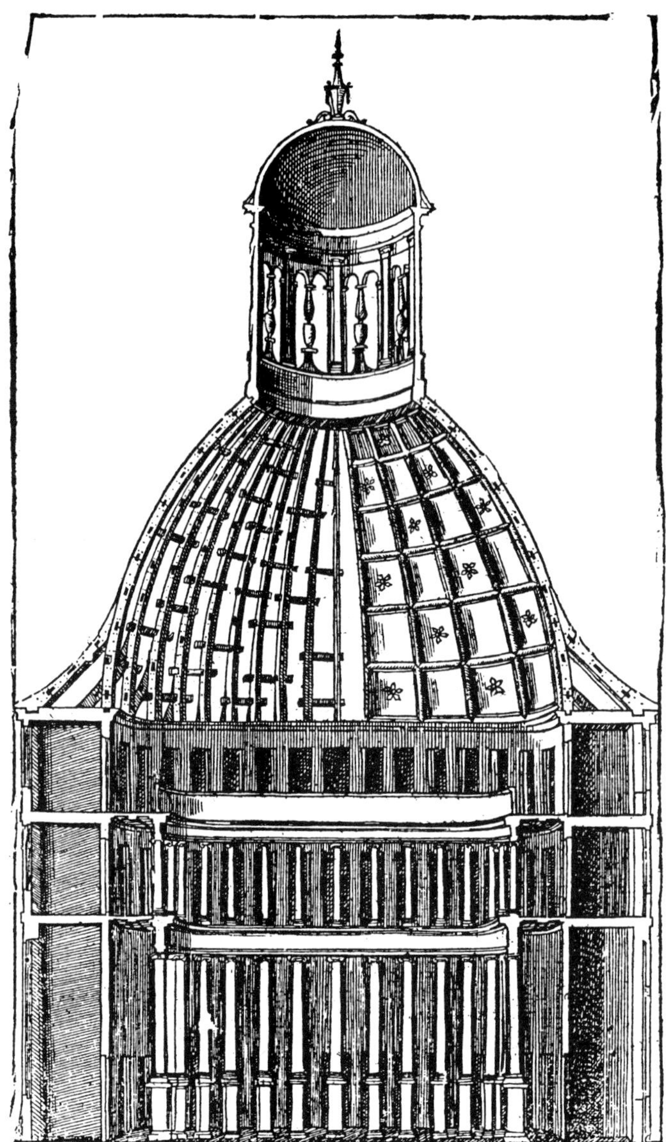

Abb. 7.28: Ph. de l'Orme, Entwurf für ein Kloster, Querschnitt, 1561

Die Brückenbahn ist mit einem Säulengang überdeckt, in der gleichen Weise wie Palladios Bassano-Brücke. Der mittlere Teil zeigt oberhalb der Brückenbahn, als Geländer, einen fast modernen Parabelträger mit einer merkwürdigen Anordnung der Streben, die nicht nach der Mitte der Parabel fallen, sondern genau umgekehrt. Nach der Seitenansicht eines Brückenwiderlagers – in der Bildmitte unterhalb der Fahrbahn dargestellt – stützte sich die Konstruktion auf neun Sprengwerksbinder.

Fast zeitgleich entwarf F. Verantio originelle Hänge- und Sprengwerkskonstruktionen, die in seinem Traktat „Machinae novae" 1595 und 1617 veröffentlicht wurden (Abb. 7.38).

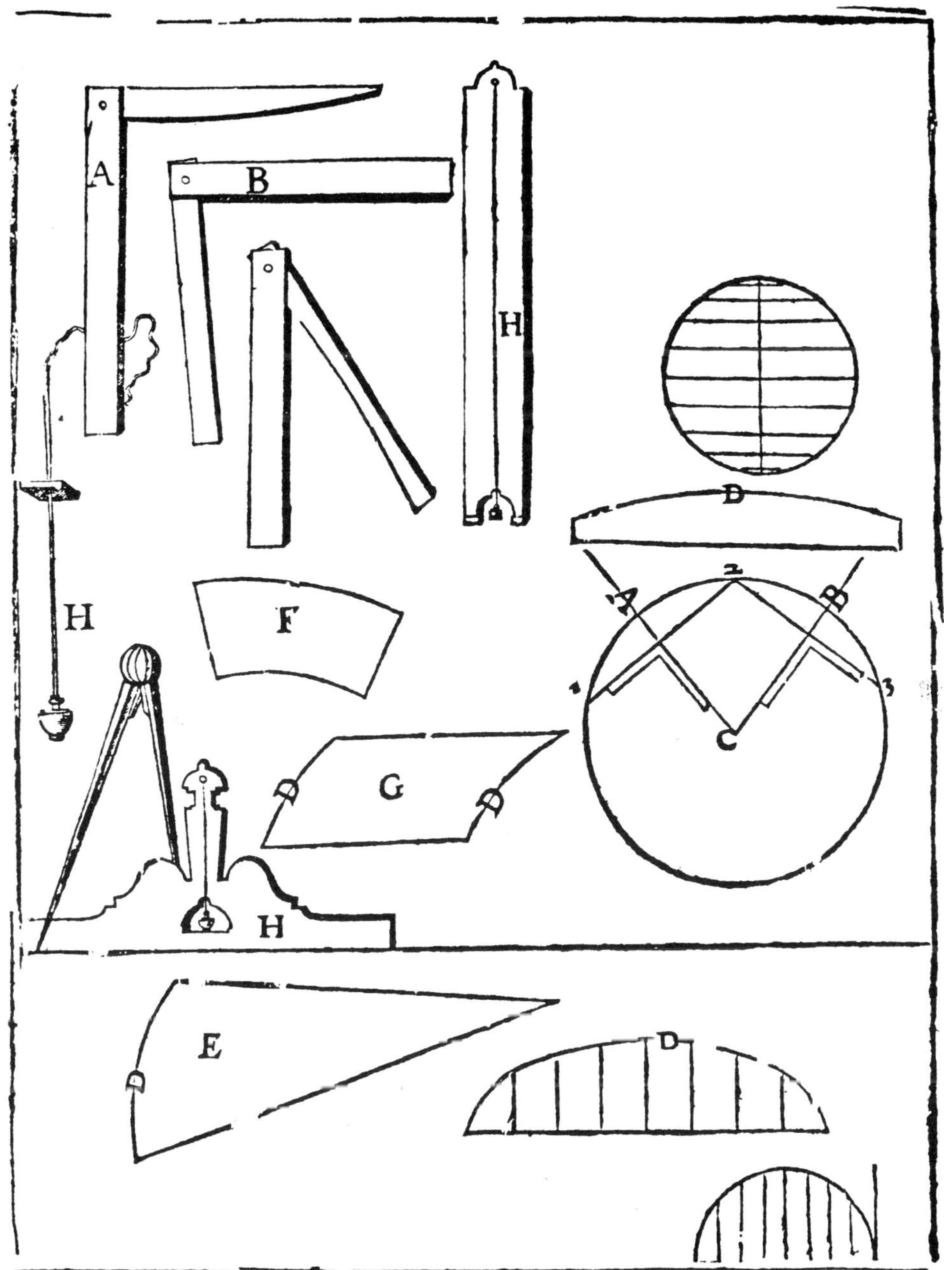

Abb. 7.29: Ph. de l'Orme, Meßinstrumente des Steinmetzen

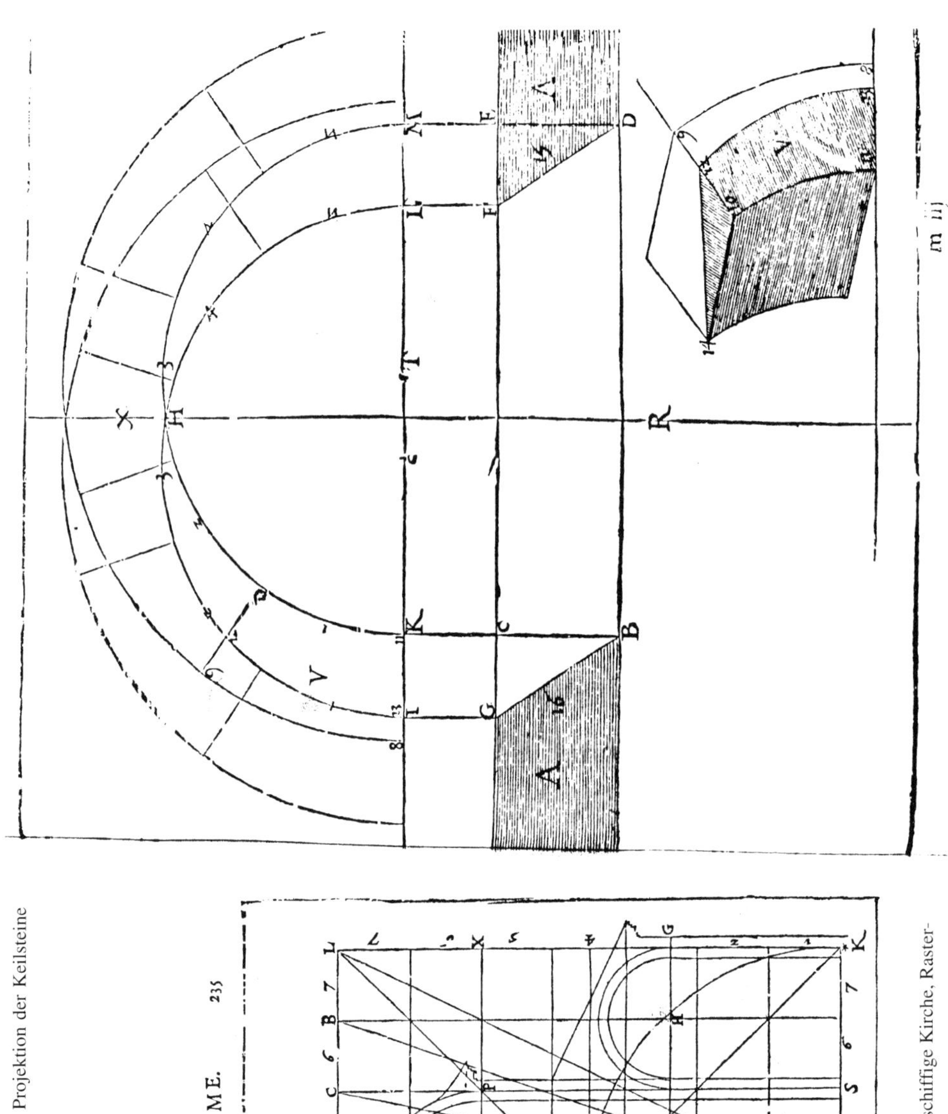

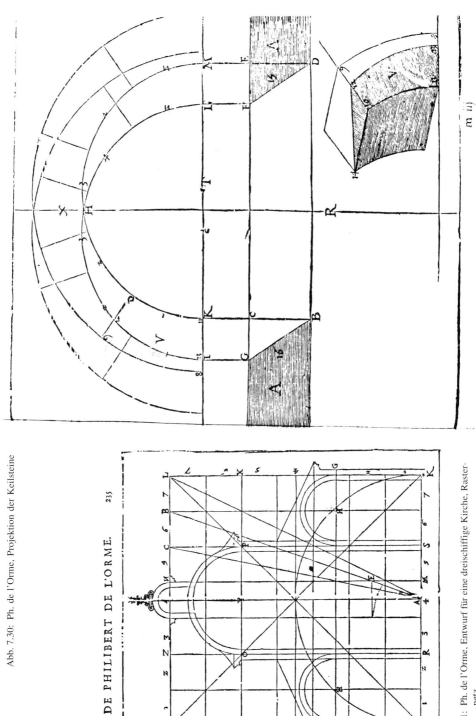

Abb. 7.30: Ph. de l'Orme, Projektion der Keilsteine

Abb. 7.31: Ph. de l'Orme, Entwurf für eine dreischiffige Kirche, Rasternetz

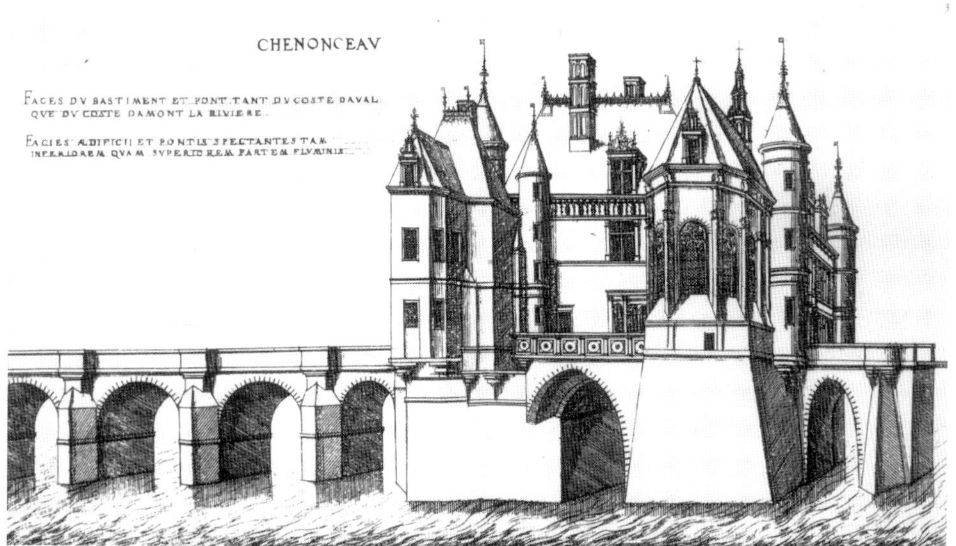

Abb. 7.32: Ph. de l'Orme, Chenonceau, Brücke über den Cher, 1556–60
Stich von Jacques Androuet Ducerceau, um 1570–75

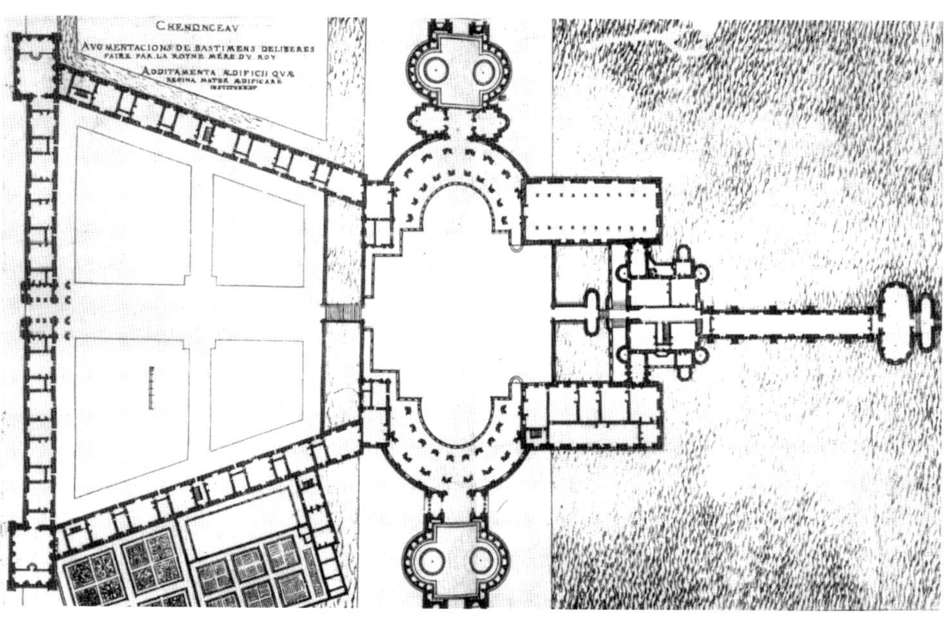

Abb. 7.33: Chenonceau, Grundriß
Stich von J. A. Ducerceau

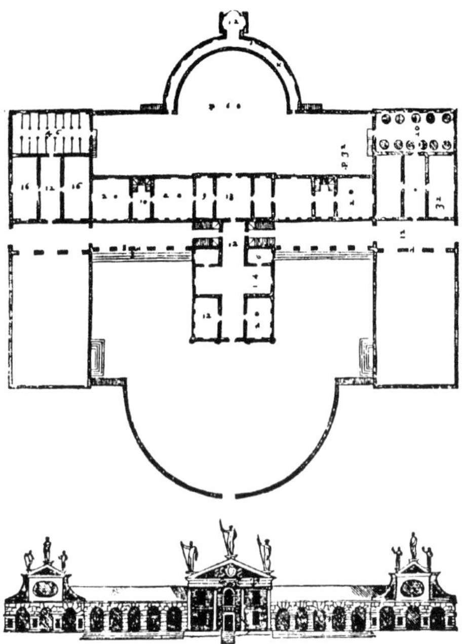

Abb. 7.34: A. Palladio, Villa Barbaro (Maser), Grundriß, Aufriß, 1570

2.1.3 Perspektive

Die perspektivischen Kenntnisse des Baumeisters F. Brunelleschi konnten von dem Maler Masaccio, z. B. in seinem Gemälde „Trinität" (1425), angewandt werden.[44]

Erst L. B. Alberti leitet in seiner Schrift „De Pictura libri tres" von 1435 das Sehen einer Bildebene durch Sehstrahlen ein. Die Fläche bildet ein Dreieck, dessen Grundlinie die Strecke und dessen Schenkel die Sehstrahlen seien.[45]

Seine Konstruktion geht davon aus, daß eine quadratisch eingeteilte Grundfläche gezeichnet wird. Alberti gibt nur die Konstruktion innerhalb der Bildebene in proportionaler Verkleinerung an, die auch bei einer Verschiebung der Bildebene entsteht. Als Maß gilt für Alberti die Größe des Menschen innerhalb des Bildes (braccio-Modul = 1/3 Höhe des Menschen).

Den Zentralstrahl nennt er Zentralpunkt. Von dem Zentralpunkt zieht er Linien zu allen Teilen der Basis des Vierecks.[46] Alberti beruft sich auf Euklid, dessen 4. Postulat lautet:

> „Wenn auf derselben Geraden gleiche Strecken liegen, so wird die weiter entfernte kleiner erscheinen",

aber Euklid demonstriert die Gesetze des Sehens und keine Zentralperspektive (Abb. 7.40).[47]

Alberti beschreibt die zur Basis verlaufende parallele Gerade, die durch den Zentralpunkt geht („linea centrica"). Seine Absicht ist klar formuliert. Sie stützt sich auf Euklidische Begriffe der Proportionalität, besonders auf die Eigenschaften von ähnlichen Dreiecken.[48]

Im Grunde genommen konstruiert man das perspektivische Bild eines Quadrates der Grundfläche, dessen untere Strecke die Gerade der Bildebene ist, d. h., daß alle Strecken „a-b" im Bild in wahrer Größe erscheinen: Die in „a" und „b" anschließenden Quadratseiten sind zur Bildebene senkrecht, die zugehörigen Geraden haben daher den Fluchtpunkt „d" (Skizze nach Alberti) auf der Horizontlinie. Die Diagonalen haben bei Alberti noch nicht die Funktion der bifokalen Methode des Malers Paolo Uccelo (1397–1475) im Gemälde „Natività" erreicht. Die Verlängerung der beiden Diagonalen bis zur Horizontlinie hätte zwei Fluchtpunkte ergeben. Von ei-

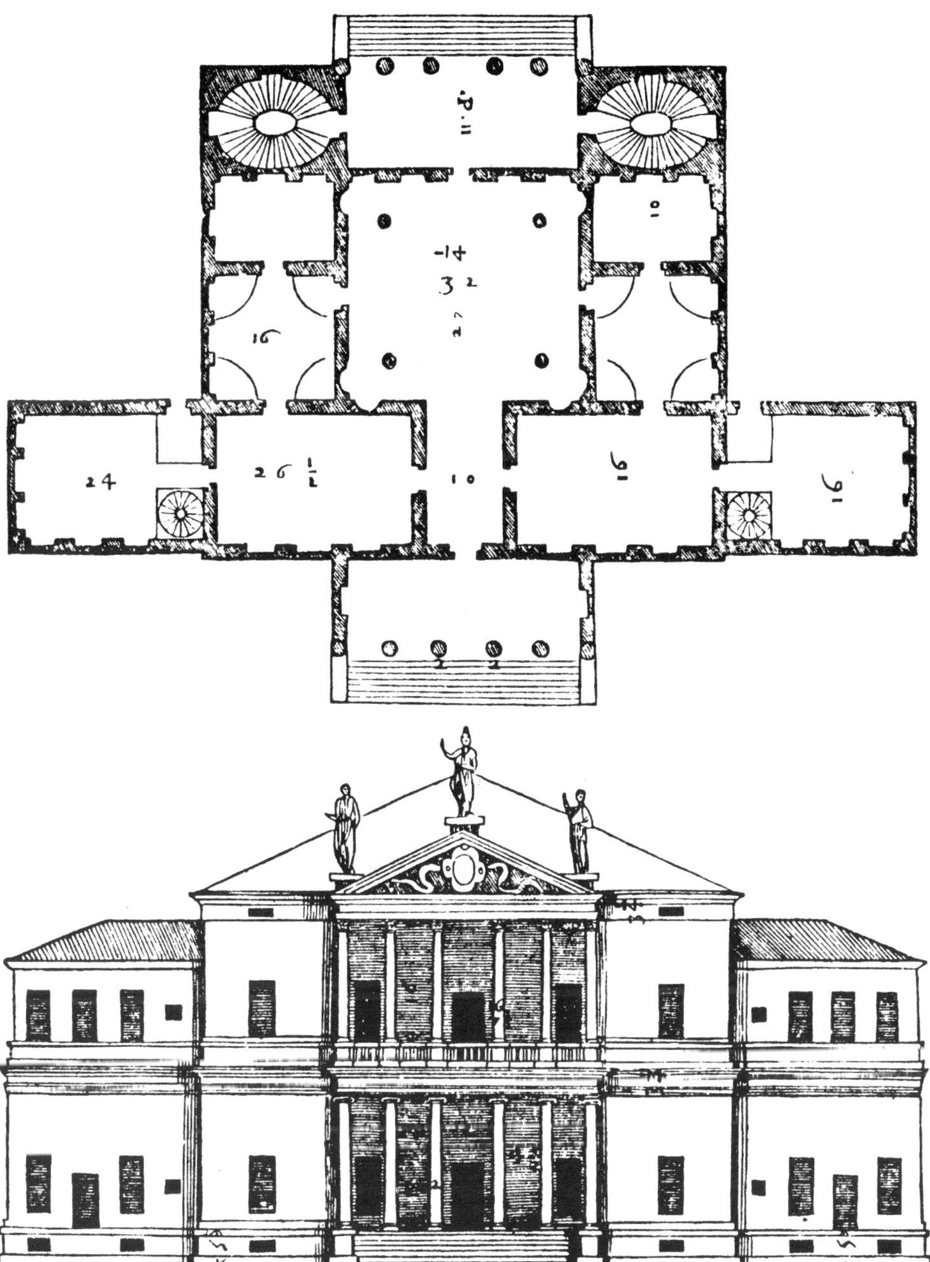

Abb. 7.35: A. Palladio, Villa Cornaro (Piombino Dese), Grundriß, Aufriß, 1570

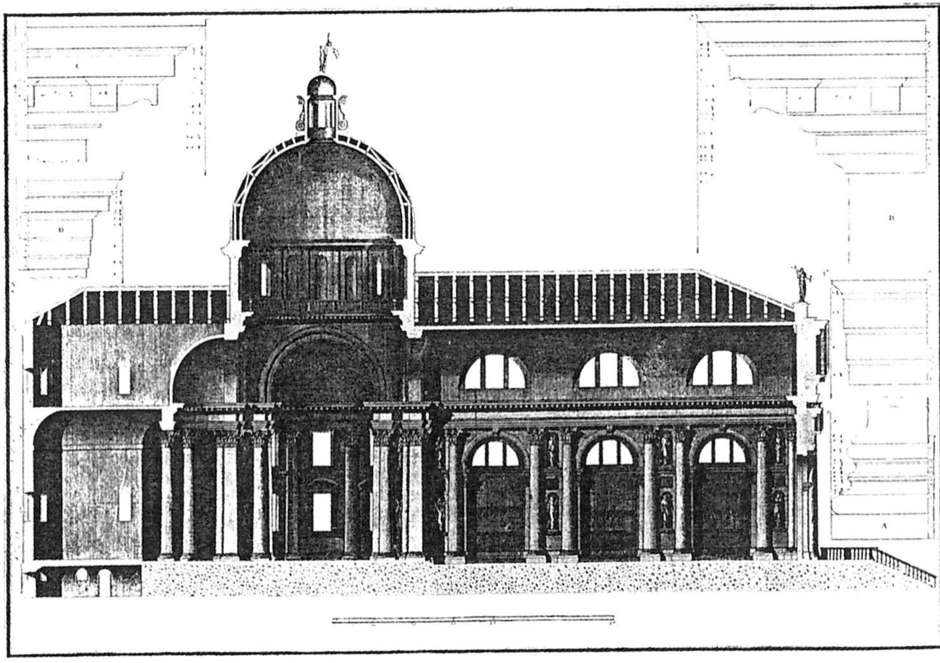

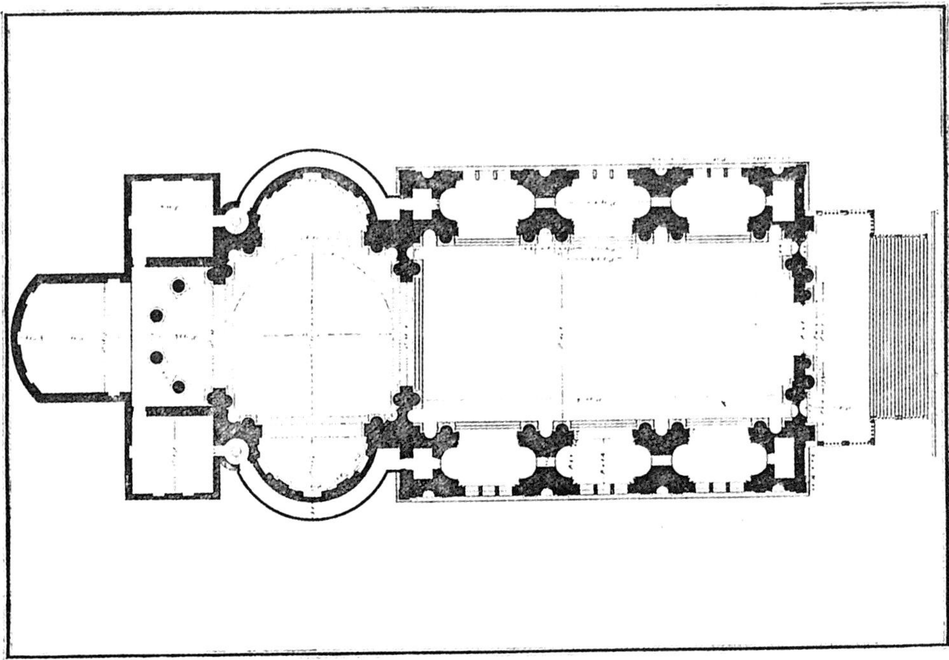

Abb. 7.36: A. Palladio, Il-Redentore-Kirche, Venedig, 1576
oben: Querschnitt
unten: Grundriß

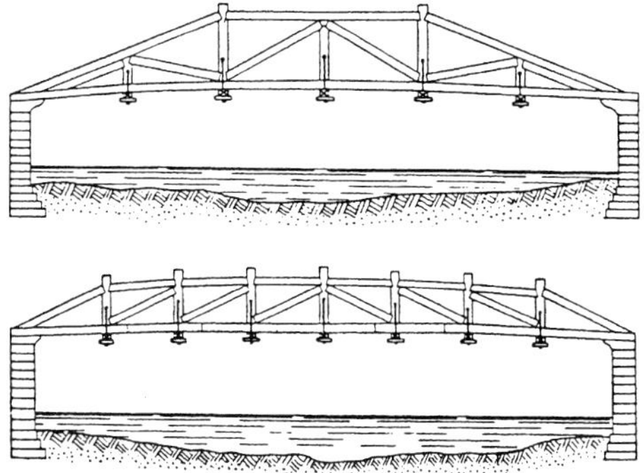

Abb. 7.37: Andrea Palladio, Cismonebrücke zwischen Trient und Bassano, Spannweite etwa 33 m, als Fußgängerbrücke entworfen, doppeltes Hängewerk, 1570.
Andrea Palladios verbesserte Version der Cismonebrücke: Einfaches Ständerfachwerk mit Druckstreben. Der Druckgurt besteht aus Spannriegeln, die in den Hängesäulen versetzt sind. Der Zuggurt trägt nur in den Knotenpunkten Querträger, so daß die Fachwerkgurtstäbe keine Biegespannungen erleiden.

nem seitlichen Fluchtpunkt („punto di distanza laterale") werden Fluchtlinien mit der Geraden der Bildebene verbunden. Wenn man maßstabsgemäß die wahren Längen anderer Bauelemente auf diese Strecke überträgt und die einzelnen Punkte mit dem Fluchtpunkt verbindet, erhält man auf „a–e" das perspektivische Bild des Maßstabes (Abb. 7.40).[49]

Albertis Beschreibung enthält eigentlich etwas ungenaue Angaben über die Plazierung und Größe der Bauten auf der Bildfläche. Die Höhe richtet sich nach der Höhe des Menschen, Längen und Breiten werden in die entsprechenden Parallelen der Grundfläche eingezeichnet (Abb. 7.41).[50]

Piero della Francesca (1420–92), Kunstmaler und Mathematiker, verfaßte nach Alberti die Schrift „De prospettiva pingendi".[51] Francesca beginnt mit dem Quadrat als einfachster Figur. Mit Hilfe der Diagonalen zeichnet er, wie man in das Quadrat ein kleineres Quadrat einzeichnet und auf diese Weise auch andere Quadrate aufteilt (Abb. 7.42).

Die wichtigste Grundlage der Methode ist die Erkenntnis, daß in den perspektivischen Bildern parallele Geraden außerhalb der Bildebene sich in einem Punkt treffen (Abb. 7.43).

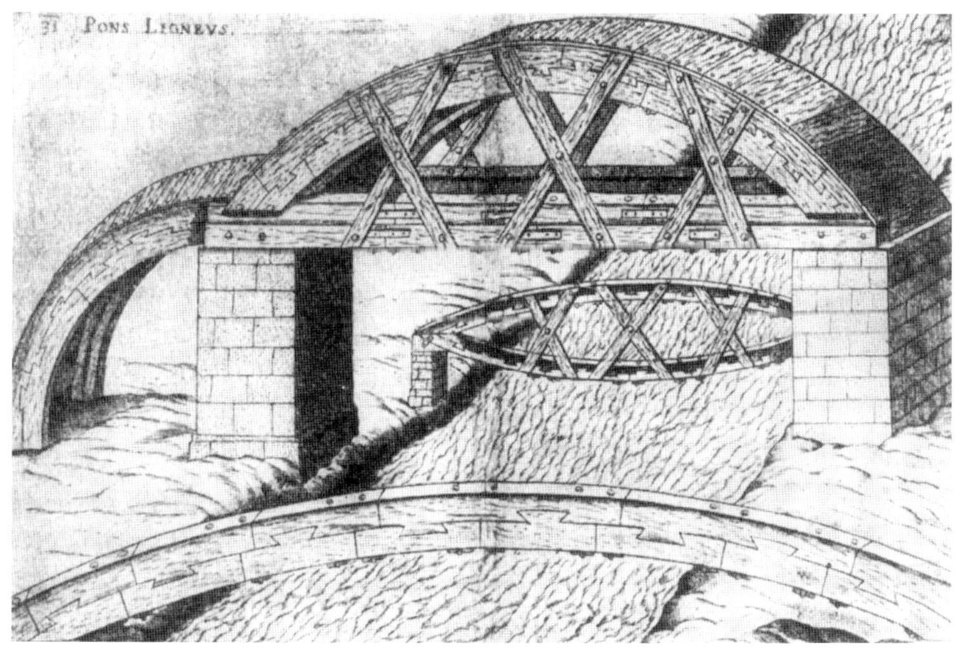

Abb. 7.38: Fausto Verantio, Entwürfe für hölzerne Brücken, aus: Machinae novae, 1595 (1617)

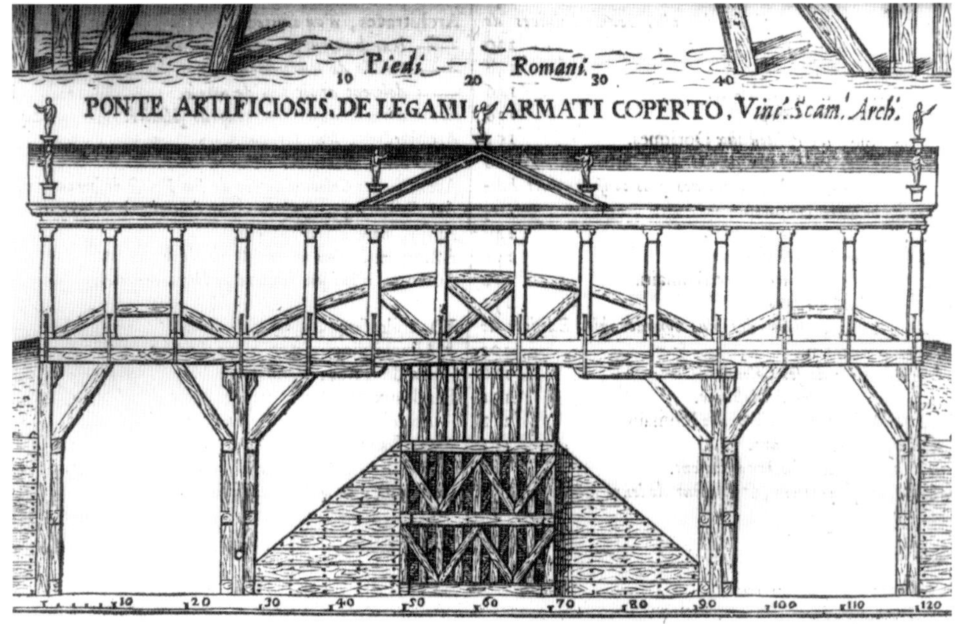

Abb. 7.39: V. Scamozzi, Entwurf für eine hölzerne Brücke, aus: L'idea dell'architettura universale, 1615

Die sogenannte bifokale Perspektive, eine Weiterentwicklung der Zentralperspektive, zeigte Jean Pélérin (Viator) in seiner Schrift „De artificiali perspectiva" von 1504 (Abb. 7.44).

Die Grundebene und den Aufriß zeichnete wie P. della Francesca auch A. Dürer, ebenso die proportionale Verkleinerung des Bildes (Abb. 7.45).

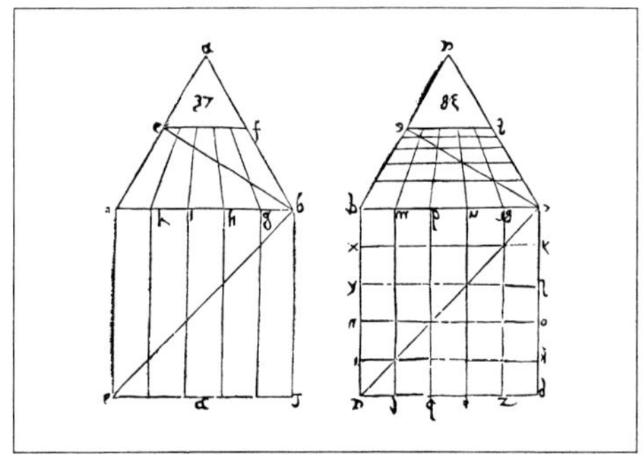

Abb. 7.40: Konstruktion der Zentralperspektive nach L. B. Alberti, De pictura, 1435.
Mit Hilfe der Diagonalen kann man die Proportionen erhalten.

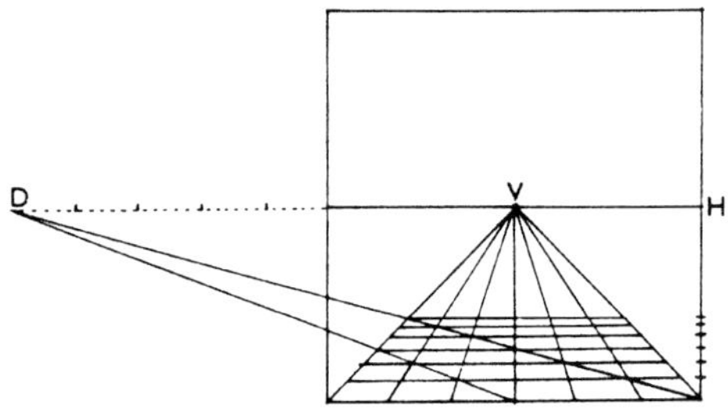

Abb. 7.41: Konstruktion der Zentralperspektive nach L.B. Alberti, 1435
D = Distanzpunkt, H = Horizont, V = Zentralpunkt

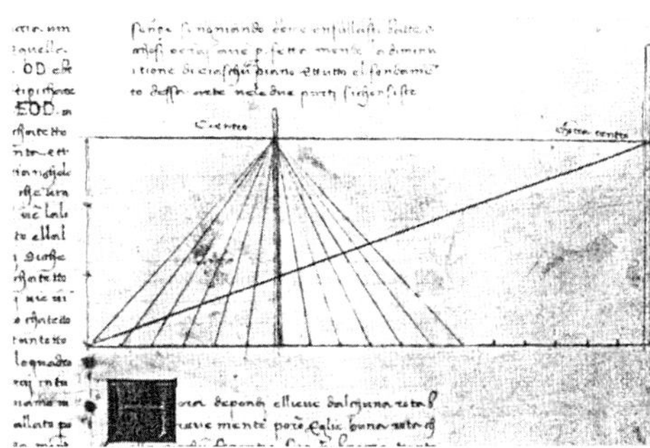

Abb. 7.42: Konstruktion der Zentralperspektive nach Francesco di Giorgio Martini, 1480

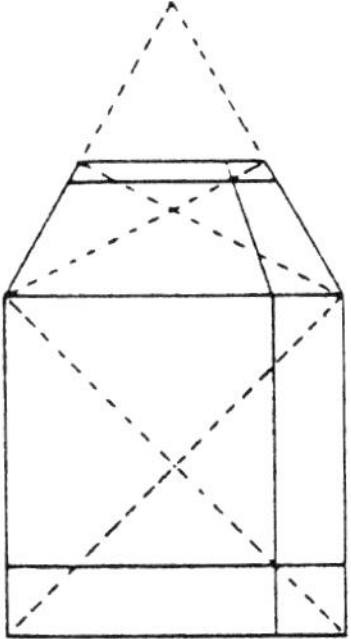
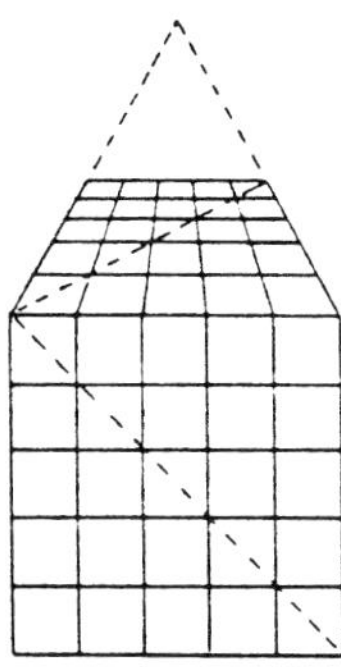

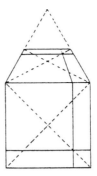

Abb. 7.43: Piero della Francesca, De prospectiva pingendi

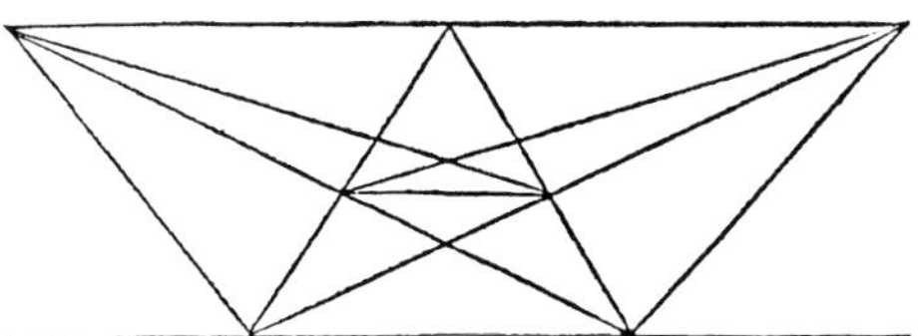

Abb. 7.44: J. Pélérin (Viator), Bifokale Perspektive, 1504

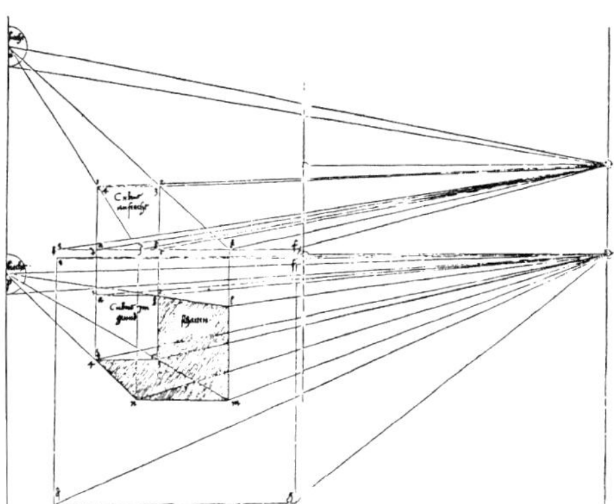

Abb. 7.45: A. Dürer, Perspektivische Projektion des Kubus, Unterweysung der Messung, 1525

Er lieferte einen interessanten Beitrag zur Projektionslehre mit dem ebenen (elliptischen) Schnitt durch einen Kegel.

1545 veröffentlichte S. Serlio im Rahmen seines Architekturtraktats „Il secondo libro di prospettiva". Serlio wendet sich an die Praktiker („ne ni stendero in filosofare o disputare cosa sia Prospettiva . . . ma venendo alla prattica & al bisogno dell' Architetto", p. 18).

Nach ihm beruht die Perspektive auf drei Konstruktionsgrundlagen:

- Grundlinie der Bildebene
- Horizontgerade
- Distanzlinie.

Sein Verfahren, ein Quadrat perspektivisch richtig zu zeichnen, ist ungefähr wie von Alberti und P. della Francesca, obwohl diese Werke ihm damals noch nicht in gedruckter Form vorlagen. Mit Hilfe der Diagonalen zeigt Serlio, wie man das Quadrat

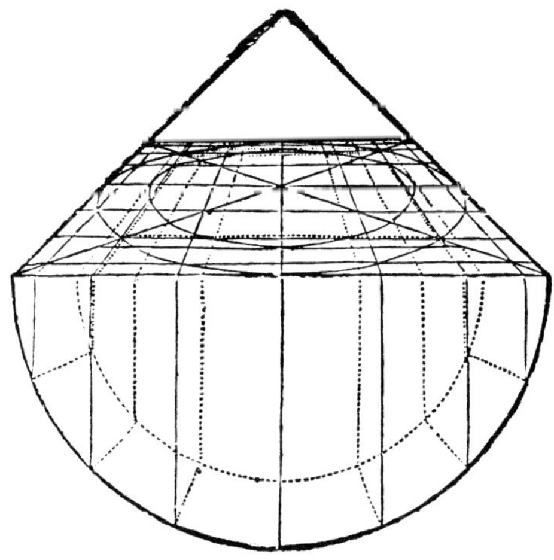

Abb. 7.46: S. Serlio, Zentralperspektive, 1545, Il secondo libro di prospettiva

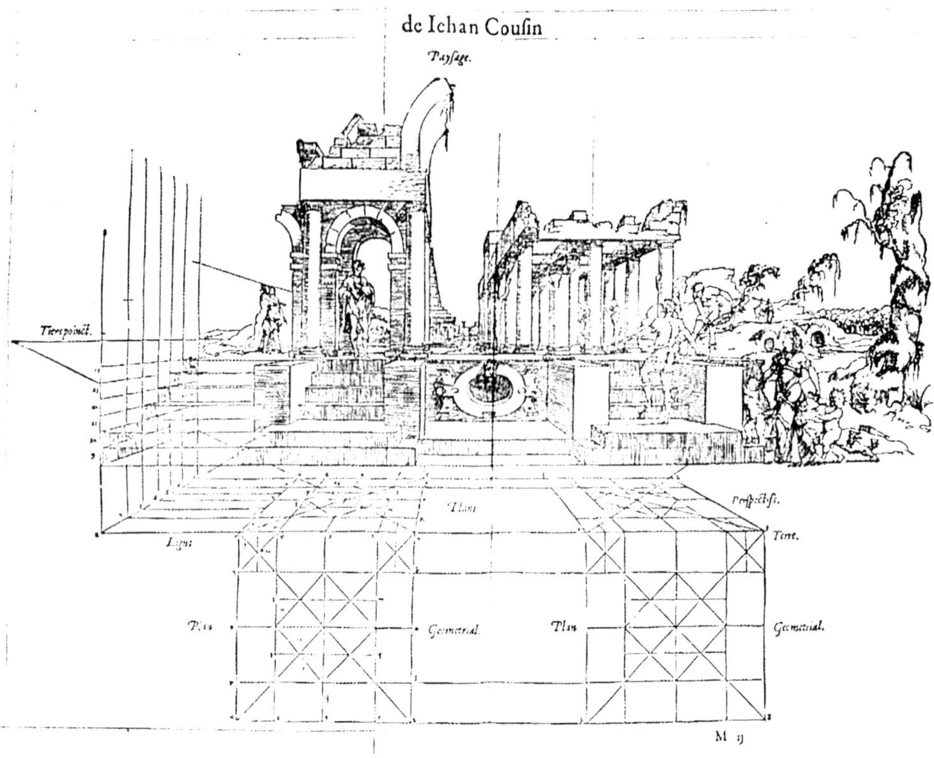

Abb. 7.47: J. Cousin, unten: Grundriß des Quadrats
oben: die perspektivische Wiedergabe, darüber antike Ruine
Livre de perspective, 1560

in kleinere Quadrate aufteilt und einen Kreis einschreibt, der perspektivisch zur Ellipse wird (Abb. 7.46). Ebenso J. Cousin und Ducerceau (Abb. 7.47, 7.48).

Der Traktat von D. Barbaro „La Pratica della perspettiva" von 1569 unter der Mitarbeit des Mathematikers Giovanni Zamberto fußt größtenteils auf P. della Francescas Abhandlung und bringt eine eingehende Einführung in die Benutzung der „Camera obscura"-Effekte, die fast eine „fotographische" Aufnahme vermittelt.[52]

Guidobaldo del Monte (1545–1607), Mathematiker und Festungsbaumeister, veröffentlichte 1600 seine Abhandlung „Perspectivae libri sex", die die Theorie der Perspektive in mathematischer Strenge bearbeitet hat. Erst Guidobaldo del Monte hat den Fluchtpunkt der Perspektive „punctum concursus" geometrisch ausgearbeitet: der Sehstrahl. Im Schnittpunkt des Sehstrahls mit einer Geraden hinter der Bildebene treffen auch die anderen „Parallellinien" zusammen (Abb. 7.49).[53]

Simon Stevin (1548/49–1620), Mathematiker, hat in seinem Buch über die Perspektive („Deursichtighe") sechzehn Definitionen und zwei Postulate aufgestellt:

- Der Objektpunkt, der Bildpunkt und der Augenpunkt liegen in gerader Linie.
- Ein Punkt, eine Linie oder eine Ebene, die in der Bildebene liegen, sind ihre eigenen Bilder.[54]

Eine sehr verbreitete Schrift war die „Perspectiva Practica" eines anonymen Geistlichen aus Paris (ca.1685), deren deutsche Übersetzung 1710 von Johann Christoph Rembold besorgt wurde. Sie enthält Übungen zur Perspektive, die sich zwar auf P. della Francesca, Cousin, Vredeman de Vries und G. Desargues' Schriften stützen, aber in barocker Art eingekleidet sind.

Abb. 7.48: J. Androuet Ducerceau le père, Livre de perspective positive, 1576, Leçon XXXIe

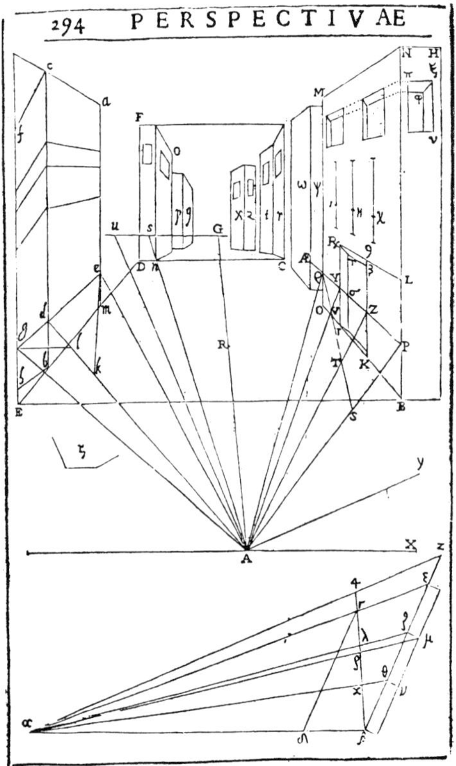

Abb. 7.49: Guidobaldo del Monte, Scenographia
aus: Perspectivae libri sex, 1600

2.1.4 Praktische Geometrie

Ein kolossaler Fundus an vermessungsgeometrischen Regeln bildeten die Schriften über Mathematik des Mittelalters, die auch im 14. und 15. Jh. benutzt wurden.[55] Sie enthielten Anweisungen zur praktischen Ausführung von Vermessungsarbeiten sowie die Beschreibung von Geräten und des Astrolabs (Abb. 7.50 bis 7.55).

Das Astrolab bildete die Himmelskugel ab und eignete sich für die astronomische Beobachtung der Fixsternbahnen. In den beiden oberen Quadranten konnte die Gradeinteilung in je 90° eingetragen werden. In der Mitte gab es ein drehbares Visierlineal, das auch als „alhidade“ bezeichnet wurde (siehe Abschn. VI) (Abb. 7.56).[56]

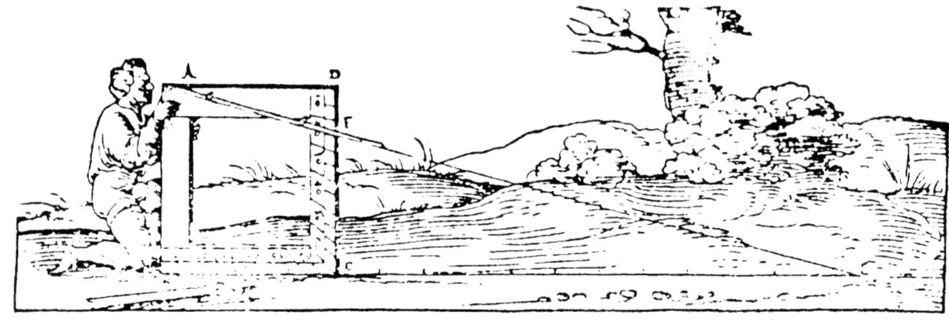

Abb. 7.50: W. Ryff: Visierbrett, 1548

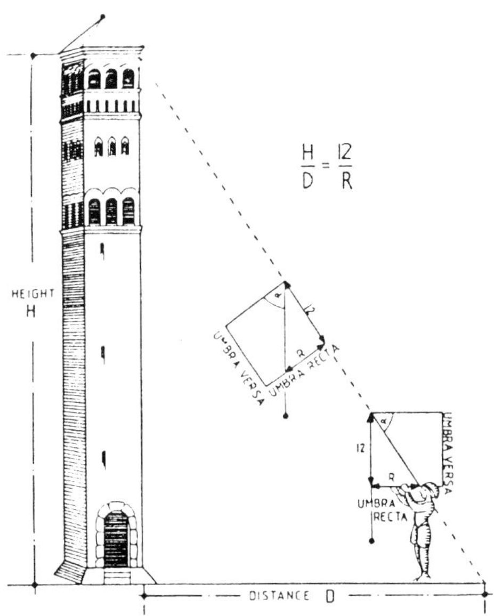

Abb. 7.51: Höhenmessung im 16. Jh. durch ähnliche Dreiecke mit dem Quadrant:
„umbra recta“ – Cotangens (45–90°),
„umbra versa“ – Tangens (0–45°)

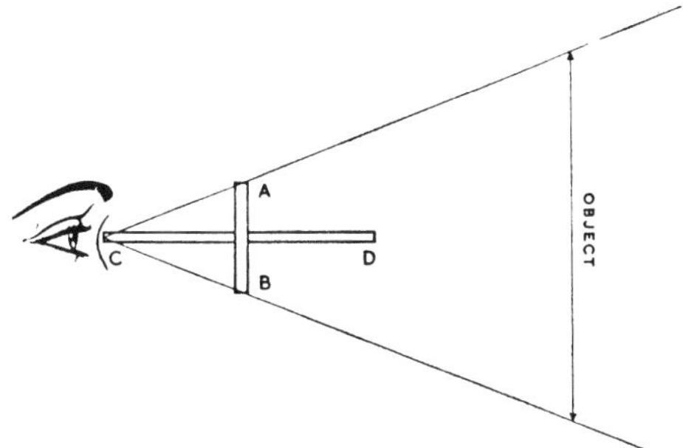

Abb. 7.52: Höhenmessung mit dem Jakobsstab, nach G. Reisch, 1503

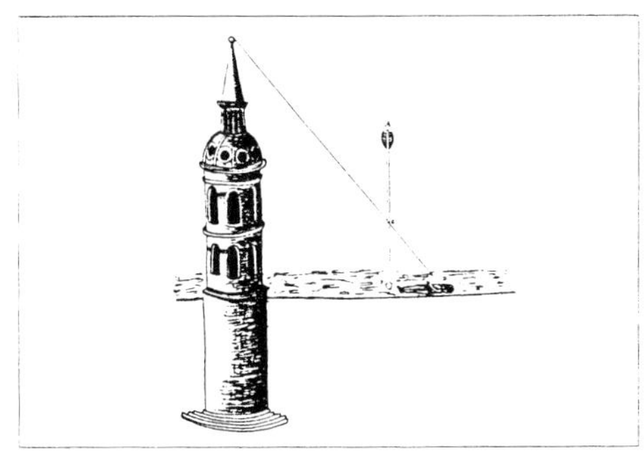

Abb. 7.53: L. B. Alberti, Turmhöhenmessung, 15. Jh. Ludi matematici

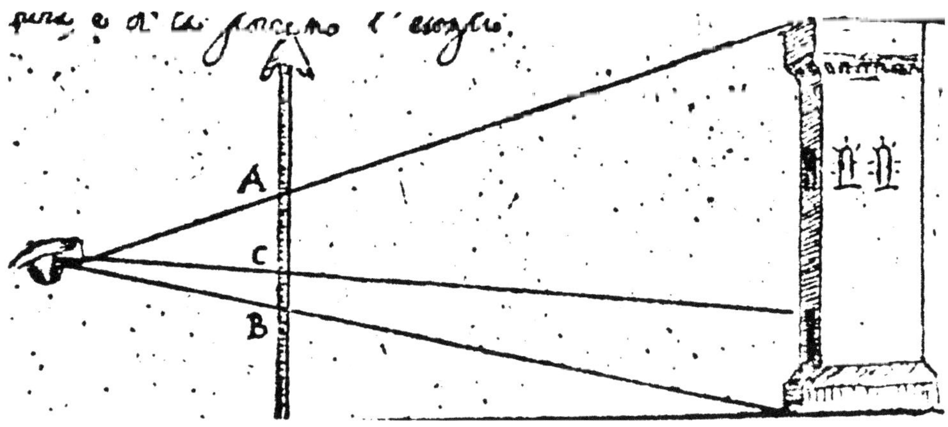

Abb. 7.54: L. B. Alberti, Höhenmessung, Ludi matematici

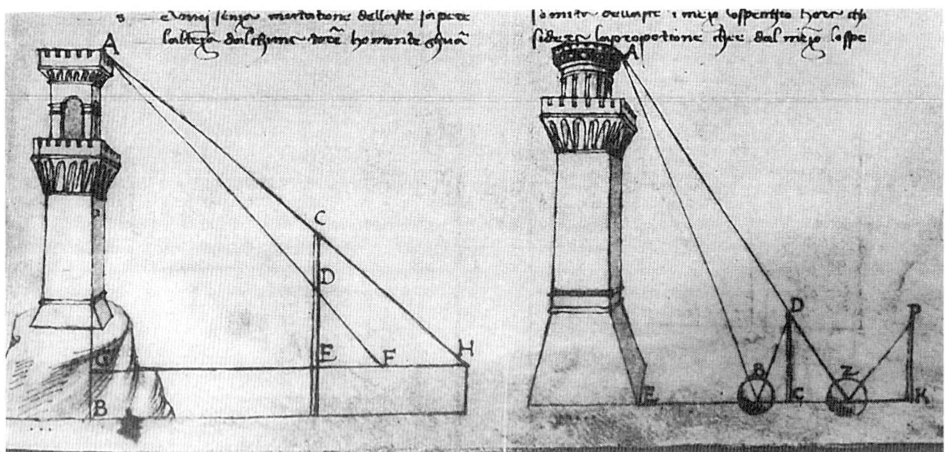

Abb. 7.55: Francesco di Giorgio Martini, Höhenmessung, 1485
La praticha di gieometria

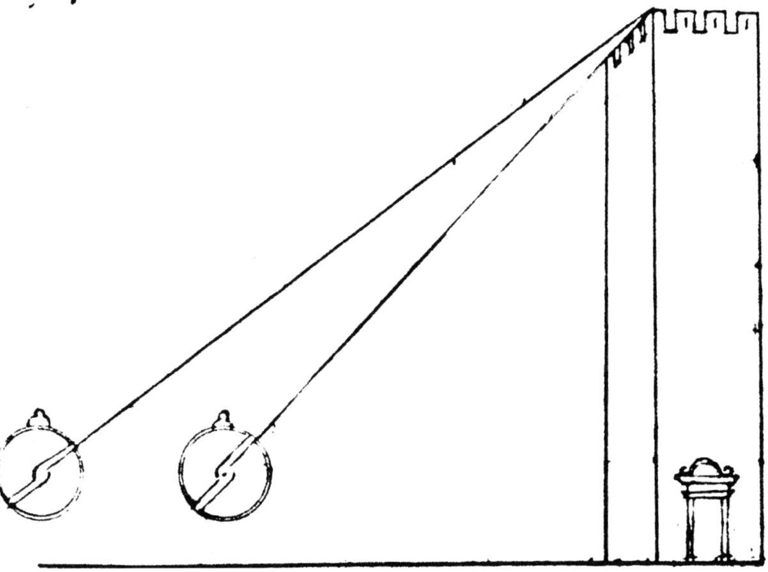

Abb. 7.56: Fra Giocondo, Höhenmessung mit Hilfe des Astrolabs

Abb. 7.57: Fra Giocondo, Wasserwaagen, Vitruv-Ausgabe, 1511
a) Grundwaage (Chorobat), b) Wasserwaage (libra aquaria), c) Dioptrae

Mit dem Astrolab war es möglich, den Winkel der Sonnenhöhe und die Höhe des Turmes zu messen. Seit dem Mittelalter wurde der Quadrant als praktisches Instrument weiter entwickelt. Anders als beim Astrolab visiert man entlang einer Kante, und der Winkel wird gegen die durch ein Lot hergestellte Senkrechte bestimmt.

Das Verfahren zur Höhenmessung eines Turmes mittels Quadrant zeigen die Abhandlungen von Francesco di Giorgio Martini und Fra Giocondo, der das „Polimetro", ein Astrolab aus der Zeit um 1500, gezeichnet hat, das in Funktion eines Theodoliten zur Ermittlung von Horizontal- und Vertikalwinkeln diente. Waltzemüllers Modell eines Polimetriums von 1512 stellt ein ähnliches Instrument dar (Abb. 7.57, 7.58).[57]

W. Ryff führt in seinem Werk von 1548 „Vitruvius Teutsch" eine große Zahl von Winkelmaß-Instrumenten vor, so z. B. verschiedene Visierbretter, mit deren Hilfe die Diagonalen anvisiert werden konnten. Ihre Einteilung nach Winkelgraden erlaubte auch die Festlegung des gleichseitigen Dreiecks (Abb. 7.59).

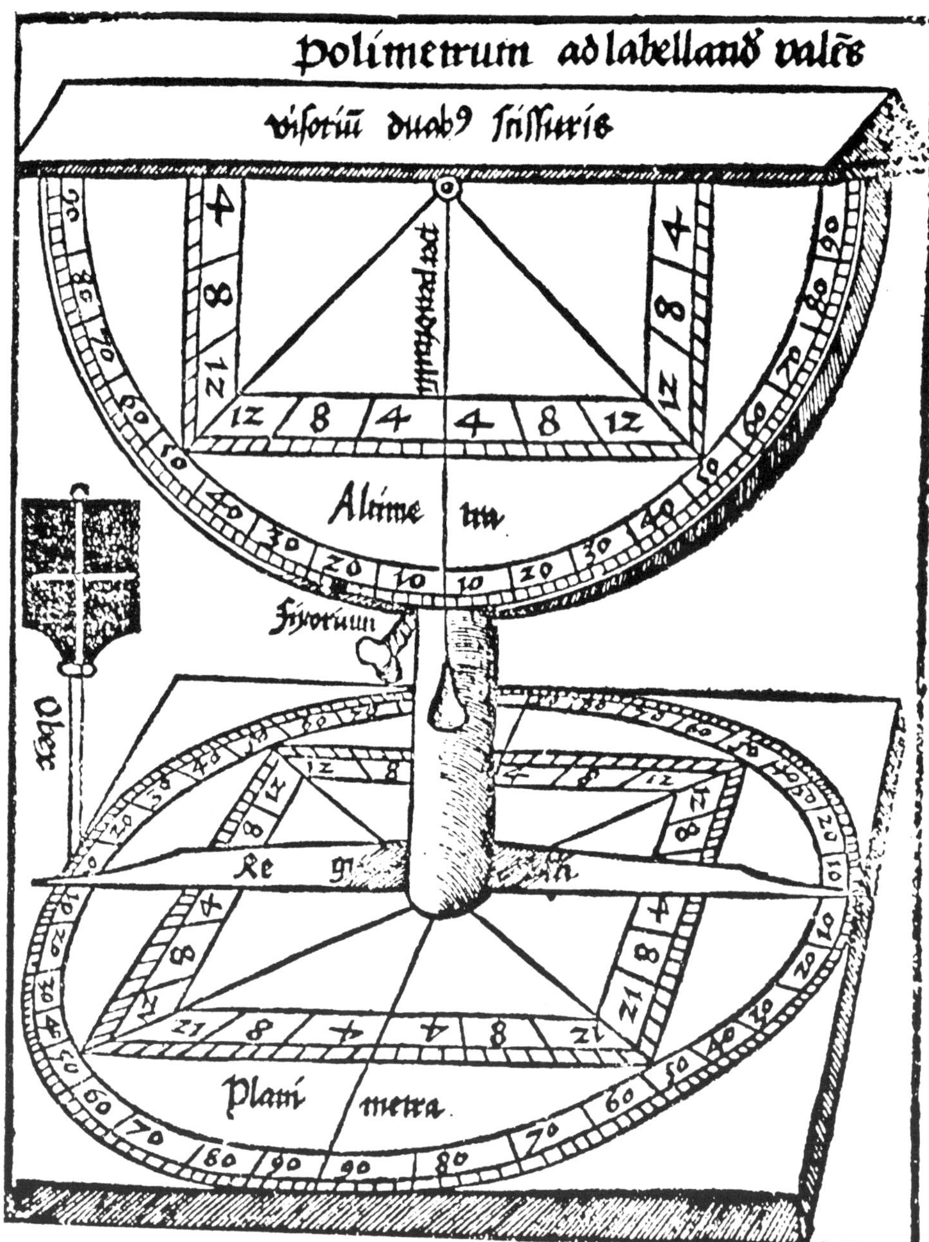

Abb. 7.58: Waltzemüller, Politmetrum, 1512
G. Reisch, Margarita philosophica

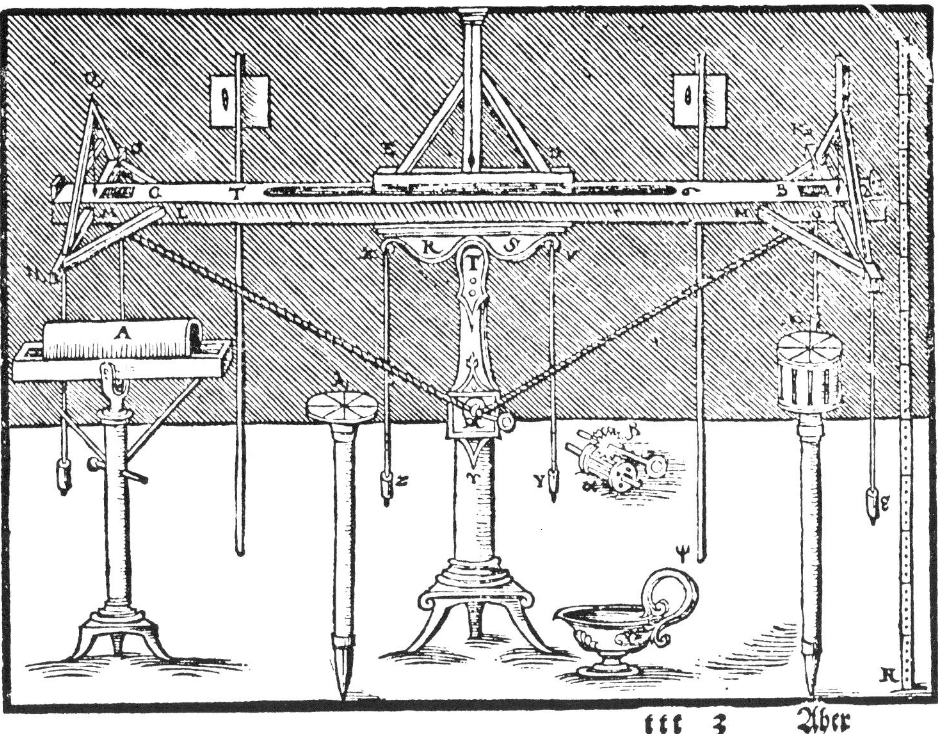

Abb. 7.59: W. Ryff, Vermessungsinstrumente
Vitruvius Teutsch 1548

2.2 Konstruktive Regeln

2.2.1 Geometrische Regeln

Eine der ersten Regeln einer geometrisch-proportionierenden Statik für die Bemessung von steinernen Brücken gibt L. B. Alberti in seiner Abhandlung „De re aedificatoria“: „Die Pfeilerstärke soll 1/4 der Höhe ‚*h*‘ angenommen werden. Die Spannweite ‚*l*‘ beträgt die vierfache Pfeilerstärke. Die Gewölbesteine ‚*s*‘ sollen eine Dicke von 1/10 der Spannweite haben“ (Abb. 7.62).[58]

Alberti, der sich intensiv mit antiken römischen Bauten beschäftigte und um 1435 die Schrift „Descriptio Urbis Romae“ verfaßte, untersuchte römische Brücken und deren halbkreisförmige Bögen.

Nach dem Rat Fra Giovanni Giocondos erhielt die Notre-Dame-Brücke in Paris (1500–1507) halbkreisförmige Bögen, die gegenüber mittelalterlichen Brücken einen Fortschritt darstellen. Die Proportionen zwischen Pfeilerbreiten und Bogenweiten orientieren sich an der Albertischen Regel (Abb. 7.60, 7.61).[59]

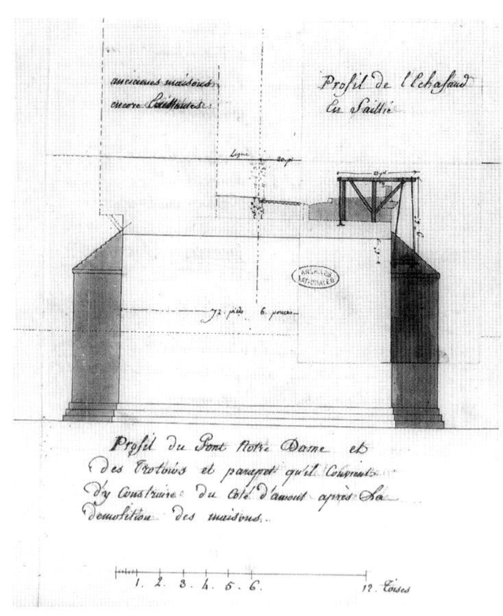

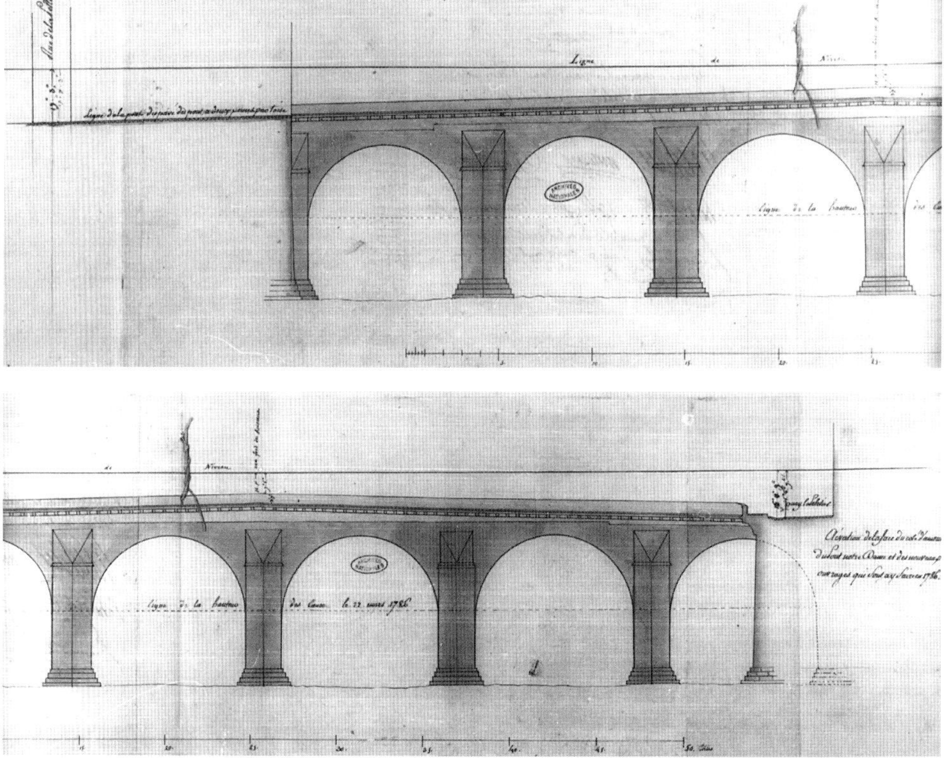

Abb. 7.60: Notre-Dame-Brücke, Bauaufnahme von 1786, Ansichten, Querschnitt (i. Toise-Maßstab) Grundriß (siehe nächste Seite)

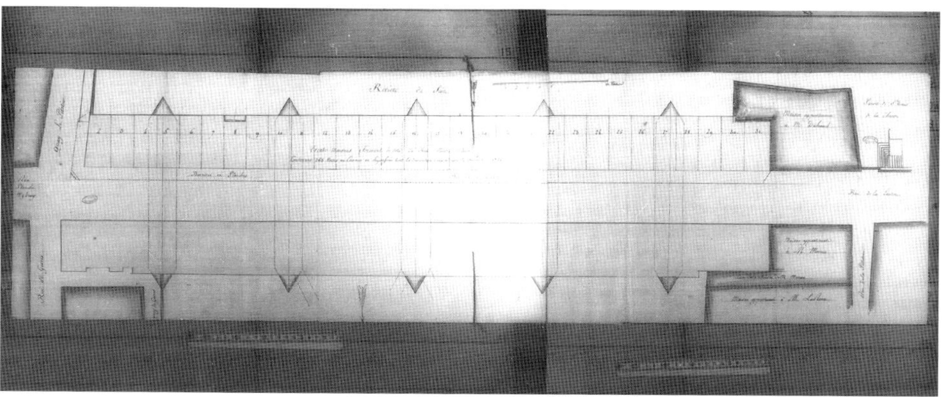

Abb. 7.61: Grundriß Notre-Dame-Brücke, Paris

S. Serlios spärliche Angaben im IV. Libro des Architekturtraktats von 1537 über die Bemessung der Fundamentstärke eines Tempels scheint sich auf eine tradierte mittelalterliche geometrische Regel zu stützen.

Eine andere geometrische Regel für die Dimensionierung von Strebepfeilern einer Kirche liefert die Handschrift des spanischen Architekten Rodrigo Gil de Hontañon von 1570, deren Text Simon Garcia 1681–85 in „Compendio de Arquitectura" zusammengestellt hat. Nach G. Kubler (1944) soll die Strebepfeilerstärke 1/4 der Spannweite betragen. Grundlage für die Dimensionierung des Widerlagers ist die Messung in der Höhe des Bogenanfängers bis zur Mitte des Tonnengewölbes.[60]

Über dem Radius ME wird ein Quadrat BCEM gebildet mit der Diagonalen MC. Der Schnittpunkt dieser Diagonalen mit dem Gewölbe-Halbkreis ist der Punkt D. Die Linie BD wird verlängert und trifft die Quadratseite EC im Punkt D′. Schlage ich um E einen Kreis mit dem Radius ED′, so erhalte ich die in der Verlängerung ME die Strecke EF. Die Strecke EF ist die Widerlagerstärke des gemauerten Bogens (Abb. 7.63).

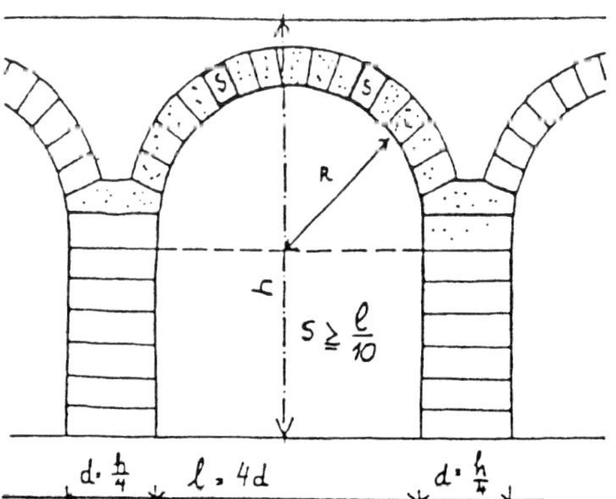

Abb. 7.62: Geometrische Bemessung von Bogenbrücken nach L. B. Alberti, 1485

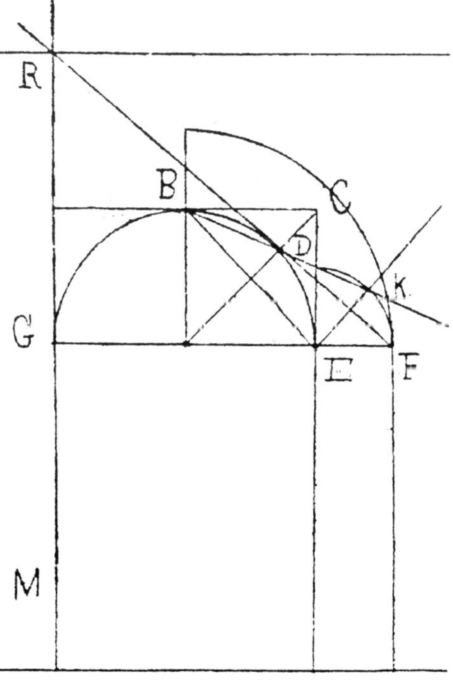

Abb. 7.63: Geometrisches Verfahren von Simon Garcia (1681–85)

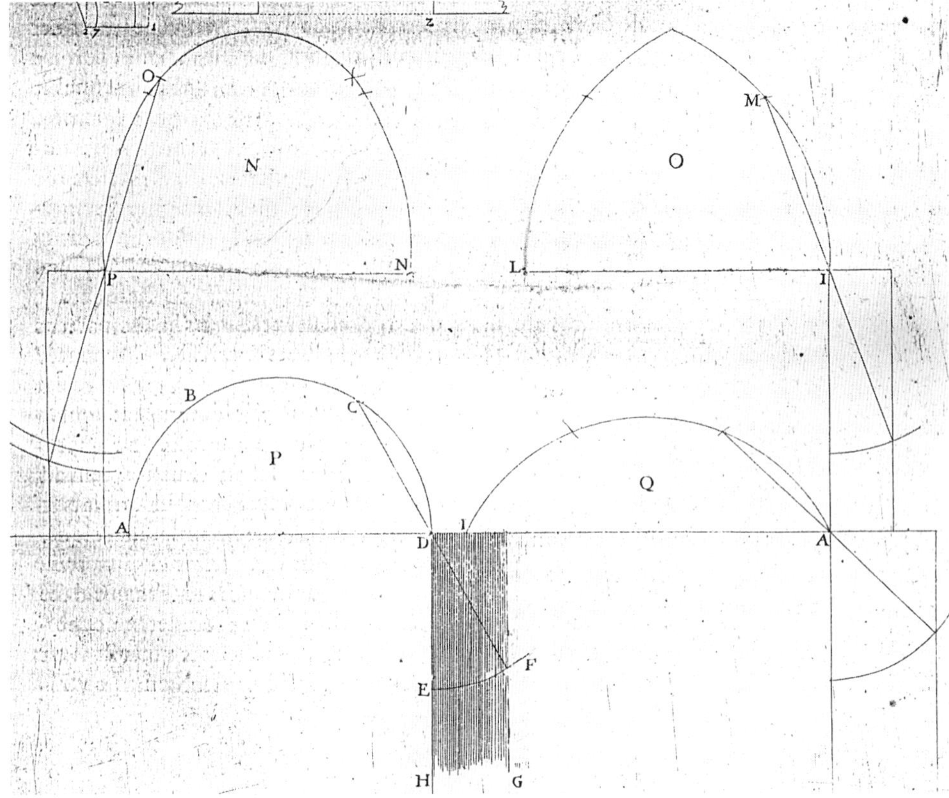

Abb. 7.64: F. Derant, Geometrische Regel zur Bemessung von Gewölbewiderlagern, 1643

In seinem Traktat über Steinschnittkunst zeigte F. Derant 1643 ein geometrisches Verfahren zur Bestimmung der Widerlagerstärke eines gemauerten halbkreisförmigen Bogens (Abb. 7.64).[61]

Derant geht von einem gleichseitigen Trapez oder von der Dreiteilung des Bogens aus: Die Verlängerung einer Sehne (vgl. (Abb. 7.64) mittels Zirkelschlag um die gleiche Länge ergibt bei einem Winkel von 60° bis 63° 26′ die Widerlagerstärke. Diese Methode prüfte G. Kojuharov bei mehreren Landkirchen und Kultbauten des 10.–14. Jh. in Bulgarien und kam zum Ergebnis, daß die Regel von Derant sich für die Dimensionierung der Außenmauern von wenigen kleineren einschiffigen Kirchen eignet, wobei der Innenwinkel der verlängerten Kreissehne zwischen 60° und 63° 26′ sowie 73° und 73° 50′ variieren kann.[62]

Diese Regel von Derant wurde von F. Blondel 1684 übernommen und im Rahmen einer Sitzung der Académie d'Architecture in Paris vorgestellt: Er schlug vor, einen Halbkreisbogen in drei gleiche Teile aufzuteilen. Die Widerlagerstärke ergibt sich nach der Projektion des letzten Bogenabschnitts. Die Pfeilerbreite entsprach bei Halbkreisbögen der empfohlenen 1/4-Bogenhöhe von Alberti und 1/5-Bogenhöhe bei flachen oder Segmentbögen (Abb. 7.65).[63]

Aufschlußreich ist die praktizierte Gestaltung anhand des Baurisses (Federzeichnung 425 × 735 mm) des „Pont de l'Hôtel-Dieu" über den schmalen Seinearm in Paris von 1634 im Maßstab 1:87 von Marin Delavalle (Abb. 7.66).[64]

Die drei Bögen weisen unterschiedliche Weiten auf. Durch Aufteilung der Bogenform in Quadrate und Quadratraster gelang dem Baumeister, die nach der Beschaffenheit des Flußgrundes angemessene Bogenweite zu finden: Der mittlere ist ein Segmentbogen, ebenso der rechte Bogen, der linke ist ein überhöhter Halbkreisbogen.

In diese Reihe von geometrischen Regeln gehören auch die Projekte für Fachwerkbrücken in Schüblers

Traktat „Nützliche Anweisung zur unentbehrlichen Zimmermannskunst“ von 1731 und für Bogenbrücken in Caspar Walters Traktat „Brücken-Bau ... nach den besten Regeln der Zimmerkunst“ von 1766 aus der Barockzeit (Abb. 7.67, 7.68).

Der Scheidepunkt zwischen den geometrischen Regeln und dem Beginn der modernen Baustatik trat in dem Moment ein, als physikalische Begriffe zur Anwendung kamen, beginnend mit der Zerlegung einer Kraft durch das Kräfteparallelogramm bis zum Hebelgesetz.

164 L'ARCHITECTURE

cintre, pour eſtre cette forme plus belle, & plus forte que la ſurbaiſſée: *a* toutefois la ſurbaiſſée eſt fort con-

a Voicy une regle qui fait connoitre la differente pouſſée des Arcs, & l'épaiſſeur qu'il faut donner aux piédroits pour

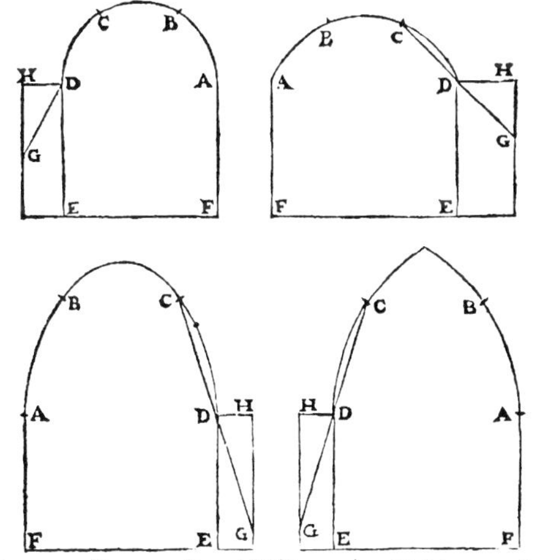

les porter. Partagez l'arc ABCD, quel qu'il ſoit, en trois également aux points B & C, & menant une des cordes des arcs inferieurs comme C D, continuez-la en dehors du couſſinet D, enſorte que D G ſoit égale à DC. Puis prenez par le point G la droite GH parallele au piédroit DE: la difference de la largeur D H, ſelon la difference des arcs, determinera la difference de leur pouſſée, & elle ſera la même de l'épaiſſeur qu'il faut donner au mur du piédroit E H pour la ſoûtenir.

Abb. 7.65: Geometrische Regel zur Bemessung von Gewölbewiderlagern nach F. Blondel, 1684

2.2.2 Anfänge der Statik starrer Körper

Von Leonardo da Vinci (1452–1519) sind Zeichnungen und kurze Kommentare über die Kräftezerlegung erhalten.[65] Aus seinen Notizen gehen folgende Sätze hervor:

- Das Moment der Resultierenden ist um einen der Punkte der beiden Komponenten gleich dem Moment der anderen Komponente um denselben Punkt (Abb. 7.69).
- A ist der Drehpunkt des Winkelhebels AD und AF. Die Kräfte wirken in Richtung DN und FC.
- Je größer der Winkel des Seils, in dessen Mitte die Last N hängt, wird, um so kleiner wird sein „potentieller“ Hebel und um so größer der „potentielle“ Gegenhebel, der die Last hält.[66]

Ernst zu nehmende Studien zur Baumechanik lassen sich erst in den Aufzeichnungen Leonardos von 1495 aus dem Codex Forster zum Problem des Bogenschubes finden. Leonardo verdeutlicht auf zeichnerischem Weg das Problem des Horizontalschubes in Abhängigkeit von der Bogenform: Der beim flacheren Brückenbogen vergrößerte Horizontalschub ergibt sich dadurch, daß weniger Druckspannung unmittelbar vertikal abgeleitet werden kann: Der Schub trifft auf Pfeiler und Widerlager in um so flacherem Winkel auf, je flacher auch der Bogen ist. Leonardo schlägt vor, den nach außen wirkenden Horizontalschub durch eine innere Zugstange aufzuheben.

Seine anderen Skizzen im Codex Forster zeigen deutlich Tragwerke mit Horizontalschub und die entsprechend dicken Widerlager zur Aufnahme des Schubes. Dieses Tragwerk stellt ein unverschiebliches Dreieck dar. Aus seinen Aufzeichnungen, die 1965 in der Biblioteca Nacional Madrid wiedergefunden wurden und als Codices Madrid bezeichnet werden, geht hervor, daß ihm das Gleichgewichtsproblem und die Momentengleichung geläufig waren.[67, 68]

Interessant für die Konstruktionsgeschichte sind seine Studien über Gewölbe und Betrachtungen über den Gleichgewichtszustand der finiten Elemente, aus denen der Bogen zusammengesetzt ist (Abb. 7.70).

Leonardos Skizzen zeigen auch, daß er sich über die Verformung des Zweigelenkrahmens aus Holz Rechenschaft ablegte und daß er mit der zeichnerischen Klarheit der Problemdarstellung auch die Grundlage zur Durchführung von Modellversuchen besaß (Abb. 7.71 bis 7.74).[69]

So großartig und außergewöhnlich diese Erkenntnisse sind, zu einer Gewölbtheorie oder zu einem Lehrgebäude haben sie nicht geführt. Da Leonardos Aufzeichnungen nicht publiziert wurden, ist die Verbreitung seiner Kenntnisse durch Briefe möglich, aber nicht gesichert.

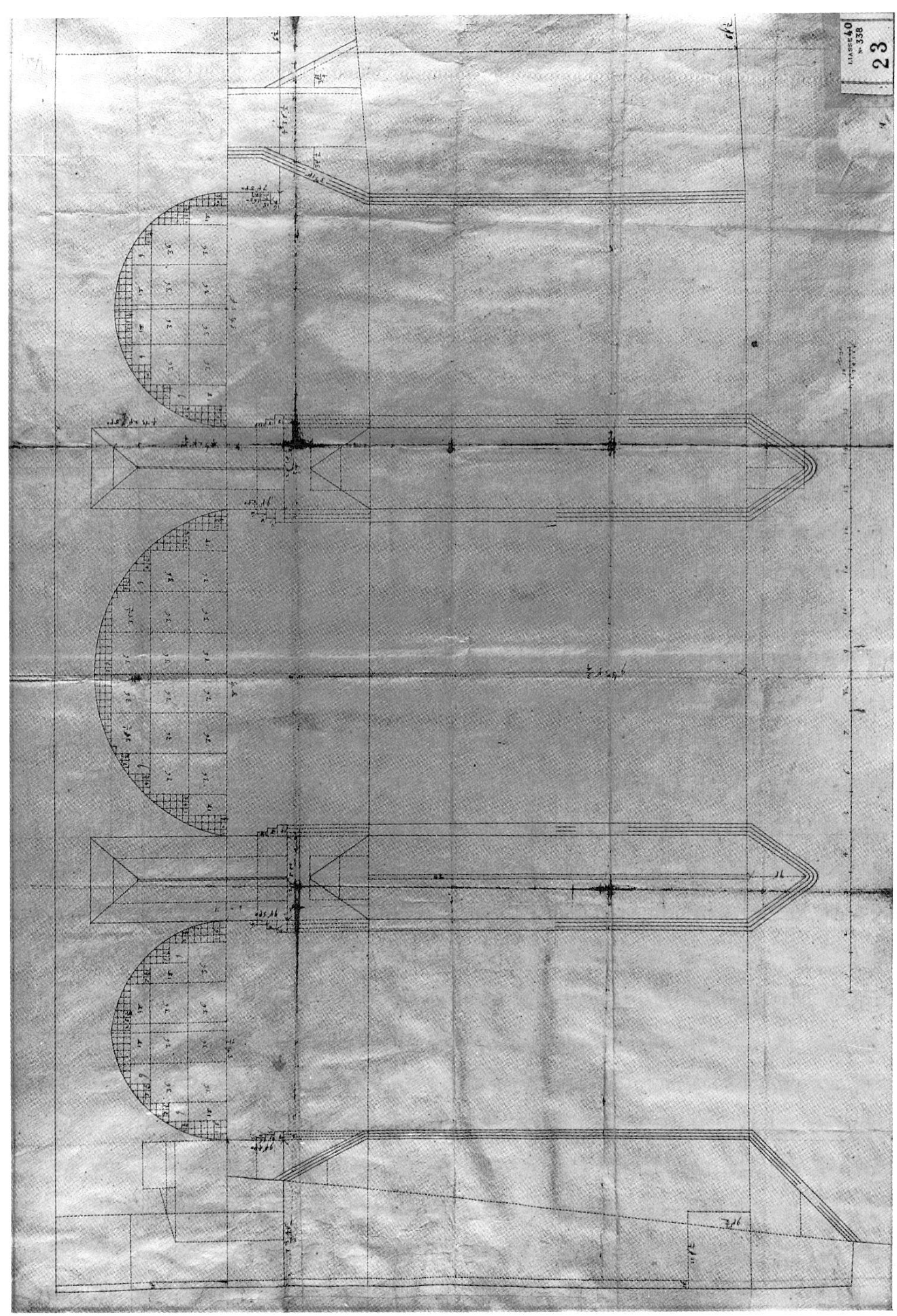

Abb. 7.66: Paris, Pont de l'Hôtel-Dieu, 1634
Federzeichnung auf Pergament 425 x 735 mm
Unterschrift: Marin Delavalle

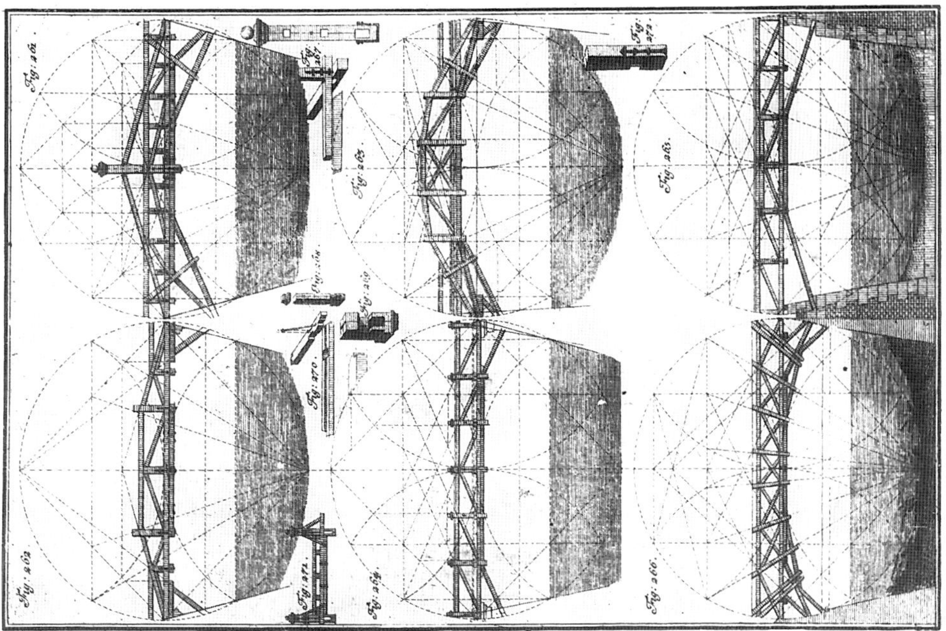

Abb. 7.67: J. Schübler, geometrische Entwurfsregeln für den Entwurf von Hänge- und Sprengwerken, 1731

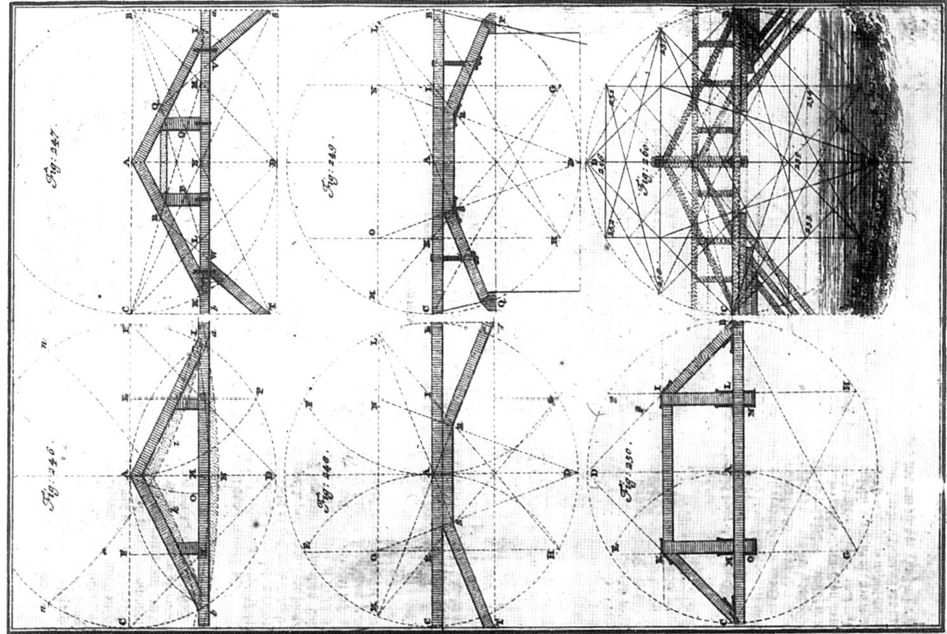

Abb. 7.68: J. Schübler, geometrische Entwurfsregeln für Fachwerkbrücken, 1731

Die ersten bekannten Festigkeitsuntersuchungen von Leonardo da Vinci sind durch seine Skizzen im Codice Atlantico (Bl. 152, 211) belegt. Durch Versuche und Vergleiche über die Tragfähigkeit von Balken und Stützen gelangte Leonardo zu folgenden Feststellungen:

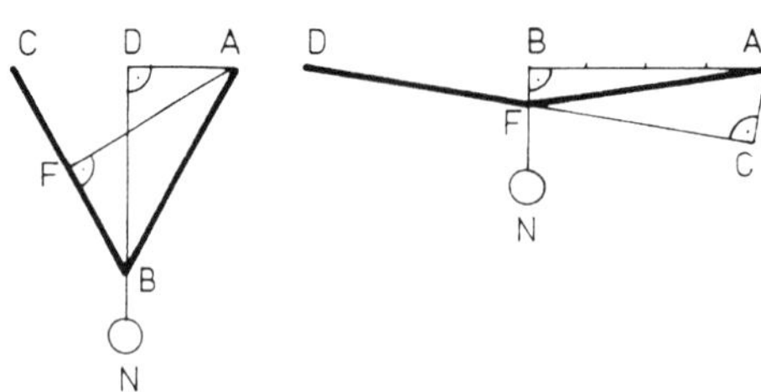

Abb. 7.69: Leonardo da Vinci, Kräftezerlegung

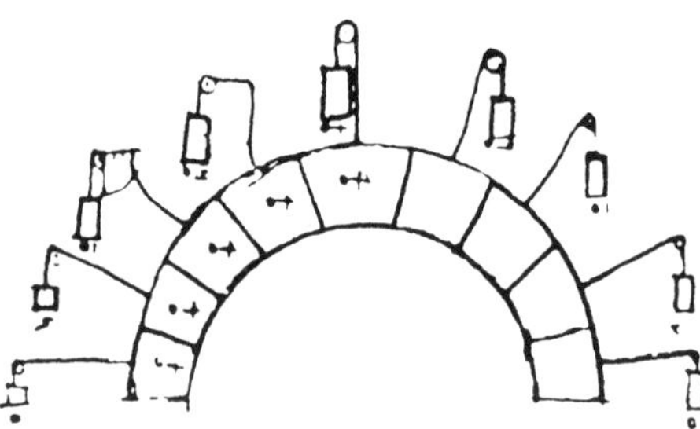

Abb. 7.70: Leonardo da Vinci, Betrachtungen des Gleichgewichtszustandes der Keilsteine, aus denen der Bogen zusammengesetzt ist

- „Ein Bündel von 9 Balken (mit der Last 27) besitzt die Tragfähigkeit wie ein anderer Balken mit dem 9. Teil der Länge." Auf der Strecke A–B tragen neun Balken die Last 27, auf der Strecke C–D kann von einem Balken die Last 3 (9. Teil der Last) getragen werden. Bei der Strecke E–F, dem 9. Teil der Länge, trägt der Balken die Last 27 (Abb. 7.74).[70]
- Die Knickgefahr einer Säule („b") mit dem Gewicht 100 kann durch die Reduzierung der Länge vermindert werden und die Tragfähigkeit (weil das Schlankheitsverhältnis erkannt wurde) erhöht werden. Die Gefahr des Ausknickens konnte Leonardo richtig deuten. Erst L. Euler stellte 1744 fest, daß die Knicklast sich zum Quadrat der Knicklänge umgekehrt proportional verhält („De curvis elasticis").

Eine andere Beobachtung zum eingespannten Stab („c"), der in seiner Mitte beansprucht wird, weist auf die experimentellen Kenntnisse Leonardos hin.

Erst Galileo Galilei gelang 1638 in seinem Hauptwerk „Discorsi e dimostrazioni mathematiche", die Gesetze der Mechanik auf den Widerstand fester Körper anzuwenden.

Der Mathematiker und Mediziner G. Cardano (1501–76) und der Mathematiker und Festungsingenieur N. Tartaglia (1499–1557) beschäftigten sich in ihren Werken mit der Lösung von Gleichungen. Statische Probleme wurden nur vereinzelt erarbeitet.[71]

Der Mathematiker Simon Stevin (1548–1620) hat sich in seinem Buch „De Beghinselen der Weeghconst" von 1586 mit dem Gleichgewicht am Hebel und auf der schiefen Ebene befaßt (Abb. 7.75).[72]

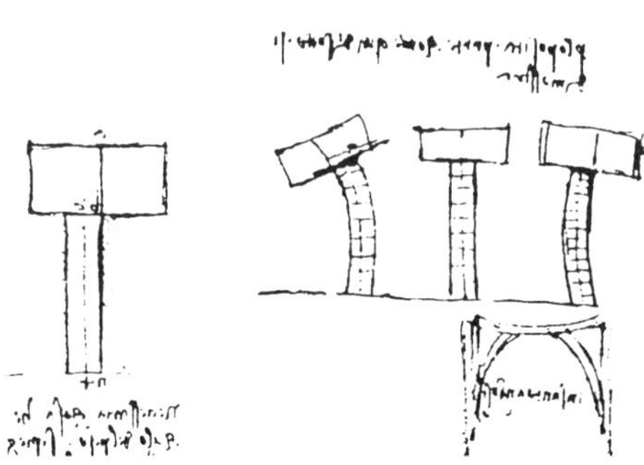

Abb. 7.71: Leonardo da Vinci, Die Verformung der exzentrisch belasteten Stütze, qualitativ gesehen

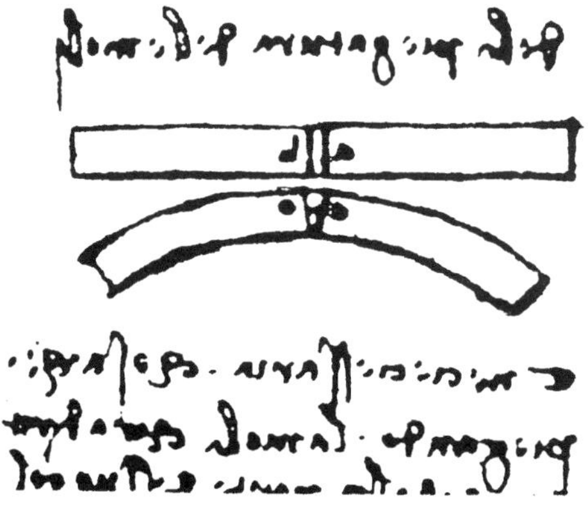

Abb. 7.72: Leonardo da Vinci, Die Verformung eines Abschnittes eines auf Biegung beanspruchten Stabes

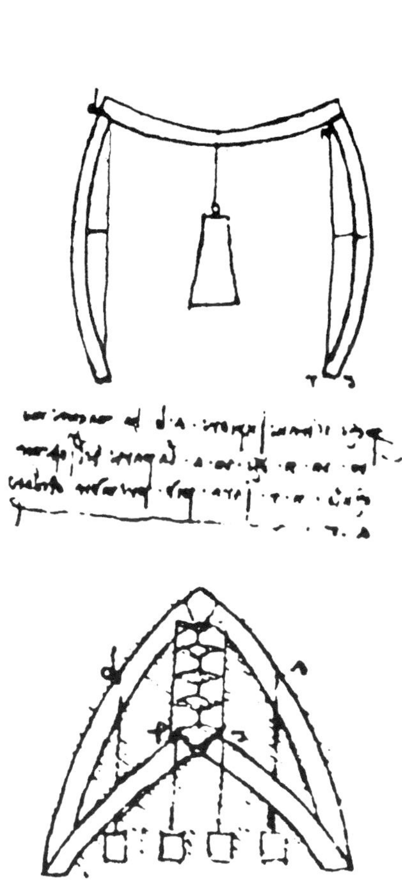

Abb. 7.73: Leonardo da Vinci, Die Verformung des Zweigelenktragwerks

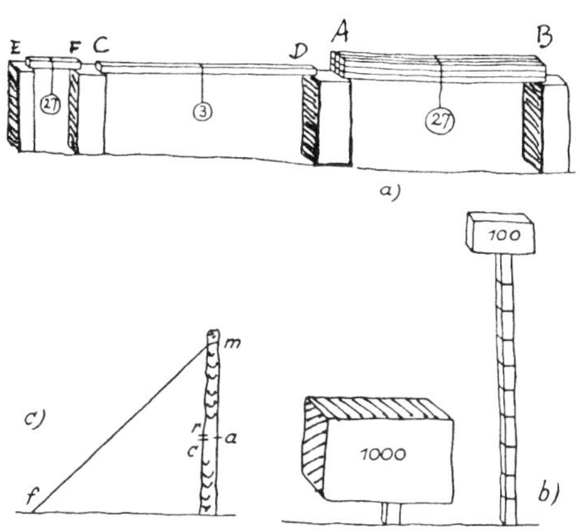

Abb. 7.74: Leonardo da Vinci, Festigkeitsuntersuchungen

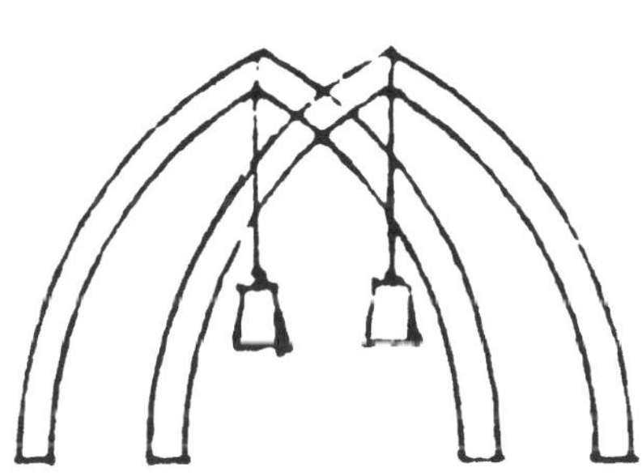

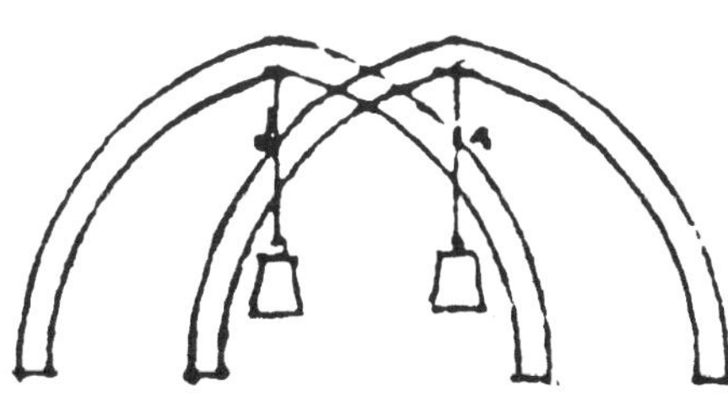

VANDE BEGHINSELEN DER WEEGHCONST. 43

III. VERVOLGH.

LAET ons nu inde plaets van t'punt F, stellen een caterol als hier neuen, alsoo dat de scheefhefflini van D naer F euewydich blijue van A B, ende inde plaets vanden cloot E sy eenich wicht van form soot valt, maer euewichtich anden cloot E: t'selue is noch euestaltwichtich met D, Daerom ghelijck A B tot B C, alsoo noch den cloot D tottet ghewicht E.

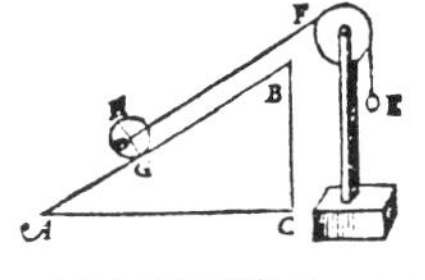

IIII VERVOLGH.

ANGHESIEN den cloot des 3en veruolgs naeckt de lini A B, in t'punt G, als vastpunt, soo sal den as G H rechthouckich sijn op A B; Daerom laet ons weren den cloot, ende stellen in die plaets den pilaer D euewichtich met den cloot, alsoo dat den as G H (diës vastpunt G) rechthouckich sy op A B, en de scheefhefflini tusschen D F noch euewydich van A B, ende sniende de sijde des pilaers in I, Als hier neuens. Ende is openbaer dat ghelijck A B tot B C, (dat is dobbel als vooren) alsoo den pilaer D tottet t'ghewicht E. 18. v. 3. B R.

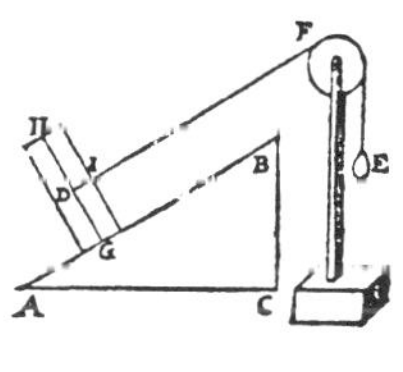

V. VERVOLGH.

LAET ons trecken de hanghende lini uyt het * middelpunt des pilaers D als D K, sniende de sijde des pilaers in L, t'welck soo sijnde, den driehouck L D I is ghelijck an den driehouck A B C, want de houcken A C B ende L I D sijn recht, ende L D is euewydich van B C ende D I van A B: Daerom ghelijck A B tot B C, alsoo

* Centro.

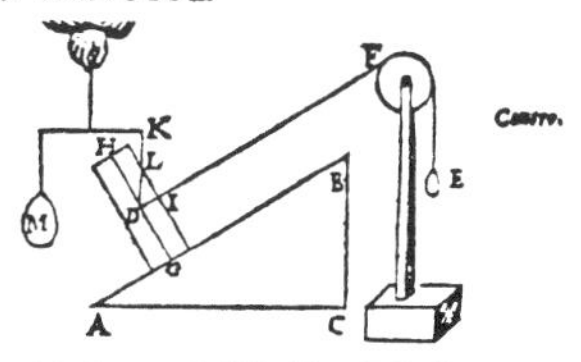

F 2 L D tot

Abb. 7.75: Simon Stevin,
Das Gleichgewicht der schiefen Ebene,
De Beghinselen, 1586

DE
BEGHINSELEN
DER WEEGHCONST
BESCHREVEN DVER
SIMON STEVIN
van Brugghe.

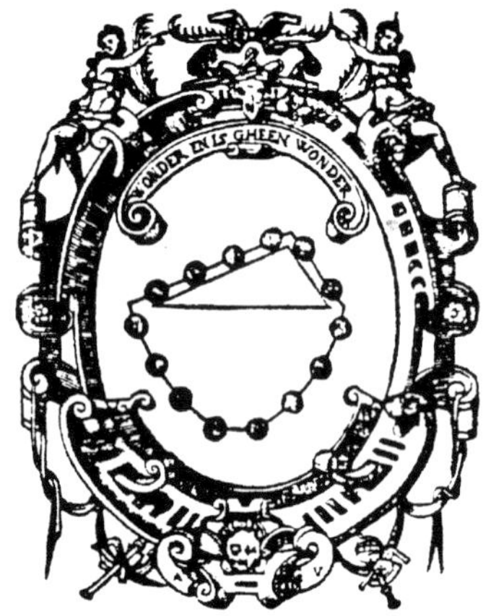

TOT LEYDEN,
Inde Druckerye van Christoffel Plantijn,
By Françoys van Raphelinghen.
cIↄ. Iↄ. LXXXVI.

Abb. 7.76: Simon Stevin, Das Prinzip der schiefen Ebene, Titelblatt, 1586

Im Titelbild sieht man ein Dreieck, um das eine Kette von Kugeln geschlungen ist. Das Dreieck stellt zwei verschiedene geneigte schiefe Ebenen gleicher Höhe dar, über denen die Kette hängt: Der unten freihängende Teil der Kette ist für sich im Gleichgewicht. Die beiden anderen Kettenstücke auf den beiden schiefen Ebenen halten sich im Gleichgewicht, sonst würde sich die Kette drehen. Schlußfolgerung: Die Gewichte halten wie die Längen der schiefen Ebenen das Gleichgewicht (Abb. 7.76).

3 Form und Konstruktion

3.1 Wölbung der Domkuppel in Florenz

An der Stelle des heutigen Domes befand sich die Kirche S. Reparata aus dem 7. Jahrhundert. Im Jahre 1294 stellte die Kommune von Florenz den Baumeister Arnolfo di Cambio ein; wahrscheinlich begann man zu dieser Zeit den Neubau mit der Errichtung der Westfassade und des Chores im Osten.

Im September 1296 weihte der Kardinallegat des Papstes Bonifaz VIII. den Grundstein des Doms Santa Maria del Fiore. Als erster in der langen Reihe leitender Baumeister ist am 1. 4. 1300 Arnolfo di Cambio dokumentiert, als ihm für seine Verdienste um den Dombau Steuerfreiheit gewährt wurde.[73] Er sollte Fundamente für eine neue Front, weitere Seitenwände und Pfeiler bauen.

Nach Arnolfos Tod um 1302 kamen die Bauarbeiten nur schleppend voran. Im 14. Jh. übernahm die Wollweberzunft die Verantwortung für den Dombau, und am 13. April 1334 wurde der Maler Giotto zum Dombaumeister gewählt. Der Grundstein zum Campanile wurde noch im selben Jahr gelegt.

Noch dem Tod Giottos 1337 folgten als Dombaumeister Andrea Pisano und Francesco Talenti, Krieg und Seuchen unterbrachen die Bauarbeiten. In der Folgezeit gab es Auseinandersetzungen darüber, ob eine gotische Kirche mit außenstehenden Strebepfeilern oder eine romanische Ausführung mit glatten Mauern zu bauen sei.

Das Hauptergebnis der zahlreichen Sitzungen der Baukommission von 1366/67 war ein Modell der Kirche von dem Werkmeister Ghini, dem Bauleiter der Dombauhütte.

Die Baugeschichte des Domes Santa Maria del Fiore im 14. Jh. zeigt deutlich, daß es bei der Planung des Langhauses keine einheitliche Konzeption eines

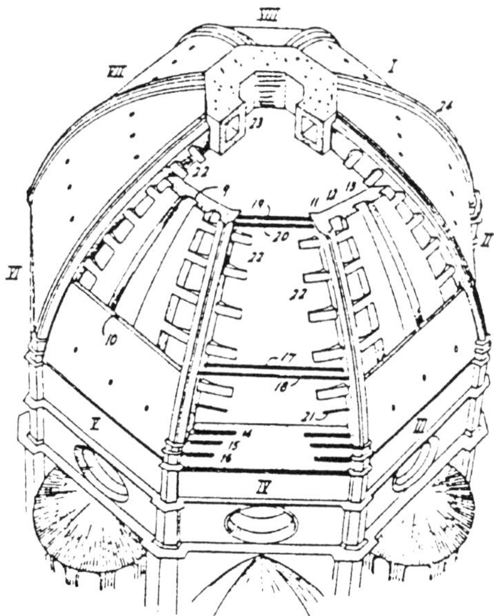

Abb. 7.77: Domkuppel von Florenz, Bau- und Konstruktionselemente:
I–VIII achtseitiges Klostergewölbe; 9–10 innere und äußere Schale;
14–16 Steinringe, 22 Sporen oder Zungen, 23 Ringe

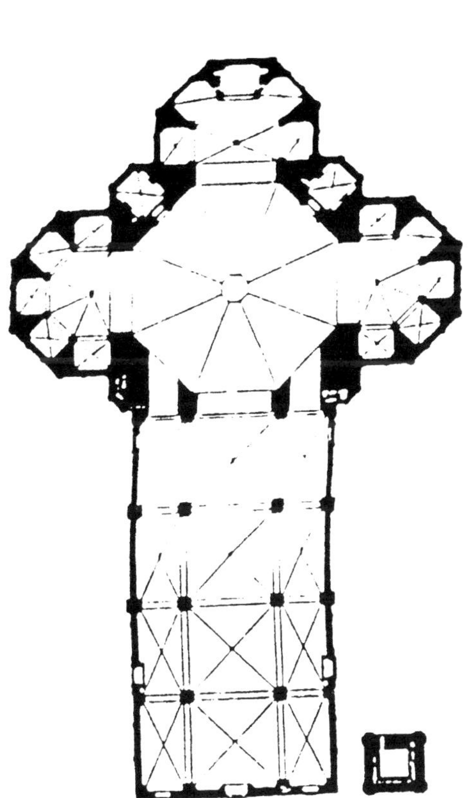

Abb. 7.78: Grundriß von S. Maria del Fiore, Florenz. Die Stellung der Kuppel ist aus dem Oktogon ablesbar. Klostergewölbe, Durchmesser 42 m

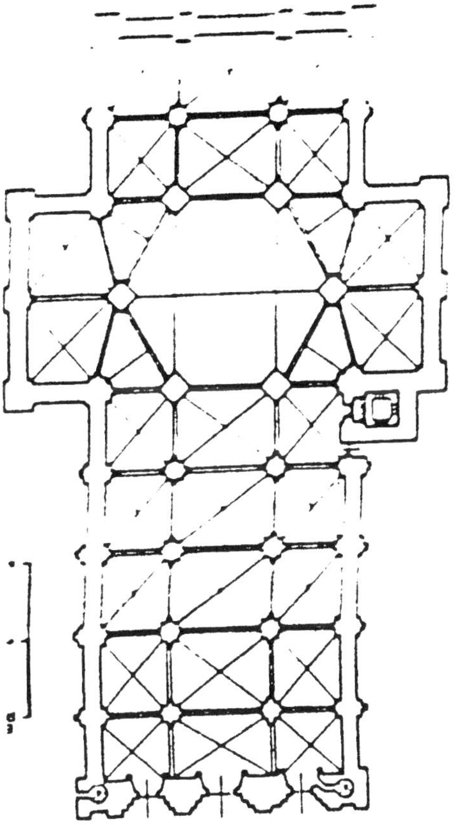

Abb. 7.79: Grundriß des Doms zu Siena. Die Stellung der Kuppel ist aus dem Sechseck ablesbar.

einzelnen Meisters gab, sondern daß man probierte und wieder probierte. Die Einführung des Tambours geht auf den Plan der Steinmetzen und Maler zurück, die einen alternativen Entwurf zum Entwurf Talentis und zum Modell Ghinis 1366 lieferten. Ende der 90er Jahre des 14. Jahrhunderts wurden die Pfeiler des Oktogons fertiggestellt. 1404 wurden Brunelleschi und Ghiberti in eine neue Gruppe von Beratern berufen.

Breite, Höhe und Umriß der Kuppel waren bereits im Jahre 1367 von dem oben genannten Komitee festgelegt worden: Die Kuppel sollte 72 Ellen breit sein, das Gewölbe der Kuppel 144 Ellen Höhe erreichen. In Meter umgerechnet ergibt sich eine Spannweite von etwa 42 m und fast 84 m Höhe.[74]

3.1.1 Die Kuppel über der Vierung

Es ist ein altes Motiv und Entwurfselement romanischer Baukunst, die Vierung einer Basilika mit einem Turm zu krönen. Hier treffen sich im Kreuzpunkt von Lang- und Querhaus die Raumachsen und bilden so auch einen räumlichen Schwerpunkt. Die turmlose, fünfschiffige Pisaner Basilika wurde im 14. Jh. über der Vierung von einer Kuppel gekrönt.

Als breitlagernde Kalotte hat die Kuppel keine Beziehung mehr zum romanischen Vierungsturm. Die Baulösung ist neu. Das innere Pfeilergeviert war nicht groß genug. So streckte man die Kuppel ovalartig in die Länge und dehnte sie über die Joche zum Langhaus hin (Abb. 7.77).

Der nächste baugeschichtliche Schritt wurde am Dom zu Siena getan. Hier kann man das Probieren anhand des Grundrisses beobachten: Die Kuppel ruht auf einer unregelmäßigen sechsseitigen Arkadenstellung. Die Mittelpfeiler wurden in die Querschiffe hineingerückt. Erst beim Florentiner Dom wurde durch das Oktogon eine neue Einheit zwischen Kuppelraum und Langhaus erreicht (Abb. 7.78, 7.79).

Im Dom zu Florenz kommt konstruktiv das Klostergewölbe zur Ausführung. Das Klostergewölbe ist

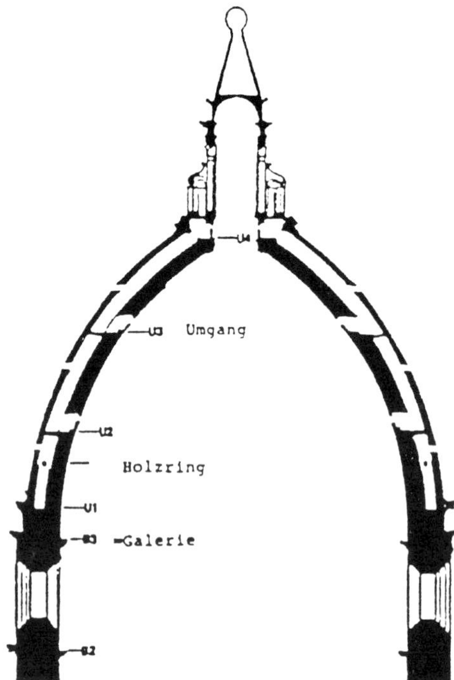

Abb. 7.80: Kuppel von S. Maria del Fiore, Florenz
Architekt: F. Brunelleschi, 1420–1436

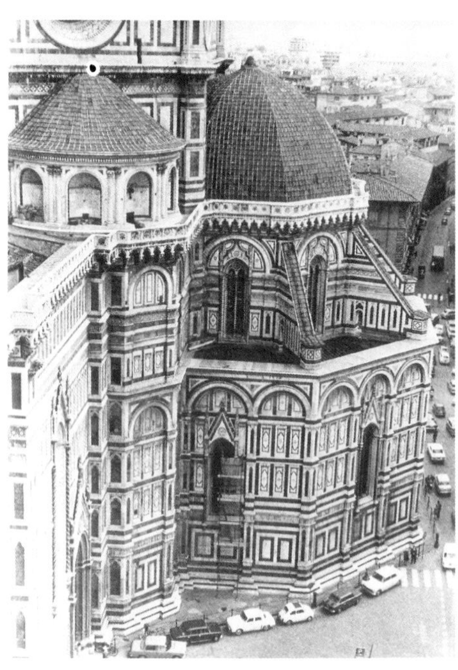

Abb. 7.81: S. Maria del Fiore, Tribuna, Blick vom Langschiff zum Querschiff mit den Eckkapellen

Abb. 7.82: S. Maria del Fiore, Holzmodell der Dombauhütte, 1429, 55 cm × 64 cm × 35 cm, Maßstab 1 : 60

ein zusammengesetztes zylindrisches Gewölbe mit durchgehenden Auflagern. Die Tonnenabschnitte heißen Wangen und bilden an der Schnittkante die Kehle. Beim Kuppelgewölbe als sphärischem Gewölbe gibt es in geometrisch-konstruktiver Hinsicht für den Übergang vom Quadrat zum Kreisring des Auflagers zwei Lösungen: die Trompe und das Pendentif.

3.1.2 Der Kuppelbau Brunelleschis

Am 19. August 1418 schrieb die Baukommission einen Wettbewerb für Kuppelmodelle aus, der über alle den einzelnen Zünften auferlegte Grenzen hinaus die Möglichkeit bot, Vorschläge und Entwürfe für das Gerüst und die Plattformen vorzulegen. Brunelleschi erhielt für seinen Beitrag 10 florentinische Gulden. Nach seinem Vorschlag wurde das nachfolgend beschriebene Modell von 4 Maurern im Maßstab 1:12 in Mauerwerk hergestellt und sollte in allen Konstruktionselementen der großen Kuppel gleichen (Abb. 7.80 bis 7.82).

Die Kuppel hat folgende Konstruktionsmerkmale:

- Die innere Kuppel wird von den inneren Ecken her angelegt. An der Basis ist sie 2,10 m dick und verjüngt sich zum oberen Okulifenster auf 1,50 m.

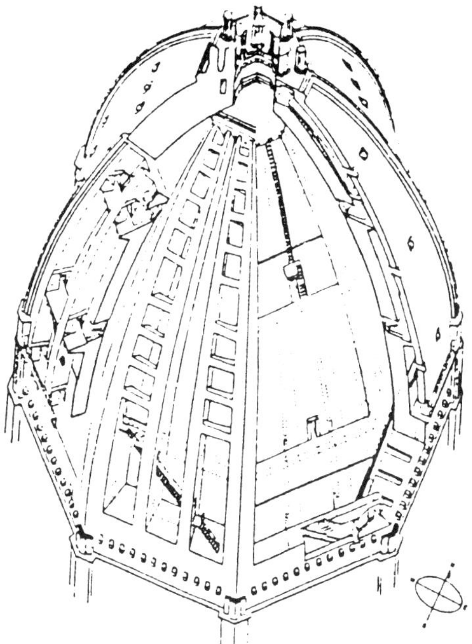

Abb. 7.83: Kuppelkonstruktion von S. Maria del Fiore, Florenz.
Perspektivische Ansicht des Klostergewölbes

- Die Kuppel besteht aus zwei Schalen. Die äußere Schale dient als Schutzdach (0,75 - 0,37 m dick), die innere Schale ist als Decke konzipiert. In dem Zwischenraum befinden sich Treppen, um alle Bauteile im Dach- und Deckenbereich erreichen zu können.
- Die Kuppel setzt sich konstruktiv aus 24 Rippen zusammen - je eine auf den Eckpunkten, also acht, und in den Feldern dazwischen je zwei. Jede Eckrippe hat eine Höhe von 4,2 m. Die Rippen verbinden die beiden Schalen.
- Die Rippen werden durch sechs Ringanker aus starken Sandsteinblöcken zusammengehalten. In diese Blöcke werden eiserne Anker eingelassen, die den steinernen Ring mit den Rippen und dem Mauerwerk verbinden.
- In Abständen von 7 m befinden sich kleine Tonnengewölbe, die von einer Eckrippe zur nächsten Mittelrippe spannen. Unter diesen kleinen Gewölben werden dicke Eichenbalken verlegt. Über diesen Hölzern sind Zugbänder aus Eisen angeordnet.
- Die Rippen werden aus Sandstein errichtet. Auch die Flächen der Kuppel sind aus Sandstein und mit den Rippen bis zu einer Höhe von 13,80 m (vgl. dazu Abb. 7.77) verbunden. Von diesem Punkt an aufwärts soll das Mauerwerk aus porösem Stein oder Ziegelstein bestehen.
- Die Kuppel soll ohne Schalung bis zu einer Höhe von etwa 19 m gebaut werden. Arbeitsbühnen werden nach Anweisung der Meister angebracht.

Die für die Kuppel festgesetzte Höhe sollte nach einem einfachen Proportionsschema das Doppelte ihrer Breite betragen.[75] Da die Kuppel aus acht Segmenten besteht, mußte das Polygon mittels eines Kranzes konstruiert werden, dessen Durchmesser etwa 51 m beträgt. Interessant sind die Berichte zur Planungs- und Ausführungsmethode von Battisti.[76]

Anschließend hat Brunelleschi auch für die Laterne einen Entwurf und ein Modell aus Holz geliefert. Die Baukommission hatte am 16. April 1420 die Modelle, Entwürfe und Zeichnungen geprüft und Brunelleschi und Ghiberti zu Baumeistern der Kuppel zusammen mit Antonio di Battista, Meister der Bauhütte, ernannt.

Die notwendigen Messungen für die Kuppel betrafen den Grundriß und das Engerwerden der Mauerringe. Hinsichtlich der Krümmung mußte die Kuppel durch Lehrbogen kontrolliert werden. Zu Beginn der Arbeiten wurden die Gerüste oben auf dem Oktogon angebracht. An den frei stehenden Rippen wurden „fliegende Schalungen“ angebracht, so daß die Felder zwischen den Rippen mit Mauerwerk gefüllt werden konnten. Brunelleschi ließ zum Zwecke des freihändigen Wölbens über dem Oktogon ein Gerüst bauen.

Eine weitere Neuerung in der Mauertechnik stellten die Zugbänder aus Stein und Holz dar.

Neu ist auch, daß jeder Steinquader oder Ziegel einen besonderen Schnitt erhielt, also Ziegel von ganz speziellen Formen und Maßen benutzt wurden. Die Kuppel setzt sich aus einer Innenschale von beträchtlicher Dicke (am Kuppelfuß 2,22 m), einer Außenschale von 0,96 m Dicke und einem Zwischenraum zusammen. Von den Ecken des Oktogons gehen acht Eckrippen aus. Jede Kappe ist durch zwei Innenrippen geteilt. Im Raum zwischen den Kuppelschalen sind auf verschiedenen Höhen drei Laufgänge eingebaut, die zur Überwachung der Kuppel dienen. Der vierte Laufgang bildet den Kuppelabschluß unterhalb der Laterne.

Der Bau der Kuppel fast ohne Traggerüste verlangte eine Mauerung von horizontalen Gewölbeschichten; Schicht für Schicht mußte sich zu einem ringsteifen Kranz verspannen, bei dem das Einknicken der Seiten ausgeschlossen blieb. Dieses Wölben ohne Traggerüste mit nur leichten Lehrbögen konnte bis zu einem Zentriwinkel von 30° erfolgen. Der Kuppelraum darüber bis zur Laterne, also eine weitere Bauhöhe von 20 m, wurde mittels eines Gerüstes ausgeführt, das die Schalungsstreifen, den Arbeitsboden und die Aufzugsmaschinen zu tragen hatte (Abb. 7.83).[77]

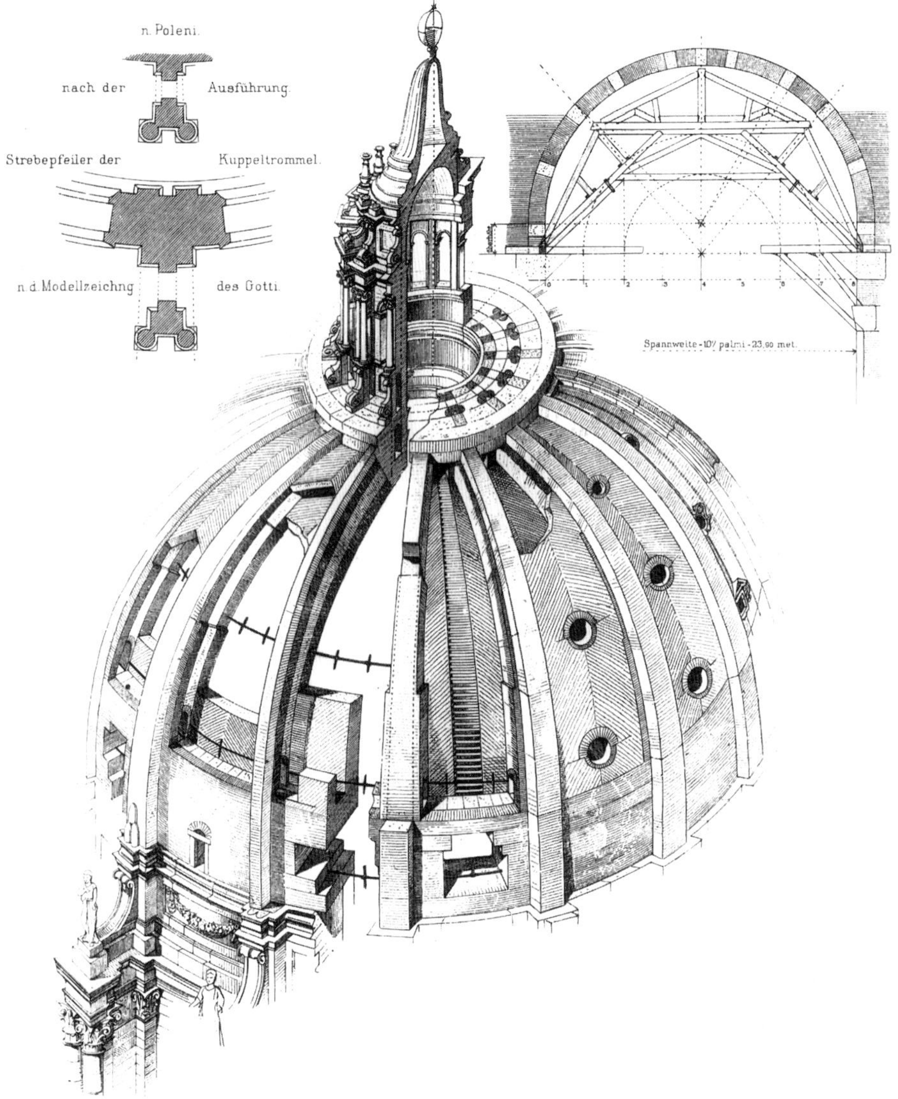

Abb. 7.84: Kuppelkonstruktion von St. Peter in Rom, Durchmesser 41,44 m

3.2 Die Kuppel des Petersdoms in Rom

Die Kuppel von St. Peter erhebt sich über einem achteckigen Unterbau mit ungleich langen Seiten. Daher mußte ein Teil der Pendentifs durch aufgehendes Mauerwerk unterstützt werden. Vier mächtige Pfeiler, die durch Rundbogen untereinander verbunden sind, stützen den kreisrunden Tambour, auf dem die sphärische Kuppel sitzt. Die ursprünglich von Bramante entworfene Konstruktion orientierte sich am römischen Pantheon.

Ein Nachfolger als Baumeister von Sankt Peter war Antonio da Sangallo, der eine einschalige Kuppel mit übermäßigem Massenaufwand vorschlug.[78]

Michelangelo übernahm den von Bramante begonnenen Bau 1546; der Tambour, die 16 Strebepfeiler und die Apsiden wurden nach dem Entwurf von Michelangelo ausgeführt, Bramantes halbkugelförmige Kuppel aus konstruktiven Gründen aufgegeben und in eine im Querschnitt spitzbogenförmige Kuppel geändert. Die beiden Schalen nach Florentiner Vorbild haben jedoch keine parallelen Kurven. Die äußere Schale ist steiler als die innere. Die Peterskuppel hat mit der Florentiner Domkuppel nur den inneren Durchmesser (41,44 m) und das Prinzip der Konstruktion gemeinsam (Abb. 7.83, 7.84).

Die Gewölbeschalen, deren Trennung durch einen Luftraum das Gewicht verringern soll, wurden in Rom in Backstein gemauert. Die Sorge um das statische Verhalten des Unterbaus hat Michelangelo außerdem dazu veranlaßt, sechs eiserne Ringanker um die untere Kuppelhälfte und den Tambour zu legen (Abb. 7.84).

In den Jahren 1743 bis 1748 mußte die Kuppel von sechs weiteren Ringankern umgürtet werden. Diese Maßnahmen bezeichnen eine wichtige Stufe in der Geschichte der Bautechnik, da hier zum erstenmal Experten für die Standsicherheit eines Bauwerks herangezogen wurden.

3.3 Brückenbauten der Renaissance

3.3.1 Die Notre-Dame-Brücke in Paris

Das erste Bauwerk der Renaissance in Paris war die Notre-Dame-Brücke (1500–1507). Die frühere Brücke war 1414 aus Holz errichtet worden; 1499 stürzte sie ein. Die neu zu erbauende Brücke stellte den Stadtrat von Paris und die Baukommission vor Probleme, denn sie sollte eine Steinbrücke werden. Und mit Steinbrücken – bis auf den eingestürzten Grand-Pont aus dem 12. Jh. – hatte man in Paris noch keine Erfahrung.

Zu diesem Zweck berief der Stadtrat den Architekten und Ingenieur Fra Giovanni Giocondo als Berater, der seit 1495 im Dienste Karls VIII. in Amboise stand. Gerade am Beispiel des Baues der Notre-Dame-Brücke wird der Wandel im Baubetrieb der Renaissance deutlich:

- Die Leitung der Baustelle hatte der Werkmeister für Maurerarbeiten Didier de Felin, später sein Nachfolger Jean de Felin.
- Für die Planung des Brückenbaues reichten Fra Giocondo und der Werkmeister D. de Felin in einer Art von Wettbewerbsverfahren der Baukommission Baurisse und Teilmodelle ein. Der Gewinner lieferte den geistigen Entwurf für das geplante Bauwerk.

Zwar nennen die wenigen vorhandenen Bauakten in den Archives Nationales in Paris den Architekten der Notre-Dame-Brücke nicht eindeutig beim Namen, aber einige Merkmale, wie z. B. die halbkreisförmigen Bögen, die nach der geometrisch-konstruktiven Regel von Albertis „De re aedificatoria“ gestaltet sind, und die Gründungsarbeiten der Pfeiler sprechen für Fra Giocondo (Abb. 7.85).[79]

Die Entscheidung, auf einem Pfahlrost zu gründen, fiel erst nach langen Beratungen mit zahlreichen Maurern, Steinmetzen und Flußschiffern. Für die Gründungsarbeiten im trockenen Flußbett sollten Fangdämme errichtet und das Wasser aus der Grube geschöpft werden.

Die Lieferung der Baugerüste, Flaschenzüge und der Wasserschöpfmaschinen für die Trockenlegung der Baugrube und die Bereitstellung der notwendigen Hölzer für die Lehrbögen wurden der Stadt auferlegt, die ohnehin für die gesamten Kosten aufkam. Die Bauarbeiten wurden nach Kostenvoranschlägen an den mindestfordernden Meister vergeben.

So ergab es sich, daß die steinerne Brücke mit 5 Pfeilern und 6 Bögen von drei verschiedenen Maurermeistern ausgeführt wurde. Pfeiler, Widerlager, Eisbrecher und Baukörper wurden mit Pariser Kalksteinquadern gemauert. Das Futtermauerwerk bestand jedoch wie beim römischen „opus caementicium“ und bei den Mauern der mittelalterlichen Dome aus einer Mischung von Bruch- und Kieselsteinen mit reichlich Kalkmörtel.

Mit dem Abstecken der neuen Trasse und der Begradigung der auf die Brücke zulaufenden Straßen, die mit entsprechendem Gefälle nivelliert werden mußten, waren umfangreiche Straßenbauarbeiten verbunden. Die Stadt nutzte die Gelegenheit, um die Verbreiterung und Regulierung des Hauptstraßenzuges von der Notre-Dame-Brücke bis zum Petit Pont durchzuführen. Als Folge des Brückenbaus ergab sich eine neue Baufluchtlinie für die Trassierung der benachbarten Straßen und Häuserblocks.[80]

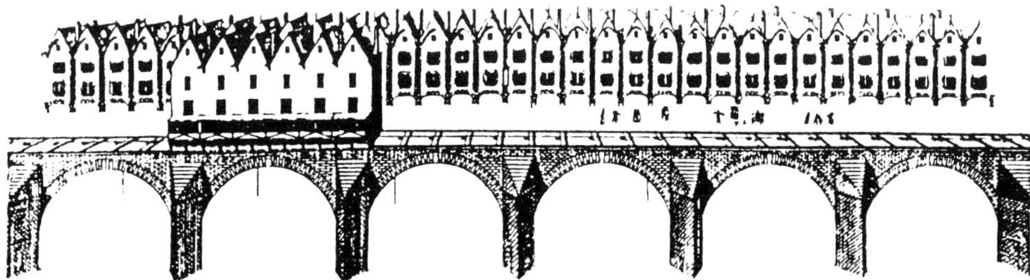

Abb. 7.85: Notre-Dame-Brücke in Paris
Architekten: Fra Giocondo und Jean de Felin 1500–1512
Kupferstich von J. Ducerceau d. Ält., um 1550

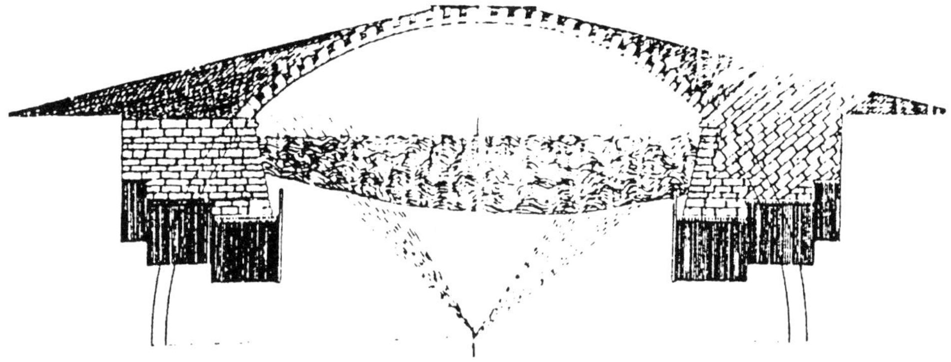

Abb. 7.86: Rialtobrücke in Venedig
Vorschlag A. da Pontes für die Ausführung der Fundamente und Widerlager, 1588

3.3.2 Die Rialtobrücke in Venedig

Die Rialtoinsel wird als einer der drei ältesten Stadtkerne von Venedig angesehen. Am Rialto, dem Mittelpunkt von Venedig, entstand Ende des 11. Jh. der „mercatus in Rivoalto", der Stadtmarkt. Die erste Holzbrücke über den Canal Grande (1250–1265) verband die beiden Quartiere von San Paolo und San Marco. Der Ponte di Rialto, auf Pfählen errichtet und in der Nähe des Lebensmittelmarktes gelegen, wurde im 14. Jh. zu einem Markt der Gemüse- und Landerzeugnisse. 1450 erlaubte der Stadtrat die Errichtung von Ladenzeilen.

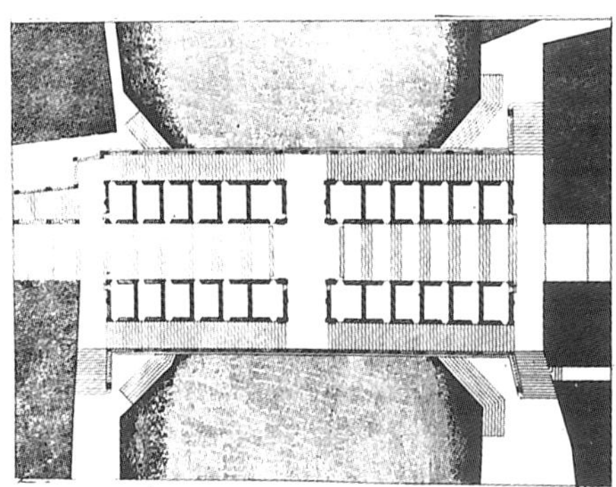

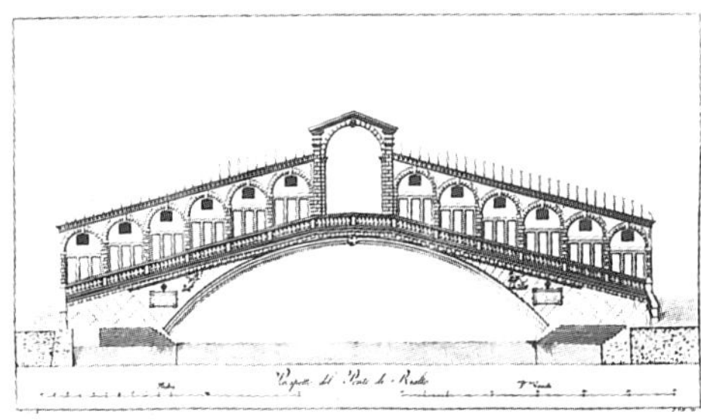

Abb. 7.87: Rialtobrücke in Venedig nach A. da Ponte, ausgeführter Entwurf

Nach dem Brand vom 10. Januar 1513, der das Quartier di Rialto mit der Brücke zerstörte, berief der Stadtrat den Architekten Fra Giocondo. Sein Vorschlag für eine mit Läden bebaute steinerne Brücke kam jedoch nicht zur Ausführung. Erst 1554 berief der Senat wiederum eine Anzahl von Baumeistern für den Neubau des Ponte di Rialto. Neben Vignola und Sansovino reichte Palladio ein Projekt ein.

Weder der Entwurf Palladios von 1554 für eine fünfbogige Brücke mit drei gleich großen Halbkreisbogen von je 7,98 m Spannweite noch sein zweites Projekt für eine dreibogige Brücke, das in seinem Werk „Quattro libri" von 1570 veröffentlicht wurde, kamen zur Ausführung. Nach dem Beschluß des Großen Rates von 1587 wurde eine Baukommission gebildet, um den Neubau der Brücke voranzutreiben.

In der ersten Phase reichten verschiedene Architekten Modellvorschläge ein:

Es sei hier an die Entwürfe von Giacomo de Guberni, Guglielmo de Grandi und Bonaiuto Lorini für eine einbogige Brücke und Antonio da Ponte und Tiberio Zorzi für eine dreibogige Brücke erinnert. Noch im selben Jahr wurde der Baukommission das Modell einer dreibogigen Brücke von Vincenzo Scamozzi vorgestellt, das in seinem Werk „Idea dell'Architettura universale" von 1615 veröffentlicht wurde. Antonio da Ponte, Baumeister des Herzogspalais, ermittelte 1588 anhand des Kostenvoranschlages für eine einbogige Brücke (29 028 Dukaten) und für eine dreibogige Brücke (42 802 Dukaten) die wirtschaftlichen Vorteile der ersteren und plädierte für deren Errichtung.

Für die Errichtung einer einbogigen Brücke sprachen die niedrigeren Baukosten, die geringeren technischen Schwierigkeiten bei den Gründungsarbeiten und auch die Vorteile für die Schiffahrt. Die 1588 begonnenen Bauarbeiten wurden unter der Oberleitung Antonio da Pontes 1591 abgeschlossen (Abb. 7.86).

Die Tragkonstruktion der ausgeführten Rialtobrücke besteht aus einem Kreissegmentbogen von 28,80 m Bogenweite mit einem Bogenstich von 6,39 m. Das Gewölbe bildet einen Viertelkreisbogen. Das Pfeilverhältnis zwischen Spannweite und Pfeilhöhe ergibt 1:4,5, die Brückenlänge beträgt etwa 46,20 m, die Breite von 22,10 m ist in drei Straßen mit Stufen aufgeteilt: eine mittlere Straße von etwa 6,33 m zwischen den Ladenzeilen und zwei seitliche Wege von je etwa 3,33 m. Zweimal zwölf Ladeneinheiten von je etwa 3,35 × 5,00 m lassen durch einen Bogen von etwa 6 m Breite über dem Brückenscheitel den Blick auf den Canal Grande frei (Abb. 7.86, 7.87).[81]

Am Beispiel der Brückenplanungen Venedigs läßt sich die Verbreitung technologischer Kenntnisse in verschiedenen benachbarten Ländern nachweisen:

- Der Ratswerkmeister Stromer baute nach dem Vorbild der gerade fertiggestellten Rialtobrücke die Fleischbrücke in Nürnberg 1596–1602 (Abb. 7.88 bis 7.90).
- Der Baumeister Elias Holl, der sich 1600/01 in Venedig aufhielt, entwarf 1610 für Augsburg die einzige in Deutschland und Europa realisierte Brücke nach Palladios Konzept für die Rialtobrücke – die Barfüßerbrücke. Diese Augsburger Konstruktion entstand noch vor Robert Adams berühmter Pulteney Bridge 1770 in Bath (Abb. 7.91).[82]

Beide Brücken sind jedoch keine Kopien der Rialtobrücke, sondern völlig eigenständige Lösungen; schon die topographischen Verhältnisse ließen keine Übernahme der Konstruktion und der Form zu.

In Venedig und Nürnberg waren beim Bau ähnliche Probleme der Gründung zu lösen, wie z. B. die Überbrückung eines nicht ableitbaren Gewässers und die Fundierung in Sumpf.

Dies führte in Nürnberg zum Bau einer einbogigen Brücke mit bemerkenswert flachem Bogen: Der Bogen der Fleischbrücke hat eine Spannweite von 27 m und eine Pfeilhöhe von 4 m (Abb. 7.88 bis 7.90).

Gegenüber den Brücken der Antike und des Mittelalters mit halbkreisförmigen Bögen (180°) und einem Pfeilverhältnis (das heißt Pfeilhöhe zu Spannweite, vgl. dazu Abb. 7.62) von 1:2 zeigen die Renaissancebrücken einen flachen Bogen bei größerer Spannweite (Abb. 7.85).

Abb. 7.88: Die Fleischbrücke in Nürnberg, nach dem Entwurf des Ratswerkmeisters W. J. Stromer 1597–1602 ausgeführt. Baugestaltung und Bauausführung nach dem Vorbild der Rialtobrücke.
Merian, 1650

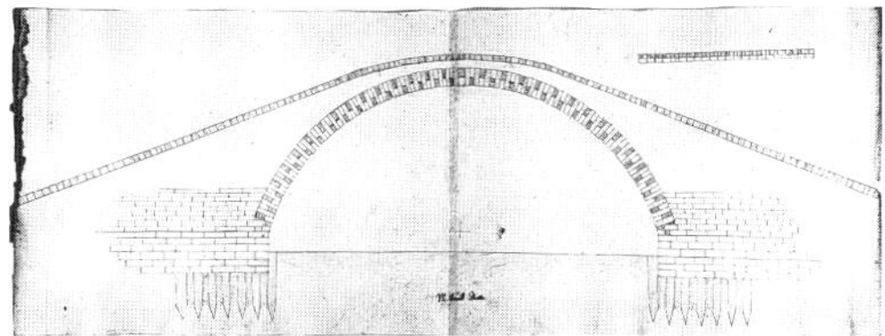

Abb. 7.89: Wettbewerbsentwurf für die Fleischbrücke in Nürnberg, um 1595

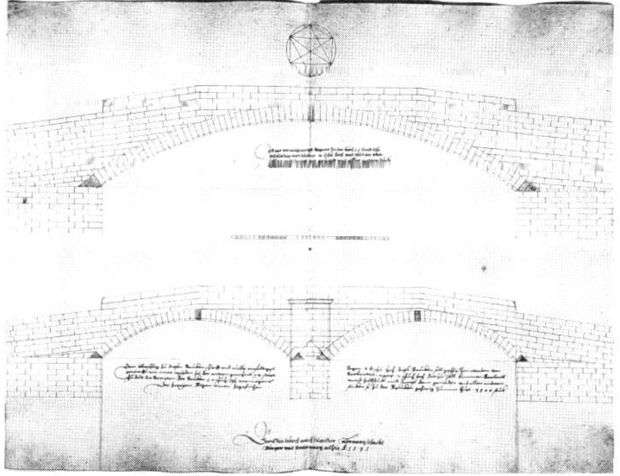

Abb. 7.90: Wettbewerbsentwürfe für die Fleischbrücke in Nürnberg, 1595 (Steinmetzmeister Lorenz Schaedt)
oben: flacher Bogen – unten: zwei kleine flache Bögen

Abb. 7.91: Barfüßerbrücke in Augsburg
Architekt: Elias Holl, 1610

Während bei der Rialtobrücke das Pfeilverhältnis 1:4,5 beträgt, weist die Nürnberger Fleischbrücke mit 1:6,75 einen noch flacheren Segmentbogen als die Segmentbögen des Ponte Vecchio in Florenz mit einem Verhältnis 1:6,5 auf. Allein der Ponte Santa Trinità, die Dreieinigkeitsbrücke in Florenz, wurde 1567–1569 von Bartolomeo Ammanati mit flachen Korbbögen und einem Pfeilverhältnis von 1:7 gebaut.

Die Wirkung des Horizontalschubes und der sich daraus ergebenden verschiedenen Widerlager- und Pfeilerdicken wurde auf empirischem Weg durch Modellversuche sogar quantitativ erprobt. Auch den Zusammenhang zwischen wachsender Spannweite und abnehmender Tragfähigkeit bei gleichbleibendem Querschnitt wurde nicht durch neue Berechnungsmethoden entdeckt, sondern durch eine fortgesetzte Weiterentwicklung der Entwürfe am Bau. Das Probieren am Modell und auf der Baustelle scheint die gängige Methode des Konstruierens in der Renaissance gewesen zu sein (vgl. dazu Abb. 7.87 bis 7.91).

Auf mechanischem Gebiet hat Leonardo da Vinci in den (unveröffentlichten) Skizzen der Codices Madrid den Gleichgewichtszustand der Gewölbeelemente durch Zeichnungen verdeutlicht. Da seine Aufzeichnungen nicht veröffentlicht wurden, ist die Verbreitung seiner Kenntnisse durch Kopieren seiner Traktate bis nach Nürnberg vorstellbar, aber nicht gesichert. Es war wohl üblich, daß angehende Baumeister, die als Lehrlinge oder auf Wanderschaft an einer Bauhütte arbeiteten, Gelegenheit fanden, sich Skizzenbücher anzusehen und abzuzeichnen.

Den Anfang zu einer Theorie des Gewölbes machte erst der Physiker Philippe de la Hire (1640–1718), der 1695 die Gleichgewichtsbedingungen eines Viertelgewölbes mit Hilfe des Seilpolygons in seinem „Traîté de Méchanique“ untersucht hat. Und erst 1712 veröffentlichte er seine Beobachtung, daß Gewölbe, deren Widerlager zu schwach sind, in den Bogenvierteln reißen.[83] Diese Erkenntnisse eines Beginns der Baustatik konnten jedoch beim Bau der Fleischbrücke um 1600 noch nicht formuliert werden.

4 Baubetrieb

Vom Baubetrieb der Renaissance sprechen die Steinmetzbücher wie Matthäus Roritzers „Büchlein von der Fialen Gerechtigkeit“ und das „Fialenbüchlein“ von Hans Schmuttermayer von 1486, die ja noch den Geist des Mittelalters spiegeln, und vor allem die „Unterweisungen“ von Lorenz Lacher, deren Abschrift von 1593 auch Hinweise über den Bauvorgang von der Fundamentierung über die Vermessung des Bauplatzes mit Hilfe eines Schnurgerüstes bis zur Frage des Kostenvoranschlages enthält. Auch die klassischen Architekturtheoretiker der Renaissance wie Alberti, Filarete, Francesco di Giorgio bis zu den Theoretikern der Spätrenaissance wie Palladio und de l'Orme beschäftigen sich in Anlehnung an Vitruv mit Teilbereichen des Baubetriebes.

Aus der Sichtung und Gewichtung der zeichnerischen Unterlagen des Renaissance-Baumeisters könnte man etwa von Lorenz Lacher, aber auch von Alberti und Filarete (15. Jh.) und Ph. de l'Orme (16. Jh.) nach der jeweiligen Zweckbestimmung unterscheiden. Neben den Aufnahmenskizzen von bestehenden Bauwerken kennt der Renaissance-Baumeister beim Entwerfen mehrere Planstufen:

- die Ideenskizze, Konzept („congetto“)
- Präsentationszeichnung für den Auftraggeber
- Werkzeichnung für die Bauausführung: Detailzeichnungen, Schablonen für Handwerker
- Ergänzung des zeichnerischen Entwurfs, Modelle aus Gips, Holz oder Ziegeln in verschiedenen Maßstäben zur Veranschaulichung eines geplanten Gebäudes oder Baudetails.

Längs- oder Querschnitte blieben bis ins 18. Jh. selten. Die Aufrisse (z. B. bei Filarete, Francesco di Giorgio Martini und Leonardo) sind oft mit perspektivischen Seitenlängen ergänzt.[84]

Das charakteristische Werkzeug des Baumeisters war der Zirkel. Mit seiner Hilfe konnten die Punkte des Grundrisses geometrisch festgelegt werden.

Außer der Bauzeichnung (Grundriß, Fassade) gewinnt das Modell des geplanten Bauwerks seit dem 14. Jh. als gleichberechtigtes Darstellungsmittel zunehmend an Bedeutung.

Das Modell wird im Rahmen der Wettbewerbe für die Vergabe des Bauauftrages als wichtiges Instrument des Entscheidungsprozesses angesehen. Neben Teilmodellen für Baudetails wurden auch Gesamtmodelle als Präsentation für prominente Vorhaben (S. Maria del Fiore in Florenz, St. Peter in Rom) detailliert ausgearbeitet (Abb. 7.92).[85]

Die notariell abgeschlossenen Bauverträge in Frankreich erwähnen Modelle aus Stein und Holz.[86]

Für die Verwaltung der königlichen Großbaustellen der Schlösser, wie z. B. Fontainebleau, Madrid, Livry und Louvre setzte König Franz I. 1532 drei „Commissaires“ und einen Buchhalter als „trésorier“ ein.[87]

Abb. 7.92: Holzmodell der Kuppel S. Maria del Fiore von Brunelleschi, um 1420, 100 cm × 90 cm, Maßstab 1 : 60

In Spanien war die Baustellenverwaltung im 16. Jh. dem französischen Baubetriebsmodell ähnlich organisiert: „proveedor mayor“, „veedor“ und „pagador“. Der vom König ernannte „maestro mayor“ als Architekt hatte Bauzeichnungen und Ausschreibungshefte zu liefern. Hinter dem Architekten rangierte der „aparejador“ als Bauleiter.[88] 1561 erhielt Juan Bautista de Toledo von König Philipp II. Titel und Funktion eines „Architekten des Königs“ nach dem französischen Muster verliehen, und 1577 wurde sein Nachfolger Juan de Herrera, einer der Baumeister des Escorial, als „Architecto de Su Magestad“ bezeichnet.[89]

Nach C. Grodecki war die Zahl der Architekten im Frankreich des 16. Jh. nach den Forderungen von Philibert de l'Orme sehr klein.[90]

Auf der Baustelle von St. Peter wurde im 15. Jh. unter Papst Eugen IV. noch kein offizielles Amt eines päpstlichen Architekten eingerichtet. Erst Nikolaus V. ernannte Antonio di Francesco als „ingegnere di palazzo", als Architekt des päpstlichen Palastes, mit einem Jahresgehalt. Das Amt des „ingegnere" blieb auch unter Julius II. als einziger offizieller Titel dem „ersten Architekten" vorbehalten. Unter seiner Leitung wurden die Werkmeister und der Oberaufseher ebenso mit festen Gehältern eingestellt.[91]

Um das Jahr 1507 wies die Baustelle von St. Peter bei 250 Bauarbeitern nur drei Festangestellte auf: einen Ingenieur-Architekten („architetto-ingegnere"), einen Vermessungstechniker („misuratore") und einen Buchhalter(„computista"). Antonio da Sangallo il Giovanne, Assistent von Bramante und mit Zeichnungsarbeiten beauftragt, erhielt ein Gehalt als Zimmermeister.[92]

Daß eine Trennung zwischen dem Arbeitsgang des architektonischen Entwerfens als theoretischer Denkarbeit, die sich auf das Zeichnen stützte, und der praktischen Handarbeit auf der Baustelle im 15. und 16. Jh. auch in der Lombardei stattgefunden hat, bestätigen die Akten über die Gründung einer Berufskorporation mit dem Namen „Università degli Architetti, Ingegneri ed Agrimensori", 1563 in Mailand, die 1603 in „Collegio" umgenannt wurde. Das Kollegium verlangte von dem neuen Mitglied eine praktische Lehre bei einem Ingenieur.[93]

Die Erdarbeiten wurden nicht nur an einen Unternehmer vergeben, sondern in verschiedenen Losen nach den Regeln des Submissionswesens an denjenigen, der die anderen Konkurrenten unterbot. Diese Vergabeart wurde bereits bei allen öffentlichen Bauten in Paris um 1500, z. B. bei der Notre-Dame-Brücke und den Schlössern von Gaillon und Chambord, praktiziert. Man konnte die Arbeiten im Akkord oder in Tagelohn ausführen. L. Fronsperger bezeichnet dies in seinem Werk „Bauordnung" von 1543 als Verdingwerk.

Zum Thema Transport: Große Baustellen hatten ihre eigenen Abschnitte im Steinbruch. Rohblöcke wurden von den Steinbrüchen bis zur Baustelle mit Karren befördert und auf der Baustelle weiterbearbeitet.

5 Zusammenfassung

Die ersten Künstleringenieure, die sich mit der Antike und dem Werk des römischen Baumeisters Vitruv befaßten, waren die italienischen Baumeister des Quattrocento (15. Jh.). Die neuen bautechnischen Erkenntnisse wurden durch Experimente gewonnen, und die Auseinandersetzung mit dem Erbe der griechisch-römischen Antike erfolgte auf zwei Ebenen: im Studium des Vitruv-Werkes „de architectura" und beim Aufmessen von römischen Ruinen.

Zu den besonderen kulturellen Leistungen der Renaissance zählen neben den zahlreichen Traktaten zur Mathematik, zum Festungsbau, Instrumentenbau, zur Baukunst und Perspektive die konstruktiven Leistungen:

- Baumeister wie Filippo Brunelleschi, der die zweischalige Rippenkuppel des Doms von Florenz konstruierte, und Leonardo da Vinci waren Architekten und Ingenieure in einer Person.
- Auf mechanischem Gebiet hat Leonardo neben zahlreichen Maschinen und Hebevorrichtungen auch Studien über Gewölbe und über den Gleichgewichtszustand der Gewölbeelemente betrieben.
- Fra Giocondo, der die erste Brücke aus Hausteinen und auf Pfahlrosten über die Seine in Paris gebaut hat, gab 1511 die erste illustrierte Vitruv-Ausgabe heraus.
- Neue Bogenformen wurden im Brückenbau eingeführt:
  Das römische Tonnengewölbe wurde in Albertis Werk „De re aedificatoria" empfohlen.
  Mit dem Segmentbogen, der anstelle des Halbkreises einen Kreisabschnitt darstellt, dem Korbbogen und dem Ellipsenbogen werden neue geometrische Konstruktionsformen angewandt: Ponte Vecchio (1345), Ponte S. Trinità (1569) in Florenz, Ponte die Rialto (1592) in Venedig und Fleischbrücke (1602) in Nürnberg.
- Über die Perspektive gelangten Architekten und Maler zu neuen Raumkurven:
  - A. Dürer stellt 1525 die Projektion der Ellipse dar.
  - S. Serlio zeigt im III. und V. Libro Skizzen und Grundrisse von ellipsenähnlichen Formen, im Libro Secondo die Ellipse als Perspektive des Kreises und im Primo Libro (1545) die Projektion der Ellipse.
- A. Palladio veröffentlichte in seinem Werk „I quattro libri" die ersten Entwürfe für Fachwerkbrücken, darunter ein Fachwerk mit nach der Mitte ansteigenden Diagonalen, die Druckkräfte aufnehmen.
- Schließlich ist der soziokulturelle Aufstieg des Baumeisterberufes aus dem Handwerksmeisterstand von historischer Bedeutung. Der Architekt beschäftigt sich mehr mit dem Entwerfen, Zeichnen, Modellieren und nach Philibert de l'Orme auch mit Baukostenanschlägen und weniger mit der Bauausführung.

Anmerkungen

[1] Bibl. Medicea Laurenziana, Firenze, Cod. Plut. XXX. 10, Vitruvii De Architectura, Handschrift, um 1400–05; vgl. Ausst. Katalog, Architekturmodelle der Renaissance, Kunstbibliothek Berlin 1995, S. 168.

[1a] Kruft, H.-W., Geschichte der Architekturtheorie, München 1985, S. 42 f.

[1b] Kunstbibliothek Berlin, OS 1797 m; vgl. Evers, B., Marcus Pollio Vitruvius, in: Ausst. Katalog, Architekturmodelle der Renaissance, Kunstbibliothek Berlin 1995, S. 174.

[1c] Zilsel, E., Die sozialen Ursprünge der neuzeitlichen Wissenschaft, Hg. W. Krohn, Frankfurt a. M. 1976, S. 53 f.

[2] Götz Quarg (Übers.), Conrad Kyeser aus Eichstädt, Bellifortis, 2 Bde., Düsseldorf 1967.

[3] Mariano di Jacopo Taccola, Liber tertius de ingeneis ac edificiis, ed. James H. Beck, Milano 1969; Prager, F. D./Scaglia, G./M. Taccola, De ingineis, Cambridge/Mass. 1972.

[4] Knobloch, E., Mariano di Jacopo detto Taccola „De machinis", in : Technikgeschichte, 48 (1481), 1, S. 1–27; ders. (Hg.), Mariano Taccola, De Rebus Militaribus, Baden-Baden 1984.

[5] Klemm (Zur Kulturgeschichte der Technik, S. 126) nennt Fra Giocondo als Zeichner, demgegenüber erwähnt B. Gille, Les Ingenieurs de la Renaissance, 1964, dt. Ausgabe 1968, S. 122, hier nur Matteo de'Pasti.

[6] Zu Francesco di Giorgio vgl. die Edition von R. Papini, 1946 und von Corrado Maltese von 1967. Zu Leonardo hier Klemm, op.cit., S. 132.

[7] Klemm, op.cit., S. 128.

[8] Codice Atlantico, Ms. Bibl. Ambrosiana Milano, Faks.-Ausg. Milano 1894–1904, hier fol. 301.

[9] Edition Corrado Maltese, 1967.

[10] Bibl. Naz. Firenze, Codice Magliabechiano, II, I, 140, fol. 120, fol. 43 r. Filarete nennt eine Brücke mit fünf Bögen (fol. 122); De Fusco, R., Il Codice dell'architettura, 1968, p. 226f; Oettingen, W. v., Filarete . . ., Wien 1890, S. 412 f; als Überblick vgl. German, G., Einführung in die Geschichte der Architekturtheorie, Darmstadt 1980, S. 73 f.

[11] Geymüller, H.v., Les Ducerceaus, Leur vie et leur œuvre, Paris 1887, p. 62, fig. 29, 30; Zucker, P., Space concept and pattern design in radiocentric city planning, in: The Art Quarterly, vol VIII, 1945, Detroit/Mich., p. 102–103.

[12] Scamozzi, V., L'idea dell'architettura universale, Venezia 1615, Libro II.

[13] Borsi, F., Leon Battista Alberti, Stuttgart/Zürich; De Fusco, R., Il Codice dell'Architettura, 1968, p. 122 f.

[14] De Fusco, R., Il Codice . . . , p. 182.

[15] Dazu Soergel, G., Untersuchungen über den theoret. Architektenentwurf von 1450–1550 in Italien, Phil. Diss. Köln 1958, S. 9 f; Wittkower, R., Grundlagen d. Architektur im Zeitalter des Humanismus, München 1969, S. 38 f.

[16] Alberti, Libro VI, 2, p. 120.

[17] Dazu Soergel, op. cit. S. 26 ff.

[18] Borsi, F., Leon Battista Alberti, Das Gesamtwerk, S. 40, 60, 62 f.

[19] Siehe ausführlich: Soergel, S. 35 f.

[20] Filarete, Traktat über die Baukunst, Textausgabe W. v. Oettingen, 1890, VI p. 181.

[21] Vgl. dazu C. Cesariano, Vitruvio, Como 1521; Cesariano, Vitruvius, ed. Krinsky; Tafuri, M., Cesare Cesariano, E gli studi Vitruviani nel Quattrocento, in: Scritti rinascimentali, Milano 1978, p. 389–433.

[22] Du Colombier, P., D'Espeziel, P., L'habitation au XVIe siècle d'après le sixième livre de Serlio, in: Humanisme et Renaissance, 1934, p. 43 f.

[23] Liber VII, p. 199, 201, ed. 1575.

[24] Bekaert, G., Quel nom est architecte? Introduktion zur „Architecture de Philibert de l'Orme", Ausgabe von 1648, Reprint Brüssel 1981, S. VII bis VIII.

[25] Ich beziehe mich auf Bekaert, op. cit. S. VIII, der ein „étude de la théologie où il obtient un baccalauréat" angibt. A. Blunt, Verfasser der Monographie über Philibert de l'Orme, London 1958, p. 3–5, erwähnt nirgends ein Theologiestudium von de l'Orme.

[26] Vgl. Blunt, op.cit. p. 56–86.

[27] P. de l'Orme, Architecture, Ed. 1648, livre X, f. 293 v°.

[28] P. de l'Orme, Livre XI, f. 3039v°–31or°.

[29] Soergel,G., Untersuchungen über den theoretischen Architekturentwurf von 1450–1550 in Italien, Diss., Köln 1958, S. 57.

[30] Francesco di Giorgio Martini, Trattati di Architettura, Ingegneria e Arte Militare, A cura di Corrado Maltese, Milano, 1967, Tav. 233, p. 399–400 „E per volere dimostrare alcune altre geometriche proporzioni . . ." etc.

[31] Zur Biographie vgl. Zorzi, G., La vera origine e lo giovinezza di Andrea Palladio, in: Archivio Storico Veneto Tridentino, II, 1922, p. 120 f.; Pane, R., Andrea Palladio, Torino 1961/2; Puppi, L., A. Palladio, das Gesamtwerk, deutsche Ausgabe, Stuttgart 1977.

[32] Zorzi, La vera origine, doc. 3.

[33] Zorzi, Ancora della vera origine, p. 152; Pane, R., op. cit. p. 19.

[34] Pane, op. cit. p. 99–119; Wittkower, R., Grundlagen der Architektur im Zeitalter des Humanismus, München 1969; S. 51 f.; Kruft, H.-W., Geschichte der Architekturtheorie, München 1985, S. 95–97.

[35] Wittkower, R., Principi architettonici nell'età dell' Umanesimo, Torino 1964.

[36] Pane, R., op.cit. p. 124–134.

[37] Palladio, A., I Quattro libri, libro III, p. 42–43.

[38] Wittkower, R., Grundl. der Architektur im Zeitalter des Humanismus, 1969, S. 67 f.; Palladio, Quattro libri, libro II, p. 9–10.

[39] Bertotti-Scamozzi, O., Le Fabbriche e i Disegni di Andrea Palladio, tomo IV, tav. XVII, tav. VIII, tav. IV.

[40] Palladio, libro III, 15.

[41] Palladio, III, 19.

[42] Mislin, M., Die überbauten Brücken von Paris, Katalogteil, Diss. Stuttgart 1978, S. 433–436, Abb. 54–60; dazu Rassegna 48/4, 1991 (1992), p. 26 f.

[43] Zur Architekturtheorie vgl. German, G., Einführung in die Geschichte der Architekturtheorie, Darmstadt 1980, S. 154 f.; Kruft, H.-W., Geschichte der Architekturtheorie, München, 1985, S. 109 f.

[44] „la Trinità" dipinta in Santa Maria Novella, Firenze, vgl. Eugenio Battisti, Filippo Brunelleschi, Stuttgart/Zürich/Mailand, S. 102 f.

[45] Alberti, L. B., De pictura libri tres (1436), ital. u. deutsch von H. Janitschek in: Quellenschriften für Kunstgeschichte u. Kunsttechnik des Mittelalters u. d. Renaissance, ed. R. Eitelberger v. Edelberg, Bd. XI, Wien 1877, S. 50 f.

[46] Battisti, E., Brunelleschi, F. p. 107, Fig. 93–95 b; Kemp, M., Geometrical Perspective from Brunelleschi to Desargues, Proceedings of the British Academy, London, Vol. LXX (1984), p. 93, Fig. 2.

[47] Euclid, ed. E. Danti 1573
Euklid stellt 12 Postulate auf, denen 61 Theoreme folgen, z. B. Nr. 10: „Weiter entfernte Teile einer unterhalb des Auges gelegenen Ebene erscheinen höher."

[48] Gericke, M., Mathematik im Abendland, S. 170; Kemp, M., Geometrical Perspective from Brunelleschi to Desargues, p. 94.

[49] Haack, W., Darstellende Geometrie, III, Sammlung Göschen, Bd. 144, S. 58 ff.

[50] Alberti, de pictura (della pittura), 1436, ed. übers. Janitschek, in : Quellenschriften für Kunstgeschichte u. Kunsttechnik, Bd. XI, Wien 1877, S. 106–108; Gericke, op. cit., S. 170, Abb. 3.4.

[51] Piero della Francesca, De Prospectiva pingendi, Ed. G. N. Fasola, 2 vol., Firenze 1942, I, p. 64 f.; Manuskript II, 46, Bibl. Ambrosiana, Milano.

[52] Barbaro, D., La Pratica della prospettiva, Venezia 1569, IX, p. 192.

[53] Kemp, M., op. cit., p. 112–113.

[54] Nach Gericke, H., Mathematik im Abendland, S. 176. Weitere Einzelheiten bei Sinisgalli, R., Per la storia della prospettiva (1405–1605): Il contributo di Simon Stevin allo sviluppo scientifico della prospettiva artificiale, Roma 1978.

[55] Gerberti Opera Mathematica, Ed. N. Bubnov, Berlin 1899, Nachdruck Hildesheim 1963, Appendix IV.

[56] Gericke, H., op. cit., S. 68 f.

[57] Brenzoni, R., Fra Giovanni Giocondo, Roma 1960, p. 21 f.; Fontana, V., Fra Giovanni Giocondo, Vicenza 1988, p. 24 f., 30; Biblioteca Apostolica, Cod. Vat. lat. 4539 (Studien zur Metrologie Geometrie); Bibl. Apostolica. Cod. Vat. lat. 3006, c. 71 ff.; zur Handschrift Francesco di Giorgio Martinis vgl. Edition von Corrado Maltese, Tav. 52–53.

[58] Alberti, L.B., De re aedeficatoria, dt. Übers. M. Theuer, Wien 1912, Nachdruck 1975, S. 202 f.; Straub, H., Geschichte der Bauingenieurkunst, 3. Aufl. 1975, Basel/Stuttgart, S. 123 (Abb. 28).

[59] Arch. Nat., H 2167, Bauaufnahme von 1786; Mescui, J., Le pont en France avant le temps des ingenieurs, Paris 1986, p. 172 f.
Die Hervorhebung des Maurermeisters Didier de Felin als der Entwerfer des Pont Notre-Dame ist längst überholt. Vgl. dazu Vicenzo Fontana „Fra'Giovanni Giocondo", Vicenza 1988, hier p. 40 f.

[60] Marias, F., Piedra y ladrillo en la arquitectura, espanôla del siglo XVI, in: Les chantiers de la Renaissance, Actes des colloques tenus á Tours en 1983–84, Paris 1991, p. 72; Kubler, G., A late Gothic Computation of Rib Vault Thrusts, in: Gazette des Beaux-Arts, XXVI (1944), p. 135–148.

[61] Derant, F., L'Architecture des voûtes, ou l'art des traits, Paris 1643, p. 16; vgl. dazu Abschnitt „Mittelalter".

[62] Kojuharov, G., La voûte de l'antiquité et du moyen age, Sofia 1974, p. 138.

[63] Mesqui, J., op. cit., p. 180, ohne Quellenangaben!

[64] Archives de l'assistance publique, Paris, Fonds de l'Hôtel-Dieu, inv. Briele. liasse 40. cote 338. plans n° 23.

[65] Ravaison-Mollien, Ch., Les Manuscrits de Leonardo da Vinci (Ms. E, Bibl. de l'Institut, Paris) Paris 1883; Ramme, W., Über die geschichtliche Entwicklung der Statik, Diss. TH Braunschweig 1913, Braunschweig 1939, S. 19.

[66] Ramme, op. cit., S. 20, Figur 9, 10.

[67] Codex Forster, III, fol. 47, 92.

[68] Codices Madrid, I, f. 142–143.

[69] Codices Madrid, I, f. 84 v, 177 v, 139 r.

[70] Codice Atlantico, Bl. 152, 211; Ramme, op. cit., Fig. 13.

[71] Gericke, H., Mathematik im Abendland, S. 228, 236, 241 f.; Duhem, P., Les origines de la statique, Paris 1905, p. 40–44, meint, daß Cardano nach Leonardos Skizzen seine Ausführungen aufgebaut hat. Nach ihm Ramme, op. cit., S. 21; differenziert bei Mach, E., Die Mechanik und ihre Entwicklung, 9. Aufl. 1933, Leipzig, S. 78.

[72] Dijksterhuis, E. J., The Principal Works of Simon Stevin, Vol. I, Amsterdam 1955, p. 16 f.

[73] Davidsohn, R., Forschungen zur Geschichte von Florenz, IV, Berlin 1908, S. 457; Kreytenberg, G., Der Dom zu Florenz. Bau und Dekoration im 14. Jh., Phil. Diss. Bochum 1973, Berlin 1974, S. 13.

[74] Battisti, Eugenio, F. Brunelleschi. Das Gesamtwerk, Stuttgart/Zürich/Mailand 1979, S. 122.

[75] Quellensammlungen liegen für den Bau der Kuppel vor: Guasti, L., S. Maria del Fiore, Firenze 1887; Sanpaolesi, P. , La cupola, Roma 1941; Prager, F. G./Scaglia, D., Brunelleschi studies in his technology, Cambridge (Mass.) 1970; Saalman, H., S. Maria del Fiore, London 1980.

[76] Battisti, E., op. cit., S. 115.

[77] Saalman, H., F. Brunelleschi, p. 56; Sanpaolesi, p. 23.

[78] Alker, H. R., Michelangelo und seine Kuppel von St. Peter in Rom, Karlsruhe 1968, S. 89 f.; Durm, J., Die Domkuppel in Florenz und die Kuppel der Peterskirche in Rom, in: ZfB 1887 (Sonderdruck).

[79] Mislin, M., Die überbauten Brücken von Paris, ihre bau- und stadtbaugeschichtliche Entwicklung im 12.-19. Jh., Diss. Stuttgart 1978 (1979); ders., Die überbaute Brücke: Pont Notre-Dame, Frankfurt/M. 1982; ders., Ponti abitati, in: RASSEGNA, 48/4, Dec. 1991 (1992), p. 26 f.; Fontana, V., Fra Giovanni Giocondo, Vicenza 1988, p. 40 f.; überholte Ansicht bei Mesqui, J., Le pont en France avant le temps des ingénieurs, Paris 1986, p. 172, ohne Quellenangaben.

[80] Mislin, M., op. cit., Frankfurt/M. 1982, S. 56 f.

[81] Cessi, R./Alberti, A., Rialto. L'isola. Il Ponte, Bologna 1934; Zorzi, G., Le chiese e i ponti di A. Palladio, Vicenza 1967; zuletzt Morachiello, P., Ponte Rialto, Venezia, in: RASSEGNA, 48/4, Dec. 1991 (1992), p. 71–77.

[82] Baum, J., Die Bauwerke des Elias Holl, Straßburg 1908, S. 23 f.; Roeck, B., Elias Holl, Architekt einer europäischen Stadt, Regensburg 1985, S. 135; zur Ikonographie; Städtische Kunstsammlung Augsburg, Nr. G 1655, um 1610, Planaufriß; Simon Grimm, Barfüßer-Brücke, Augsburg 1682.

[83] Stromer, W. v., Rialtobrücke und Fleischbrücke, VW-Forschungsbericht 1988; ders., Ein Lehrwerk der Urbanistik der Spätrenaissance. Die Baumeisterbücher des Wolf-Jacob Stromer 1561 bis 1614, Venedig 1984, S. 71.

[84] Zu Filarete vgl. Anm. 10; German, G., S. 69; vgl. Anm. 9 (11).

[85] Lepik, A., Das Architekturmodell der frühen Renaissance, in: Architekturmodelle der Renaissance. Harmonie des Bauens von Alberti bis Michelangelo, Ausst. Katalog, Kunstbibl. Berlin 1995, S. 10 f.

[86] Grodecki, C., Les chantiers de la noblesse et la haute bourgeoisie dans la région parisienne, in: Les chantiers de la Renaissance, A. Chastel/ J. Guillaume, Paris 1991, p. 133 f.

[87] Chatenet, M., Le coût des travaux... 1528 et 1550, in: Les chantiers de la Renaissance, p. 121.

[88] Gérard Powell, V., L'organisation des chantiers royaux en Espagne au XVIe siècle, in: Les chantiers de la Renaissance, p. 161 f.

[89] Marias, F., El papel del arquitectura en la España del siglo XVI, in: Les chantiers de la Renaissance, p. 247 f.

[90] Grodecki, C., op. cit., p. 134.

[91] Frommel, C. L., Il cantiere di S. Pietro prima di Michelangelo, in: Les chantiers de la Renaissance, p. 178 f.

[92] Frommel, L. C., op. cit., p. 179 f.

[93] Scotti, A., Il Collegio degli Architetti, Ingegneri ed Agrimensori tra il XVI–XVIII secolo, in: Costruire in Lombardia, A. Castellano/O. Selvafolta (Ed.), Milano 1983, p. 92–95.

Anhang

Entwicklung der Bautechnik

Zeit	Entwicklung im Bereich der Bautechnik	Historische Ereignisse
3000 v. Chr.	Flache, rechteckige Ziegel (Riemchen) in Mesopotamien	Erste Stadtstaaten in Sumer; König Menes vereinigt Ober- und Unterägypten
2600	Pyramiden von Giseh; Längenmaßstab: kgl. Elle (52,31 cm); Verwendung halbmechanischer Einrichtungen zum Heben von Wasser	
2000	Plankonvexe Ziegel in Mesopotamien	1830–1530: Hammurabi-Dynastie in Mesopotamien 1800: Beginn der Bronzezeit in Europa
1700	Speichenrad in Kleinasien und Persien. Erste Wasserräder zum Heben von Wasser	1700–1200: Hethitisches Großreich in Kleinasien
1759	Hölzerner Schlitten, 3 m lang, Dahshûr	1570–1150: Mykenische Epoche
1200	Ziegelgewölbe im Ramesseum	
1100	Tonnengewölbe im Tempel von Medinet Habu	1400–600: Assyrisches Reich in Mesopotamien
1090	Bauzeichnung eines Schreins auf quadriertem Papyrus, Ghorab (Ägypten)	1125: Ende der Bronzezeit
1000	Ovalhaus mit Lehmziegeln in Alt-Smyrna	959–883: Eisenzeit – Könige von Assur (= Kalach im A.T.)
650	Übergangsphase zwischen Holz- und Steinbau in der griechischen Architektur	750: Homer: Ilias, Odyssee
550	Dachziegel mit Löchern zum Aufnageln, Tempel in Ägina	
312	Römerstraße Via Appia (Rom–Capua)	
240	Flaschenzug; archimedische Schraube	250: Archimedes
220	Bauregel im Traktat des Philon von Byzanz	
89	Fußbodenheizung bei den Römern	
25	Vitruvius Pollio schreibt „De architectura"	
15	Pont du Gard, römischer Aquädukt bei Nîmes	
1. Jh. n. Chr.	Heron von Alexandria schreibt Fachbücher zur Vermessungslehre, Mechanik, Optik	
80	Bau des Kolosseums als größtes Amphitheater Roms	
118	Bau des Pantheons in Rom. Größte Kuppelspannweite (43,30 m) von der Antike bis ins 19. Jh.	
532–537	Hagia Sophia in Konstantinopel (Byzanz). Baumeister: Isidoros von Milet und Anthemios von Tralles	
718	Erste Wassermühlen in Böhmen	768–814: Karl der Große
1146	Donaubrücke in Regensburg	
1163	Baubeginn der gotischen Kathedrale Notre-Dame in Paris	
1227	Baubeginn der gotischen Kathedrale von Beauvais	14. Jh.: Eisenguß in Europa
1247	Baubeginn des Kölner Doms	
1345	Ponte Vecchio in Florenz	
1420–1436	Einwölbung der Kuppel des Doms in Florenz durch F. Brunelleschi	
1495–1500	Aufzeichnungen Leonardo da Vincis zum Problem des Bogenschubs	
1500–1512	Bau des Pont Notre-Dame in Paris, Baumeister: Didier und Jean de Félin, Fra Giocondo	Schraubstock in Nürnberg
1511	Fra Giocondo gibt erste illustrierte Auflage des Vitruv-Werkes heraus	1524/25: Bauernkrieg
1548	Vitruvius Teutsch – Traktat von W. Ryff. Höhenmessung eines Turms durch ähnliche Dreiecke	
1553	Vorschrift zur Anlage von Abortgruben in Paris	
1554	A. Palladio liefert einen Entwurf für den Ponte di Rialto in Venedig	
1561	Entwürfe von Bohlenkonstruktionen für Dächer in Ph. de l'Ormes Buch „Inventions de bien bastir"	1562–1598: Hugenottenkriege in Frankreich
1570	A. Palladio: Quattro libri di Architettura	
1588–1590	Kuppel von St. Peter in Rom (41,44 m) von Michelangelo	1588: Untergang der spanischen Armada vor England
1588–1592	A. da Ponte führt die Rialtobrücke in Venedig aus	

Zeit	Entwicklung im Bereich der Bautechnik	Historische Ereignisse
1596–1602	Bau der Fleischbrücke in Nürnberg nach dem Vorbild der Rialtobrücke; Baumeister: P. Unger und J. W. Stromer (Spannweite 15,60 m)	
1610	Barfüßerbrücke in Augsburg von Elias Holl nach dem Vorbild des Palladioschen Entwurfs für die Rialtobrücke	1618–1648: Dreißigjähriger Krieg
1638	„Discorsi matematiche" von Galileo Galilei	1648–1650: Pariser Fronde
1660–1680	Bau der Louvre-Kolonnade in Paris, Einführung der Eisenbewehrung im Steinbau durch C. Perrault	1661–1715: Ludwig XIV. König von Frankreich
1670	Robert Hooke stellt den Begriff der Elastizität auf	
1671	Gründung der Pariser Académie d'Architecture	
1668–1687	Bau der Theatinerkirche S. Lorenzo in Turin, Guarino Guarini	1683: Türken erobern Südosteuropa und belagern Wien
1687	Newton „Philosophiae naturalis principia mathematica"	
1691	Hookesches Gesetz	
1696	Akademie der Künste und mechanischen Wissenschaften in Berlin	1689–1725: Zar Peter der Große von Rußland
1675–1710	St.-Pauls-Kathedrale in London, Baumeister Sir Christopher Wren	1711: Atmosphärische Dampfmaschine von Newcomen
1695	Beginn einer Theorie des Gewölbes: P. de la Hire untersucht die Gleichgewichtsbedingungen eines Viertelgewölbes mit Hilfe des Seilpolygons	
1712	P. de la Hire: Gleichgewichtsbedingungen eines halbkreisförmigen Gewölbes mit Widerlagern	
1708–1712	Beginn einer Festigkeitslehre von Baustoffen: Durchbiegungen von Balken und Brettern	
1717	Formulierung des Prinzips der virtuellen Verschiebungen durch J. Bernoulli	1727: Atmosphärische Maschine mit geringem Dampfdruck von Smeaton
1742/43	Die erste statisch-konstruktive Untersuchung zur Standsicherheit der Peterskuppel	
1746–1748	Theorie des Stützenliniengewölbes von Poleni	
1747	Gründung der Ecole des Ponts et Chaussées	1751–1780: Französische Enzyklopädie von Diderot/J. Le Rond d'Alembert
1759	Durchbiegungsversuche von Eisenstäben durch Buffon	1761–1786: Descriptions des arts et métiers
1779	Bau der ersten gußeisernen Bogenbrücke bei Coalbrookdale (England; Spannweite 32 m)	1740–1786: Friedrich II. (der Große) König von Preußen
1784	Puddelverfahren im Eisenhüttenwesen von H. Cort	1749–1832: Johann W. von Goethe
1794/95	Gründung der Ecole Polytechnique in Paris	1756–1763: Siebenjähriger Krieg
1795–1797	Errichtung des ersten Hochofens mit Koksfeuerung in Gleiwitz	1776: Unabhängigkeitserklärung der USA 1789: Ausbruch der Französischen Revolution
1799	Gründung der Bau-Akademie in Berlin	
1802–1817	Jean Rondelet: L'Art de bâtir	1804–1814: Napoleon I.
1801	Baumwollfabrik in Salford (England) mit gußeisernen Innenstützen	
1806	Bau der Eisengießerei in Gleiwitz; Baumeister: J. F. Wedding	1814/15: Wiener Kongreß
1811	Halle au blé, erste Kuppel aus Gußeisen in Paris	
1820	Birkinshaws Patent für gewalzte Schmiedeeisenschiene	1815–1866: Deutscher Bund
1821	Gründung des „Technischen Gewerbe-Instituts" durch Beuth in Berlin	
1821	Séguins Drahtseilhängebrücke	
1831	Die erste Kabinettsorder für die Anlage von Dampfmaschinen für den Fabrikbetrieb	1834: Deutscher Zollverein; Aufbau des Eisenbahnwesens (1837: Bahnlinie Leipzig–Dresden)
1831–1835	Das erste Winkeleisen in Rasselstein (Neuwied), T-Walzprofil	
1835–1842	Die ersten Hängedächer nach dem Vorbild der Hängebrücken	
1837	Die erste Fabrik von Borsig in Berlin	
1839	Der unterspannte Balken; gleichzeitig Entwicklung dieses Systems von C. Polonceau	
1840	Übertragung des hölzernen Fachwerks mit Gegenstreben im Stahlbau in Amerika	1848: Märzrevolution
1840–1842	Erste Bahnsteighallen mit Polonceau-Trägern überspannt	1849: Frankfurter Nationalversammlung

Zeit	Entwicklung im Bereich der Bautechnik	Historische Ereignisse
1840	Eisenbahnbrücke Karlsruhe–Rastatt: gußeiserne Hängewerkbrücke	ab 1850: Laufkran für Montagehallen
1845	Allgemeine Gewerbe-Ordnung (für den Gewerbebau)	
1846–1859	Entwicklung des Auslegerträgers; 1851 Culmanns Theorie des Fachwerks	
1847	W. Siemens gründet in Berlin-Kreuzberg die erste Telegraphenanstalt	1853: Bauordnung für Berlin
1851	Kristallpalast von J. Paxton in London	1855: Pariser Weltausstellung 1852–1870: Kaiserreich Napoleons III.
1853–1859	Bau der Pariser Markthallen von V. Baltard	1852–1858: Aufkommen der Werkzeugmaschinen
1861	Coignet führt das Metallgitter als Armierung ein	
1862	A. Ritter veröffentlicht „Die Elementare Theorie. Theorie und Berechnung eiserner Dach- und Brückenkonstruktionen"	1852–1865: Neugestaltung von Paris durch Haussmann
1863	St.-Pancras-Station in London	1856–1869: Bau des Suezkanals
1865	Graphische Statik von J. Culmann	1861–1865: Sezessionskrieg in den USA
1867	J. W. Schwedler-Fachwerkträger: Diagonalen auf Zug	1863: Proklamation Lincolns zur Befreiung aller Sklaven
1867	Weltausstellung in Paris	1867: Siemens' Dynamomaschine
1867	Erstes Patent für Moniers Betonkübel	1867: K. u. K. Monarchie
1867–1875	Zusatzpatente Moniers	1870/71: Deutsch-Französischer Krieg
1869	Allgemeine Gewerbe-Ordnung für den Norddeutschen Bund (Bestimmungen für den Bau von Gewerbe- und Fabrikbetrieben)	
1870 (1862)	Für die Standsicherheit von Bauten – zuerst im Brücken- und Fabrikbau – muß bei der Baupolizei der statische Nachweis erbracht werden (im Fabrikbau: Maurer- und Zimmermeister)	1871: Gründung des Deutschen Reiches
1871/72	Reichs-Gewerbe-Ordnung mit neuen, erweiterten Baubestimmungen für die Errichtung von Gewerbe- und Fabrikbetrieben	
1879	Gründung der Technischen Hochschule in Berlin	
1879–1895	Chicago-School. Skelettbau im Hochbau: Erster Bau „Leiter Building" von William Le Baron Jenney	
1882	Schlesischer Bahnhof in Berlin	1883: Neue Bau-Ordnung für Berlin
1883–1889	Gründung des Charlottenburger Werks von Siemens in Berlin am Salzufer: neue Impulse für den Industriebau	
1883–1884	Gründung der Edison-Gesellschaft durch E. Rathenau. Erste Lampenfabrikation in der Schlegelstraße 27	
1887–1889	Gründung der AEG-Fabrik Ackerstraße in Berlin durch E. Rathenau	
1887	M. Koenen „Methoden zur statischen Berechnung von Eisenbetonquerschnitten"	
1889	Eiffelturm: Beginn der „räumlichen Stabwerke"	
1889	Palais des Machines in Paris: Spannweite des Mittelschiffes 150 m	
1890	Eisenbahnbrücke über den Firth of Forth, 521 m	
1894–1898	Probebelastungen von Stahlbetonbalken und Gewölben durch Wayss & Freytag, Martenstein und Josseux. F. Hennebique führt den Plattenbalken mit Unterzügen im Stahlbeton ein	1895: Röntgen
1903	A. G. Considère – Spiralbewehrung für Stahlbeton	1900: Quantentheorie, Planck
1903	Auguste Perret baut sein Haus in der Rue Franklin in Paris als Stahlbetonskelett	1905: Relativitätstheorie, Einstein
1907	Gründung des Deutschen Werkbundes	1904–1914: Bau des Panamakanals
1908–1911	Karl Bernhard entwickelt neue Konzeptionen im Fabrikbau: Elektrizitätswerk Straßburg (1908); Turbinenhalle der KWU in Berlin mit P. Behrens (1909/10) und das Textilwerk in Nowawes mit H. Muthesius (1911)	
1911	Fagus-Werk von Walter Gropius; Jahrhunderthalle in Breslau	1914–1918: Erster Weltkrieg
1914/15	DOM-INO-Stahlbetonskelett für vorgefertigte Häuser von Le Corbusier	1916: Zonenplan im Städtebau in den USA

Zeit	Entwicklung im Bereich der Bautechnik	Historische Ereignisse
1916–1924	E. Freyssinet überdeckt die Luftschiffhallen in Orly mit einer Parabeltonne (Spannweite 60 m)	1917: Revolution in Rußland
1918–1924	Gründung des Bauhauses in Weimar	1919: Völkerbund
1928–1929	Die Elornbrücke bei Plougastel durch E. Freyssinet	1919: Kaplan-Turbine
1924–1929	Bauhaus in Dessau	1923: Dieselmotor; Rundfunk in Berlin
1930–1933	Bauhaus in Berlin	
1931–1938	Studien von Le Corbusier für zugbeanspruchte Konstruktionen, Projekte für überbaute Autobahnen für Rio und Algier	1938: Perlon, Nylon
1934	Dischinger-Patent über hängewerkartige Spannglieder des Betons	1939–1945: Zweiter Weltkrieg
1944	Mobilar Structures – Entwicklung des Stabelementsystems, K. Wachsmann	
1946–1949	Mero-System von Mengringhausen: serielle Herstellung von Stahlknoten	1945: Gründung der Vereinten Nationen
1947–1952	Unité d'habitation in Marseille	1949: Bundesrepublik Deutschland
1948/49	P. L. Nervi – Vorfabrikation von Stahlbetonelementen für die Ausstellungshalle in Turin	1948/49: Transistor
1949	L. Mies van der Rohe: Promontory Apartements, Vorbild für die Vorfertigung von Hochbauten	
1952–1954	Matthew Nowicky – Hängedach	
1953–1958	Candelas Schalenkonstruktionen	1956: Erstes Kernenergiekraftwerk der Welt auf kommerzieller Basis in England
1954–1959	Frei Otto, René Sarger u. a. versuchen neue zugbeanspruchte Konstruktionen zu entwickeln	1957: Erster Erdsatellit (Sputnik); EWG
1967	Geodätische Kuppel von Buckminster Fuller. Weltausstellung in Montreal (Kanada)	1963: PAL-Farbfernsehsystem von W. Bruch
1970	Weltausstellung in Osaka (Japan)	1969: Erste bemannte Mondlandung (Apollo 11) 1972: Mikroprozessor in den USA 1980: Telefonverkehr über Glasfaserkabel in Berlin

Maßeinheiten/Werkmaßteilung

Ägypten, vgl. I

Elle = ca. 52,3 cm
Spanne = ca. 4 Finger
Setat (Flächenmaß)

Babylon, vgl. II

urbanu = Finger
ammatu = Elle
qanu = Stock

Griechenland, vgl. III

Nach Herodot (II, 149; Hultsch, 1862, 5, 29) ergeben sich folg. Einheiten:
Fingerbreite : Handbreite : Spanne : Fuß : Elle : Klafter = 1 : 4 : 12 : 16 : 24 : 96
Nach Vitruv (IV; Kap. 1, 6) ist der Fuß „der sechste Teil der Körperhöhe"

1. dorischer Fuß = 32,88 cm (nach F. Krauss, DAI, Rom, 46/1931); 32,6 cm (Dinsmoor, 1961)
2. attisch-ionischer Fuß = 29,4 cm
3. samischer Fuß = 34,8 cm; pheidonischer Fuß = 32,6 cm
4. Daktylos (Finger) = 1/16 Fuß
5. Elle = 6 Palm (Handbreiten)
6. Klafter = 4 Ellen = 6 Fuß; Stadion = 100 Klafter = 600 Fuß
7. samische Elle = 2,10 m
8. Plethron (Flächenquadrat) = 100 × 100 Fuß
9. actus = 120 × 120 Fuß
10. centuria = 400 actus = 2400 × 2400 Fuß (F. Hultsch, Griech. u. röm. Metrologie, 1882)

Rom, vgl. IV

1) römischer Fuß = 29,42–29,5 cm = 12 unciae (Hultsch, 1862)
2) Uncia = 1 Zoll = 24,6–24,7 mm
3) digitus = 1/16 Fuß = 1,85 cm
4) palm = 7,4 cm
5) 1/2 sicilicus = 3,1 mm
6) 1 1/2 Fuß = Elle (cubitus)
7) 2 1/2 Fuß = Schritt (gradus)
8) 5 Fuß = passus
9) 10 Fuß = decempeda = Meßrute

Byzanz, vgl. V

byzantinischer Fuß = 30,95 cm
osmanische Arşine = 75,78 cm

Mittelalter/Renaissance, vgl. VI, VII

Deutschspr. Raum (H. J. v. Alberti, Maß u. Gewicht, 1957; Hultsch, 1862)

römischer Fuß	= 29,6 cm;	brandenb. Fuß	= 31,61 cm (17./18. Jh.)
bayerischer Fuß	= 29,18 cm;	Wiener Werkschuh	= 31,7 cm (16. Jh.)
Regensburger Schuh	= 31,8 cm (15. Jh.)		
Cölner Fuß	= 28,82 cm (16.–18. Jh.);	Karolingischer Fuß	= 33,29–34,3 cm

England

foot = 30,5 cm; inch = 1/12 foot

Frankreich

pied du roi = 32,48 cm = 12 pouces = 144 lignes
pouce = 2,5 cm
Toise (Klafter) = 1,95 m
$Toise^3$ = 7,41 m^3

Italien

Florentiner Braccio	= 58,3–58,75 cm;	Römischer Braccio	= 58,40; 58,6; 56,40 cm
Mailänder Braccio	= 61,34 cm;	römischer pedes	= 29,60–29,70 cm
palmo architettonico	= 12 once = 60 minute;	Canna	= 10 palmi
Canna (Flächenquadrat)	= 36 × 36 Bracci		

Literaturverzeichnis

(Literaturauswahl, weitere Quellen sind in den Anmerkungen angegeben.)

Allgemein

Avenel, G. d': Histoire économique de la propriété, 7 Bde., Paris 1894-1926
Braunfels, Wolfgang: Abendländische Stadtbaukunst, Köln 1976
Cantor, Moritz: Vorlesungen über Geschichte der Mathematik, 3 Bde., Leipzig, 2. Aufl., 1894
Choisy, Auguste: Historie de l'architecture, 2 Bde., Paris 1899-1901
Dehio, G./Bezold, F. v.: Die kirchliche Baukunst des Abendlandes, Stuttgart 1887-1901
Feldhaus, F. M.: Die Technik der Antike und des Mittelalters, Potsdam 1931
Fierz, Markus: Vorlesungen zur Entwicklungsgeschichte der Mechanik, Berlin/Heidelberg/New York 1972
Frankfort, H.: The art and architecture of ancient Orient, London 1954
Gericke, M.: Mathematik im Abendland, Berlin/Heidelberg/New York 1990
Germann, Georg: Einführung in die Geschichte der Architekturtheorie, Darmstadt 1980
Hart, Franz: Kunst und Technik der Wölbung, München 1965
Klemm, Friedrich: Zur Kulturgeschichte der Technik, München 1979
Klemm, Friedrich: Geschichte der Technik, Reinbek bei Hamburg 1983
Kress, Fritz: Der Zimmerpolier, 6. Aufl., Ravensburg 1939
Kruft, H.-W.: Geschichte der Architekturtheorie, München 1985
Pevsner, Nikolaus: Europäische Architektur, 3. Aufl., München 1973
Pevsner, N./Fleming, J./Honour, H.: Lexikon der Weltliteratur, München 1971
Siedler, Eduard Jobst: Baustofflehre, 2. Aufl., Berlin 1951
Szabó, István: Geschichte der mechanischen Prinzipien und ihrer wichtigsten Anwendungen, Basel/Boston/Stuttgart 1977
Straub, Hans: Die Geschichte der Bauingenieurkunst, 3. Aufl., Basel und Stuttgart 1975
Timoshenko, Stephen P.: History of strength of materials, New York/Toronto/London 1953
Wasmuth Lexikon der Baukunst, 5 Bde., Berlin 1929-37
Zucker, Paul: Die Brücke. Typologie und Geschichte ihrer künstlerischen Gestaltung, Berlin 1921

Abschnitt I Ägypten

Badawy, Alexander: Egyptian Architectural Design, London 1965
Badawy, Alexander: A History of Egyptian Architecture, Bd. 1, 1954, Bd. 2, 1966, Bd. 3, 1968, Los Angeles
Bissing, F. W. von: Ägyptische Kunstgeschichte von den ältesten Zeiten bis auf die Entdeckung durch die Araber, Kopenhagen 1938
Borchardt, Ludwig: Ägyptische Werkzeichnungen, in: Äg. Z. 34 (1896)
Borchardt, Ludwig: Die ägyptische Pflanzensäule, Berlin 1897
Borchardt, Ludwig: Das Grabdenkmal des Königs Ne-user-re, Leipzig 1907
Borchardt, Ludwig: Die Entstehung der Pyramide. An der Baugeschichte der Pyramide bei Mejdum nachgewiesen, in: Beitr. z. äg. Bf., H. 1, Kairo 1937
Borchardt, Ludwig: Ägyptische Tempel mit Umgang, in: Beitr. z. äg. Bf., H. 2, Kairo 1938
Carter, H./Gardiner, A. H.: The Tomb of Ramses IV and the Turin Plan of a Royal Tomb, in: JEA, IV (1917)
Choisy, Auguste: L'art de bâtir chez les Egyptiens, Paris 1873
Clarke, S./Engelbach, R.: Ancient Egyptian Masonry, London 1930
Daressy, G.: Description de l'Egypte, ou Recueil des observations et des recherches qui ont
Description de l'Egypte: été faites en Egypte, pendant l'expedition de l'armée française, Paris 1807-1812 (2e éd. 1870)
Ostraca, in: Cat. gén. des antiquités du Musée du Caire, 1901, N. 25001-25385
Edwards, I. E. S.: Die ägyptischen Pyramiden, Wiesbaden 1967
Golvin, Jean-Claude/Goyon, Jean-Claude: Karnak. Ägypten. Anatomie eines Tempels, übers. D. Wildung, Tübingen 1990
Goyon, G.: Die Cheops-Pyramide, Bergisch-Gladbach 1979
Gunn, B.: An Architect's Diagram of the Third Dynasty, in: Annales du Service, 26 (1926)
Haeny, G.: Basilikale Anlagen in der ägyptischen Baukunst, Diss. Karlsruhe 1968, in: Beitr. z. äg. Bf., H. 9, Wiesbaden 1970

Hölscher, Uvo: Das hohe Tor von Medinet Habu, Diss. TH Charlottenburg 1909, Leipzig 1910
Hölscher, Uvo: The excavations of Medinet Habu, 5 Bde., OIP, Chicago 1934–54
Hölscher, Uvo: Die Wiedergewinnung von Medinet Habu, Tübingen 1958
Jéquier, G.: Manuel d'archéologie égyptienne, Paris 1924
Jéquier, G.: L'architecture et la décoration dans l'ancienne Egypte, 3 Bde., Paris 1920–24
Klemm, Rosemarie u. Dietrich: Die Steine der Pharaonen, Ausstellungskatalog, München 1981
Lepsius, K.-R.: Denkmäler aus Ägypten und Äthiopien, 2 Bde., Berlin 1849–59, Texte 1897 bis 1913
Lucas, A./Harris, J. R.: Ancient Egyptian materials and industries, 4. Aufl., London 1962
Maspéro, Gaston: L'archéologie égyptienne, Paris 1887
Neuburger, Albert: Die Technik des Altertums, Leipzig 1919
Neugebauer, O.: Vorlesungen über Geschichte der antiken mathematischen Wissenschaften, Bd. 1: Vorgriechische Mathematik, Berlin 1934, Reprint 1969
Newberry, P. E.: The life of Rekhmara at Thebe, London 1900
Petrie, W. M. Fl.: Tools and weapons, London 1917
Petrie, W. M. Fl.: Egyptian Architecture, London 1938
Reisner, G.-A.: Catalogue général du Musée du Caire: Models of ships and boats . . . etc., Le Caire 1927
Ricke, Herbert: Bemerkungen zur ägyptischen Baukunst des Alten Reiches, in: Beitr. z. äg. Bf., H. 4, Zürich 1944
Ricke, Herbert: Der Totentempel Amenophis' III. Baureste und Ergänzung, in: Beitr. z. äg. Bf., H. 11, 1981
Schäfer, H.: Von ägyptischer Kunst, 4. Aufl. Wiesbaden 1963
Schmitz, Bettina: Die Steine der Pharaonen. Vom Steinbruch zum Kunstwerk. Lagerstätten. Materialien. Informationen, H. 2, Pelizaeus-Museum Hildesheim 1985
Spencer, J. A.: Brick architecture in Ancient Egypt, Warminster 1979
Vandier, J.: Manuel d'archéologie égyptienne, 6 Bde., Paris 1952–1978
Vogel, K.: Vorgriechische Mathematik, H. 1, Hannover 1958
Wilsdorf, M. H.: Die architektonische Rekonstruktion antiker Produktionsanlagen für Bergbau und Hüttenwesen, in: KLIO 59 (1977). S. 11 f.

Abschnitt II Mesopotamien

Andrae, Walter: Das Gotteshaus und die Urformen des Bauens im Alten Orient, Berlin 1930
Castel, Corinne: Habitat urbain néo-assyrien et néo-babylonien, 2 Bde., Paris 1992
Delougaz, Pierre: Plano-convex bricks and the methods of their employed, in: Studies in Ancient Orient Civ., 7, Chicago 1933
Ebeling, H./Meissner, B.: Reallexikon der Assyriologie, Berlin 1972–73
Heinrich, Ernst: Schilf und Lehm. Ein Beitrag zur Baugeschichte der Sumerer, Diss. TH Charlottenburg 1933 (Studien zur Bauforschung 6) Berlin 1934
Heinrich, Ernst: Die Tempel und Heiligtümer im Alten Mesopotamien, Berlin 1982
Layard, A. H.: The monuments of Niniveh, London 1849
Lloyd, Seton: Die Archäologie Mesopotamiens, München 1981
Moorey, P. R. S.: The plano-convex building at Kish and Early Mesopotamian Palaces, in: Iraq, 26 (1964), p. 87 f.
Moorgat, A.: Festschrift Moorgat: Vorderasiatische Archäologie, Berlin 1964
Salonen, A.: Die Ziegeleien im Alten Mesopotamien, in: Suomalaisen Tiedeakatemian (Annales Academiae Fennicae, 171), Helsinki 1972
Sarre, Friedrich/Herzfeld, Ernst: Archäologische Reise im Euphrat- und Tigris-Gebiet, Bd. 1 (1911), Bd. 2, Berlin 1920
Schmidt, J.: Die agglutinierende Bauweise im Zweistromland und in Syrien, Diss. TU Berlin 1963
Soden, W. von: Akkadisches Handwörterbuch, 1981
Soden, W. von: Tempelstadt und Metropolis, in: H. Stoob (Hg.), Die Stadt, Köln/Wien 1979, S. 38 f.
Vogel, K.: Vorgriechische Mathematik, H. 2, Paderborn 1959
Wooley, C. L.: Ur in Chaldäa, Wiesbaden 1956
Wooley, C. L.: Mesopotamien und Vorderasien, Baden-Baden 1961

Abschnitt III Ägäische Kultur

Balanos, N.: Les monuments de l'Acropole. Relévement et conservation, 2 Bde., Paris 1938

Bankel, Hansgeorg: Zum Fußmaß attischer Bauten des 5. Jh. v. Chr., in: Athen. Mitt., 98 (1983), S. 65–99

Berve, H./Gruben, G.: Griechische Tempel und Heiligtümer, München 1961

Blümel, C.: Griechische Bildhauer an der Arbeit, Berlin 1945

Blümner, H.: Technologie und Terminologie der Gewerbe und Künste bei den Griechen und Römern, 4 Bde., Leipzig 1875–87 (Bd. 1, 2. Aufl. 1912)

Boardman, John: The Greeks overseas, Harmondsworth 1964

Bohn, R.: Die Propyläen der Akropolis zu Athen, Berlin und Stuttgart 1982

Bundgaards, J. A.: Mnesicles. A Greek architect at work, Diss. Aarhus 1956, Copenhagen 1957

Burford, A.: The Greek temple builders at Epidauros, Liverpool 1961

Buschor, E.: Die Tondächer der Akropolis, Berlin/Leipzig 1929–33

Carpenter, Rhys: Die Erbauer des Parthenon, München 1970

Charbonnaux, J./Martin, Roland/Villard, F.: Das archaische Griechenland, 2 Bde., München 1976–78

Choisy, Auguste: Études épigraphiques sur l'architecture grecque, Paris 1884

Coulton, J. J.: The architectural development of the greek Stoa, Oxford 1976

Coulton, J. J.: Greek architects at work. Problems of stucture and design, London 1977

Courby, Fernand: Les temples d'Apollon, in: Délos XII, Paris 1931

Dinsmoor, W. B.: The Architecture of Ancient Greece, 3. Aufl., London 1950 (Reprint 1975)

Dinsmoor, W. B.: Structural Iron in Greek Architecture, in: AJA 26 (1922)

Dinsmoor, W. B.: Studies of the Delphian Treasuries, in: BHC 36 (1912)

Dinsmoor, W. B.: Attic Building Accounts III, in AJA 17 (1913)

Dörpfeld, W.: Olympia. Ergebnisse der Ausgrabungen, Berlin 1935

Drachmann, A. G.: The mechanical technology of greek and roman antiquity, Copenhagen/Madison/London 1963

Drerup, H.: Griechische Baukunst in geometrischer Zeit, Archaeologica Homerica, Göttingen 1969

Durm, J.: Die Baukunst der Griechen, Hd. der Architektur, 2. T., 1. Bd., Leipzig 1910

Dworakowska, A.: Quarries in Ancient Greece, Wrocław 1975

Ebert, F.: Fachausdrücke des griechischen Bauhandwerks. I. Der Tempel. Phil. Diss. Würzburg 1910, Würzburg 1911

Eitelborg, H.: The Greek Architect of the Fourth Cent. B. C., Ph. Diss. Univ. of Pennsylvania 1973

Evans, A. J.: The Palace of Minos at Knossos, 4 Bde., London 1921–35 (Neudruck 1964)

Furtwängler, A./Fiechner, E. R.: Aegina. Das Heiligtum der Aphaia, 2 Bde., München 1906

Groote, M. v.: Die Entstehung des ionischen Kapitells und seine Bedeutung für die griechische Baukunst, Straßburg 1905

Gruben, G.: Tempel der Griechen, München 1966

Haselberger, Lothar: Werkzeichnungen am Jüngeren Didymaion, in: Ist. Mitt., 30 (1980), S. 191 f.

Haselberger, Lothar: Die Werkzeichnungen des Naiskos im Apollontempel von Didyma, in: DiskAB 4, Berlin 1984, S. 111

Hitzig, H./Blümer, H.: Des Pausanias Beschreibung von Griechenland, 3 Bde., Berlin 1896–1910

Hodge, T. A.: The Woodwork of Greek Roofs, Cambridge 1960

Hoepfner, Wolfram: Zum ionischen Kapitell bei Hermogenes und Vitruv, in: Athen. Mitt., 83 (1968) S. 213 f.

Hoepfner, Wolfram: Maße – Proportionen – Zeichnungen, in: DiskAB 4, Berlin 1984, S. 13 f.

Hoepfner, W./Schwandner, E.-L.: Typenhäuser im klassischen Griechenland, in: „arcus", H. 6 (1986), S. 248–254

Jeppesen, K.: Paradeigmata. Three mid-fourth century main works of Hellenic architecture reconsidered, phil. Diss. Aarhus 1957, Aarhus 1957

Kähler, H.: Der griechische Tempel. Wesen und Gehalt, Berlin 1964

Kalpaxis, A. E.: Früharchaische Baukunst in Griechenland und Kleinasien, Phil. Diss. Heidelberg 1971, Athen 1976

Knell, H.: Grundzüge der griechischen Architektur, Darmstadt 1980

Koenigs, Wolf: Zum Entwurf dorischer Hallen, in: Ist. Mitt., 29 (1979). S. 209 f.

Koldewey, R./Puchstein, O.: Die griechischen Tempel in Unteritalien und Sizilien, Berlin 1899

Krauss, F.: Paestum, die griechischen Tempel, Berlin 3. Aufl. 1943

Krischen, F.: Der Entwurf des Maussolleions, in: Zs. für Bauwesen, H. 10–12, 1927

Lattermann, H.: Griechische Bauinschriften, Phil. Diss. Straßburg 1907, Straßburg 1908

Maier, F. G.: Griechische Mauerbauinschriften, 2 Bde., Heidelberg 1959–61

Marinatos, S.: Kreta, Thera und das Mykenische Hellas, München 1973

Martin, R.: Manuel d'Architecture Grecque, I. Matériaux et Techniques. Paris 1965

Matz, F.: Geschichte der griechischen Kunst. Bd. I. Die geometrische und die früharchaische Form. Frankfurt/M. 1950

Müller, D.: Handwerk und Sprache. Die sprachlichen Bilder aus dem Bereich des Handwerks in d. griech. Lit. bis 400 v. Chr., Phil. Diss. Mainz 1973, Meisenheim a. Glan 1974

Mylonas, G.: Ancient Mycenae, Princeton/New Jersey 1957

Naumann, Robert: Die Architektur Kleinasiens von ihren Anfängen bis zum Ende der hethitischen Zeit. Tübingen 1971[2]

Orlandos, A. K: Matériaux de Construction et la Technique Architecturale des Anciens Grecs, 2 Bde., Paris 1966, 1969

Orlandos, A. K.: Nouvelles Observations sur la Construction du temple d'Athéna Niké, in: BHC, 71–72 (1947–48)

Opderbecke, A./ Wittenbecher, H.: Der Steinmetz. Das Handbuch des Bautechnikers, Bd. XV, 2. Auflage, Leipzig 1912

Paton, J. M. (Hg.)/ Stevens, G. P./Caskey L. D./Fowler H. N.: The Erechtheum. Measured, Drawn, and Restored (The American School of Classical Studies at Athens), Cambridge (Mass.) 1927

Pekáry, T.: Die Wirtschaft der griechisch-römischen Antike, Wiesbaden 1979

Penrose, F. C.: An Investigation of the Principle of Athenian Architecture, London 2. Aufl. 1888

Petronotis, A.: Bauritzlinien und andere Aufschnürungen am Unterbau griechischer Bauwerke in der Archaik und Klassik, Ing. Diss. TH München 1969

Riemann, H.: Zum griechischen Peripteraltempel. Seine Planidee u. ihre Entwicklung bis zum Ende des 5. Jhs., Phil. Diss. Frankfurt 1934, Düren 1935

Schürmann, A.: Griechische Mechanik und antike Gesellschaft. Studien zur staatlichen Förderung einer technischen Wissenschaft (= Diss. FU Berlin 1989) Stuttgart 1991

Shear, T. L.: The Early Projects of the Periclean Building Program, Ph. Diss. Univ. of Princeton 1966

Simon, Max: Euclid und die sechs planimetrischen Bücher. Mit Benutzung der Textausgabe von Heiberg (Abhandlungen zur Gesch. d. mathemat. Wiss., XI H.), Leipzig 1901

Sinos, S.: Die vorklassischen Hausformen in der Ägäis, Mainz 1971

Vallois, R.: L'architecture hellénique et héllenistique à Délos I, Thèse de Doctorat-ès-Lettres Paris 1944, Paris 1948

Vallois, R.: Les constructions antiques de Délos. Documents, Paris 1953

Wesenberg, B.: Kapitelle und Basen. Beobachtungen zur Entstehung der griechischen Säulenformen, Phil. Diss. Marburg 1966, in: BJb, 32. Beiheft, 1971

Wesenberg, B.: Zu den Schriften der griechischen Architekten, in: Bauplanung und Bautheorie der Antike, DiskAB 4 (1984)

Wiegand, Th./ Knackfuß, H.: Didyma I. Die Baubeschreibung, 3 Bde., 1941

Wiegand, Th./ Rehm, A./Harder, R.: Didyma II. Die Inschriften, 1958

Abschnitt IV Rom

Adam, Jean-Pierre: La Construction Romaine, Paris 1984

Bandinelli, M. B.: Rom (Universum der Kunst), München 1970

Blake, M. E.: Roman Construction in Italy from Prehistoric Period to Augustus, Washington 1947

Boëthius, A./ Ward-Perkins, J. B.: Etruscan and Roman Architecture, London 1970

Brödner, Erika: Das Wohnen in der Antike, Darmstadt 1989

Brödner, Erika: Die römischen Thermen und das antike Bad, 2. Auflage, Darmstadt 1992

Cantor, Moritz: Die römischen Agrimensoren, Leipzig 1875 (Repr. 1968)
Choisy, Auguste: L'art de bâtir chez les Romains, Paris 1873
Choisy, Auguste: Vitruve, 4 Bde., Paris 1909
Cozzo, G: Ingegneria Romana, Rom 1928
Durm, Joseph: Die Baukunst der Etrusker und Römer, Handb. d. Arch., 2. T., 2. Bd., Stuttgart 1905
Gaitzsch, Wolfgang: Eiserne römische Werkzeuge, Diss. Marburg 1979, BAR Intern. Ser., 78, Oxford 1980
Gazzola, Piero: Ponti Romani, Firenze 1963
Heimberg, Ursula: Griechische und römische Landvermessung in: DiskAB 4, 1984, S. 277 f.
Hoffmann, Adolf: Das Gartenstadion in der Villa Hadriana, (Diss. Karlsruhe 1975), DAI Rom 1980
Kähler, Harald: Hadrian und seine Villa bei Tivoli, Berlin 1950
Lamprecht, H. O.: Opus caementicium. Wie die Römer bauten, Düsseldorf 1968
Lugli, Giuseppe: La tecnica edilizia Romana, 2 Bde., Roma 1957
Mielsch, Harald: Die römische Villa, München 1987
Rakob, Friedrich: Die Piazza d'Oro in der Villa Hadriana, ungedr. Diss., Karlsruhe 1967
Rakob, Friedrich: Römische Architektur in Nordafrika, in: 150-Jahr-Feier, DAI Rom, 25. Erg. RM, 1982, S. 111
Rosumek, Peter: Technischer Fortschritt im antiken Bergbau, phil. Diss., Bonn 1982
Vitruv: Vitruvius Marcus Pollio. Zehn Bücher über Architektur. Übersetzung Jakob Prestel, 3. Aufl., Baden-Baden 1974
Vitruv: Vitruv. Zehn Bücher über Architektur, Übersetzung C. Fensterbusch, Darmstadt 1964
Vitruv: Des Marcus Vitruvius Pollio Baukunst. Übersetzung August Rode, 2 Bde., Leipzig 1796
Ward-Perkins, J. B.: Roman Imperial Architecture, Middlessex 1981
Zimmer, Gerhard: Römische Berufsdarstellungen, phil. Diss. München, Berlin 1982

Abschnitt V Byzanz

Butler, H. C.: Early Churches in Syria, 4th to 7th century, ed. by E. Baldwin Smith, Princeton 1929 (Reprint Amsterdam 1969)
Choisy, Auguste: L'art de bâtir chez les Byzantins, Paris 1883
Creswell, K. A. C.: Early Muslim Architecture, Harmonsworth 1958
Creswell, K. A. C.: The Origin of the Persian Double Dome, in: The Burlington Magazin, XXXIV, 1913/14
Deichmann, F.-W.: Studien zur Architektur Konstantinopels, Baden-Baden 1956
Jonescu, Grigore: Arhitectura pe teritoriul Romaniei de-a lungul veacurilor, Bukarest 1982
Koepf, Hans: Die Türkische Kuppelmoschee, Wien 1985
Krautheimer, Richard: Early christian and byzantine architecture, Harmonsworth 1965
Mango, Cyril: Architettura Bizantina, Milano 1975
Millinger, A. V.: Byzantine Churches, London 1912
Reuther, Oskar: Parthian Architecture, in: A. Pope (ed.), A Survey of Persian Art, London/New York 1938–39
Rice, Talbot: Byzantinische Kunst, München 1963
Rosintal, J.: Pendentifs, Trompen und Stalaktiten, Berlin 1912
Sanpaolesi, P.: La chiesa dei SS. Sergio e Bacco, in: Rivista dell' Ist. Naz. d'Archeol. e Storia, 19 (1961), p. 116 f.
Sas-Zaloziecky, W.: Byzantinische Kunst, Frankfurt/M., Berlin 1963

Abschnitt VI Mittelalter

Acland, J. H.: Medieval Structure: The Gauthic Vault, Toronto 1972
Adam, Ernst: Baukunst des Mittelalters 1, 2, (Ullstein Kunstgeschichte, 9, 10), Frankfurt (M.)/Berlin 1963
Andrews, F. B.: The Medieval Builder and his Methods, in: Trans. of the Birmingham Arch. Soc., 1925
Aubert, Marcel: La Construction au Moyen Age, in: Bull. Mon 68–69, Paris 1960–61
Binding, G./Annas, G./Jost, B./Schunicht, A: Baubetrieb im Mittelalter, Darmstadt 1993

Booz, Paul: Der Baumeister der Gotik, München/Berlin 1956
Braunfels, Wolfgang: Mittelalterliche Stadtbaukunst in der Toskana, Berlin 1953
Braunfels, Wolfgang: Abendländische Klosterbaukunst, Köln 1969
Castellano, Aldo: Dal tardo gotico al primo Rinascimento, in: Castellano/Selvafolta (ed.), Costruire in Lombardia, Milano 1983
Cazelles, Robert: Nouvelle Histoire de Paris, 1223–1380, Paris 1972
Choisy, Auguste: Histoire de l'architecture, 2. Bde., Paris 1899–01
Coenen, U.: Die spätgotischen Werkmeisterbücher in Deutschland, München 1990
Conant, K. J.: Carolingian and Romanesque Architecture, 800 to 1200, Harmonsworth 1974
Cowan, Henry J.: The structure of the gothic cathedrals, in: Architectural Science Review, Dec. 1975, p. 70–84
Du Colombier, Pierre: Les chantiers des cathédrales, Paris 1953
Fitchen, John: Construction of Gothic Cathedrals, London 1961
Gerbert: Opera Mathematica, Ed. N. Bubnov, Berlin 1899, Nachdruck Hildesheim 1963
Gimpel, Jean: Les bâtisseurs de cathédrales, Paris 1957
Grodecki, Louis: Architektur der Gotik (Weltgeschichte der Architektur), Stuttgart/Mailand 1976
Hahnloser, H. R.: Villard de Honnecourt, Wien 1935
Harvey, John: The Mediaeval Architect, London 1972
Hasak, Max: Haben Steinmetzen unsere mittelalterlichen Dome gebaut? in: ZfB, 45 (1896), Sp. 183–388
Hecht, Konrad: Maß und Zahl in der gotischen Baukunst, in: Abh. d. Braunschw. Wiss. Ges., 1969–71
Heyman, Jacques: The Masonry Arch, Chichester 1982
Hotz, M: Kleine Kunstgeschichte der dt. Burg, Darmstadt 1965
James, John: The Contractors of Chartres, 2 Bde., Wyong (Australia), 1978–79
Jantzen, H.: Ottonische Kunst, München 1963
Jantzen, H.: Kunst der Gotik, Hamburg 1957
Kimpel, Dieter: Le développement de la taille en série dans l'architecture médiévale et son rôle dans l'histoire économique, in: Bull. monumental, 135, 1977, p. 195–222
Kubach, H. E.: Der Dom zu Speyer, Darmstadt 1974
Müller, W.: Grundlagen gotischer Bautechnik, München 1990
Pfaller, J. J.: Die steinerne Brücke über die Donau bei Regensburg, in: Zentralbl. d. Bauverwaltung, H. 16, Berlin 1936
Pieper, Klaus: Sicherung historischer Bauten, Berlin/München 1983
Salzmann, L. T.: Building in England down to 1540, Oxford 1969
Sanfaçon, Roland: Le rôle des techniques dans les principales mutations de l'architecture gothique, in: Cahiers d'études médiévales, VII, Les arts mécaniques au moyen âge, Univ. de Montréal, Montréal/Paris 1982, p. 93–130
Sauerländer, W.: Das Jahrhundert der großen Kathedralen, München 1990
Schlosser, J. v.: Quellenbuch zur Kunstgeschichte des abendländischen Mittelalters, Wien 1896
Schöller, W.: Le dessin d'architecture à l'époque gothique, in: Les Bâtisseurs, Ausstellungskatalog Straßburg 1989
Simson, Otto von: Die gotische Kathedrale, Darmstadt 1968
Viollet-le-Duc, E.: Dictionnaire raisonné de l'architecture française, 10 Bde., Paris 1854–68
Viollet-le-Duc, E.: Entretiens sur l'architecture, 2 Bde., Paris 1863, 1872

Abschnitt VII Renaissance

Alberti, Leon Battista: L'architettura/De Re Aedificatoria, ed. G. Orlandi/P. Portoghesi, 2 Bde., Milano 1966
Battisti, Eugenio: Filippo Brunelleschi, Stuttgart/Mailand 1979
Baum, Joseph: Die Bauwerke des Elias Holl, Straßburg 1908
Blunt, Anthony: Philibert de l'Orme, London 1958
Borsi, Franco: Leon Battista Alberti, Stuttgart/Zürich 1983
De Fusco, Renato: Il Codice dell'architettura. Antologia dei trattatisti, Napoli 1968
Derant, François: L'architecture des voûtes, Paris 1643
Filarete (Antonio Averlino): Traktat über Baukunst, hrsg. von W. v. Oettingen, Wien 1890
Filarete (Antonio Averlino): Trattato di architettura, ed. A. Finoli/L. Grassi, Milano 1972
Fontana, Vicenzo: Fra Giovanni Giocondo, Vicenza 1988

Frommel, Christoph Luitpold:	San Pietro. Storia della sua costruzione, in: Rom 1984, S. 241 ff.
Frommel, C. L./ Ray, S./Tafuri, M.:	Raffael. Das architektonische Werk, Stuttgart 1987
Gerard Powell, V.:	L'organisation des chantiers royaux en Espagne au XVIe siècle, in: Les Chantiers de la Renaissance, ed. A. Chastel/J. Guillaume, Paris 1991
Geymüller, Heinrich v.:	Les Ducerceau, leur vie et leur oeuvre, Paris 1887
Gille, B.:	Die Ingenieure der Renaissance, Köln 1968
Günther, Hubertus:	Das Studium der antiken Architektur in den Zeichnungen der Hochrenaissance, Tübingen 1988
Kemp, Martin:	Geometrical Perspective from Brunelleschi to Desargues, London 1985
Kreytenberg, Gert:	Der Dom zu Florenz, Berlin 1974
Lepik, Andreas:	Das Architekturmodell der frühen Renaissance, in: Architekturmodelle der Renaissance, Kunstbibl. Berlin 1995
L'Orme, Philibert de:	Architecture (1567), Royen 1648
Martine, Francesco di Giorgio:	Trattati di architettura, ingegneria e arte militare, ed. Corrado Maltese, 2 Bde., Milano 1967
Millon, H. A./ Smith, C. H.:	Michelangelo Architetto. La facciata di San Lorenzo e la cupola di San Pietro, Milano 1988
Mislin, Miron:	Die überbaute Brücke: Pont Notre-Dame, Frankfurt/M. 1982
Palladio, Andrea:	I Quattri libri dell'architettura, Venezia 1570
Pane, Roberto:	A. Palladio, Torino 1961–62
Portoghesi, Paolo:	Roma nel Rinascimento, 2 Bde., Milano 1971
Puppi, L.:	A. Palladio. Das Gesamtwerk, Stuttgart 1977
Saalman, Howard:	S. Maria del Fiore, London 1980
Serlio, Sebastiano:	Regole generali sopra le cinque maniere, Venezia 1537
Tafuri, Manfredo:	Le chiese di Francesco di Giorgio Martini, in: Francesco die Giorgio architetto, Ausst. Kat. (Siena 1993), (Palazzo Pubblico), Milano 1993, p. 21 ff.
Wittkower, Robert:	Grundlagen der Architektur im Zeitalter des Humanismus, München 1969

Glossar

Ädikula	Kleiner tempelfrontähnlicher Aufbau, ursprünglich zur Unterbringung einer Statue, später auch zur Rahmung von Nischen, Fenstern und Portalen
Adobe	Ungebrannter, luftgetrockneter Lehmziegel
Agrimensor	Römischer Landvermesser, vgl. IV, 4.0
Anathyrosis	Steinmetzmäßig bearbeiteter, etwa 6–8 cm breiter Saumstreifen, der als Berührungs- und Stoßfläche der Werksteine diente, vgl. III, 3.3.5
Anfänger	Der erste Stein eines Bogens oder Gewölbes
Apsis	Runder oder polygonaler Abschluß eines Raumes oder Raumabschnittes, bei Kirchen meist im Osten, seltener im Westen eines Schiffes, vgl. V, 1, VI, 1
Aquädukt	Wasserleitung, Wasserleitungsbrücke
Architrav	Haupt- oder Tragbalken, meist über Säulen, vgl. I, III, 5.4
Arkade	Auf Pfeilern bzw. Säulen ruhender Bogen, vgl. VII
Backstein	Geformter Lehmziegel, durch Brennen wetterfest gemacht, vgl. I, II, IV, 3.2
Balken	Tragendes horizontales Bauelement aus Holz oder Stein
Basilika	Langgestreckter, aus drei oder fünf Schiffen bestehender Bau, bei dem das Mittelschiff über die Seitenschiffe herausgehoben und über Obergadenfenster direkt belichtet wird, vgl. I, V, VI, 2.1.1
Basis	Fuß einer Säule oder eines Pfeilers
Binder	Das Tragwerk des Dachstuhls, das Sparren und Pfetten aufnimmt und Horizontalkräfte über Streben ins Mauerwerk leitet, vgl. III
Blendbogen	Ein einer geschlossenen Wand vorgelegter, wandgliedernder Bogen, vgl. IV
Bossierung	Rohbelassung von Ansichtsflächen zu bearbeitender Steine oder deren bewußte Grobbearbeitung
Bündelpfeiler	Pfeilerkern mit vorgelegten Säulen oder Diensten, vgl. VI, 7.2
Busung	Eine Busung liegt vor, wenn sich der Scheitel, z. B. eines Kreuzgewölbes, höher als die Scheitel von Gurt- und Wandbögen befindet.
Cardo	Nord-Süd-Achse des römischen Castrum und der römischen Stadtanlagen, die quer zum Decumanus verläuft
Decumanus	Ost-West-Achse eines römischen Castrum oder einer römischen Stadt, die quer zum Cardo verläuft
Dienst	Wandsäulchen, das in der Regel zumindest der optischen Stützung einer Rippe dient
Dioptra	Vermessungsgerät für die Höhenmessung mit drehbarer Bronzescheibe mit Visier (nach Heron von Alexandria), vgl. III
Domikalgewölbe	Kuppelartig überhöhtes Gewölbe mit Diagonal- und Scheitelrippen, vgl. V
Eplekton	Bereits in der römischen Kaiserzeit verwendetes Mauerwerk, bei dem zwischen zwei sauber versetzte Mauerschalen ein Mörtel-Steinbrocken-Gemisch eingefüllt wurde
Entlastungsbogen	Überfangbogen zur Entlastung eines Sturzes oder eines Tragebogens
Entresol	Zwischengeschoß („Meezanin“)
Euthynterie	Oberste, geglättete, aus dem Boden ragende Kante des Quaderfundaments des griechischen Tempels

Fachwerkträger	Tragwerk, das aus Einzelstäben besteht. Seine Stäbe sind Konstruktionsglieder, die wegen ihres geringeren Querschnittes im Verhältnis zur Länge nur Kräfte in Stabrichtung übertragen können. Die Stäbe schließen sich zu Dreiecken zusammen.
Fächergewölbe	Gewölbeform, bei der die Rippen fächerförmig von einem Punkt ausstrahlen
Fase	Fläche, die durch Abschrägen der scharfen Kante eines Werkstücks entsteht
Festigkeit	Der Widerstand, den feste Körper der Trennung ihrer Teile durch äußere Kräfte entgegensetzen. Die äußeren Kräfte rufen im Werkstoff Gegenkräfte, Spannungen hervor. Man spricht je nach der Beanspruchungsart von Zug-, Druck-, Knick-, Biege-, Scher- oder Torsionsfestigkeit.
Fiale	Türmchen zur Bekrönung von Strebepfeilern, statisch wirksame Auflast des Strebepfeilers, vgl. VI
Flachkuppel	Kuppel, deren Stich geringer als der Kuppelradius ist (vgl. Kalotte)
Fries	Schmaler, glatter, plastischer oder bemalter Streifen zur Um- bzw. Abgrenzung, Gliederung und Dekoration von Architekturteilen
Galerie	Nach einer Seite offener, langer Gang; Saal
Gehrung	Eckverbindung von zwei Bauteilen, wobei jedes Stück im gleichen Winkel angeschnitten wird
Gewölbe	Krummflächiger oberer Raumabschluß, in der Regel aus zwischen Widerlagern verspannten Steinen gemauert
Grat	Scharfe, sich aus dem Zusammentreffen zweier Flächen ergebende Kante, vgl. VI, 7.3.2
Gurtbogen	Hauptsächlich beim Tonnen- und Kreuzgewölbe vorkommender Gurt quer zur Gewölbelängsachse und sowohl der statischen Verstärkung als auch der Raumgliederung dienend
Halbfabrikat	Zwischenstufe zwischen dem Rohstoff und dem gebrauchsfähigen Fertigfabrikat
Halbsäule	Aus einer Wand oder einem Pfeiler halb hervortretende Säule, vgl. VI, 7.2
Hallenkirche	Mehrschiffige Anlage mit gleich hohen oder annähernd gleich hohen Gewölben, VI
Hängewerk	Eine Holz- oder Stahlkonstruktion. Die waagerechten Hängebalken werden durch eine oder mehrere Hängesäulen gehalten, vgl. VII
Haustein	Der vor dem Bauen allseits regelmäßig bearbeitete Naturstein
Hypokaustum	Römische Fußbodenheizung der Thermen. Von einem Heizraum wurde die Heißluft unter den Fußboden von Räumen geleitet, vgl. IV
Interkolumnium	Säulenabstand, vgl. III
Kämpfer	Widerlager eines Bogens oder Gewölbes, vgl. VI, 7
Kalotte	Kugelabschnitt
Kannelierung	Gliederung und Belebung der Oberfläche eines Säulen- oder Pfeilerschaftes durch eingetiefte senkrechte Rillen, vgl. III
Kapitell	Ausladendes Kopfstück eines Pilasters oder einer Säule, bestehend aus Halsring, Körper und Deckplatte (Abakus), vgl. III
Kappe	Gewölbeausschnitt zwischen Rippen bzw. Graten, vgl. VI
Kassettierung	Einbringung einer viereckigen, vertieften Feldgliederung in eine flache oder gewölbte Decke
Kathedrale	Im eigentlichen Bedeutungssinn nur Bischofskirche, später in verschiedenen Ländern Begriff für jede größere Kirche, vgl. VI
Kehlbalken	Horizontaler, hochliegender Balken zwischen einem Sparrenpaar

Klostergewölbe	Überwölbung polygonaler Zentralräume ohne Zwischenelemente wie Pendentif und Trompe, daher im Gegensatz zur Kuppel Kehlbildung in den Wölbflächen
Kolonnade	Säulengang mit geradem Gebälk, vgl. VIII
Kragträger	Kragbalken auf zwei Stützen. Der Kragbalken kragt über mindestens ein Auflager aus
Kreuzgewölbe	Gewölbe, gebildet aus rechtwinkliger Durchdringung zweier Tonnengewölbe von gleicher Abmessung und Gestalt, vgl. IV, 5.5.2
Kreuzgratgewölbe	Kreuzgewölbe mit betonten Graten, vgl. IV, 5.5.2
Kreuzrippengewölbe	Kreuzgewölbe mit unterlegten Rippen, vgl. VI
Kuppel	Gewölbe- und Dachform, deren Mantelfläche in der Regel ein Kugelabschnitt ist
Laterne	Türmchen mit Fenstern oder unverglasten Öffnungen zur Bekrönung einer Kuppel oder Turmhaube, vgl. VII
Lehre	Aus Holz oder Metall gefertigte Schablone zur Herstellung von Profilen; bei Gewölben Lehrgerüst
Lisene	Flache Wandvorlage ohne Basis und Kapitell
Lukarne	Hohes Dachfenster mit architektonisch umrahmendem Aufbau
Maßwerk	Geometrisch konstruiertes Bauornament zur Unterteilung von Fenstern und zur Gliederung von Wandflächen
Netzgewölbe	Gewölbe mit netzartig angeordneten Rippen, vgl. VI
Obergaden	Hochgelegene Fensterwand im Mittelschiff einer Basilika, vgl. VI
Ordnung	Architektursystem der Antike: dorische, ionische, korinthische, toskanische Kompositordnung
Paradigma	Modell eines Bauteils (z. B. ein Kapitell im Maßstab 1 : 1), vgl. III, 4.1
Pendentif	Sphärisches Dreieck, das vom Grundrißquadrat zum Grundkreis einer einbeschriebenen Kuppel überleitet
Peripteros	Ein Tempel mit umlaufender Säulenstellung
Pfeiler	Freie oder mit der Wand verbundene, vieleckige oder runde Stütze
Pfeilverhältnis	Pfeilhöhe, Stich. Länge der auf Sehnenmitte eines Bogens errichteten und bis zum Bogen reichenden Senkrechten. Höhe des Scheitels über den Kämpfern
Pfettendach	Dach, bei dem die parallel zum First laufenden Hölzer, die Pfetten, auf Querwänden aufliegen
Prostylos	Tempel mit seitlich begrenzter Säulenvorhalle, vgl. III
Pultdach	Einfache Dachschräge, z. B. bei Seitenschiffdächern von Basiliken und Seitenflügeln von Mietskasernen
Quaderwerk	Mauerwerk aus regelmäßig behauenen, allseitig glatten Hausteinen
Randschlag	Kantenschlag, der bei der Zurichtung eines Quaders entsteht und gestalterisch genutzt werden kann
Riemchen	Eigentlich ein der Länge nach gespaltener Backstein, der zu Beginn oder Ende einer Mauer als Ausgleichsstein verwendet wird
Rippe	Profilierter Gewölbebogen mit dekorativer Funktion
Rose	Mit Maßwerk verziertes Rundfenster, vgl. VI

Saalkirche	Einschiffige Kirche
Säulenschaft	Rumpf einer Säule, entweder monolithisch oder aus Trommeln bestehend
Satteldach	Dach aus zwei gegeneinandergestellten Dachflächen
Sattelholz	Horizontales Holz zur Verbreiterung der Auflagerfläche über einem Ständer
Scharriereisen	Das Scharriereisen ist ein Meißel mit etwa 8–9 cm breiter Schneidebahn. Unebenheiten des bearbeiteten Steins werden beseitigt, indem breite parallele Schläge über die Fläche geführt werden. Vgl. dazu VI
Scheidbogen	Raumteile schneidender (trennender) Bogen
Scheitel	Höchster Punkt eines Bogens bzw. Gewölbes, bei Rippengewölben häufig durch einen Schlußstein gekennzeichnet
Schiff	Beidseitig durch Scheidbogen oder Außenwände begrenzter Raumabschnitt; die Zählung der Schiffe erfolgt in der Bauquerachse.
Schildbogen	Ein die Außenwände tangierender Gewölbebogen
Schirmkuppel	Kuppel, deren Kappen zwischen Graten oder Rippen segelförmig nach oben gebläht sind
Schlageisen	Das Schlageisen dient zur Herstellung der Schläge, d. h. schmaler, ebener Streifen, die dem Steinmetz als Richtschnur bei der Bearbeitung der Lagerflächen dienen
Schmieden	Spanlose Formgebung dehnbarer Stoffe (Eisen, Stahl, Kupfer) durch Hammerschläge
Schwalben-schwanz	Zugfeste trapezförmige Verbindungsform, insbesondere bei Dach- und Fachwerkkonstruktionen
Sechsteiliges Gewölbe	Durch vier Diagonal- und zwei Querrippen unterteiltes Gewölbe
Segmentbogen	Aus einem Kreissegment gebildeter Bogen
Setzmarke	Markierung auf Holz oder Stein, die den Einbau komplizierter oder paßgenauer Werkstücke erleichtert (vgl. Steinmetzzeichen)
Spannriegel	Siehe Sprengwerk
Sparrendach	Dach, bei dem jedes Sparrenpaar auf einem beide Sparrenfüße verbindenden Bundbalken ruht
Spitzbogen	Aus zwei Kreisen konstruierter, oben spitzer Bogen
Sprengbogen	Konstruktionsversteifender und Spannweiten überbrückender unterer Stützbogen eines tragenden oder verbindenden Balkens (vgl. Sprengwerk)
Sprengwerk	Meist hölzerne Konstruktion zur Aufnahme großer Lasten oder zur Überbrückung großer Spannweiten. Beim Sprengwerk wird der Horizontalbalken von zwei gegeneinander gelehnten Streben mittels einer Hängesäule gestützt. Bei größeren Spannweiten erfolgt der Einsatz eines Spannriegels zwischen den Streben.
Stehender Dachstuhl	Durch senkrechte Pfosten gestützte Dachkonstruktion
Steinmetzzeichen	Geometrisches oder monogrammartiges Zeichen als persönliches Signum eines Steinmetzen – als Gütezeichen und wahrscheinlich auch zum Zweck der Abrechnung
Sterngewölbe	Mit sternförmig angeordneten Rippen versehenes Gewölbe, vgl. VI
Stereobat	Fundamentunterbau eines Tempels, vgl. III
Stichkappe	Gewölbe, das quer in ein Hauptgewölbe einschneidet. Vgl. dazu IV, V
Stoa	Freistehende Säulenhalle, vgl. III
Strebepfeiler	Der Außenwand vorgelegter Pfeiler zum Abfangen des Gewölbeschubes
Streichbalken	Ein unmittelbar vor einer Mauer liegender Balken, bisweilen konsolengestützt und Auflager für Deckenbalken
Sturz	Horizontaler, steinerner Abschluß von Tür- und Fensteröffnungen

Stylobat	Der oberste Teil des Unterbaus des griechischen Tempels; auf ihm wurden die Säulen errichtet, vgl. III
Syngraphai	Baubeschreibung eines griechischen Tempels. Vgl. dazu III
Tambour	Zylindrischer oder prismatischer Unterbau einer Kuppel, in der Regel mit Fenstern zur Belichtung des Inneren, vgl. VII
Tastzirkel	Verwendet man zum Messen, Vorreißen und Übertragen der Längen, Breiten und Höhen im Werksteinbau, vgl. VI
Tholos	Tempel mit kreisrunder Cella und mit rundem Säulenumgang, vgl. III, IV
Tonnengewölbe	Gewölbe von spitzem oder rundem Querschnitt, vgl. IV
Traufe	Untere Horizontalbegrenzung eines Daches
Traufstellung	Straßenparallele Ausrichtung von Gebäudetraufen
Trompe	Trichtergewölbe, in der Regel in Form eines halben, nach unten offenen Hohlkegels; häufig angewendet als Vermittlungsform zwischen Quadrat und Klostergewölbe, vgl. IV, V
Überblattung	Holzverbindung mittels des Blattes. Zwei Balken werden so ausgeschnitten, daß sie sich in einer Ebene kreuzen können
Unechtes Gewölbe	Durch Überkragen einzelner Steinschichten entstehendes „Gewölbe“, vgl. I, II
Vierung	Aus der Durchdringung von Lang- und Querhaus entstehender Raumteil einer Kirche. Wenn Lang- und Querhaus gleiche Breite haben, ergibt sich als Grundriß der Durchdringung ein Quadrat.
Wolf	Der Wolf wird zum Heben von Werksteinen benutzt. Siehe dazu VI
Ziqqurat (Zikkurrat)	Monumentaler Sakralbau, bestehend aus mehreren übereinanderliegenden, nach oben sich verjüngenden Plattformen und einem Tempel auf der Spitze, vgl. II
Zyklopenmauerwerk	Mauerwerk aus besonders großen, unregelmäßigen Natursteinen, im Vergleich mit lagerhaftem Mauerwerk relativ instabil

Abkürzungsverzeichnis

AA	Archäologischer Anzeiger
Abb.	Abbildung
Abh.	Abhandlung
ABZ	Allgemeine Bauzeitung, Wien, ab 1836
AD	Antike Denkmäler, Berlin, 1981–1931
ÄgZ	Zeitschrift für ägyptische und Altertumskunde, Leipzig, 1963 ff.
AJA	American Journal of Archeology, Athen
An.	Anmerkung
AM	Mitteilungen des Deutschen Archäologischen Institutes, Athenische Abteilung, Athen 1876 ff. und Berlin ab 1916
Arch.	Architekt, Architektur
Arch. Review	Architectural Review, London
archeol.	archéologique, archaeology
Bf.	Bauforschung
BHC	Bulletin de Correspondence Hellénique, Paris
BSA	Annual of the British School at Athens, London, 1985 ff.
Bull.	Bulletin
Bw.	Bauwesen
Cat.	Catalogue
DAI	Deutsches Archäologisches Institut
db	deutsche bauzeitung, Stuttgart
Delos	Exploration archéologique de Délos, Ecole Française d'Athènes
Disk.	Diskussion
Disk. AB	
Diss.	Dissertation
ETH	Eidgenössische Technische Hochschule
Hist.	History, Histoire
IG	Inscriptiones Graecae, Berlin, 1873 ff.
Ing.	Ingenieur
Ing.-Diss.	Ingenieurwissenschaftliche Dissertation
Ist. Mit.	Istanbuler Mitteilungen
JEA	Journal of Egyptian Archaeology
Jh.	Jahrhundert
m	Meter
MDOG	Mitteilungen der Deutschen Orient-Gesellschaft, Berlin, 1898 ff.
Ms.	Manuskript
Newc. Soc.	Newcomen Society, Transactions for Study of the Hist. of Engineering und Technology, London, 1926 ff.
p.	page, pagina
Phil.	Philosophie
RGA	Revue générale d'Architecture, Paris
RM	Mitteilungen des Deutschen Archäologischen Institutes, Römische Abteilung, Rom
TUB	Technische Universität Berlin
UC	University College, London
VDI	Verein Deutscher Ingenieure
VDI-Z	Zeitschrift des Vereins Deutscher Ingenieure
WVOG	Wissenschaftliche Veröffentlichung der Deutschen Orientgesellschaft, Berlin
ZdB	Zentralblatt der Bauverwaltung, Berlin
ZfB	Zeitschrift für Bauwesen, Berlin, ab 1851
ZfpB	Zeitschrift für praktische Baukunst

Verzeichnis und Nachweis der Abbildungen

Abschnitt I Ägypten

Abb. 1.1: Cheopspyramide, Querschnitt
aus: L. Borchardt, Längen und Richtungen der vier Grundkanten der großen Pyramide bei Gizeh, in: Beitr. z. äg. Bf. u. Altert., 1, 1937

Abb. 1.2: Übersichtstabelle: Zeittafel

Abb. 1.3: Ägypten
aus: K. Lange u. M. Hirmer, Ägypten, München 1967

Abb. 1.4: Entstehung des Dreiraumhauses
aus: H. Ricke, Der Grundriß des Amarna-Wohnhauses, Leipzig 1932, 15

Abb. 1.5: Frauenwohnung im Palast von El-Amarna
vorne: der quadratische Raum als Wohnraum
links: kleine Nebenräume für Vorräte
aus: H. Ricke, Der Grundriß des Amarna-Wohnhauses, 14

Abb. 1.6: Die sieben Pyramiden des Alten Reiches
aus: Mendelssohn, The Riddle of the Pyramids, 1974, 128

Abb. 1.7: Sonnentempel des Königs Ne-user-rê in Abu Ghorab
aus: L. Borchardt, Das Grabdenkmal des Königs Ne-user-rê, Leipzig 1907

Abb. 1.8: Schnitt durch den großen Säulensaal von Karnak i. M. 1 : 800
aus: G. Haeny, Basilikale Anlagen, in: Beitr. z. äg. Bf. u. Altert., 9, 1970

Abb. 1.8.1: Säulensaal von Karnak, Grundriß
aus: G. Haeny, Basilikale Anlagen, in: Beitr. z. äg. Bf. u. Altert., 9, 1970

Abb. 1.9: Kapelle Amenophis' III. mit Pfeilerumgang auf Elephantine
aus: L. Borchardt, Ägypt. Tempel mit Umgang, in: Beitr. z. äg. Bf. u. Altert., 2, Kairo 1938, Bl. 21

Abb. 1.10: Hölzerner Schlitten, 12. Dynastie, Dahshur
aus: Reisner, Models of Ships and Boats, in: Catalogue genéràl du Musée du Caire, Le Caire, 2e éd., 1927

Abb. 1.11: Ägyptische Lehmziegelproduktion um 1925
aus: S. Clarke/R. Engelbach, Ancient Egyptian Masonry, Oxford/London 1930

Abb. 1.12: Nubische Schräggewölbe am Ramesseum
aus: S. Clarke/R. Engelbach, Ancient Egyptian Masonry, Oxford/London 1930

Abb. 1.13: Altägyptische Ziegelherstellung
aus: P. E. Newberry, The Life of Rekhmara at Thebes, London 1900, Pl. XVII

Abb. 1.14: a) Langes Stemmeisen, Kupfer; b–d) Kupfermeißel; e) Lehmziegelform; f) Reibebrett
aus: Clarke/Engelbach, Ancient Egyptian Masonry, 1930

Abb. 1.15: Handwerkszeug der Pyramidenzeit
Umgezeichnet nach G. Goyon, Die Cheops-Pyramide, Bergisch-Gladbach 1979

Abb. 1.16: Axt, Sägeblatt, Messer
aus: University College London, Nr. 16330, 30853–54, 30899

Abb. 1.17: Meißel, Holzhammer
aus: University College London, Nr. 31177–78, 31174–75

Abb. 1.39: Kraggewölbe, 12. Dynastie, Dahshûr
aus: De Morgan, 1903

Abb. 1.40: Entlastungsgewölbe, geneigte Kalksteinplatten, 4. Dynastie
Umgezeichnet nach Clarke/Engelbach, 1930

Abb. 1.41: Gewölbe mit Lehmziegeln, Längsformatschichten und Mörtel, Saqqara (Grab 3504)
aus: J. A. Spencer, Brick Architecture in Ancient Egypt, Warminster 1979

Abb. 1.42: Tell-Daba-Grab, Gewölbe mit Lehmziegeln und Stützmauern
aus: Spencer, 1979

Abb. 1.43: Deir el-Bahri, halbkreisförmiges Kraggewölbe
aus: G. Jéquier, Manual d'archéologie, 1924

Abb. 1.44: Falsches Gewölbe; Kraggewölbe mit einem abgerundeten Steinbalken (Sethos I., Abydos), nach Jéquier

Abb. 1.45: Schema eines halbkreisförmigen Gewölbes. Die Zwischenräume sind mit Mörtel und Scherben ausgefüllt (nach G. Jéquier, 1924).

Abb. 1.46: Aufbau der Kragsteine aus Lehmziegeln (Naga ed-Der)
aus: Spencer Brick Architecture, 1979

Abschnitt II Mesopotamien

Abb. 2.1: Ur, Assur und Babylon, nach A. Parrot, Sumer, München 1970, umgezeichnet
aus: Corinne Castel, Habitat urbain néo-assyrien et néo-babylonien, tome 2, Paris 1992

Abb. 2.2: Raumschema eines Kulthauses mit Langraumcella vom Tepe-Gawra-Typus, Urukzeit. Das Schema ist abgeleitet von den Kulthausgrundrissen der Schichten IX bis VIII C. (nach Speiser, Tepe Gawra I Taf. 9–12)

Abb. 2.3: Raumschema eines assyrischen Langraumtempels
Umgezeichnet nach E. Heinrich, Die Tempel . . ., 1982

Abb. 2.4: Tempel mit vereinfachtem Grundriß des Mittelsaaltyps. Schema in Anlehnung an den Sintempel des Zustandes VIII in Ḫafāǧi, Frühdynastisch II. – Nach Delougaz, OIP 58 (1942) Taf. 10 (nach Heinrich, E., Die Tempel und Heiligtümer im alten Mesopotamien, 1982, Abb. 40–42)

Abb. 2.5: Wohnhaus in Ur, nach Wooley, 1962, pl. 71
aus: C. Castel, Habitat urbain néo-assyrien et néo-babylonien, tome 2, 1992)

Abb. 2.6: Tempelbezirk Eanna in Uruk, Neubabylonische Zeit
aus: Heinrich, E., Tempel und Heiligtümer . . ., 1982, Fig. 372)

Abb. 2.7: Ziqqurat in Uruk, Sargon II., mit den beiden Tieftempeln (nach Heinrich, 1982, Fig. 373)

Abb. 2.8: Uruk (Sumer), Tempel C, D
aus: A. Parrot, Sumer, München 1970

Abb. 2.9: Ziqqurat, Ur (Rekonstruktion von M. Dufell, aus Woolley, UE 5 (1939))
aus: C. L. Wooley, Mesopotamien und Vorderasien, Baden-Baden 1961

Abb. 2.10: Freilegung der Fundamente der ovalen Umfassungsmauer in Chafāǧi. Plankonvexe Lehmziegel (Excavations 1932, OIP)

Abb. 2.11: Grundriß eines Tempels von Tell Rimah im Singar-Gebiet. Hier Überreste von Gewölbekonstruktionen aus Lehmziegeln erhalten
aus: D. Oates, Tell Rimah, in: Iraq, 29, H.2 (1967), S. 70 f.

Abb. 2.12: Verlegungsmuster eines Zwickelgewölbes aus Ziegeln in Tell Rimah
aus: D. Oates, Tell Rimah, in: Iraq, 29, H.2 (1967)

Abb. 2.13: Schnitt durch das Gewölbe mit den (viel zu) flachen Trompen
nach der Rekonstruktion von D. Oates, Tell Rimah

Abb. 2.14: Bauelemente eines Tempels der späten Uruk-Zeit: „Riemchen" aus Ton, Gipslehm, Tonstifte, runde Postamente
aus: S. Lloyd, Die Archäologie Mesopotamiens, 1981

Abb. 2.15: Schacht mit Brandziegeln aus der Zeit Ibalpiels I.
aus: Salonen, A., Die Ziegeleien im alten Mesopotamien, 1972, Taf. 26

Abb. 2.16: Plankonvexe Ziegel und ihre Vermauerung aus Lagasa, Zeit Ur-Nanse
aus: Salonen, A., Die Ziegeleien im alten Mesopotamien, 1972

Abb. 2.17: Bauplan des Gudea aus Lagaŝa, etwa 2130 v. Chr., Louvre-Museum, Paris
aus: E. de Sarzec, Découverts en Chaldée II, Pl. 15

Abschnitt III Ägäische Kultur

Abb. 3.0: Griechenland, umgezeichnet nach R. Martin, Griechische Welt, München 1967

Abb. 3.1: Längs- und Querschnitt (oben), Grundriß (unten) durch ein mykenisches Kuppelgrab, aus der Zeit 1325 v. Chr., sog. „Schatzhaus des Atreus": Kuppelhöhe ca. 13 m, Durchmesser 14,50 m; das dreieckige Gewölbe (im Querschnitt) ist auch ein Entlastungsgewölbe (nach Wace, Mycenae).

Abb. 3.2: Athena-Nike-Tempel (nach Dinsmoor, AJA, 30, 1926)

Abb. 3.3: oben: a) Zeus-Tempel in Olympia (ca. 470–457 v. Chr.)
unten: b) Parthenon in Athen (ca. 447–432 v. Chr.)
aus: Penrose, Principles, 9; Mallwitz, Olympia u. seine Bauten, 1972, 211 - Grundrisse

Abb. 3.4: Paestum, a) 1. Hera-Tempel (6. Jh. v. Chr.), b) Athena-Tempel (6. Jh. v. Chr.), c) 2. Hera-Tempel (5. Jh. v. Chr.) (nach Coulton, Greek Architects, Fig. 24)

Abb. 3.5: Aegina, Aphaia-Tempel: perspektivische Ansicht der Gesamtkonstruktion
aus: Furtwangler/Fiechner, Aegina, 1906

Abb. 3.6: Aegina, Aphaia-Tempel: Längsschnitt, s. die Dachkonstruktion (n. Fiechner)

Abb. 3.7: Ionische Tempel; a) 4. Hera-Tempel in Samos (540 v. Chr.); b) und c) archaischer (550 v. Chr.) und hellenistischer (300 v. Chr.) Apollon-Tempel in Didyma, Dipteros
aus: J. J. Coulton, Greek architects, p. 80

Abb. 3.8: Olynth. Isometrische Rekonstruktion einer Insula mit 10 Typenhäusern
Rekonstruktion von Hoepfner/Schwandner; Typenhäuser im klassischen Griechenland, in: arcus/H. 6, S. 250 (1986)

Abb. 3.9. Olynth. Varianten des Typenhauses. Die Eckhäuser werden seitlich erschlossen.
Rekonstruktion von Hoepfner/Schwandner; Typenhäuser im klassischen Griechenland, 1986

Abb. 3.10: Wandelhallen mit Flügelbauten
a) Zeus-Stoa in Athen
b) Antigonos-Stoa in Delos
c) Stoa in Lindos
i. M. 1 : 1000
aus: Coulton, 1977, The architectural development of the Stoa, 1976, p. 196

Abb. 3.11: Wandelhallen mit Läden
a) Athen, Süd-Stoa
b) Athen, Stoa des Attalos
i. M. 1 : 1000
aus: Coulton, The archit. development, 1976, p. 197

Abb. 3.12: Eckstütze, Stoa in Milet (370 v. Chr.)
aus: Coulton, Greek architects . . ., Fig. 57

Abb. 3.13: Milet, zentrales Marktgelände
aus: H. Schaaf, Untersuchungen zu Gebäudestiftungen in hellen. Zeit, 1992

Abb. 3.14: Milet, Rathaus (Coulton, 1976)

Abb. 3.15: Strohgedecktes Wohnhaus, protogeometrische Schicht
aus: Nicholls, BSA 53/54, 1958/59

Abb. 3.16: Rundbau und Mittelpfosten als Träger des Zeltdaches
aus: E. Akurgal, Die Kunst Anatoliens, 1961, 1

Abb. 3.17: Firstsäulengerüst des Ovalhauses in Alt-Smyrna (Grundriß oben) (Nicholls, BSA, 1958)

Abb. 3.18: Rekonstruktion der Dachdeckung, Sparren, Befestigung der Dachziegel auf Latten, Aphaia-Tempel in Aegina (nach Fiechner/Furtwängler)

Abb. 3.19: Holzverbindungen der alten Griechen
aus: Orlandos, Matériaux de construction, I, 1966, p. 46

Abb. 3.20: Lehmziegel: Rekonstruktion der Stadtmauer von Athen nach L.D. Caskey, AJA 14 (1910), pl. 6
aus: L. B. Holland, The Katastegasma . . . of Athens, AJA, 54 (1950), 338

Abb. 3.21: Transportsystem der Architrave, Artemis-Tempel bei Ephesos (Vitruv nach Chersiphron u. Metagenes, Libr. X, 2, 11; Orlandos II)

Abb. 3.22: Auf Sizilien angewandtes Verfahren zum Transport der Quader (nach Koldewey/Puchstein)
aus: Koldewey/Puchstein, Die griech. Tempel in Unteritalien . . ., 1899

Abb. 3.23: Metagenes (550 v. Chr.) nach Vitruv (Coulton, 1977)

Abb. 3.24: Hebegestell mit Flaschenzug
„Monokolos", Heron v. Alexandria
aus: Heron, Mechanik und Katoptrik, Hrsg. Nix/Schmidt, 1900, II

Abb. 3.25: Horizontale Anordnung der Flaschenzüge ohne Haspel nach Heron v. Alexandria
aus: Heron, Mechanik . . ., Hrsg. Nix/Schmidt, 1900 a

Abb. 3.26: Das Prinzip des Flaschenzuges nach Heron von Alexandria (Schmidt/Nix)

Abb. 3.27: „Dikolos", Hebegestell mit Haspel, Vitruv (Blümner/Orlandos)
aus: H. Blümner, Technologie u. Terminologie d. Gewerbe, 1879

Abb. 3.28: „Tetrakolos", vierfüßiges Hebegestell mit Flaschenzug, Heron v. Alexandria (Schmidt/Nix)

Abb. 3.29: Heben der Blöcke mit Steinzangen und Seilen (Orlandos II)
1. Propyläen; 2. Parthenon; 3. Aphaia; 4. Sunion; 5. Sunion; 6. Aphaia; 7. Selinunt; 8. Theseion; 9. Akaragas; 10. Sunion; 11. Delphi; 12. Olympia

Abb. 3.30: Dreiteiliges Kropfeisen mit Bügel, hellenistisch, nach Heron
aus: Heron, Mechanik . . ., Hrsg. Nix/Schmidt, 1900

Abb. 3.31: Dreiteiliges Kropfeisen mit Bügel, links römisch, rechts hellenistisch (nach Orlandos, II)
aus: Orlandos, Matériaux de construction, II, 1969

Abb. 3.32: Ausrichten der Blöcke mit Stemmeisen (Skizze nach Orlandos, II; R. Martin)
aus: Martin, Manuel d'architecture grecque, 1965

Abb. 3.33: Mauerwerksprinzip, Pronaos, Poseidon-Tempel, Sunion (Ephem. Archaialogike, 1917)

Abb. 3.34: T-förmige Eisenklammer, Apollon-Tempel, Delos (Délos XII)

Abb. 3.35: Verdübelung durch Krampen, Nordostecke des Parthenon (Orlandos, II)

Abb. 3.36: Nivelliergerät nach Heron v. Alexandria, System der kommunizierenden Röhren
aus: H. Schöne, Heronis opera, III, Leipzig 1903, Fig. 83

Abb. 3.37: Höhenmessung mit der Dioptra, drehbare Bronzescheibe mit Visier (H. Schöne, Heronis opera, III)

Abb. 3.38: Delos, Apollon-Tempel, Schnitt durch das Fundament
aus: F. Courby, Apollon, Délos, Fig. 175, 1931

Abb. 3.39: Aegina, Aphaia-Tempel, Schnitt durch das Fundament im NW (nach Fiechner/Furtwängler)

Abb. 3.40: Delos, Apollon-Tempel: Wandaufbau, Orthostaten der Cella-Wand (Rekonstruktion n. F. Courby)

Abb. 3.41: Delos, Apollon-Tempel, Trennmauer und Fensteröffnung (n. Courby)

Abb. 3.42: Delos, Steinplan, Blöcke aus Gneis, Euthynterieplatten aus Marmor (Délos XII)

Abb. 3.43: Delos, Apollon-Tempel, Trennmauer und Fensteröffnung (n. Courby)

Abb. 3.44: Delos, Apollon-Tempel, untere Säulentrommelstücke: Die Vertiefung am Säulenfuß geschah im 1. Arbeitsgang. Der 2. Arbeitsgang sah die Herstellung der Kanneluren am Säulenmantel vor (Délos XII).

Abb. 3.45: Erechtheion, Querschnitt, Westteil
links: Karyatiden der ionischen Ordnung
aus: Paton/Stevens/Caskey/Fowler, The Erechtheum, 1927

Abb. 3.46: Paestum, Hera-Tempel I, dorisches Kapitell mit Gebälk (n. Koldewey/Puchstein)

Abb. 3.47: Delos, Apollon-Tempel, dorisches Kapitell mit Abakusplatte (F. Courby, Délos XII)

Abb. 3.48: Ionische Schatzhäuser: Kapitelle und Basen von Klazomenai, Massilia und Siphos
(nach Dinsmoor, BCH 37, 1913)

Abb. 3.49: Kapitell aus Ramat Rahel (nach Aharoni, Archaeology 18, 1956)
aus: Y. Aharoni, Excavations at Ramat Rahel, Seasons 1959–62

Abb. 3.50: Kapitell aus Samaria
aus: Crawfoot/Kenyon/Sukenik, Samaria-Sebaste, No. 2, London 1942

Abb. 3.51: Kapitelle aus Ramat Rahel (Aharoni, Excavations, Season 1960)

Abb. 3.52: Aegina, Aphaia-Tempel, Belastung der Architrave. Bei Gleichstreckenlast bildet sich ein parabelförmiges Gewölbe als Stützlinie aus.
nach J. Heyman, Gothic construction . . ., JSAH 31 (1972) mit Ergänzungen

Abb. 3.53: Delos, Apollon-Tempel, Architrav besteht aus einem äußeren und einem inneren Balken (n. Courby, Délos XII). Verbindungsmittel gegen Abgleiten: Klammer

Abb. 3.54: Athen, Erechtheion, Details der Deckenkonstruktion, Ostportikus
aus: Paton/Stevens/Caskey/Fowler, The Erechteum, 1927

Abb. 3.55: Delos, Apollon-Tempel, Querschnitt, Rekonstruktion der Dachkonstruktion
nach F. Courby (Délos XII)

Abb. 3.56: Phigaleia, Deckenplan
aus: J. Durm, Die Baukunst d. Griechen, Hd. d. Arch., 2. T., 1. Bd., 1910

Abb. 3.57: Theseion, Deckenplan, Kassettenplatten und Balken
aus: Perrot/Chipiez, Histoire de l'art, Bd. 7, 1898

Abb. 3.58: Parthenon, Deckenplan, Kassettenplatten und Balken (Durm)

Abb. 3.59: Athen, Erechtheion: perspektivisches Schaubild des Daches, Nordportikus
aus: Paton/Stevens/Caskey/Fowler, The Erecteum, 1927

Abb. 3.60: Delos, Philipp-Stoa
aus: J. J. Coulton, The architectural development of the Stoa, 1976, p. 209

Abb. 3.61: a) Griechische Kraggewölbe
b) Schrägstellung zweier Steinplatten
c) Abgerundeter Balken mit Pfeilern; radial behauene Steine
aus: Zeichnung vom Verfasser nach Durm, 1910; Orlandos, I/II, 1966, 1969; Martin 1965; Briegleb 1972

Abschnitt IV Rom

Abb. 4.1: Römischer Baukran mit Tretrad
(nach H. Hodge/J. Newcomer)

Abb. 4.2: Römisches Reich unter Trajan
umgezeichnet nach M. Major, Geschichte der Architektur, I, 1974

Abb. 4.3: Nîmes, Maison Carrée; Rom, Castor-Tempel; Vienne
aus: H. Kähler, Der römische Tempel, Berlin 1970)

Abb. 4.4: Mausoleum bei Tor de' Schiavi, 300 n. Chr. (Rekonstruktion)
aus: J.B. Ward-Perkins, Roman Imperial Architecture, 1981, p. 425

Abb. 4.5: Pompejanisches Haus
1 Fauces, 2 Atrium, 5 Peristyl, 6 Exedra, a Impluvium, b Alae, c Vestibulum, d Tablinum, e Cubicula, f Piscina, g Triclinia, h, k Nebenräume am Peristyl, j Durchgangsraum

Abb. 4.6: Pompeji, „Haus der silbernen Hochzeit", Atrium-Haus, a Fauces, d tetrastyles Atrium, n Speiseraum, c Tablinum, p Andron, r Peristyl, s Küche, t–v Bad, z Schlafräume, y Exedra, i Schwimmbecken
aus: A. MacKay, Römische Häuser und Paläste, Fig. 21

Abb. 4.7: Villa des Diomedes in Pompeji, Grundriß
aus: A. Mau, Pompeji, Abb. 202

Abb. 4.8: Villa Hadriana, Rekonstruktion des Dreiexedrenbaus
aus: H. Kähler, Hadrian und seine Villa bei Tivoli, 1950, T. 10

Abb. 4.9: oben: Epidauros, 4. Jh. v. Chr., griechisches Theater
unten: Orange, 1. Jh. n. Chr., römisches Theater
aus: J. B. Ward-Perkins, Roman Imp. Arch., 1981, p. 259

Abb. 4.10: Rom, Amphitheatrum Flavium, 80 n. Chr., links: Grundriß, rechts: Querschnitte
(nach J. B. Ward-Perkins, 1981)

Abb. 4.11: Rom, Trajan-Markt, 100–112 n. Chr. Axonometrischer Blick
aus: J. B. Ward-Perkins, 1981, Fig. 88

Abb. 4.12: Pons Fabricius in Rom, 62 v. Chr. erbaut im Auftrag des L. Fabricius mit zwei Bogen von je 26 m Spannweite. Sie verbindet die Tiberinsel mit dem linken Ufer
(Kupferstich von G. Piranesi, Le antichità Romane, Bd. IV, 1784).

Abb. 4.13: Pons Aelius (Hadriani), 136 n. Chr. Erbaut von Demetrianus im Auftrag des Kaisers Hadrian
(Kupferstich von G. B. Piranesi, um 1748/51)

Abb. 4.14: Milvische Brücke, 192 v. Chr. Erste Brücke aus Travertin
(Kupferstich von G. B. Piranesi, 1762, Staatsgalerie Stuttgart)

Abb. 4.15: Zeichnung nach Relief in Pompeji: Kalkspaten, Maurerkelle, Setzwaage, Flachmeißel, Hammer
(nach Gaitzsch, 1980, T. 34)

Abb. 4.16: Maurerkellen in Pompeji
aus: W. Gaitzsch, Eiserne römische Werkzeuge 1980, T. 28

Abb. 4.17: Grabaltar, Zeichnung: Maßstab, Hobel, Drillbohrer, Zirkel, Feile, Schablone für Winkel
aus: G. Zimmer, Römische Berufsdarstellungen, S. 165

Abb. 4.18: Brücke über die Donau bei Drobeta/Turnu Severin, 103–105 n. Chr., Apollodorus von Damaskus baut auf Anordnung des Kaisers Trajan. Gesamtlänge 1135 m mit 20 Pfeilern, 45 m hoch, mit hölzernen Bogensprengwerken gespannt (nach Zeichnung von C. Calinescu)
aus: G. Ionescu, Arhitectura pe teritoriul României . . ., 1982, Fig. 7

Abb. 4.19: Baukran nach Vitruv (Rekonstr. Claude Perrault, 1684)
oben: einfüßiges Hebegestell
unten: dreifüßiges Hebegestell mit Winde

Abb. 4.20: Hebekran mit Tretrad nach Vitruv
Fünfrollenzug für 3 Seile (Rekonstr. F. Kretzschmer)
aus: Bilddokumente römischer Technik, Düsseldorf, 1967, S. 24

Abb. 4.21: Römischer Winkelmesser: Groma
Man visierte über die drei unter 90° angeordneten Fäden der Senklote (Rekonstr. F. Kretzschmer nach Matteo Della Corte)
aus: Bilddoumente römischer Technik, 1967, S. 11

Abb. 4.22: Rekonstruktion der römischen Groma, 1. Jh. n. Chr.
Zeichnung nach einem Modell auf der Saalburg und nach Szilagyi, Aquincum, Budapest 1956
aus: Bilddokumente römischer Technik, Bild 9

Abb. 4.23: Marmorplatte des Grabmals von Claudia Peloris und Claudius Eutychus, 1. Jh. nach Chr. (0,77 × 0,55 m), Museum Archeologica Perugia
aus: Ch. Huelsen, Piante inconografiche incise in marmorea, RM 5 (1890), Taf. III

Abb. 4.24: Fragmente des Severischen Marmorplans von Rom, 2. Jh. n. Chr., A Ladenzeile entlang einer Basilika, B Tempel der Diana Cornificia
(nach Ward-Perkins, 1981, p. 127)

Abb. 4.25: Römische Caementa-Mauer in hölzerner Schalung nach Choisy, 1873
aus: A. Choisy, L'art de bâtir chez les Romains, 1873

Abb. 4.26: Bau einer Pisé-Mauer, Dra-Tal, Marokko, nach Rakob, 1974 (RM 81)

Abb. 4.27: Römisches Mauerwerk
opus caementicium
opus incertum
opus quadratum
opus reticulatum
opus testaceum
opus incertum im Ziegeldurchschuß
opus reticulatum mixtum
opus mixtum vittatum
nach G. Lugli, La Tecnica Edilizia Romana, 1957

Abb. 4.28: Horizontale Schichtung im Querschnitt
Zeichnung: Verfasser nach Durm 1905; Lugli, 1957; F. Rakob, RM 1982
opus incertum mit Ziegeldurchschuß
opus testaceum
opus caementicium, in horizontalen Schichten gestampft

Abb. 4.29: Ziegelmauern mit Retikulat aus der mittleren Kaiserzeit, Timgad/Algerien
aus: F. Rakob, Römische Architektur in Nordafrika, 25, Ergh. RM (1982)

Abb. 4.30: Ziegelmauern mit Retikulat als Außenhaut, Kernmauer aus Caementa, Timgad
aus: F. Rakob, Römische Architektur in Nordafrika

Abb. 4.31: Ziegelverkleidung, Kapitell der unteren Säulenordnung, Rom, sog. Sepolcro Barberini
aus: H. Kammerer-Grothaus, Der Deus Reticulus im Triopion des Herodes Atticus, RM 81 (1974)

Abb. 4.32: Lambaesis, Legionslager, Torbau an den Principia, westliche Längswand im Innenraum, Einarbeitung in Halbsäulenwandvorlagen
aus: F. Rakob, RM 1982

Abb. 4.33: Kleinsteinig verkleideter römischer Quaderpfeiler, Wasserleitung von Karthago, Miliane-Ebene,
aus: F. Rakob, RM 1982

Abb. 4.34: Villa des Herodes bei Jericho, augusteisches Retikulat, 1. Jh. n. Chr., nach Rakob
aus: Rakob, RM 1982

Abb. 4.35: Rom, Kolosseum, Ziegelmauerwerk, Entlastungsbogen
umgezeichnet nach Durm, Die Baukunst der Etrusker/Römer, Hd. d. Arch., T. 2, 2. Bd., 1905

Abb. 4.36: Rom, Maxentiusbasilika, scheitrechter Bogen, Ziegelmauerwerk
umgezeichnet nach Durm, 1905 und Lugli, La Tecnica Edilizia, 1957

Abb. 4.37: Rom, Maxentiusbasilika, scheitrechter Bogen, darüber halbkreisförmige Entlastungsbogen, Ziegelmauerwerk
umgezeichnet nach Durm, 1905

Abb. 4.38: Rom, Kolosseum, fünfeckige Keilsteine, Quaderwerk
umgezeichnet nach Durm, 1905 und Ward-Perkins, Roman Imperial Architecture, 1981

Abb. 4.39: Dachstuhlbinder von San Paolo fuori le mura (397 n. Chr.),
aus: F. Ostendorf, Geschichte des Dachwerks, 1914, Bd. I

Abb. 4.40: Römisches Tonnengewölbe. Die Tonne im Kufverband wird auf einem tragenden Vollgerüst errichtet.
umgezeichnet nach A. Choisy, L'art de bâtir chez les Romains, 1873 und 1883

Abb. 4.41: Gerüstsparender Gewölbeverband der Brücke von Narni, Kufverband mit T-Querschnitten,
aus: A. Choisy, L'art de bâtir chez les Romains, 1873, Pl. XVI

Abb. 4.42: Vivières. Römisches Tonnengewölbe mit Kufverband; Zweck: Verzahnung, Lastverteilung und Erhöhung der Scherfestigkeit. Quadermauerwerk
aus: Choisy, L'art de bâtir chez les Romains, Pl. 19, 1873

Abb. 4.43: Gewölbe des Palatins, Kreuzgratgewölbe
aus: Choisy, L'art de bâtir, 1873

Abb. 4.44: Lamellengewölbe mit Ziegelflachschichten und Caementamörtelfüllung, Ziegelverkleidung der Außenhaut, Basilika des Konstantin (nach Choisy, 1873)

Abb. 4.45: Gewölbe des Palatins, Kreuzgewölbe und Backsteingrate
aus: Choisy, L'art de bâtir, Pl. VIII

Abb. 4.46: Schnitt durch das Pantheon
A = angeblich tragende Form
B = sichtbare Form
aus: G. Cozzo, Ingegneria Romana, Rom 1928

Abb. 4.47: Wirkungsweise des Kuppelgewölbes auf Pendentifs und Gurtbogen
Zeichnung: Verfasser

Abb. 4.48: Pantheon
a) Grundriß
aus: K. de Fine Licht, The Rotunda in Rome. A Study of Hadrian's Pantheon, Copenhagen 1968
b) Kuppelschnitt nach Beltrami mit eingezeichneter Stützlinie
c) Querschnitt mit Stützlinie
aus: D. Thode, Untersuchungen zur Lastabtragung in spätantiken Kuppelbaute, Studien zur Bauforschung, Nr. 9 (1975)

Abb. 4.49: a – Figur der Aufgabe R 48, Papyrus Rhind
b – Umzeichnung, die Ecken des Quadrates sind abgeschnitten; für die Kreisfläche ergibt sich

die Näherung $F = \left(d^2 - \frac{2}{9}\, d^2\right)$

(nach Neugebauer, Vorlesungen über Geschichte der antiken mathemat. Wiss., 1934, p. 124, Fig. 37)

Abb. 4.50: Böschung des Ziegelbaues
Die Grundflächen werden in GAR gemessen.
Die Höhen werden in Ellen gemessen.
(nach K. Vogel, Vorgriechische Mathematik II, S. 81, Fig. 36, 1959)

Abb. 4.51: a: Belagerungsdamm mit Trapezquerschnitt
b: Grundriß der Grundfläche
(nach K. Vogel, II, S. 83)

Abb. 4.52: Balken auf vier Stützen
Heron, Mech. I, 5
(nach Nix/Schmidt, Herons von Alexandria Mechanik und Katoptrik, 1900, S. 72, Fig. 13)

Abb. 4.53: Barulkos-Getriebe in Herons Mechanik
Fotogr. Kopie aus dem Ms. in Leiden (nach Drachmann, The mechanical Technology of Greek and Roman Antiquity, 1963, p. 22, Fig. 5)

Abb. 4.54: Lasthebemaschine mit Schraube und Drehhebel (oben), nach Heron (nach H. Schöne, Heronis opera, 1893, vol. 3)

Abb. 4.55: Bewegungsumsetzung mittels Zahnrad und Schraube
oben: Drehhebel (als Kurbel)
nach Heron (H. Schöne, vol. 3)

Abb. 4.56: Handschriftlich überlieferte Figur zu Heron, Mechanik II, 12 (nach Drachmann, 1963, Fig. 23)

Abb. 4.57: Handschriftlich überlieferte Figur zu Heron, Mechanik II, 3 (nach Drachmann, 1963, Fig. 16)

Abb. 4.58: Schematische Rekonstruktion des Kranes bei Vitruv, X, 2; zwei Rollen oben, eine Rolle unten
(nach Drachmann, 1963, Fig. 55a)

Abb. 4.59: Graphische Methode von F. Derant, 1643, zur Bemessung der Widerlagerstärke einer Kuppel
(nach Kojuharov, La voûte de l'antiqué et du Moyen age, Sofia 1974, Fig. 1)

Abschnitt V Byzanz

Abb. 5.1. Hagia Sophia, Querschnitt
aus: R. van Nice, Hagia Sophia, in: Architectural Forum 1963

Abb. 5.2: Konstantinopel – Stadtplan
aus: Cyril Mango, Architettura Bizantina, 1975
1 Augusteon (Säulenportiken)
2 Kaiserlicher Palast
3 Bucoleon
4 Blachernenpalast, Blachernenkirche
5 Stadionbasilika
6 Hll.-Sergius und Bacchus-Kirche
7 Pantokrator-Kloster
8 Lipskloster
9 Cahri Camii
10 Mauer Konstantins d. Gr.
11 Mauer Theodosius' II.

Abb. 5.3: Jerusalem, Heiliggrabkirche, Abbildung in: Arculf, De locis sanctis, 680–684 (Abschrift nach Ms., 9. Jh., Paris, Bibl. Nat. lat. 13048)

Abb. 5.4: Jerusalem, Heiliggrabkirche, Rekonstruktion d. Konstant. Bereichs
aus: Cyril Mango, Architettura Bizantina, 1975

Abb. 5.5: Hagios Dimitrios in Thessaloniki (5. Jh.) (nach C. Mango, Architettura Bizantina)

Abb. 5.6: Rusafah, Martyrion (6. Jh.)
aus: Herzfeld/Sarre, Archäol. Reise, II, p. 28

Abb. 5.7: St. Paul und Moses in Dâr Kîtâ, Syrien (418), Grundriß
aus: Butler, Early Churches in Syria, 1929, p. 51

Abb. 5.8: Kathedrale von Bosra, Syrien (512), Längsschnitt
aus: Butler, Early Churches in Syria, 1929, p. 124

Abb. 5.9: Kathedrale von Bosra, Syrien (512), Grundriß
aus: Butler, Early Churches in Syria, 1929, p. 124

Abb. 5.10: Hagios Sergios und Bakchos (527–536), Querschnitt (nach Dehio/G. v. Bezold, Die kirchliche Baukunst . . .)

Abb. 5.11: Hagios Sergios und Bakchos, Grundriß (nach G. Dehio/G. v. Bezold)

Abb. 5.12: San Vitale in Ravenna (522–532), Grundriß (nach G. Dehio/G. v. Bezold)

Abb. 5.13: Hagia Sophia in Thessaloniki, isometrischer Blick (300°), Grundriß und Kuppelraum
aus: A. Choisy, L'art de bâtir chez les Byzantins, 1883

Abb. 5.14: Johanneskirche in Ephesos (550–565), Grundriß
aus: R. Krautheimer, Early Christian and Byzantine Architecture, Harmondsworth 1965

Abb. 5.15: St. Simeon, Stylites-Klosterkirche in Kalât Simân, Syrien
aus: Butler, Early Churches in Syria, 1929, p. 99 (nach de Vogüé)

Abb. 5.16: St. Nikolaus (Biserica domneasca), Curtea de Arges, Grundriß und perspektivischer Querschnitt
aus: G. Ionescu, Arhitectura pe teritoriul Romaniei, 1982, p. 164

Abb. 5.17: Klosterkirche Cozia, 1388, Grundriß (unten) und Querschnitt (oben)
aus: G. Ionescu, Arhitectura pe teritoriul Romaniei, 1982, p. 169

Abb. 5.18: San Marco, Venedig, Grundriß (Opera di San Marco, Mostra di Venezia)

Abb. 5.19: Yesil Camii, Iznik, 1450
aus: H. Koepf, Die türkische Kuppelmoschee, Wien 1985

Abb. 5.20: Sultan Suleyman I. Camii, Istanbul, 1550, Arch.: Sinan (nach H. Koepf, 1985)

Abb. 5.21: Byzantinische Bauweise: Tonnengewölbe, Kuppel aus Ziegelmauerwerk und Tambour
Zeichnung: Verfasser

Abb. 5.22: Trompe
Zeichnung: Verfasser nach H. Reuther, Die Lehmziegelwölbungen von Gol-I Safed, Archäol. Mitt. aus Iran, 6 (1973) S. 253 f.

Abb. 5.23: Pendentifkuppel, in Ringschichten gemauert
Zeichnung: Verfasser

Abb. 5.24: Byzantinische Ziegelgewölbe; Kreuzgewölbe auf Rechteckgrundriß, hier in Ringschichten gemauert, außen Gurtbögen
aus: A. Choisy, L'art de bâtir chez les Byzantins

Abb. 5.25: oben: Pendentif in Quadermauerwerk
unten: Gurtgewölbe (nach Choisy)

Abb. 5.26: Hagia Sophia, Haupttragwerk mit Schildbogenverstärkung (nach Choisy)

Abb. 5.27: Hagia Sophia, Querschnitt
aus: R. van Nice, St. Sophia in Istanbul: an architectural survey, 1966, Dumbarton Oaks

Abb. 5.28: Isometrie Tragsystem, Hagia Sophia, Konstantinopel
aus: R. J. Mainstone, Justinian's church of St. Sophia, Istanbul, in: Arch. History, Vol. 12; 1969, Fig. 25

Abb. 5.29: Isometrische Skizze der Vierungspfeiler und der Galerien
aus: R. van Nice, St. Sophia Structure, in: Arch. Forum, May 1963, p. 138

Abb. 5.30: Grundriß Hagia Sophia, Konstantinopel

Abb. 5.31: Hagia Sophia, Kuppelraum, Seitenschiffe und Galerien (nach A. Choisy, L'art de bâtir . . ., 1883)

Abb. 5.32: Freihändige Wölbung eines Bogens ohne Stirnwand: Die „Gipslehre" wird auf den auskragenden Widerlagern befestigt.
Umgezeichnet nach J. Cejka, Tonnengewölbe und Bögen islam. Architektur, München 1978

Abb. 5.33: Holzsparende Bautechnik bei parallelen Bögen, hier Pont du Gard, Nîmes
Umgezeichnet nach Choisy, 1883, mit Ergänzungen

Abb. 5.34: Freihändige Wölbung, Ktesiphon
aus: O. Reuther, Parthian Architecture, in: A Survey of Persian Art, Ed. A. Pope, 1938

Abb. 5.35: Freihändige Wölbung, geneigte Ringschichten, Chorsabad
Umgezeichnet nach O. Reuther, 1938

Abb. 5.36: Pfeilersaal 11,60 × 14,50 m, Assur: Parthen-Palast (2. Jh. n. Chr.), Mauerwerk aus gebrannten Ziegeln, mit Gipsmörtel vermauert
aus: O. Reuther, Parthian Architecutre, 1938

Abb. 5.37: Ecklösung für den Kuppelraum: Pendentifs

Abb. 5.38: Firuzabad: Schnitt A–A, Raumhöhe: 22 m (nach Flandin/Coste, Voyage en Perse)
aus: Sarre/Herzfeld, Archäologische Reise im Gebiet von Euphrat und Tigris, II, 1922

Abb. 5.39: Firuzabad: Kuppel, 13 m Durchmesser, vier Trompen an den Raumecken „A, B, C, D"
aus: J. Rosintal, Pendentifs, Trompen und Stalaktiten, 1912

Abb. 5.40: Firuzabad: Grundriß (nach Flandin/Coste), Maße: 103,50 m × 55,50 m

Abb. 5.41: Schema eines zweischaligen Kragkuppelhauses in Apulien
aus: H. Soeder, Urformen der abendl. Baukunst, Köln 1964

Abb. 5.42: Traditionelle Bautechnik: Iranische Kuppelkonstruktion aus Lehmziegeln
aus: J. Rosintal, 1912

Abb. 5.43: Trompe in Sarvistan
aus: J. Rosintal, 1912

Abb. 5.44: Bruchverformung im Halbkreis-Tonnengewölbe. Der Gewölberücken wird nach oben gedrückt, die Bruchfuge, etwa 30° gegen die Waagerechte, klafft nach außen.
Zeichnung: Verfasser

Abb. 5.45: Freihändige Wölbung. Zur Ermittlung der Fugenrichtung dient eine Schnur oder Leiste, die im Bogenmittelpunkt drehbar befestigt ist („Leier").
Umgezeichnet nach F. Hart, Baukonstruktion für Architekten, 1951, und F. Hess, Konstruktion und Form, 1949

Abschnitt VI Mittelalter

Abb. 6.1: Europa im 6. Jahrhundert
aus: K. Tackenberg, in: Historischer Weltatlas, F. W. Putzger, 1969, S. 39

Abb. 6.2: Europa im Hochmittelalter (1000)
Maßstab 1 : 20 000 000
aus: Krallert, Leisering und Weczerka, 1969, in: Historischer Weltatlas, S. 44

Abb. 6.3: Aachen, Palastkapelle Karls d. Gr., Grundriß nach E. Gall, 1930
Umzeichnung nach E. Gall, Karoling. und otton. Kirchen, 1930, S. 7

Abb. 6.4: Aachen, Schnitt durch das Oktogon mit zweigeschossigem, sechzehneckigem Umgang, Westbau und Chor, i. M. 1 : 500.
aus: F. Kreusch, Kirche, Atrium u. Portikus der Aachener Pfalz, in: Karl d. Gr., Bd. III, hg. W. Braunfels und H. Schnitzler, Düsseldorf 1965

Abb. 6.5: S. Vitale in Ravenna, Schnitt durch Oktogon und Presbyterium
nach Bauaufnahme von P. Großmann, in: D. Thode, Untersuchungen zur Lastabtragung in spätantiken Kuppelbauten, 1975, S. 150

Abb. 6.6: Palastkapelle zu Aachen, Perspektivischer Schnitt durch den Zentralbau
(nach Albrecht Haupt, 1913, Die Pfalzkapelle Karls des Großen, S. 10)

Abb. 6.7: Centula, St. Riquier, Grundrißrekonstruktion des zerstörten Baus
aus: E. Adam, Baukunst des Mittelalters, 1963

Abb. 6.8: Kummetgeschirr aus der Trierer Apokalypse um 800, (Stadtbibl. Trier, Ms. 31, fol.)
aus: F. Klemm, Zur Kulturgeschichte der Technik, Dt. Museum 1979, Bild 3

Abb. 6.9: Köln, Bürgerhaus: A. Eingang, B. Laden, C. Wohnraum, D. Magazin, E. Küche
aus: Wiedenau, A., Romanischer Wohnbau im Rheinland, Köln 1979

Abb. 6.10: Pisa, Turmhäuser – casa torre – a) 12. Jh., Außenmauer aus Ziegeln, separater Eingang zum Wohnbereich, b) 13. Jh.
aus: Pera: L'architettura civile del periodo medioevale a Pisa, 1955

Abb. 6.11: Carcassone: A. Zitadelle; Stadtmauer
umgezeichnet nach H. H. Hofstädter, Gotik, 1968 und Lavedan/Huegeney, L'Urbanisme au Moyen Age, 1974, Fig. 267

Abb. 6.12: Kerbzinne und Rechteckzinne
aus: Glossarium artis, I, (Burgen), 1977

Abb. 6.13: a, b, c: Hildesheim, St. Michael, Rekonstruktion
aus: Beseler/Roggenkamp, Die Michaelskirche in Hildesheim, 1954, Taf. I

Abb. 6.14: Cluny, Burgund, Abteikirche, Cluny III, Cluny II
aus: E. Gall, Die gotische Baukunst in Frankreich u. Deutschland, Leipzig 1925

Abb. 6.15: Caen, Abteikirche St. Etienne, 1066 (nach E. Gall, 1925)

Abb. 6.16: Romanischer Pfeiler, Säulen, Säulenbasis
umgezeichnet nach Conant, Carolingian und Romanesque Architecture 800–1200, 1959

Abb. 6.17: Nordschiff von St. Etienne in Beauvais, 1120–1125
aus: J. Acland, Medieval Structure, Toronto 1972

Abb. 6.18: Europa im Spätmittelalter (1400) im Maßstab 1 : 20 000 000
aus: Krallert/Leisering/Weczerka, Histor. Weltatlas, 1969

Abb. 6.19: Skizze einer doppeltgekröpften Pumpenwelle von Mariano di Jacopo Taccola, um 1450 (Bayer. Staatsbibl. München, Cod. lat. 197, Bl. 82 v)
aus: L. White jr., Die mittelalterliche Technik, München 1968, S. 145

Abb. 6.20: Aigues-Mortes (Gard)
aus: Lavedan/Huegeney, L'Urbanisme au Moyen Age, Genéve 1974, Fig. 264

Abb. 6.21: Winchelsea, England
aus: Lavedan/Huegeney, L'Urbanisme au Moyen Age, 1974, Fig. 449

Abb. 6.22: Noyon, Kathedrale Notre-Dame, Grundriß
aus: W. Sauerländer, Das Jahrhundert der großen Kathedralen, 1990

Abb. 6.23: St. Denis, Abteikirche, Grundriß der Chorpartie
aus: O. v. Simson, Die gotische Kathedrale, 1966, S. 194

Abb. 6.24: Paris, Kathedrale Notre-Dame, im 12. Jh.
aus: W. Sauerländer, Das Jh. der großen Kathedralen, 1990

Abb. 6.25: Chartres, Kathedrale
aus: A. Choisy, II, Histoire de l'architecture, II, S. 428

Abb. 6.26: Paris, Kathedrale
aus: A. Choisy, II, S. 439

Abb. 6.27: Amiens, Kathedrale
aus: A. Choisy, II, 1899, S. 444

Abb. 6.28: Beauvais, Kathedrale
aus: A. Choisy, II, 1899, S. 449

Abb. 6.29: Florenz, Dom, 14. Jh.
aus: A. Choisy, II, S. 458

Abb. 6.30: Toulouse, Jakobinerkirche, 13.–14. Jh. (zweischiffig ohne Strebebogen)
aus: A. Choisy, II, S. 465

Abb. 6.31: Chartres, Kathedrale, Aufriß
aus: H. Jantzen, Kunst der Gotik, 1957, Umzeichnung des Verfassers

Abb. 6.32: Reims, Kathedrale, Aufriß
aus: H. Jantzen, Kunst der Gotik, 1957, Umzeichnung des Verfassers

Abb. 6.33: Amiens, Kathedrale, Aufriß
aus: H. Jantzen, Kunst der Gotik, 1957, Umzeichnung des Verfassers

Abb. 6.34: Chartres, Kathedrale, Querschnitt
aus: Dehio/v. Bezold, Die kirchl. Baukunst des Abendlandes, 1887–1901

Abb. 6.35: Beauvais, Kathedrale, Querschnitt, Aufriß: Lanzettfenster
aus: Dehio/v. Bezold, Die kirchl. Baukunst des Abendlandes

Abb. 6.36: Reims, Kathedrale, Chor, Querschnitt
aus: H. Deneux, De la construction en tas de charge et du point de butée ..., in Bull. monum. 102, (1944)

Abb. 6.37: Paris, Notre-Dame, Westfassade, 1200–1250
aus: Dehio/v. Bezold, Die kirchl. Baukunst ...

Abb. 6.38: Straßburg, Münster, Entwurf zur Westfassade, Riß B, 1275
aus: E. Adam, Bk. d. Mittelalters, II, Ullstein Kunstgeschichte, 1963, Fig. 18

Abb. 6.39: Köln, Kaufhalle, zweigeschossig
aus: Essenwein/Stiehl, Der Wohnbau d. M., 1908

Abb. 6.40: Rathaus, Münster, Treppengiebel
aus: Essenwein/Stiehl

Abb. 6.41: Castel del Monte (Apulien), Jagdschloß
aus: E. Adam, 1963

Abb. 6.42: Orléans, Loire-Brücke, hier im 15. Jh.
aus: Collin, Le pont des Tourelles á Orléans, 1895, Pl. II, VII

Abb. 6.43: Old London Bridge, 1209 errichtet, hier um 1758–60
aus: G. Home, Old London Bridge, London 1931

Abb. 6.44: Grand-Pont, Lieferung des Korns für die Mühlen (vor 1296), Miniatur aus der Heiligengeschichte „Vie de Monseigneur saint-Denys", 1317 (Quelle: Le Roux de Lincy u. Tisserand, Paris et ses historiens aux XIV et XV siècles, Paris 1867)
Foto: Bibl. mat. Paris, Nr. 83671, Ms. fr. 2092, f. 42

Abb. 6.45: Plan von G. Braun, 1572, Paris um 1530
aus: Civitates Orbis Terrarum

Abb. 6.46: Paris, Grand-Pont,
aus: M. Mislin, Die überbauten Brücken von Paris, 1978, S. 488, Pl. 2

Abb. 6.47: Mauerwerkschnitt:
unten: Sockel
oben: Steinlagen, horizontal geschichtet
in der Mitte: Mauerkern, Bruchsteine mit Kalkmörtel oder Gußmauerwerk
aus: Zeichnung des Verfassers

Abb. 6.48: Schlageisen, Fäustel, Hammer, Schablone, Bohrer
aus: J.-C. Bessac, Outils et techn. spéc. d'après l'iconographie, in: Pierre et métal, EHESS, 1985, p. 177, Umzeichnung

Abb. 6.49: Mittelalterliche Steinmetzwerkzeuge
Hauwerkzeuge
Zweispitz, Spitzfläche, Fläche, Zahnfläche
aus: Umzeichung nach Bessac, 1985, p. 174

Abb. 6.50: Turm, Grundriß im Maßstab 1 : 250, 11.–12. Jahrhundert
Mittelalterlicher Mauerquerschnitt, Kernmauer und Verkleidungssteine
aus: Zeichnung des Verfassers

Abb. 6.51: Romanisches Tonnengewölbe mit Gurtbögen, Kufverband des Gewölbes, Außenmauer zweischalig
aus: Acland Medieval Structure, 1972

Abb. 6.52: Die drei Patrone der Abteikirche von Cluny
aus: A. L'Huilier, La vie de Saint Hugues, 1880, pl. II, 1

Abb. 6.53: St. Gallener Klosterplan
aus: Nachzeichnung, W. Braunfels, Abendländische Klosterbaukunst, 1969, S. 54

Abb. 6.54: Reimser Palimpseste, Umzeichnung, 1250
aus: R. Branner, Drawings from a thirteenth-Century architect's shop, in: J. S. A. H., XVII, 4, Fig. 3

Abb. 6.55: Villard de Honnecourt, Skizzenbuch, 1220–30, Chorentwürfe
oben: Diesen Chor haben Ulardus de Hunecort und Petrus de Corbeia in gemeins. Besprechung miteinander (se disputando) erfunden.
unten: Chor von St. Faron Meaux
aus: Paris, Bibl. Nat., ms. fr. 19093, fol. 17)

Abb. 6.56: Villard, Skizzenbuch
oben: Kontrolle mit Zirkel; Kreismittelpunkt; Modell eines Bogens, Kreisbogen; Chor; Gewölbeansatz mit Winkelscheit; Fensterbogen; Keilsteineinteilung; Brücke; Flächenhalbierung eines Quadrats: Kreuzgang; (2. Meister:) Entfernungsmessung; Halbierung eines Quaders; Verdoppelung der Kreisfläche
aus: H. R. Hahnloser, Villard de Honnecourt, Wien 1935, 2. Aufl. 1972, Tafel 39

Abb. 6.57: Entfernungsmessung nach Vitruv/Agrimensoren (Hahnloser, 1972, Fig. 94–95)

Abb. 6.58: Villard, „Pendans"; Linienführung der Schlußsteine; Einteilung des Bogens: „Quintpoint", „tiers point"; archimedrische Spirale; „Säulenbefestigung"; Höhenmessung mit dem rechtwinkligen Dreieck (Hahnloser, 1972, T. 40)

Abb. 6.59: Szydłowiec, Ritzzeichnung der Gewölbeprojektion
aus: Zeichnung M. Brykowska, architectura, H. 2/1992, S. 102

Abb. 6.60: G. H. Rivius, Vitruvius Teutsch, 1548, fol. XXXr: Querschnitt und Queraufriß des Mailänder Doms mit Proportionsfiguren

Abb. 6.61: Reißboden nach Lorenz Lechler (1516)
aus: P. Booz, Der Baumeister der Gotik, München 1956, S. 96

Abb. 6.62: Reißboden nach dem Bauhüttenbuch in Wien (Akademie der bildenden Künste, Nr. 17090)

Abb. 6.63: Pfostenausteilung
aus: P. Booz, Der Baumeister der Gotik, 1956

Abb. 6.64: Geometrische und arithmetische Austeilung. Die Profilierungen wurden auf Bretter aufgezeichnet und exakt ausgesägt. Sie dienten als Schablonen.
aus: P. Booz, Der Baumeister der Gotik, 1956

Abb. 6.65: Baustelle im 15. Jh., Jean Colombe (1430/35), Neubau Trojas durch Priamos, 1490, Deckfarben auf Pergament, 51 × 33 cm (Berlin, Kupferstichkabinett SMPK, KdZ 4645)

Abb. 6.66: Matthieu Paris, Heiligengeschichte St. Alban Amphibale, Der Architekt mit Winkelscheit und Zirkel (Dublin, Trinity College Library, TCD 177, fol. 59 v. 60 r)

Abb. 6.67: Drehkran, Buonaccorso Ghiberti,
aus: „Zibaldone" (Firenze, Bibl. Nazionale, Ms. BR 228, fol. 104 r)

Abb. 6.68: Der Zimmerer auf einem Bauplatz, nach Rodler, Kunst des Messens, 1531
Foto: Deutsches Museum München, Nr. 43391)

Abb. 6.69: Baustelle im Mittelalter, dreigeschossiger Bau, T-förmiger Baukran (Buchillustration)
aus: franz. Bibel, 13. Jh. (John Rylands Libr., Manchester, Ms. fr. 5, fol. 16)

Abb. 6.70: Fachwerkhaus, Beginn des 15. Jh. (Stundenbuch des Herzogs v. Bedford)

Abb. 6.71: Typische gotische Pfeiler, kantoniert mit Kapitell
aus: umgezeichnet nach Ungewitter/Mohrmann, I, 1901 und D. Kimpel, Bull. mon. 1977

Abb. 6.72: Pfeiler:
1 Dom in Rostock, 1400
2 St. Maclou, Rouen, 1490
3 St. Lorenz, Nürnberg, 1350
4 St. Lorenz-Neu, Nürnberg, 1350
aus: umgezeichnet nach R. Adamy, Architektonik d. got. Stils, 1889

Abb. 6.73: Kapitelle mit vieleckiger Platte
aus: Ungewitter/Mohrmann

Abb. 6.74: Pfeilersockel
aus: Ungewitter/Mohrmann

Abb. 6.75: Venedig, Grundriß von S. Marco
aus: E. Adam, Vorromanik und Romanik, 1968, S. 28

Abb. 6.76: Perigueux, Grundriß von St. Front
aus: E. Adam, Vorromanik und Romanik, 1968, S. 25

Abb. 6.77: Kreuzgewölbe auf Quadrat: Chor, St. Denis
aus: A. Choisy, II, 1901, und E. Gall, Gotische Baukunst, I, 1995

Abb. 6.78: Kreuzgewölbe über quadratischem Grundriß, sechs Kappenfelder, Sens, Kathedrale, 1155
aus: Dehio/v. Bezold, Die kirchl. Baukunst, 4. Bd., 1899

Abb. 6.79: Kreuzgewölbe über rechteckigem Grundriß: Halbdiagonale überhöht, Chartres, Kathedrale, 1194–1220
aus: Umzeichnung nach A. Choisy, II, und Dehio/v. Bezold, 4. Bd.

Abb. 6.80: Kreuzgewölbe
links: „en six panneaux"
rechts: „voûte barlongue"
aus: A. Choisy, II, p. 86

Abb. 6.81: Bogenaustragung des Spitzbogens
Diagonale A–C wird als Halbkreisbogen Gurtbogen A–E′–B: arcs „doubleaux“
aus: A. Choisy, II, p. 271

Abb. 6.82: Bogenaustragung, Kreuzgewölbe über rechteckigem Grundriß: „quarrée et barlongue par équarrissement“
aus: F. Derant, L'Architecture des voûtes, 1643

Abb. 6.83: Das angevinische Gewölbe
aus: A. Choisy, II

Abb. 6.84: Romanische Kirche, 11.–12. Jh., Saalkirchentypus. Ausbildung des Pendentifs in der Vierungskuppel bei St. Pierre in Angoulême. Bei der Abteikirche Fontevrault ist die Vierungskuppel ohne Pendentifs. Bei St. Maurice in Angers: Rippenkuppel mit Kreuzgewölbe (Allg. Bauzeitung 1859)

Abb. 6.85: Fächergewölbe: Die kleinen Felder können schalenartig ausgefacht werden.
aus: F. Hess, Steinverbände und Gewölbebau, München 1948

Abb. 6.86: Fächergewölbe 1503–19, Henry VII., Westminster Chapel
aus: J. Acland, Medieval Structure, Toronto 1972

Abb. 6.86a: Gewölbebauarten
a) Kreuzrippengewölbe mit erhöhtem Scheitelpunkt
b) Englische Bauart einer Rippe
c) Franz. Bauart einer Kappe
aus: J. Acland, 1972

Abb. 6.87: Mit Pendentifs
aus: Allg. Bauzeitung 1859

Abb. 6.88: Lehrgerüste des Kreuzgewölbes
aus: Fitchen, Construction of Gothic Cathedrals, 1961

Abb. 6.89: Clermont-Ferrand, Gewölbe der Kirche Notre-Dame-du-Port
aus: H. Lömpel, Die monumentale Tonne in der Architektur, Diss. TH München 1913

Abb. 6.90: Fächergewölbe, 1515, Kings College, Chapel, Cambridge

Abb. 6.91: Stark vereinfachte Skizze der gotischen Kathedrale, Querschnitt: statisch bestimmtes Modell (Dreigelenkbogen)
aus: J. Segger, Zur Statik gotischer Kathedralen, Diss. TH Aachen 1969, S. 80

Abb. 6.92: Schematischer Vorgang beim Zusammenbruch eines gemauerten Brückenbogens, e) falsche Spannweite, zu weit, vier Bruchfugen; bei f) Drucklinienverlauf, tangiert die Außenkanten, leichte Asymmetrie
aus: J. Heyman, The Masonry Arch, 1982

Abb. 6.93: Konstruktion der Drucklinie
aus: Ungewitter/Mohrmann, 1890, I

Abb. 6.94: Gemauerter Brückenbogen
a) falsche Spannweite, zu eng, drei Bruchfugen; b) Drucklinienverlauf tangiert die Unterkante des Spitzbogens und die Außenkanten der Widerlager
aus: Heyman, The Masonry Arch, 1982

Abb. 6.95: Bewegliche Last beim gemauerten Brückenbogen: Drucklinienverlauf zeigt die „geometrische Sicherheit“
aus: Heyman, The Masonry Arch, 1982

Abb. 6.96: Gemauerter Bogen mit Widerlagern, Perspektive
aus: G. Desargues „La Coupe des pierres“, 1640

Abb. 6.97: Dachstuhlkonstruktionen nach Villard, 1220–30
aus: R. Hahnloser, 1972, Taf. 34

Abb. 6.98: Wohnhaus in Rouen, 15. Jh., Rue de la Grosse-Horloge, n° 139–141, Rouen
aus: R. Quenedey, L'habitation rouennaise, Rouen 1926

Abschnitt VII Renaissance

Abb. 7.4: Filarete, Sforzinda-Idealstadt, Bibl. Naz. Cod. Magl. II,I, f. 43, Florenz

Abb. 7.5: Filarete, Steinbrücke über den Averlo mit Arkaden und zwei Palazzi
aus: Bibl. Naz. Florenz, Cod. Magl. II, I, 140, fol. 120

Abb. 7.6: L. B. Alberti, Steinbrücke mit Kolonnade, De Re Aedificatoria (1485), Holzschnitt 1550
aus: L. B. Alberti, Ed. Orlandi/Portoghesi 1966

Abb. 7.7: Franceseo di Giorgio Martini, Oktogonale und polygonale Städte
aus: Bibl. Naz. Florenz, Cod. Magl. II, I, 140, f. 29

Abb. 7.8: Francesco di Giorgio Martini, Sternförmige Zitadellen,
aus: Bibl. Naz. Florenz, Cod. Magl. II, I, 141, f. 58

Abb. 7.9: Fra Giocondo (?), Idealstadt, ca. 1500
aus: Coll. Destailleur, nach H. v. Geymüller, Les Ducerceaus, 1887, p. 64

Abb. 7.10: Idealstadt nach Jacques Androuet Ducerceau le père, 16. Jh.
aus: H. v. Geymüller, Les Ducerceaus, Paris 1887, p. 64

Abb. 7.11: Vitruv-Ausgabe von D. Barbaro, 1556, Zeichnung A. Palladio
aus: Kunstbibliothek Berlin, OS 1814

Abb. 7.12: Vitruv-Ausgabe, C. Cesariano, 1521
aus: Kunstbibl. Berlin, 0S 1802

Abb. 7.13: Übersicht: Traktate 15.-17. Jh. (1400-1620)

Abb. 7.14: Luca Pacioli, Summa de arithmetica, Geometria, 1594, Venedig
aus: Kunstbibliothek Berlin, Gris 1282

Abb. 7.15: Fra Giocondo, Inhalt des gleichseitigen Dreiecks
aus: Bibl. Apost. Vaticano, Cod. Vat. lat. 4539, f. 126

Abb. 7.16: Francesco di Giorgio Martini, Anthropometrische Kapitelle
aus: Francesco di Giorgio Martini, Ed. C. Maltese, Tav. 220

Abb. 7.17: Francesco di Giorgio Martini, Kirchengrundriß
aus: Francesco di Giorgio, Ed. Maltese, Tav. 236

Abb. 7.18: Fra Giovanni Giocondo, Vitruv-Ausgabe, 1511
aus: Kunstbibl. Berlin, OS 1798

Abb. 7.19: S. Serlio, Fünf Säulenordnungen, IV. Buch. Die Säulen wurden auf Piedestale gesetzt.

Abb. 7.20: S. Serlio, Oval-ellipsoide Raumform einer Kirche nach B. Peruzzi, V. Buch
aus: S. Serlio, I sette libri dell'architettura, Venedig 1584; S. Serlio, Il quinto libro d'architettura . . . etc., Paris 1547

Abb. 7.21: S. Serlio, Entwurf für Handwerkerhäuser
aus: Sesto Libro, Dell'habitationi di tutti li gradi degli homini, Ed. M. Rosci, Mailand 1967

Abb. 7.22: S. Serlio, Dachkonstruktionen
aus: S. Serlio, Il Settimo libro d'architettura, ital.-lat.Ausg., Frankfurt 1575

Abb. 7.23: S. Serlio, Entwurf für einen Dachstuhl und für eine Brücke
aus: S. Serlio, Il Settimo libro, Frankfurt 1575

Abb. 7.24: Ph. de l'Orme, Entwürfe für Holzbogenkonstruktionen, 1561
aus: Ed. von 1648, f. 286 v, 299 v, 312 v, Reprint Brüssel 1981

Abb. 7.25: Ph. de l'Orme, Basilika mit Bohlendach, 1561
aus: Ed. von 1648, Reprint Brüssel 1981

Abb. 7.26: Ph. de l'Orme, Schnitt durch die Decke des Saals und Grundriß der Basilika, 1561
aus: Ed. von 1648, Inventions de bien bastir (1561), Reprint Brüssel

Abb. 7.27: Bohlendach aus nebeneinander hochkantig gestellten Brettern, 1561
aus: Ed. von 1648, Reprint Brüssel 1981

Abb. 7.28: Ph. de l'Orme, Entwurf für ein Kloster, Querschnitt, 1561
aus: Ed. von 1648, Reprint Brüssel 1981, fol. 306

Abb. 7.29: Ph. de l'Orme, Meßinstrumente des Steinmetzen
aus: Ed. von 1648, Reprint Brüssel 1981, III. Buch, f. 56 v

Abb. 7.30: Ph. de l'Orme, Projektion der Keilsteine
aus: Ed. von 1648, III. Buch, f. 60

Abb. 7.31: Ph. de l'Orme, Entwurf für eine dreischiffige Kirche, Rasternetz
aus: Ed. von 1648, VIII. Buch, f. 235

Abb. 7.32: Ph. de l'Orme, Chenonceau, Brücke über den Cher, 1556–60
aus: Stich von Jacques Androuet Ducerceau, ca. 1570–75, u. a. bei A. Blunt, Ph. de l'Orme, London 1958

Abb. 7.33: Chenonceau, Grundriß
aus: Stich von J. A. Ducerceau, u. a. bei H. de Geymüller, Les Ducerceaus, Paris 1887

Abb. 7.34: A. Palladio, Villa Barbaro (Maser), Grundriß, Aufriß
aus: A. Palladio, I Quattro Libri, Venedig 1570

Abb. 7.35: A. Palladio, Villa Cornaro (Piombino Dese), Grundriß, Aufriß
aus: A. Palladio, I Quattro Libri, 1570

Abb. 7.36: A. Palladio, Il-Redentore-Kirche, Venedig, 1576
oben: Querschnitt
unten: Grundriß
aus: O. Bertotti Scamozzi, Le fabbriche e i disegni di Andrea Palladio, 4. Bd., Vicenza 1783 (Reprint Venedig u. London 1968)

Abb. 7.37: A. Palladio, Cismonebrücke zwischen Trient und Bassano, Spannweite etwa 33 m, als Fußgängerbrücke entworfen, doppeltes Hängewerk
A. Palladios verbesserte Version der Cismonebrücke: Einfaches Ständerfachwerk mit Druckstreben. Der Druckgurt besteht aus Spannriegeln, die in den Hängesäulen versetzt sind. Der Zuggurt trägt nur in den Knotenpunkten Querträger, so daß die Fachwerkgurtstäbe keine Biegespannungen erleiden.
aus: A. Palladio, I Quattro Libri, Venedig 1570

Abb. 7.38: Fausto Verantio, Entwürfe für hölzerne Brücken
aus: F. Verantio, Machinae novae, Venedig 1595 (1617), bei T. Beck, Beiträge zur Geschichte des Maschinenbaues, Berlin 1899, 524

Abb. 7.39: V. Scamozzi, Entwurf für eine hölzerne Brücke
aus: V. Scamozzi, L'idea dell'architettura universale, Venedig 1615

Abb. 7.40: Konstruktion der Zentralperspektive nach L. B. Alberti, De pictura, 1435. Mit Hilfe der Diagonalen kann man die Proportionen erhalten.
aus: F. Borsi, L. B. Alberti, Mailand 1982

Abb. 7.41: Konstruktion der Zentralperspektive nach L. B. Alberti, 1435, D = Distanzpunkt, H = Horizont, V = Zentralpunkt
aus: M. Kemp, Geometrical Perspective from Brunelleschi to Desargues, Oxford 1984

Abb. 7.42: Konstruktion der Zentralperspektive nach Francesco di Giorgio Martini, 1480
aus: Bibl. Naz. Cod. Magl. II, I, 141, f. 33

Abb. 7.43: Piero della Francesca, De prospectiva pingendi
aus: Ed. C. Winterberg, 1899

Abb. 7.44: Jean Pélérin (Viator), Bifokale Perspektive, 1504
aus: M. Kemp, Geometrical Perspective . . ., Oxford 1984

Abb. 7.45: A. Dürer, Perspektivische Projektion des Kubus
aus: A. Dürer, Unterweysung der Messung, Nürnberg 1525

Abb. 7.46: S. Serlio, Zentralperspektive, 1545
aus: S. Serlio, Il secondo libro di prospettiva, 1545

Abb. 7.47: J. Cousin, unten: Grundriß des Quadrats
oben: Die perspektivische Wiedergabe, darüber: antike Ruine
aus: J. Cousin, Livre de perspective, 1560, Kunstbibl. Berlin, OS 469

Abb. 7.48: J. Androuet Ducerceau le père, Livre de perspective positive, 1576, Leçon XXXIe
aus: Einzelblätter bei H. de Geymüller, Les Ducerceaus, 1887 abgebildet

Abb. 7.49: Guidobaldo del Monte, Scenographia
aus: G. del Monte, Perspectivae libri sex, 1600

Abb. 7.50: W. Ryff: Visierbrett, 1548
aus: W. Ryff, Vitruvius Teutsch, Nürnberg 1548

Abb. 7.51: Höhenmessung im 16. Jh. durch ähnliche Dreiecke mit dem Quadrant:
„umbra recta" - Cotangens (45–90°),
„umbra versa" - Tangens (0–45°)
aus: Trans. Newc. Soc., 31, 1957/58, London

Abb. 7.52: Höhennessung mit dem Jacobsstab, nach G. Reisch, 1503
aus: G. Reisch, Margarita philosophica, Straßburg 1503, bei M. Gericke, Mathematik im Abendland, 1990

Abb. 7.53: L. B. Alberti, Turmhöhenmessung, 15. Jh.
aus: L. B. Alberti, Ludi matematici (Ms.), Bibl. Univ. Genova, Cod. G IV 29

Abb. 7.54: L. B. Alberti, Höhenmessung
aus: Alberti, Ludi matematici, Bibl. Univ. Genova, Cod. G IV 29

Abb. 7.55: Francesco di Giorgio Martini, Höhenmessung, 1485
aus: F. di Giorgio Martini, La praticha di gieometria (Ms.), Bibl. Medicea Laurenziana di Firenze, Cod. Ashburnham 361, f. 29 r

Abb. 7.56: Fra Giocondo, Höhenmessung mit Hilfe des Astrolabs
aus: V. Fontana, Fra Giovanni Giocondo, Vicenza 1988, Tav. 39

Abb. 7.57: Fra Giocondo, Wasserwaagen, a) Grundwaage (Chorobat), b) Wasserwaage (libra aquaria), c) Dioptrae
aus: Fra Giocondo, Vitruv-Ausgabe, Venedig 1511, VI. Kapitel, VIII. Buch

Abb. 7.58: Waltzemüller, Polimetrum, 1512
aus: G. Reisch, Margarita philosophica, Ed. J.Grüninger, Straßburg 1512, bei Chilton, Land Measurement in the sixteenth century, in: Trans. of the Newcomen Soc., 31 (1957–58, 1958–59)

Abb. 7.59: W. Ryff, Vermessungsinstrumente
aus: Vitruvius Teutsch, Nürnberg 1548, f. CCLV

Abb. 7.60: Notre-Dame-Brücke, Bauaufnahme von 1786
Ansichten, Querschnitt (i. Toise-Maßstab)
aus: Arch. Nat. Paris, H 2167

Abb. 7.61: Grundriß Notre-Dame-Brücke, Paris
aus: Arch. Nat. Paris H 2167

Abb. 7.62: Geometrische Bemessung von Bogenbrücken nach L. B. Alberti, De Re Aedificatoria, 4. Buch (1485), Übers. M. Theuer, Wien 1912, S. 202f.
aus: umgezeichnet nach H. Straub, Geschichte der Bauingenieurkunst, Basel und Stuttgart 1975, Abb. 28

Abb. 7.63: Geometrisches Verfahren von Simon Garcia (1681–85),
aus: G. Kubler, A Late Gothic Computation of Rib Vault Thrusts, Gazette des Beaux-Arts, XXVI (1944), 1946, mit Ergänzungen, 1995

Abb. 7.64: F. Derant, Geometrische Regel zur Bemessung von Gewölbewiderlagern
aus: F. Derant, L'architecture des voûtes ou l'art des traits et coupe des voûtes, 1643, p. 16

Abb. 7.65: Geometrische Regel zur Bemessung von Gewölbewiderlagern nach F. Blondel, 1684
aus: L. Savot/F. Blondel „L'architecture Françoise" 1685, J. 164

Abb. 7.66: Paris, Pont de l'Hôtel-Dieu, 1634
Federzeichnung auf Pergament 425 × 735 mm
Unterschrift: Marin Delavalle
aus: Archives de l'Assistance publique, Paris, gonds de l'Hôtel Dieu, inv. Briele, liasse 40, cote 338, plans n° 23

Abb. 7.67: J. Schübler, geometrische Entwurfsregeln für den Entwurf von Hänge- und Sprengwerken, 1731
aus: J. Schübler, Nützliche Anweisung zur unentbehrlichen Zimmermannskunst, Nürnberg 1731, Taf. XXXVII

Abb. 7.68: J. Schübler, geometrische Entwurfsregeln für Fachwerkbrücken
aus: J. Schübler, Nützl. Anweisung z. unentbehrl. Zimmer., 1731

Abb. 7.69: Leonardo da Vinci, Kräftezerlegung
aus: W. Ramme, Über die geschichtl. Entw. d. Statik, 1913

Abb. 7.70: Leonardo da Vinci, Betrachtungen des Gleichgewichtszustandes der Keilsteine, aus denen der Bogen zusammengesetzt ist
aus: Codices Madrid, I, f. 142 v, Transkription L. Reti, Frankfurt/M.

Abb. 7.71: Leonardo da Vinci, Die Verformung der exzentrisch belasteten Stütze, qualitativ gesehen
aus: Codices Madrid, I, f. 177 v, Transkr. L. Reti, Frankfurt/M.

Abb. 7.72: Leonardo da Vinci, Die Verformung eines Abschnittes eines auf Biegung beanspruchten Stabes
aus: Codices Madrid, I, f. 84 v, Transk. L. Reti, Frankfurt/M.

Abb. 7.73: Leonardo da Vinci, Die Verformung des Zweigelenktragwerks
aus: Codices Madrid, I, f. 139, Transkr. Reti, Frankfurt/M.

Abb. 7.74: Leonardo da Vinci, Festigkeitsuntersuchungen
aus: Cod. Atlantico, Bl. 152, 211, umgezeichnet nach W. Ramme, Über die geschichtl. Entw. d. Statik, 1913

Abb. 7.75: Simon Stevin, Das Gleichgewicht der schiefen Ebene
aus: S. Stevin, De Beghinselen, 1586, bei E. J. Dijksterhuis, The Principal Works of Simon Stevin, Vol. I, Amsterdam 1955

Abb. 7.76: Stevin, Das Prinzip der schiefen Ebene, Titelblatt, 1586
aus: S. Stevin, De Beghinselen der weeghconst, Leyden, bei Dijksterhuis, The Principal Works of Simon Stevin, 1955

Abb. 7.77: Domkuppel von Florenz, Bau- und Konstruktionselemente: I–VIII achtseitiges Klostergewölbe, 9–10 innere und äußere Schale; 14–16 Steinringe, 22 Sporen oder Zungen, 23 Ring
aus: Prager/Scaglia, Brunelleschi, studies in his technology, Cambridge/Mass. 1970

Abb. 7.78: Grundriß von S. Maria del Fiore, Florenz
Die Stellung der Kuppel ist aus dem Oktogon ablesbar. Klostergewölbe, Durchmesser 42 m
aus: Prager/Scaglia, 1970

Abb. 7.79: Grundriß des Doms zu Siena.
Die Stellung der Kuppel ist aus dem Sechseck ablesbar.
aus: W. Paatz, Die Kunst der Renaissance in Italien, 2. Aufl. 1954, Stuttgart

Abb. 7.80: Kuppel von S. Maria del Fiore, Florenz
Architekt: F. Brunelleschi 1420–36
aus: H. Saalman, S. Maria del Fiore, London 1980

Abb. 7.81: S. Maria del Fiore, Tribuna, Blick vom Langschiff zum Querschiff mit den Eckkapellen
Foto: Verfasser 1986

Abb. 7.82: S. Maria del Fiore, Holzmodell der Dombauhütte, 1429, Tribunateil: 55 × 64 × 35 cm, Maßstab 1 : 60
aus: Museo dell'Opera di Santa Maria del Fiore, Florenz, bei G. Kreytenberg, Der Dom zu Florenz, Berlin 1974, zuletzt im Katalog der Ausstellung „Architekturmodelle der Renaissance" im Alten Museum Berlin, 17. Okt. 1995 - 7. Jan. 1996, S. 264–265

Abb. 7.83: Kuppelkonstruktion von S. Maria del Fiore, Florenz
Perspektivische Ansicht des Klostergewölbes
aus: H. Saalman, S. Maria del Fiore, 1980

Abb. 7.84: Kuppelkonstruktion von St. Peter in Rom, Durchmesser 41,44 m
aus: J. Durm, Die Domkuppel in Florenz und die Kuppel der Peterskirche in Rom, in: ZfB 1887

Abb. 7.85: Notre-Dame-Brücke in Paris
Architekten: Fra Giocondo und Jean de Félin, 1500–1512
Kupferstich von Jacques A. Ducerceau d. Ält., um 1550
aus: J.Ducerceau, Les plus excellents Bastiments de France, 2. Bd. (1870)

Abb. 7.86: Rialtobrücke in Venedig
Vorschlag A. da Pontes für die Ausführung der Fundamente und Widerlager, 1588
aus: Bibl. Naz. Marciana di Venezia, Rialto

Abb. 7.87: Rialtobrücke in Venedig nach A. da Ponte, ausgeführter Entwurf
aus: Cessi/Alberti, Rialto, l'isola, il ponte, Bologna 1934

Abb. 7.88: Die Fleischbrücke in Nürnberg, nach dem Entwurf des Ratswerkmeisters J. W. Stromer 1597–1602 ausgeführt.
Baugestaltung und Bauausführung nach dem Vorbild der Rialtobrücke
aus: Stich von Merian, 1650, Foto: Stadtarchiv Nürnberg

Abb. 7.89: Wettbewerbsentwurf für die Fleischbrücke in Nürnberg, 1595
aus: German. Nat. Museum Nürnberg, Hs. 31700

Abb. 7.90: Wettbewerbsentwürfe für die Fleischbrücke in Nürnberg, 1595 (Steinmetzmeister Lorenz Schaedt)
oben: flacher Bogen – unten: zwei kleine flache Bögen
aus: German. Nat. Museum Nürnberg, Hs. 31700

Abb. 7.91: Barfüßerbrücke in Augsburg
Architekt: Elias Holl, 1610
aus: Städt. Kunstsammlungen Augsburg, Nr. G 1655

Abb. 7.92: Holzmodell der Kuppel, S. Maria del Fiore, 100 × 90 cm, Maßstab 1 : 60, um 1420
aus: Museo dell'Opera di Santa Maria del Fiore, Florenz, bei H. Klotz, Die Frühwerke Brunelleschis und die mittelalterliche Tradition , Berlin 1970, S. 88f., zuletzt im Katalog der Ausstellung „Architekturmodelle der Renaissance" im Alten Museum Berlin, S. 265

Ortsverzeichnis

Personenverzeichnis

Stichwortverzeichnis